汉字

解形辨似手册

HAN ZI JIE XING BIAN SI SHOU CE

陈铁 著

SPM 南方出版传媒

全国优秀出版社 全国百佳图书出版单位 广东教育出版社

·广州·

图书在版编目(CIP)数据

汉字解形辨似手册／陈铁著. —广州：广东教育出版社，2018. 4
ISBN 978-7-5548-2034-6

Ⅰ. ①汉… Ⅱ. ①陈… Ⅲ. ①汉字—字形—辨别—手册 Ⅳ. ①H124. 1-62

中国版本图书馆CIP数据核字（2017）第273084号

责任编辑：唐娓娓 黄 倩
责任技编：佟长缨 刘莉敏
装帧设计：邓君豪

HANZI JIEXING BIANSI SHOUCE
汉字解形辨似手册

广东教育出版社出版
（广州市环市东路472号12-15楼）
邮政编码：510075
网址：http://www.gjs.cn
广东新华发行集团股份有限公司经销
深圳市建融印刷包装有限公司印刷
（深圳市罗湖区梨园路607号2-4楼）
787毫米×1092毫米 16开本 47印张 1 060 000字
2018年4月第1版 2018年4月第1次印刷
ISBN 978-7-5548-2034-6
定价：168.00元
质量监督电话：020-87613102 邮箱：gjs-quality@gdpg.com.cn
购书咨询电话：020-87615809

目　录

弁　言

“读书先从识字始。”汉字有形、音、义，而音、义皆系于形。因此，对汉字来说，识字的关键在于辨形，形得则音、义皆得，形失则音、义俱失，此人所共知者。然而汉字为数至巨，其常用者已不下三千，稍一涉猎历史文献，还远不止此数。如何掌握这样大量的汉字形体，而不致读错写错，是操觚之士所最为关心之事。

陈铁同志早年卒业于华中师范大学中文系，从事语文教学工作二十多年，有丰富的教学经验。识字的关键无非二事：一是懂得汉字的结构之理；一是把握两字易混之端。简言之，即“明结构”“辨疑似”。倘从这两方面入手，便能收事半功倍之效。今本此旨，纂为《汉字解形辨似手册》，取汉字中形近易混者，二三为伍，明其结构，辨其差讹，又精选成语、范句，组织其间，采撷周慎，有物有则，理明辞得，内容丰满，一篇在手，为用多方。今特为先容，奉献读者。试一用之，当知言之不虚。是为序。

晏炎吾

1986 年 11 月

再版修订说明

本书于1986年由湖北辞书出版社出版，湖北省文史馆馆长、《中国汉语大学典》副主编、华中师范大学晏炎吾教授，批阅审定本书，并为本书写了《弁言》。此书出版至今已三十余年，反映良好，今晏教授和许奕文先生已作古二十多年，为了缅怀先辈及战友，特决定再版，以飨读者。本书此次再版，仍贯彻原书的出版宗旨。

本书编纂过程中，承晏炎吾教授热情关注，给予无私的帮助，特此表示由衷的感谢。广东教育杂志社的李学明同志热忱为本书提供资料、撰写了部分字稿，并此致感。

本人年事已高，在此次再版中，承广东韶关学院刘娟女士全力支持并负责电脑选项的全部工作，得到湖北省文学艺术界联合会原副主席杨胜华先生全程鼎力帮助，以及张聪特意在英国、美国考察孔子学院的情况并提供了重要信息，特此一并谢呈。本书在编校过程中难免仍有疏漏和失误，敬请广大读者批评指正。

陈　铁

2017年7月

凡　　例

一、本书以解形辨似为主旨，取形近易混的字，两字、三字为一组，对照着进行辨析，而以传统的“六书说”为之纲纪，深入浅出，易于把握。

二、每组字皆揭出其易混之端，然后解析形体结构，加以区别。

三、多音多义字的解说，一般以常见之音为主，以音统义。比较常见的义项，力求收罗完备。排列之序，原则上是先本义，后引申假借；先实词义，后虚词用法。自成单元，界限清楚。

四、每一义项，一般收有成语、熟语或比较习见的文句，至少有例词，使读者能通过语言实际，比较确切地把握字义，也可兼收丰富语汇之功。

五、本书按音序排列，以每组字中第一个字的汉语拼音字母顺序排列。书后附有笔画检字，读者各从其便，易于检寻。

六、本书在原版的基础上为每组字从甲骨文、金文、篆书、隶书、草书到行书字体的演变逐一罗列，方便读者进行比较。

音序目录

A

B

D

H

J

K

L

M

N

O

P

Q

R

S

T

W

X

Y

Z

A

āi　　zhōng

哀　衷

“哀”和“衷”，都是形声字。表面看，两字只有中间的一竖之差，其实差别很大。两字都有“衣”这个组成部分，但“衣”在“哀”字中是声符，在“衷”字中却是意符；“衷”的读音和声符“中”相同，而“哀”的读音，由于古今音变的缘故和声符“衣”不同了。两字音义均相去甚远。

哀，《说文》：“闵也。从口衣声。”本义是悲痛、伤心。《礼记·檀弓》：“孔子过泰山侧，有妇人哭于墓者而哀。”意思是孔子从泰山旁边经过，（碰到）一个妇人在墓边哭得很悲伤。屈原《离骚》：“哀众芳之芜秽。”意思是我为众多香草的荒芜而悲痛（芜秽：本指田地长满杂草，这里比喻所培养的人变节失志）。引申为怜悯、同情。《诗·小雅·鸿雁》：“爰及矜人，哀此鳏寡。”意为（恩泽）遍及受苦人，哀怜鳏和寡（爰：乃。矜人：劳苦的人。鳏和寡：这里代指无家可归的难民）。

衷，《说文》：“里亵衣。从衣中声。”段玉裁注：“亵衣，有在外者，衷则在内者也。”本义是贴身的内衣。也表示穿在里面。《左传·宣公九年》：“皆衷其衵服以戏于朝。”意为都把夏姬的汗衫贴身穿着，而在朝廷上开玩笑。《后汉书·董卓传》：“肃以戟刺之，卓衷甲，不入。”意为（李）肃用戟刺杀董卓，由于董卓衣服里面衬着铠甲，刺不进去。引申为内心。言不由衷：说话不是出自内心，形容虚伪敷衍，心口不一。无动于衷：内心毫无触动，即对发生的事一点也不动心。

简体	金文	篆书	隶书	草书	行书
哀	哀	哀	哀	哀	哀
衷		衷	衷	衷	衷

ái kǎi kǎi

皑 铠 垲

“皑”“铠”和“垲”，声符同是“豈”，现简化为“岂”，但读音不同。意符不同，字义各异。

皑，《说文》：“霜雪之白也。从白岂声。”本义是洁白。古乐府《白头吟》：“皑如山上雪。”意思是像高山上的雪那样洁白。又叠用作“皑皑”，形容霜雪的洁白貌。刘桢《赠五官中郎将》：“凉风吹沙砾，霜气何皑皑。”意思是寒风从沙砾上吹过，霜雪纷飞一片白茫茫。

铠，指铠甲。《说文》：“甲也。从金岂声。”古代作战时，护身一般用甲，以皮革制成。铁甲叫“铠”，但后世通称“铠甲”，不加区别。《新唐书·吐蕃传》：“其铠胄精良。”意思是他们的铠甲和头盔都很精良。

垲，《说文》：“高燥也。从土岂声。”指地势高而土质干燥。《左传·昭公三年》：“不可以居，请更诸爽垲者。”意为无法居住，请让我为你换间高爽的房子。

简体	繁体	篆书	隶书	草书	行书
皑	皚	皚	皚	皚	皚
铠	鎧	鎧	鎧	鎧	鎧
垲	塏	塏	塏	塏	塏

ài shòu yuán

爱 受 爰

“爱”“受”和“爰”，是一组形似字。其字形结构各有其由，因此读音和所表示的义都截然不同。

爱，“愛”的简化字，由草体楷化而来。“愛”字从夂（suī），㤅声。“夂”在古文字中是个倒向的“止”（脚形），从“夂”的字多与行走义有关。本义据《说文》的解释是“行貌”。但古书中向来用“愛”代替“㤅”，愛行而㤅废。后起义才是喜爱。爱不释手：喜爱到舍不得放手。爱屋及乌：爱这屋子而连带爱那屋上的乌鸦。比喻因喜爱一个人而连带关心跟他有关的人和物。引申为怜惜、同情。爱莫能助：虽然同情，但无力帮助。古书中还有“吝啬”之义。《孟子·梁惠王上》：“百姓皆以王为爱也。”意为老百姓都以为王是吝啬的。

受，上面是“爪”，下面是“又”。篆书中有这两个形体结合的字“𠬪”，读piǎo。中间的“冖”，是“舟”的省写，是“受”字的声符，即所谓“舟省声”。《说文》：“相付也。从𠬪，舟省声。”实际上甲骨文的字形像两人之手授受一物的形状，上面是一个人的手，下面是另一个人的手，中间是一种盛物器，表示一方交付、一方接受的意思。因此，本义包含了授予与接受两义。《韩非子·外储说左上》：“因能而受官。”意思是根据才能授予官职。这个意义后来写作“授”。《庄子·让王》：“尧以天下让许由，许由不受。”意思是尧把天下让给许由，许由不接受。引申为遭受、遭到。贾谊《论积贮疏》：“一夫不耕，或受之饥。”意思是一个男人不耕作，就有人要遭受饥饿。

爰，所从的爪、又与“受”字同。中间原是声符“于”，楷化后“于”竖画斜行，与下面的“又”凑在一起，有点像“友”。在古代多用作助词，在句子里起关联作用，有“乃”“才是”的意思。《诗·魏风·硕鼠》：“乐土乐土，爰得我所。”意思是乐土啊乐土，那才是我安身之处。

简体	繁体	甲骨文	金文	篆书	隶书	草书	行书
爱	愛						
受							
爰							

ān àn
安 案

“安”是会意字；“案”是以“安”为声符的形声字。

安，从女在宀中。“宀”在古文字中代表房屋的形象。甲骨文和金文形似一位女子处于房屋里，会安定、安全、安稳之意。安不忘危：在安定的时候，不能忘记危难。用以说明安与危相互倚伏，必须时刻警惕。安室利处：安全便利的处所。安如泰山：安稳得像泰山一样。形容稳固，不可动摇。引申为安逸、舒适。《国语·晋语四》：“怀与安，实疚大事。”意思是留恋妻子和贪图安逸，是要坏大事的。《论语·学而》：“君子食无求饱，居无求安。”意为君子饮食不要求满足，居住不要求舒适。又用来表示对生活、工作、环境等感到满足、合适或习惯。心安理得：自己认为做的事情是合理的，心里觉得很坦然。安于现状：满足于目前的状况，不愿改变。又引申为徐缓。安步当车：慢慢地步行，当作坐车一样。还常用作疑问代词。问处所时表示“哪里”“哪儿”。《史记·项羽本纪》：“沛公安在？”意为沛公在哪儿？表反诘时意为“怎么”“哪里”。《庄子·秋水篇》：“子非鱼，安知鱼之乐？”意为你不是鱼，怎么知道鱼的快乐？

案，《说文》：“几属。从木安声。”古代陈放文书、进行工作的几案，如奏案（批阅奏章的几案）、书案（书桌）等。引申为官府处理公事的文书、案卷。有案可稽：有档案可以查考。古代木制的盛食物的矮脚托盘也叫“案”。举案齐眉：相传汉代梁鸿的妻子孟光很贤淑，给丈夫端上饭菜时把托盘举得跟眉毛一样高，不敢在丈夫前仰视。后常用来形容夫妻互相尊敬，感情融洽。

简体	甲骨文	金文	篆书	隶书	草书	行书
安				安	安	安
案				案	案	案

àn　yīn
暗　喑

“暗”和“喑”字形相近，同是形声字，都从“音”声。两字古代读音相近，今音却不同。“喑”读音同声符，“暗”则因古今音变，声符“音”的标音作用已不明显了。两字所从的意符各异，所表示的意义也不同。

暗，意符是“日”，《说文》：“日无光也。”“日”，古文字像太阳。古人用太阳比喻光明，没有太阳，如日落以后，一切都昏暗了。所以，本义是昏暗。暗中摸索：在黑暗中寻找、识别。常用来比喻没有师传，没有门径，独自探求事物的道理。引申为愚昧。《三国志・蜀书・后主传》：“否（pǐ）德暗弱。”意思是道德低下，愚昧无能。又引申为不明显的、不公开的。暗箭伤人：暗地里放箭伤害人。比喻用阴谋诡计伤害别人。又用作副词，表示默默地、悄悄地。暗度陈仓：悄悄地越过陈仓（陈仓，古地名，在今陕西省宝鸡市东。汉高祖刘邦用韩信的计策，表面在汉中建栈道，吸引对方的注意力，暗地里却偷偷绕道越过陈仓进袭三秦）。比喻用造成假象的手段来达到某一目的，也隐喻男女私通。

喑，意符是“口”。用“口”作意符的字，本义一般同嘴有关。《说文》：“宋齐谓儿泣不止曰喑。”本义是小孩因长时间啼哭而声音沙哑。又指哑。《后汉书・袁闳传》：“遂称风疾，喑不能言。”意为于是自称中风了，喑哑不能说话。又引申为默不作声。万马齐喑：原意是骏马振动鬣毛嘶叫时，其他的马都寂然无声。后用以比喻死气沉沉、令人窒息的沉闷局面。又读yìn，指声音相应，应和。韩愈、孟郊《同宿联句》：“清琴试一挥，白鹤叫相喑。”意为清雅的琴估且弹一曲，白鹤长鸣应和。

简体	篆书	隶书	草书	行书
暗	暗	暗	暗	暗
喑	喑	喑	喑	喑

ángmǎo

昂　昴

“昂”和“昴”都是形声字，“昂”从卬声，“昴”从卯声。楷书两字仅相差一“丿”，音义却都不相同。

昂，后起区别文。上古俯仰的“仰”本作“卬”，高昂的“昂”本作“仰”。后来因为“仰”字用作俯仰的“仰”，于是在“卬”字上加“日”而作“昂”，以示区别。汉碑已如此，可见来源很早。段玉裁注：“仰与卬（áng）音同义近。”其实是古今字，不是互用。本义是仰起、抬起。昂首阔步：仰着头迈着大步。形容意气风发，无所畏惧地前进。昂首天外：抬起头望着天外。形容态度傲慢或做事脱离实际。引申为上升、抬高。《聊斋志异·促织》：“昂其直，居为奇货。”意思是抬高它的价格，储存起来，当作珍奇的货物（等待高价出售）。

昴，星名，二十八宿和西方七宿之一。因为它是天体，所以从日。《诗·召南·小星》：“嘒彼小星，维参与昴。”意思是微小闪闪的小星啊，是那参星和昴星。又借作地支第四位，又是十二时辰之一，相当于现在早上五时至七时。古时官署办公从昴时开始，查点到班人员叫“点昴”，应名为“画昴”，画昴名册叫“昴册”，如《水浒》第二十三回：“武松径去县里画昴。”

简体	甲骨文	金文	篆书	隶书	草书	行书
昂						
昴						

áoshìzhé

鳌　螯　蛰

“鳌”“螯”和“蛰”的意符都是“虫”，声符形体相似，容易误用。

螯，声符是“敖”。本义指螃蟹等节肢动物变形的步足，形状像钳子，用来取食或自卫。《荀子·劝学》：“蟹六跪而二螯。”意思是螃蟹（虽然）有六只脚和两只钳子。

螫，又读zhē。《说文》：“虫行毒也。从虫赦声。”指蜂、蝎子等用毒刺刺人或动物。《史记·淮阴侯列传》：“猛虎之犹豫，不若蜂虿之致螫。”意思是猛虎如果犹豫不决，反不如小小黄蜂、蝎子果断地刺对方。

蛰，《说文》：“藏也。从虫执声。”本义是动物冬眠，藏起来不食不动。《吕氏春秋·孟春》：“东风解冻，蛰虫始振。”意为东风融化了大地之冻土，蛰伏冬眠之虫趁阳气振动复苏。《易·系辞下》：“龙蛇之蛰，以存身也。”“惊蛰”，农历二十四节气之一。根据昼夜的长短、中午日影的高低等，在一年的时间中定出若干点，即若干个节气。

简体	繁体	篆书	隶书	草书	行书
螯		螯	螯	螯	螯
螫		螫	螫	螫	螫
蛰	蟄	蟄	蟄	蟄	蟄

坳(ào) 拗(ǎo) 泑(yōu)

“坳”“拗”和“泑”的声符都是“幼”，不同的意符“土”“手”和“水”，标志着这三个字不同的义。

坳，《说文》新附：“地不平也。从土幼声。”本义指低凹的地方。杜甫《茅屋为秋风所破歌》：“高者挂罥长林梢，下者飘转沉塘坳。”意为飞得高的挂在高大的树梢上，洒得低的便飘转到了低洼的水塘里。

拗（抝），《说文》：“手拉也。从手幼声。”本义是弄弯、折断。如：把竹竿拗断了。又读ào，指不顺、不顺从。读起来别扭、不顺口为“拗口”，不依从上级或长辈的主意为“违拗”。又读niù，指固执、不驯服。固执、任性、不听从别人的意见为“执拗”。

泑，《正字通》：“窑器色光滑者俗曰泑。”泑也是湖泽名。“泑泽”，即罗布泊。古代有河流，称“泑水”。

简体	篆书	隶书	草书	行书
坳	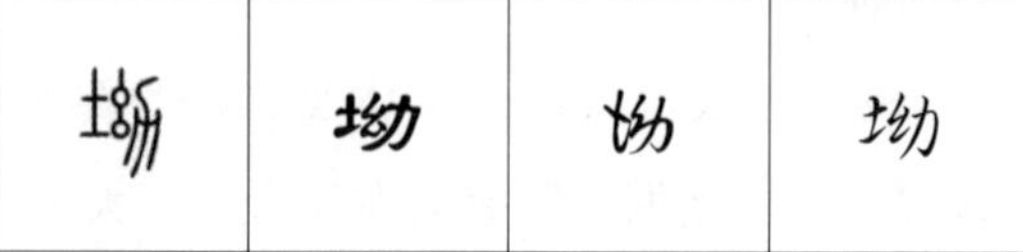			
拗				
泑				

B

bā rén rù
八 人 入

"八""人"和"入"的造字方法不同："八"是指事字，"人"是象形字，"入"是会意字。三字的读音和表示的意义也各异。

八，作为数字，无可取象，只是用两条相背的曲线来表示，是符号性质的，所以是指事字。《说文》释为假借字："别也。象分别相背之形。"认为"别"是八的假借字。"八"这个数字在我国传统文化中有着特殊的地位，好些东西都牵合"八"这个数字。如：八卦（《周易》中的八种符号，相传为伏羲氏所作），八薮［古代八个著名的大湖泽。薮（sǒu），湖泽的通称］，天有八风（八方之风，名目不一），地有八景（很多胜地都有所谓八景，如"西湖八景"），还有"八面玲珑"，形容人处世圆滑，各方面都服侍周到，不得罪人。

人，甲骨文像朝左侧身而立的人的形象。金文、篆体与甲骨文一样，都是人的侧面形象，只是稍微有点变化。《尚书·泰誓上》："惟人为万物之灵。"所以《说文》释为"天地之性最贵者也"。本义是人类，即能制造工具并能用工具进行劳动的动物。引申为人的品质、性情。如：他为人不错。又引申为人格、面子。如：他真丢人。

入，甲骨文和金文是用两画斜交构成一个尖形。因为尖头的东西容易进入，借以表示进入的本义，与"出"相对。入木三分：相传王羲之在木板上写字，摹字的人发现墨汁透入木板有三分深。形容书法笔力强劲，多借喻见解、议论深刻。引申为收进、收入。入不敷出：收入不够支出。又引申为合乎、合于。入情入理：合乎常情和道理。现代汉语说"进来""进去"，古人只说入，不说进。古代"入"和"进"是两个不同的概念。

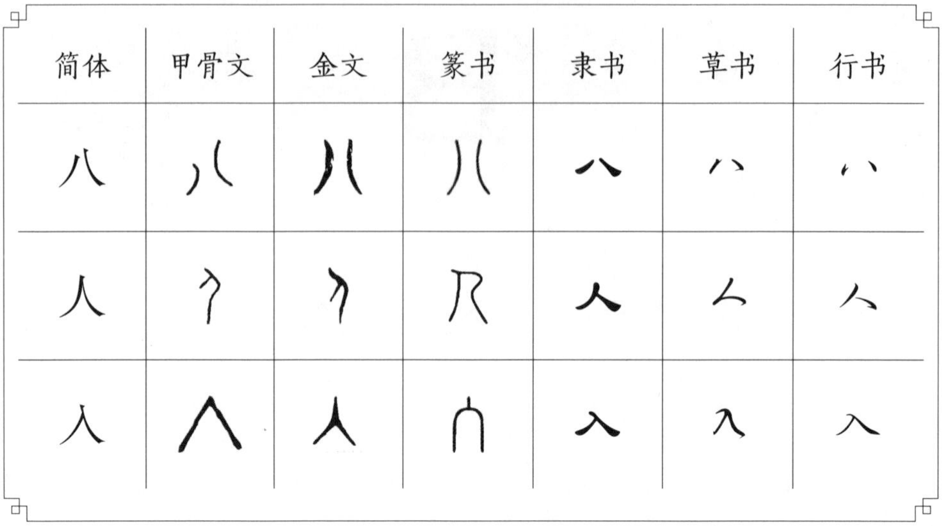

bá　　bō

拔　拨

“拔”和“拨”都是形声字。“拔”从犮声，今读音与声符相合。“拨”繁体写作“撥”，从发声，“发”是“發”字的草书楷化。

拔，《说文》：“擢也。从手犮声。”本义是抽出、拔除。拔刀相助：抽出刀剑来帮助，旧小说中多指打抱不平。一毛不拔：一根毛也不愿意拔出。形容极端自私吝啬。引申为提拔、选拔。拔犀擢象：比喻提拔特出人才（犀、象都是巨大的兽类，比喻特异人物）。又引申为突出、高出。出类拔萃：形容才德高于一般，超群出众。又引申为攻取、占领。《史记·信陵君列传》：“拔二十城。”意思是攻下二十座城池。

拨，《说文》：“治也。从手发声。”本义是治、治理。拨乱反正：治理混乱的局面，使之恢复正常。用手或棍棒推动或挑动也叫“拨”，因而弹奏弦乐器时挑动弦的用具也叫“拨”。白居易《琵琶行》：“曲终收拨当心画。”意思是曲子演奏完了，收起拨子向琵琶当心（指四根弦的中段）一划（四弦一齐发声，以示完结）。又引申为调拨。如：拨款，拨货。《说文·草部》有个“茇”字，从草犮声，解释为“春草根枯，引之而发土为拔”。因而有人认为“拔本根于土中”，除去、去掉才是本义，治是引申义。

简体	繁体	甲骨文	篆书	隶书	草书	行书
拔		拔	拔	拔	拔	拔
拨	撥		撥	撥	撥	撥

bá 跋 bó 钹 pō 䥽

“跋”“钹”和“䥽”同是形声字。“跋”和“钹”的声符都是“犮(bá)”，但今天两字读音不同；“䥽”和“钹”的意符都是“金”，而声符、字形只有细微差别，容易写错。

跋，意符是“足”。“足”古文字像人的脚形，作左偏旁时写作“⻊”。从足的字，大多与脚的动作有关。《尔雅·释言》：“跋，躐也。”本义为踩、践踏。跋前疐(zhì)后：出自《诗·豳风·狼跋》的“狼跋其胡，载疐其尾”。意思是狼向前进就会踩着自己的颔下悬肉，往后退就会被尾巴绊倒。比喻进退两难。也是文体的一种，写在书籍或文章的后面，多用来评价内容或说明写作经过，因为多写在书后，如人足之在体下，所以称“跋”。又通常称长途旅行为“跋涉”。《左传·襄公二十八年》：“跋涉山川，蒙犯霜露。”意为翻山越岭蹚水过河，冒着霜露(赶路程)。跋山涉水：形容远行艰辛。

钹，《玉篇》说是“铃属”，本是铃一类的乐器。今天所见的钹始现于南北朝，据《韵会》说是南齐人穆士素所造。是一种铜质的打击乐器，中间隆起成半球形，两片互相撞击发声。

䥽，《说文》：“䥽，两刃，木柄，可以刈草。”《广雅·释器》说是一种镰刀。用镰刀、钐刀等抡开来割(草、谷物等)今方言仍称“䥽”。

简体	繁体	篆书	隶书	草书	行书
跋		跋	跋	跋	跋
钹	鈸	鈸	鈸	鈸	鈸
䥽	鏺		鏺		鏺

bǎ 把　pá 杷　bà 耙

“把”“杷”和“耙”同是形声字，都是以“巴”为声符。这三个字今天的读音相近，但所从意符各异，表示的意义也各不相同。

把，意符从“手”。“手”古文字像手形。《说文》：“握也。”本义是执、持。《战国策·燕策三》：“臣左手把其袖，右手揕其胸。”意思是我左手抓住他的袖子，右手（用匕首）刺他的胸口。引申为把握。如：把舵，把犁。引申为把守、看守。如：把关，把门。又用作量词。如：一把椅子。又用作介词。苏轼《饮湖上初晴后雨》：“欲把西湖比西子，淡妆浓抹总相宜。”意思是想把西湖比作西施，淡妆、浓妆，怎么打扮都合适。

杷，枇杷的专用字。“枇杷”是一种树名，所以“杷”的意符从木，表示与树木有关。枇杷树的果实球形或椭圆形，黄色，也称“枇杷”。

耙，意符是“耒”。“耒”是古代的一种耕田工具，形状和后世的犁相似。篆体字“耒”就像耒这种工具形。用“耒”作意符的字，大多同农具有联系。又读pá，“耙子”，是一种耙翻谷物及聚拢柴草的农具，用木、铁或竹制成。

简体	篆书	隶书	草书	行书
把	把	把	把	把
杷	杷	杷	杷	杷
耙	耙	耙	耙	耙

bà pí
罢 罴

“罢”是会意字，“罴”是形声字。两字的字形虽很相似，但读音和所表示的意义截然不同。

罢，繁体由“网”“能”二字组成。“网”是法网，“能”是贤能。《说文》：“遣有罪也。”从网、能。“言有贤能而入网，而贯遣之。《周礼》曰：‘议能之辟。’”意思是贤能的人如果陷入法网，宽恕他，不治他的罪，只是罢免官职，遣送回家。本义是罢免。如：罢官（罢免官职）。引申为停止。《论语・子罕》：“约我以礼，欲罢不能。”意为用礼仪约束我，我想停止前进也不可能。又如：罢市（停止贸易）。

罴，繁体上半部是“罢”省略“能”字作声符，这样的造字法叫作“从罢省声”；下半部是意符“熊”。“罴”是熊的一种，所以意符从熊。这种兽毛棕褐色，能爬树、游水。胆可入药。《诗・大雅・韩奕》：“有熊有罴，有猫有虎。”意思是深林有熊又有罴，山猫、猛虎幽谷藏。

简体	繁体	篆书	隶书	草书	行书
罢	罷	罷	罷	罷	罷
罴	羆	羆	羆	羆	羆

bāi gé
掰 搿

“掰”和“搿”的意符都是两只手，说明两字的字义与手的动作有关；中间的声符不同，因而字音又有区别。认真分析起来，这两个声符不仅区分了读音，而且显示了手的动作，兼有会意的成分在内。

掰，是用手把东西分开或折断。如：掰成两半儿。

搿，方言字，两手合抱的意思。如：拦腰搿住。引申为结交。如：搿朋友。

简体	篆书	隶书	草书	行书
掰	掰	掰	掰	掰
搿	搿	搿	搿	搿

bái 白　jiù 臼

“白”和“臼”同是象形字，但读音和表示的意义却两样。

白，甲骨文的字形与“日”相像，由一个椭圆里面套一横组成。金文的“白”与甲骨文相似，上呈尖形，摹写太阳初升的形象。太阳初升，东方色白，所以本义是白色（也有人认为“白”的古文字是烛火的形状，最初义是明亮）。白璧无瑕：白玉洁净无疵。比喻人或事物完美无缺。白驹过隙：（像）白马在缝隙前飞快地跃过。形容光阴过得极快。引申为清楚、明白。真相大白：真实情况（事物的本来面目）彻底清楚了。又引申为陈述、说明。自我表白：对人解释说明自己的所作所为。

臼，甲骨文是舂米器具的形状，像盆，里面有槽沟。古代掘地为臼，后来凿制石头或用木头做臼。《说文》：“舂也。古者掘地为臼，其后穿木石。”《易·系辞下》：“断木为杵，掘地为臼。”意思是砍一截树桩作木杵，在地上挖个坑儿当臼窝。木杵捣向臼窝不越出固定的范围，所以人们便称陈旧的格调、陈规陋习为“窠臼”。

简体	甲骨文	金文	篆书	隶书	草书	行书
白	白	白	白	白	白	白
臼	臼		臼	臼	臼	臼

bài　　fàn

败　贩

“败”是会意字，“贩”是以“反”为声符的形声字。两字字形虽相似，但音义都不同。

败，左偏旁“贝”象征珍宝，甲骨文或从鼎，小篆简化鼎为贝，都是表示宝器。右偏旁“攵”像人手持棍棒扑打，用以表示毁坏之意（也有人认为“贝”是声符）。本义是毁坏、败坏。《韩非子·难一》：“法败则国乱。”意思是法度败坏了，国家就混乱。引申为残破、朽烂。颓垣败壁：破旧倒塌的墙壁。金玉其外，败絮其中：外表像金、玉，内里却是破棉絮。用以比喻虚有其表，或外表好而实质败坏的人或事。又引申为失败、打败仗。一败涂地：一旦失败就肝脑涂地。形容失败到不可收拾的地步。

贩，《说文》：“买贱卖贵者。”本义指贱买贵卖以从中获利的行为。意符从贝，表示和货币有关。《周礼·地官·司市》：“夕市，夕时而市，贩夫、贩妇为主。”《荀子·王霸》：“贾分货而贩。”又指贩卖货物的小商人。如：小贩，摊贩。

简体	繁体	甲骨文	篆书	隶书	草书	行书
败	敗					
贩	販					

bài　　pài

拜　湃

“拜”是会意字，“湃”是以“拜”为声符的形声字。今两字的韵母相同，读音相近，但表示的意义不同。

拜，上部是两个“手”字，右下部“丁”是古“下”字，两手齐下，是拜的动作，古代通行的一种礼节：下跪，两手据地拱合，俯头至手。本义是行敬礼。《史记·绛侯周勃世家》："介胄之士不拜。"意为穿铠甲戴战盔的军人不行拜礼。《左传·文公十三年》："文子赋《采薇》之四章。郑伯拜，公答拜。"意思是文子又赋了《采薇》的第四章。郑穆公拜谢文公，文公答拜。又用作敬辞。如：拜托，拜访。旧时授予官职的一种仪节。如：拜相，拜将。

湃，意符是"水"。与"澎"构成复音词"澎湃"，形容水波相击的声音。汹涌澎湃：波涛奔腾冲击。形容声势浩大，不可阻挡。湃湃：形容波浪声。苏轼《又次前韵赠贾耘老》诗："仙坛古洞不可到，空听余澜鸣湃湃。"

简体	甲骨文	金文	篆书	隶书	草书	行书
拜	拜	拜	拜	拜	拜	拜
湃			湃	湃	湃	湃

bài pí
稗 裨

"稗"和"裨"都是形声字，声符相同，区别在于意符。"稗"字从禾，表示和禾苗有关；"裨"字从衣，表示和衣服有关。

稗，《说文》："禾别也。"稻田里的一种杂草，即稗子。籽粒可酿酒或做饲料。人们常用"稗"比喻低微、琐碎。如：稗官（小官）。《汉书·艺文志》："小说家者流，盖出于稗官。"意思是小说家这个流派，可能出自古代的稗官。后来"稗官"便成了小说或小说家的代称。又，记载逸闻琐事的书称"稗史"，以区别于正史。

裨，古代的礼服。古代天子之服，大裘为上，其余为裨。"裨"是次等的礼服，"裨冕"是古代诸侯卿大夫觐见天子时，着裨衣、戴冕之称谓。引申为副、偏、小。如：裨将（副将），裨贩（小贩），裨海（小海）。又读bì，《说文》："接益也。"义为补益、弥补。无裨于事：对事情没有什么补益。

简体	金文	篆书	隶书	草书	行书
稗					
裨					

bān bān
班 斑

“班”和“斑”是一对同音形似字，但造字方法不同，“班”是会意字，“斑”是形声字，所表示的意义范畴各异。

班，从玨，从刀。“玨（jué）”是两块玉合在一起；“刀”是用以分开的工具，表示剖分之意。《说文》：“分瑞玉也。”所谓瑞玉，指圭、璧之属，是古代用以封爵及征调的信物。因此“班”的本义是分赐、分发。《书·舜典》：“班瑞于群后。”意思是分赐瑞玉给众诸侯。引申为分开、推开、铺开。班荆道故：把荆条铺在地上，一起坐在上面谈论过去的事。形容朋友在途中相遇，共话旧情。引申为班次、位次。如：早班，轮班。又，返回也称“班”，特用于“班师”（出征的军队凯旋）。

斑，从文辡声。《说文》：“驳文也。”本义指颜色驳杂不纯，也指杂色的花纹或斑点。《楚辞·屈原·离骚》：“纷总总其离合兮，斑陆离其上下。”意思是云霞纷乱忽散忽拢啊，色彩斑斓，飘忽翻腾（总总：聚集的样子。离合：指云雾忽离忽散。陆离：五光十色）。斑驳陆离：形容色彩多样（斑驳：形容色彩杂乱错落。陆离：形容色彩纷繁杂乱）。头发是黑的，年纪大了，便开始出现白头发，星星点点地夹杂在黑发之中，也叫作“斑”。独孤及《和大夫秋夜书情即事》：“方知秋兴作，非惜二毛斑。”意为这才知是因为秋天而引起伤感，不是叹惜衰老两鬓斑斑。

简体	金文	篆书	隶书	草书	行书
班	班	班	班	班	班
斑		辬	斑	斑	斑

bān 颁　lǐng 领

“颁”和“领”同是形声字，右边的意符相同，左边的声符形近而有别。“颁”从分声，由于古今音变，作为声符的“分”的标音作用已不明显。“领”从令声，读音虽然和“令”相同，但声调不同，“令”读第四声，“领”读第三声。“颁”和“领”都以“页”为意符。“页”本读xié，小篆像人形，头部画得很突出，是“人”的变体。从页的字，大多与人的头、面有关。

颁，《说文》：“大头也。”本义是脑袋很大的样子。《诗·小雅·鱼藻》：“鱼在在藻，有颁其首。”意思是鱼儿生活在水藻间，（长得多壮）那鱼头多么肥大呀！本义很少用，却多用作公布、发布义。如：颁布（公布法令、条例等），颁行（颁布施行）。

领，本义是脖子。《说文》：“项也。”段玉裁注：“项当作颈。”《左传·昭公七年》：“日我先君共王，引领北望，日月以冀。”意思是往日我先君共王，伸长脖子向北眺望，天天盼望贵国国君前来。引申为衣领，因而也指一事之要领。《汉书·张骞传》说张骞出使西域，从月支到大夏，“竟不能得月支要领”。颜师古注：“凡持衣者则执要与领，言骞不能得月支意趣，无以持归于汉，故以要领为喻。”引申为率领、引导。如：领唱，领路。引申为管领、统属。如：领海，领土。引申为领会。心领神会：（对方虽然没有说明）自己心里已经领会了。

简体	繁体	篆书	隶书	草书	行书
颁	頒	頒	頒	頒	頒
领	領	領	領	領	領

bān chuán
般 船

“般”和“船”两字形体极相似，仅右下角不同。

般，从舟从殳，会意字。“殳（shū）”是竹杖的名称，用竹杖使舟移动，是盘旋的“盘”的本字。《说文》：“辟也。象舟之旋。”又表示搬运、移动。后加手旁作“搬”。《旧唐书·裴延龄传》：“若市送百万围草，即一府百姓，自冬历夏，般载不了。”意为如果采购运送百万围草，即使是整个州的老百姓都动员起来，从冬天一直搬到来年夏天，也搬运不完啊。又词义虚化，用为助词，在名词后，表示跟此事物相似。《红楼梦》六回：“底下又坠着一个秤砣般一物。”今多用来表示样、种。如：这般，百般。

船，以“㕣（yǎn）”为声符的形声字。《说文》：“舟也。”是船舶的通称。如：帆船，拖船。早期船多用木材建造，19世纪后半期始有钢船。第一次世界大战时出现了钢筋水泥船，近代有采用铝合金和玻璃钢等材料造船。“船乘（chuán shèng）”指船与马车，古代用来比喻治国贤能之臣。

简体	甲骨文	金文	篆书	隶书	草书	行书
般	般	般	般	般	般	般
船		船	船	船	船	船

bàn yáng mǐ
半 羊 芈

“半”“羊”和“芈”形体相似，但所表示的意义各异。

半，《说文》：“物中分也。从八从牛。”“八”在这里不是数目字，而是分开的意思。牛的体形大，可以分开成两半，所以“半”的本义是一半。金文和篆书是由“八”和

“牛”组成的。上面是“八”，下面是“牛”，表示分开的牛，因为古人在杀牛时是先把牛体解开的。《论语·乡党》：“必有寝衣，长一身有半。”意思是一定要有睡觉小被，要有一身半长。事半功倍：只需一半的工作量，就能收到两倍的效果。形容费力小而收效大。半途而废：中途停止。比喻做事没有恒心，有始无终。

羊，甲骨文像两角下曲的羊头形，篆书将羊头线条简为两横一竖，两角变得像草字头。楷化后才是现在的样子。羊是哺乳动物，反刍类。如：山羊，绵羊。《诗·王风·君子于役》：“日之夕矣，羊牛下括。”意为西天暮霭遮夕阳，牛羊下坡进栏忙。羊的肠子细长盘曲，故弯曲的小路称“羊肠小道”。

芈，原读miē，《说文》：“羊鸣也。”羊的叫声。又读mǐ，春秋楚国的祖姓。《史记·楚世家》：“陆终生子六人……六曰季连，芈姓，楚其后也。”即称季连是芈姓所出。

简体	甲骨文	金文	篆书	隶书	草书	行书
半		半	半	半	半	半
羊	羊	羊	羊	羊	羊	羊
芈	芈		芈	芈	芈	芈

bàn 绊　bàn 拌

“绊”和“拌”的声符都是“半”，读音相同。但意符不同，因而字义有别。

绊，《说文》：“马絷也。从糸半声。”本义是套住马足的绳。也指用绳索拴住马脚。《后汉书·冯衍传》：“韩卢抑而不纵兮，骐骥绊而不试。”引申为对行动的阻碍。如：绊手绊脚，绊了一跤。把阻碍前进的人或事物比喻为“绊脚石”。引申为牵制、限制。杜甫《曲江二首》之一：“细推物理须行乐，何用浮荣绊此身。”

拌，从手，表示与手的动作有关。本义是搅和。如：给牲口拌草，把种子用药拌了再种。《方言》释为“舍弃”：“拌，弃也。楚凡挥弃物谓之拌。”通“判”，读pàn，分开、剖开义。《吕氏春秋·古乐》："瞽叟乃拌五弦之瑟，作以为十五弦之瑟。"又读bàn，口角、争吵，也叫拌嘴。《金瓶梅》第二四回："两个正拌嘴。"

简体	繁体	篆书	隶书	草书	行书
绊	絆	絆	絆	绊	绊
拌		拌	拌	拌	拌

bàng 谤 bǎng 榜

"谤"和"榜"同是形声字，声符都从旁，读音却不完全相同。意符不同，表现的意义也各异。

谤，《说文》："毁也。从言旁声。"意符是"言"，表示和说话或言语有关。本义是公开指责别人的过错。最初不含贬义。相传帝尧在交通要道竖立木牌，让人们在上面写谏言，名为"谤木"，这便是"华表"的由来。《国语·周语上》："厉王虐，国人谤王。"意为周厉王暴虐，国人公开指责他的过错。后引申为说别人的坏话，成了贬义词。如：诽谤，毁谤。

榜，《说文》："所以辅弓弩。从木旁声。"本义是古代弓的附件名，用以保护弓免受损伤。后称木牌子、匾额为"榜"，书写匾额称"题榜"。《晋书·王献之传》："魏时，凌云殿榜未题，而匠者误钉之，不可下，乃使韦仲将悬橙书之。比讫，须鬓尽白。"意为曹魏时，凌云殿的匾还没有写上字，却被工匠们钉上去了，于是让韦仲将站在悬空的凳子上书写。等写好时，胡须鬓发都白了。后世称公布名单为榜。如：发榜，光荣榜。又指古代一种刑罚名。"榜掠"，捶击或鞭打。《汉书·孙宝传》："榜掠将死，卒无一辞。"颜师古曰："谓笞击而考问之也。"

简体	繁体	篆书	隶书	草书	行书
谤	謗	謗	謗	謗	謗
榜		榜	榜	榜	榜

bàng 磅 bàng 镑

“磅”和“镑”的声符都是“旁”，读音相同，又都是外来词pound的音译字，二者本有关联，可是随着历史的发展在意义上区分开了。

磅，英美制重量单位，1磅等于16盎司，合453.59克。台秤也称磅秤，简称磅。如：搁在磅上称一称。又作动词用，指用台秤称轻重。如：磅体重。又读páng，复音词“磅礴”，义为盛大、充满。

镑，英国币制单位。Pound，原表示有一磅重的银子的货币名称。金代替银成为价值尺度后，作为货币名称的“镑”便跟作为重量名称的“磅”分离了。一磅金币只有十五分之一磅重，却仍旧称pound。“磅”和“镑”英语皆作pound，没有区别。只是汉语译音为了区别起见，前者用了石旁，后者用了金旁。

简体	繁体	篆书	隶书	草书	行书
磅		磅	磅	磅	磅
镑	鎊	鎊	鎊	鎊	鎊

bāo　　bāo

包　苞

“包”和“苞”的结构不同。“包”是象形字，“苞”是以“包”为声符的形声字。

包，《说文》：“象人褢妊，巳在中，象子未成形也。”古文字像妇女怀孕，婴儿在母胎中尚未成形的形状。本义是怀孕。引申为裹扎。《诗·召南·野有死麇》：“野有死麇（jūn），白茅包之。”意思是打死獐子撂在荒郊，用洁白茅草把它裹扎。引申为包括、包容。郭璞《江赋》：“总括汉、泗，兼包淮、湘。”包罗万象：形容内容庞杂，无所不包。引申为包围、围绕。郦道元《水经注·河水》：“河水分流，包山而过。”又作量词，用于整包的东西。如：两包大米。

苞，意符是“草”。《说文》：“草也，南阳以为粗履。”即席草，可制席子、草鞋。又指草木茂盛。《诗·小雅·斯干》：“秩秩斯干，幽幽南山。如竹苞矣，如松茂矣。”意思是涧水清清流不停，南山林木幽深，绿竹苍翠，青松茂密满山峦。竹苞松茂：青松翠竹，葱茏茂盛。比喻家庭兴旺，也常用作祝新屋落成或祝长寿的颂词。也用来称没有开放的花骨朵。如：含苞待放。

简体	甲骨文	篆书	隶书	草书	行书
包		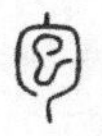			
苞					

bāo　　shèng

剥　剩

“剥”和“剩”的造字方法不同。“剥”是会意兼形声字，由于古今音变，声符的标音作用已不明显。“剩”是以“乘”为声符的形声字。两字形近，但音义皆不同。

剥，从刀从录。录的古义是刻木，加刀旁，表示用刀刻割。《说文》：“裂也。”常用义是去皮、剥去，读bāo。又《诗·小雅·信南山》："疆场有瓜，是剥是菹，献之皇祖。"意思是田边种着青翠的瓜，瓜儿去皮切开腌起来，献给祖先请收下。又如：剥麻，剥花生。用在复合词中读bō。如：剥夺（用强制的方法夺去），剥削（凭借生产资料的私人所有权、政治上的特权，无偿地占有别人的劳动产品），生吞活剥：比喻生硬地接受或机械地搬用别人的理论、经验、言论或科学文化方面的成就。

剩，用"刀"作意符，表示剖分之意。本义是多余、余留下来。如：剩货，剩菜。毛泽东《人民解放军占领南京》："宜将剩勇追穷寇，不可沽名学霸王。"其中"剩勇"指余勇，这里指充足有余的力量。古书中有时用作副词，相当于"更""更加"。岑参《送张秘书赴江外觐省》诗有"鲈脍剩堪忆，莼羹殊可餐"的佳句，其中"剩"就是"更加"义。

简体	繁体	篆书	隶书	草书	行书
剥	剝	剥	剥	剥	剥
剩		剩	剩	剩	剩

bǎo bǎo
保 葆

"保"和"葆"的造字方法不同。"保"是会意字，"葆"是以"保"为声符的形声字。两字今音相同，而意义有别。

保，甲骨文像一个大人背着一个婴儿细心抚养。《说文》："养也。"本义是抚养。《书·康诰》："若保赤子。"意为像抚养好初生的婴儿。引申为安抚、安定。《孟子·梁惠王上》："保民而王，莫之能御也。"意为一切为着使百姓的生活安定而努力，这样去统一天下，没有谁能够阻挡的。引申为保护、保卫。《诗·大雅·崧高》："往近王舅，南土是保。"意思是叫声娘舅放心去，南方靠你来守卫（近：语助词，犹哉）。又如：保家卫国。引申为保持。如：保暖，保墒。引申为担保、保证。如：交保（提出保证人）。

葆，本义是草木茂盛，所以以"草"为意符。《说文》："草盛貌。"颜师古注："草丛生曰葆。"《汉书·燕剌王刘旦传》："头如蓬葆。"意思是头发就像一蓬乱草。又指保全、保持。永葆青春：永远保持住青春。

简体	甲骨文	金文	篆书	隶书	草书	行书
保	保	保	保	保	保	保
葆			葆	葆	葆	葆

bào bān

报 扳

“报”是会意字，“扳”是以“反”为声符的形声字。

报，左偏旁原是“幸（㚔dá）”，是手铐一类的刑具，右偏旁是“𠬝（fú）”，表示服罪的意思。《说文》：“当罪人也。”本义是判罪、审判。《韩非子·五蠹》：“报而罪之。”意思是审判而治他的罪。引申为报告、告知。如：报案（把违反法律、危害社会治安的事件报告给司法机关）。引申为报答、报复。《诗·卫风·木瓜》：“投我以木瓜，报之以琼琚。”意思是送我一只大木瓜，我拿佩玉报答她。又如：报恩（报答恩情），报仇（报复仇恨），报效（为报答恩情而效力）。引申为对人善恶的回报、报应（迷信说法）。如：善有善报，恶有恶报。引申为写回信、答复。王安石《答司马谏议书》：“故略上报。”意为所以简略地写信答复。

扳，本义是拉、牵引，所以用“手”作意符，表示与手的动作有关。《公羊传·宣公三年》：“帝牲不吉，则扳稷牲而卜之。”又释为扭转、挽救。如：扳回一局。装拆机器时用来旋紧或旋松螺栓螺帽的一种工具“扳手”，则是以“扳”为词素构成的复合词。

简体	繁体	甲骨文	金文	篆书	隶书	草书	行书
报	報	報	報	報	報	报	報
扳				扳	扳	扳	扳

暴 曝

bào pù

我们今天所用的“暴”字，实际上包括古代两个不同的字。“暴”字本来念pù，是由日、出、収（gōng）、米四个形体构成的会意字，表示太阳出来了，把米搬出去晒，是曝晒的“曝”的本字。由于长期用作凶暴的“暴”，就在左旁又加个“日”，构成“曝（pù）”字。

暴，《说文》：“疾有所趣也。”意符本是“夲（tāo）”，是从夲，暴省声的会意字。本义是急进、迅猛。暴风骤雨：来势急速而猛烈的风雨。亦比喻声势浩大，发展迅猛的群众运动。引申为突然、猝然。柳宗元《敌戒》：“矜壮死暴。”意为自以为身体健壮而满不在乎，有可能突然死亡。引申为凶暴、暴虐。如：暴戾（残酷凶恶），暴徒（强暴不法的人）。引申为急躁、暴躁。暴跳如雷：形容发怒时顿足吼叫，像打雷一样猛烈的样子。引申为糟蹋、欺凌。自暴自弃：自己糟蹋自己，自己鄙弃自己。形容不知自爱，不求上进，甘于落后。《庄子·盗跖》：“以众暴寡。”意为凭人多势强欺凌人少势弱的。又指徒手搏击。暴虎冯（píng）河：空手搏虎，徒步过河。比喻有勇无谋，冒险蛮干。

曝，本义是曝晒。一曝十寒：晒一天太阳，受十日寒冻。比喻时而勤奋，时而懈怠，没有恒心。陶潜《自祭文》：“冬曝其日，夏濯其泉。”意为冬天晒太阳，夏天到泉边去洗澡。

简体	金文	篆书	隶书	草书	行书
暴					
曝					

抱 枹

bào fú

“抱”和“枹”，都是以“包”为声符的形声字。两字意符不同，字义也各异。

抱，本义是抱着，用手臂围住。《左传·文公七年》：“穆嬴日抱太子以啼于朝。”

（晋襄公夫人）穆嬴每天抱着太子在朝廷中哭。抱薪救火：抱着柴禾去救火。比喻采用的方法不对，效果适得其反。引申为环绕。杜甫《江村》：“清江一曲抱村流。”意思是清清的锦江弯弯地绕着村子缓流。引申为存在心里。如：抱歉（心中不安，觉得对不住别人），抱怨（心中不满，诉说别人不对，埋怨）。

枹，击鼓的鼓槌，所以意符从木。屈原《九歌·国殇》：“援玉枹兮击鸣鼓。”意为拿起玉做的鼓槌猛烈击鼓。也写作“桴”。又读bāo，是一种丛生的朴木。《诗·大雅·棫朴》：“芃芃棫朴，薪之槱之。”意为棫树朴树枝叶茂，砍下当作祭柴烧（芃芃：茂盛的样子。棫朴：一种丛生灌木。槱：堆积木柴点火燃起，用它祭祀天）。念fú时，本写作“桴”，古无轻唇音（即唇齿音），上古时“孚”和“包”读音相似，所以又写作“枹”。

简体	篆书	隶书	草书	行书
抱				
枹				

bēi bì
卑 畀

“卑”和“畀”形体很相似，但却是完全不同的两个字，造字方法不同，音义亦各异。

卑，甲骨文像一只手拿着一件器物的形状，用以表示卑贱之义。但变到小篆时却成了从甲从𠂇（左）的会意字。古人尚右，左表卑下，在甲之下，会卑贱之意。为了满足字形结构匀称的要求，上部“甲”字的直画转向左撇，而“𠂇”（左）则变成了“十”，构成卑字。《说文》：“贱也。执事也。从𠂇、甲。”本义是卑贱低下。如：卑鄙（古人说“卑鄙”是出身卑贱、见识短浅的意思，与今天的“卑鄙”义不同）。卑躬屈膝：低头弯腰，形容谄媚奉承，没有骨气。引申为谦虚、恭敬。卑以自牧：保持谦虚的态度以提高自己的修养。卑礼厚币：谦恭的礼节，丰厚的礼品。

畀，《说文》：“相付与之。约在阁上也。从丌甶（fú）声。”由于古今音变，声符的标音作用已觉察不出了。是给予的意思。给予的物件要放在丌架上，所以从丌。楷化后写成“畀”，读bì。《诗·鄘风·干旄》：“彼姝者子，何以畀之。”《毛传》：“姝，顺貌。”

投畀豺虎：扔给豺狼虎豹（吃掉），表示对坏人的强烈憎恨。今天虽不常用，但以“畀”为声符的“鼻”字却是大家很熟悉的。“鼻”字上面的“自”字，篆书本是象鼻子形，下面的“畀”则表示“鼻”字的读音。麻痹的“痹”里面本来是个“畀”字，以“畀”为声符，但有的时候里面写成了“卑”字，“卑”是“畀”之误。因为习惯了，所以也并行不悖。

简体	甲骨文	金文	篆书	隶书	草书	行书
卑						
畀						

běi zhào
北 兆

“北”的甲骨文是两个人半蹲着背靠背，金文是两个站立的人背靠背的样子，与“兆”字形相似，音义却完全不同。

北，《说文》：“乖也。从二人相背。”像两个人相互背向，是“背”的本字。徐灏云：“古者宫室皆南向，故曰所背为北。”朱骏声说：“人坐立皆面明背暗，故以背为南北之北。”用作方位词，北方。如：北辰（北极星），北苑（古时皇宫北面的园林），北岳（恒山的古称），北阙（古代宫殿的大门，是臣子等候朝见或上书的地方）。引申作败逃。贾谊《过秦论》：“追亡逐北。”意为追击败走的敌人。《孙子兵法·军争》：“佯北勿从。”意为敌人假装逃跑，不要追赶。

兆，《说文》：“灼龟坼也。”古代占卜时，占卜者观察龟甲烧灼形成的裂纹，用来判断凶吉，这种裂纹就叫作兆（迷信说法）。《左传·昭公五年》：“龟兆告吉。”意思是龟兆显示的是吉利。引申指事物发生前的迹象。如：吉兆，喜兆。又用作动词，如：预兆。瑞雪兆丰年：吉祥的雪花预示着丰收的年岁。用作数词：古代以万万为亿，万亿为兆，今以百万为兆。

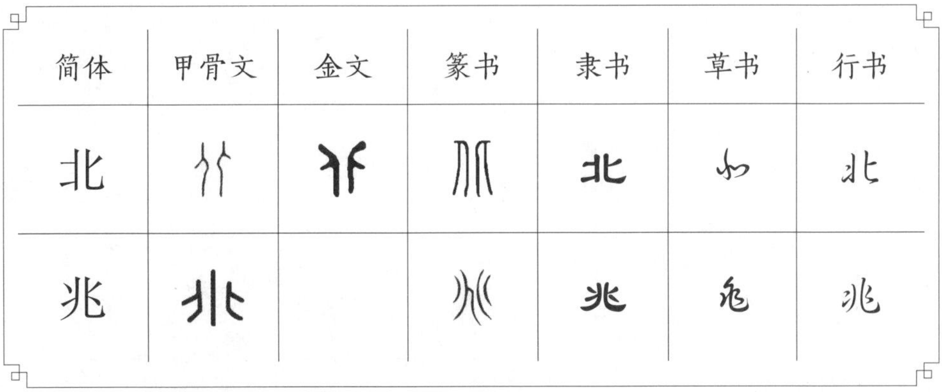

bèi　péi　péi

倍　培　赔

“倍”“培”和“赔”都是形声字，声符相同，今天的读音有的相近，有的相同。意义因意符不同而异。

倍，意符是“人”，作左偏旁时写作“亻”。《说文》：“反也。”本义是背向、背着。《史记·淮阴侯列传》：“右倍山陵。”意思是右边背靠着山陵。引申为违背。《荀子·天论》：“倍道而妄行，则天不能使之吉。”意思是违背自然规律一味蛮干，那么，老天爷也无法使你过上好日子。“反也”又意味着自己的重复，故又引申为一倍、加倍。段玉裁认为：“反者覆也，覆之则有两面，故二之曰倍。”“二之”，就是在原数的基础上翻一番的意思。《礼记·学记》：“善学者，师逸而功倍。”意为（教）善于学的人，老师省事，而功效却加倍的好。又用作副词，表程度深。王维《九月九日忆山东兄弟》：“每逢佳节倍思亲。”意为每次遇到佳节，都更加想念亲人。今多用其“一倍”“加倍”之义，而“背反”“违反”义则写作“背”了。

培，以“土”为意符，指为植物根部壅土。《礼记·中庸》：“故栽者培之，倾者覆之。”意为所以能够栽植的就培养它，要倾倒的就让它覆灭。引申为培养（人）。如：培训（培养和训练人才），培植（培养人才，扶植势力使壮大）。

赔，后起形声字，因与财物有关，所以从贝。本义是赔偿、补偿损失。如：赔款。向人道歉或认错。如：赔罪。引申为做买卖损失本钱（跟“赚”相对）。如：赔本。赔了夫人又折兵：用来比喻想占便宜没有占到，反而遭受损失。

简体	繁体	金文	篆书	隶书	草书	行书
倍		倍	倍	倍	倍	倍
培			培	培	培	培
赔	賠		賠	賠	賠	賠

bèi 辈　niǎn 辇

“辈”和“辇”字形相似，但造字方法不同，“辈”是以“非”为声符的形声字，“辇”是会意字。

辈，《说文》：“若军发车百辆为一辈。”本义是车百辆，亦谓分列的车。引申为某一等级、类别的人或事物。《史记·孙子吴起列传》：“马有上中下辈。”意思是马有上中下三等。李白《南陵别儿童入京》：“仰天大笑出门去，我辈岂是蓬蒿人。”又引申为辈分。如：长辈，晚辈，前辈。又指人的一生。如：一辈子。又常称一批一批地连续出现为“辈出”。如：人才辈出。

辇，《说文》：“挽车也。”甲骨文像两个车夫拉车的样子。本义是用人拉挽的车子。《战国策·赵策四》：“老妇恃辇而行。”意思是我行动全靠坐车子。杜甫《哀江头》：“昭阳殿里第一人，同辇随君侍君侧。”意思是那位在昭阳殿里的第一个为皇上宠爱的人，她随同君王坐在辇车上，就侍奉在君王的身旁。又用作动词，拉车。《诗·小雅·黍苗》：“我任我辇，我车我牛。”意思是有的拉车有的扛，马车、牛车运输忙。自汉以来以“辇”为人君之乘。后世专称天子的车为“辇”，因而称京城为“辇下”“辇毂下”。

简体	繁体	甲骨文	篆书	隶书	草书	行书
辈	輩	輩	輩	輩	輩	輩
辇	輦	輦	輦	輦	輦	輦

bèi pī
被 披

“被”和“披”同是以“皮”为声符的形声字。古代两字同音，只是声调不同。古今音变的结果，“披”字与声符读音仍一致，而“被”字读音则有出入。

被，意符是“衣”。“衣”作左偏旁写作“衤”。《说文》：“寝衣，长一身有半。”本义是寝时覆体的用品，即被子。屈原《招魂》：“翡翠珠被，烂齐光些。”意为装饰着翡翠珠宝的被子，多么光艳夺目啊！引申为覆盖。阮籍《咏怀》：“凝霜被野草。”意为凝结的霜晶覆盖着野草。引申为遭受。贾谊《论积贮疏》：“禹汤被之矣！”意为禹和汤都遭受过（灾害）啊！今常用作介词，介绍主动的人物并使动词含有受动的意思。如：他被评为劳动模范。此外，“披挂”的“披”本来也是写作“被”的。因为被是盖在人身上的，所以假借为“披”。今天所说的“披”，古代是写作“被”的，指穿在身上或披在身上。这个意义仍读pī。被坚执锐：被坚甲，执利兵。表示投身战斗。被褐怀玉：穿粗布衣而怀美玉。比喻人有美德，深藏不露。

披，意符是“手”，表示与手的动作有关。本义是分开。《史记・项羽本纪》：“哙遂入，披帷西向立。”意为（樊）哙于是进入军营，拨开帷幕向西站着。引申为打开、散开。披肝沥胆：比喻极尽忠诚（披：剖开。沥：滴下）。披沙拣金：比喻从大量事物中选择精华（披：拨开。拣：拣选）。引申为披露、表露。邹阳《狱中上梁王书》：“披心腹，见情素。”意为披露心里的话，现出真情实意。作“覆盖或搭在肩背上”义时，是“被”字的假借。披星戴月：星星和月亮的光覆盖在自己身上。形容早出晚归，也形容不分昼夜地走路或在野外辛勤劳动。

简体	篆书	隶书	草书	行书
被	被	被	被	被
披	披	披	披	披

bēn　　huì

奔　卉

“奔”和“卉”字形相似，但造字方法不同，“奔”是象形字，“卉”是会意字，表示的意义截然不同。

奔，上部是“大”，古文字像人挥臂快跑的形象。为了更能显示“快跑”义，下面又画出三个足印。这三个足印逐渐演化成“卉”形。本义是急走、快跑。如：东奔西走。引申为逃亡。《韩非子·难四》：“不克而奔齐。”意思是没有攻下（三桓）而逃亡到齐国。《汉书·卫青传》：“遂将其余骑可八百奔降单于。”也指古代男女相悦，不依旧礼教的规定而自相结合。《史记·司马相如列传》：“文君夜亡奔相如，相如乃与驰归成都。”

卉，古文字像三株草的形状，表示许多草。本义是草的总称。《诗·小雅·四月》：“秋日凄凄，百卉具腓。”意思是秋天里冷落肃杀，百草都已枯萎了。现在双音词有“花卉”（可供观赏的花草），通常分木本花卉、草本花卉和观赏草类等。

简体	金文	篆书	隶书	草书	行书
奔	奔	奔	奔	奔	奔
卉		卉	卉	卉	卉

bĕn tāo
本　夲

“本”和“夲”字形相似，但造字方法不同。“本”是指事字，“夲”是会意字。两字的读音和所表示的意义截然不同。

本，《说文》：“木下曰本。”指植物的根部，所以从木，而以指事符号“一”指示草木的根部所在。甲骨文中的“木”表示树。古人就在原来的“木”字下面加了三个小圆圈作为指示符号，强调这是树的根部。金文后来把它变成小圆点或三角，直到篆文把它改成一横。本义是草木的根部。《国语·晋语一》：“伐木不自其本，必复生。”意思是砍树如果不是连根挖出，它就一定会复活滋生。引申为事物的根源或主体、根基。溯本穷源：比喻寻求事物的根源。舍本逐末：舍弃事物的主要部分，而去追求细枝末节。比喻做事不从根本问题下手，而在细微的事情上花力气，轻重倒置。引申为本来的、原来的。变本加厉：本意为比原来的更加发展，今意为变得比本来更加严重。

夲，《说文》：“进趣也。从大从十。大十，犹兼十人也。”本义当是疾速前进。“夲”字虽然不用了，但有从夲的字，如“皋”：传说中我国的古代贤人“皋陶（gāo yáo）”，宋代岳飞手下的大将“牛皋”。“皋”有“水边高地”义，如称江边叫“江皋”。“皋”字的下部是“夲”，必须写作“大”下加个“十”，不可写成“本”字。

简体	甲骨文	金文	篆书	隶书	草书	行书
本						
夲						

bèn bĕn
笨　苯

“笨”和“苯”都是以“本”为声符的形声字，但声调不同，意符相近，意义有别。

笨，《说文》："竹里也。从竹本声。"本义指竹子的内层。但很早就被借当作粗笨的"笨"。《晋书·羊聃传》："豫章太守史畴以大肥为笨伯。"意思是豫章太守史畴因为长得肥大粗笨，人称他为笨伯。"愚笨、智力低下"义一般写作"夯"。吴承恩《西游记》："这个夯货，正走路，怎么又胡说了。"今天则都写作"笨"了。如：笨口拙舌，笨手笨脚。

苯，《说文》无"苯"字，一说是"苯蕈"，叠韵联绵字。草木丛生的样子。化学名词，碳氢化合物，是英语benzene的译音字。有芳香气味，可以做燃料、溶剂、香料，也是有机物质合成的重要原料。

简体	篆书	隶书	草书	行书
笨	笨	笨	笨	笨
苯	苯	苯	苯	苯

bēng 崩 bēng 绷

"崩"和"绷"同是形声字。"崩"以"朋"为声符，今读音与声符同韵母；"绷"从崩（后来省去了山）声，读音同声符。两字的意符不同，所表示的意义各异。

崩，《说文》："山坏也。"意符是山，表示与山有关。本义是山坍塌。如：山崩地裂。也泛指倒塌、崩裂。如：崩堤。又用于抽象意义，称垮台、彻底失败为"崩溃"。古代帝王或王后死也叫崩。如：驾崩。

绷，《说文》："束也。"本义是缠束、捆扎。《说文》引《墨子》曰："禹葬会稽，桐棺三寸，葛以绷之。"意思是大禹死后葬在会稽，用三寸厚的桐木做的棺木装敛，拿葛藤把棺木捆绑起来（今《墨子·节葬下》作"葛以缄之"）。至今用于包扎伤口的布条仍然叫"绷带"。引申为拉紧、张紧。如：把绳子绷直，小褂绷在身上。作"板着（面部表情严肃）、勉强支撑"义时读běng。如：绷着脸，绷住劲。

简体	繁体	篆书	隶书	草书	行书
崩		崩	崩	崩	崩
绷	繃	繃	繃	繃	繃

bǐ yǐng
鄙 郢

“鄙”和“郢”同是形声字，“鄙”从啚声，“郢”从呈声，意符都是“邑”，楷书作右偏旁写作“阝”。“邑”是城邑，因此凡是从邑的字大都与地域有关。

鄙，周制都城的近郊叫乡，远郊叫遂。鄙是属于遂的一级居民单位，也泛指边远地区或农村。彭端淑《为学》：“蜀之鄙有二僧，其一贫，其一富。”意思是四川边远的地方有两个和尚，一个穷，一个富。又指庸俗浅陋。《左传·庄公十年》：“肉食者鄙，未能远谋。”意思是做官的人眼光短浅，不能深谋远虑。引申为轻蔑。如：鄙夷，鄙视。又指恶劣。如：卑鄙。

郢，古地名。春秋战国时楚国的国都称郢都，在今湖北省江陵县北。郢书燕说：郢人写信给燕相，误书“举烛”二字，燕相附会其意为举贤。故“郢书燕说”的意思是牵强附会，曲解原意。

简体	甲骨文	金文	篆书	隶书	草书	行书
鄙	鄙		鄙	鄙	鄙	鄙
郢		郢	郢	郢	郢	郢

bǐ 匕　qī 七

“匕”和“七”字形很相近，但造字方法不同，“匕”是象形字，“七”是纯符号性质的指事字。两字读音和所表示的意义截然不同。

匕，《说文》：“亦所以用匕取饭。”又解释为“匙”：“匕也。”甲骨文、金文中字形像匙一类的取食用具，形状像现在的饭匙。本义是勺子。《三国志·蜀书·先主传》：“先主方食，失匕箸。”意思是先主（刘备）刚要进食，（心里一惊，）把勺子、筷子掉到地上了。古代短剑的头部像匕的形状，所以称短剑为“匕首”。图穷匕见：荆轲献地图给秦王，把匕首卷在地图里面，图谋刺杀秦王，地图展示将毕，匕首就显露出来了。用以比喻事情发展到了最后阶段，真相和本意才完全显露出来。古代又称箭头为“匕”。《左传·昭公二十六年》：“匕入者三寸。”意为箭头射入盾脊三寸。

七，甲骨文是一个十字架的形状，它表示横着的物体被刀切了一下；金文没有什么大的变化。本义是用刀切。《说文》中对数目字的解释则杂以阴阳五行之说，是时代的局限，其实多数数目字都是指事字，是抽象符号，约定俗成，视而可识，并无深意。是表示六加一后所得数目的字。七擒七纵：三国时诸葛亮出兵南方，把少数民族首领孟获捉住了七次放了七次，使他心服不再来攻。比喻运用策略，使对方心服。七手八脚：形容（参与动作）多而杂乱。七零八落：零零散散，形容散乱不整齐、不集中。

简体	甲骨文	金文	篆书	隶书	草书	行书
匕						
七						

bǐ 比　cǐ 此

“比”和“此”形甚相似，都是会意字，但音义各异。

比，《说文》：“二人为从，反从为比。”即把“从”字掉换一个方向，表示比并、亲密的意思。甲骨文是面朝右并排站着的两个人，金文和篆书都是两个人靠在一起的形状。本义是两者并列、靠近、挨着。鳞次栉比：形容房屋建筑物像鱼鳞和梳子齿那样密密地排列着。比肩继踵：肩膀靠着肩膀，脚跟碰着脚跟，形容人多拥挤。引申为勾结。《论语·为政》：“君子周而不比，小人比而不周。”意思是君子讲团结而不相互勾结，小人相互勾结而不讲团结。朋比为奸：形容坏人结成集团干坏事（朋比：互相勾结）。引申为比较、较量。如：比上不足，比下有余。

此，《说文》：“止也。从止从匕。匕，相比次也。”本义是止。但这个义未见用例，却一直将它假借作指示代词“此”（这），和“彼”相对。此起彼伏：这里起来，那里落下，表示连续不断。《诗·小雅·黄鸟》：“此邦之人，不我肯谷。”意为这个国家的人，不肯养育我。甲骨文左边是一只脚（止），右边是“人”，意思是一只脚踩在别人的身上，是表示“踩”“踏”意思的“趾（cì）”的本字。

简体	甲骨文	金文	篆书	隶书	草书	行书
比						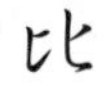
此						

愎（bì） 腹（fù）

“愎”和“腹”都是形声字，从复声。但由于古今音变，两字的读音今天已相差很远了。两字所从的意符不同，因而所表示的意义也截然两样。

愎，从心（忄）。从心的字，大多数表示人的心理活动或性情特征。本义是固执、任性。《左传·哀公二十七年》：“知伯贪而愎，故韩魏反而丧之。”意思是荀瑶贪婪而固执，所以韩氏、魏氏反倒灭亡了他。刚愎自用：刚强任性，独断专行。

腹，从肉（月）。从肉的字，有很大一部分是人的肢体的名称。本义指腹部，俗称肚子。大腹便便：肚子肥大的样子（便便：肥大的样子）。推心置腹：将己心置入人腹，比喻诚心待人。又比喻地区的内部。如：腹地（内地，中部地区）。口蜜腹剑：嘴上说着甜言蜜语，心里却想着如利剑般伤人的诡计。

简体	甲骨文	篆书	隶书	草书	行书
愎		愎	愎	愎	愎
腹	腹	腹	腹	腹	腹

bì　　xián

闭　闲

“闭”和“闲”都是会意字，两字都有意符“门”，但另一意符分别为“才”“木”，所会之意因此也不同，音义也不一样。

闭，外部是“门”，中间的“才”是由关门用的门杠、门闩之类的形象变来的，所以本义是关门。闭门思过：关起门来自己反省过错。引申为闭上。闭目塞听：闭上眼睛，堵住耳朵。比喻脱离现实。引申为结束、停止。如：闭幕，闭会。又常指不开通、交通不便为“闭塞”。

闲，从门中有木。本义是设在门中的栅栏。《周礼》称虎贲氏在君王旅居于外时，则守“王闲”，指的是门前的路障。《汉书·百官公卿表》：“龙马闲驹。”颜师古注：“闲，阑养马之所也，故曰闲驹。”指的是马棚。但向来又借为空闲义。闲情逸致：悠闲的心情和高远的意趣。又引申为安静、宁静。嵇康《赠秀才入军》之十六：“闲夜肃清，朗月照轩。”意思是安静的夜悄然无声，明朗的月光照进窗户。这个意义后来多作“娴”。

简体	繁体	甲骨文	金文	篆书	隶书	草书	行书
闭	閉	閉	閉	閉	閉	閉	閉
闲	閑		閑	閑	閑	閑	閑

bì chǎng
敝 敞

宽敞的“敞”字容易与作为破旧义的“敝” 字混淆。两字的字形虽极相似，但造字方法有异。“敝”主要是会意字，左旁的形体兼有声符的作用；“敞”是以“尚”为声符的形声字。

敝，左部本是个“巾”字，而在其上、下加了四短画，表示衣服破烂；右偏旁“攴”表示扑打的意思。《说文》：“一曰败衣。”段玉裁注：“引申为凡败之衣。”本义是衣服破旧。《诗·郑风·缁衣》：“缁衣之宜兮，敝予又改为兮。”意为黑色朝服多合样，破了，我再做新装。又指坏、破旧。如：敝屣（破鞋，比喻不足珍惜的东西），“敝帚千金”意为烂扫帚（也认为）值千金。与“敝帚自珍”一样，比喻虽然是不值钱的东西，但自己也看得很珍贵。

敞，《说文》：“平治高土，可以远望也。”本义是宽阔。《洛阳伽蓝记·修梵寺》：“高门华屋，斋馆敞丽。”意思是高大的门户，华丽的房屋，附属建筑的斋、馆，宽敞明亮。又引申为张开、敞开。陶潜《桃花源记》：“奇踪隐五百，一朝敞神界。”意思是奇异的踪迹隐没了五百年，如今突然敞开了这神仙境界。

简体	甲骨文	篆书	隶书	草书	行书
敝	敝	敝	敝	敝	敝
敞		敞	敞	敞	敞

bì cī
庇 疵

“庇”和“疵”同是形声字，形体也很相似。但“庇”从比声，“疵”从此声，意符也各异，所以读音和所表示的意义都截然不同。

庇，意符是“广”。“广”，金文是靠近山崖而筑的房屋形象。用“广”作意符，表示与屋子的用途有关。本义是遮蔽、掩护。《左传·文公七年》：“葛藟犹能庇其本根，故君子以为比，况国君乎？”意思是葛藟还能遮蔽它的躯干和根子，所以君子把它作为比喻，何况是国君呢？杜甫《茅屋为秋风所破歌》：“安得广厦千万间，大庇天下寒士俱欢颜？”意思是什么时候能有高房大厦成千上万间，庇护着天下贫穷的士人使他们都喜笑颜开呢？

疵，意符是“疒（nè）”。“疒”在甲骨文中是一个人生病躺在床上的形象。凡从疒的字，多和疾病的含义有关。本义是小毛病。吹毛求疵：吹开皮上的细毛，去找小毛病。比喻故意挑剔，寻找差错。又指黑斑。《广韵》：“疵，黑病。”引申为缺点。瑕疵：本指玉上的斑点，因而常用以比喻人的过失或缺点。

简体	甲骨文	篆书	隶书	草书	行书
庇		庇	庇	庇	庇
疵	疵	疵	疵	疵	疵

bì huá
毕 华

“毕”与“华”字形本不相近，简化以后却非常近似了。两字的造字方法不同，“毕”是象形字，“华”是形声字，两字的读音和表示的意义皆不相同。

毕，繁体写作“畢”。古字像古代一种围猎用的有柄的网，形小而柄长。这是本义。用毕捕鸟兽。《诗·小雅·鸳鸯》：“鸳鸯于飞，毕之罗之。”意为鸳鸯双飞不分开，用网用罗捕回来（罗：张在地上无柄的捕鸟大网）。通常指完毕、结束。如：毕业（结束学业）。虚化成副词，表示尽、全的意思。真相毕露：本来的面目全部暴露出来了。

华，原本是一朵花的形象，后来又加了意符“艹”，成为形声字。“华”是“花”的本字，用作“荣华”“光华”，后来又造了一个从艹化声的“花”字。在古书中还有用为“花”义的。《诗·周南·桃夭》：“灼灼其华。”意为花开得多么鲜艳啊！今“华”与“花”，除古书和成语外，音义都不同，已成为两个字了。又指美丽、有光彩的。如：华灯，华丽。引申为精华、精美的东西。含英咀华：细细体味文章中的精华。作姓或地名时读huà。如：华山，华老栓。

简体	繁体	甲骨文	金文	篆书	隶书	草书	行书
毕	畢	畢	畢	畢	畢	畢	畢
华	華		華	華	華	華	華

bì bì
蓖 篦

“蓖”和“篦”的声符同是“篦”，读音均为bì。意符分别从艹、从竹，说明一是草本植物，一是竹子制成的用具。音同形似而义有别。

蓖，《说文》：“蓖，蒿也。从艹，毗声。”《本草》：“叶似大麻，子如牛蜱。”所以称为蓖麻。牛蜱即牛虻。蓖麻是草本植物，种子叫蓖麻子，榨的油可做泻药或润滑油。

篦，本读bī，《说文》新附：“导也。今俗谓之篦。”《广韵》称作“钗篦”，是钗一类的首饰。“篦子”的篦，本作“比”，读bì，后来才写作“篦”，是竹制成的齿密的梳头用具。也用作动词，指用篦子梳。如：篦头。杜甫《水宿遣兴奉呈群公》：“耳聋须画字，发短不胜篦。”

简体	篆书	隶书	草书	行书
蓖	蓖	蓖	蓖	蓖
篦	篦	篦	篦	篦

bì　bì
辟　避

“辟”和“避”读音相同，但造字方法各异，“辟”是会意字，“避”是以“辟”为声符的形声字。

辟，从卩从口从辛。甲骨文中“辛”像刑具，右边“卩”像跪着受刑的人，用以表示有罪依法受刑之意。《说文》：“辟，法也。”本义是法度、法律。《诗·小雅·雨无正》：“辟言不信，如彼行迈。”意思是不听信合乎法度的话，就像走路没有目标。辟又为天子、诸侯国君的通称。如：复辟（失位的君主恢复帝位）。又指征召。《后汉书·张衡传》：“连辟公府不就。”意思是公府屡次征召也没有应召。又读pì，指开辟。如：开天辟地。引申为驳斥或排除（不正确的言论或谣言）。如：辟谣，辟邪说。

避，躲开、回避、避免之义，所以意符从辵（chuò），借以表示“避”的动意。不避艰险：不躲避艰难险阻。退避三舍：古时行军以三十里为一舍。这本是晋公子重耳对楚王说的感恩的话。大意是说，如果将来咱两国有战争的话，先退让你三舍之地。今天常用此成语来表示对人让步或回避。

简体	甲骨文	金文	篆书	隶书	草书	行书
辟						
避						

bì　bì
璧　壁

“璧”与“壁”都从辟声，读音都与声符一致。但两字所从意符有异，因而表示的意义完全两样。

壁，本义是墙壁。古人用土筑墙，所以用“土”作意符，表示与土有关。壁画：绘在建筑物的墙壁或天花板上的图画，是历史上最悠久的绘画形式之一。铜墙铁壁：像铜铁做的墙壁，比喻十分坚固，势不可摧。引申为军垒、壁垒。坚壁清野：坚守城堡，转移周围的人口、粮食、财物、牲畜，清除附近房屋、树木等，使敌人既攻不下据点，也抢不到东西，是作战时一种对付入侵敌人的策略。引申指陡峭如墙的山崖，如“悬崖峭壁”。

璧，意符是“玉”，表示与宝玉有联系。是古代的礼器，平而圆，中心有孔，在古代是贵重之物。珠联璧合：珍珠相连，璧玉相合。比喻美好的事物连接或集合在一起。常用来祝颂男女婚嫁。完璧归赵：蔺相如智胜秦王，使和氏璧完整无损地回到赵国。后来常用以比喻把原物完整无缺地归还主人。

简体	金文	篆书	隶书	草书	行书
壁		壁	壁	壁	壁
璧	璧	璧	璧	璧	璧

bì zhōu
弼 粥

“弼”和“粥”字形相似，只是中间有从百、从米的差异。其实两字虽然都是会意字，却是各会各的意，毫无共同之处。

弼，意符是“弜”，是护弓的器具，形状似弓。弓弛之后，缚在弓上，以防弓变形。徐锴认为“弼”字中间的“百”是舌头的形象。“舌柔而弜刚，以柔从刚，辅弼之意”。本义是保护弓弩的器具名。引申为辅助，如复音词“辅弼”。也指辅助的人。《书·说命上》：“梦帝赉予良弼。”意为梦见上帝赐予了一个好的辅佐。

粥，用粮食或粮食加其他东西煮成的半流质食物， 即稀饭。本来“粥”字下面还有“鬲”，一般都省去了，鬲是古代煮东西用的罐子。煮粥用米，所以从米。两边的弜不是弓而是煮粥时冒出的热气形状，楷化后变得与弓一样了。粥少僧多：比喻东西少而人多，不够分配。古代粥（鬻）又读yù，是卖的意思。不粥祭器：不能出卖祭器（敬神明、祀祖先的用具）。

简体	金文	篆书	隶书	草书	行书
弼	弼	弼	弼	弼	弼
粥		粥	粥	粥	粥

biān mài
边 迈

“边”和“迈”两字本来不同，简化后却成了一对形近的字。两字都是形声字。“边”从臱（mián）声，简化作“力”，取其便于书写，约定俗成，并无意义。“迈”从万声。“萬”字唐代就已简化为“万”，是一个老资格的简化字。“边”和“迈”的意符都从辵，其字义都和行走有一定的关系。

边，本义是边界、边疆。边疆远离腹地，便用“辵”来表示这个意思。金文由“辶”“自”“内”“方”共同组成，到了篆文却变为由“辵”“自”“内”和两者之间的示意图构成，繁体又变成了由“辵”“自”“穴”“方”构成。如：屯边（军队驻扎在边疆），边防（为保卫国家安全在边境地区布置的防务）。引申为止境、尽头。宽大无边：宽大没有边际，指执法不严。引申为边缘。杜甫《登高》：“无边落木萧萧下，不尽长江滚滚来。”意为没有边际的树林的叶子簌簌地掉下，看不到尽头的长江，波涛滚滚，汹涌而来。也表示附近之义。如：身边，旁边。

迈，本义是远行，与“行”义相近，所以“行迈”连用。《诗·王风·黍离》：“行迈靡靡。”意思是远行在即难迈步。因为是行走，所以从辵。高适《奉和鹘赋》：“嗟日月之云迈。”意思是叹息光阴像飞云般地消逝。引申为超过、超越。《三国志·魏书·高堂隆传》：“三王可迈，五帝可越。”意思是不论是三王还是五帝，都可以超过他们。近代称跨大步为迈步。毛泽东《忆秦娥·娄山关》：“而今迈步从头越。”意思是（英勇的红军）如今迈开大步再一次跨越过去了。又年老称年迈，是一种委婉的说法，是从越过义引申来的。

简体	繁体	甲骨文	金文	篆书	隶书	草书	行书
边	邊		邊	邊	邊	邊	邊
迈	邁	邁	邁	邁	邁	邁	邁

扁（biǎn） 扃（jiōng）

“扁”和“扃”看来很相似，其实它们的造字方法不同，“扁”是会意字，“扃”是以“冋”为声符的形声字。两字音义皆不同。

扁，从户册。《说文》：“户册者，署门户之文也。”本义是扁额、门牌之类的东西（有题字的长方形牌子，挂在门上或墙上）。《宋史·吴皇后传》：“梦至一亭，扁曰侍康。”意思是梦见来到一座亭的前面，看见亭上的扁额写着“侍康”两个大字。这个义项后来写作“匾”。今多指物体面宽而体薄。如：扁平，压扁。又读piān。如：扁舟（小船）。李白《还山留别金门知己》：“扁舟寻钓翁。”意为驾着小船寻找那钓鱼的老翁。

扃，本义是古代从外面关闭门户用的门闩。因为是门户的附件，所以意符从户。《说文》：“扃，外闭之关也。”《礼记·曲礼》：“入户奉扃。”意为进门时两手要像捧着门闩似的，表示恭敬。古代兵车上固着兵器或旌旗之类的栓扣也称“扃”。张衡《西京赋》：“旗不脱扃。”意思是旗儿不从架上卸下。

简体	篆书	隶书	草书	行书
扁	扁	扁	扁	扁
扃	扃	扃	扃	扃

biǎn zhǎ
贬 眨

“贬”和“眨”的字形极其相似，但造字方法有异，字义也判若两样。

贬，会意兼形声字。《尚书大传》：“行而无资谓之乏。”加上作为货币、资财的“贝”，表示减少其资财。“乏”也兼声符，但今天已觉察不出了。本义为损减、减少。《说文》：“贬，损也。”《左传·僖公二十一年》：“修城郭，贬食、省用、务穑。”意为修好城郭，节约饮食，节省开支，致力农业。引申为降低，如“货币贬值”，表示货币降低了交换比值。又引申为给予不好的评价，与“褒”相对，如：贬义词。

眨，形声字，从目乏声。和“乏”同韵，都是入声字。今天普通话没有入声，眨和乏分别转入了不同调类。是眼睛很快地一闭一开之意，所以意符从目，表示字义与眼睛有关。《说文》新附：“动目也。”杀人不眨眼：杀人眼睛都不眨，形容杀人成性，极其凶狠残忍。

简体	繁体	篆书	隶书	草书	行书
贬	貶	貶	貶	貶	貶
眨		眨	眨	眨	眨

biàn biàn bàn
辨 辩 瓣

“辨”“辩”和“瓣”同是以“辡（biàn）”为声符的形声字；“辨”与“辩”今读音如声符。“瓣”与声符读音相近，只缺介音i，读bàn。

辨，中间的形体是意符“刀”。从刀是表示剖分之义。《说文》：“辨，判也。”本义是分辨、辨别。明辨是非：辨别清楚谁是谁非。《左传·成公十八年》：“周子有兄而无慧，不能辨菽麦。”意思是周子有个哥哥是白痴，不能辨别大豆和小麦。

辩，本义是辩论、申辩。辩论或申辩要用言辞，所以意符从言。如：事实胜于雄辩，能言善辩。引申为（言辞）动听。《墨子·修身》：“务言而缓行，虽辩必不听。”意思是光说而行动跟不上，说得再动听也没有人听他的。

瓣，本指瓜类的籽实，因而用“瓜”作意符。《说文》：“瓣，瓜中实也。”傅玄《瓜赋》：“细肌密理，多瓤少瓣。”意思是瓜肉细腻，纹理密实，瓢儿多厚，瓜子无几。今天多指瓜果或植物的球茎等中有膜隔开或可依其自然纹理分开的部分。如：橘瓣，豆瓣，蒜瓣。又称花的分片和草木的叶子。如：花瓣，叶瓣，洋葱瓣。

简体	繁体	甲骨文	篆书	隶书	草书	行书
辨		辨	辨	辨	辨	辨
辩	辯		辯	辯	辯	辯
瓣			瓣	瓣	瓣	瓣

biàn　　shǐ

便　使

“便”和“使”同是会意字，且形体相似，但音义却有很大不同。

便，由“人”和“更（gēng）”组成。意思是人如果有不便之处就要变更，以适应外界环境的变化，求得方便。本义是有利、适宜。《史记·信陵君列传》：“将在外，主令有所不受，以便国家。”意思是大将在外面（带兵作战），君主的命令不一定都接受，因为这样有利于国家。引申为随便的、简单的。如：便饭，便服，便条。又读pián，用于“便宜”（价钱低廉）。也指不应得的利益，如：占便宜。叠用作“便便”时读pián，形容肥胖。如：大腹便便。

使，从人吏声，表示令人治事之意。本义是派遣、支使。《史记·秦始皇本纪》：“使王翦、辛胜攻燕。”意为派遣王翦和辛胜攻打燕国。引申为让、叫、致使义。古代也指出使。《论语·子路》：“使于四方不辱君命，可谓士矣。”意为出使外国，完成任务，没有玷污君王的使命，这样便可以叫作士了。唐朝以后朝廷特派去负责地方某种政务的官也称使，如掌考察州县官吏政绩，兼理民事，称“观察使”。明清则常设官也称使，如：布政使，按察使。今称驻外国的外交官，如：大使，公使。

简体	篆书	隶书	草书	行书
便	便	便	便	便
使	使	使	使	使

biāo 膘　piǎo 瞟

“膘”和“瞟”的声符都是“票”，读音同韵母。由于意符“月（肉）”和“目”差别很小，所以容易混淆。

膘，《说文》：“牛胁后髀前合革肉也。从肉，票声。”本读piāo，段玉裁注：“合革肉者，他处革与肉可分剥，独此处不可分剥也。”但早在五代时徐锴就说：“今谓马肥为膘肥。”多用以指牲畜的肥肉，读biāo，如：这猪长膘，这块肉膘厚。《水浒传》第七三四回：“你拣得膘肥的宰了烂煮将来。”

瞟，《说文》：“瞟，目祭也，从目，票声。”是察看的意思。段玉裁注：“今江苏俗谓以目伺察曰瞟。”朱骏声《说文通训定声》：“今常州人俗语，有所省视曰瞟。”现在仍保存在方言里，今一般指斜着眼睛看。如：他一面说话，一面用眼瞟老李。

简体	篆书	隶书	草书	行书
膘	膘	膘	膘	膘
瞟	瞟	瞟	瞟	瞟

biǎo　　sàng
表　丧

“表”和“丧”的造字方法基本相同，都是会意字。因所会之意不同，音义皆异。

表，从衣从毛，楷化后已看不出来了。古人以野兽的皮毛为衣，一般是有毛的一面向外，即所谓“表裘”，就是“表”的本义。后来引申为外衣。《庄子·让王》：“中绀而表素。”意为穿着白色的外衣衬着紫红色的内里。又引申为外表。表里不一：形容思想和言行完全不一致。又引申为表达。如：略表心意。又是一种文体。起源于汉代，用于臣僚向君王陈述政事，表达情感。三国两晋把凡属陈述性的上行文都称为“表”，内容更广泛。如：诸葛亮的《出师表》，李密的《陈情表》等。

丧，繁体写作“喪”，从哭从亡，“亡”兼作声符。“亡”与“丧”为叠韵。本义是失去。《论语·子路》：“不几乎一言而丧邦乎？”意为那不是接近于一句话可以丧失国家吗？现指跟死人有关的（事情）。如：丧事，治丧（办理丧事）。下部是从古文“亡”演变而来的，所以左边没有“丿”。

简体	繁体	甲骨文	金文	篆书	隶书	草书	行书
表							
丧	喪		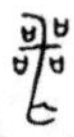				

biē　　bié
憋　蹩

“憋”和“蹩”都是形声字，声符同是“敝”，今读音相同但不同调。所从意符有“心”和“足”的不同，所表示的义也不同。

憋，《方言》：“憋，恶也。”郭璞曰：“憋焦，急性也。”古本读bié，用以形容性急貌。这个义很少用。后来借用这个字，表示的是完全不同的义，读biē，义为勉强忍住。如：

憋一口气。又指闷。如：心里憋得慌。

蹩，《说文》：“一曰跛也，从足敝声。”古代行不正，跛行称“蹩躠”。《聊斋志异·续黄粱》：“参差蹩躠而行。”又指扭折、扭伤。谭嗣同《六盘山转饷谣》：“马足蹩，车轴折，八蹉跌。”今天称脚腕子或手腕子扭伤了叫“蹩”。如：蹩痛了脚。又方言称质量不好、本领不强为“蹩脚”。

简体	篆书	隶书	草书	行书
憋	憋	憋	憋	憋
蹩	蹩	蹩	蹩	蹩

bīn 滨　bāng 浜

“滨”和“浜”都从水，声符“宾”和“兵”的读音也相近。因此有人把两字都读bīn，实为误会。明白两字的来由和各自的结构，就不会混淆了。

滨，繁体写作“濱”，本作“濒”。《说文》：“水厓。”从页从涉。意思是人走到水边就颦蹙不前。段玉裁注：“濒，今字作滨。”本义是水边。《史记·屈原贾生列传》：“屈原至于江滨。”意为屈原来到长江之边。引申指边、边缘。《后汉书·袁安传》：“降者十余万人，议者欲置之滨塞。”意为投降的十几万人，有人提出要把这些降兵安置在边塞的地方。作动词用，表示靠近、接近。《国语·齐语》：“管夷吾射寡人中钩，是以滨于死。”意思是管仲射我射中了衣带上的钩，险些送了命。

浜，《广韵》：“安船沟也。”本义是小河。吴方言称小河为浜，多用于地名。如：沙家浜。

简体	繁体	篆书	隶书	草书	行书
滨	濱	濱	濱	濱	濱
浜		浜	浜	浜	浜

bīng yǒng
冰 泳

“冰”和“泳”的造字方法各不相同。“冰”本作“仌”，是象形字；“泳”是以“永”为声符的形声字，今读音如声符。

冰，本是“凝”的本字。后因“仌”形太简，易与类似的字混淆，便用“冰”来代替“仌”。甲骨文是两个“人”字上下叠放，就像严寒下突起的冰块。金文字形与甲骨文相似。篆文则在“仌”旁又加了“水”，表示“冰”是由水凝结而成的。楷书直接用“冫”和“水”两个简单符号表示。《说文》：“仌，冻也，象水凝之形。”本义是水凝结而成的固体。冰山：指漂浮在海洋中的巨大冰块。冰清玉洁：如冰之清澈晶莹，如玉之洁白无瑕，比喻人的品格高尚纯洁。冰消瓦解：比喻事物的分裂分离，就像冰融化、瓦破碎一样极快地消失或崩溃。

泳，《说文》：“潜行水中也。从水，永声。”本义是在水里游动，所以用“水”作意符，表示与水有关。如：仰泳，蛙泳。《诗·周南·汉广》：“汉之广矣，不可泳思。”意为汉水宽又宽，要想游过难上难。

简体	甲骨文	金文	篆书	隶书	草书	行书
冰	仌	仌	冰	冰	冰	冰
泳			泳	泳	泳	泳

bīng　　qiū

兵　丘

“兵”是会意字，“丘”是象形字，造字方法不同，表现的意义也各异。

兵，《说文》：“械也，从廾持斤。”甲骨文像双手拿着斤的样子。“斤”是古代斧子一类的兵器，所以“兵”的本义是兵器。《左传·隐公元年》：“大叔完聚，缮甲兵，具卒乘，将袭郑。”意思是大叔修理城郭，聚集百姓，储备粮草，补充盔甲、兵器，充实步兵、车兵，准备袭击郑国都城。短兵相接：用刀剑等类短小兵器交手刺杀，比喻双方面对面地进行尖锐的斗争。由兵器引申为武装力量、军队。富国强兵：使国家富裕，使军队强大。又引申为战争、战略、战术。兵连祸结：战争连续不断，各种灾祸联翩而至。兵无常势，水无常形：用兵没有一成不变的阵势，流水没有固定的流向。指战争情况千变万化，战略战术必须灵活机动。

丘，甲骨文像土丘的形状。《说文》：“土之高也。”本义是小山、土堆。柳宗元《钴鉧潭西小丘记》：“梁之上有丘焉，生竹树。”意思是石堰的上面有小丘，长着竹子和树木。又指坟墓。王安石《将次相州》：“青山如浪入漳州，铜雀台西八九丘。”意思是青山就像波浪起伏一样涌入漳州，铜雀台的西面排列着八九座坟墓。

简体	甲骨文	金文	篆书	隶书	草书	行书
兵						
丘						

bǐng　　chéng

秉　乘

“秉”和“乘”的上下两头形体相同，差异只在中间。它们同是会意字，但所借以会意的手段不同，意义也截然不同。

秉，由“彐”（“手”的形象）和“禾”组成，表示用手握禾。本义是禾把。《诗·小雅·大田》：“彼有遗秉。”意为那边收获后还有掉在田地里的一把一把的稻禾。引申为拿着、握着。如：秉笔直书。引申为掌握、主持。秉政：主持政务。秉公办事：依照公认的道理或公开的标准办理事情。

乘，古文字像一个人登上树端的形象，表示登的意思。篆书已失原形。本义“登”。《诗·卫风·氓》：“乘彼垝（guǐ）垣，以望复关。”意思是登上破墙垣，默默望复关。又指乘坐，驾。《诗·邶风》：“二子乘舟，泛泛其景。”意思是两人同坐小船上，飘飘荡荡向远方。乘坚策肥：乘着坚固的车子，鞭打肥壮的马匹。形容高官、富商的豪华生活。又引申为趁、利用。乘人之危：趁别人有急难的时候，去要挟侵害人家。又指车辆。一车四马为一乘，读shèng。《孟子·梁惠王上》：“万乘之国，弑其君者，必千乘之家。”意思是（在一个拥有）万辆兵车的国家里，企图谋杀国君的人，一定是拥有千辆兵车的大夫。引申为“四”的代称。《左传·殽之战》：“以乘韦先，牛十二，犒师。”意思是先用四张熟牛皮，后用十二头牛犒赏秦国的军队。

简体	甲骨文	金文	篆书	隶书	草书	行书
秉	秉	秉	秉	秉	秉	秉
乘	乘	乘	乘	乘	乘	乘

bìng　jí

病　疾

“病”和“疾”同是形声字。“病”从丙声，今读音接近声符。“疾”从矢（shǐ）声，古今音变的结果，声符“矢”的标音作用不明显了。“病”和“疾”的意符都是“疒（nè）”，凡是从疒的字都和疾病有关。

病，本义是疾病。轻者为疾，重者为病。《说文》：“病，疾加也。”《孟子·公孙丑下》：“今病小愈，趋造于朝。”意思是今天病刚好了一点，赶紧上朝。引申为毛病、弊病。砭切政病：提出的政见针对和切合当时政治上的弊病。引申为劳累、困苦。柳宗元《捕蛇者说》：“向者不为斯役，则久已病矣。”意思是过去我要是不当这个差使，那么，老早就已经困苦不堪了。又引申为担心、忧虑。《论语·卫灵公》：“君子病无能焉，不病人之不已知。”意思是君子只担心自己没有能力，不担心别人不知道自己。

疾，《说文》：“病也。从疒，矢声。”在古代是指一般的病。疾和病连用时，一种情况是“病”，特表病重的意思；另一种情况是属于同义搭配的复音词，和现代汉语没有什么区别。由病义引申为痛苦。如：关心群众疾苦。引申为痛恨。疾恶如仇：憎恨坏人坏事像痛恨敌人一样。另一义是急速、猛烈。疾风劲草：在猛烈的大风中，只有坚韧的草才不会被吹倒。比喻在大风大浪或艰苦危急之中，只有立场坚定、意志坚决的人才经得起考验。

简体	甲骨文	金文	篆书	隶书	草书	行书
病			病	病	病	病
疾	疾	疾	疾	疾	疾	疾

bìng 并　biàn 弁

“并”和“弁”字形相似，读音相近，但表示的意义不同。

并，简化汉字将楷书中“并”“倂”和“並”三个不同形体的字一律简化作“并”。这三个字在古代并不完全通用。甲骨文好像是侧身的两人被系的形状。“并”从从并声。本义都有合并、兼并之意。《史记·秦始皇本纪》：“秦初并天下。”意为秦国刚统一天下的时候。“并（竝）”《说文》释“从二立”。古文字像两个人肩并肩站在一起的形状，取两人并立之意。本义“相挨着、一齐”。如：并肩作战。并驾齐驱：比喻齐头并进，不分前后（并驾：几匹马并排拉一辆车；齐驱：一齐快跑）。还用作连词“并且”。又用以加强否定语气。如：并不，并非，并未。

弁，冠名。古代男子穿礼服所戴的帽子。吉礼穿的礼服用“冕”，通常礼服用“弁”。有皮弁、爵弁。皮弁用于田猎战伐，爵弁用于祭祀。《左传·襄公二十五年》：“不说弁而死于崔氏。”意为还没脱掉爵弁就被崔杼杀了。因弁是戴在头上的，所以引申为放在前面。如“弁言”（冠于卷首，相当于前言或序文一类的文字）。

简体	繁体	甲骨文	金文	篆书	隶书	草书	行书
并	並						
弁							

bó 博 bó 搏

“博”与“搏”字形相似，读音相同。“博”是会意兼形声字，与形声字“搏”同以“尃（fū）”为声符。今天的一些以“f”为声的字，古代都念“b”“p”的音。音韵学称作“古无轻唇音”。“博”与“搏”都从尃声， 而读作bó，就是这个道理。两字所从的意符不同，造字的方法有异，所表示的意义便不一样。

博，左“十”右“尃”，“十”本是数目字，这里表示多。本义是大、宽广、广博。《诗·鲁颂·泮水》：“戎车孔博。”意为战车奔驰，阵容浩大。博闻强识：见闻广博，记忆力强。博大精深：形容学识广博高深。引申为通达、知道得多。博古通今：通晓古今的事情。引申为众多、丰富。地大物博：疆域辽阔，资源丰富。又有“换取、讨取”义。如：博得同情，聊博一笑。古代有一种赌输赢的游戏，有点像后世的掷骰子，称作“六博”。本作“簙”，但向来都借“博”字来写，如：赌博。

搏，《说文》：“索持也。”所以用“手”作意符。本义是捕捉。《周礼·夏官·环人》：“搏谍贼。”意为捕捉做间谍的坏人。引申作对打、格斗、打斗。《左传·僖公二十八年》：“晋侯梦与楚子搏。”意为晋文公梦见与楚王搏斗。医学上又称动脉的跳动叫“脉搏”。

简体	金文	篆书	隶书	草书	行书
博					
搏					

bó　　bù
薄　簿

“薄”和“簿”同是以“溥（pǔ）”为声符的形声字，因古今语音的变化，声符的标音作用不甚明显了。两字的意符不同，表现的意义也各异。

薄，本义是草木丛生的处所（木丛生叫“林”，草丛生叫“薄”），所以意符从草。《楚辞·九章·涉江》：“露申辛夷，死林薄矣。”但向来都用作厚薄的“薄（báo）”，即厚度小，与“厚”相对。如履薄冰：好像在薄冰上走。比喻小心翼翼，战战兢兢。引申为轻微、卑微，少。如：薄宦（旧指官职卑微，仕途不得意），薄技（微小的才能技艺）。薄物细故：轻微细小的事情。引申作轻视、鄙视。厚此薄彼：重视或优待一方，轻视或冷淡另一方。假借为迫、逼近。日薄西山：太阳迫近西山，即将落下。比喻衰老的人或腐朽的事物临近死亡。

簿，记载某种事项的册子。古代的册子是用竹片制成的，所以用“竹”作意符。《史记·张释之传》：“上问上林尉诸禽兽簿。”意思是皇帝问上林尉登记各种禽兽的册子的情况。今如账簿、收文簿、记录簿等也仍然称“簿”。古代有关法律审讯的材料也称“簿”。对簿公堂：根据起诉文书在公堂上接受审讯。

简体	篆书	隶书	草书	行书
薄	薄	薄	薄	薄
簿	簿	簿	簿	簿

bū　　fǔ
晡　脯

“晡”和“脯”的声符都是“甫”，读音都与声符同韵母。意符分别从日、从月（肉），说明字义一与太阳有关，一与肉有关。

晡，《玉篇》：“晡，申时。”相当于现在下午三时至五时。一般指太阳偏西以后的时间。宋玉《神女赋序》：“晡夕之后，精神恍惚。”意为太阳下山之后，精神恍惚。杜甫《徐步》诗：“荒庭日欲晡。”意为时间快到傍晚，庭院显得更加荒芜。吃晚饭古代称“晡食”。柳宗元《段太尉逸事状》：“吾未晡食。”意思是我还没有用晚餐。

脯，肉干。《说文》：“干肉也。从肉，甫声。”《诗·大雅·凫鹥》：“尔酒既湑，尔肴伊脯。”意思是你的美酒清又醇，下酒肉干煮得烂。又如：兔脯，鹿脯。又指经加工处理的蜜饯果干。如：桃脯，杏脯。又读pú，指胸脯。如：鸡胸部的肉称“鸡脯”。

简体	篆书	隶书	草书	行书
晡	晡	晡	晡	晡
脯	脯	脯	脯	脯

bǔ 捕　bù 埔

“捕”和“埔”同是形声字，都从甫（fǔ）声，今读音与声符仅同韵母，且所从意符不同，意义各异。

捕，《说文》：“取也。”本义是捉拿、捉取。所以用“手”作意符，表示与手的动作有关。《史记·魏其武安侯列传》：“遣吏分曹逐捕诸灌氏支属。”捕风捉影：比喻说话或做事毫无事实根据。也是旧时捕役的总称。如：巡捕。

埔，意符是“土”，只用于地名。如：大埔，广东省县名。又读pǔ。如：黄埔，在广东省。黄埔军校以所在地命名。

简体	篆书	隶书	草书	行书
捕	捕	捕	捕	捕
埔	埔	埔	埔	埔

步 bù　涉 shè　陟 zhì

“步”“涉”和“陟”同是会意字，但音义各不相同。

步，甲骨文、金文是两个脚印，一前一后，表示步行。篆文将其字体形式艺术化。《说文》：“步，行也。”段玉裁注：“缓行曰步。”本义是步行、行走。《战国策·赵策四》：“乃自强步。”意思是于是自己勉强行走。步其后尘：追随在人家的后面。引申为脚步（古代跨一足为跬，再跨一足为步）。稳步前进：比喻按一定步骤推进工作。引申指事情进行的程序。如：步骤。

涉，甲骨文中间是一条弯弯曲曲的水，水的上下两边有两只脚印，表示蹚水而过。所以本义是蹚水过河。《吕氏春秋·察今》：“循表而夜涉。”意为夜里顺着标记蹚水过河。引申为到、经历。涉世不深：经历不深，对世事见识不广。引申为关联、牵连。如：这件事与你无涉。

陟，甲骨文右边是两只脚，脚的旁边是阜（高坡），表示登、上的意思。本义是登、升上。《诗·周南·卷耳》：“陟彼高冈，我马玄黄。”意为登上那高高的山冈，我的马累病了。引申为进用、提升。《三国志·蜀书·诸葛亮传》：“陟罚臧否，不宜异同。”意为提升、处分、表扬、批评，在标准上不该有差异。

简体	甲骨文	金文	篆书	隶书	草书	行书
步	步	步	步	步	步	步
涉	涉	涉	涉	涉	涉	涉
陟	陟	陟	陟	陟	陟	陟

C

cāi　　liè　　zhū

猜　猎　猪

“猜”“猎”和“猪”同是形声字，意符都从犬。“猜”从青声，“猪”从者声，由于古今音变，声符“青”和“者”的标音作用已不明显；“猎”字是“獵”的简化字，从巤（liè），读音与声符相同。

猜，《说文》：“恨贼也。”段玉裁说：“本谓犬，假借之谓人。”本义是忌恨、怀疑。《左传·僖公九年》：“送往事居，耦俱无猜，贞也。”意思是送走死去的，侍新即位的，双方都没有猜恨，这是忠贞。两小无猜：幼男幼女相处融洽，天真无邪，没有猜忌。引申为揣摩、测度。如：猜想，猜谜。

猎，《说文》：“放猎逐禽也。”本义是搜捕禽兽，所以用“犬”为意符。《诗·魏风·伐檀》：“不狩不猎，胡瞻尔庭有县貆兮？”意为上山打猎你不沾，凭什么你家满院挂猪獾？以打猎为业的人家称“猎户”。徐珂《冯婉贞》：“距圆明园十里，有村曰谢庄，环村居者皆猎户。”意为离圆明园十里的地方，有一个村子叫谢庄，全村的人都是猎户。引申为追求、搜寻。如：刻意搜寻新奇的事物称“猎奇”；粗略地阅读称“涉猎”。“猎猎”叠用时，多用来形容风声及旗帜被风吹动的声音。

猪，本从豕，简化从犬，声符仍从者。通称“豕”为“猪”。专门养猪的人，过去称猪倌。

简体	繁体	金文	篆书	隶书	草书	行书
猜			猜	猜	猜	猜
猎	獵	獵	獵	獵	獵	獵
猪	豬		豬	豬	豬	豬

裁 cái　栽 zāi

“裁”和“栽”同是以“𢦏（zāi）”为声符的形声字。“裁”现在的读音与声符同韵母，“栽”的读音则与声符相合。两字的意符不同，表示的意义两样。

裁，本义是裁割、剪裁，所以用“衣”作意符，表示与衣服有关。《汉乐府·孔雀东南飞》：“十三能织素，十四学裁衣。”意为十三岁能织绢，十四岁便学裁制衣服。量体裁衣：按照身材剪裁衣裳。比喻根据具体情况处理问题，办理事情。引申为削减。裁员：旧时机关或企业裁减人员。裁军：削减军队的数量。引申为决定、判断。裁处：考虑决定并加以处理。裁决：判决断定。引申为设计、安排、取舍。独出心裁：指诗文构思的题意、结构安排不同于众，有独到之处。也指提出了独特设想、办法。

栽，意符是“木”。《说文》：“筑墙长板也。”本义是打垒筑墙所用的木板。《左传·庄公二十九年》：“凡土功……水昏正而栽。”意为凡是土木工程……黄昏见到营室星在南方，就要立板筑墙（营室星属北方七宿，所以又称“水宿”）。很早就用为“种植”之称。《礼记·中庸》：“栽者培之。”今天我们还用“栽培”这个词。又引申为可以移植的植物幼苗。如：花栽子。口语“栽跟斗”的“栽”，是跌跤的意思，也借用“栽”来书写。

简体	甲骨文	金文	篆书	隶书	草书	行书
裁						
栽						

才 cái　寸 cùn

“才”和“寸”都是指事字，音义各异。

才，在金文中写作“十”字，而在中心作一大黑点，是“在”字的初文，但很早就用作

“才”了。《说文》：“草木之初也。”本义是开始。引申为天资、才能。段玉裁说：“草木之初而枝叶毕寓焉，生人之初而万善毕具焉，故人之能曰才，言人之所蕴也。”也指具有才能的人。曹操《求贤令》：“唯才是举，吾得而用之。”意思是只要是有才能的人就推举出来，让我能够任用他们。假借为副词，表示刚刚、方才、仅仅义。晁错《言守边备塞疏》：“救之，少发则不足，多发，远县才至，则胡又已去。”意思是发兵救援，兵派少了，不够用，派多了，从远方郡县调来的军队刚刚到达，可是匈奴人却又逃窜了。陶潜《桃花源记》：“初极狭，才通人。”意思是刚（进洞时）非常窄，仅容一人通过。

寸，从又一。古文字“又”是手的形象，“一”是指事符号，表示部位，指距离手掌一寸的经脉部位，中医叫作“寸口”。同时也是长度单位。十分为一寸，十寸为一尺。寸木岑楼：一寸高的木头同尖顶高楼相比。指因类比不当，而得出错误的结论。寸指测渊：用一寸长的手指去测量深渊。比喻学识浅陋的人，不能明白深奥之理。又用来形容短或小。鼠目寸光：形容眼光短浅，只能看到近处、小处，看不到远处、大处。

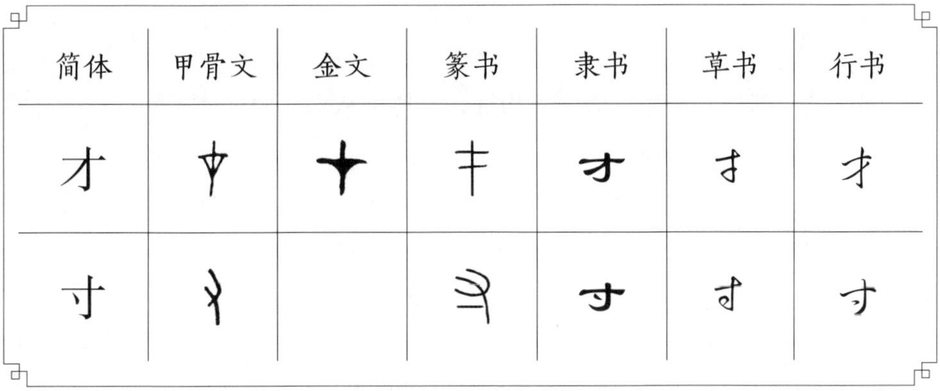

cái cūn
材　村

“材”和“村”都是形声字。“材”从才声，“村”从寸声，读音各如声符，但“村”今读第一声，与“寸”声调有异。两字都以“木”为意符，但表示的意义不同。

材，《说文》：“木挺也。”也就是今天所谓的“原木”。本义是木料。引申为原料、材料。如：钢材，教材，题材。在“资质”“才能”的意义上和“才”通用，而当作形容词或副词时，只能写作“才”。

村，原是从邑从屯作“邨”，“村”是后起字。《玉篇》：“邨，地名，又墅也，与村同。”《增韵》：“邨，聚落也。”本义是村庄。陶潜《桃花源记》：“村中闻有此人，咸来问讯。”意为村里听说有这样一个客人，都来问候和打听消息。

简体	篆书	隶书	草书	行书
材	材	材	材	材
村	村	村	村	村

cǎi 采 fú 孚

“采”和“孚”都是会意字，形体很相近，上体都从爪，而下体不同，所会之意就大不相同。

采，从爪从木。“爪”古文字像手，下面的木指树木，会人在树上采摘果实之意。本义是摘取。如：采茶，采莲。引申为搜集、选取。采风：搜集民歌。采访：搜集，寻访。采购：选择购买。又指彩色。《书·益稷》的“五采”就是“五彩”，后来写作“彩”。如：云彩，彩霞，彩带。由“彩色”义引申为文章的辞藻。刘勰《文心雕龙·情采》：“繁采寡情，味之必厌。”意思是堆砌辞藻缺乏思想感情的文章，读起来必然令人厌烦。

孚，从爪从子。《说文》：“卵孚也。”即指鸟类伏在卵上，使卵内的胚胎发育成雏鸟。鸡孵出来的必是小鸡，鸭孵出来的一定是鸭，所以孚又引申为信、信用。《诗·大雅·下武》：“成王之孚。”意为王德取信天下。又指为人所信服。深孚众望：很使群众信服。

简体	甲骨文	金文	篆书	隶书	草书	行书
采	采	采	采	采	采	采
孚	孚	孚	孚	孚	孚	孚

cān sān

参 叁

“参”和“叁”形体近似，一是下面三撇，一是下面三横，笔画数目相同，只是写法略异。

参，有三读：shēn、 cān、 cēn，代表了三个不同的词，必须弄清它们彼此间的关系，才不致弄错。

本义是星宿名，念shēn，二十八宿之一，即猎户星座中心斜向的三颗大星，字形上部本来是三个圆圈，象征参星。楷化作“厽”，后来为了书写便利，改成“厶”加一横，“彡”是声符。《诗·召南·小星》：“维参与昴。”意为是参星和昴星。

药名人参的参，本来是从艹，侵声，但一般不用，而用同音字“参”来书写。

参星是三颗星，古代又借以表三。因此，加入进去成三时也叫“参”，用于这个意义时读cān。如古代称站在车右的人为“参乘（shèng）”。因古代车上只容三人，除主人和驾车者外，加进“参乘”，正好三人。引申为参加、参与。《汉书·赵充国传》：“朝廷每有大议，常与参兵谋。”意思是每遇朝廷有重大事情商议，（他）常参与军事方面的谋划。古代下级见上级叫参。如：参见，参谒。又读cēn，只用于复音词。“参差荇菜，左右采之”意思是水荇菜长短不齐，采荇人左采右采。

叁，“三”的大写字，是由“参”演变来的。“参”古本有“三”义，后来将下面三撇改成三横，用为“三”的大写字。

简体	繁体	甲骨文	金文	篆书	隶书	草书	行书
参	參						
叁							

cán jiàn
惭 渐

“惭”和“渐”都是以“斩”为声符的形声字，读音均只与声符同韵母。两字的意符不同，表示的意义各不一样。

惭，意符是“忄（心）”。本义是羞愧。大言不惭：说大话不知道害羞。自惭形秽：因为自己容貌举止不如别人而感到惭愧。泛指自愧不如别人。

渐，本水名，即今之浙江。另外有一个“从走，斩声”的字，表示徐徐前进的意义，但从来不用，却写作“渐”，这就是段玉裁所说的“本有其字而不用，专用借字”。《书·禹贡》：“东渐于海。”意为往东慢慢流入大海。引申为逐渐，读jiàn。渐入佳境：以顾恺之食甘蔗常自尾至根部越吃越甜的典故，比喻兴味逐渐浓厚或境况逐渐好转（佳境：美好的境界）。引申为事物发展的开端。防微杜渐：错误或坏事还未显著或刚刚冒头的时候，就加以制止，不使其发展（杜：堵塞。渐：事物的开端）。在古代还有湿、浸渍、浸润等义，读jiān。《诗·卫风·氓》：“淇水汤汤，渐车帷裳。”意为淇河滚滚流，水溅湿了车帷蓬。《汉书·董仲舒传》：“渐民以仁。”意为用仁德来感化（浸染）老百姓。

简体	繁体	篆书	隶书	草书	行书
惭	慚	慙	慚	慚	慚
渐	漸	漸	漸	漸	漸

cán jiàn
残 践

“残”和“践”都是以“戋（jiān）”为声符的形声字。由于古今音变，今天两字的读音不同。意符有别，意义也各异。

残，意符是“歹（è）”，古字像残骨之形，所以从歹的字多与死亡凶害有关。《说文》：“残，贼也。”本义是伤害。《左传·宣公二年》：“残民以逞。”意为残害百姓来满足自己的欲望。引申为凶恶、狠毒。如：残暴，残忍，残酷。引申为残缺。断简残编：指残缺不全的古籍，也指不完整的书本知识（简：古代用来写字的木、竹片。编：穿简的细长皮条），又作“断编残简”。引申为剩余、将尽。残杯冷炙：吃剩的酒肉，借指豪门富家的施舍（酒余谓“残杯”，肉余谓“冷炙”）。

践，《说文》：“履也。从足戋声。”本义是践踏。《诗·大雅·行苇》：“敦彼行苇，牛羊勿践履。”意思是芦苇聚生在道旁，别放牛羊来踩踏。引申为履行、实行。践言：履行自己所说的话。践约：履行预先约定的事。

简体	繁体	篆书	隶书	草书	行书
残	殘	殘	殘	殘	殘
践	踐	踐	踐	踐	踐

cāng 仓 lún 仑

“仓”与“仑”形体相似，容易混淆，其实两字的繁体相去甚远，造字方法也不同，“仓”是象形字，“仑”是会意字，音义也各异。

仓，繁体写作“倉”，甲骨文像仓库的形状，头上是屋顶，底下有廪，中间有仓门。金文与甲骨文的书写相似，本义是贮藏米谷的建筑物。如：粮仓，米仓。今统称用以贮藏和放置物资的场所或建筑物为“仓库”。至于联绵词“仓卒”“仓皇”，那就是出于假借了。

仑，繁体写作“侖”，简化字用草书楷化的方法简化作“仑”，从亼从册。亼是三合之形，册是简册。聚集简册必须依据其次第，求其文理，所以意思是条理、伦次。《说文》又说：“仑，思也。”指的是思想。《新方言·释言》：“浙江令人自反省者曰肚里仑一仑。”

简体	繁体	甲骨文	金文	篆书	隶书	草书	行书
仓	倉	倉	倉	倉	倉	倉	倉
仑	侖		侖	侖	侖	侖	侖

cāo 操　sāo 臊

“操”和“臊”同是以“喿（zào）”为声符的形声字。意符不同，字义完全不同。

操，意符是“扌（手）”，表示是手的一种动作。《说文》：“把持也。”本义是持、拿着。操刀必割：拿着刀就一定要切割，比喻及时利用条件行事。引申为掌握、控制。《韩非子·定法》：“操杀生之柄。”意为控制着生死的大权。引申作行为、品行。如：节操，操行。引申为从事……职业。如封建社会称士子读书应举为“操举子业”。引申为操练。如：课间操，体操。

臊，《说文》：“豕膏臭也。”本义指腥臭，所以用“月（肉）”作意符。引申为难闻的气味。如：尿臊，狐臊。又借以表害羞，读sào。如：不知害臊。

简体	篆书	隶书	草书	行书
操	操	操	操	操
臊	臊	臊	臊	臊

cǎo gé
草 革

“草”和“革”都是象形字，两字虽形体相似，但音义皆不同。

草，《说文》：“草，草斗，栎实也。”本指栎树所结的果，俗名橡实。后来却假借来代替“艹”。“艹”才是草木的“草”的本字，字形就像丛生的草的形状，所以是象形字。本义是草本植物的总称。草行露宿：在野草中行路，在露天下睡觉，形容行旅的艰苦或紧迫。草薙禽狝：像割除野草、捕杀禽兽一样，无所顾惜［薙（tì）：除去野草。狝：杀］。又指简略、粗糙。如：草样，草图。因而草稿也称“草”。如：起草。又引申为初步的、非正式的。如：草案。

革，古文字像兽皮已除去毛，平张的形状。《说文》：“兽皮治去其毛曰革。”本义是皮革。将兽皮制成皮革，需要去掉兽皮的毛，所以引申为改革、革除。洗心革面：清除内心的邪恶，改变旧的面貌。比喻彻底悔改，重新做人，也作“革面洗心”。

简体	甲骨文	金文	篆书	隶书	草书	行书
草						
革						

cè cè cè
测 恻 侧

“测”“恻”和“侧”都是以“则”为声符的形声字，今读音均为cè，与声符“则”依然同韵母。由于意符不同，表示的意义不一样。

测，意符是“水（氵）”。《说文》：“深之所至也。”即量度深的程度。本义是测量。《淮南子·说林》：“以篙测江。”意思是用船篙测探江有多深。深不可测：深得难以测量，形容极深，或捉摸不透。引申为推断、料想。变幻莫测：不规则的改变，无法加以预测。

形容事情复杂，变化不定，不可捉摸。

恻，意符是“心（忄）”。《说文》：“痛也。”本义是悲痛、悲伤。如：凄恻，悯恻。又“恻隐”，则是对受害者表示同情。《孟子·公孙丑上》：“恻隐之心，仁之端也。”意为（对受苦难的人表示）同情的心理，是仁爱的开始。

侧，意符是“人（亻）”。《说文》：“旁也。”段玉裁说：“不正曰仄，不中曰侧。”本义是旁边。如：左侧，右侧。旁敲侧击：从旁边、侧面敲打，不正面点破。比喻说话、写文章故意绕弯子，不直接从正面说明本意。引申为斜着，向一边倾斜。侧目而视：斜着眼睛看人，不敢正视。形容畏惧或愤怒的情态。

简体	繁体	金文	篆书	隶书	草书	行书
测	測	測	測	測	測	測
恻	惻		惻	惻	惻	惻
侧	側	側	側	側	側	側

册 删

cè shān

“册”是象形字，而从册的“删”则是会意字。造字方法不同，音义也不一样。

册，甲骨文像竹简串编起来的形状。金文、小篆都与甲骨文相似，像简册形。《说文》：“符命也，诸侯进受于王者也。”古代王者封赏诸侯，先把命辞写在简上，编成册，在宗庙举行封赏的礼节时，由史官宣读命辞，读毕，诸侯受此册而珍藏起来作为符信。“符信”即“册”字最初的意义。又指简册。古代写文书用竹简，编简为册。程大昌《演繁露》：“方册云者，书之于版，亦或书之于竹简也，通版为方，联简为册。”后来用纸张订成的本子仍然叫“册”。如：书册，账册，纪念册。

删，由“刀”和“册”两字合成。古代没有纸张，字是写在简册上的，写错了就用刀刮去重写。这就是所谓的“删”。所以本义是削除。《汉书·律历志上》：“故删其伪辞，取正义著于篇。”又如“删繁就简”，意为删除繁杂的，使之趋于简明、精练。

简体	繁体	甲骨文	金文	篆书	隶书	草书	行书
册	冊	冊	冊	冊	册	册	册
删	刪			刪	删	删	删

chá　　tú
茶　荼

“荼”和“茶”，今天是音义完全不同的两个字，而形体只有一画之差，其实它们起初原来是一个字——荼。这要从源头谈起。

茶，《尔雅·释木》：“槚，苦荼。”这里说的就是今天的茶。古代称“槚”，或称“荼”。“荼”是一种木本植物，与《尔雅·释草》中的“荼，苦菜”之为草本植物，本不相同，只是因为古读音“茶”如“荼”，所以开始也写作“荼”。后来语音演变，“荼”读chá，于是就从“荼”字中减去一笔作“茶”，以示区别。据说这是从唐代陆羽著的《茶经》开始的。这种用减去一笔而造成一个新字的方法，是汉字形体结构的变例，属于后起区别文的范围。

荼，《尔雅》中两见“荼”：一在《释草》，一在《释木》。这是两种不同的东西。《尔雅·释草》：“荼，苦菜。”是一种野生的草本植物，俗名“老鹳菜”，可以吃。《诗·邶风·谷风》：“谁谓荼苦，其甘如荠。”意思是谁说苦菜味苦，它像荠菜甘甜。又指茅、苇之类的白花。如火如荼：像火那样红，像荼那样白。本是比喻军容壮盛，现多用来形容气氛热烈、气势旺盛。

简体	篆书	隶书	草书	行书
茶	茶	茶	茶	茶
荼	荼	荼	荼	荼

chá　cài
察　蔡

“察”和“蔡”都是以“祭”为声符，由于古今音变，声符“祭”的标音作用已消失。“察”是会意字，“蔡”为形声字。两字虽形似，但音义截然两样。

察，《说文解字注》：“覆审也，从宀，祭声。”段玉裁注：“从宀者，取覆而审之。从祭为声，亦取祭必详察之意。”本义是观察、仔细看。《易·系辞上》：“仰以观于天文，俯以察于地理。”意思是仰望太空观察天文星象，俯视大地察看山川形势。引申为看清楚。明察秋毫，是从《孟子》的“明足以察秋毫之末”脱化出来的。鸟兽秋天换毛，生长出绒毛，以备冬寒。孟子用以形容眼力好，好到可以看清秋天毫毛的细尖尖。后来多用“明察秋毫”称颂官吏执法严明。

蔡，本义是野草。《说文解字注》：“蔡，艸丰也。”所以用“草”作意符。这一义古代很少用到。古代也指大龟，作占卜用。《左传·襄公二十三年》：“臧武仲自邾使告臧贾，且致大蔡焉。”意为臧孙纥从邾国派人告诉臧贾，并送上一只大龟。《释文》：“一云龟出蔡地，因以为名。”蔡在周代是一个诸侯国名，其地在今河南省上蔡县、新蔡县一带，也是后来蔡姓的来源。

简体	篆书	隶书	草书	行书
察	察	察	察	察
蔡	蔡	蔡	蔡	蔡

chà　chà
诧　姹

“诧”和“姹”都以“宅”为声符，由于语音的发展变化，现在两字都读chà，与声符“宅”读音不一样了。两字所从的意符不同，意义完全不一样。

诧，本义是夸耀，与言谈有关，所以用“言（讠）”作意符。《史记·司马相如列传》：“子虚过诧乌有先生。”意为子虚到乌有先生那里夸耀（齐王的排场）。引申为诳、欺骗。《晋书·司马休之传》：“甘言诧方伯，袭之以轻兵。”意为用甜言蜜语欺骗方伯，然后用快速精锐的部队袭击他。引申为惊讶。诧异：为怪异感到惊讶。诧为奇事：感到惊讶，认为这是稀奇事。

姹，本作“奼”，《玉篇》：“奼，美女也。”原来是形容女子貌美的，所以用“女”作意符。明代戏曲家汤显祖在《牡丹亭》中，用“姹紫嫣红”来形容花的艳丽，从而成为人们描写繁花盛开的一句成语。

简体	繁体	篆书	隶书	草书	行书
诧	詫	詫	詫	诧	詫
姹		奼	姹	姹	奼

chán 谗　chán 馋　chān 搀

“谗”“馋”和“搀”同是以“毚（chán）”为声符的形声字，“谗”和“馋”的读音与声符相同，“搀”读chān。简化字根据草书的形体将声符“毚”楷化作“⿰”。三字所从意符不同，意义也就各异了。

谗，《说文》：“谮（zèn）也。”本义是在别人面前说陷害某人的坏话，所以意符是“言（讠）”。谗言：诽谤的话，挑拨离间的话。谗害：用谗言陷害。

馋，意符是“食”，本义是贪嘴。如：嘴馋，馋涎（因贪馋而引出的涎水）。引申指贪图利禄。韩愈《酬司门卢四兄云夫院长望秋作》：“驰坑跨谷终未悔，为利而止真贪馋。”意为奔驰在山谷间始终不悔，如果为了图利就中止，那未免太贪馋了。

搀，后出字，与“镵”同，本义是刺，即用尖锐的东西去扎的意思。后来假借作“搀扶”的“搀”。又用作“搀和”的“搀”。如：搀假。

简体	繁体	篆书	隶书	草书	行书
谗	讒	讒	讒	讒	讒
馋	饞	饞	饞	饞	饞
搀	攙	攙	攙	攙	攙

chán 孱　chàn 羼

“孱”和“羼”都是会意字。

孱，从孨（象人形）在尸下，多人挤在一起，《说文》说是“迮（zé）也”，段玉裁注：“按此，迮当为笮之窄字也。”本义指狭窄。引申为谨小慎微的样子。《大戴礼·曾子立事》：“博学而孱守之。”意思是广博地学习，谨慎地运用。又读càn，引申为懦弱。《史记·张耳陈余列传》：“吾王，孱王也。”意思是我的君王是一个懦弱的君王啊！俗称懦弱无能的人为“孱头”。

羼，从羴在尸下，“尸”是“屋”的省略。《说文》：“羊相厕也。一曰相出前也。”本义当是指羊杂处在一起。引申为羼杂。《颜氏家训·书证》：“典籍错乱……皆由后人所羼，非本文也。”意思是经典著作所以会出现错误杂乱的地方……都是由于后人假冒搀杂，不是文章原来的意思。今“羼”字已少用，均写作“搀”。

简体	金文	篆书	隶书	草书	行书
孱	孱	孱	孱	孱	孱
羼		羼	羼	羼	羼

chǎn zhá
阐 闸

“阐”和“闸”都以“门”为意符，但声符不同，“阐”从单声，“闸”从甲声。

阐，《说文》：“开也。”从门，表示开豁的意思。本义是显豁、明显。《易·系辞》说《易经》的作用就在于“微显阐幽”，意思是使隐微的事理变得显著，使幽暗不明的变得明显。引申为说明、表明。阐明：讲明白比较深奥的道理。

闸，《说文》：“开闭门也。”一般用来指水闸或船闸，即一种用门控制水流、水位的建筑物，可以随时启闭。又引申为泛指起控制作用的装置。如控制电流的开关称“电闸”。

简体	繁体	篆书	隶书	草书	行书
阐	闡	闡	闡	闡	闡
闸	閘	閘	閘	閘	閘

chǎn xiàn
谄 馅

“谄”和“馅”同是以“臽”为声符的形声字。“臽”是“陷阱”的“陷”的本字，上面本是一个“人”，下面的“臼”是陷阱的形象。从人从臼，会意，表陷阱义。“臽”在“谄”和“馅”中只是表示这两个字的读音，不表示意义。由于古今音变，声符在“谄”中的标音作用已经不很明显。

谄，《说文》：“谀也。”本义是巴结奉承。巴结奉承突出地表现于言语，所以意符为“言（讠）”。该义还保存在今天的一些复音词和成语中。如：谄媚。胁肩谄笑：耸起肩膀，装出笑脸。形容逢迎巴结的丑态。

馅，本义是包在糕团等米面食品中的芯子。因为是组成食品的一部分，所以从食。如：肉馅，枣泥馅。

简体	繁体	篆书	隶书	草书	行书
谄	諂	諂	諂	諂	諂
馅	餡	餡	餡	餡	餡

chāng 昌 mào 冒

“昌”和“冒”形式上只有一画之差，其实它们是结构各殊的两个字。

昌，从日从曰。《说文》：“美言也。”《尔雅·释诂下》：“昌，当也。”本义是善言，好的言论，正当的言论。《书·皋陶谟》：“禹拜昌言，曰：‘俞。’”由美言引申以形容一切美好的样子。《诗·齐风·猗嗟》：“猗嗟昌兮，颀而长兮！”意思是你年华正盛，美妙青春啊，高大的身材，威武英俊啊（猗嗟：叹美之词。昌：壮盛美好貌。颀而：身长的样子）！引申为兴盛。科学昌明：科学发达兴盛。繁荣昌盛：形容兴旺发达，生气勃勃的景象。

冒，从曰从目。“曰”是帽子的形象。段玉裁说：“曰目者，若无所见也。”本义是覆盖、遮盖。《汉书·翟方进传》：“善恶相冒。”意为善和恶是相互遮盖的。引申为不顾危险、恶劣环境等。如：冒险，冒雨。冒天下之大不韪：不顾一切，执意去做天下的人都认为是很不对的事。引申为鲁莽、冲撞。冒昧：言行不顾地位、能力、场合是否适宜。多作谦辞。又称升起、透出为“冒”。如：冒烟。引申为假充。冒名：假冒别人的名义。

简体	甲骨文	金文	篆书	隶书	草书	行书
昌	昌	昌	昌	昌	昌	昌
冒		冒	冒	冒	冒	冒

chāng chàng
倡 唱

“倡”和“唱”都从昌声，只是意符不同。“倡”从人，“唱”从口，都是形声字。今天两字的读音也是一样的。但如果从历史上来考察，它们却存在一个交叉的复杂关系。

倡，从人，当然是与人有关的字。《说文》：“倡，乐也。”本义是倡优，古代对艺人的称呼。《史记·滑稽列传》：“优旃者，秦倡，侏儒也。”意为优旃是秦国的艺人，他的身材很矮小。后来用作“倡导”“提倡”，音chàng，则是“唱”的一个引申义的承担者。

唱，从口，《说文》说是“导也”。本义指歌唱中的领唱，因此引申为“倡导”。有意思的是，即使是用作“领唱”这个义时，古书中也是写作“倡”的。《诗·郑风·萚兮》：“伯兮叔兮，倡予和女。”意思是叔呀伯呀，领头唱吧，我给你们帮腔。《礼记·乐记》：“一倡而三叹。”郑玄注：“倡，发歌句也。”便是用本义。但《玉篇》引《礼记》作“一唱而三叹”并说“作倡同”。说明本来是写作“唱”，作“倡”是后人改的。引申为倡导时，本来也是写作“唱”的。《史记·陈涉世家》：“为天下唱。”意思是对天下的人发出推翻暴秦的倡议。后来为了区别，凡是“倡导”“倡议”等义多写作“倡”。

简体	篆书	隶书	草书	行书
倡	倡	倡	倡	倡
唱	唱	唱	唱	唱

chǎng guǎng
厂 广

“厂”和“广”，一个带“、”，一个不带“、”，实在太相似了。这是就简化后的字形而言的，其实它们原来的形体相去甚远。

厂，繁体写作“廠”。最早见于《玉篇》：“厂，马屋也。”《周礼·夏官·趣马》贾公彦疏也说：“放牧之处，皆有庌（yǎ）厂以荫马也。”意思是放马的地方，都有马棚来遮蔽马。本指牧马处临时搭起的遮蔽马的棚舍。后来军队中营房也叫厂，明代专司特务活动的机关就叫“东厂”“西厂”。工业发展之后，工人集合进行生产的宽敞建筑物也称作“厂”。

广，繁体写作“廣”，本是从广黄声的形声字。是房子的形象，从广的字多与房舍有关。借“广”这个房舍形体来暗示“宽广”义。本义是大、宽大。如《荀子·修身》：“君子贫穷而志广。”意为有道德学问的人虽然贫穷，胸怀却宽广。今天常说“地广人稀”，其中的“广”也是“宽阔”之意。又如：范围很大、很普遍称“广泛”；范围较宽义称“广义”；城市中广阔的场地称“广场”；掌握知识多，范围大谓之“知识广博”。

简体	繁体	甲骨文	金文	篆书	隶书	草书	行书
厂	廠	厂	厂	厂	廠	廠	廠
广	廣		廣	廣	廣	廣	廣

chāo miǎo miǎo
抄 杪 秒

“抄”“杪”和“秒”都是以“少”为声符的形声字。声符“少”在这三字中只是表示它们的韵，而声母却不相同。这三个字所从的意符不同，意义也不一样。

抄，意符是“扌（手）”，表示它是人的一种行为。本义是掠取、抢劫。《后汉书·郭伋传》：“匈奴数抄郡界。”意思是匈奴多次掠夺我边界（人民财产）。引申为搜查、没收。如：查抄，抄家。又谓从侧面走近路。抄道：走较近的路。抄袭：绕到敌后或敌侧进行突击；也指把别人的作品抄来当作自己的。又指誊写。如：抄书，手抄本。

杪，《说文》：“杪，木标末也。”意符是“木”。本义是树木的末梢。引申为年月季节的末尾。杪岁：岁暮。杪春：暮春，农历三月。杪秋：暮秋，农历九月。谢灵运《登临海峤初发强中作与从弟惠连见羊何共和之》：“杪秋寻远山。”意思是在深秋季节，探寻远山游览。

秒，意符是“禾”，《说文》：“禾芒也，从禾少声。”本义是谷物种子壳上的芒。秒忽：禾芒为秒，蜘蛛网细者为忽，一说蚕吐的丝为忽。比喻极其细微。引申为计量单位名称。

简体	篆书	隶书	草书	行书
抄	抄	抄	抄	抄
杪	杪	杪	杪	杪
秒	秒	秒	秒	秒

cháo kē
巢 窠

“巢”是个象形字，“窠”是以“果”为声符的形声字。由于语音的变化，“果”的标音作用已不很明显了。“巢”与“窠”是一组同义词。《说文》：“在树曰巢，在穴曰窠。”它们的区别在于所处的位置不同。现在一般通用。

巢，上半部古字像鸟窝的形状，下半部是木，表示窝筑在树上。本义是鸟筑的窝，《诗·召南·鹊巢》：“维鹊有巢，维鸠居之。”意为喜鹊树上搭了窝，八哥来住它的家。也指蜂蚁等昆虫的窝。坏人盘踞或盗贼藏身的地方也称为巢。如：贼巢。

窠，意符是“穴”。本义是鸟兽的巢穴。《文选·左思·蜀都赋》：“穴宅奇兽，窠宿异禽。”又用来比喻文章或其他艺术所依据的老套子。如：窠臼。

简体	甲骨文	篆书	隶书	草书	行书
巢	巢	巢	巢	巢	巢
窠		窠	窠	窠	窠

chě zhǐ
扯 址

“扯”和“址”看来都具有一个“止”的偏旁，只是左旁略有不同。按一般左形右声的汉字形声字的惯例来推测，很容易把它们都看成是从止声的形声字。其实不然，它们毫无瓜葛。

扯，用汉字简化的观点来看，该是个老资格的简化字了。“扯”字从止声是毫无道理的。其实它本是从手奢声，写作“撦”，最先见于《玉篇》：“撦，撦开也。”《广韵》又说：“撦，裂开。”另外又和“挦”构成一个复音词“挦撦”，义为摘取。由于“撦”字笔画太繁，人们便将它简化作“扯”，见于明代的《正字通》。而它的“撕裂”和“摘取”义都沿袭下来了。如“他把信扯了”用的是“撕裂”义。“东拉西扯”，这是由“摘取”义引申来的。

址，从土从止的形声字，本义是下基，即物体的下脚部分。泰山下址：泰山脚下。引申为地址、地点。如：住址，遗址。

简体	甲骨文	篆书	隶书	草书	行书
扯					
址					

chè sā
撤 撒

“撤”和“撒”都是形声字，意符都是“手”，声符不同。

撤，从力彻声。人们为了简便起见，改从“手（扌）”，又省去“彻”的“彳”旁，而用“扌”去填补，以求字形的匀称，这样便产生了“撤”字。从“六书”的角度看，也可以说是从手彻省声。本义是去掉、免除。《论语·乡党》记载孔子的饮食是“不撤姜食”。古代祭祀要持斋，不能吃有气味的食品。生姜虽然也属辛辣之物，但无怪气味，所以不必去掉。《商君书·兵守》：“发梁撤屋。”意为取下屋梁，拆除房子。引申为除去。如：撤职，撤销。向后转移、收回也称“撤”。如：撤兵，撤回。

撒，将东西散开的意思。本来只说散，后来由于语音演变而出现了“sǎ”这个音，专门表现“撒开”义，而与“分散”义相区别，于是就在“散”的左旁加“手（扌）”，表示动意，从而构成“撒”字。《玉篇》无“撒”字，但唐代韩愈《月蚀》：“星如撒沙出。”意为星星密得像撒落的沙子。其出现当不晚于唐代。本是从散派生出的一个字，其本义即为使东西散开。如：撒网，撒种。引申为施展、施放。如：撒娇就是“放娇”；撒泼就是“放泼”；“撒谎”实际上也等于在施放骗人的言语，不过用“撒”，却带有修辞意味。

简体	篆书	隶书	草书	行书
撤	撤	撤	撤	撤
撒	撒	撒	撒	撒

chè 彻　qì 沏　qì 砌

“彻”是会意字，“沏”和“砌”同是以“切”为声符的形声字。今读音与声符相近。三字字形本来毫无牵连，因简化而变得形体相似。

彻，繁体写作“徹”，从彳从支从育。《说文》：“通也。”段玉裁认为：“支之，而养育之，而行之，则无不通矣。”本义是通。《列子·汤问》：“汝心之固，固不可彻。”意思是你思想的顽固，真是顽固到不通事理的程度。彻夜：通宵，整夜的意思。彻底：一直到底，深而透。彻头彻尾：贯通首尾，表示完完全全的意思。引申为透、深透。彻骨：深透入骨，极言深刻。

沏，本义是大浪相冲击貌，所以用“水”作意符。《木华·海赋》：“激势相沏。”意思是海水激荡的浪头互相击撞。李善注说：“沏，摩也。”仍读qiè。这其实只是“切摩”的“切”的意思。因用于形容水，所以加个水旁罢了。今天说“沏茶”的“沏”则读qī，是新造的一个形声字。

砌，从石从切，“切”也是声符。《说文》新附：“阶甃也。”本义是台阶。其实它原是从切的“切近”义派生出来的，台阶与建筑物相切近，所以叫“砌”。李后主被俘后，在《虞美人》词中回忆他在江南的宫廷生活时说：“雕栏玉砌应犹在，只是朱颜改。”意为那雕花的栏杆和汉白玉的石台阶大概还是老样子吧，只是人儿改变了容颜！又引申为建筑时垒砖石，用泥灰黏合。如：砌墙。

简体	繁体	甲骨文	篆书	隶书	草书	行书
彻	徹	徹	徹	徹	徹	徹
沏			沏	沏	沏	沏
砌			砌	砌	砌	砌

chè 坼　qí 圻

“坼”和“圻”左边都是“土”，右边的“斥”和“斤”看来也只有一“丶”之差，但却是读音不同，意义也完全不同的两个字。它们虽然都是形声字，所从的意符也一样，就因所从声符不同，分别标志着两个不同的词。

坼，本义是裂开。《诗·大雅·生民》：“不坼不副，无灾无害。”意为产门没破也没裂，无灾无难身健康［坼：裂开；副（pì）：破裂］。天崩地坼：天坍塌，地裂开。比喻重大事变。也形容倒塌或爆炸声音的强烈。

圻，从土斤声。但一些从斤声的字可以分为两类：一类同声符音相近，如“近、芹、欣”等；一类却读qí，如“祈、旂”。因此，也有两个读音：一个读yín，是“垠”的异体字，如《淮南子·俶真训》的“通于无圻”就是“通于无垠”，意为通向无边无际的空间；一个读qí。天子都城周围千里之地叫圻。《左传·襄公二十五年》：“且昔天子之地一圻。”意为再说，从前天子的土地只有方圆千里。

简体	篆书	隶书	草书	行书
坼	坼	坼	坼	坼
圻	圻	圻	圻	圻

chén 沉 shěn 沈

“沉”和“沈”两个字的关系有一段历史渊源，这要从“沈”和“湛”说起。

沉，本作“沈”。但“沈”的本义却并不是“沉没”，这里有一番周折。《说文》：“沈，陵上滈水也。从水，冘声。一曰浊黕（dǎn）也。”本义是水中污泥。《庄子·达生》：“沈有履。”意思是沟泥中有履神。这个义向来很少用。“沉没”的“沉”的本字是“湛”，但在古代多写作“沈”。作为姓氏的“沈”则读shěn。这样“沈”字在古代便兼有两音。后世为了区别起见，就索性把表示“沈没”的“沈”略加变化而作“沉”了。“沉”（湛、沈）的本义是指没于水中，与“浮”相对。《诗·小雅·菁菁者莪》：“泛泛杨舟，载沉载浮。”意为杨木船儿水中游，有时沉来有时浮。石沉大海：像石头沉没到大海里一样。比喻始终得不到一点消息或不见踪影。引申为深切、长久。沉痛：深切的悲痛。沉疴：久治不愈的病。沉冤：难以辩白或久未申雪的冤屈。

沈，作为姓氏，是从古代的国名沈国来的，它在古代和“沉没”义的“沈”、只有作为姓氏用的“沈”字都写作“沈”。今天作为姓氏用的“沈”字写作“沈”，而“沉没”义的“沈”一概都写作“沉”了。

简体	繁体	甲骨文	金文	篆书	隶书	草书	行书
沉	沈		沈	沈	沉	沈	沉
沈		沈	沈	沈	沈	沈	沈

chén　zhèn

陈　阵

《说文》有“陈”无“阵”。古书上最初“战阵”的“阵”就写作“陈”。后来为了区别，将右半的“东”改成“车”而成为“阵”，为“战阵”的专用字。

陈，本古地名。《说文》：“陈，宛丘，舜后妫满之所封。从阜，从木，申（shēn）声。”所谓宛邱，是古国名；妫，姓；开国君主胡公（名满），相传是舜的后代，周武王灭商后所封，建都宛邱，即今河南省淮阳县地。作为陈列、摆设的“陈”，右边还有偏旁“攴”，但向来只作“陈”。《诗·小雅·伐木》：“于粲洒扫，陈馈八簋。”意思是打扫屋子生光彩，八大件儿席上摆。又指陈述、申说。条陈：分条陈述。《古诗十九首·今日良宴会》：“今日良宴会，欢乐难具陈。”意思是今天美好的聚会，欢乐真难以用言语表达清楚。又用来称旧的、时间久的。陈词滥调：陈旧而不切实际的言辞或论调。陈陈相因：本谓粮仓里陈谷逐年增积，以至腐败不可食，后用以比喻沿袭老一套而无创新。

阵，古代战术用语，交战时的战斗队列。严阵以待：摆好阵势，以待来犯之敌。比喻做好充分的思想准备。又用以指阵地、战场。冲锋陷阵：向敌人猛烈冲击，攻入敌人阵地。形容作战勇猛。又用作量词，指事情或动作经过的段落。如：一阵风，一阵掌声。

简体	繁体	金文	篆书	隶书	草书	行书
陈	陳	陳	陳	陳	陳	陳
阵	陣		陣	陣	陣	陣

chéng　yù

城　域

“城”是会意兼形声字，“域”是会意字，造字方法基本相同，形体也相似，但意义各异。

城，古代在都邑四周用作防御的墙垣。如：万里长城。城下之盟：敌军兵临城下胁迫而成的盟约。众志成城：万众一心，像坚固的城堡一样不可摧毁。比喻团结一致，力量就无比强大。在古代兼有“城池”和“城墙”两义，今多指城市、都市。如：城乡交流。

域，本与“或”是一个字。“或”从口，表示一定疆土，从戈，以守一，即用武力保卫领土，后来“或”借用作代词之后，就加了个“土”字而成“域”，作为疆域的“域”的专字，读音也与“或”分化了。《汉书·韦玄成传》：“以保尔域。”意为用来保守你的封邑。引申指区域、地区。异域：外国，也指他乡。绝域：极远的地方，也指与外界隔绝的地方。

简体	金文	篆书	隶书	草书	行书
城	城	城	城	城	城
域		域	域	域	域

chéng tīng

程 桯

“程”和“桯”虽然都是以“呈”为声符的形声字，但读音不同，这是古今音变造成的。

程，长度单位。《说文》：“程，品也。十发为程，十程为分，十分为寸。”引申为计量、考核。计日程功：可以数着日子计算进度。形容较短期间就可以成功。引申为法式、规章。如：程序，规程，章程。又用来指距离、路途。如：路程，旅程，射程。称事物变化发展的经过谓“过程”。

桯，意符是“木”。《说文》：“床前几。从木，呈声。”《方言》说是“榻前几，江沔之间曰桯”。本义为床前小桌。又读yíng，指古时车盖柄下较粗的一段。《周礼·考工记·轮人》：“轮人为盖，达常围三寸，桯围倍之，六寸。”郑玄注：“桯，盖杠也。”贾公彦疏：“盖柄有两节，此达常是上节，下入杠中也。”

简体	篆书	隶书	草书	行书
程	程	程	程	程
桯	桯			

chéng　jí
丞　亟

“丞”和“亟”虽然都是会意字，但所用以会意的手段不同，音义都不一样。

丞，甲骨文中间是一个面朝左半跪着的人，下面有一条向上弯的曲线，像个大土坑，这就是人掉进土坑或陷阱的意思。人的上部左右有两只手，表示把人从土坑中救出来。所以本义是救，是“拯”的本字。扬雄《羽猎赋》：“丞民乎农桑。”意思是用农桑之业来拯救老百姓。但后来被用作官名如“丞相”之类的专用字，就在“丞”字的左边加手旁，构成“拯”字，“丞”字的本义（救）就被“拯”字代替了。作为官名的“丞”，本是用的引申义，即辅助。《汉书·百官公卿表上》：“相国、丞相，皆秦官，金印紫绶，掌丞天子助理万机。”意思是相国、宰相，都是秦朝所设的官，他们有金印、紫绶，负责辅助皇帝处理国家政事。秦汉以后，各级地方长官的副职称“丞”。如：县丞，府丞。又假借为“承”，意为秉承、承受。《史记·张汤列传》：“于是丞上指。”意为于是秉承皇帝的旨意。

亟，《说文》：“敏疾也。从人从口从又从二。二，天地也。”徐锴说：“承天之时，因地之利，口谋之，手执之，时不可失，疾也。”本义是赶快、急速。《商君书·更法》：“君亟定变法之虑。”意为国君赶快把变法的规划定下来。《史记·陈涉世家》：“趣赵兵亟入关。”意为催促赵国的军队赶快入关。又读qì，屡次。《左传·隐公元年》：“亟请于武公。”意为屡次向武公请求。

简体	甲骨文	金文	篆书	隶书	草书	行书
丞	丞	丞	丞	丞	丞	丞
亟	亟	亟	亟	亟	亟	亟

chěng pìn
骋 聘

“骋”和“聘”都是以“甹（pīng）”为声符的字。字形相似，但读音不同，意义各异。

骋，《说文》：“直驰也。”本义是纵马奔驰。在这个意义上与“驰”是同义词，所以常常“驰骋”连说。因为是“奔驰”义，所以用“马”作意符。驰骋：骑马奔驰。引申为放任、尽量展开。骋目：纵目四望。骋望：极目远望。骋怀：开怀。骋能：施展才能。

聘，意符是“耳”。《说文》：“聘，访也。”本义是访问、探问。《诗·小雅·采薇》：“我戍未定，靡使归聘。”意思是我们守边驻防的地方难固定，没有使者回家代我探问。又特指古代诸侯之间信使往来的礼节。《左传·宣公十年》：“季文子初聘于齐。”意思是季文子第一次到齐国探访。又，以礼请人担任某一职务称“聘”。聘士：朝廷以礼征聘有学行的人。聘召：以礼征召贤士。聘书：聘请的文书。又指旧式订婚的仪节，也指用以行聘的礼物。《礼记·内则》：“聘则为妻。”男方向女方送礼叫“行聘”，女方接受了男方的聘礼，同意这门亲事叫“许聘”。

简体	繁体	篆书	隶书	草书	行书
骋	騁	騁	騁	骋	騁
聘		聘	聘	聘	聘

秤 枰 抨

chèng píng pēng

“秤”“枰”和“抨”的声符同是“平”，现在只有“枰”和“平”同音。其余两字有别。

秤，后起区别字，本来只写作“称”。传说古代度量衡的单位的起算都从“禾”起，所以从禾，爯（chēng）是声符。这个字出现得很早。《淮南子·泰族训》中便有“秤薪而衅，数米而炊”的记载。后来“称”这个字义分化为二，作动词用表“称量”义时仍念chēng，贾岛《赠牛山人》：“凿石养蜂休买蜜，坐山秤药不争星。”意思是（山居生活好）山上养蜂不须买蜜，就地秤药不争斤两。作名词用表称量工具义时念chèng。秤不离砣：秤杆离不开秤砣。比喻事物有连带关系。也形容两人关系密切。

枰，《说文》：“平也。从木从平，平亦声。”《方言》：“所以投博谓之枰。”本义是古代的一种方形小案，可以坐，也用来供下棋或玩“六博”。温庭筠《观棋》：“闲时楸枰倾一壶。”意为闲时下下棋，痛饮一壶酒。因旧时多用楸木做棋盘，故称棋盘为“楸枰”。也是一种木名，即平仲。《文选·司马相如·上林赋》：“华枫枰栌。”颜师古注：“枰，即平仲木也。”

抨，《说文》：“掸也。从手，平声。”段玉裁说：“凡有所纠正谓之弹。”本义是抨弹、弹劾。也指纠正、检举他人错误或罪恶。现在称用言语或评论攻击（某人或某种言论、行动）为“抨击”。

简体	篆书	隶书	草书	行书
秤	秤	秤	秤	秤
枰	枰	枰	枰	枰
抨	抨	抨	抨	抨

chī　tái

笞　苔

“笞”和“苔”都是以“台”为声符，但今天的读音已大不相同。有人说“秀才认字认半边”，那是不一定靠得住的。

笞，意符是“竹”。《说文》：“笞，击也。”本义是鞭打、杖击。《史记·曹相国世家》：“参怒，而笞窋二百。”意思是曹参很生气，打了（儿子）曹窋二百板。古代用竹板或荆条打人脊背或臀部、腿部的刑罚叫“笞刑”。

苔，从草，表示与草类有关。本义是青苔，也指苔藓类植物。《淮南子·泰族训》：“水之性淖以清，穷谷之污，生以青苔，不治其性也。”意思是水的特性柔和而清净，但是幽谷不流动的水，会长出青苔，这是不按照水的特性处理而造成的。又读tāi。舌苔：舌头表面上的一层苔状物。

简体	篆书	隶书	草书	行书
笞	笞	笞	笞	笞
苔	苔	苔	苔	苔

chī　chī

嗤　媸

“嗤”和“媸”的声符都是“蚩”，读音均如声符。但意符有别，一从口，表示和说话有关；一从女，表示与相貌美丑有关。

嗤，《说文》：“戏笑貌。”本义讥笑、嘲笑。《后汉书·樊宏传》：“尝欲作器物，先种梓漆，时人嗤之。”柳宗元《哭连州凌员外司马》：“今为众所嗤。”意为现在被众人所讥笑。嗤之以鼻：用鼻子吭气，表示看不起。

媸，指相貌丑陋（跟“妍”相对）。刘知幾《史通·史官建置》：“向使世无竹帛，时阙史官……则善恶不分，妍媸永灭者矣。”意思是如果世上没有史书，缺少史官……那么就会善恶不分，美丑的界线永远泯灭了。《后汉书·赵壹传》：“孰知辨其媸妍？”

简体	篆书	隶书	草书	行书
嗤	嗤	嗤	嗤	嗤
媸	媸	媸	媸	媸

chí 持　tè 特

“持”和“特”都是形声字，声符同是“寺”，读音却不相同。两字的意符看来区别不大，所表示的意义却截然不同。

持，意符是“手（扌）”。《说文》：“握也。”本义是拿着、握住。如：持枪，持刀。引申为掌握、掌管。如：勤俭持家。又抓住不放叫“持”，即坚持的意思。持之以恒：有恒心地坚持下去。持久不变：经久不变，继续下去。相持不下：相互坚持对抗，不分上下。

特，意符是“牛”。《说文》：“朴特，牛父也。”本义是公牛。又古称三岁的兽叫“特”。《诗·魏风·伐檀》：“不狩不猎，胡瞻尔庭有县特兮？”意为不出狩，又不打猎，为什么看见你的院子里挂满大兽呢？又古代称一头牲畜叫“特”，如用一头牛祭天叫“特牲”（也有说四岁大兽为特）。又用作副词：①独特，特地，特别。《后汉书·张衡传》：“公车特征拜郎中。”意思是由公家的车马去特地征召他，任命他做郎中。②只是、不过。崔铣《记王忠肃公翱事》：“二子心计，公无从办，特示故人意耳。”意思是（太监的）两个侄子心里盘算，（王）公无法办到，只不过表示一下老朋友的情意罢了。

简体	篆书	隶书	草书	行书
持	持	持	持	持
特	特	特	特	特

chí 弛　chí 驰

“弛”和“驰”同是以“也”为声符的形声字，但“也”字已不起标音作用了。两字的意符不同，意义也各异。

弛，意符是“弓”。《说文》：“弓解也。”本义是放松弓弦。《左传·襄公十八年》：“乃弛弓，而自后缚之。”意为于是放松弓弦（不再射他），而从背后把他反绑起来。引申为解除、缓和、松懈。弛刑：古称解除枷锁的刑徒。弛禁：解除禁令。弛期：缓期，延期。一张一弛：弓上弦叫张，松弦叫弛。时而紧张，时而松弛。本比喻治天下之道必须宽严相济；今用以比喻工作的紧松和生活的劳逸要适当调节，有节奏地进行。

驰，意符是“马”。《说文》：“大驱也。”本义是使劲赶马跑。《诗·唐风·山有枢》：“子有车马，弗驰弗驱。”意思是您有许多大车骏马，却不纵马驰驱。特指驱马进击。《左传·庄公十年》：“齐师败绩，公将驰之。”意思是齐国军队大败，庄公正要驱马追击。引申为急行。风驰电掣：像刮风和闪电那样。形容非常迅速，急闪而过。背道而驰：朝着相反的方向跑去。比喻方向、目标完全相反。引申为心神向往。如：神驰，驰念。引申为传播得远。如：驰名。

简体	繁体	篆书	隶书	草书	行书
弛		弛	弛	弛	弛
驰	馳	馳	馳	馳	馳

chì qiáo

翅 翘

“翅”和“翘”的意符都是“羽”，表示字义和羽翅、飞翔有关。但是声符不同，读音也就相异。

翅，《说文》：“翼也。从羽，支声。”本义指鸟类或昆虫等动物的飞行器官，通称翅膀。《古诗十九首·西北有高楼》：“愿为双鸣鹤，奋翅起高飞。”意思是希望做一对鸣鹤，鼓动双翅向高飞。引申指物体形状像翅膀的部分。鱼翅：鲨鱼的鳍经加工后的软骨条，供食用。

翘，《说文》：“尾长毛也。从羽，尧声。”本义指鸟尾的长羽毛。屈原《招魂》：“砥室翠翘。”意思是用光滑的石板砌的房子，壁上装饰着翡翠鸟尾上的长羽毛。也指鸟尾。刘向《九叹·远游》：“摇翘奋羽，驰风骋雨。”意为奋起翅膀摇着尾巴，在风雨中驰骋。又用来称抬起、举起。翘首：抬起头来望。翘企：翘首举踵，形容盼望殷切。又读qiào，形容向上昂起。如：中间低下去，两头翘起来。还有俗话“翘尾巴”，是比喻骄傲自大。翘辫子，则是“死”的讥讽、诙谐的说法。

简体	繁体	篆书	隶书	草书	行书
翅		翅	翅	翅	翅
翘	翹	翹	翹	翹	翹

chì shì

饬 饰

“饬”和“饰”左偏旁都是“食”，但字义与“饮食”义毫无关系。因为“食”在这里是声符。

饬，《说文》：“致坚也。从人从力，食声。”本义是整顿、整治。《诗·小雅·六月》："戎车既饬。"意为兵车已经整治好了。《汉书·燕刺王刘旦传》："饬武备。"意为整顿军备。又用来表示"谨慎"义。《汉书·高惠高后孝文功臣表》："爱敬饬尽，命赐备厚。"颜师古注："饬，谨也。"《宋史·程元凤传论》："程元凤谨饬有余而乏风节。"意为程元凤谨慎过分而气度不够。又表示命令、告诫，通"敕"。《汉书·五行志上》："又饬众官，各慎其职。"意思是又告诫众官吏，各自谨慎尽职。《宋史·邵雍传》："父子昆弟每相饬曰：'毋为不善。'"意思是父子兄弟每每互相告诫说："不要做不好的事。"又是旧时的公文名，用于上级对下级的训示。

饰，《说文》："刷也。从巾从人食声。"本是"拭"的本字，但很早就用它的引申义，《说文》："一曰襐饰。"即装饰、打扮。《史记·文帝本纪》："不得以金银铜锡为饰。"意思是不准用金银铜锡做装饰物。引申为掩饰。文过饰非：（以各种理由，找各种借口，用漂亮言辞）掩饰自己的缺点和错误。

简体	繁体	篆书	隶书	草书	行书
饬	飭	飭	飭	饬	飭
饰	飾	飾	飾	饰	飾

chōng　chuáng
憧　幢

"憧"和"幢"的声符虽然都是"童"，但是由于音变的缘故，"憧"只与"童"同韵母，而"幢"连韵母也不同了。由于意符不同，所表示的意义自然各异。

憧，《说文》："意不定也，从心，童声。"本义是心意不定。多叠用为"憧憧"，表示往来不停的样子。白居易《和大嘴乌》："慈乌尔奚为？来往何憧憧？"意为乌鸦你干什么呀？为什么往来显得那么匆忙的样子？用于"憧憬"时，则是表示向往义。

幢，《说文》："旌旗之属。从巾，童声。"古时作为仪仗用的以羽毛为饰的一种旗帜。《汉书·韩延寿传》："千人持幢旁毂。"意思是万千的人拿着旗帜站在车旁。叠用为"幢幢"时，形容影子摇晃。如：人影幢幢。又读zhuàng，指古代张挂于舟车上的帷幕、车帘。《隋书·礼仪志五》："乌漆轮毂黄金雕装，上加青油幢。"意思是轮子和车毂漆成黑色，整个车身用黄金雕刻装饰，上加涂过青油的车帘（青油：乌臼木榨出来的油）。又用作量词。如：一幢楼房。

简体	篆书	隶书	草书	行书
憧	憧	憧	憧	憧
幢	幢	幢	幢	幢

chǒng lóng
宠 笼

“宠”和“笼”的声符都是“龙”，所以读音同韵母。但是意符不同，因而字义有很大差别。

宠，意符是“宀”。《说文》：“尊居也。”本义是光宠、荣耀。范仲淹《岳阳楼记》：“宠辱偕忘。”意思是忘掉一切荣辱得失。引申为尊崇、宠爱。受宠若惊：出乎意料地受到过分宠爱或赏识而感到惊喜。又引申为骄纵。张衡《东京赋》：“殚物以穷宠。”意思是用尽财物来满足穷奢极侈的生活。旧时“宠”还特指姬妾，取宠爱之意。如称姬妾为“内宠”，纳妾为“纳宠”。

笼，盛土的器具，所以用“竹”作意符。《说文》：“举土器也。一曰笭也。”《盐铁论·击之》：“百姓孔勤，疲于笼锸。”意为老百姓非常辛劳，铲土盛土使他们疲于奔命。泛指用竹篾编成的盛物器或罩物器。如：熏笼，灯笼。又指蓄养鸟类及虫类的编竹器。如：鸟笼，鸡笼。又指囚禁犯人的刑具。旧时拘禁罪犯的木笼称“囚笼”。引申为笼罩。杜牧《泊秦淮》：“烟笼寒水月笼沙。”意为烟雾笼罩着寒冷的水面，月光笼罩着河沙。又引申为包举、独揽。《盐铁论·轻重》：“笼天下盐铁诸利，以排富商大贾。”意为独揽天下盐铁的专利权，排挤富有的大商人。

简体	繁体	金文	篆书	隶书	草书	行书
宠	寵	寵	寵	寵	寵	寵
笼	籠		籠	籠	籠	籠

chōu　　yòu

抽　柚

“抽”和“柚”都是以“由”为声符的形声字，古今音变的结果“抽”字变化大一些，与声符“由”的读音只同韵母；“柚”读“由”的去声。

抽，意符是“手（扌）”。《说文》：“抽，引也。”本义是引、拔出。李白《宣州谢朓楼饯别校书叔云》：“抽刀断水水更流。”意为拔刀劈断水，水却照样流。引申为从全部中取出一部分。抽查：从中取出一部分进行检查。抽调：从中调出一部分人员或物资。又引申指（某些植物体）长出。抽芽：长出幼芽。抽穗：小麦、高粱、谷子、玉米等农作物由叶鞘中长出穗。筋肉不自主地剧烈收缩叫“抽筋”，则是由复音词“抽搐”简化来的。由此把一些痉挛的症状也叫“抽风”，是因为中医认为这类症状是中了风邪而引起的。至于口语称吸烟为“抽烟”，则与“抽”的本义没有明显的联系，口语中有这样的说法，便借用“抽”字来写，逐渐固定下来。

柚，意符是“木”。本义是果木名，果实叫柚子。我国生产柚子有悠久的历史。《书·禹贡》记载古代扬州的贡赋就包括“桔柚”。《吕氏春秋·本味篇》还称“果之美者，云梦之柚”。左思《蜀都赋》也说四川是家有橘柚之园。今天的两湖、四川仍然是盛产柚子的地方，而广西的“沙田柚”尤负盛名。

简体	篆书	隶书	草书	行书
抽	抽	抽	抽	抽
柚	柚	柚	柚	柚

chōu　　xì
䌷　细

"䌷"和"细"外形几乎一样，只是右旁中间的一竖略有长短之殊，但却是音义完全不同的两个字。两字都以"糸（mì）"为意符，从这点可以知道它们都与纺织或纺织品有关。

䌷，从由声，本音chóu，是"绸"的本字。蔡邕《独断》："飞軨以缇䌷广八尺，长拄地。"意为车窗用红绸布做帘子，长度下垂及地。后来改用"绸"字来写这种丝织品的名称，而将"䌷"字用来表示"抽"的部分引申义而念chōu。如当"抽引出头绪"义讲的"䌷绎"，是今天比较常见的文言词语。妇女䌷丝纺织，因此引申为纂辑、缀集义。《史记·自序》中"䌷史记石室金匮之书"的"䌷"，便是用的这个意义。

细，《说文》："细，微也。从糸囟声。""囟"音xìn，和细（xì）为双声。细从囟声而读细，是合乎音韵演变的。细从糸，本是表示丝线的细，引申以表示一切细微的东西。细弱：纤细微弱。细大不捐：小的大的都不抛弃。引申为精细。如：细致，细腻。细针密缕：针线细密，比喻工作细致。

简体	繁体	篆书	隶书	草书	行书
䌷	紬	紬	紬	紬	紬
细	細	細	細	細	細

chǔ　　wài
处　外

"处"和"外"只是在构件摆放上有微小的差别，即右边"卜"的下脚长短不同而已。其实，它们的结构毫无共同之处。

处，繁体作"處"。《说文》："处，止也，得几而止。""几"是古人坐下时倚凭的器具。人得一个几而停留下来。本义是止、停止。《孙子·军争》："是故范甲而趋，日夜不处。"穴居野处：居住在洞里，生活在荒野。形容人类未有房屋前的生活状态。引申为存在、置身。设身处地：设想自己处在别人的地位或环境中，指替别人着想。引申为处分、处置。如：处以极刑。引申为定、常。喜怒无处：一会儿高兴，一会儿生气，变化不定。也作喜怒无常。又读chù，指地方、场所。《史记·五帝本纪》：“迁徙往来无常处。”意思是（都城）常常迁徙，没有固定的地方。

外，由“夕”和“卜”两字合成。《说文》：“外，远也。卜尚平旦，今若夕卜，于事外矣。”占卜应该在早晨，没有在“夕”时“卜”的，“夕”“卜”就是习惯以外的事了。用以表示“外部、外面”义（与“内”“里”相对）。如：外表，外伤。外强中干：外表好像很强大，实质却很虚弱。也指自己所在地以外的。如：外省，外埠。又特指外国。外患：来自国外的祸害，指外国的侵略。外汇：用于国际贸易清算的外国货币和可以兑换外国货币的支票、汇票、期票等证券。又引申为非正式的、非正规的。外编：正书以外的补遗、补缺性质的别编。外号：人物的本名以外，别人根据他的特征给他另起的名字，大都含有亲昵、憎恶或开玩笑的意味。

简体	繁体	金文	篆书	隶书	草书	行书
处	處			處		處
外				外		外

chù yōu
怵 忧

“怵”和“忧”都是形声字，“怵”从术声，“忧”按简化了的形体是从尤声。两字只是形似，音义都不同。

怵，《说文》：“恐也，从心，术声。”本义是恐惧、害怕，所以意符用“心（忄）”，表示与心理活动有关。怵惕：恐惧警惕。怵心刿目：惊心动目，使人看了极不舒服。怵目惊心：看到某些严重的情况，使人十分紧张、害怕或震惊。

忧，虽然是简化字，但从表示心理状态“忧愁”的角度来说，却比原来《说文解字注》借用“和之行也”讲的繁体字“憂”合理些。本义是愁苦、忧愁。《论语·述而》：“发愤忘食，乐以忘忧。”意为发愤起来忘记了吃饭，快乐而忘记忧愁。杞人忧天：借《列子》里杞国有个人怕天崩塌下来无处存身，因而吃饭睡觉都感不安的故事，比喻不必要的或无根据的忧虑。高枕无忧：垫高枕头，安心睡觉，无所忧虑。多形容思想麻痹，放松警惕。人无远虑，必有近忧：人们在生活中要是没有对将来的打算，就一定会在近日发生令人忧虑的事。

简体	繁体	篆书	隶书	草书	行书
怵		怵	怵	怵	怵
忧	憂	憂	憂	憂	憂

chù　zhuō

绌　拙

“绌”和“拙”都是以“出”作声符的形声字，今读音各异。两字的意符有别，表现的意义不同。

绌，《说文》：“绛也。”本义是深红色。段玉裁注：“此绌之本义，废而不行矣。”表示贬黜、不足义。《史记·屈原·贾生列传》：“屈平既绌，其后秦欲伐齐，齐与楚从亲，惠王患之。”相形见绌：相互比较之下，就显出一方的不足之处。

拙，《说文》：“不巧也。”本义是笨拙（与“巧”相对）。勤能补拙：勤奋能弥补笨拙的不足。弄巧成拙：本想耍赖弄聪明，结果做了蠢事。还常作自谦之词。如：称自己的文稿为“拙稿”，称自己的意见为“拙见”，称自己的妻子为“拙荆”；又谓才疏口拙，不善应对为“拙讷”。

简体	繁体	篆书	隶书	草书	行书
绌	絀		絀	絀	绌
拙		拙	拙	拙	拙

chuāi　　chǐ

搋　褫

“搋”和“褫”的声符都是“虒（sī）”，意符一从手，一从衣，表示了各自的意义范畴。

搋，是以手用力压和揉。如：搋面，搋衣服。又指用“搋子”疏通下水道（“搋子”由木柄和橡胶碗制成。反复按压木柄，将堵塞物排除）。如：便池堵塞了，你去搋搋。

褫，《说文》：“夺衣也。从衣，虒声。”本义是剥去衣服。引申为剥夺、革除、夺去。明清时，对生员剥夺其衣衿革除功名谓“褫革”；革去官职谓“褫职”。神思恍惚，精神不振，如同被夺去魂魄称“褫魄”。

简体	篆书	隶书	草书	行书
搋		搋	搋	搋
褫	褫	褫	褫	褫

chuǎi　　zhuì

揣　惴

“揣”和“惴”的声符同是“耑（duān）”，由于古今音变，声符的标音作用已不明显。两字虽字形相似，但音义各异。

揣，《说文》：“量也，从手，耑声。”杜预注：“度高曰揣。”本义是度量、测量。《左传·昭公三十二年》：“计丈数，揣高卑，度厚薄。”意思是计算长短，测量高低，度量厚薄。引申为估量、忖度、猜测。《史记·陆贾列传》：“生揣我何念？”意思是先生猜测我想念的是什么？不揣冒昧：用于没有慎重考虑或说话行事的客气说法（冒昧：言行轻率）。又读chuāi，指怀藏。关汉卿《救风尘》中的“马揣驹了”，就是马怀驹了。这一义今犹用。

惴，《说文》：“忧惧也。”本义是恐惧。《孟子·公孙丑上》：“虽褐宽博，吾不惴焉。”意为纵是卑贱的人，我也不去恐吓他（惴：动词使动用法，使他惊惧之意）。“惴惴”叠用表示恐惧的样子。惴惴不安：因担心或害怕而心神不定。

简体	篆书	隶书	草书	行书
揣	揣	揣	揣	揣
惴	惴	惴	惴	惴

chuān　zhōu

川　州

“川”和“州”都是会意字，造字方法相同，但意义却不一样。

川，甲骨文像河流的形状，左右是岸，中间是流水。《说文》：“贯穿通流水也。”本义是河流。川流不息：（行人、车马等）像水流那样连续不断。百川归海：所有的江河最后都流入大海。比喻人心所向，众望所归或大势所趋。有的地方称平地叫“平川”，是借用同音字来书写口语中新产生的词。平地与义为河流的“川”字很难说有什么意义上的联系。

州，篆书本从重川。《说文》：“水中可居者曰州。周绕其旁，从重川。”用今天的话来说，就是水环绕着的地方叫“州”。两川相重的字形正表示这个意思。《尔雅·释水》又谓“水中可居者曰洲”。“洲”本来是“州”的异体字，后来在使用过程中分化了，各有所主。通常指古代的一种居民组织。一说二千六百家为一州，一说一万家为一州。又是古代的行政区域，辖境大小各个时代不同。这一意义现在还保存在某些地名中。如：杭州，潮州。

简体	甲骨文	金文	篆书	隶书	草书	行书
川	川	川	川	川	川	川
州	州	州	州	州	州	州

chuī　　　cì

吹　次

“吹”和“次”形体相似，都是会意字，但是音义截然不同。

吹，由“口”和“欠”两部分构成，甲骨文像人用嘴吹气之形。《诗·小雅·鹿鸣》：“我有嘉宾，鼓瑟吹笙。”意思是我有许多好宾客，鼓瑟吹笙来欢迎。引申指空气流通触拂物体。陶潜《归去来兮辞》：“风飘飘而吹衣。”意思是风儿飘飘吹动我的衣裳。冯延巳《谒金门》：“风乍起，吹皱一池春水。”意思是一阵风起，把平平的一池春水吹起了皱纹。又指竽竹笙等乐器的吹奏。《礼记·月令》：“命乐正入学习吹。”意思是命令乐师入学学习吹奏的本领。

次，《说文》：“不前不精也。”本义是次等的，居第二的。但经常使用的义是：次序、等次、位次、依次。又指行军途中临时驻扎和住宿。《资治通鉴·汉献帝建安十三年》：“引次江北。”意为后退驻扎在长江北岸。又泛指出外远行时停留的住所。如：旅次，舟次。

简体	甲骨文	金文	篆书	隶书	草书	行书
吹						
次						

chuí　　　tuī

椎　推

“椎”和“推”都是以“隹（zhuī）”为声符的形声字。两字的意符不同，今读音各异，表现的意义也两样。

椎，意符是“木”。本义是敲打东西的工具。《淮南子·说林训》：“椎固有柄，不能自椓。”意为椎子固然有柄，但是只凭自己却不能敲打安装。又如：铁椎，木椎。也写作

“槌”。又指敲打，同“捶”。椎心泣血：捶着胸，眼睛都哭出血来了。形容极度悲痛。又读zhuī。如：脊椎骨。脊骨为一节一节椎形的骨头构成，所以也叫“脊椎”。从《广韵》《集韵》的反切看，本来也是念chuí的，后世为了区别，念成zhuī。

推，《说文》释“排也。从手，隹声”。本义是以手向外挤物移动。如：推车。引申为推动、推移。后浪推前浪：比喻新生的事物推动或替换陈旧的事物，不断前进。又引申为思维上由此及彼的活动，由已知之点推断其余。推己及人：由自己的心意来推想别人的心意，指设身处地替别人着想。引申为推托、拒绝。推三阻四：形容以各种借口推托。引申为赞许、举荐。推贤让能：举荐贤才，让位贤能。

简体	篆书	隶书	草书	行书
椎	椎	椎	椎	椎
推	推	推	推	推

chūn 春 chōng 舂

“春”和“舂”的古文字形体结构并不相似，隶变楷化之后，上头都变成了“三人”，因而成为一对形似字。

春，本来是个形声字，因是表示季节时令的字，所以从日。“日”的上面本来是声符“屯”，后来加上“艹”头，借以表示春天百卉发生之义。楷化的过程中，为了使形体匀称，变成了“春”这样的形体。甲骨文是左右结构，左边由两根草和一个“日”组成，“日”放中间，表示太阳的照耀，小草长出新芽。金文的变化较大，原来左边的两根草移到了上面并排一左一右，下面是“屯”字，把太阳放到“屯”的右下角，成上下结构了。篆书只是把太阳移到左下角，隶书和楷书已看不出原来的样子。本义指春季。一年之计在于春：全年的计划要在春天就安排好。比喻做工作，开始阶段就要打好基础。四季如春：一年四季都像春天一样气候温和。

舂，篆文由四个字素组成，描绘以手持杵临臼舂米的形象，因而本义是用杵臼捣去谷物的皮壳，《说文》：“舂，捣粟也。”《诗·大雅·生民》：“或舂或揄，或簸或蹂。”意为有人忙舂米，有人忙舀米，有人用手搓米，有人簸糠皮。

简体	甲骨文	金文	篆书	隶书	草书	行书
春	春	春	春	春	春	春
舂	舂	舂	舂	舂	舂	舂

chún zhūn
淳 谆

“淳”与“谆”都是形声字，左形右声，声符看来似乎是“享”字，其实不是“享”，而是从“𦎫（chún）”，隶变时混成“享”字了。

淳，《说文》：“渌也。”段玉裁认为即是浸湿的意思，所以从水。但是历来都把它借用以书写“醇”。“醇”字从酉，本义是酒味浓。通常作“淳”。引申以泛指淳厚。如：淳朴（淳厚朴素）。

谆，本义是教诲不倦的样子。《说文》：“谆，告晓之孰也。”所以用“言”作意符。《诗·大雅·抑》：“诲尔谆谆，听我藐藐。”意为我是那样耐心不倦地对你教诲，你却满不在乎心不在焉地听着（藐藐：轻视而听不进的样子）。谆谆告诫：不厌其烦地劝告。又引申为言语唠叨，表现迟钝貌。《左传·襄公三十一年》：“年未盈五十，而谆谆焉如八九十。”意为年纪不到五十，唠叨迟钝的样子好像八九十岁的人。

简体	繁体	篆书	隶书	草书	行书
淳		淳	淳	淳	淳
谆	諄	諄	諄	諄	諄

chún dùn

纯 钝

“纯”的意符是“糸”，表示与丝及颜色有关；“钝”的意符是“金”，表示与金属有关。意义虽不一样，但两字同一声符，读音同韵母。

纯，《说文》：“丝也。从糸，屯声。”本义是丝。《论语·子罕》：“子曰：麻冕，礼也；今也纯，俭；吾从众。”意为孔子说：“礼帽用麻料来织，这是合乎礼仪的；今天大家都用黑丝，因为这样省俭些，我同意大家的做法。”引申为纯正。纯洁：纯正洁白。炉火纯青：相传道家炼丹要等到炉子里的火发出纯青色的火焰时才算成功。比喻学问、技术或办事达到了纯熟的地步。又读zhǔn，古代衣服鞋帽的镶边。《荀子·正论》：“赭衣而不纯。”意为（传说上古不用刑罚）穿上赤褐色的衣服不镶边便表示惩罚。又读tún，义为捆、包。引申为量词“匹”。《史记·苏秦列传》：“锦绣千纯。”

钝，从金屯声。《说文》：“锕也。”本义是不锋利，与“锐”“利”相对。王符《潜夫论·考绩》：“剑不试则利钝暗。”意为剑不试用就不清楚它是锋利还是不锋利。引申为迟钝、愚笨。刘知幾《史通·叙事》：“夫以钝者称敏，则明贤达所嗤。”意为被愚笨的人称为聪敏，那就表明他是被贤明通达的人所讥笑的。

简体	繁体	金文	篆书	隶书	草书	行书
纯	純					
钝	鈍					

chuō lù

戳 戮

“戳”与“戮”形体相似，容易混淆。其实二字音形义都不同。

戳，由意符“戈”和声符“翟（dí）”构成。古今音变的结果，今两者与声符的读音相去甚远。不见于《说文》，是唐宋后才出现的字。韩孝彦的《四声篇海》说：“戳，枪戳。”其本义当是用枪尖把东西刺穿。引申为用尖端触击。如：用手指头将挂图戳破了。引申为刺激、拆穿。如：说话戳心，戳穿内幕。再引申作为“戳记”的简称。如：邮戳。

戮，意符也是“戈”，但声符是“翏（liù）”。《说文》：“戮，杀也。”如：杀戮。又古代称杀了有重罪者后将尸首摆着示众（陈尸）为“戮”。《国语·晋语九》：“杀其生者，而戮其死者。”意为把活着的杀掉，让死了的陈尸示众。借用为“勠”。勠力同心：同心合力（勠力：同力，并力）。

简体	篆书	隶书	草书	行书
戳	戳	戳	戳	戳
戮	戮	戮	戮	戮

chuò 啜 chuò 辍 duō 掇

“啜”“辍”和“掇”都是以“叕（zhuó）”为声符的形声字，由于语音的发展变化，读音有所不同。

啜，《说文》：“尝也。从口叕声。一曰喙也。”本义是尝、饮、吃，所以用“口”作意符。啜菽饮水：吃豆类，喝清水。表示生活清苦。又形容哭泣抽噎的样子。《诗·王风·中谷有蓷》：“有女仳离，啜其泣矣。”意思是有位妇女遭到遗弃，哭得伤心，抽抽噎噎。双音词“啜泣”也表示这个意义。

辍，意符是“车”。《说文》：“车小缺复合者也。”《尔雅·释诂》：“已也。”本义是中止、停止。《论语·微子》：“耰（yōu）而不辍。”意思是（仍旧）不停地在田里翻土。辍斤：停止使用斧头。辍笔：写作或画画没有完成而停止。今称中途停止学业为“辍学”。

掇，意符是“手（扌）”。《说文》：“拾取也。”本义是拾取。《诗·周南·芣苢》：“采采芣苢，薄言掇之。”意思是车前子多茂盛，拾起来呀拾起来。引申为摘取、选取。《汉书·贾谊传》：“凡所著述五十八篇，掇其切于世事者著于传云。”意为著述共有五十八篇，选取那些与当代的事关系密切的写到传记里。又引申为双手拿、端、捧。如：掇起椅子，掇起饭碗。

简体	繁体	篆书	隶书	草书	行书
啜		啜	啜	啜	啜
辍	輟	輟	輟	輟	輟
掇		掇	掇	掇	掇

chuò 绰　diào 掉　dào 悼

“绰”“掉”和“悼”三字都是形声字，声符同是“卓”，但读音不同，只有“绰”和声符同韵母。这是由于古今音变，声符的作用不明显了。

绰，《玉篇》：“宽也，缓也。”意符从糸。本义宽、舒缓。绰绰有余：形容人力、财力宽裕，用不完（绰绰：宽裕的样子）。又用于“绰号”，指人的诨名、外号。

掉，意符是“手（扌）”。《说文》：“摇也。”本义是摆动、摇。尾大不掉：尾巴太大就不好摇动。比喻部下势力太大，不听从调动指挥。现在也比喻机构庞大，指挥不灵。引申为回、转。掉头不顾：转过头去不予理睬。落下是后起义，是借用“掉”来写口语中出现的一个新词。如：掉泪。“掉换”的“掉”本作“调（diào）”，后来大家习惯作“掉换”，同是出于假借。又完全是只取其音，与掉的“摇也”本义无关，用在某些动词后面作后缀，表示动作的完成。如：卖掉，改掉。

悼，本义是恐惧。《说文》：“惧也，陈楚谓惧曰悼。”引申为悲哀。因为表示心理活动，所以意符从心（忄）。悼心失图：因为悲哀而失去主张。又指追念死者。悼念：怀念死者，表示哀痛。悼亡：古潘岳妻死，赋悼亡诗三首，后称丧妻为悼亡。悼词：对死者表示哀悼的话或文章。

简体	繁体	篆书	隶书	草书	行书
绰	綽	綽	綽	绰	绰
掉		掉	掉	掉	掉
悼		悼	悼	悼	悼

cì 刺　là 剌

“刺”和“剌”都是会意字，虽然形体相似，但左旁中间的部分，一个不封口，一个封口，是不同的两个字。

刺，今天的“刺”字，原来包含着两个字：一个是不带右旁的刀的“朿”字。这是个象形字，从木，两旁是树上长的芒刺形象。本义指植物体上的芒刺。引申指一切像芒刺的东西（但从来都写作“刺”）。如：鱼刺，骨质增生长成的像刺的部分叫“骨刺”，以及俗称“鸡眼”的“肉刺”等。用尖锐的东西扎入的“刺”是另一个字。这个字从刀从朿，“朿”又表示读音，是会意兼形声字。如：刺绣，针刺。引申为刺杀、暗杀。如：行刺，刺客。引申为用尖锐的话指出人的缺点。如：讽刺，讥刺。

剌，由“束”和“刀”两部分组成。本义是违戾。乖剌：犹乖戾，不顺。《汉书·杜钦传》：“外戚亲属无乖剌之心。”意思是外戚亲属没有违戾的心。又和同义词“谬”构成复音词“剌谬”，也是违背的意思。司马迁《报任安书》：“今少卿乃教以推贤进士，无乃与仆私心剌谬乎？”意思是如今少卿竟教我推举贤士，恐怕和我个人的想法相违背吧？

简体	金文	篆书	隶书	草书	行书
刺		刺	刺	刺	刺
剌	剌	剌	剌	剌	剌

cú cú
徂 殂

“徂”和“殂”的声符都是“且”，读音相同，但意符各异，意义有别。

徂，《说文》：“往也。从辵，且声。”本义是往、到。《诗·豳风·东山》：“我徂东山，慆慆不归。”意为自我远征到东山，多少年我都不曾回过家园。《诗·大雅·桑柔》：“自西徂东，靡所定处。”意为从那西方到东方，完全没有定居处。又指开始。如称盛夏的开始为“徂暑”。白居易《庐山草堂记》：“洞北户，来阴风，防徂暑也。”意为草堂北面开门，是为了引来北风，预防盛暑。

殂，本义指死亡，所以意符从歺。《说文》：“往死也。”诸葛亮《出师表》：“先帝创业未半，而中道崩殂。”意思是先帝创建（统一中国的）大业还没有完成一半，便中途去世了。

简体	篆书	隶书	草书	行书
徂	徂	徂	徂	徂
殂	殂	殂	殂	殂

cuān　tǔn
汆　氽

“汆”和“氽”都是新造的会意字。两字字形极相似，只是上部从入和从人的差别。

汆，由“入”“水”两字构成。本义是烹饪法的一种，即把食物放在开水中稍微煮一下。如：汆丸子，鲫鱼汆汤。

氽，由“人”“水”两字构成。表示浮在水面上，是个方言字，义为漂浮在水上。如：冰块在水上氽。又指用油炸。如：油氽花生米。

简体	篆书	隶书	草书	行书
汆				
氽				

cuàn　chuān
窜　穿

“窜”和“穿”都是会意字，读音相近，但表示的意义有别。

窜，繁体为“竄”，从鼠入穴中。今简化为“窜”，从穴串声，会意字变成了形声字。《说文》：“窜，匿也。”本义指逃匿。《国语·周语上》：“我先王不窋，因失其官，而自窜于戎狄之间。”意思是我的先王不窋，因为失去农官的职务，只好自己逃匿到戎、狄（少数民族）之中。抱头鼠窜：抱着头像老鼠一样地仓皇逃跑。现多形容敌人急忙逃跑时的狼狈相。引申为隐藏。贾谊《吊屈原赋》：“鸾凤伏窜兮，鸱枭翱翔。”意为（祥瑞的）鸾凤隐藏起来了，（凶狠的）鸱枭却在（趾高气扬地）翱翔。引申为改易文字。窜定：删正改定。窜改：改动成语、文档、古书、经典理论等。

穿，从牙在穴中。《说文》：“通也。”本义是凿通。《诗·召南·行露》：“谁谓鼠无牙，何以穿我墉？”意为谁说老鼠没长牙，怎么凿通我的墙？引申为通过、连通。穿云裂石：穿过云彩，震裂石头。形容声音高亢嘹亮。穿针引线：比喻从中牵线撮合。引申指透、破。如：看穿，戳穿。又引申指把衣服鞋袜等物套在身体上。如：穿衣，穿鞋。

简体	繁体	篆书	隶书	草书	行书
窜	竄	竄	竄	竄	竄
穿		穿	穿	穿	穿

cuàn zuǎn
篡 纂

“篡”和“纂”都从算声，但意符不同，音义也不一样。

篡，从“厶（私）”，表示邪恶的意思，《说文》：“逆而夺取曰篡。”《方言》说得更明白：“凡取物而逆谓之篡。”也就是说，凡是不正当的获取都叫“篡”。《庄子·秋水篇》：“差其时，逆其俗者，谓之篡。”意为在不适宜的时间，违反人之常情的，就叫作篡。古代多用于指对封建君主政权的夺取，即所谓“篡位”。是贬义词，今天还用。

纂，《说文》：“似组而赤。”本义是赤色的丝带、绶带，所以用“糸”作意符。《汉书·景帝纪》：“锦绣纂组，害女红者也。”意为织锦刺绣，制作绶带，是损害女工的。又用来指编辑、编纂。《汉书·艺文志》：“《书》之所起远矣，至孔子纂焉。”意为《书》经的来源很古远，到孔子才把它编纂成书。古书中又用为“继承”义，通“缵”。《礼·祭统》：“子孙纂之，至今不废。”意为子子孙孙继承它，到现在没有废弃。

简体	篆书	隶书	草书	行书
篡	篡	篡	篡	篡
纂	纂	纂	纂	纂

cuī 催　cuī 摧　cuǐ 璀

“催”“摧”和“璀”这三个字都以“崔”为声符，而“崔”又是从山隹声的形声字。山高称“崔嵬”，所以从山。

催，意符从人。本义是催促、促使。孟浩然《溯江至武昌》：“家本洞湖上，岁时归思催。”意思是我家本住在洞庭湖边，每逢节日催动我思归的情绪。催青：催促草木萌芽发青。催芽：在播种前促使种子、薯块、枝条等发芽的处理方法。

摧，《说文》：“挤也，一曰捐也，一曰折也。”本义指排挤或折断。摧枯拉朽：折断枯枝腐木。比喻摧毁腐朽的势力或事物。由此引申为“毁掉”。无坚不摧：没有哪种坚固的东西不被摧毁。形容力量非常强大。也比喻任何困难都可以战胜。

璀，意符是“玉”。《说文》：“璀璨，玉光也。”复音词“璀璨”形容珠玉的光彩。引申为色彩鲜明。孙绰《游天台山赋》：“琪树璀璨而垂珠。”意为珍异的树木花草色彩鲜明，就像一串串下垂的明珠。

简体	篆书	隶书	草书	行书
催	催	催	催	催
摧	摧	摧	摧	摧
璀	璀	璀	璀	璀

cuì 悴　cù 猝

“悴”和“猝”的声符都是“卒”，由于古今音变，读音和声符有了距离。两字的意义因意符不同而有很大差异。

悴，是描写心理活动的字，所以意符从心（忄）。本义是忧愁悲伤。常常是“憔悴”连用，形容瘦弱萎靡的样子。屈原《渔父》：“颜色憔悴，形容枯槁。”意为面色那么憔悴，身影儿又那样干瘦。“憔悴”繁体写作“顦顇”，用表示人的容颜的“页（xié）”作意符。

猝，意符是“犬”。《说文》：“犬从草暴出逐人也。”其实是借用犬来表示“突然”义，因为犬的进攻总是很迅速的。本义是突然、出乎意料。猝不及防：事变发生得突然，来不及防备。

简体	篆书	隶书	草书	行书
悴	悴	悴	悴	悴
猝	猝	猝	猝	猝

cuì 脆　guǐ 诡

“脆”与“诡”的右旁都从危，但是两字结构却完全不同，音义也不一样。

脆，本作“脃”，是从肉从绝省的会意字，表示“软而易断”义。本义是易折易碎（与“韧”相对）。《老子》：“万物草木之生也柔脆。”意为万物草木初生的时候是柔弱易折易碎的。引申为食物脆嫩。如：松脆。声音清爽也叫“脆”，是借用同音字以书写新词，属于假借。如：歌声清脆。由该义引申，做事很爽利也叫“脆”。如：干脆。

诡，从言危声。《说文》：“责也。”本义是责求。《汉书·京房传》：“自诡效功。”意为自己要求自己做出功效。用得多的是“诡诈”义，则是从心危声的“恑”字的假借。“恑诈”是一种心术表现，所以从心。不过这个字很早就被淘汰了，都用“诡”字来代替，因此人们觉得“诡”的本义似乎就是“诈变”。这叫作“假借行而本字废”。阴谋诡计：指暗地里策划的害人的坏主意（阴谋：暗中做坏事的计谋；诡计：狡诈的计策）。行踪诡秘：行动态度等诡诈不易捉摸。言语诡谲：语言诡诈怪诞。

简体	繁体	篆书	隶书	草书	行书
脆		脆	脆	脆	脆
诡	詭	詭	詭	詭	詭

cuò cuò
错 措

“错”和“措”都是以“昔”为声符的形声字。两字读音相同，但意符各异， 所以意义也不一样。

错，意符是“金”，表示与金属加工工艺有关。《说文》：“金涂也。”本义是镶嵌或涂饰。古代在凹下去的文字、花纹中镶上或涂上金银等金属加工工艺，出土文物中常见的是用金银细丝在铜器上嵌镶各种图案花纹。错彩镂金：本谓雕饰工丽，后用来形容诗文辞藻绚烂（错：涂饰。镂：镂刻）。引申为参差交错。错综复杂：形容头绪多，情况复杂（错：交错，交叉。综：总合在一起）。犬牙交错：形容国与国之间交界处像狗牙一样参差不齐。也比喻各种因素牵连的复杂情况，或双方力量对比互有短长。又指不正确，与实际不符。将错就错：事情既然错了，就顺着错误做下去（上古“错”字不作“错误”讲，在后来的文言文中，也多用“误”不用“错”）。

措，意符是“手（扌）”。《说文》说是“置也”。本义是安放、放置。《论语·子路》：“刑罚不中，则民无所措手足也。”意思是刑罚不得当，百姓就会（惶惶不安）连手脚都不晓得摆在哪里才好。惊慌失措：害怕慌张，不知如何措置。引申为策划、置办。如：筹措款项，措办资金。

简体	繁体	篆书	隶书	草书	行书
错	錯	錯	錯	錯	錯
措		措	措	措	措

D

搭 褡
dā dā

“搭”和“褡”的声符都是“答”，读音相同。“搭”从手，“褡”从衣，意符不同，字义也不同。

搭，《韵会》：“附也；挂也。”本义是将纺织物搭放在支架上。因为字义是表示人所施为，所以从手。白居易《石楠树》：“伞盖低垂金翡翠，薰笼乱搭绣衣裳。”意为（团团的树冠就像）撑开的伞上满挂着金质的、翡翠的饰件，薰笼的罩子上胡乱地搭满了绣花衣裳。引申为架设。如：搭桥，搭棚子。由“附也”义引申，附乘某一班车、船也叫“搭”。如：搭船，搭火车。

褡，《广韵》：“横搭小被也。”《集韵》：“被横谓之褡。”实际上是从“搭”义引申来的，指“附、挂”在外面某物上的衣被或其他东西。如“背心”也叫“背褡”，一种长方形的口袋，中央开口，两端各成一个袋子，可以搭在肩上，叫作“褡裢”。

简体	篆书	隶书	草书	行书
搭	搭	搭	搭	搭
褡	褡	褡	褡	褡

达 这
dá zhè

“达”是形声字。“这”字被硬拉来作指示词，原来是一桩“无头公案”。

达，“達”的简化字，但简化得很合理。原来是个形声字，从辵，表示与行路有关，右边并不是“幸”，比“幸”多一画。这个“羍”字就念dá，从羊大声，本义是小羊。这里作“达”的声符。现在将“達”简化，径直取“大” 为声符，更为简便。本义是畅通。四通八达：四面八方都有路可通。形容交通极方便。引申为到达。欲速则不达：过于性急图快，反而不能达到目的。引申为通晓、明白。通情达理：通晓人情，明白事理。形容说话做事合情合理。引申为表达、转达。词不达意：词句不能确切地表达出意思和感情。又指显达。达官显宦：旧指职位高而声势显赫的官员。

这，形声字，从辵言声，念yàn。《玉篇》：“这，迎也。”音义与作为指示词的“这”毫不相干。古代近指的指示词为“此”。唐、宋时口语中出现“zhè”，取代了“此”，但没有字写它，曾借用“遮”。如：陆游《点绛唇》：“江湖上，遮回疏放，作个闲人样。”意思是咱这回啊无拘无束地，在江湖上自由自在，做个闲人吧。也借用“者”。如五代时蜀国王衍的《醉妆》：“者边走，那边走，只是寻花柳。”后来便索性用“这”字，并将它从念yàn改为念zhè。像这样读音毫不相干，完全只借一个形体来书写新词的假借，确是少见的变例。《旧唐书·史思明传》记史思明临被杀时骂其宿卫曹将军曰：“這胡误我！這胡误我！”可见唐代已用“這”了。今“這”简化作“这”。

简体	繁体	金文	篆书	隶书	草书	行书
达	達	達	達	達	達	達
这	這			這	這	這

dá　héng
妲　姮

“妲”和“姮”意符都是“女”。声符“旦”和“亘”形体又很相似，容易认错、用错。

妲，古人名用字。《说文》新附：“女字。妲己，纣妃。从女，旦声。”“妲己”是商纣王的宠妃，姓己，有苏氏之女，周武王灭商时被杀死，一说自缢死。

姮，后起字。指“姮娥”，神话中的月中女神。相传为后羿之妻，羿请不死之药于西王母，嫦娥窃以奔月。“姮”本作“恒”，因避汉文帝刘恒讳，改称“常娥”，后人又加女旁为“嫦娥”。

简体	篆书	隶书	草书	行书
姐	姐	姐	姐	姐
姮		姮	姮	姮

dà tài

大 太

“大”是象形字，“太”是会意字。从楷书看，“太”只比“大”多了一小点，意义就两样。

大，甲骨文、金文、小篆都像人形。古人将人和天、地并称为“三才”。《老子》：“天大，地大，人亦大。”所以“大”字像人形。本义指体积、面积、规模、数量、力量、强度、程度等方面超过所比较的对象（跟“小”相对）。大兴土木：大规模兴建土木工程，多指盖房子。大相径庭：彼此大不相同，甚至完全相反。大谬不然：大错特错，与实际完全不合。百年大计：关系到长远利益的重要计划或措施。又用作敬辞。如：尊姓大名。又读dài。大夫：医生。大王：旧小说中对国王或大帮强盗首领的称呼。

太，《说文》以为“太”是“泰”字的重文。“泰”字本来又从大声。“大”与“泰”（太）古音本来是近似的。“泰”的本义是汰。“汰”就是“泰”的后起字。由于“大”义有了分化，于是就将“大”中的“极顶”义交由“泰”（太）来承担。段玉裁说过：后世人们凡是用“大”字来形容事物而仍感到形容不够充分的，就写作“太”。如：“大宰”俗作“太宰”，“大子”俗作“太子”，“周大王”俗作“周太王”。所以“太”字本义为极大、极高。太空：极高的天空。太学：我国古代设在京城的最高学府。太古：最古的时代，指人类还没有开化的时代。引申为身份最高或辈分更高的。太老师：老师的父亲或父亲的老师。太岁头上动土：旧迷信说法，掘土（兴建工程）要躲避当年太岁的方位，否则会遭祸。比喻触犯有权有势或强有力的人。又用作副词，表示程度过分。如：水太热。表示程度极高（用于赞叹）。如：这办法太好了。

简体	甲骨文	金文	篆书	隶书	草书	行书
大	大	大	大	大	大	大
太			太	太	太	太

dǎi　　xī

歹　夕

“歹”和“夕”字形相似，只有微小差别，音义就完全不同。如果把“歹毒”读成“夕毒”，就贻笑大方了。

歹，本作“歺”，读è。《说文》：“刿骨之残也。”意为剔去肉后的残骨。明代赵宧光《说文长笺》中说：“歹，今误读‘等在切’为好字之反。”借用以称“好歹”的“歹”。如《水浒传》第十六回：“兀的不是歹人来了！”说明“歹”字的出现，不晚于明代。又如：歹人，歹意。为非作歹：任意做各种坏事。不知好歹：不知道好坏。也指不能领会别人的好意。

夕，甲骨文像半月的形状，表示日暮。《说文》：“莫也，从月半见。”本义是太阳落的时候，即傍晚。李商隐《登乐游原》：“夕阳无限好，只是近黄昏。”意为傍晚的太阳霞光景色十分美好，可惜太阳就要落山了。又泛指晚上。如：前夕。除夕：一年最后一天的晚上，也指一年的最后一天。

简体	甲骨文	金文	篆书	隶书	草书	行书
歹	歹		歹	歹	歹	歹
夕	夕	夕	夕	夕	夕	夕

dài　　fá
代　伐

“代”同“伐”现在看来只有一笔之差，“伐”比“代”多一撇，其实它们的造字方法不同，“代”是以“弋（yì）”为声符的形声字，“伐”是会意字。两字虽形似，但音义皆不同。

代，意符是“人”。《说文》：“更也。”段玉裁注：“凡以此易彼谓之代。”本义是更替、代替。越俎代庖：掌管祭祀神主的人放下祭器越过自己的职守去代替厨师办席。比喻越权办事或包办别人的事情。引申为朝代。《史记·秦始皇本纪》：“三代之事，何足效法。”意为夏商周三个朝代的事情，如何值得效法。今常用来解释历史的分期。如：古代，近代，汉代。上古时候父子相传为一世，朝代相替为一代。三世，就是指祖孙三代。后因避唐太宗李世民的讳，遇有“世”字就改为“代”。久之，“代”与“世”便构成一组同义词了。如：三代将门之子，世世代代，爱护下一代。

伐，《说文》：“击也。从人持戈。”其实在甲骨文中，“伐”人头与戈头相平，正像以戈击人的形象。指砍斫、砍伐。《诗·魏风·伐檀》：“坎坎伐檀兮。”意思是砍伐檀树咔咔响啊！引申为敲打。《诗·小雅·采芑》：“钲人伐鼓。”引申为进攻、攻打。《左传·庄公十年》：“齐师伐我。”意思是齐国的军队进攻我国（指鲁国）。引申为对人进行攻击或声讨。党同伐异：和自己同派的就偏袒，不是一派的就攻击。口诛笔伐：用语言和文字宣布罪状，进行声讨。“伐”字古代又用以指功劳。《左传·庄公二十八年》：“且旌君伐。”意思是而且也表彰国君的功劳。由此引申，自以为有功也叫“伐”。伐善：夸自己的好处。不矜不伐：不自大自夸。

简体	甲骨文	金文	篆书	隶书	草书	行书
代						
伐						

dài　　huò
贷　货

“贷”和“货”都用“贝”作意符，表示与财物有关。“贷”从代声，今读音如声符。“货”从化声，今读音与声符相近。

贷，《说文》：“施也。”段玉裁注：“谓我施人曰贷。”后来，借入或借出都称“贷”。引申为推卸（责任）。责无旁贷：自己应尽的责任，不能推卸给旁人。引申为饶恕。严惩不贷：严厉惩办，不加宽容。

货，《说文》：“财也。”古人认为货是“变化反易”之物，故从化，声符“化”兼有意符作用。本义是财物、货物。《商君书·立本》：“治行则货积。”意思是国家治理得好，财物就积聚起来了。货真价实：货物不是冒牌的，价钱也是实在的。这原是商人招揽生意的用语，现在引申为实实在在，一点不假。又指货币、钱。《汉书·食货志下》：“入物者补官，出货者除罪。”意思是向政府交纳一定数量的物资可以补官职，出货币者可以免罪。引申为出卖。柳宗元《钴鉧潭西小丘记》：“货而不售。”意为出卖又卖不出去。又用为对人的贬称。如骂人为“笨货”“蠢货”。

简体	繁体	篆书	隶书	草书	行书
贷	貸	貸	貸	貸	貸
货	貨	貨	貨	貨	貨

dài　　shì
待　侍

“待”和“侍”的形体相似，同是以“寺”为声符的形声字。但由于古今语音的演变，两字的读音相差很远。两字左边的意符，看来只是一笔之差，其实性质完全不同。因此，两字之义也不同。

待，意符是“彳”，古字是“行”字的一半，用作意符，表示同行走有关。《说文》：“待，俟也。”本义是等待、等候。枕戈待旦：枕着兵器以等待天明，表示杀敌报国心切，一刻不懈。严阵以待：把军队的阵势整顿得严正整齐，等待敌人的来犯。比喻做好充分的战斗准备。引申为对待、招待。如：以礼相待，待人接物。引申为需要。如：自不待言。

侍，意符是“人”，表示与人的行为有关。《说文》：“侍，承也。”段玉裁注：“承者，奉也，受也。凡言侍者，皆敬恭承奉之意。”本义是侍奉，站在尊长身边伺候着。《论语·先进》：“闵子侍侧，訚訚如也。”意思是闵子骞侍立在孔子身旁，样子（是那么）恭敬而正直。现在还说“服侍”。如：服侍病人。旧时称在尊贵者身边为其服务的人叫“侍从”。

简体	金文	篆书	隶书	草书	行书
待	待	待	待	待	待
侍		侍	侍	侍	侍

dài lù
逮 逯

“逮”和“逯”的形体相似，意符都是“辶”，但声符不同，所以音义不同。“逮”从“隶（dài）”声，形声兼会意；逯从“录（lù）”声。今两字的读音均与声符相合。

逮，古与“隶”音义皆同，实际上是一对异体字。隶是一只手抓着一条兽尾巴的形象，用以表示“及也”义。加个意符“辶”，不过是强调其“追赶”的意思。本义是及、达到。《论语·里仁》：“古者言之不出，耻躬之不逮也。”意思是古人言语不轻易说出口，就是怕自己说出来做不到啊。《诗·大雅·桑柔》：“民有肃心，荓云不逮。”意思是人民虽有进取的心，却使他们说：咱们力不能及啊［肃心：进取的心。荓（píng）：使。云：语助词。逮：不及］。追上了，也就是说逮住了，所以引申为捉拿。如：逮捕。今口语又读dǎi，表示捉义。如：猫逮老鼠。

逯，《说文》释为“行谨逯逯也。从辶，录声”。本义是行貌。《淮南子·精神训》：“浑然而往，逯然而来。”意为懵懵然而去，随意行走后又回来了。今只用作姓氏。

简体	篆书	隶书	草书	行书
逮	逮	逮	逮	逮
逯	逯	逯	逯	逯

dān dān
眈 耽

“眈”和“耽”是一对同音形似字，声符都从“冘（yín）”。由于古今音变，声符的标音作用已不明显了。

眈，《说文》：“视近而志远也。”用现代话来说，义为有目的地注视着，所以意符从目。叠用为“眈眈”，常用于成语。虎视眈眈：像老虎扑食那样注视着。形容眼睛恶狠狠地盯着，准备随时扑过去。

耽，意符是“耳”，表示与耳朵有关。《说文》：“耽，耳大垂也。”《淮南子·坠形》：“夸父耽耳。”意为夸父的耳朵垂在肩上。但古代一向把它借作“媅，乐也”的“媅”。《诗·卫风·氓》：“吁嗟女兮，无与士耽！”意为姑娘们哪，不要太痴情了男了啊！今天多用以表示停留、拖延的义。如：称事情迟延、停止没有进行为“耽搁”；称耽搁而误事或错过时机为“耽误”。引申指沉溺、入迷。如：耽于幻想。

简体	篆书	隶书	草书	行书
眈	眈	眈	眈	眈
耽	耽	耽	耽	耽

dān tǎn
担　坦

“担”和“坦”同是以“旦”为声符的形声字。“担”今读音与声符相合，“坦”则与声符同韵母。两字形体相似，但意义不同。

担，繁体作“擔”，意符是“手（扌）”，表示人的一种行为。作动词用，读dān，义为用肩膀挑。《战国策·秦策》：“负书担囊。”意为驮着书挑着行李。引申为担负、承当。勇担重任：勇敢地承担重要任务。作名词用，读dàn，表示用扁担挑着的东西。如：货郎担。引申为重量单位，一百斤等于一担。作量词用，用于成担的东西。如：一担水，两担煤。

坦，意符是“土”，本义是平直宽广。今天还称平直的道路为“坦途”。引申用来形容人直率、开朗。《论语·述而》：“君子坦荡荡。”意思是有高尚道德修养的人，总是胸怀很开朗的。后来构成“坦荡”这个词。胸怀坦荡：形容心地纯洁，襟怀坦白开阔。坦白：毫不隐瞒，语言直率。坦率：坦白直爽。坦然自若：形容在紧急情况下态度镇静，胸怀开朗，毫不慌张。

简体	繁体	篆书	隶书	草书	行书
担	擔		擔	擔	擔
坦		坦	坦	坦	坦

dān zhōu
丹　舟

“丹”是指事字，“舟”是象形字。虽字形相似，但造字方法各异，读音和表示的意义也完全不同。

丹，甲骨文字形是一个采丹的井，井中加一“-”，表示井里有丹砂。《说文》：“巴越之赤石。”即是朱砂、丹砂之类。《史记·货殖列传》：“巴蜀寡妇清，其先得丹穴。”意思是巴蜀有一个名叫清的寡妇，她的祖先找到了一个朱砂矿井。引申为红色。丹墀：古时宫殿前的石阶以红色涂饰，故名。丹心：赤心。形容忠心耿耿。秦汉以后道士方士从丹砂、丹汞中炼制成的药物叫“丹”。也泛指依成方制成的颗粒状或粉末状的中药。灵丹妙药：灵验有效的丹药。现在比喻幻想中的能解决一切问题的好办法。

舟，甲骨文、金文像船的形状，楷化成舟。本义为船。同舟共济：大家同坐一条船过河。比喻在困难的环境中同心协力，战胜困难（济：渡水）。风雨同舟：在狂风暴雨中同乘在一条船上，与风雨搏斗。比喻共同经历患难。李白《早发白帝城》：“两岸猿声啼不住，轻舟已过万重山。”意为江两岸山里的猿猴啼唤连绵不断，咱们坐的小船一下子已穿过了万重青山。

简体	甲骨文	金文	篆书	隶书	草书	行书
丹						
舟						

dàn dān
惮 殚

“惮”和“殚”的声符都是“单”，今天两字的声调不同，意符各异，表示的意义也完全不相同。

惮，意符是“心（忄）”。《说文》：“忌难也。从心单声。一曰难也。”本义是畏难，有所顾忌，害怕。《论语·学而》：“过，则勿惮改。”意为有了过错，就不要怕改正。肆无忌惮：肆意妄为，毫无顾忌。《诗·小雅·绵蛮》：“岂敢惮行，畏不能趋。”意为哪敢害怕走远路，只怕慢了来不及。

殚，意符是“歹”。《说文》：“极尽也。”本义是尽，竭尽。张衡《东京赋》：“征税尽，人力殚。”言征税之赋尽于奢泰之用，天下之力，尽于长城与宫室。殚精竭虑：用尽心力，费尽心思。

简体	繁体	金文	篆书	隶书	草书	行书
惮	憚	憚	憚	憚	憚	憚
殚	殫		殫	殫	殫	殫

dàn 诞　xián 涎

“诞”和“涎”同是以“延”为声符的形声字，今天读音均与声符同韵母。意符不同，音义两样。

诞，意符是“言”。《说文》：“词诞也。”徐锴说“妄为大言也”。本义是大言，即说大话。其义自两个方面引申：一方面引申为大、广阔。《诗·邶风·旄丘》：“旄丘之葛兮，何诞之节兮。”意为高丘之上有青葛啊，节儿长得多么宽啊。另一方面又指荒诞，没有事实根据的。《荀子·成相》：“信诞以分赏罚必。”意为真实的和荒诞的就能分辨清楚，该赏就一定赏，该罚就一定罚。又，人的生日称“诞辰”。《广韵》：“诞，生育也。”《玉篇》也有“天子生日降诞”之说，是一种尊敬的说法。

涎，本不是形声字，而是写作从水从欠的，“欠”像人张着口，口水流了出来，因此义为口水，即唾液。后来由于易与“次”相混，所以又造了从水延声的形声字。垂涎三尺：口水流下来三尺长。原形容嘴馋想吃，现多形容见别人的东西眼红，妄图侵夺的丑态。涎皮赖脸：厚着脸皮跟人纠缠，惹人厌烦的样子。

简体	繁体	篆书	隶书	草书	行书
诞	誕	誕	誕	誕	誕
涎		涎	涎	涎	涎

dàn 旦　qiě 且　mù 目

“旦”是指事字；“且”本为“俎”的初文，与“目”同是象形字。三字形似而音义不同。

旦，金文是旭日初升，下半还粘着地面的样子，借以表示拂晓的时间。本义是天明；早晨（与“暮”相对）。通宵达旦：一夜到天亮。危在旦夕：形容危险就在眼前。引申为（某一）天、日。如：元旦。旧戏曲里扮演女子的角色也称“旦”。如京剧的正旦（青衣）、花旦、武旦、刀马旦、老旦。

且，甲骨文像案板一类可以放东西的器具形。《说文》：“且，荐也。”荐，就是盛放东西的意思。是“俎”字的古文，读zǔ。且、俎两字初时读音本一样，但“且”字后却借作虚词，读qiě。这是古今音变造成的。今只用假借义，多作副词或连词用。如：并且，尚且，况且，姑且。古书中有时也用作语气词，读jū。如《诗·郑风·出其东门》：“匪我思且。”意为不是我所思念的哟。“且” 在这里就无实在意义了。

目，甲骨文像侧竖的一只眼睛的形状。金文是横着的一只眼睛，是十分逼真的象形字。小篆把表示黑眼球的圆形线拉平了，变成了竖目。本义指人的眼睛。目中无人：眼里没有别的人。形容高傲自大，什么人都不放在眼里。目不见睫：眼睛看不见自己的睫毛。比喻没有自知之明。引申为看，注视，或递眼色。《史记·陈涉世家》：“皆指目陈胜。”意为都指指点点注视着陈胜。《史记·项羽本纪》：“范增数目项王。”意为范增屡次向项王递眼色。网眼的形象与眼睛相似，所以也叫“目”。郑玄《诗谱序》：“举一纲，而万目张。”意为提起渔网的总纲，成千上万的网眼张开了。成语“纲举目张”同一意义。

简体	甲骨文	金文	篆书	隶书	草书	行书
旦	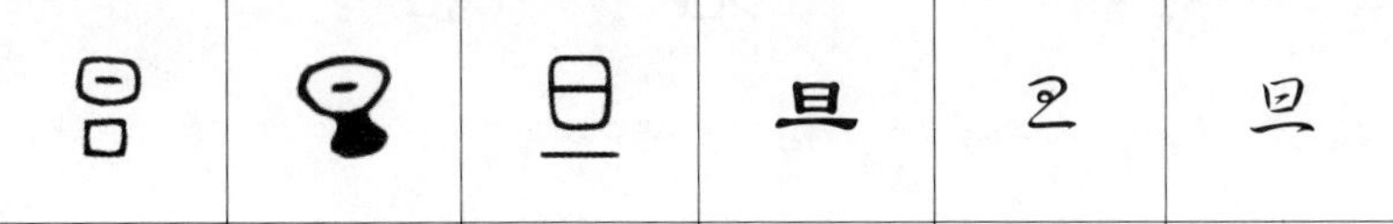					
且	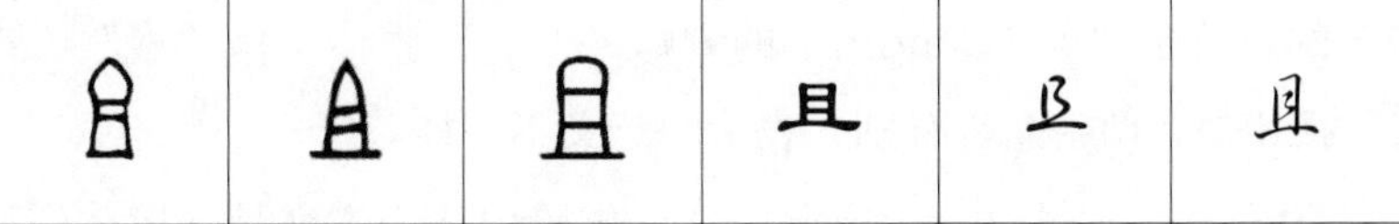					
目	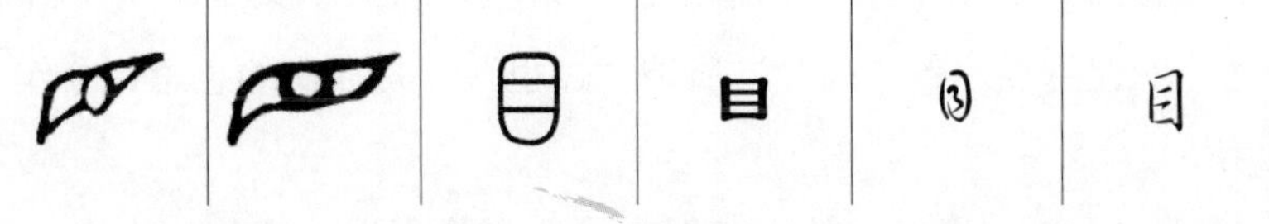					

dǎng dàng
挡 档

“挡”和“档”都是以“当”作声符的形声字。由于所从意符不同，因而意义有别。

挡，见于《广韵》，本义摒。后来借用作挡住、抵挡的“挡”，所以用“手”作意符。兵来将挡，水来土掩：比喻不管对方使用什么手段总有相应的对付办法。引申为遮蔽。如：山高挡不住太阳。挡箭牌：比喻推托或掩饰的借口。

档，意符是“木”，起初是木床的名称，音dāng。后来用以称带格子的架子或橱柜，音dàng，多用来存放案卷，因此案卷也称“档”。如：归档，查档。引申为（商品、产品的）等级。如：高档产品。（器物上）起支撑固定作用的木条或细棍儿也称“档”。如：桌子的横档。

简体	繁体	篆书	隶书	草书	行书
挡	擋	擋	擋	擋	擋
档	檔	檔	檔	檔	檔

dàng yán
宕 岩

“宕”的声符是“砀（dàng）”的省略，“岩”繁体本作“巖”，声符是“严”，简化后和“宕”很相似。两字意符有别，表示的意义不一样。

宕，《说文》：“过也。一曰洞屋。”朱骏声认为本义是洞屋。俗话说“空荡荡”，就是这个意思，只是习惯写作“荡”。所谓“过也”，是冲刷的意思，今作“荡”。又指拖延，今言“延宕”。

岩，《说文》：“岸也。从山，严声。”义为岩岸、高峻的山崖。李白《梦游天姥吟留别》：“千岩万转路不定。”意为小路绕着无数高峻的山崖向前延伸，叫人难以辨认。引申为险要。《三国志·蜀书·诸葛亮传》："跨有荆、益，保其岩阻。"意为横跨荆州、益州，凭借那里险要的地势。又用为岩石的简称。如：火成岩，花岗岩。

简体	繁体	甲骨文	金文	篆书	隶书	草书	行书
宕		宕	宕	宕	宕	宕	宕
岩	巖	岩		巖	巖	岩	岩

dàng　hán
凼　函

"凼"和"函"字形相似，但音义两样。"函"是常用字，不能草化成"凼"，成为笑柄。

凼，起初借"荡"字来写，后作"凼"，是一个新造的会意字。凵中有水，是小水坑、小池子的意思。一般用以积沤肥料。如：水凼，粪凼，凼肥。

函，甲骨文像一个容器里面盛箭的形状。本义是装箭的袋子，引申为护身的铠甲。《孟子·公孙丑上》："矢人岂不仁于函人？"意思是造箭的人难道比造铠甲的人要残忍不仁些吗？因为箭是装在袋子之内的，所以引申为包含、包容。《汉书·叙传上》："函之如海。"意为像大海那样，能包容（无数之物）。又引申为匣子、套子。如：镜函，石函。古代寄信用木函，故又引申指信封。吴质《答东阿王书》："发函伸纸。"意为打开信封，展开信纸。又指书信。公函：平行及不相隶属的机关、团体间的来往公文。函授：以通信辅导为主的教学方式。

简体	繁体	甲骨文	篆书	隶书	草书	行书
凼	氹		凼	凼	凼	凼
函		函	函	函	函	函

dāo　diāo
刀　刁

“刀”是象形字；“刁”是刀的“孪生弟兄”，两字间有一段奇妙的关系。

刀，甲骨文像刀的形状。本义指斩、切、削、割的工具，同时也是武器。这两义一直沿用到现在。作工具用的如菜刀、铡刀、铣刀等，作武器用的如马刀、刺刀等。刀光剑影：形容激烈地厮杀、搏斗或杀气腾腾的气势。刀山火海：比喻非常危险和困难的地方，也作“火海刀山”。又引申为形状像刀的东西。如：冰刀。作量词用，计算纸张的单位，通常一百张为“一刀”。

刁，是从刀字分化来的。所以早期出现“刁”字的地方，每每又作“刀”。《史记·李将军列传》：“不击刁斗以自卫。”《汉书》中就写作“刀斗”。“刀斗”中的“刀”，纯粹为了记口语中这个词的一个音节，与作为工具武器的刀毫无关系。人们为了加以区别，便把“刀”字的一撇改成由下而上的一提，而读音也渐渐由dāo变为diāo。“刁斗”是古代军中用器，铜质，形似锅，白天作炊具，晚上敲着巡更。高适《燕歌行》：“杀气三时作阵云，寒声一夜传刁斗。”意思是阴森肃杀之气，一整天像云雾般笼罩着军营，敲刁斗传更的声音通宵不断。又指狡诈。刁悍：狡猾凶狠。刁顽：狡猾顽固。刁钻古怪：狡猾、奸诈，癖好古怪。

简体	甲骨文	金文	篆书	隶书	草书	行书
刀						
刁					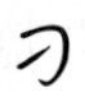	

dǎo　dào
蹈　稻

“蹈”“稻”都是以“舀（yǎo）”为声符的形声字。今两字的读音与声符同韵母。意符不同，义亦各异。

蹈，本义是践踏、踩，所以用“足”作意符。赴汤蹈火：走向滚滚的水，踩着炽烈的火。比喻不避艰险或奋不顾身。引申为跳动。手舞足蹈：手挥舞，脚跳动。形容极其快乐。引申为遵循、实行。循规蹈矩：遵守规矩。

稻，禾本植物，所以意符从禾。《诗·唐风·鸨羽》：“不能艺稻粱，父母何尝。”意为不能在家种稻粱，哪来粮食养爹娘。古代本特指糯谷，后来则为稻谷的通称。去壳后就是大米。主要分水稻和陆稻两大类。通常指水稻，也指这种植物的籽实。

简体	金文	篆书	隶书	草书	行书
蹈		蹈	蹈	蹈	蹈
稻	稻	稻	稻	稻	稻

dǎo yì
导 异

“导”的繁体写作“導”，是以“道”为声符的形声字；“异”本作“異”，是会意字。两字本来毫不相似，简化字却变得形体相似了。

导，意符从寸。《说文》：“导，引也。”本义是指引、引导。《孟子·离娄下》：“有故而去，则君吏人导之出疆。”意为有什么意外不得不离开时，那君主一定派人引导他离开国境。又如：前导，导言，导航，导游。引申为疏通、疏导。《书·禹贡》：“导淮自桐柏。”意为疏导淮河从桐柏山开始。引申为通达。《国语·周语上》：“为川者决之使导。”意为治河的人要疏通河道使水畅通。今又引申为传导。如：导热，导电。

异，繁体写作“異”，甲骨文、金文像一个人长着显得跟常人两样的头的形象，故以为怪异的 “异” 。本义是奇异。《释名·释天》：“异者，异于常也。”柳宗元《捕蛇者说》：“永州之野产异蛇。”意思是永州境内出产一种奇特的蛇。引申为有区别、不相同。日新月异：每天都有更新，月月都有不同。形容发展迅速，进步很快，新事物新气象不断出现。异曲同工：不同的曲调演得同样好。比喻不同的人的辞章或言论同样精彩，或者不同的做法收到同样的效果。引申为惊奇、奇怪。陶潜《桃花源记》：“渔人甚异之。”意思是渔人对此非常惊奇。又引申为另外、其他、别的。异军突起：比喻另一种新的力量或新派别突然出现（异军：另一支兵）。

简体	繁体	甲骨文	金文	篆书	隶书	草书	行书
导	導						
异	異						

等 筹

děng chóu

“等”和“筹”形体相似，其实造字方法不同：“等”是会意字，“筹”是形声字。但是由于上部都是“竹”，下部简化后的“寺”和“寿”也相似，所以容易混淆。

等，《说文》：“齐简也。从竹从寺，寺，官曹之等平也。”本谓整理竹简，使简齐平（即如今之整理书籍使之整齐）。引申为相同、一样。《淮南子·主术》：“有法者而不用，与无法等。”意思是有法律制度不用，就和没有法律制度相同。等量齐观：（对有差别的事物）同等看待。又指等级、次序。方苞《狱中杂记》：“余经秋审，皆减等发配。”意为其余的经过秋季的大审，都减罪一等处以充军。又特指台阶。《论语·乡党》：“出，降一等。”意为走出来，走下一级台阶。又用作助词，用在人称代词或指人的名词后面表示多数或列举未尽，起代词作用。

筹，《说文》：“壶矢也。从竹，寿声。”古代宴客时的一种娱乐活动叫“投壶”。宾主依次把矢投于壶（一种容器）中，以投中多少决定胜负，输者饮酒。这种投于壶中的矢就叫“筹”。又用它来称记数和计数的用具为“筹码”。《汉书· 五行志》：“筹所以纪数。”意为筹是用来计算数的。引申为谋划、计划。运筹帷幄：在军队帐幕内出谋划策。指在后方拟订作战计划。又用作名词，指计策、计谋。一筹莫展：一点计策也施展不出来。

简体	繁体	篆书	隶书	草书	行书
等		等	等	等	等
筹	籌	籌	籌	籌	籌

dèng chéng
瞪　橙

“瞪”“橙”同是以“登”为声符的形声字，今读音已有出入。所从的意符不同，所以字义大不相同。

瞪，意符是“目”。《韵会》：“直视也。”本义是睁大眼睛直视。《晋书·郭文传》：“文瞪眸不转。”意思是郭文眼睛直视，眼珠一动也不动。目瞪口呆：睁大眼睛直盯着不动，说不出话来。形容困窘惊骇而发愣的神态。

橙，意符是“木”。是一种常绿乔木。《说文》：“橘属。”果实球形，多汁味甜，叫橙子。苏轼《赠刘景文》：“一年好景君须记，正是橙黄橘绿时。”意为一年中最好的时刻你该记得，那正是橙子黄了橘子还是绿的那个时候啊。

简体	篆书	隶书	草书	行书
瞪	瞪	瞪	瞪	瞪
橙	橙	橙	橙	橙

dī tí
堤 提

“堤”和“提”都是以“是”为声符的形声字。由于古今音变，声符的标音作用已不明显了。

堤，本作“隄”，意符是“阜（fù）”。“阜”在甲骨文中本是“山”字的竖立形，表示高坡。作为“隄”的意符，表示“高坡”义。后来简化从土。指沿河或沿海挡水的建筑物，多用土石等筑成，叫“堤坝”。《左传·襄公二十六年》：“宋芮司徒生女子，赤而毛，弃诸堤下。”意为宋国芮司徒生了个女儿，皮肤发红并长着毛，芮司徒把她抛弃在大堤之下。千里之堤，溃于蚁穴：千里长的大堤，由于有一个小小的蚂蚁洞而溃决。比喻小事或小处不注意就会酿成大祸或造成严重损失。

提，《说文》：“挈也。”本义是垂手拿着，所以用“手”作意符。《国语·越语下》：“范蠡乃左提鼓右援枹，以应使者。”意思是范蠡于是左手拿着战鼓，右手拿着鼓槌，去应对吴国使者（枹：鼓槌）。提刀而立：拿着刀站着。提心吊胆：形容十分担心害怕。引申为提出、举出。相提并论：把性质不同的人或事不加区别地混在一起评论或看待。引申为取、取出。如：提货，提款。又读dī，如说小心防备叫“提防”。

简体	篆书	隶书	草书	行书
堤	堤	堤	堤	堤
提	提	提	提	提

dí tāo
涤 绦

“涤”和“绦”是一对形似字，其实原来的意符和声符都不同，意义迥异。

涤，《说文》：“洒也。从水，条声。”本义是洗去污垢。《韩非子·说林下》：“有涤则洁矣。”引申为打扫、清除。《诗·豳风·七月》：“十月涤场。”又如，清除旧的恶习称“涤瑕荡秽”。

绦，繁体作“縧”。《说文》：“扁绪也。从糸，攸声。”本义指丝线编织成的带子。《礼记·内则》：“织纴组紃。”孔颖达疏：“组、紃俱为绦，薄阔为组，似绳为紃。”寄生在人或家畜肠子里的一种寄生虫，体长而扁，像绦子，故称“绦虫”。

简体	繁体	篆书	隶书	草书	行书
涤	滌	滌	滌	滌	滌
绦	縧	縧	縧	縧	絛

dí　gù
敌　故

“敌”和“故”，今天看来只有一“丿”之差，可以说太相似了，这是简化字造成的。

敌，繁体写作“敵”，意符是“攴”，楷化成“攵”。作为形声字的偏旁，常用以表示人的行为，这里代表着人的力量。声符本作“啻（chì，古音dì）”，为了结构的匀称，形变为“商”。《说文》：“仇也。”本义是仇敌、敌对。《左传·僖公三十三年》：“一日纵敌，数世之患也。”意思是一天放走敌人，将是几辈子的祸患。引申为对抗、抵挡。所向无敌：军队所指向的地方，谁也挡不住。引申为对等、相当。势均力敌：双方力量相同，不分高低。

故，《说文》：“使为之也。从攴，古声。”段玉裁注：“今俗云原故是也。”本义是原因、缘故。《左传·庄公十年》：“既克，公问其故。”意思是打胜以后，庄公问取胜的原因。又指事、事故。李商隐《行次西郊作一百韵》：“中原遂多故。”意为中原于是多变故。引申为故意。故弄玄虚：故意玩弄掩盖真相使人迷惑的欺骗手段（玄虚：玄学家玄妙虚无的道理，这里指用来掩盖真相使人迷惑的欺骗手段）。明知故犯：明明知道不对，却故意去违犯。用作“旧”“久”“过去的”义时则与“古”义相近。温故知新：温习旧的知识，却能够有新的体会。引申为朋友、友情。如：沾亲带故。又称（人）死亡为“故”，出于委婉之言，人们忌讳说“死”，所以用“故”代替。

简体	繁体	金文	篆书	隶书	草书	行书
敌	敵		敵	敵	敵	敵
故		故	故	故	故	故

dí 荻　huò 获

“荻”和“获”，今天看来很相近，但它们原来并不怎么相像。“荻”从狄声，“获”从蒦（huò）声。意符也不同，因而意义各异。

荻，一种多年生草本植物，所以用“草”作意符。形状像芦苇，生长在水边。白居易《琵琶行》：“枫叶荻花秋瑟瑟。”意为枫叶、荻花被风吹动发出瑟瑟的声音。荻的叶较芦苇稍阔而韧，茎可以编席、箔。

获，繁体写作“獲”。《说文》：“猎所获也。”因为是狩猎之事，所以用“犬”作意符，本义是猎获。《易·巽》：“田，获三狐。”意为打猎获得三只狐狸。《诗·秦风·驷驖》：“舍拔则获。”意为箭射出去，就猎得禽兽（拔：箭括。舍拔：即放箭）。引申为得到、取得。如：获胜，获救。不劳而获：自己不劳动而占有别人的劳动成果。农业时代获得谷物叫“穫”，从禾，表示农事之义，收割庄稼可写为“收穫”。《说文》：“穫，刈谷也。”今简化作“获”。

简体	繁体	篆书	隶书	草书	行书
荻		荻	荻	荻	荻
获	獲	獲	獲	獲	獲

dí　　jù

翟　瞿

“翟”和“瞿”都是会意字，二字的形体虽极相似，但读音和字义却不相同。

翟，《说文》：“山雉也。尾长，从羽从隹（zhuī）。”野鸡的长尾特别好看，所以在“隹”上再加“羽”来会意。本义是长尾野鸡。引申为古代乐舞所执的“雉羽”。《诗·邶风·简兮》：“左手执籥，右手秉翟。”意思是左手握着籥，右手挥起野鸡尾［籥（yuè）：古乐器名，如笛，舞者所吹］。古代哲学家墨子名翟。现翟字一般只用作姓氏，读zhái。

瞿，《说文》：“鹰隼之视也。从隹从䀠，䀠亦声。”“隹”是短尾鸟的总称。“䀠（jù）”是左右看的意思。本义是惊视貌。引申为惊愕、惊动的样子。《礼记·杂记下》：“闻名心瞿。”意为听到名字，心里惊动。方苞《左忠毅公逸事》：“公瞿然注视。”意为左公惊喜地看着他。又读qú，古兵器名，戟属。《书·顾命》：“一人冕，执瞿，立于西垂。”意为一人戴着冕，拿着三锋矛，站在西阶边。用为姓氏也念qú。

简体	甲骨文	金文	篆书	隶书	草书	行书
翟						
瞿						

dí　　tiào

籴　粜

“糴”“糶”简化后分别为“籴”“粜”，仍然不失所会之意。

籴，繁体写作“糴”，从入从糴，糴亦声。“糴”是谷类，所以《说文》释“市谷也”。《广韵·锡韵》：“糴，市谷米，籴俗。”今简化作“籴”，从入米，会意，意义相同。即买进粮食。杜甫《醉时歌》：“日籴太仓五升米，时赴郑老同襟期。”意为每天要去购买五升粮仓的米，只好时常跑到郑老您那儿敞开胸怀畅叙衷曲。

粜，《说文》：“出谷也。”本义是卖出（粮食），跟“籴”相对。《史记·货殖列传》：“夫粜，二十病农，九十病末。”意思是米价每斗二十钱，则农夫困苦，若米斗值九十，则商贾困苦也（粜：卖出粮食。病：困苦。末：商贾）。又如聂夷中《咏田家》：“二月卖新丝，五月粜新谷。”意为二月卖出新丝，五月又卖出新谷（维持生活）。

简体	繁体	篆书	隶书	草书	行书
籴	糴	糴	糴	糴	糴
粜	糶	糶	糶	糶	糶

dǐ 氐　shì 氏

“氐”和“氏”字形相似，两字只有一点之差，但意义完全不同。

氐，是氏字下面加“一”。“一”表示“地”，楷化时将下面的一横变成了一点。《说文解字注》：“氐，至也，本也。从氏下箸一。”朱骏声认为“氐”是树木的地下部分，此字即根柢的“柢”的古文。本义是根本。《诗·小雅·节南山》：“尹氏太师，维周之氐。”意思是姓尹的太师，是国家的根柢。又读dī，古族名，又称西戎，我国古代民族，居住在今西北一带。东晋时建立过前秦、后凉。

氏，据《说文》说是古代巴蜀的山名。但这一意义很少用，多作姓氏的“氏”。古“姓”与“氏”有别。姓字从女。原始的姓，如姬、姜、妫、姚等，也都从女，是母系氏族的遗迹。由姓分出的叫“氏”，是古代标志宗族系统的称号。秦汉以后，姓氏不分了。如张氏，是指姓张的。旧时又用作对已婚女子的称呼。如：赵王氏（夫姓赵父姓王）。也有不用父姓而仅用夫姓的，如陶潜之妹称程氏，陶潜有《祭程氏妹文》。又是远古传说中人物的称呼。如：神农氏，伏羲氏。引申为对名人专家的称呼，表示尊重。孔安国《尚书序》：“左氏传曰……”左氏：左丘明。又，用于古代译音字时，常保留特殊音读。阏氏（yān zhī）：汉时匈奴单于之妻的称呼。月氏（yuè zhī）：古族名，又是唐羁縻都督府名。

简体	金文	篆书	隶书	草书	行书
氏	氏	氏	氏	氏	氏
氏	氏	氏	氏	氏	氏

dǐ 抵　dǐ 柢

“抵”和“柢”同是以“氐（dǐ）”为声符的形声字，今读音都如声符。但意符不同，意义有别。

抵，意符是“手”。《说文》：“挤也。从手氐声。”本义是排挤。《汉书·扬雄传》：“范雎，魏国之亡命也……抵穰侯而代之。”意思是范雎本是魏国的一名流亡者……排挤了穰侯而且取代了他。又指拒讳、抵赖。《汉书·田延年传》：“延年抵曰：‘本出将军之门，蒙此爵位，无有是事。’”意思是延年抵赖道：“我本出自将军您的门下，才蒙受这个爵位，绝没有此事。”又指价值相当。杜甫《春望》：“烽火连三月，家书抵万金。”意为战争的烽火三月不停，收到家信真抵得上万金之重。又用来称至、到达。《史记·秦始皇本纪》：“道九原，抵云阳。”意为取道九原郡，抵达云阳。

柢，意符是“木”。《说文》：“木根也。”本义是树的主根，也泛指树根。根深柢固：根柢长得既深且固。比喻基础深厚，坚固难拔。

简体	篆书	隶书	草书	行书
抵	抵	抵	抵	抵
柢	柢	柢	柢	柢

dì 谛　dì 缔

“谛”和“缔”都是以“帝”为声符的形声字，今读音如声符。但意符不同，意义各异。

谛，意符是“言”。《说文》：“谛，审也。”本义是细察、详审。谛视：仔细审视。谛思：仔细思考。又是佛学名词梵文Satya的意译，谓真实无谬的道理。今有双音词“真谛”，意为真实意义或道理。

缔，意符是“糸”。《说文》：“结不解也。”段玉裁注：“结而不可解者曰缔。”即解不开的结才叫缔。但在一般情况下，“缔”与“结”是同义词，所以人们常说“缔结”。本义是缔结、订立。缔约：订立条约。缔交：结盟、结为朋友。贾谊《过秦论》：“合从缔交，相与为一。”意为采用合纵的策略，缔结盟约，互相援助，结为一体。既然是“结不解也”，便具有约束力，所以引申为约束限制。取缔：明令取消或禁止。

简体	繁体	篆书	隶书	草书	行书
谛	諦	諦	諦	諦	諦
缔	締	締	締	締	缔

dì 弟　dì 第

“弟”和“第”同音。两字的下部也相同，只是上部稍有差异。其实起初两字原本是一个字，后来才分化为二的。

弟，指弟弟，对兄而言。《荀子·君子》：“杀其兄而臣其弟。”意思是杀死他的哥哥而使他的弟弟为臣。泛称同辈年幼于己者。古代妹妹也可以称弟。《孟子·万章上》：“弥子之妻与子路之妻，兄弟也。”意思是弥子瑕的妻子和子路的妻子是姊妹。

第，古代只写作“弟”，金文像用皮条缠束他物时层次井然的样子。《说文》：“韦束之次弟也。从古文之象。”本义是次第、等第。后来“弟”字为兄弟所专，就又加了个竹头以示区别。《左传·哀公十六年》：“楚国，第我死，令尹、司马非胜而谁？”意为依照楚国用人的次第，我死后，令尹、司马的官职，不归于白公胜，还归于谁呢？引申为表次序的词头。如：第一，第二。又指房屋。帝王赐给臣下的房屋有甲乙次第，故房屋称“第”。如：府第，将军第。又特指科举考试及格的等次。科举考试中式者分甲乙等第，故考试中式也名“第”。及第：表示科举考中。落第：指科举没考中。古书中还作副词用，表示仅仅、但、只管的意思。《史记·陈涉世家》：“借第令毋斩。”意为即使（朝廷）不杀（我们）（“借”“第”“令”三字都表假设，这种同意虚词连用，《日知录》有专节讲过）。《史记·孙子吴起列传》：“君第重射，臣能令君胜。”意思是您尽管下大赌注，我能让您取胜。

简体	甲骨文	金文	篆书	隶书	草书	行书
弟	弟	弟	弟	弟	弟	弟
第			第	第	第	第

diān tián
滇 填

“滇”和“填”都是以“真”为声符的形声字，今读音已不相同。两字意符各异，意义也不一样。

滇，意符是“水”。《说文》：“益州池也。”本义是湖名，即云南的滇池。又为云南省的简称。省境东北部在汉武帝以前为滇国地，皆因滇池得名。云南出产的红茶称“滇红”。

填，本义是把凹陷的地方垫平或塞满，所以用“土”作意符。《说文》：“填，塞也。”本义是堵塞。《战国策·赵策四》：“顾及未填沟壑而广托之。”又如：填坑。由此义引申，凡是在空缺的处所放进某东西都可叫填。如：填补。引申为填写。如：填表。又依一定格式谱写词叫“填词”。象声词“填然”，《孟子·景惠王上》：“填然鼓之，兵刃既接。”意为咚咚地敲着战鼓，长枪短戟就打起来。

简体	篆书	隶书	草书	行书
滇	滇	滇	滇	滇
填	填	填	填	填

diàn 惦　diān 掂　niān 拈

“惦”和“掂”都是形声字，声符都是“店”。拈，从手占声，这三个字的字形虽相似，但意义却各有不同。

惦，意符是“心（忄）”，本义是挂念。惦记：对人或事物心里老想着，放不下心，也说“惦念”。《红楼梦》第八十二回：“累你二位惦着。”

掂，常用义是用手托着东西上下晃动来估量轻重，所以用“手”作意符。掂斤播两：形容过分计较小事。亦作“掂斤簸（bǒ）两”。

拈，《说文》：“掫也。”本义是以指取物。《广韵》：“拈，指取物也。”杜甫《绝句漫兴九首》：“舍西柔桑叶可拈，江畔细麦复纤纤。”

简体	篆书	隶书	草书	行书
惦	惦	惦	惦	惦
掂	掂	掂	掂	掂
拈	拈	拈	拈	拈

diàn　　zhān

玷　粘

“玷”和“粘”由于声符都是“占”，因此容易读错用错，但二字的音义相去甚远。

玷，《说文》作“刮”（“玷”的俗体），说是“缺也。从刀，占声”。《广韵》：“玷，玉瑕。”本义是白玉上面的斑点。引申为过失、缺点。白圭之玷：白玉上的一个斑点。比喻人或物总体很好，只有些小缺点。引申为污染。玷污：污损，指声誉受损失。玷辱：污损，使蒙受耻辱。常用作谦辞，有忝、辱的意思。杜甫《春日江村》之三：“岂知牙齿落，名玷荐贤中。”意为谁想到牙齿落了，到这年纪，还名列在向上推荐的名单中。

粘，有两音，义不相同。《说文》：“相箸也。从黍，占声。”指粘贴、胶合。这是动词义，读zhān。又指具有粘性，形容词义，读nián。如：发粘。白居易《朱藤谣》：“泥粘雪滑，足力不堪。”意为泥路粘乎乎，雪地滑又滑，脚力承受不了。

简体	篆书	隶书	草书	行书
玷	玷	玷	玷	玷
粘	粘	粘	粘	粘

diàn　　yóu

钿　铀

“钿”和“铀”的意符都是“金”，表明它们的意义都跟金属有关。由于声符“田”和“由”的形体相差不大，所以不仔细辨别就容易弄错。

钿，用金翠珠宝等制成的形如花朵的首饰。白居易《长恨歌》：“花钿委地无人收。”意思是金翠珠宝制成的花形首饰掉在地上没有人收拾。又指以金、银、贝壳等镶嵌器物。李贺《春怀引》：“钿合碧寒龙脑冻。”意为金、银、贝壳镶嵌的盒子现出碧绿而闪耀着寒光，香料龙脑也凝冻了。有一种工艺品，叫“宝钿”。螺钿：用螺壳玳瑁等原料磨薄刻成花鸟人物等形象，镶嵌于漆器及雕镂器物的表面，做成有天然色彩光泽的花纹、图形。

铀，译音字，英文原名为uranium，是一种放射性金属元素，符号U，能放射出甲种、乙种和丙种射线，主要用于原子能工业，做核燃料。

简体	繁体	篆书	隶书	草书	行书
钿	鈿	鈿	鈿	鈿	鈿
铀	鈾	鈾	鈾	鈾	鈾

diāo 叼　tāo 叨

“叼”和“叨”都是形声字，意符都是“口”，表示和嘴巴与嘴巴的功能有关；声符的形体相似，但读音不同。

叼，声符是“刁”，今读音如声符。本义是用嘴衔住（物体的一部分）。如：嘴里叼着香烟；黄鼠狼叼走了一只小鸡。

叨，本来是作为“饕”的异体字出现的。本义是贪吃，所以从食，号是声符，读tāo。引申以泛指“贪”时，多作“叨”。《后汉书·卢植传》：“岂横叨天功以为己力乎？”意思是难道硬要贪天之功，认作自己的功劳吗？又多用作谦辞，加在动词前，表示某一行为对自己来说是非分的意思。王勃《滕王阁序》：“他日趋庭，叨陪鲤对。”意思是我不日当往南方省父，将效法孔鲤趋庭受教（“趋庭”“鲤对”用的是《论语》的典故，鲤是孔子的儿子，与孔子有过一段关于学礼、学诗的对话）。这里暗用了《论语》的典故，但是王勃不敢把自己与父亲相见视作圣人的孔子父子相比，所以用了表示谦敬的“叨”字。“叨”字，本来很虚，后来发展成为常用的客套话，表示受到（好处）。叨光：沾光，受到好处，表示感谢。叨教：领教，受到指教，表示感谢。叨扰：打扰，受到款待，表示感谢。口语中的“唠叨”是个联绵词，形容说话不干净利落，也作“叨叨”，读dāo。

简体	金文	篆书	隶书	草书	行书
叼					
叨					

diào jūn gōu
钓 钧 钩

“钓”“钧”和“钩”都是形声字，意符都是“金”，但声符不同，意义各异。

钓，声符是“勺”。今读音与声符同韵母。《说文》：“钩鱼也。”本义是以钩饵诱取鱼。钓游之地：小时候钓鱼游玩的地方。借称故乡。柳宗元《江雪》：“孤舟蓑笠翁，独钓寒江雪。”意为孤舟上一个身穿蓑衣头戴斗笠的老翁，冒着大雪，在寒江垂钓。引申为诱取。沽名钓誉：故意做作或用某种手段以骗取名誉（沽：买。钓：骗取）。

钧，声符是“匀”。《说文》：“三十斤也。”本义指古代的重量单位，三十斤为一钧。雷霆万钧：形容威力极大，无法阻挡。一发千钧：用一根头发丝吊着三万斤重的东西，比喻极其危急。又用作敬辞，在书信及口语中，对尊长或上级用。如：钧座，钧鉴，钧启。

钩，本来只作“勾”（本作“句”）。本义是“曲也”。因此一切弯曲的东西都可称“勾”。后来为了加以区别，把金属“勾”写作“钩”，《说文》：“曲，钩也，从金从句，句也声。”这样便构成了以形声字面目出现的“钩”字。本义是钩取、钩连或悬挂器物的用具。如：秤钩，钓鱼钩。古乐府《陌上桑》：“桂枝为笼钩。”意为桂树枝儿作笼钩。又引申为探究、探索。钩深致远：比喻探求幽深的道理。也指钩形的符号，如汉字的一种笔画“亅”“乙”。

简体	繁体	篆书	隶书	草书	行书
钓	釣	釣	釣	釣	釣
钧	鈞	鈞	鈞	鈞	鈞
钩	鈎	鈎	鈎	鈎	鈎

diē 跌　fū 趺　xiǎn 跣

“跌”“趺”和“跣”的意符都是“⻊”，声符“失”“夫”和“先”的形体也相似，所以容易混淆。

跌，《通俗文》：“跌，蹶也。”本义是失足跌倒、摔倒。如：跌跤。跌跌撞撞：形容走路不稳。常用来比喻挫折。《汉书·晁错传》：“跌而不振。”意为受到挫折而不能奋起。引申为差误。《荀子·王霸》：“此夫过举蹞（kuǐ）步而觉跌千里者夫。”意为这好比走错半步到头来发觉差误千里之远啊。在古书中又指“脚掌”。傅毅《舞赋》：“跗蹋摩跌。”意为或用脚尖点地，或以脚掌擦地（形容舞姿）。

趺，同“跗”，指脚背。趺坐：佛教徒盘腿端坐的姿势，左、右脚剪结而置于右、左股上，俗称“打盘脚”。

跣，《说文》：“足亲地也。从足，先声。”本义赤脚。《韩非子·说林上》：“越人跣行。”意思是南越的人赤脚走路。《左传·昭公三十一年》：“季孙练冠、麻衣、跣行。”意思是季平子戴练冠、穿麻衣、赤脚走路。

简体	篆书	隶书	草书	行书
跌	跌	跌	跌	跌
趺	趺	趺	趺	趺
跣	跣	跣	跣	跣

dié dié dié
谍 碟 蹀

“谍”“碟”和“蹀”的声符都是“枼”。意符“言”“石”和“足”各不相同，所以字义有很大差异。

谍，《说文》：“谍，军中反间也。从言，枼声。”指间谍、细作。《左传·宣公八年》：“晋人获秦谍。”意思是晋国人抓获了秦国的间谍。也指秘密刺探敌情。《左传·桓公十二年》：“罗人欲伐之，使伯嘉谍之。”意思是罗国打算攻打楚国，派伯嘉去刺探情况。又假借为“牒”，指谱牒。《史记·三代世表》：“余读谍记，黄帝以来皆有年数。”意为我读记载远古帝王世系的谱牒，看到自黄帝以来，都有在位的年数。古书中有时“谍谍”通“喋喋”，形容说话多，无休无止。

碟，盛食品的小盘、碟子，是晚出的形声字。宋朝曾慥的《高斋漫录》：“一日，穆父折简召坡食皛饭，及至，乃设饭一盂，萝菔一碟，白汤一盏而已。”意为一天，钱穆父送一封短信来请苏东坡吃“皛饭”（苏东坡不明白什么叫“皛饭”），等到了他家，原来只是白饭一碗，白萝卜一碟，白汤一盏罢了（“三白”为“皛饭”）。

蹀，踏、跺的意思，所以意符从足。《类篇·足部》：“蹀，蹈也。”《淮南子·道应》：“惠孟见宋康王，蹀足謦欬疾言曰……”意思是惠孟谒见宋康王，（宋康王）跺着脚咳嗽大声地说……叠用为“蹀蹀”时，形容小步走的样子。范成大《三月十五日华容湖尾看月出》：“徘徊忽腾上，蹀蹀恐颠坠。”意思是正徘徊间忽然跳腾而上，慢腾腾地生怕掉下来似的。

简体	繁体	篆书	隶书	草书	行书
谍	諜	諜	諜	諜	諜
碟		碟	碟	碟	碟
蹀		蹀	蹀	蹀	蹀

dié　xuǎn
迭　选

“迭”和“选”都是以“辶”为意符的形声字。“迭”从失声，但声符“失”的标音作用已不明显；“选”是“選”的简化字，从巽声。“迭”和“选”两字形体虽相似，但表示的意义不一样。

迭，《说文》：“更迭也。从辵，失声。”本义是更替、轮流。《庄子·天运》：“四时迭起，万物循生。”意为四时更替而起，万物循序而生。引申为屡次。如：迭挫强敌。宋元以来，口语中有“忙不迭”“叫口不迭”之类的说法，这是用作补语，意义相当于“及”。

选，繁体作“選”，从辵巽，巽也声。《说文》：“遣也。一曰选择也。”今通常用其“选择”义。《礼记·礼运》：“选贤与能，讲信修睦。”意为挑选贤者，授予能者（以官职），讲究信用，主张和睦。引申为选举。如：选民，普选。引申为被选中了的（人或物）。如：入选。引申为被选出来编在一起的作品。如：文选，民歌选。

简体	繁体	篆书	隶书	草书	行书
迭		迭	迭	迭	迭
选	選	選	選	選	選

dīng dìng
钉 订

“钉”和“订”是同声符的形声字。两字意符不同，意义有别。

钉，最初本来只写作“丁”，《说文》：“丁，象形。”这是从小篆（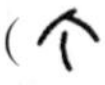）说的，质地本不限于金属。后来由于铁钉通行，便用从金的“钉”字来取代“丁”了。“丁”在“钉”中成了声符。钉是钉，铆是铆：形容对事情认真，一点不含糊，不马虎。作动词用，如：墙上钉着木橛。

订，意符是“言”。《说文》：“平议也。”本义是对某一对象的评议。评议自然要论说，所以从言。王充《论衡·案书》：“两刃相割，利钝乃知；二论相订，是非乃见。”意思是两把刀对割，谁锋利谁不锋利就清楚了；两种议论对照评议，谁是谁非也就清楚了。引申为改定、核定。校订：对照可靠的材料改正书籍、文档中的错误。修订：修改、订正书籍、计划等。引申为经过商讨而缔结、拟定。如：订条约，订计划。又引申为预先约定。订购：约定购买货物。订阅：预先付款订购报纸、期刊。订户：由于预先约定而得到定期供应的个人或单位，如报刊的订阅者、牛奶的订购户等。

简体	繁体	篆书	隶书	草书	行书
钉	釘	釘	釘	釘	釘
订	訂	訂	訂	訂	訂

dǐng xiàng
顶 项

“顶”和“项”同是形声字，“顶”从丁声，今读音与声符相近；“项”从工声，古今音变而音隔。两字的意符虽相同，但表现的意义不一样。

顶，意符是“页”。“页”的篆书做人形而特别突出其脑袋，原义是头，念xié。作一页纸的“页”时，是借作“叶”。凡从页的字，都与头部有关。《说文》：“顶，颠也。”本义是头顶。秃顶：脱落了大量头发的头顶。灭顶：水漫过头顶，指淹死。引申为用头支承、承担。顶天立地：头顶天，脚立地。形容形象高大，气概豪迈，光明磊落。表示“充当”义是近代的事。冒名顶替：假冒别人的姓名，代替他去干事或窃取他的权利、地位。又虚化为副词，表示“最”的意思。如：顶喜欢。用作量词。如：一顶帽子。

项，意符也是“页”。《说文》：“项，头后也。”本义当是颈的后部。《左传·成公十六年》：“中项伏弢。”意为他的颈后部被箭射中，伏在弓套子上死去。又泛指脖子。张衡《西京赋》：“修额短项。”意为高额头短脖子。又用作事物的计数之词。如：三项协定。并由此引申为“条目”义。如：项目，注意事项。又“款项”连用，指钱、经费。又用作姓氏。

简体	繁体	篆书	隶书	草书	行书
顶	頂	頂	頂	顶	頂
项	項	項	項	项	項

dǐng　nài
鼎　鼐

“鼎”是象形字，“鼐”是以“乃”为声符的形声字。两字虽形似，但音义有异。

鼎，甲骨文的上部像鼎身、鼎耳，下部像鼎足。本义是古代烹饪用的食器，圆形，三足两耳。也有方形四足的。多用青铜制成，盛行于商周时期，汉代仍有流行。因鼎有三足，引喻三方并立。如：鼎立，鼎峙。又因“九鼎”是古代传国的重器，王都所在，即鼎之所在，因此又称定都为“定鼎”。古代统治者又用鼎作为烹人的刑具，称“鼎镬”。今形容人声喧闹混乱，像水在鼎里沸腾的样子叫“人声鼎沸”。又谓正当富盛兴隆之时为“鼎盛”。

鼐，《说文》：“鼎之绝大者。”本义是大鼎。《诗·周颂·丝衣》：“自羊徂牛，鼐鼎及鼒（zī）。”意思是有的献羊献牛，大鼎、中鼎和小鼎。“鼎”与“鼐”都是古代烹饪器。古人用烹饪来比喻政治，所以颂扬宰相时，常说“调和鼎鼐”。

简体	甲骨文	金文	篆书	隶书	草书	行书
鼎	鼎	鼎	鼎	鼎	鼎	鼎
鼐			鼐	鼐	鼐	鼐

dìng zhàn diàn
锭 绽 淀

“锭”“绽”和“淀”都是形声字。三字之中，“锭”字见于《说文》，资格最老。

锭，《说文》：“锭，镫也。”《广韵》：“豆有足曰锭，无足曰镫。”实际上应为“有足曰镫，无足曰锭”。“锭”本和“镫”是一类的器物，“镫”像一个高脚盘子，“锭”则没有高脚，都是盛熟食用的。后来这种器物被淘汰了，锭便用作金银的计数名，以取代“铤”，即铸成块状的金银，其重五两或十两。如：金锭，银锭。作量词用于成锭的东西。如：一锭墨，一锭金。今通常指纺车或纺纱机上绕纱的机件，叫“纱锭”。这个“锭”字也是由“铤”来的。据《周礼·考工记·冶氏》的记载，古代称矢（箭头）插入箭杆的部分叫“铤”。纱锭的“锭”，其形似“铤”，所以用来称呼它。

绽，不见于《说文》，但却见于《礼记·内则》：“衣裳绽裂。”说明至迟在汉代便已经有这个字了。郑玄注：“绽犹解也。”《广韵》说是“衣缝解也”。本义是衣裳的缝线断了，出现了裂缝，所以从糸，“定”是声符。引申为一切裂开都叫“绽”。皮开肉绽：皮肉都裂开了，形容被打得伤势很重。

淀，也不见于《说文》。《玉篇》收有此字，注作“浅水也”。本义是一种浅水的湖泽，所以从水，“定”是声符。今天还保存在北方方言里。如：白洋淀，茶淀。此外，兼作“澱”的简化字。“澱”字从水殿声，《说文》：“滓垽也。”指河底沉积的淤泥，也泛指水下的沉积物。如：沉澱（淀）。

简体	繁体	篆书	隶书	草书	行书
锭	錠	錠	錠	錠	錠
绽	綻	綻			
淀	澱	澱	澱	澱	澱

diū qù
丢 去

“丢”是一个后起字，以“去”字为基础，加上一撇构成一个新字。如果用传统的汉字形体结构规律来说明，也可以算个指事字吧。“去”是从凵（qì）声，今读音与声符相近。

丢，本义是失去，所以从去。但又不是“去”的意思，所以加一撇以指“丢失”之事。丢脸：失去面子。引申为扔。丢盔弃（卸）甲：丢了头盔，扔了战衣。形容吃败仗后逃跑的狼狈相。也比喻一般事情的失败。丢三落四：形容马虎或记忆力差而好忘事。引申为搁置、放。如：丢不开家事。

去，意符是“大”（正面而立的人的形状），在这里表示人的行为义。《说文》：“人相违也。”因而本义是离开。如：去世，去职。引申为失去、失掉。大势已去：整个局势已经失去控制。引申为除去。去伪存真：除去虚假的，留下真实的。也指距离。如：两地相去四十里。引申为过去。如：去年，去冬今春。引申为从所在地到别的地方（跟“来”相对）。如：去路，去向。

简体	甲骨文	金文	篆书	隶书	草书	行书
丢			丢	丢	丢	丢
去	去	去	去	去	去	去

dōng chē
东　车

"东"是会意字，"车"是象形字，造字方法不同，读音和字义相去甚远。

东，繁体写作"東"。《说文》："东，动也，从木。官溥说，从日在木中。"段玉裁注："木，榑木也，日在木中曰东。"林义光《文源》则认为："东"本"束"字，"束"是束木，"东"在"束"字中间加一横，作为指事的标志，与"束"小有区别，后来假借为东方的东，成为方位词。本义东方，表示日出的方向。《诗·齐风·鸡鸣》："匪东方则明，月出之光。"意为不是东方亮，那是明月光。古代宾主相对，主人居东，所以引申为主人。如：房东，股东，东家，东道主（请客的主人）。

车，甲骨文是古代车的象形。《说文》："舆轮之总名也。"本义是车子，陆地上用轮子转动的交通工具。《史记·秦始皇本纪》："车同轨，书同文。"意为车轨（两个车轮之间的距离）相同，文字统一。特指兵车，即战车。《史记·陈涉世家》："比至陈，车六七百乘，骑千余，卒数万人。"意思是等打到陈地时，已有战车六七百辆，马一千多匹，兵士好几万名。又泛指用轮子转动的机械。如：纺车，水车。也指用轮子转动操作。如：车水，车螺丝钉。古书中还用来指牙床。《左传·僖公五年》："谚所谓'辅车相依，唇亡齿寒'者，其虞虢之谓也。"意为俗话所说的"面颊骨和牙床相连相靠，没有嘴唇了，牙齿露在外面就感到寒冷"，这就是虞国和虢国的关系吧！

简体	繁体	甲骨文	金文	篆书	隶书	草书	行书
东	東	東	東	東	東	东	東
车	車	車	車	車	車	车	車

兜 篼 蔸

dōu dōu dōu

“兜”“篼”和“蔸”三个字同音，形体大致相同。三个字在发展过程中却有一段复杂的关系。

兜，象形字，像一个人戴着头盔的样子。原为复音词“兜鍪”，是古代作战用的头盔。《说文》：“兜，兜鍪，首铠也。”就是这个字的本义。引申为口袋一类的东西。如：裤兜，网兜，车兜。口语中又指绕。如：兜圈子。也指招揽。如：兜销。

篼，盛物用的兜子，本由其形似“兜鍪”而得名，是“兜”的引申用法，字亦作“兜”。唯独用竹子、藤条之类编制成的兜子，却加了意符“竹”而作“篼”，以与“兜”相区别，构成一个区别字。如：背篼。走山路坐的竹轿子也像篼，不过大一点，不是盛物而是坐人，所以也叫“篼子”。

蔸，植物的根叫蔸子。这是个从草兜声的形声字。因为指草本植物的根，所以从草。如：禾蔸。又用作量词，相当于“棵”“丛”。如：两蔸草。

简体	篆书	隶书	草书	行书
兜				
篼				
蔸				

斗 头

dǒu tóu

“斗”和“头”形体很相近，只消将“斗”字的一竖下端向左弯曲，右边挂上一“丶”，便成了“头”字。两字读音也颇相近。这是就简化字而言的。其实“斗”与“头”形体本不相似，而今天的“斗”字自身又包含着两个不同的字。这也是简化的结果。

斗，甲骨文、金文是一把舀酒的长柄勺子的形象，是象形字。后来斗身在篆书里变成三根平行弯曲的线条，斗柄变成一竖，最后楷化成今天的样子。本义是舀酒器。引申为盛酒器具。玉斗：玉制的盛酒器。斗酒百篇：形容诗酒豪放，才思敏捷。引申为容量单位，十升等于一斗。尺布斗粟：《史记·淮南衡山列传》记载：汉文帝的弟弟淮南厉王刘长谋反被捕，在押解途中绝食而死。民间有歌谣道：“一尺布，尚可缝，一斗粟，尚可舂，兄弟二人不兼容。”比喻兄弟间因利害冲突而不和。也指量粮食的器具，容量是一斗。又用于比喻。斗胆：形容大胆，多用作谦辞。斗室：比喻房子极狭窄。北斗星之所以称斗，也因为这七颗星构成了斗的形象。斗转星移：北斗转了向，星宿移了位。指季节变换，也比喻时代的改变。

用作“鬥（dòu）”的简化字。“鬥”甲骨文是两人挥臂相向搏斗的形象。本义是争斗。两虎相斗：比喻力量强大的双方相搏斗。也常用为使动。如：斗牛，斗蟋蟀。引申为比赛争胜。斗智不斗力：用智谋争胜负，不凭力气分输赢。

头，繁体写作“頭”，意符是“页”，像人的头，声符是“豆”。依草书楷化简为“头”。本义是首。即人身上部或动物最前部长着口、鼻、眼等器官的部分。头痛医头，脚痛医脚：比喻对问题不从根本上解决，只从枝节上应付。头童齿豁：头秃齿缺。形容衰老的样子。崭露头角：比喻突出地显示才能和本领（头角：额头左右的突出处，常比喻青少年显露出来的气概或才华）。引申为领头的、次序居先的。如：头车，头马，头羊。引申为事物的起点或终点。如：话头，提个头，什么时候才到头。

dǒu　zhǔ
抖 枓

“抖”和“枓”都是以“斗”为声符的形声字。由于古今音变，今只“抖”读音如声符。

两字的意符不同，意义有别。

抖，从手斗声，最早见于扬雄《方言》卷六，本是一个复音词“抖薮”。《玉篇·手部》：“抖薮，起物也。”其后分化为两个义：①举起物件来抖动。如白居易诗《答州民》：“宦情抖擞随尘去。”后来单说一个“抖”字，意义相同。如：把衣裳抖一抖。引申为颤动。如：战抖。②奋发。如：抖擞精神。这种用法不能单说“抖”。

枓，从木斗声。《说文》说是“勺也”。古代舀水的用具。本与“斗”字同源。有人说斗有长柄的叫“枓”，也正好证明它们是同源词。又“枓栱”的“枓”念dǒu，是我国建筑的一种特别结构。在主柱和横梁交接处，从柱顶上加的一层层探出成弓形的承重结构叫“拱”，拱与拱之间垫的方形木块叫“斗”，合称“斗拱”，也作“枓栱”。

简体	篆书	隶书	草书	行书
抖	抖	抖	抖	抖
枓	枓			

dǒu 陡　tú 徒　xǐ 徙

“陡”“徒”和“徙”都是形声字，声符不一样，读音自然不同。三字形体相似，但意义各异。

陡，从阜走声。《玉篇》：“峻也。”《韵会》：“崖壁峭绝也。”本义是峻峭，山的坡度很大，近于垂直。如：陡壁，陡坡，陡峭。杜甫《义鹘行》诗：“陡上捩孤影。”引申为陡然、突然。如：天气陡变。

徒，《说文》说是“步行也，从辵，土声”。本义是徒步、步行。《易·贲》：“舍车而徒。”意为放弃车子徒步走。引申为步兵。《左传·隐公九年》：“彼徒我车，惧其侵轶我也。”意为他们是步兵，我们是车兵，我很怕他们从后边突然绕到我军之前袭击我们。旧又称服劳役的犯人。《史记·高祖本纪》：“高祖为亭长，为县送徒郦山，徒多道亡。”意思是高祖（刘邦）当亭长时，为县里送犯人到郦山，半路上犯人有好些跑了。又引申指同类的人。《孟子·尽心上》：“鸡鸣而起，孳孳为善者，舜之徒也。”意思是鸡叫便起床，努力行善的人，是舜一类人物。还用来称弟子、门徒。《论语·微子》：“是鲁孔丘之徒与？”意思是您是鲁国孔丘的门徒吗？又，信仰某种宗教的人也称“徒”。如：佛教徒，基督教徒。由“徒步”义又引申为空的、没有凭借的。徒手：空手。后来渐渐虚化为副词，表示“仅仅”的意思。家徒四壁：家里仅有四周的墙壁。形容穷得一无所有。

徙，从辵止声。本义迁移。柳宗元《捕蛇者说》：“号呼而转徙。”意为哭喊着辗转迁移。徙宅忘妻：搬家忘记带妻子。比喻人的荒唐粗心。引申为调职、调动。《后汉书·张衡传》：“所居之官，辄年不徙。”意为他所任的官职，经常过好几年没有调动（提升）。引申为变迁、变化。《吕氏春秋·察今》：“时已徙矣，而法不徙。”意为时代已经变迁了，可是法令制度却不改变。

简体	金文	篆书	隶书	草书	行书
陡		陡	陡	陡	陡
徒	徒	徒	徒	徒	徒
徙	徙	徙	徙	徙	徙

dú　ǎi

毒　毐

“毒”和“毐”同是会意字，只是上半部相差一横；下半部一是母，一是毋。形似而音义不同。

毒，是苦恶有毒之物。《说文》说是“厚也。害人之艸，往往而生，从中毒声”。《左传·僖公二十二年》：“蠭虿有毒。”意为黄蜂、蝎子都有毒。又指毒杀。《山海经·西山经》：“山有白石，曰礜，可以毒鼠。”意为山上有白色的石头，叫作礜，可以毒死老鼠。引申为毒害、危害、伤害。柳宗元《捕蛇者说》：“孰知赋敛之毒，有甚是蛇者乎？”意思是哪里知道搜刮钱粮的毒害比这种毒蛇更厉害呢？引申为痛恨、憎恨。《后汉书·袁绍传》：“令人愤毒。”意为令人痛恨。

毐，《说文》：“人无行也。从士从毋。”本义指品行不端正的人。战国时有叫嫪（lào）毐者，是秦相吕不韦所献，与秦太后通，操纵朝政，故世骂淫曰毐。

简体	篆书	隶书	草书	行书
毒	毒	毒	毒	毒
毐	毐			

dú 读 dú 渎 dú 牍

“读”“渎”和“牍”的声符都从“賣”［賣：从買圥（lù）声。这里的“賣”不是买卖的“賣”，买卖的“賣”，本从出从買，楷化后也作“賣”，因而相混］，都读dú。意符各不相同，表示使用的范围有别。

读，指诵读。《说文》：“诵书也。”《庄子·天道》：“桓公读书于堂上。”意思是桓公在堂上诵读书。又音dòu，句读。不足一句，而读时须稍微停顿的地方叫“读”，今作“逗”。

渎，小水沟、水渠。《说文》：“沟也。从水，卖声。”贾谊《吊屈原赋》：“彼寻常之污渎兮，岂能容吞舟之鱼。”意为那小小的池塘和水沟，怎能容得下能吞船的大鱼。又指河流、大川。《韩非子·五蠹》：“天下大水而鲧禹决渎。”意思是天下发生洪水，鲧和他的儿子大禹挖掘疏通河流。常用义是轻慢、不敬。《左传·昭公二十六年》：“国有外援，不可渎也。”意为国家有外援，不可轻慢。又，执行任务时不尽职，犯严重过失叫“渎职”。

牍，《说文》：“书版也。从片，卖声。”指古代书写用的狭长木板。杨修《答临淄侯笺》：“据牍持笔。”意思是握着书板，拿着笔。简和牍串起来写文字时，汉代曾规定诏书律令不宽过三尺，民间写书信不超过一尺。故称书信为“尺牍”。《汉书·陈遵传》：“性善书，与人尺牍，主皆藏去以为荣。”意为秉性善于书写，给人家的信，受信人都收藏起来引以为荣。

简体	繁体	篆书	隶书	草书	行书
读	讀	讀	讀	讀	讀
渎	瀆	瀆	瀆	瀆	瀆
牍	牘	牘	牘	牘	牘

dǔ dǔ
睹 赌

“睹”和“赌”声符同是“者”，由于古今音变，声符的标音作用已不明显。意符“目”和“贝”有别，表示的意义不一样。

睹，看见的意思。《说文》：“见也。从目，者声。”耳闻目睹：亲耳听到，亲眼看见。熟视无睹：看习惯了，好像没有看见一样。指对某种现象不关心，不过问。引申为察看、观察。《吕氏春秋·召类》：“赵简子将袭卫，使史默往睹之。”意为赵简子将要袭击卫国，派遣蔡史默暗暗地去察看情况。

赌，《说文》新附：“博簺也。从贝者声。”本义指赌博，即用财物作注比输赢。如：赌钱。泛指争输赢。如：打赌。因为不满意或受指责而任性（行动）叫“赌气”。

简体	繁体	篆书	隶书	草书	行书
睹		睹	睹	睹	睹
赌	賭	賭	賭	賭	賭

dù gān
肚 肝

“肚”和“肝”都是以“肉（月）”为意符的形声字，但声符不同，音义各异。

肚，从土声，今读音与声符同韵母。本义是肚子，人及动物的腹部。肚里泪下：泪往肚里流。形容说不出的愁苦。宰相肚里好撑船：形容人的度量很大，又指用来供食的动物的胃，读dǔ。如：猪肚，牛肚。

肝，声符是“干”，读音如声符。《说文》：“肝，木藏也。”指肝脏，人和高等动物的消化器官之一。又用来比喻人的内心。肝胆相照：比喻彼此以真心相见。《文选·王粲·七哀诗》三首之一：“悟彼下泉人，喟然伤心肝。”

简体	篆书	隶书	草书	行书
肚	肚	肚	肚	肚
肝	肝	肝	肝	肝

dù dù dù
度 渡 镀

“度”字从庶省声，即声旁是庶字省去下部的四点，“渡”和“镀”则以“度”为声符，这三个字读音相同，但意符不同，意义也不一样。

度，意符是“又（手的形象）”，有用手量长短的意思。古人说：“布指知尺，舒肱知寻。”意为伸开指头就知道一尺的长度，舒展胳膊又知道一寻有多长。可见手与量长度关系密切，所以本义是量长度，读duó。度长絜大：比较长短大小。引申为揣度、推测。《史记·信陵君列传》：“公子自度终不能得之于王。”意为公子自己推测，（救赵的事）终究不可能获得魏王的同意。用作名词，读dù，指量长短的标准。《汉书·律历志》：“度者，分、寸、尺、丈、引也，是所以度长短也。”又指限度、制度、法度。《说文》：“度，法制也，从又庶省声。”淫佚无度：荒淫逸乐无限度。《左传·昭公三年》：“公室无度。”意为公室没有法度。引申为胸怀、气度。豁达大度：胸怀开阔，气量宽宏。形容人性格开朗，能宽容人。又通“渡”，有“从此到彼”的渡过、越过义，很多场合可以通用。《乐府诗集·木兰诗》：“关山度若飞。”意为急速地越过一道道雄关高山，就像飞一样。又用作量词，表示次数。刘禹锡《再游玄都观》：“前度刘郎今又来。”意思是前次的刘郎今天又来了。王勃《滕王阁序》：“物换星移几度秋。”意思是景物变换季节流迁，又经过了多少年呵！

渡，意符是“水（氵）”。《说文》：“济也。”本义是通过江河。如：横渡，远渡重洋。引申为由此及彼。如：渡过难关。引申为摆渡口。韦应物《滁州西涧》：“春潮带雨晚来急，野渡无人舟自横。”意思是春潮乘着雨势，到晚来更湍急；渡口没有人，船儿静静地躺在那儿。

镀，用电解或其他化学方法使一种金属附着到别的金属或物体表面上，形成一薄层，所以用“金”作意符。如：镀金，镀银，电镀。王定保《唐摭言·矛盾》：“伪金方用真金镀，若是真金不镀金。”意思是假金才需要用真金来镀，如果是真金就不需要镀金了。

简体	繁体	篆书	隶书	草书	行书
度		度	度	度	度
渡		渡	渡	渡	渡
镀	鍍	鍍	鍍	鍍	鍍

dù shè

杜 社

“杜”是以“土”为声符的形声字，今读音只与声符同韵母。“社”是会意字。造字方法不同，意义也截然两样。

杜，意符是“木”。《说文》：“甘棠也。”本义当是杜树，即棠梨，乔木，可用作嫁接各种梨树的砧木。又借作堵塞、关闭、杜绝义。杜门谢客：闭门不出，谢绝客人来访。杜口裹足：闭口不言，裹足不前。形容有顾虑而不敢接近。

社，从示从土，表示筑土为社之意。《说文》：“地主也。”本义是社神，土地神。古代把祭土神与祭土神的地方、日子和祭礼都称社。如：社宫。里社：祭社神、土神的地方。社日：古时春秋两次祭祀土神的日子，一般在立春、立秋后第五个戊日，称“春社”或“秋社”。古代帝王都祭祀“社稷”，“社” 是土地神，“稷”是谷神，因而社稷成了国家的代称。《礼记·檀弓下》：“能执干戈以卫社稷。”意思是能拿起武器保卫国家。又是古代地区单位之一。今集体性组织、团体也称社。如：合作社，信用社。

简体	甲骨文	金文	篆书	隶书	草书	行书
杜	杜	杜	杜	杜	杜	杜
社			社	社	社	社

duān　ruì
端　瑞

“端”是以“耑”为声符的形声字。“瑞”是会意字。两字形似，音义却不一样。

端，意符是“立”，用人的站立来表示端正义。《说文》：“端，直也。”朱骏声《说文通训定声》：“立容直也。”引申为正直、端正。贾谊《治安策》：“选天下之端士。”意为选择天下正直端正的人。端庄：举止、精神端正庄重。又假借为“耑”（“耑”字本来是植物刚刚发芽的形象，下面像根，上面像芽苗，本义为开端），即（事情的）开头。如：发端，开端。引申为顶部。如：笔端，尖端。引申为事物的一头；一方面。如：举其一端，变化多端。晚近口语称平拿物体曰“端”，则是借“端”字的读音以记录口语中的新词。如：端上饭菜。

瑞，《说文》：“以玉为信也。”瑞玉是玉制的信物。指古代的圭、璧、符、节之类，是表示身份、用作凭证的玉器。《左传·哀公十四年》：“司马请瑞焉。”意思是宋国的司马请求发兵的兵符。由于符瑞是用以征信的，因此引申为征兆，特指吉祥、吉祥的征兆。瑞兽珍禽：瑞祥的兽类，珍奇的飞禽。瑞雪兆丰年：及时的好雪预兆着丰收年景。

简体	甲骨文	篆书	隶书	草书	行书
端	端	端	端	端	端
瑞		瑞	瑞	瑞	瑞

duàn 段 yīn 殷

“段”是形声字，“殷”是会意字。两字虽形体相似，但造字方法、读音、意义都不一样。

段，从殳耑省声。《说文》：“椎物也。”本义是锤打东西，即冶锻，是“锻”的本字。又指事物、时间的一部分。如：片段，分段，段落。

殷，从㐆从殳。《说文》释“作乐之盛称殷”。段玉裁注：“此殷之本义也。”“殳”是舞蹈的道具，“㐆”是舞蹈的样子，会作乐之盛之意。本义指盛、大。《易·豫》：“殷荐之上帝。”意为用这样殷盛的乐舞奉献上帝。泛指众多。《诗·郑风·溱洧》：“士与女，殷其盈矣。”意为小伙子，俏姑娘，拥拥挤挤喜洋洋（殷：众多。盈：满）。引申为富足、富裕。《史记·苏秦列传》：“家殷人足，志高气扬。”意为家家殷实人人富足，志向高来意气扬扬。又假借指赤黑色。《左传·成公二年》：“左轮朱殷。”意为左边的车轮子都染成了深红色。又是朝代名。商朝传至盘庚，迁都殷，所以国称殷（在今河南安阳小屯村）。殷鉴不远：可以作为鉴戒的殷朝失败的教训就在眼前。比喻失败的往事还不远。

简体	金文	篆书	隶书	草书	行书
段	段	段	段	段	段
殷		殷	殷	殷	殷

duàn duàn
锻 缎

“锻”和“缎”的声符都是“段”，今读音均如声符。二字的意符不同，表示的意义也有别。

锻，《说文》：“小冶也。”意符是“金”。本义是打铁，即用锤击等方法，使金属具有一定的形状。徐灏《说文解字注笺》：“以铁入火，铄而锤之，是谓小冶，异于镕铸也。”如：锻铁。又指通过体育运动使身体强壮，培养勇敢、机警等品德。如：锻炼身体。

缎，《说文》：“履后帖也。”本从韦段声；或从糸。是古代鞋后跟所贴皮革的名称，所以从韦（熟皮）。朱骏声认为：“缎为缯帛之名，殆谓帛之坚厚如韦耎。”引申为丝织类名称。如：软缎、锦缎、绸缎，是我国特产之一。张衡《四愁诗》：“美人赠我锦绣段。”杜甫《戏为双松图歌》：“我有一匹好素绢，重之不减锦绣段。”早在汉唐，我国已有绸缎织品了，而一直以“段”为“缎”。

简体	繁体	篆书	隶书	草书	行书
锻	鍛	鍛	鍛	鍛	鍛
缎	緞	緞	緞	緞	緞

duī zhì
堆 雉

“堆”和“雉”虽然右边都是“隹（zhuī）”，也都是形声字，但“堆”字是左形右声，从土隹声；“雉”字却是右形左声，从隹矢声。

堆，本义是小丘、土墩、沙墩。甲骨文、金文像土堆形。《说文》“堆”作“**𠂤**”，释为“小阜也”。亦指水中的礁石。如：滟滪堆。引申为堆积，累叠成堆。引申为叠在一起的东西。如：草堆，土堆。作量词，用于计量成堆的物或成群的人。如：一堆黄土，一堆人。用为动词，杜甫《渼陂行》：“波涛万顷堆琉璃。”

雉，从隹。隹是鸟的形象。从隹的字多与鸟名有关。通称野鸡，所以意符用“隹”。野鸡属鸟类，形状像鸡，雄的尾巴长，羽毛很美丽，可做装饰品。古代又假借为计算城墙面积的单位，城墙长三丈高一丈叫“一雉”。《左传·隐公元年》：“都城过百雉，国之害也。”意为都邑城垣周围的长度超过三百丈，就会成为国家的危害。

简体	甲骨文	篆书	隶书	草书	行书
堆					
雉					

dūn chún
惇 醇

“惇”和“醇”的声符同是“享”（这里的“享”，篆书下面还有“羊”，音chún，楷化后与“享”混而为一）。读音同韵母，虽然意符各异，表示“惇”与人的心（思想质量）有关，“醇”与酒有关。但是由于形音相近，所以还是会错用。

惇，《说文》：“惇，厚也。从心，享声。”本义是敦厚、笃实。《国语·晋语四》：“郤縠行年五十矣，守学弥惇。”意为郤縠今年五十岁了，恪守所学更加深厚。古书中还有崇尚、重视义。《书·武成》：“惇信明义。”意为崇尚信用，显明忠义。《国语·晋语七》：“荀家惇惠，荀会文敏。”意为荀家敦厚仁惠，荀会知礼敏捷。

醇，指酒味厚、纯。《说文》：“不浇酒也。从酉，享声。”段玉裁注：“凡酒沃之以水则薄，不襍以水则醇。”《史记·曹相国世家》：“至者，多辄饮以醇酒。”意思是对来的人，大都是用浓厚的酒来款待。又借为“惇”，《汉书·景帝纪》：“黎民醇厚。”意思是老百姓很朴实。

简体	篆书	隶书	草书	行书
惇	惇	惇		
醇	醇	醇	醇	醇

dǔn 盹　dūn 吨

“盹”和“吨”都是形声字，从屯声。两字的读音相近，只是音调有别。

盹，意符是“目”，表示和眼睛有关。本义是闭目小睡。如：打盹儿，醒盹儿。

吨，因为是译音字，所以意符从口。本义是公制重量单位，一吨等于一千千克，合两千市斤。也叫公吨（法）。

简体	繁体	篆书	隶书	草书	行书
盹		盹	盹	盹	盹
吨	噸	吨	噸	噸	噸

duó 夺　hāng 夯

“夺”是会意字；“夯”是个后起的会意字。两字造字方法相同，形体近似，但音义却不同。

夺，繁体写作“奪”。《说文》：“手持隹失之。”手抓的鸟儿跑掉了，表示失去或遗落义。通常作强取义。巧取豪夺：用欺诈的手段取得或凭强力抢占（财物、权利等）。强词夺理：本来没有理，硬说成有理。形容无理强辩。用为决定取舍。如：定夺，裁夺。

夯，本义是砸实地基用的工具，有木夯、石夯、铁夯等。如：打夯。也称用夯砸实地基。如：夯实，夯地。又读bèn，是“笨”的异体字。如：夯汉。《儒林外史》第四六四回：“小儿蠢夯，自幼失学。”

简体	繁体	金文	篆书	隶书	草书	行书
夺	奪					
夯						

duǒ　　zá
朵　杂

“朵”是个象形字，“杂”本是从衣集声的形声字。两字造字方法不同，音义各异，只是形体相似。

朵，《说文》说是“树木垂朵朵也。从木象形”。篆文的下面是木（树），上面是花或果实之类的东西。通常指花朵。引申为量词，用于花朵、云彩或像云彩的东西。杜甫《江畔独步寻花》：“黄四娘家花满蹊，千朵万朵压枝低。”意思是黄四娘家庭院里，那花儿满小路都是，把枝条压得低垂下来。

杂，《说文》：“五彩相会也。”本义是指各种颜色相配合。《文心雕龙·情采》：“五色杂而成黼黻。”意为五色配合协调才能做成华丽的礼服。引申为掺杂、混合、配合。《国语·郑语》：“故先王以土与金、木、水、火杂以成百物。”意思是所以先王把土和金、木、水、火相配合，而生成百物。杂烩：用多种菜混在一起烩成。杂技：各种技艺表演的总称。杂居：两个或两个以上的民族在一个地区居住。杂糅：指不同的事物混杂在一起。

简体	繁体	篆书	隶书	草书	行书
朵		朵	朵	朵	朵
杂	雜	雜	雜	雜	雜

duò 惰 tuǒ 椭

“惰”和“椭”同是形声字，形体结构有相似之处，但音义不同。

惰，从心（忄）堕省声。《说文》：“不敬也。”《左传·僖公十一年》：“受玉惰，过归告王曰：……”意为晋惠公接受玉时不敬的样子，内史过回去，告诉周天子说……又，古书多指懒、懈怠。《孙子兵法·军争》：“避其锐气，击其惰归。”意为避开敌军初来时的锐气，等到敌人疲惫、懈怠而退却时再打他。双音词有懒惰、怠惰，意义与“勤”相反。

椭，从木。本义是用以盛盐豉的小桶，其形狭长。《急就篇三》：“椭杅槃案，杯問盌。”颜师古注：“椭，小桶也，所以盛盐豉。”引申指椭圆、长圆形。椭圆体：椭圆围绕自身的长轴或短轴旋转一周所围成的立体。

简体	篆书	隶书	草书	行书
惰	惰	惰	惰	惰
椭	橢	橢	橢	橢

E

è 恶 è 垩

“恶”和“垩”的声符同是“亚”，今都读è；上古时，这三个字的读音本相近，后来分化了。因此“恶、垩”从亚声的形迹就不明显了。“恶”的意符是“心”，“垩”的意符是“土”。意符不同，因而所表示的意义截然两样。

恶，《说文》说是“过也”。许慎用“恶”的同义词“过”来作解释，而实际上“恶”远非只是“过失”，而是比“过失”性质严重得多的罪恶、不良行为，与“善”相对。恶贯满盈：谓人的罪恶极大，作恶极多，已经到了受惩罚的时候了。疾恶如仇：指痛恨坏人坏事像痛恨仇敌一样。又与“美”相对，义为丑恶。《韩非子·说林上》：“今子美而我恶。”意思是如今你漂亮我丑。人“恶”必遭憎恨，故又引申为讨厌、憎恶，读wù。深恶痛绝：厌恶、痛恨到了极点。还假借为疑问代词，读wū，表示哪里、怎么。《孟子·尽心上》：“久假而不归，恶知其非有也？”意思是长期假借而不归还，怎么知道他不是真有这个仁义呢？与“乎”常连用，表示从哪里，在哪里。《荀子·劝学》：“学恶乎始，恶乎终？”意为学习从哪里开始，又在哪里结束呢？

垩，《尔雅·释宫》：“墙谓之垩。”郭璞注：“白饰墙也。”本义是白色的土，可用来粉饰墙壁；又用作动词，指用白色的土粉刷墙。《庄子·徐无鬼》：“郢人垩，漫其鼻端。”意为郢人用白粉刷墙壁，不小心撒了一点在自己的鼻尖上。

简体	繁体	篆书	隶书	草书	行书
恶	惡				
垩	堊				

è zhī

厄 卮

“厄”和“卮”只有一画之差，但却是结构完全不同的两个字。

厄，古文字本是车前驾牲口用的轭头的形象，是个象形字。由于字形变化，加上习惯用它来表示“困厄”义，所以又另加车旁造了一个“轭”字，作为车轭的“轭”的本字，而“厄”则专用以表示“困厄”义。《仓颉篇》：“厄，困也。”就是这么来的。《三国志·蜀书·谯周传》：“今汉遭厄运，天下三分。”意思是现在汉朝碰上了艰难困苦的坏运气，天下分成魏、蜀、吴三国。“厄运”这个词，便成为“坏的遭遇”的习用语。

卮，据《说文》说是会意字，上面是倒写的“人”字，下面是个“卩（节）”，合起来是人要有节制的意思。饮酒是最需要节制的事，故用以表示饮酒的“器皿”义。《急就篇》：“卮，饮酒圆器也。”作为一种近于圆筒形的酒器，战国时就已流行，汉代还在使用。《史记·项羽本纪》：“沛公奉卮酒为寿。”意思是刘邦奉上一杯酒，祝项伯健康长寿。后又假借来书写一种植物名称。《史记·货殖列传》：“巴蜀亦沃野，地饶卮、姜、丹砂、石、铜、铁、竹、木之器。”意思是巴蜀也是一片沃野，其地盛产卮（染料）、姜、朱砂、石、铜、铁、竹、木之器。这里的“卮”后来写作“栀”，也就是“栀子”，一种可以做药物和黄色染料的植物名。

简体	篆书	隶书	草书	行书
厄	厄	厄	厄	厄
卮	卮	卮	卮	卮

ér jī fán

儿 几 凡

“儿”“几”和“凡”三个字今天看来似乎只不过是递增一横或一点而已，极为相似，易于相混。其实从汉字的形体结构方式上说，它们却相去很远。

儿，在《说文》本来是作为“人”的异体出现的，今天却用来作“兒”的简化字。“兒”字严格地说应该是个象形字，下面是“人”字，上面是小儿头上囟门未合的形象。本义是幼儿。如：婴儿，儿童。古代不论男女，小时都可称儿。又作词的后缀用。如：盆儿，棍儿，玩儿。

几，原来是两个字：一是“几”字本身（几①）；一是作“幾”的简化字（几②）。

几①的本义是凭几。古人席地而坐，一般只需在地上铺上筵席就够了（筵是一种质地较粗的席）。对老年人则加以优待，为他在身后安上几。所以《诗·小雅·行苇》说：“或肆之筵，或授之几。”意思是有的给他们敷设筵席作座位，有的还给他们一个凭几。这种凭几很像靠椅的扶手靠背。篆书正是这种几的形象。此外还有一种陈设东西的小台案，名字也叫几。图书盈几：图书满桌案。这种陈设东西的几与凭几不是一物，只不过与凭几同名，所以也用“几”字来书写。随着椅凳的出现，凭几从生活中消失了，而陈设东西的几却保存下来沿用至今。如：茶几。

几②是“幾”的简化字，从丝从戍。“丝”是微的意思。戍是兵守的意思。本义是“微”“隐微”。《易·系辞》：“几者，动之微。”意为几，说的是运动、变化最初那种极其轻微不易察觉的一刹那。这个意义的“几”读jī，后来多写作“机”。通常所谓“机会”的“机”。又借用为疑问代词，用以询问数量。这个用法的“几”读jǐ，如：几个人，几本书。

凡，甲骨文和金文均像侧视的盘的形状。是“盘”字的初文。古代无轻唇音，“盘”与“凡”同音，借以表示“凡是”“一切”“统括”义。《礼记·中庸》：“凡事豫则立，不豫则废。”意为大凡做一切事情做好准备就能成功，没有准备就失败。又用来称平庸、平常。如：凡庸，凡才。《三国志·蜀书·诸葛亮传》：“尽众人凡士。”意为都是普通平凡的人。

简体	繁体	甲骨文	金文	篆书	隶书	草书	行书
儿	兒				兒		儿
几	幾				幾		几
凡					凡		凡

ěr ěr
珥 饵

“珥”和“饵”都是以“耳”为声符的形声字。两字同音不同形，其字义由于意符的不同而有所区别。

珥，《说文》说是“瑱也。从王耳，耳亦声”。本义是好的珠玉耳饰，也叫“瑱”“珰”。《史记·外戚世家》：“帝谴责钩弋夫人，夫人脱簪珥叩头。”意为汉武帝责备钩弋夫人，夫人立刻取下簪饰耳环，叩头谢罪。又用来指剑鼻、剑镡，柄上端像两耳的突出部分。屈原《九歌·东皇太一》：“抚长剑兮玉珥。”意思是按抚着长剑上玉镶的剑柄。古书中还用以指日月两旁的光晕。《隋书·天文志下》：“青赤气，圆而小，在日左右，为珥。”意思是一种圆而小的青色赤色的晕光，处在太阳左右，叫作日珥。

饵，意符是“食”。《说文》：“粉饼也。”本义是糕饼。通常泛指食物。《老子》三十五章：“乐与饵，过客止。”意思是奏着音乐和摆着食物，过路的客人停下来了。又指诱鱼上钩的食物。《庄子·外物》：“任公子为大钩巨缁，五十犗以为饵。”意为任公子做了一个大钓钩和一根粗黑绳，用五十头犍牛做饵物。又引申指用东西引诱。饵以重利：用重利来引诱。

简体	繁体	篆书	隶书	草书	行书
珥		珥	珥	珥	珥
饵	餌	餌	餌	餌	餌

F

fá zhī
乏 之

“乏”是会意字，“之”是象形兼会意字。造字的方法有别，两字的音义也完全不一样。

乏，作为一个会意字，是在一定历史条件下的产物。射箭用的箭靶称“正”，伏在“正”旁守“正”的人用以掩蔽的屏障叫“乏”。因为这种掩蔽物虽然同“正”一样是用皮革做成的，而作用却与“正”大不一样，造字者便索性将“正”字反过来，造成“乏”字。《说文》引《左传》说：“反正为乏。”便是这个意思。这种正反关系，篆书体现得很清楚，楷书已经看不出来了。古代又常借用作“贫乏”的“乏”。《尚书大传》：“行而无资谓之乏。”旅行而无川资，当是缺乏、缺少之义。如：乏味，不乏其人。引申为疲倦。如：走乏了。人困马乏：人马都困乏了，形容体力疲劳不堪。

之，甲骨文上部象向前的脚趾，下部象地。用以会脚离开原地前进之意。《说文》：“之，出也。”本义当是往、至。《资治通鉴·唐宪宗元和十二年》：“诸将请所之。”意为将领们请示要去的地方。借用为文言第三人称代词他、她、它。通指行为的对象。《论语·卫灵公》：“众恶之，必察焉；众好之，必察焉。”意为大家厌恶他，一定要去考察；大家喜爱他，也一定要去考察。借作指示代词这、此。《庄子·逍遥游》：“之二虫又何知？”意思是这两只虫鸟又哪里知道呢？又借用为结构助词，表示领属关系，相当于现代汉语的“的”。《论语·公冶长》：“夫子之文章，可得而闻也；夫子之言性与天道，不可得而闻也。”意思是老师关于文献方面的学问，我们是可能听到；老师的谈论品性和天道的道理，我们却不容易听到和理解的。

简体	甲骨文	金文	篆书	隶书	草书	行书
乏			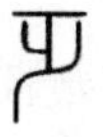			
之					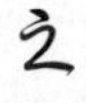	

fá　fá
茷　筏

“茷”与“筏”的声符相同，读音相同，形体相似。但意符分别从草、从竹，意义有区别。

茷，草叶茂盛的样子，所以从艹。《说文》：“艹叶多。从艹，伐声。”柳宗元《始得西山宴游记》：“斫榛莽，焚茅茷。”意思是用刀砍去杂乱丛生的草木，烧掉茂密的茅草。又指树木枝叶盘纡的样子。《楚辞·招隐士》：“树轮相纠兮，林木茷骩。”意为树木枝干扭结，盘根交错茂密［轮：横枝。茷骩（wěi）：林木盘曲的样子］。

筏，从竹伐声。《方言》：“簰谓之筏；筏，秦晋通语也。”本义指筏子，即竹或木编成的渡水工具。也有用牛羊皮、橡胶等制造的。杜甫《奉送崔都水翁下峡》诗：“无数涪江筏，鸣桡总发时。”

简体	篆书	隶书	草书	行书
茷				
筏				

fān　fán
番　蕃

“番”是象形字，“蕃”是以“番”为声符的形声字。今两字的读音相近，只是声调不同而已，但意义完全两样。

番，《说文》：“兽足谓之番。”段玉裁注：“下象掌，上象指爪。”即下面像兽掌，上面像指爪的形状。假借作更替、替代、轮流义。《新唐书·马怀素传》：“更日番入。”意为隔日轮流入宫。又用作量词，表示次、回。如：思考一番，三番五次。又是我国古代西方边境各族的统称，因而以之为外国或外族的代称。番舶：外国船。番茄：西红柿。番薯：甘薯。

蕃，本义是（草木）茂盛。《说文》：“草，茂也。”《易·坤》：“草木蕃。”意为草木茂盛。繁盛众多称为“蕃衍”。又同“繁”，表示繁多的意思。周敦颐《爱莲说》：“水陆草木之花，可爱者甚蕃。”意为水上陆上草木的花，值得喜爱的很多。引申为繁殖。蕃息：滋生众多。

简体	金文	篆书	隶书	草书	行书
番	番	番	番	番	番
蕃	蕃	蕃	蕃	蕃	蕃

fán pān
樊 攀

“樊”是会意字，“攀”是以“樊”为声符的形声字。古无轻唇音，因此“攀”与“樊”古音是近似的。两字字形相似，音义不同。

樊，《说文》：“鸷不行也。”表示被羁绊不能行动义。本义是关鸟兽的笼子。《庄子·养生主》：“不蕲畜于樊中。”意思是不祈求被养在笼子。又指篱笆，与“藩”同。如：“藩篱”又作“樊篱”（篱笆），比喻对事物的限制。

攀，本义是抓住东西向上爬，所以下部加个“手”字作意符。高不可攀：高得没法攀登，形容难以达到。攀蟾折桂：登上月宫折得桂枝。旧指科举中式。又，比喻跟有权势的人结亲戚或拉关系。攀龙附凤：“龙凤”指古代传说中象征祥瑞的动物，借指帝王或圣贤。多用来比喻巴结或投靠有权势的人，从而猎取个人名利。

简体	金文	篆书	隶书	草书	行书
樊	樊	樊	樊	樊	樊
攀		攀	攀	攀	攀

fǎn yǒu

反 友

“反”和“友”笔画几乎完全一样，只是起首两画是否交叉出头而已。其实“反”是形声字，“友”是会意字，音义也完全不同。

反，《说文》：“从又，厂，象反形。”这话不好懂。可能是从又，厂（hàn）声，是个形声字。本义是覆、翻转。《诗·周南·关雎》：“辗转反侧。”意思是翻来覆去只是睡不着。易如反掌：容易得像翻一下手掌那样。引申为与正相反。适得其反：恰恰得到相反的结果。反语：修辞手法之一，用词与真意正相反，多含有嘲弄讽刺的意味。引申为背叛、造反。官逼民反：反动统治者的逼迫，使得人民不得不造反。

友，《说文》：“同志为友，从二又，相交友也。”甲骨文像顺着一个方向的两只手，或两手叠在一起，表示以手相助的意思，篆书“又”是手的形象，也是用两只手朝同一个方向，表示朋友相助义。《论语·学而》：“与朋友交，而不信乎？”意为与朋友交往，是不是做到诚实可信呢？郑玄注：“同门曰朋，同志曰友。”《周礼》注：“同师曰朋，同志曰友。”后世通称朋友。良师益友：良好的老师，有益的朋友。引申为相好、互相亲爱。《孟子·滕文公上》：“出入相友。”意为平日出入，互相友爱。友邦：友好的国家。友善：朋友之间的亲善和睦。

简体	甲骨文	金文	篆书	隶书	草书	行书
反						
友						

fàn biān

泛 砭

“泛”和“砭”都是以“乏”为声符的形声字。但今天的读音却与“乏”不相同。两字意符不同，意义相去甚远。

泛，与“汎”古同音，义也略同。《说文》：“泛，浮也。” 在水上漂浮，所以意符是“水”。《诗·鄘风·柏舟》：“泛彼柏舟，在彼中河。”意为柏木小船漂浮着，一漂漂到河中央。又如：泛舟。魏学洢《核舟记》：“盖大苏泛赤壁云。”意思是（刻的是）苏轼泛舟赤壁的情景。又指河水四处漫流。泛滥成灾：江河湖泊的水溢出造成灾害。比喻坏的思想言行到处传播，造成不良影响。又用作形容词，广泛、普遍。方苞《狱中杂记》：“以杜君言泛讯之，众皆同。”意思是拿杜君的话普遍地询问狱中的人，大家说的都相同。

砭，意符是“石”。是古代用以治病的石质芒刺，与针刺疗法相似。后来针刺流行，砭刺不大使用了。引申为刺。寒风砭骨：寒冷的风吹来，就像针刺到骨头里面一样。因为针砭是用以治病的，因此，揭露讽喻政事弊端，叫作“针砭时弊”。

简体	篆书	隶书	草书	行书
泛	泛	泛	泛	泛
砭	砭	砭	砭	砭

fàn sì
氾 汜

“氾”和“汜”虽然读音不同，但是形体只有细微区别，古书中就常混用。其实是两个不同的字。

氾，在古代与“泛”原本有区别。《说文》：“氾，滥也。”是洪水泛滥的“氾”。“泛，浮也。”是泛舟的“泛”。但即使在古代也互相通用。今一般都写作“泛”了。《汉书·武帝纪》：“河水决濮阳，氾郡十六。”意为黄河水在濮阳决口，洪水泛滥十六郡。

汜，《说文》：“水别复入水也。从水，巳声。”水分岔流出后又回到主流叫“汜”。《诗·召南·江有汜》：“江有汜，子之归，不我以。”又指不流通的小沟。《尔雅·释丘》：“穷渎，汜。”意为不流通的沟渠叫作“汜”。

简体	甲骨文	篆书	隶书	草书	行书
氾		氾	氾		
汜	汜	汜	汜	汜	汜

fàn lán
梵 婪

“梵”和“婪”的字形相似，其实结构不同，音义各异。

梵，梵语音译词，梵摩、婆罗贺摩、梵览磨的略称，义为洁、净行。葛洪《要用字苑》：“梵，洁也。”梵语是古印度书面语，佛经原用梵语写成，故凡与佛教有关的事物皆称梵。如：梵钟，梵学，梵字，梵服。

婪，《说文》：“贪也。从女林声。”本义是贪、贪心。《楚辞·屈原·离骚》：“众皆竞进以贪婪兮，凭不厌乎求索。”意思是小人拼命往上爬啊，已捞取很多还在缵营权势饱己私利（众：指群小。竞：争着。进：进仕、谋位）。古人说：“爱财曰贪，爱食曰婪。”今常“贪婪”连用，表示贪义。贪婪无厌：贪心不能满足。

简体	甲骨文	篆书	隶书	草书	行书
梵		梵	梵	梵	梵
婪	婪	婪	婪	婪	婪

fāng　　fǎng

方　仿

“方”是象形字，“仿”是以“方”为声符的形声字，今读音仍与声符“方”相同，不过声调变作上声而已。

方，《说文》说是“并船也”。古代具有大夫身份的人，乘船要“方舟”，即将两条船并联起来。篆书就是两个船头并联的形象。这种“方舟”早已不存在，只有先秦古籍中偶然提到它。使用频率高的，倒是它的假借义。用途很多。指方形，与“圆”相对。不以规矩，不能成方圆：不用圆规和曲尺就不能画成圆形、方形。 指方位、方向。如：四面八方。引申为方面。如：我方，对方，双方。引申为地方。如：远方，方言。指方法。千方百计：想尽一切办法。教导有方：教育引导有好方法。引申为方子。如：验方，偏方。又用作副词，表示正在、正当。方兴未艾：事物正在发展，还没有停止，多形容革命形势或新生事物正在蓬勃发展。

仿，《说文》：“相似也。从人方声。”本义为类似、模拟。如：她长得跟她妈妈相仿。引申为仿效。如：仿造。

简体	甲骨文	金文	篆书	隶书	草书	行书
方						
仿						

fáng　　fáng

防　妨

“防”和“妨”的声符都是“方”，今音与声符同音不同调。两者形体、读音皆相似，所以常常容易写错。

防，意符是“阝（阜）”。《说文》：“隄也。”本义是堤坝。《周礼·地官·稻人》：“以防止水。”意思是用堤坝来阻挡水。用作动词，筑堤防堵塞。《左传·襄公三十一年》：“然犹防川，大决所犯，伤人必多。”意思是就像筑堤填坝预防河水决口一样，如果阻塞河流一定会造成大的决口，伤害的人必定很多。引申为防备。防患未然：在事故或灾害发生之前就加以防备。引申为防守、防御。如：国防，空防，海防。

妨，《说文》：“害也。”本义是伤害。《荀子·解蔽》：“不以自妨也。”意为不用这些来伤害自己。《国语·周语下》：“用物过度，妨于时。”用为副词“不妨、何妨”时读fāng，其义已经很虚。如：你不妨试试看，你去何妨。

简体	篆书	隶书	草书	行书
防	防	防	防	防
妨	妨	妨	妨	妨

非 菲
fēi fěi

“非”是会意字，“菲”是以“非”为声符的形声字。两字结构方式既不同，表现的意义自然不一样。

非，《说文》说是“违也。从飞下翅，取其相背”。用鸟翅相背来会违背的义。但向来用作否定副词，表示不是的意思。《庄子·秋水》：“子非鱼，安知鱼之乐？”意思是你不是鱼，怎么知道鱼的欢乐？又用作不。非同小可：不同于小事情，形容事态严重。又引申以指属于“非”的事，指过错、不对的行为和事。陶潜《归去来兮辞》：“觉今是而昨非。”意为认识到现在是对的，而过去是错的。明辨是非：很清楚地辨别出谁是谁非。常跟“不”搭配，构成“非……不……”结构，表示必须怎样。如：非他去不可。

菲，一种蔬菜名，萝卜之类，又名芴。《尔雅·释草》：“菲，芴。”郭璞注：“土瓜也。”当是芜菁之类。《说文》：“芴也。”所以意符用“草”。《诗·邶风·谷风》：“采葑采菲。”意为芜菁也采，萝卜也采。又用以形容微薄。如：菲礼（微薄的礼物）。“菲薄”连用，古书也用来表示小看、轻视。诸葛亮《出师表》：“不宜妄自菲薄。”意为不应该毫无根据地看轻自己。作为一种复音词的词素时读fēi，常“芳菲”连用，形容花草芳香。如：芳菲，菲菲。

简体	甲骨文	金文	篆书	隶书	草书	行书
非	非	非	非	非	非	非
菲			菲	菲	菲	菲

fēi shàn

扉 扇

“扉”是以“非”为声符的形声字，今读音与声符相同。“扇”则是会意字。两字的字形近似，其本义也基本相同，用法却有很大差别。

扉，《说文》：“户扇也。”意符是“户”。本义是指门扇。杜甫《草阁》：“柴扉永不关。”意思是柴门从来没有关上。书刊封面之内印著书名、著作者、出版者等项内容的一页叫“扉页”。也指封面皮或封底前与书皮相连的空页。

扇，从户从羽。“羽”是鸟翼。“户”“羽”结合以会两扇门开合如羽翼之意。《说文》：“扉也。”本义也是指门扇、窗扇。也用作量词。如：一扇门，两扇窗子。又用以指摇动生风取凉的用具。如：折扇，蒲扇，电扇。用作动词，即摇动扇子时，读shān。如：扇炉子。而扇动义则加火旁作“煽”了。煽阴风，点鬼火：比喻唆使、煽动别人干坏事。

简体	甲骨文	篆书	隶书	草书	行书
扉	扉	扉	扉	扉	扉
扇		扇	扇	扇	扇

fěi 斐　péi 裴

“斐”和“裴”的声符都是“非”，但意符不同，表示的意义不一样。

斐，指五色相错，也称有文采。如：斐然（形容有文采的样子）。也用来指成绩显著。如：成绩斐然。叠用为“斐斐”，也是形容有文采的样子。《三国志 · 蜀书 · 杨戏传》：“藻丽辞理，斐斐有光。”意思是辞藻华丽，文辞有条理，并且富有文采，熠熠发光。又用来形容很轻的样子。谢惠连《泛湖归出楼中玩月》：“斐斐气幂岫。”意为轻盈的雾气笼罩着群山。

裴，衣长的样子。《玉篇》：“长衣儿。”从衣非声。本义是指长衣翩翩的样子，现在只用作姓。

简体	篆书	隶书	草书	行书
斐	斐	斐	斐	斐
裴	裴	裴	裴	裴

fěi 诽　fěi 悱

“诽”和“悱”都是以“非”为声符的形声字，今两字都与声符同音不同调，意符各异，意义也不同。

诽，意符是“言”，非声，形声字。《说文》：“谤也。”“诽谤”这个词现在还在使用，不过古今用意有所不同。今天说“诽谤”指的是恶意造谣中伤。古代并非如此，凡是直截了当揭出人之过失、议论人之短处皆称“诽谤”，不含贬义。相传尧舜时在交通要道旁竖立木牌（叫华表木或诽谤木），让人们在上面写谏言。“诽”与“谤”相对说来，又有所不同。

“放言曰谤，微言曰诽。”“诽”比“谤”要和缓委婉些。

悱，意符是“心”。本义是指想说又不能恰当说出来的样子。《论语·述而》：“不悱不发。”意思是不到他想说却说不出来的时候，不去启发他。又“悱悱”连用，形容内心愁闷。如：情词悱恻。“悱”和“悲”都是从心非声的形声字。《说文》只收了“悲”，没有“悱”。有人认为“悱”就是“悲”。但从其使用的状况来看，两者亦有区别。现在读音也截然为二，不能混同。

简体	繁体	篆书	隶书	草书	行书
诽	誹	誹	誹	誹	誹
悱		悱	悱	悱	悱

fèi pèi shì
肺 沛 柿

“肺”“沛”和“柿”都是形声字。三字右边的声符形体相似，实则有异。“肺”和“沛”的声符是“市（pō）”。“柿”的声符本来是“𠂔（zǐ）”，后来讹作“市”。“市”和“市”是绝不相同的，不能混同。三字的意符也不同，因而表现的意义不一样。

肺，人和高等动物的呼吸器官，即肺脏。由于是动物身体的组成部分，所以意符用“肉”。“肺”是人的内脏，因此常用以比喻内心。肺腑之言：发自内心的真诚话。人们又常用“狼心狗肺”来比喻心肠像狼和狗那样的贪婪狠毒和凶恶。

沛，意符是“水”。本义是水奔流的样子。《孟子·梁惠王上》：“由（犹）水之就下，沛然谁能拒之？”意思是就像流水那样奔流向下，浩浩荡荡，谁能够阻挡得住呢？引申为旺盛。如：精力充沛。也是古都名，汉代的沛郡治为相县，故址在安徽省溪县西北。

柿，柿子。柿树所结浆果，扁圆形或倒卵形，橙黄色或红色，可以吃。《说文》：“赤实果。”正是指柿子。因为它是木本植物的果实，所以意符用“木”。

简体	篆书	隶书	草书	行书
肺	肺	肺	肺	肺
沛	沛	沛	沛	沛
柿	柿	柿	柿	柿

分（fēn） 兮（xī）

“分”是会意字，而“兮”按《说文》的解释，是指事字。形体近似，但音义却不一样。

分，从八从刀，“刀”是所用工具，“八”表示分开，意思是用刀分开某物。《说文》：“别也。”正是这个意思。本义是分开（跟“合”相对）。《史记·秦始皇本纪》：“分天下为三十六郡。”意思是将全国分为三十六个郡。引申为辨别。不分皂白：不辨别黑白，比喻不问是非曲直，也作“不分青红皂白”。引申为分支、部分。如：分会，分局，第三分册。又为单位名称。作度量单位，十分为一寸。作土地面积单位，十分为一亩。作重量单位，十分为一钱。用作名词时又读fèn，指整体中的一部分。如：部分。又指名分、职分。如：身分，本分，分内分外。

兮，《说文》：“语所稽也。从丂，八象气越亏也。”“丂”是气出不舒的意思，“八”则是表示这气已经抒发了。其实“兮”本来就是古代诗赋中的语气词，跟现代的“啊”相似。刘邦《大风歌》：“大风起兮云飞扬。”意为刮起了大风啊，白云翻飞。

简体	甲骨文	金文	篆书	隶书	草书	行书
分	分	分	分	分	分	分
兮	兮	兮	兮	兮	兮	兮

fén 焚 jìn 禁

“焚”与“禁”字形相似，造字方法却不相同。“焚”是会意字，“禁”是形声字。两字的读音和意义也都不一样。

焚，从林从火。《说文》：“烧田也。”甲骨文像火烧林的形状。古人耕种前，先把田里的草木烧掉，既可肥田，又便于耕种。这就是所谓“刀耕火种”。有人认为烧田是狩猎之法。其实与耕种并不矛盾。烧田时野兽必逃跑，因而既可以获取野兽，又利于耕作。因此本义是烧。《韩非子·难一》：“焚林而田，偷取多兽，后必无兽。”［田（畋）：打猎。偷取：苟且获取。］玩火自焚：玩弄火的反倒把自己烧死。比喻做坏事的人自食其果。忧心如焚：愁得心里像火焚。形容十分焦急。

禁，《说文》说是“吉凶之忌也”，就是禁忌的意思。古代的所谓禁忌，多与迷信思想有关，所以用“示”作意符。以巫觋代表鬼神说话，禁止人们做某些事就叫“禁”。《易·系辞下》：“禁民为非曰禁。”百无禁忌：什么都不忌讳。引申为禁止，或法令、习俗所不允许的事项。入境问禁：进入一个新的国家或地方，先要问问那里禁止什么，以免触犯。皇帝居住的地方禁卫森严，所以称“紫禁城”。明清紫禁城在北京市旧皇城中。用于禁受、承受得住义时，读jīn。弱不禁风：形容娇弱得连风都经受不住的那种病态。白居易《杨柳枝》：“小树不禁攀折苦，乞君留取两三条。”

简体	甲骨文	金文	篆书	隶书	草书	行书
焚	焚	焚	焚	焚	焚	焚
禁			禁	禁	禁	禁

fèn yǎn
奋 奄

“奋”和“奄”今天是太相似了，好像“奄”字只是“奋”字拉了个长尾巴罢了。这是简化字所带来的现象。其实这两个字本来并不相似。

奋，繁体写作“奮”。《说文》：“翚也。”金文像鸟被捕挣扎奋飞的样子。本义是鸟鼓动翅膀奋飞。《淮南子·时则》：“鸣鸠奋其羽。”意思是鸠鸟叫着张开翅膀奋飞。引申为鼓起劲来、振作。奋不顾身：奋勇直前，不顾个人安危。形容舍己为人，勇于献身的精神。奋起直追：奋发起来，紧赶上去。引申为摇动、举起。如：奋臂高呼，奋笔疾书。

奄，从大从申。《说文》：“覆也，大有余也。”意思是覆盖在上面的，往往比下面大。本义是覆盖、包括。《诗·大雅·皇矣》：“受禄无丧，奄有四方。”意为世代受福禄，覆盖四方疆土（丧：丧失，指丧失王位）。又假借以形容时间的短暂。所以《方言》卷十又说：“奄，遽也。”在这一意义上，和“忽”是同义词。所以又连用而称“奄忽”，形容时间非常短暂。形容身体极度虚弱则用“奄奄”，读yān。如：李密《陈情表》的“气息奄奄”便是用的这个义。这也是“奄”的假借用法。

简体	繁体	金文	篆书	隶书	草书	行书
奋	奮	奮	奮	奮	奋	奮
奄		奄	奄	奄	奄	奄

fèn chà
忿 岔

“忿”和“岔”看来很相似，上半部都是“分”。但“分”在两字的结构中起的作用却大不一样。

忿，形声字，从心分声。和声符“分”读音一样，只有声调的不同。《说文》：“悁也。”本义是愤怒、怨恨。《孙子兵法·谋攻》：“不胜其忿。”意思是禁不住愤怒。曹操《让县自明本志令》：“以为豪强所忿。”意思是因为遭到豪强的怨恨。

岔，后起字，《正字通》引《通雅》说：“山歧曰岔，水歧曰汊。”虽然后起，却仍然合乎会意字的造字法则，因为“山歧曰岔”，所以其字从分从山，表示山分歧义，后泛指分歧。如：岔路，岔口。

简体	篆书	隶书	草书	行书
忿	忿	忿	忿	忿
岔	岔	岔	岔	岔

fēng　wéi
丰　韦

“丰”和“韦”今天看来非常相似，好像只要将“丰”字下面的一横略向下弯曲，便成“韦”字了。这也是汉字简化后的现象。其实“丰”和“韦”本来并无相似之处。

丰，今天的“丰”代表着两个字：一个是“丰”字自身，称“丰①”；一个是作“豐”的简化字，称“丰②”。

丰①，《说文》释为“艸盛丰丰也。从生，上下达也”。是说“丰”是“生”字的下头穿过横线。草木上部茂盛，其根必深，所以本义是指草长得很茂盛。一般用来形容容颜或神态、体态的美。如：丰采，丰姿。《诗·郑风·丰》：“子之丰兮，俟我乎巷兮。”意思是想你丰满美好的容颜，等我在巷中。

丰②（豐），《说文》说是“豆之豐满者也。从豆，象形”。古代的“豆”是像高脚盘一样的器物。豆上放着丰满的祭品，所以有多、盛的意思。《广韵》则说：“丰，茂也，盛也。”其本义是丰富。如：丰收。丰衣足食：吃穿都很富足。引申为大。丰功伟绩：伟大的功劳和业绩。

韦，繁体写作“韋”，中间是“囗”（读wéi，古“围”字），上下两部分合起来是个“舛”字。《说文》：“相背也。”从舛囗声，与“违”字同出一源。自“违”字通行之后，

“韦”的相背义就消失了，而被借用作熟皮革的名称，即加工过的皮子。《仪礼·聘礼》：“君使君韦弁。”郑玄注：“皮韦同类。”贾公彦疏：“有毛则曰皮，去毛熟治则曰韦。”古代用竹简写书，用熟牛皮条把竹简编联起来，所以叫“韦编”。古代又假借作“围”，量词。《汉书·成帝纪》：“大木十韦以上。”意为十围以上的大树。注意，古代所说的围是两手合拱。

简体	繁体	甲骨文	金文	篆书	隶书	草书	行书
丰	豐	丰	丰	丰	豐	豐	丰
韦	韋	韋	韋	韋	韋	韦	韋

fēng fēng
锋 峰

“锋”和“峰”读音相同，但两字的意符不同，声符原来也有区别，意义更是两样。

锋，《说文》作“鏠”，说是“兵耑也。从金逢声”。本义是刀、剑等兵器的尖端或锐利的部分。《释名·释兵》：“刀，其末曰锋。”引申为器物尖锐犀利的部分。针锋相对：针尖对针尖。比喻在争辩或斗争中，双方在论点、策略及行动等方面尖锐对立。也用来形容语言的锐利。锋发韵流：形容文章语言锋利尖锐而音节流畅。也指作战或行军的先头部队。如：前锋，先锋。

峰，《说文》：“山耑也。从山夆声。”本义是指山的尖顶。如：山峰，顶峰。引申为最高处。登峰造极：达到最高峰。比喻学问、技艺等达到极高的境地（造：到达）。

简体	繁体	篆书	隶书	草书	行书
锋	鋒	鏠	鋒	鋒	鋒
峰		峯	峰	峰	峰

fēng fèng sù

风 凤 夙

“风”和“凤”都是以“凡”为声符的形声字，“夙”是会意字。这三个字简化后的形体十分相似，但意义却彼此毫不相干。

风，繁体写作“風”，是从虫凡声的形声字。古人以为风动虫生，所以用“虫”作意符。本义是风，即空气流动的现象。《庄子·齐物论》：“大块噫气，其名为风。”意思是大地发出来的气，名叫作风。风烛残年：像风中的烛焰很容易熄灭那样，残留的岁月什么时候都能结束。比喻已到老年活不多久了。山雨欲来风满楼：原为描写山雨即将来临的情景。后多比喻即将发生重大事件的前兆或气氛。又指风气、风俗。如：节约成风，移风易俗。又指作风、风度。《魏书·杜铨传》：“铨学涉，有长者风。”意为杜铨学问渊博，有长者的风度。引申为风声、消息。闻风远扬：听到一点风声，就逃得远远的。又指民歌、歌谣。《诗经》里的“国风”，是古代各国的民歌。《文心雕龙·乐府》：“匹夫庶妇，讴吟土风。”意为老百姓唱他们的乡土民谣。今仍称搜集民歌为“采风”。

凤，繁体写作“鳳”，是从鸟凡声的形声字。《说文》：“神鸟也。”传说中的百鸟之王，羽毛美丽，雄的叫“凤”，雌的叫“凰”，常用来象征祥瑞。凤凰来仪：凤凰来舞而有容仪。古代以为是一种瑞应。凤鸣朝阳：凤凰在太阳升起时鸣叫。比喻贤才逢时。凤毛麟角：凤凰的毛，麒麟的角。比喻稀少而珍贵的人才或事物。《礼记·礼运》：“麟、凤、龟、龙，谓之四灵。”

夙，甲骨文上部像月亮，下部像人举两手的形状。会意人清晨起来做事时，残月尚在空中。这样举手操作的人形，在作偏旁而楷化后，与“凡”混同而成“夙”。本义是清晨、早晨。夙兴夜寐：早起晚睡，形容勤劳。夙夜匪懈：形容朝夕勤奋不懈。引申为素有的、旧时的。如：夙嫌（旧有的嫌怨），夙仇（一向作对的仇人或旧有的仇人）。夙愿得偿：一向怀着的愿望得以实现。

简体	繁体	甲骨文	金文	篆书	隶书	草书	行书
风	風				風	風	風
凤	鳳				鳳	鳳	鳳
夙					夙	夙	夙

féng páng
逢 逄

“逢”和“逄”都是形声字。形体相似，音义却不相同。

逢，《说文》：“从辵，峰省声。”《说文》：“遇也。”本义是遇到、相见。《诗·王风·兔爰》：“我生之后，逢此百凶。”意思是偏在我出生之后，就遇到各种坏事。萍水相逢：像水里浮萍随水漂浮，聚散无定。比喻不相识的人偶然相遇。逢场作戏：原指游方艺人遇到适当的场所，就开台表演。后用为凑热闹随便玩玩的意思。引申为迎接、迎合。《孟子·告子下》：“逢君之恶其罪大。”意思是迎合君主的过错这个罪行就大。还有大的意思，《屈原·天问》：“何变化以作诈，后嗣而逢长？”

逄，作姓用。周代有逄同，汉代有逄安，逄萌。相传古代有逄蒙，射箭的技术高超，是后羿的老师。右旁是声符“夅（xiáng）”，与“逢”字的声符不同。

简体	篆书	隶书	草书	行书
逢	逢	逢	逢	逢
逄	逄	逄	逄	逄

fǒu xìng
否 杏

“否”是会意字，“杏”是从向省声的形声字，古今音变，声符的标音作用已不明显。两字的形体虽相似，但意义没有相通之处。

否，《说文》：“不也。从口从不。”由“不”“口”合成示意。本义是不、不然、不是这样。《战国策·魏策四》：“否，非若是也。”意思是不，不是这个样子。又常与表肯定的词连用，以表询问。如：是否（是不是），能否（能不能），可否（可不可以）。又读pǐ，表闭塞、不通义。否终则泰：闭塞到极点则转向通泰。形容事物发展到极限就会向对立面转化

（“否”“泰”是《周易》中的两个卦名。“否”表天地不相交、万物不通，“泰”表天地相交、亨通）。

杏，意符是“木”。本义是杏树，落叶乔木。春天开花，其果实圆形，成熟时黄红色，味酸甜，也叫“杏”。杏核中的仁叫“杏仁”，甜的一种可以吃，苦的一种可入药。唐代诗人杜牧在《清明》中有“借问酒家何处有，牧童遥指杏花村”的名句，诗中所说的“杏花村”据说就在现在的安徽省贵池县城的西郊。

简体	甲骨文	金文	篆书	隶书	草书	行书
否		否	否	否	否	否
杏	杏		杏	杏	杏	杏

fǒu yuè
缶 岳

“缶”和“岳”同是象形字，但其音义截然不同。

缶，古文字像盛酒浆的瓦器形状，大肚子小口儿。李商隐《行次西郊作》诗：“浊酒盈瓦缶。”意思是瓦罐装满了浊酒。又用来指一种瓦制的打击乐器。古秦国人敲打盆缶为歌唱的节拍。《史记·廉颇蔺相如列传》：“于是相如前进缶。”意思是于是相如走上前献上一个缶。也是汉字的一个部首，从“缶”的字都与瓦器有关。

岳，从山，古文字作“𡶳”。在山上加了个“丘”，像山峰形，表示高山大岭。后来小篆又创造了一个形声字“嶽”，从山狱声，于是就有“岳、嶽”二字，把“岳”作山岳用，把“嶽”作姓用，现在“嶽”被简化为“岳”了。本义是高大的山。《诗·大雅·嵩高》：“嵩高维岳。”“嵩山”是指高大的山岳。又如：五岳（东岳泰山，南岳衡山，西岳华山，北岳恒山，中岳嵩山）。通常称妻子的父母为“岳父”“岳母”。又用作姓。如：岳飞。

简体	繁体	甲骨文	金文	篆书	隶书	草书	行书
缶					缶	缶	缶
岳	嶽				嶽	岳	岳

fū yāo tiān
夫 夭 天

“夫”和“夭”是象形字，“天”是会意字，三字字形虽然近似，但它们所表示的义却不一样。

夫，从大，像人形，上面的一横是簪的形象，古人用来绾头发的一种首饰。表示已成年的男子，因此本义是成年男子。《诗·秦风·黄鸟》：“百夫之特。”意思是（才德）百个男子也难匹敌。李白《蜀道难》：“一夫当关，万夫莫开。”意思是一个人把着关，一万人也攻不开。形容地形险要，便于防守。引申为丈夫。如：夫妻，姐夫。旧又指从事某种体力劳动的人。如：渔夫，农夫。又读fú，作指示词，表示这、那。又作代词，表示他。也可作助词用。

夭，甲骨文、金文像一个人弯曲二臂。小篆像人的头向右歪的形状。《说文》：“屈也。象形。”本义是屈，引申为摧折。《管子·禁藏》：“毋伐木，毋夭英。”意思是不要砍伐树木，不要摧折花卉。又引申指少壮的人死去。《释名·释丧制》：“少壮而死曰夭。”今多称未成年的人死去为“夭折”。又叠用为“夭夭”，形容草木茂盛艳丽状。《诗·周南·桃夭》：“桃之夭夭，灼灼其华。”意为桃树繁茂翠欲滴，花开一片闪红光。又用来形容体貌和舒之状。《论语·述而》：“子之燕居，申申如也，夭夭如也。”意为孔子在家闲居，（穿戴）整整齐齐地，很和乐而舒坦。

天，《说文》：“颠也。从一大。”古文字是一个人形，上面是一个大黑点，像人头，本义是头。《山海经》中有 “刑天舞干戚”的故事，正因为这种怪物被天帝断首，所以叫“刑天”。由于文字形体要求匀称，上面的大黑点演变成一横，形成后来的“天”字，因而附会出“从一大”的说法。古人认为天空其大无二，所以从一大。故又指天空。是指地面的上空，与“地”相对。《诗·唐风·绸缪》：“三星在天。”意思是三星高高天上闪（一说，三星指参星。“三”与“参”古通）。天长地久：和天地一样长久，形容永久不变。天崩地坼：

天塌下，地裂开。多比喻重大变故。天花乱坠：天上的花纷纷飘落下来。形容能说会道，语言动听而不切实际。又引申为一昼夜，有时专指白天。如：每天，三天三夜。又引申为季节。如：春天，三伏天。又引申为天气。如：天阴了，天冷了。又引申为天然的、天生的。如：天才，天资。古人认为天是有意志的神，是万物的主宰。《诗·大雅·大明》：“天监在下，有命既集。”意思是上天监察人间事，天命已经属文王（监：监视。有：词头。有命：指天命。天命、命运也叫天）。《孟子·梁惠王下》：“吾之不遇鲁侯，天也。”意思是我这次不能见到鲁平公，完全是天意啊！

简体	甲骨文	金文	篆书	隶书	草书	行书
夫	夫	夫	夫	夫	夫	夫
夭	夭	夭	夭	夭	夭	夭
天	天	天	天	天	天	天

伕(fū) 佚(yì) 帙(zhì)

“伕”的声符是“夫”，“佚”和“帙”的声符同是“失”，“伕”和“佚”又同意符，所以三字容易混淆，其实音义有很大的差别。

伕，意符是“人”，旧时称服劳役的人叫“伕”，特指被强迫去做苦工的人。如：民伕，伕役，拉伕。

佚，本义是安逸。《孙子兵法·军争》：“以近待远，以佚待劳。”意思是利用我方离后方近的优势来等待远方来的敌人，凭着安逸来等待疲劳的敌人。借用为散失、失传义。如：散失的文句篇章称“佚文”，世人不知道的关于某人的事迹（多指不见于正式记载的）称“佚事”，世人不知道的传说称“佚闻”。

帙，《说文》：“书衣也。从巾失声。”本义指书画外面包着的布套，即书套。又作量词，用于整套的线装书。书一函称“一帙”。

简体	篆书	隶书	草书	行书
佚	佚	佚	佚	佚
帙	帙	帙	帙	帙

fú 扶　jué 抉

“扶”和“抉”的意符都是“手”，所以意义都与手的动作有关。但是声符不同，读音各异，意义也有区别。

扶，意为搀扶、支持。《说文》：“左（佐）也。从手夫声。”金文的左边是“夫”（夫就是人），右下方是一只大手，表示用手扶人走路之意，是个会意字。“夫”又是声符。扶老携幼：搀扶着老的牵着小的。引申为扶助、支援。扶危济困：扶助危难的，救济贫困的。《战国策·宋卫策》：“扶梁伐赵。”意思是支援梁国，讨伐赵国。又指沿着。陶潜《桃花源记》：“便扶向路，处处志之。”意思是便沿着原来的路，处处作标志。又借为“匍”。《汉书·霍光传》中“中孺扶服叩头”的“扶服”同“匍匐”，“扶”读pú。

抉，意为挑出、挖出。《说文》：“挑也。从手夬声。”《史记·伍子胥列传》：“抉吾眼悬吴东门之上。”意思是挖出我的眼珠悬在吴国国都的东门上。又释为戳、穿。《左传·襄公十七年》：“以杙抉其伤而死。”意为用木椿戳进伤口而死。现有双音词“抉择”，意为挑选、选择。

简体	金文	篆书	隶书	草书	行书
扶	扶	扶	扶	扶	扶
抉		抉	抉	抉	抉

福 楅

fú bī

“福”和“楅”的声符虽然相同，读音却不一样，这是古今音变的缘故。两字虽形似，但意符分别从示、从木，因而意义相差很远。

福，《说文》：“祐也。从示畐声。”古人称富贵寿考为“福”。《老子》：“福兮祸所倚，祸兮福所伏。” 意思是祸是福所依托的，福是祸所隐藏的（地方）。引申为降福、保佑。《左传·庄公十年》：“小信未孚，神弗福也。”意思是小小的信用不会取得神的信任，神是不会降福的。因为古人认为福和祭祀有关，所以祭过神的酒肉也叫作“福”。《国语·晋语二》：“骊姬受福，乃寘鸩于酒，寘堇于肉。”意思是骊姬接受祭过神明的酒肉，她将鸩羽放进酒中，将鸟头放进祭肉中［寘：通“置”，放置。鸩（zhèn）：一种羽毛有毒的鸟，以鸟羽泡酒，可以毒杀人。堇（jǐn）：一种毒草］。封建时代妇女行礼致敬也称“福”。妇女相见行礼常口称“万福”。

楅，《说文》：“以木有所逼束也。从木畐声。”本义是指加在牛角上以防触人的横木，叫“楅衡”，也指牛栏。《诗·鲁颂·閟宫》：“秋而载尝，夏而楅衡。”意思是秋天祭祀庆丰收，夏天设栏先养牛（载：始。尝：秋祭名。楅衡：牛栏）。

简体	甲骨文	金文	篆书	隶书	草书	行书
福	福	福	福	福	福	福
楅			楅			

幅 辐

fú fú

“幅”和“辐”的声符都是“畐（bì）”，由于古今音变，标音作用已不明显。两字形体相似，但意义不同。

幅，《说文》：“布帛广也。从巾畐声。”本义是指布帛等的宽度。如：幅面，单幅，双幅。《左传·襄公二十八年》："且夫富，如布帛之有幅也。"意思是而且富贵，就像布帛有一定幅度。引申指地面或书画的广狭。如：幅员（指疆域面积，广狭称"幅"，周围称"员"），篇幅（文章长短，书籍报刊等篇页的数量）。

辐，车轮的辐条。《说文》："轮輮也。从车畐声。"《老子》："三十辐共一毂（gǔ）。"意思是一个轮中共有三十根辐条。

简体	繁体	篆书	隶书	草书	行书
幅		幅	幅	幅	幅
辐	輻	輻	輻	輻	輻

fú piě
芣 苤

"芣"和"苤"都是形声字，意符都是"草"，但声符各异，是两个不同的字。

芣，从草不声。今读音与声符同韵母。义当是花盛开的样子。一说是车前草。车前子又称"芣苢"。古人相信车前子的籽实可以治妇人不孕。《诗·周南·芣苢》就描写了妇女采芣苢的情景："采采芣苢，薄言采之。"意思是多好的车前子啊，快些来采它。

苤，新造字，虽然也采用形声字的办法，实际声符"丕"并不能完全标示"苤"的音，只是同声母而已。专用于称"苤蓝"，甘蓝的一种，叶子卵形或长圆形，花黄白色，茎部发达，扁圆形，肉质，是普通的蔬菜。也叫球茎甘蓝。

简体	篆书	隶书	草书	行书
芣	芣			
苤	苤	苤	苤	苤

fú yōu
伏 优

“伏”是会意字，“优”虽然是简化字，从形声字的角度说，采用“尤”为声符，也能起标音作用。两字今天的字形极为相似。

伏，从人从犬。《说文》说是“司（伺）也”。是伏而窥伺的意思。因而埋伏的军队也叫“伏”。《左传·庄公十年》：“惧有伏焉。”意思是恐怕有埋伏。又指趴，即身体前倾、面向下。《诗·大雅·灵台》：“王在灵囿，麀鹿攸伏。”意思是国王浏览灵园中，母鹿趴在深草丛［囿：古代帝王畜养禽兽的园林。麀（yōu）鹿：母鹿。攸：语助词］。又如：伏案（上身俯向桌子读书、写字）。引申为低下去。此起彼伏：这里起来，那里下去。形容接连不断地兴起。引申为屈服、低头承认。如：伏输（承认失败），伏罪（承认自己的罪过）。引申为使屈服、降服。降龙伏虎：佛教故事，高僧能用法力制服龙虎。后用以形容力量强大，能够战胜一切。还可作为自谦之词，用伏于地以示尊敬。枚乘《七发》：“伏闻太子玉体不安。”也是时令节名，指“伏天”。夏至后第三个庚日叫“伏”（伏天开始）。

优，繁体写作“優”。《说文》：“饶也。一曰倡也。”本义是指丰厚、富裕。如：优裕（丰饶富足），优渥（丰足优厚）。引申为优良美好（跟“劣”相对）。品学兼优：品德和学问都是优秀的。又假借为“倡也”。古代称艺人为“倡优”，因而献艺也叫“优”。《左传·襄公二十八年》：“饮酒且观优。”意为喝酒的同时观看演戏。又复音词“优柔”形容软弱。优柔寡断：形容遇事拿不定主意，缺乏果断。

简体	繁体	甲骨文	金文	篆书	隶书	草书	行书
伏							
优	優						

fú　　fú
符　苻

“符”和“苻”的声符都是“付”，今读音仍和声符相同，不过声调变作阳平，两字的意符虽很接近，但不相同，因此意义也完全两样。

符，《说文》：“信也。”本义是符信，即古代朝廷传达命令或征召兵将用的凭证。用竹、木或金、玉、铜等材料制成，上书文字，剖而为二，双方各执一半，合之以验真假。如：兵符（调兵遣将用的凭证），虎符（虎形的兵符），符书（古代朝廷用作凭证的信物）。引申指代表事物的标记、符号。如：音符（乐谱中表示音长或音高的符号）。引申为相合。如：言行相符。又指符命，即方士认为天授的祥瑞。《董仲舒·举贤良对策》：“此盖受命之符也。”

苻，草名。《尔雅·释草》：“苻，鬼目。”郝懿行《义疏》说是白英，一种野生的草本植物。又通“莩”，指芦苇秆子里面的薄膜。《淮南子·俶真训》：“若夫无秋毫之微，芦苻之厚。”意思是像秋毫之末这样微小的东西，像芦苇秆子里的薄膜这样极薄的东西。又用作姓。如：苻坚（十六国时期前秦皇帝）。

简体	篆书	隶书	草书	行书
符	符	符	符	符
苻	苻	苻	苻	苻

fú　　gǔ
服　股

“服”和“股”都是形声字。“服”从𠬝（fú）声，“股”从殳（shū）声。两字虽形似，意义截然不同。

服，古文字左旁为一盘形，右旁是一只手向着一个跪着的人形，表示指挥奴隶从事家庭劳动。《尔雅·释诂》：“服，事也。”本义是从事某种劳动、工作。古人出仕叫“服官”，务农叫“服田”，经商叫“服贾”。《论语·为政》：“有事，弟子服其劳。”意思是有工作，年轻人替他效劳。引申为穿着之物，指衣服、服装。屈原《九章·涉江》：“余幼好此奇服兮！”意思是我小的时候就喜欢这样的奇异服饰！又为服从、信服。如：口服心服。又指服马。古代一车驾四马，车单辕，居中夹辕的两匹叫“服”。《诗·郑风·大叔于田》：“两服上襄，两骖雁行。”意思是中央两马昂头飞奔，两旁马儿排列像雁行。此外，吃药称“服药”，古书早就有记载。《史记·扁鹊传》：“但服汤二旬而复故。”意为只服汤药，二十天就恢复健康。

股，意符是“肉（月）”，《说文》：“髀也。”本义是指大腿，即人自胯到膝盖的部分。悬梁刺股：孙敬苦学，用绳子将头发悬系在屋梁上；苏秦读书瞌睡时，用锥子刺大腿。形容勤学苦读。引申指事物的分支或一部分。白居易《长恨歌》：“钗留一股合一扇，钗擘黄金合分钿。”此外，古代还用“股肱”来比喻辅助君王的大臣。《左传·昭公九年》：“君之卿佐，是谓股肱。”意思是国君的卿佐叫作股肱。

简体	甲骨文	金文	篆书	隶书	草书	行书
服	服	服	服	服	服	服
股			股	股	股	股

fǔ fǔ
釜 斧

“釜”和“斧”两字的声符同是“父”，今读音仍和声符相同，不过声调变作上声，由于意符有别，因而表示的意义也截然不同。

釜，意符为“金”，是古代的炊事用具，相当于现在的锅。釜底抽薪：从锅底下抽掉柴（才能止沸）。比喻从根本上解决问题。釜底游鱼：锅里游动的鱼。比喻处在极端危险境地的人。破釜沉舟：项羽跟秦兵打仗，过河后把锅都打破、船都弄沉，表示不再回来。比喻下决心，不顾一切干到底。

斧，《说文》：“斫也。”即用以砍伐的工具。本义是斧子。班门弄斧：在鲁班门前舞弄斧头。比喻在行家面前卖弄本领。《诗·齐风·南山》：“析薪如之何？匪斧不克。”意思是劈柴靠什么？不用斧头没办法（析薪：劈柴。克：能、成功）。又用作动词，表示用斧头砍物。曹操《苦寒行》：“担囊行取薪，斧冰持作糜。”意思是担起行囊，砍柴烧火，凿开冰凌，煮粥熬汤。神工鬼斧：不是人工所能制造而好像是鬼神做成的。形容工艺美术、文艺创作等方面技艺的精巧。

简体	甲骨文	金文	篆书	隶书	草书	行书
釜						
斧						

fù pū
讣 仆

“讣”字常有人误读误书为“仆”字。其实两字不仅意符不同，声符原来也有别，所表示的义也不一样。

讣，意符是“言”，声符是“卜”。先秦书籍多作“赴”。本义是报丧。也指报丧的书面通知。如：讣告（本作赴告，取奔走相告之意），讣闻（向亲友报丧的通知，一般叙述死者生卒、行状和祭葬时日，也作“讣文”）。

仆，简化的“仆”字身兼二职，既代表仆倒义的“仆①”，又代表奴仆义的“仆②”。

仆①读pū。《说文》：“顿也。从人卜声。”本义是跌倒。向前跌倒叫“仆”，向后仰叫“偃”。《史记·项羽本纪》：“樊哙侧其盾以撞，卫士仆地。”意思是樊哙侧着他的盾牌一撞，卫兵便跌倒在地上。前仆后继：前面的倒下了，后面的紧跟上来。现形容革命者斗争的英勇壮烈。

仆②读pú。繁体是“僕”，简化汉字同音兼代简为“仆”。本义是仆人（跟“主人”相对），即我国古代对一种奴隶或差役的称谓。《左传·昭公七年》：“僚臣仆，仆臣台。”意思是僚统治仆，仆统治台。后泛指供役使的人。《徐霞客游记·游黄山记》：“时夫仆俱阻险行后，余亦停弗上。”意思是这时仆人们都为险路所阻落在后面，我也停下来不再往上爬。古书中又用来指驾车。《论语·子路》：“子适卫，冉有仆。”意思是孔子到卫国去，冉有替他驾车子。因而也作男子自称的谦辞。梁启超《戊戌政变记·谭嗣同传》：“仆与足下同受非常之遇。”意思是我和你都受到圣主不平常的恩遇。又“仆仆”叠用作形容词，表烦猥貌，后用以形容旅途劳累。如：风尘仆仆。

简体	繁体	篆书	隶书	草书	行书
讣	訃	訃	訃	訃	訃
仆	僕	僕	僕	僕	仆

fù zhào
赴 赵

“赴”和“赵”都是以“走”为意符的形声字。但声符不同，意义两样。

赴，《说文》：“趋也。从走，仆省声。”本义是奔赴、投向、前来。《孟子·梁惠王上》：“天下之欲疾其君者，该欲赴愬于王。”意思是天下的那些想痛恨自己君王的人，都想前来大王跟前控诉。又如：去开会称“赴会”，去北京称“赴京”。赴汤蹈火：走向滚水，踩着烈火。比喻不畏艰险，奋不顾身（赴：走向。汤：滚水。蹈：踩）。

赵，繁体作“趙”，简化汉字用“乂”代替声符“肖”。《说文》：“趋趙也。”本义是超腾、疾行，与“趋”相近。常见的是用作古代国名，为战国七雄之一，疆域有今山西北部和中部、河北西部和南部。赵国的后代也姓“赵”，是赵姓来源。

简体	繁体	金文	篆书	隶书	草书	行书
赴			赴	赴	赴	赴
赵	趙	趙	趙	趙	趙	趙

fù　zéi
赋　贼

“赋”和“贼”是两个毫不相干的字，虽然两字的左旁都是“贝”，但结构各异，所表示的意义截然不同。

赋，形声字，声符是“武”，今读音与声符同韵母。本义是赋税，常用作田赋和各种捐税的总称。赋税除了征收农作物以外，也可以用货币作为代价，所以从贝。轻徭薄赋：减轻劳役和税收。指减轻人民负担。引申为授、给予。《汉书·哀帝纪》：“田非家茔，皆以赋贫民。”意思是田地只要不是祖宗的坟园，都用来分给贫民。又特指天生的资质。如：天赋，禀赋。又是我国古代文体的一种，是韵文和散文的综合体。如：《阿房宫赋》。引申为创作（诗、词）。如：赋诗一首。

贼，古文字左边是“贝”，中间是“刀”，右边是“戈”，会意。《说文》：“败也。从戈则声。”本义是败坏、伤害。《左传·文公十八年》：“毁则为贼。”意思是破坏法律叫贼。《孟子·梁惠王下》：“贼仁者谓之贼，贼义者谓之残。”意思是破坏仁德的人叫贼，破坏道义的人叫残。引申为杀害。《左传·闵公二年》：“共仲使卜齮贼公于武闱。”意思是庆父指使卜齮在武闱杀害鲁闵公。又指作乱叛国为害人民或外来侵犯的人。如：国贼，民贼。古代一般指强盗，今除作为盗窃者的通称外，一般专指小偷。又用以形容鬼祟不正。如：贼头贼脑，贼心，贼眼。

简体	繁体	甲骨文	金文	篆书	隶书	草书	行书
赋	賦						
贼	賊						

fù bù
阜 埠

“阜”是象形字，“埠”是以“阜”为声符的形声字。两字的造字方法不同，意义也不一样。

阜，古文字像土山，像一层比一层高、可拾级而上的形状。《尔雅·释地》：“广平曰原，高平曰陆，大阜曰陵。”《说文》：“大陆，山无石者。”本义是土山。《诗·小雅·天保》：“如山如阜，如冈如陵。”意思是像小山，像土坡，又像山冈或大山陵。引申为盛多、丰富。物阜民丰：物资丰富，人民生活充裕。在楷书汉字中，作为偏旁使用时，就写成左“阝”。因此，它也是一个部首字。

埠，晚起字，意符是“土”。本义是码头。如：船已抵埠。又指大城市。如：本埠，外埠，商埠。

简体	甲骨文	篆书	隶书	草书	行书
阜					
埠					

fù yè
负 页

“负”是会意字，“页”是象形字。二字形似，但读音和所表示的意义完全不同。

负，《说文》：“恃也。从人守贝，有所恃也。”意思是人守着财产，有了依赖的东西。所以本义是依仗、依赖。负嵎（亦作隅）顽抗：倚靠险要的地势，顽固抵抗（嵎：山势高而险阻的地方）。又表示用背驮东西。《释名》：“负，背也，置项背也。”负荆请罪：背上荆条请求惩罚。表示完全承认自己的错误，请求对方惩罚。又引申为负担。如释重负：像放下沉重的负担那样轻松。引申为遭受。如：负伤。引申为拖欠。如：负债。引申为背弃。忘恩负义：忘记别人对自己的恩德，做出背弃信义的事情。引申为失败（跟“胜”相对）。孙子《谋攻》：“不知彼而知己，一胜一负。”

页，本来读xiè，古文字是人头的形状。上面是个“首”字，下面是个“人”字。本义是头（头的本字）。但一向借用作书页，读yè。如：册页，活页文选。又用作量词。如：一页纸。也是汉字的一个部首，从页的字都与头面有关。

简体	繁体	甲骨文	金文	篆书	隶书	草书	行书
负	負			負	負	負	負
页	頁	頁	頁	頁	頁	頁	頁

G

gāi 该　gāi 赅

“该”与“赅”都是以“亥”为声符的形声字，读音相同，所从的意符不同，因而各具本义。由于它们读音完全一样，在某一点上又存在纠葛。

该，《说文》：“军中约也。从言亥声。”这一本义，现存的古书中未见用过。比较多的用法是表示“该备”（包括、具备的义）。《孔子家语·正论解》：“夫孔子者，圣无不该。”引申为完备。《楚辞·招魂》：“招具该务，永啸呼些。”意思是招魂的器具已经齐备，大家长声召唤游魂。应当、应该是后起义。白居易《洛下卜居》：“该知是劳费，其奈心爱惜。”

赅，从贝，本来是从日的。《说文》说是“兼晐也”。后来习惯都写作“赅”了。本义才是兼包、赅备。我们评论文章好常说“言简意赅”，即语言简练、意义完备，正是用的这个义。“言简意赅”同样也可以写作“言简意该”，并不算错。因为古代常用“该”来代替“赅”。应该的“该”却只能写“该”而不能用“赅”去代替。尽管写“该”也只是假借，但已经约定俗成，不能更改，否则就算是错别字了。左思《吴都赋》：“耳目之所不该。”意为耳目所不能包括的。

简体	繁体	篆书	隶书	草书	行书
该	該	該	該	該	該
赅	賅	賅	賅	賅	賅

gǎi shōu

改 收

“改”是会意字，“收”是从丩声的形声字。今“丩”的标音作用不明显了。“改”与“收”的读音和意义都不一样。

改，本义是变更、改正。《说文》：“更也。从攴、己。”徐铉引用唐李阳冰的话说：“己有过，攴之即改。”这种说法未免牵强。清代学者大体上认为它是从攴己声的形声字。《诗·郑风·缁衣》：“缁衣之宜兮，敝予又改为兮！”意思是玄色的衣衫多么合身啊，等它破了我再给换新的啊！这一义一直沿用到现在。如：改观（改变旧的样子，耳目一新）。改朝换代：指旧的王朝为新的王朝所代替。泛指统治集团的更替。改天换地：使天地都改变了样子。比喻进行彻底的变革，多指改造社会、改造自然。引申为改正。改邪归正：改正错误缺点，走上正路。

收，《说文》：“捕也。”意符是“攴”。本义是拘捕、逮捕。《诗·大雅·瞻卬》：“此宜无罪，女反收之。”意思是这些本是无辜人，你却拘捕他们。《后汉书·华佗传》：“乃收付狱讯。”意思是于是逮捕他交给法官审讯。引申为收获。如：春生夏长，秋收冬藏。引申为收取、接纳。如：收归国有，收徒弟。引申为获得（经济利益）。如：收益，收支相抵。还有结束、停止义。如：收工，收场。

简体	甲骨文	篆书	隶书	草书	行书
改	改	改	改	改	改
收		收	收	收	收

gài yì

盖 益

“盖”是以“盍”为声符的形声字，“益”是会意字。两字的造字方法不同，音义也各异。

盖，繁体写作“蓋”。《说文》：“苫也。”指用芦苇或白茅编成的覆盖物，所以意符用“草”。《左传·襄公十四年》：“乃祖吾离，被苫盖，蒙荆棘，以来归我先君。”意思是你的祖父吾离身披蓑衣，头戴草帽，来归附我们先君。古人称编茅覆屋为“盖屋”，这一意义一直被沿用下来，至今建筑房屋仍称“盖屋”。引申为器物的盖子。如：锅盖，茶壶盖儿。引申为遮蔽、掩盖。如：乌云盖月。也借指车盖或有车盖的东西。《史记·管晏列传》：“拥大盖，策子田马。”陶潜《咏荆轲》：“登车何时顾，飞盖入秦庭。”还有胜过、超过等引申义。如：英雄盖世。作副词用是假借，表示大概、大约的意思。《狼》：“乃悟前狼假寐，盖以诱敌。”又用于承上文申说理由或原因时，具有关连作用。《史记·屈原贾生列传》：“屈平之作《离骚》，盖自怨生也。”意思是屈平之所以作《离骚》，原来是由于怨恨产生出来的。用于句末，表示一般的语气。《论语·子路》：“君子其所不知，盖阙如也。”意为君子对于自己所不知道的，一般采取存疑的态度。

益，古字上部是横写的水形，下部是器皿，表现水从器皿中溢出来的意思。本义是水溢出器皿，是“溢”的本字。引申为河水泛滥。《吕氏春秋·察今》：“澭水暴益。”意为澭河的水突然泛滥。这个意义后来又加水旁而写作“溢”了。《三国志·吴书·吴主传》：“诸山崩，鸿水溢。”意为诸山崩溃，洪水漫了出来。引申为利益、好处。《书·大禹谟》：“满招损，谦受益。”意思是自满招致损失，谦虚能得到益处。又，表示增加（与“损”相对）。诸葛亮《出师表》：“至于斟酌损益，进尽忠言，则攸之、祎、允之任。”意思是至于斟情酌理，权衡得失，向您多进忠言就是郭攸之、费祎、董允的责任。作副词用，表示更加的意思。多多益善：愈多愈好。精益求精：已经很好了，还力求做得更好。

简体	繁体	甲骨文	金文	篆书	隶书	草书	行书
盖	蓋						
益							

gài　　kǎi

概　慨

“概”与“慨”，都是以“既”为声符的形声字，但由于古今音变，声符的标音作用已不明显。两字的意符不同，表示的意义也各异，不能混同。

概，古代量米麦时刮平斗斛用的木棒，所以意符用“木”。《说文》：“杚斗斛。”《韩非子·外储说左上》：“概者，平量也。”引申为刮平斗斛的动作。《管子·枢言》：“金鼓满，则人概之。”意思是釜鼓装满以后，人就（用概）把它刮平。现代汉语表示一律之义的“一概”就是由此引申而来的。如：货物出门，概不退换。由量具的意义又引申出抽象的度量和节操义。如：气概，节概。后来还虚化为大略、大体。如：梗概，概要。

慨，意符是“心”。本义是感慨、叹息。如：慨叹（有所感触而叹息），愤慨（气愤不平）。又指激昂。慷慨陈词：情绪激昂地陈述一番话。“慷慨”是双声联绵字，本是形容情绪激昂，今天却又表示大方、不吝惜的意义。慷慨解囊：大方地掏腰包（把钱赠给别人）。古代没有这个意义。

简体	篆书	隶书	草书	行书
概	概	概	概	概
慨	慨	慨	慨	慨

gān 干　qiān 千

“干”和“千”两字形体极为接近，只是上面的一画斜正不同罢了。其实这本是两个结构方式完全不同的字。“干”字的情况较为复杂，除自身（干①）而外，又兼作“乾”（干②）和“幹”（干③）的简化字。

干，干①，是会意字，从反入，从一。“干”字上面的一横和竖画原是倒过来的“人”字。《说文》：“干，犯也。”本义是干犯、冒犯。《左传·襄公二十三年》：“干国之纪。”意思是干犯了国家的法纪。引申为牵连、关涉。如：这件事与你何干。古代又假借指水边、河岸。《诗·魏风·伐檀》：“置之河之干兮！”意思是放在河岸上啊！还假借指天干。古代天干和地支搭配成六十甲子，用来纪年、纪月、纪日。

干②，干湿的“干”，本写作“乾”，也是假借，来源很早。《古今韵会举要》引六朝人吕忱的《字林》，就有“乾，燥也”的说法，现在也简化作“干”了。如：干燥。引申为空虚、空无所有。外强中干：原来是说马到作战时一紧张，外貌虽还强壮，而内部已经气虚力竭。后泛用以形容外表强壮，内部虚弱。又虚化为副词，表示徒然的意思。如：干瞪眼，干打雷不下雨。

干③为“幹”的简化字，读gàn。“幹”右下本不从干而是从木，是个以“木”为意符的形声字。本义是古代筑墙用以固定板的两端的直木。也指树干。《徐霞客游记·游黄山记》：“柏虽大干如臂，无不平贴石上。”意思是那里的柏树即使是像手臂粗的大树干，也没有不平贴在石头上的。引申指事物的主体或重要部分。如：干流（也称主流，与“支流”对称）。干活的“干”原来也是写作“幹”的，这是很晚才出现的词 。写作“幹”本是出于同音假借，今天简化作“干”，自无不可。由实干、干活、埋头苦干的“干”，又引申为能干、会办事。如：精明干练。

千，从一人声的形声字。因“千”是一个整数，故从一。本义是数字的名称，即一百的十倍。又引申以形容很多。千方百计：想尽一切办法。千军万马：形容兵马很多，也形容队伍雄壮或声势浩大。千锤百炼：比喻经受多次的斗争和考验。千里鹅毛：表示礼轻情意重。

简体	繁体	甲骨文	金文	篆书	隶书	草书	行书
干	幹	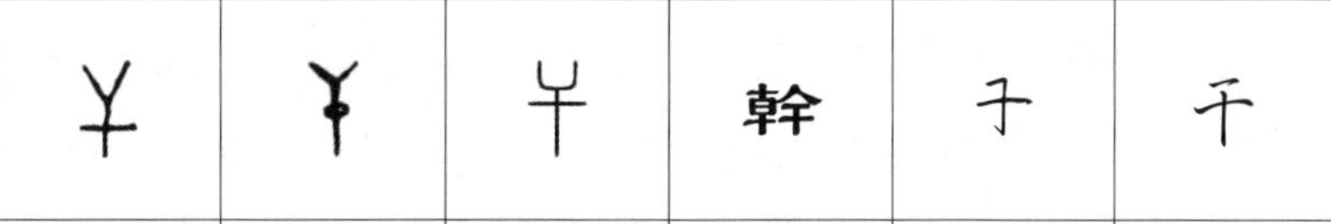					
千		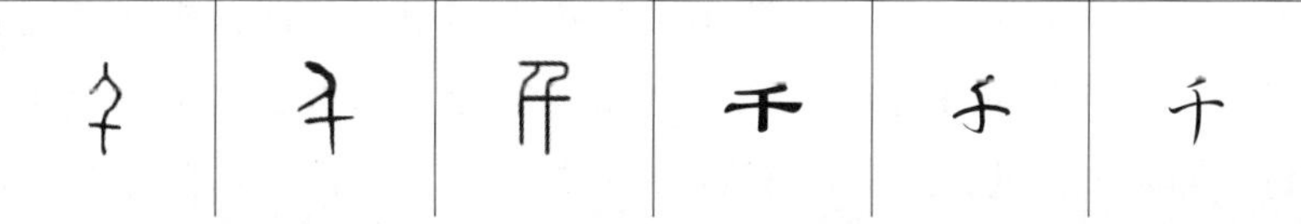					

gān 竿 yú 竽

“竿”和“竽”都以“竹”为意符，声符的形体也极相似，只是竖画带不带钩的区别，但却因此而音义全殊。

竿，从干声。本义是竿子。截取竹子的主干而成。如贾谊《过秦论》：“斩木为兵，揭竿为旗。”意思是把树木砍伐下来当作武器，把竹竿高举起来当作旗帜。百尺竿头，更进一步：勉励人们不要满足于已取得的成就，还要继续努力，不断前进（百尺竿头：百尺高的竿子，佛教用以比喻道行修养达到了极高的境界）。

竽，声符是“于”。古代的一种乐器，形状像现在的笙。《说文》：“管三十六簧也。”滥竽充数：齐宣王用三百人吹竽，南郭先生不会吹，混在中间充数。比喻没有真正的才干的人混在行家里面充数，或以次货冒充好货。有时也用以表示自谦。

简体	甲骨文	篆书	隶书	草书	行书
竿		竿	竿	竿	竿
竽	竽	竽	竽	竽	竽

gān 甘 niàn 廿

“甘”是指事字，“廿”是会意字，篆文两字本来不相似，楷化之后变得很相像了。

甘，甲骨文外部像口形，里边的一横像口里含的东西。指示那里有美味的食物。《说文》：“美也。从口含一。”本义是味美，用为名词，指味美的食物。《韩非子·外储说右上》：“甘肥周于堂。”意思是味美的好吃的东西挂满堂上（周：遍布）。引申为甜。《诗·邶风·谷风》：“谁谓荼苦，其甘如荠。”意为谁说荼菜苦无比，在我吃来甜似荠（古无甜字，凡甜都说甘）。也用以比喻美好的生活。同甘共苦：一同享受幸福，一起担当苦难。形容同欢乐，共患难。引申为情愿、乐意。甘拜下风：与人比较，自认不如，愿居下列。不甘后人：不愿意落在别人后面。不甘示弱：不愿意显示自己比别人差。是汉字的一个部首，从甘的字都与甜、味美有关。

廿，二十的合音。《说文》：“二十并也。”两个十字合并在一起，表示数词二十的意思。如：廿四史，即二十四史。

简体	甲骨文	金文	篆书	隶书	草书	行书
甘	甘		甘	甘	甘	甘
廿	廿	廿	廿	廿	廿	廿

gǎn gān
秆 杆

“秆”和“杆”形体极相似，读音也相近，表示的意义却两样。

秆，《说文》：“禾茎也。”因为是庄稼的茎秆，所以从禾。本义是某些植物的茎。如：麦秆儿，麻秆儿，高粱秆儿。

杆，不见于《说文》。《汉书·尹赏传》的“被铠杆”，是作为盾的别名“干”的异体字出现的。《集韵》中才有“僵木也”的义，表示长的木条。如：旗杆，电线杆。引申作某种物件的一个组成部分时，则读gǎn。如：枪杆儿，笔杆儿。也用作量词。如：一杆秤。

简体	繁体	篆书	隶书	草书	行书
秆	稈	稈	稈	稈	稈
杆		杆	杆	杆	杆

gǎn huò
感 惑

“感”和“惑”都是形声字，都以“心”为意符，形体也相似。细看声符不同，音义皆不一样。

感，从咸声，今读音与声符同韵母。《说文》：“动人心也。”本义是感动。感人肺腑：使人深受感动（肺腑：内脏，指内心深处）。引申为感触、感想、感慨。百感交集：各种感受交织在一起（交：一齐。集：聚集）。又引申为感谢。感恩图报：感谢他人给自己的恩情，而希望报答。感同身受：像自己受到恩惠一样地感激对方。

惑，从或声，今读音与声符相同。《说文》：“乱也。”本义是疑惑、迷惑。如《论语》：“既欲其生，又欲其死，是惑也。”意思是既然希望他活着，又希望他死去，这就是迷惑了。又如韩愈《师说》：“惑而不从师，其为惑也，终不解矣。”意思是有了疑惑不去请教老师，那种疑惑就永远不能消除了。大惑不解：原意是完全迷惑的人终身不解悟，后来指对某事很怀疑、不理解，多用于表示不满或质问。又作使动用法，表示使迷惑。妖言惑众：用骗人的话蛊惑群众。

简体	金文	篆书	隶书	草书	行书
感		感	感	感	感
惑	惑	惑	惑	惑	惑

gāng 亢　háng 吭

“亢”是象形字，“吭”是以“亢”为声符的形声字，读音却是háng。两字的结构不同，意义却近似。

亢，《说文》：“人颈也。象颈脉形。”徐锴说：“亢，喉龙也。”本义指咽喉、喉咙。《汉书·陈余传》：“乃仰绝亢而死。”意思是于是仰天自刭而死。又喻要害。《史记·孙子吴起列传》：“批亢捣虚。”意思是攻击敌人的要害和薄弱处。引申为高，念kàng。《广雅·释诂四》：“亢，高也。”也用以形容高傲。不亢不卑：既不高傲，也不自卑。又指过甚、极度。如：亢旱（长久不下雨，干旱情况严重），亢奋（极度兴奋）。

吭，意符是“口”，本义也是指喉咙。引吭高歌：拉开嗓子，大声歌唱。又读kēng，指出声、说话。如：他一声不吭。这本是今天北方的口语，借用“吭”字来书写。

简体	甲骨文	金文	篆书	隶书	草书	行书
亢	亢	亢	亢	亢	亢	亢
吭			吭	吭	吭	吭

gāng gāng
纲 钢

“纲”和“钢”都是以“冈”为声符的形声字。今两字的读音仍与声符相同。但两字意符不同，意义也不一样。

纲，意符是“糸”，《说文》：“维纮绳也。”本义是渔网的总绳。纲举目张：拉紧渔网的总绳，所有的网眼就都张开了。比喻抓住事物的主要环节就可以带动一切。“纲目”被用于一切比较复杂事物的分类组合形式后，逐渐凝固为一个词，以指称某一事物之条理或条理化了的事物。如：《本草纲目》《通鉴纲目》。“纲”又是唐宋时成批运输货物的组织名称（配置系统）。大量货物分批起运，每批编立字号，分为若干组，一组称“一纲”。如：茶纲，盐纲，花石纲等。“纲”古代也指大的网。《论语·述而》：“子约而不纲，弋不射宿。”意思是孔子只用鱼竿钓鱼而不用大网捕鱼，用箭射鸟但不射归巢的鸟。

钢，由铁经过精炼而成，所以意符用“金”。如：不锈钢，特殊性能钢。又常用以比喻坚强的意志。如：钢铁意志。又读gàng，意思是把刀放在布、皮、石头等上面磨。如：钢把刀，把刀钢一钢。引申为在刀口上加上一点儿钢重新打造。如：这把刀该钢了。

简体	繁体	篆书	隶书	草书	行书
纲	綱	綱	綱	纲	綱
钢	鋼	鋼	鋼	钢	鋼

gàng gāng
杠 扛

“杠”和“扛”都是以“工”为声符的形声字，今读音与声符相近，两字的读音也基本相同，只是声调有别。但意符各异，因而意义也不一样。

杠，较粗的棍子。杠子多用木制，所以用“木”作意符。如：木杠，双杠。引申为机床上的棍状零件。如：丝杠。引申为批改文字或阅读中作为标记所画的横直线。如：红杠。

扛，手的一种动作，所以意符从手。《说文》："横关对举也。""关"是古时关闭城门用的大杠子，将这根大杠子横放着，两人相对地把它举起来叫"扛"。张衡《吴都赋》："翘关扛鼎。"意思是举起门杠举起鼎。古人说"扛"是两人同时举的意思。如果是一人独举，则要加上"独"字。韩愈《赠张籍》诗："龙文百斛鼎，笔力可独扛。"意思是铸有夔龙花纹、能盛百斛的大鼎，你的笔力可以独自举起来。段玉裁注说："凡大物而两手举之曰扛。项羽力能扛鼎，谓鼎有关，横贯鼎耳而举其两端也。"便是其证。近代把用肩膀负担重物也叫"扛"，读káng。如：扛枪，扛锄头。与"横关对举"的"扛"不是一回事。

简体	金文	篆书	隶书	草书	行书
杠	杠	杠	杠	杠	杠
扛		扛	扛	扛	扛

gāo 高 sōng 嵩

"高"和"嵩"形体似乎有血缘关系，其实"高"是象形字，"嵩"是会意字，两者音义相去甚远。

高，甲骨文像一所高房子，表示上下距离高大。《说文》："崇也。象台观高之形。"就是说，"高"字像楼台阁宇高耸的形状。本义是高（与"低"相对）。《诗·大雅·卷阿》："凤皇鸣矣，于彼高岗。"意思是凤凰鸣叫示吉祥，停在那边高山岗。《荀子·劝学》："登高而招，臂非加长也，而见者远。"意思是登上高处向人招手，手臂并没有加长，可是人家在远处也可以看得见。高屋建瓴：在高房顶上把瓶子里的水往下倒（建：倾倒）。比喻居高临下的形势。高山仰止：像仰望高山那样，对伟大的人物表示仰慕和崇敬。引申指高明、高超、高尚等抽象义。高谈阔论：见地高超，范围宽广的议论。现带贬义，形容大发空泛的、不切实际的议论。高识远见：高明的见识，远大的眼光。引申为大。《鸿门宴》："劳苦而功高如此，未有封侯之赏。"

嵩，《说文》新附字，是作为山名而出现的字。徐铉说："中岳，嵩高山也。从山从高，亦从松。"是个会意字，特指河南中部的高山"嵩山"，过去称中岳。沈约《游沈道士馆》：“无事适华嵩。”意为不必要去（攀登）华山、嵩山。

简体	甲骨文	金文	篆书	隶书	草书	行书
高	高	高	高	高	高	高
嵩			嵩	嵩	嵩	嵩

gǎo gǎo

槁 搞

“槁”和“搞”都是以“高”为声符的形声字，今读音与声符基本相同，只是声调有异。但两字意符从木从手有别，因而意义就大不相同。

槁，“稾”的异体字。《说文》：“木枯也。”本来是指草木干枯的意思。槁木死灰：枯槁的树干和火灭后的冷灰。比喻心情冷淡，对任何事情都无动于衷。引申以泛指干、干枯。《庄子·知北游》：“形若槁骸。”意思是形貌像一具枯干的尸骸。

搞，一个很晚才出现的新创造的形声字，从手高声。泛指人的一切动作、行为。如：搞通思想，要把问题搞清楚，搞鬼（暗中使用诡计）。

简体	甲骨文	篆书	隶书	草书	行书
槁	槁	槁	槁	槁	槁
搞		搞	搞	搞	搞

戈 弋
gē yì

“戈”和“弋”都是象形字。从楷书看来，“戈”字只是比“弋”字多了一撇，音义就判若两样了。

戈，甲骨文像古代一种长柄武器的形状，形象很逼真。《说文》说是“平头戟也”，是古代兵器的一种。又泛指兵器。《荀子·议兵》：“古之兵，戈、矛、弓、矢而已矣。”意思是古代的兵器，不过是戈、矛、弓、矢等罢了。同室操戈：一家人动刀枪。比喻兄弟争吵或内部纷争。“干戈”连用常常指战争。化干戈为玉帛：比喻变战争为和平。

弋，《说文》说是“橛也。象折木衺锐著形”。用今天的话说，就是一端斜削成尖头（以便钉入）的木桩。引申以称“弋射”，是古代猎取鸟的工具。由于是射飞鸟，所以箭杆本身不需要很长，而箭杆上系上长长的丝绳，以免射落之鸟不知所在。因其箭杆身短，像“弋”，所以便称“弋射”。《诗·郑风·女曰鸡鸣》：“将翱将翔，弋凫与雁。”意为您且逍遥前往，去射野鸭也射雁（翱翔：这里用以形容人自在遨游貌）。又泛指射猎。《晋书·谢安传》：“出则渔弋山水，入则言咏属文。”意为出去就在山水之间捕鱼射猎，回来就在家里吟诗作文。

简体	甲骨文	金文	篆书	隶书	草书	行书
戈						
弋						

圪 纥
gē hé

“圪”和“纥”的声符都是“乞”。由于古今音变，“乞”的标音作用已不明显。两字读音不同，意义各别。

圪，《说文》：“墙高也。从土乞声。”本义是墙高貌，今作圪垯的“圪”字是新造字，与墙高之“圪”无关。“圪垯”“圪塔”同“疙瘩”，指皮肤上突起的或肌肉上结成的硬块，或指不易解决的问题。如：心上的圪垯。又指小土丘。

纥，《说文》：“丝下也。从糸气声。”朱骏声认为是指下等的丝。古代又用作人名。如：孔子的父亲叔梁纥。唐代西部有个少数民族称“回纥”，也叫“回鹘”。今用作纥繨（小球形或块状物）的“纥”，读gē，是新形声字，与古代“纥”无关。

简体	繁体	篆书	隶书	草书	行书
圪		圪	圪	圪	圪
纥	紇	紇	紇	紇	紇

gē gé kè
胳 格 恪

“胳”“格”和“恪”的声符都是“各”，今“胳”“格”同音不同调，“恪”则只同韵母。三字意符从肉、从木、从心各异，表现的意义自不一样。

胳，《说文》：“亦（腋）下也。”指的是人的腋下，即胳肢窝，所以用“肉”作意符。《广雅·释亲》也说：“胳谓之腋。”现在北方方言称腋下叫“夹（gā）肢窝”，其实正该写作“胳肢窝”，是“胳”字古义之仅存者。今天称“胳膊”，则指手腕至肩膀的这一段肢体，词义已经有所转移了。

格，意符是“木”。《说文》：“木长貌。”也指树木的长枝条。庾信《小园赋》：“枝格相交。”意思是枝条相交叉。引申为格子。如：方格布，打格子。又用为推究。如：格物致知：穷究事物的原理法则而总结为理性的知识。又假借为法式、标准、规格、格式。如：合格（符合标准），格言（可为法式的含有劝诫意义的语句）。龚自珍《己亥杂诗》：“我劝天公重抖擞，不拘一格降人材。”意思是我奉劝天公重新振作精神，不拘限于一种规格多方面地降生人才。引申指人的质量、风度。如：人格，性格，品格。

恪，《说文》作“愙”，说是“敬也”。表示恭敬义，所以意符用“心”。又《诗·商颂·那》：“温恭朝夕，执事有恪。”意为早晚态度温文恭敬，管理祭祀人员恭敬虔诚（朝夕：早晚。执事：办事人员。有恪：恭敬的样子）。如：恪慎（恭敬而谨慎），恪勤（恭谨而勤恳），恪遵（表示恭敬地遵守誓言或遗教）。

简体	金文	篆书	隶书	草书	行书
胳		胳	胳	胳	胳
格	格	格	格	格	格
恪		恪	恪	恪	恪

隔 gé 膈 gé

“隔”和“膈”声符相同，读音一样，形体相似，但意义有很大差别。

隔，《说文》：“障也。从阜鬲声。”本义是阻隔、间隔。又有隔开、隔离等义。《韩非子·难一》：“一人之力能隔君臣之间。”意思是一个人的力量能使君臣之间产生隔离。隔靴搔痒：比喻言行、写作不切实际，不得要领。隔岸观火：站在河这边看对岸失火。比喻没有切身的利害关系而袖手旁观。又指（时间）相隔。杜甫《奉待严大夫》：“不知旌节隔年回。”意思是没料到节度使相隔一年就回来了（旌节：以羽毛为饰的节，这里指节度使严武）。

膈，《玉篇》：“膈，胸膈。”指人或哺乳动物胸腔和腹腔之间膜状肌肉。收缩时胸腔扩大，松弛时胸腔缩小。也叫“膈膜”或“横膈膜”。

简体	篆书	隶书	草书	行书
隔	隔	隔	隔	隔
膈	膈	膈	膈	膈

gè lìn míng

各 吝 名

“各”“吝”和“名”同是会意字，形体也很相似，但音义不一样。

各，《说文》：“异辞也。”是指示代词。这个义一直沿用到现在。其实，在甲骨文中，上部是一只倒向的脚，下面的“口”表示处所，合起来表示来到某处之义。本义是至，后来假借作代词，而表至的“各”在古书中便都假借“格”。这点《说文》没有交代清楚。常用义是各自、每个。《论语· 公冶长》：“盍各言尔志。”意思是何不各人说说自己的志向。各得其所：原指各如其所愿，得到自己所希望的东西。后多指各自都得到合适的安置。各行其是：各人按照自己以为对的去做。指思想、行动不一致，各搞一套。各有千秋：各人有他可传于千秋百代的功业。形容各有存在的价值。

吝，悭吝、吝啬、舍不得的意思。《说文》：“恨惜也。从口文声。”不吝赐教：请不要吝惜，多多指教。《颜氏家训·治家》：“吝者，穷急不恤之谓也。”意思是所谓吝啬，就是（看到别人）穷困有急需而不肯体恤帮助的意思。引申为令人遗憾的事、不吉利的事。《易经》常“悔吝”连称，便是这个意思。

名，《说文》：“自命也。从口从夕。夕者，冥也。冥不相见，故以口自名。”本义是名称，引申为动词称、称颂。《论语·泰伯》：“荡荡乎，民无能名焉。”意思是他的恩德浩荡呀，人民无法说出他的恩德。又指人民。《左传·隐公元年》：“故名曰‘寤生’。”意思是所以取名为“寤生”。

gēn　　liàng

跟　踉

“跟”和“踉”都以“⻊（足）”为意符，而声符的形体也极相似，只有一“、”之差，意义却截然不同。

跟，声符是“艮”，今读音与声符只是声调不同。《说文》：“足踵也。”《释名》也说：“足后曰跟。”本义是指脚的后部，也指鞋袜的后部。这个义一直沿用至今。如：脚后跟，高跟鞋。引申为随在后面。如：请跟他走一回。

踉，声符是“良”。“踉跄”连用，形容走路不稳，跌跌撞撞。又读liáng。“跳踉”连用，形容蹦蹦跳跳的样子，有时也写作“跳梁”。常用的成语“跳梁小丑”就是“跳踉小丑”，形容某些人轻浮的姿态，而不是“跳”到“梁”上去。

简体	篆书	隶书	草书	行书
跟	跟	跟	跟	跟
踉	踉	踉	踉	踉

gēng　　gāo

羹　羔

“羹”是会意字，“羔”是形声字。造字方法不同，音义也不一样。

羹，从羔从美。《说文》：“五味和羹也。”古代人们的主要肉食是羊肉，所以用“羔”“美”会意，表示肉的味道鲜美。指用肉或菜调和五味做成带汤的食物，就是今天所谓之“汤”（古人说汤是指白开水）。《荀子·非相》：“啜（chuò）其羹，食其胾（zì）。”意思是喝那肉汤，吃那大块的肉。现在人们用蒸煮等方法做成的糊状食物也称“羹”。如：豆腐羹，鸡蛋羹。喝汤用的小勺子叫“调羹”，也叫“羹匙”。

羔，《说文》：“羊子也。从羊，照省声。”即省去“昭”而单取下面四点。本义是小羊。《诗·召南·羔羊》：“羔羊之皮，素丝五紽。”意思是穿了一身羔皮袍，白丝交差缝又绕（“五”，古文作㐅，像交叉之形，不是数字）。也指某些动物的崽子。如：鹿羔。

简体	甲骨文	金文	篆书	隶书	草书	行书
羹				羹		
羔	羔	羔	羔	羔	羔	羔

gēng　lì
更　吏

“更”是形声字，“吏”是会意兼形声字。字形相似，音义却有很大区别。

更，从攴丙声，楷化为“更”就看不出原来的结构了。《说文》说：“改也。”本义是改变、替换。除旧更新：除掉旧的，换成新的。万象更新：一切事物或景象都变得焕然一新。汉代皇宫中，派人值夜，分五个班次，按时更换。因此引申为夜间的计时单位，每“更”大约两小时。如：半夜三更，夜阑更静。又假借为经历义。少不更事：年纪轻，经历的事不多。形容缺乏经验。后来逐渐虚化，作副词用，读gèng，表示更加和再、又的意思。如：更上一层楼。

吏，《说文》：“治人者也。从一从史，史亦声。”其实在古文字中，“史”“吏”和“事”三个字原本是一个形体。字形本来是一只手拿着一个盛放筹策的器皿。从篆书的角度说，《说文》的话也是对的。本义指官吏。即治理人的人。一般指低级的官。如：胥吏。也泛指官吏。如：酷吏，贪官污吏。

简体	甲骨文	金文	篆书	隶书	草书	行书
更	更	更	更	更	更	更
吏	吏	吏	吏	吏	吏	吏

gěng guō
耿 聒

“耿”和“聒”都是形声字，左旁都是“耳”，但并非都以“耳”为意符。

耿，《说文》引杜林说：“耿，光也。从火，聖省。”《广雅·释诂四》：“耿，明也。”本义是光明，所以从火。声符本来是“聖”，为文字结构的需要，省略作“耳”。作光明讲时通常作“耿耿”，形容明亮貌。白居易《长恨歌》：“耿耿星河欲曙天。”意思是银河亮晶晶的，该是快天亮的时候了（耿耿：明明亮亮。欲曙天：长夜将晓之时）。作为叠音形容词，“耿耿”也用于形容非常不安的心理状态。耿耿不寐：心中不安，不能入睡。耿耿于怀：老是放在心上，不能忘怀。

聒，从耳昏（kuò）声。《说文》：“讙语也。”“讙”，是“譁”的意思。本义是喧扰、声音嘈杂。王安石《和惠思岁二日二绝》：“为嫌归舍儿童聒，故就僧房借榻眠。”意为因为讨厌回家小孩们喧扰，特意往僧房借张床睡。王安石《答司马谏议书》：“虽欲强聒，终必不蒙见察。”意为即使想要勉强说些不受欢迎的话，最终也一定不会被（您）了解。

简体	金文	篆书	隶书	草书	行书
耿	耿	耿	耿	耿	耿
聒		聒	聒	聒	聒

gěng gěng
埂 梗

“埂”和“梗”的声符都是“更”，两字的读音相同，但意符不同，因而意义两样。

埂，《说文》：“秦谓阬（坑）为埂。”但是这个义很少见于古书。今义指田地里稍稍高起的分界线，像狭窄的小路。如：田埂儿，地埂儿。引申为地势高起的长条地方。如：一道小山埂。引申为泥土筑成的堤防。如：埂堰，堤埂。

梗，本是一种树木的名称。《说文》：“山枌榆。”是一种小叶有刺的榆树。这个本义，古书中很少用它，却假借作多种用途。如借为梗塞、妨碍。郦道元《水经注·河水》：“其山虽辟，尚梗湍流。”意思是那山虽然开了，但仍旧梗塞急流。现在口语中还有“从中作梗”的说法。还通常用以称小棵植物的茎秆。如：高粱梗，菠菜梗。这虽是后起义，但作为字形结构来说，从木更声，表示植物的茎秆，倒也相当。

简体	篆书	隶书	草书	行书
埂	埂	埂	埂	埂
梗	梗	梗	梗	梗

gōng 攻 jiǔ 玖

“攻”和“玖”二字，差别很小，又都是形声字，造字方法相同，但音义各异。

攻，从攴工声。“攴”是手里拿着一支木棍，像要扑打什么似的。《说文》：“击也。”本义是进攻、攻打（跟“守”相对）。如：攻坚（进攻敌军坚固的据点或阵地）。进可攻，退可守：向前可以发起进攻，退回来可以防守。引申为对别人的过失、错误进行指责或对别人的议论进行驳斥。群起而攻之：大家一齐起来指责、攻击他。引申为致力研究、学习。如：攻读。

玖，从玉久声。《说文》：“石之次玉黑色者。”指一种像玉的浅黑色的石。《诗·王风·丘中有麻》：“贻我佩玖。”意为送我玉石表深情。由于称为“玖”的黑石很少用到，也许是另外有了名称，于是人们又把“玖”字用作“九”的大写字。如：玖拾。

简体	金文	篆书	隶书	草书	行书
攻	攻	攻	攻	攻	攻
玖		玖	玖	玖	玖

gōng me
公 么

从楷书的形体看，似乎“么”只是“公”字少了右边的一点，其实两字结构完全不同。“公”是会意字，“么”是以“麻”为声符的形声字。两字的形体原来相去甚远，简化后才成为一对形似字。

公，从“八”“厶”。“八”表背的意思。“厶”是“私”的古字。《韩非子·五蠹》：“背私为公。”本义是公正无私。韩愈《进学解》：“无患有司之不公。”意思是不要忧虑主持其事的人不公正。又表示属于国家或集体物。如：公物，公款。引申为属于国家或集体的事。如：办公，因公出差。引申为共同的、大家承认的。如：公约，公式。引申为让大家知道。如：公布，公告，公之于世。又用以称祖父，外祖父则称“外公”。又用作敬辞。如：邓公。

么，本来作“麼”，本义是细小。《列子·汤问》：“江浦之间生么虫。”意为水边生长小虫子。幺么小丑：微不足道的坏人。作后缀用时读me，简化作“么”。如：这么，怎么，多么。又作为歌词中的衬字。如：五月的花儿红呀么红似火。

简体	繁体	甲骨文	金文	篆书	隶书	草书	行书
公		公	公	公	公	公	公
么	麽			麽	麽	么	麽

gōng　　kuī

弓　亏

“弓”是象形字，“亏”本作“虧”是形声字。两字看来相似，这是简化后造成的。其实两字本来的差别很大，造字方法也不同。

弓，甲骨文左边是弓背，右边是弓弦，像射箭用的弓形，金文已看不出弓弦和弓背的弧度。《说文》：“以近穷远。”就是说，“弓”是从近射远的武器。《诗·鲁颂·閟宫》：“二矛重弓。”（二矛：夷子矛和酋矛。重弓：两张弓，其中一张是预备弓。）又《诗·大雅·公刘》：“弓矢斯张，干戈戚扬。”意思是张弓带箭齐武装，盾、戈、斧、钺拿手上（斯：语助词。张：准备好。干：盾。戚：斧。扬：钺、大斧）。左右开弓：左右双手都能拉弓射箭。比喻双手都能操作或几方面都在进行。弓的形状是弯曲的，所以又引申为弯曲义。如：弓腰（古代舞女跳舞时向后弯腰如弓形）。旧时丈量地亩的一种工具和计算单位也叫“弓”，亦称“步弓”，一弓等于五尺。又是汉字的一个部首，从弓的字多与弓箭有关。

亏，繁体写作“虧”，左边是声符，简去声符为“亏”。《说文》说是“气损也”。本义是元气亏损。如：体亏，气衰血亏。引申为欠缺、短少。如：理亏。为山九仞，功亏一篑：筑九仞高的土山，由于只差一筐土因而没有完成。比喻一件事只差最后一点未能完成，含惋惜的意思。又引申为损耗、亏折。如：亏本，吃亏。又假借以表示多亏、幸而之义。如：幸亏你提醒，要不，我可忘记了。

简体	繁体	甲骨文	金文	篆书	隶书	草书	行书
弓							
亏	虧						

gōng 宫　guān 官

“宫”与“官”的差别，似乎只是里面的两个口是否相连。其实两字结构完全不同。“宫”字据《说文》说是形声字，其实是象形字。而“官”则是会意字。

宫，甲骨文像建筑物的形象。《说文》：“室也。”是上古时候房屋的通称。《墨子·号令》：“父母妻子，皆同其宫。”意思是父母及妻子儿女，都同住在一座房屋之中。“宫”“室”先秦时代是同义词，秦汉以后“宫”专指帝王的住所。如：宫殿，阿房宫。也有称宗庙或神庙为“宫”的。如：碧霞宫，雍和宫。又引申指神仙居住的房屋。如：天宫，龙宫，月宫。随着封建王朝的灭亡，“宫”字的意义也发生了变化。除了某些叫“宫”的旧名称外，今只有某些娱乐场所才称宫。如：工人文化宫，少年宫，民族宫。

官，甲骨文从宀从𠂤，“𠂤”本作“自”，表示众的意思，“宀”是房屋，合起来的意思是这所房屋是做管理众人工作用的。本义是官署、官府。《说文》：“吏，事君也。”与字形结构不很合拍。《论语》说：“宫室之美，百官之富。”百官与宫室对举，可知是属于府库一类的机构，所以从宀。官吏是它的引申义。《荀子·正论》：“量能而授官。”意思是衡量他的能力授予一定的官职。这一义一直沿用到现在。引申指官府，即政府机关。柳宗元《童区寄传》：“愿以闻于官。”意为希望把这件事报告给官府。又引申为人体的器官。器官在人身上也是各有所主，像官府一样，所以也叫“官”。《孟子·告子上》：“耳目之官不思……心之官则思。”意为耳目之类的器官是不思索的……心这个器官则是要思索的。又“官”和“民”对言，“官”指公家。如：官办与民办，官费留学。

简体	甲骨文	金文	篆书	隶书	草书	行书
宫						
官						

gǒng 汞 bèng 泵

“汞”和“泵”的下部都是“水”，只是上部不同。这是两个后起的新字，如果按汉字结构规律分析，“汞”可以算形声字，“泵”则是会意字。

汞，下部的“水”，可以看作是表示水银为液态金属，“工”是声符。为水银的学名。元素符号是Hg，有毒，可用来制造药品、温度计等。

泵，抽水机的别名，读音是英语pump的音译。从水，是表示它抽水的功能，从石应是表示它的力大。

简体	篆书	隶书	草书	行书
汞	汞	汞	汞	汞
泵	泵	泵	泵	泵

gǒu 苟 xún 荀

“苟”和“荀”都是以“草”为意符，只是声符不同，“苟”从句（gōu）声，“荀”从旬（xún）声。现在两字的读音和声符依然相近，只是声调上稍有变化。

苟，古代与“敬”字同，甲骨文表示很恭敬的形象。《说文》则说是“艸也”。本是作草名出现的。但向来大量使用的是它的假借义苟且、不严肃、草率。一丝不苟：一点也不马虎。形容工作认真仔细。苟延残喘：勉强拖延着一口没有断的气。比喻暂时勉强维持生存。不苟言笑：不随便说话、发笑。形容人态度庄严稳重。又用作连词，表如果、假设等义。如《史记·陈涉世家》：“苟富贵，毋相忘。”意思是如果（有谁）富贵了，彼此不要忘记对方。

荀，《说文》新附：“艸也。”据《山海经·中山经》记载，是一种草名，称荀草。古代又用作国名，姬姓，春秋时为晋所灭，故地约在今山西新绛。荀姓来源于此。如：荀子，荀巨伯。

简体	甲骨文	篆书	隶书	草书	行书
苟	苟	苟	苟	苟	苟
荀		荀	荀	荀	荀

gòu　　gǔ
彀　毂

“彀”和“毂”都是形声字，意符都在左下角“弓”“车”，只占整个字面的四分之一，剩下的是它的声符，今天写作“壳”。辨认它们的字形和区别字义关键在它们的不同意符。

彀，意符是“弓”。《说文》：“张弩也。”古代的弓，平时不使用就把弓弦卸掉，这种状态的弓叫“弛弓”，使用时装上弓弦，叫“张弓”。弩机则是附加于弓的机件。这种装配弓弩的活动叫“彀”。箭射出的命中率，关键就在于调装弓弩。所以《孟子·告子上》说：“羿之教人射，必志于彀。”意思是后羿教人学射箭，务必（使学射人）专心致志于调装弓弩的技术。按照一定的要求调装的弩，其有效射程有限度，这种限度叫“彀率”，有效射程范围叫“彀中”。后来就把“彀中”比喻牢笼、圈套。如王定保《唐摭言·述进士上》：“天下英雄，入我彀中矣。”意为全国的英雄，都进入我圈套中了。

毂，意符是“车”，指的是车轮中心的圆木，周围与车辐的一端相接，中有圆孔，可以插轴。《说文》：“辐所凑也。”《老子》：“三十辐共一毂。”又泛指车，也指代车轮。肩摩毂击：人多得肩碰肩，车多得轮撞轮。形容路上行人车辆很多，非常拥挤。

简体	繁体	篆书	隶书	草书	行书
彀		彀	彀	彀	彀
毂	轂	轂	轂	轂	轂

垢 诟

gòu　gòu

“垢”和“诟”都从后声，两字意义的区别在于所从意符“土”和“言”的不同。

垢，《说文》：“浊也。”指污秽、尘土之类的脏东西，所以意符从土。如：油垢，泥垢。蓬头垢面：形容头发散乱，脸上很脏的样子。藏污纳垢：包藏容纳各种污浊的东西。比喻容纳卑鄙龌龊的人和事。在古代也有用于耻辱义的，这是假借为“诟”。《左传·宣公十五年》：“国君含垢。”意思是国君忍受着耻辱。

诟，本义是耻辱。《说文》：“耻也。”司马迁《报任安书》：“诟莫大于宫刑。”意思是再没有比受宫刑更大的耻辱了。引申为责骂、辱骂。文天祥《指南录后序》：“余自度不得脱，则直前诟虏帅失信。”意思是我估计已经不能脱身了，就径直向前责骂北兵统帅不守信用。

简体	繁体	篆书	隶书	草书	行书
垢		垢	垢	垢	垢
诟	詬	詬	詬	诟	詬

够 劬

gòu　qú

“够”和“劬”都是以“句”为声符的形声字。“句”本音gōu，又音变而读jù。“够”字现在的读音和声符切近，“劬”字则与“句”的jù音接近。两字的意符不同，意义也全不一样。

够，意符从多，起先本是多的意思，读gōu。左思《魏都赋》：“繁富伙够。”意思是丰富盛多。后来多用以表示在数量上可以满足某一限度的义，读gòu。如：足够，够用。也指达到某一点或某种程度。如：够格。

劬，劳苦、勤劳的意思。《说文》：“劳也。”所以以“力”为意符。《诗·小雅·蓼莪》：“哀哀父母，生我劬劳。”意思是可怜我的爹妈呀，养育我多么辛苦。后人遂以“劬劳”专指父母抚育子女的劳苦。张衡《归田赋》：“虽日夕而忘劬。”意思是即使干到天黑也不知劳累。

简体	篆书	隶书	草书	行书
够	够	够	够	够
劬	劬	劬	劬	劬

gòu 构　jǔ 枸

“构”和“枸”现在看来只有极其微小的差别。其实“构”的繁体作“構”，与“枸”字相去甚远。

构，繁体字右旁本来就像许多木头架着的形象，同左旁的“木”构成会意字。“冓”又兼作声符，古文字像屋架两面对构形。《说文》：“构，盖也。”本义是结构、架屋。《韩非子·五蠹》：“构木为巢，以避群害。”意思是用木材在树上架成巢来逃避群兽的侵害。引申为交会、联结、造成、结成。如：构怨（结成仇怨），构祸（造成祸乱），构词（用词素构成词），构思（运用心思，多指写作或制作艺术品时的酝酿思考过程）。

枸，《说文》：“木也，可为酱，出蜀。从木句声。”本为树名，即枳枸，俗称拐枣，夏月开花，枝头结实，味甘可食，也能入药。《诗·小雅·南山有台》：“南山有枸，北山有楰。”意为南山有枸树，北山有楰树。又指“枸橼”，即“香橼”，产于闽广间，果实也能入药。又读gǒu，指“枸杞”，落叶小灌木，夏秋开淡紫色花，结实形如枣核，实（枸杞子）和根皮（地骨皮）入药，嫩叶和茎可食用。

简体	繁体	篆书	隶书	草书	行书
构	構	構	構	構	構
枸		枸	枸	枸	枸

沽 沾

gū zhān

“沽”和“沾”都以“水”为意符，但意义和读音因声符不同而各异。

沽，河名。《说文》：“水。出渔阳塞外，东入海。从水古声。”即今河北省的白河，入海处仍称大沽口。通常用其假借义，即买或卖的意思。如：沽酒，即买酒。古代也可以说是卖酒。待价而沽：等待高价出售。比喻等待有人赏识或给予高的职位才肯出来效力。

沾，本义是浸湿、浸润。《史记·陈丞相世家》：“汗出沾背。”意思是出的汗湿透了背。引申为因接触而被东西附着。如：沾水，沾上点儿泥。引申指因发生某种关系而得到（好处）。如：沾光，利益均沾。沾沾自喜的“沾沾”，是用以形容对自己的成绩感到得意，表现出一种浅薄轻浮的样子。这出于假借，即借用“沾”字来书写“沾沾”这个词。

简体	金文	篆书	隶书	草书	行书
沽	沽	沽	沽	沽	沽
沾		沾	沾	沾	沾

孤 gū　弧 hú　狐 hú

“孤”“弧”和“狐”都是以“瓜”为声符的形声字，但声符“瓜”现在标音作用已不明显。三个字的形体虽相似，但因意符不同，所以音义亦彼此有别。

孤，意符是“子”。以“子”为意符的字，一般与孩子有关。《说文》：“无父也。”本义是孤儿。引申为单独、孤单。孤掌难鸣：一个巴掌拍不出声音来。比喻一个人力量薄弱，不能成事。孤芳自赏：把自己看作独开一时的香花。比喻自命清高，自我欣赏。古代又是封建王侯的谦称，意即少德之人。孤家寡人：古代君王自己谦称为孤或寡人（“孤家”多见于戏曲）。现在用“孤家寡人”比喻脱离群众、孤立无助的人。

弧，意符是“弓”。本义是木弓。《说文》：“木弓也。”《易·系辞下》所说的“弦本为弧”的“弧”，就是这种木弓。今多用作数学名词，指圆周的任意一段。如：弧形，弧线。

狐，形似犬，所以意符从犬。狐假虎威：《战国策·楚策》中的寓言故事，用以比喻假借别人的权势来吓唬人。兔死狐悲：兔子死了，狐狸哀伤。比喻物伤其类，为同类的死亡或失败而悲伤。多用于贬义。又因狐狸狡猾多疑，所以称遇事犹豫不决为“狐疑”。

简体	甲骨文	篆书	隶书	草书	行书
孤		孤	孤	孤	孤
弧		弧	弧	弧	弧
狐	狐	狐	狐	狐	狐

gǔ　chǐ
鼓　豉

“鼓”是会意字，“豉”是以“支”为声符的形声字，读音各异，义亦有别。

鼓，甲骨文的左边就像鼓形，右边是一只手拿着鼓槌敲鼓的样子。本义就是鼓。《荀子·礼论》：“钟鼓管磬琴瑟竽笙，所以养耳也。”意思是钟、鼓、管、磬、琴、瑟、竽、笙这些乐器，是耳朵的享受。作动词用，表示击鼓。又特指击鼓进攻。《左传·庄公十年》：“公将鼓之。”意思是鲁庄公将要击鼓进攻敌军。引申为演奏。《盐铁论·相刺》：“师旷鼓琴。”意思是师旷弹琴。古代夜间击鼓报时，一更报一次，“三鼓”“五鼓”就是“三更”“五更”。

豉，《释名·释饮食》：“豉，嗜也，五味调和，须之而成，乃可甘嗜也。”本义是豆豉，用豆类经过蒸煮发酵制成的副食品。

简体	甲骨文	金文	篆书	隶书	草书	行书
鼓						
豉					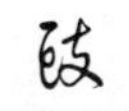	

gǔ　zhān
古　占

“古”和“占”都是会意字，共同的组成部分是“口”，但是一个从十（表示多），一个从卜（表示占卜），所以意义完全不同。

古，《说文》：“故也，从十、口。”用“十口相传”来表示“古”的义。其本义指早已过去的久远年代（跟“今”相对）。《玉篇》：“古，久也。”《广雅·释诂一》：“古，始也。”甲骨文有人认为是由盾牌的形象和“口”字组成，表示坚固。金文是由“十”和

“口”组成的，篆书的字体形式类似金文。古往今来：从古代到现在。古色古香：形容器物、陈设或艺术作品等具有古雅的色彩或情调。

占，从卜从口。《说文》说是“视兆问也”。古人迷信，大小事都要占卜。占卜时用火灼龟甲，认为就其出现的裂纹形状可以预测吉凶祸福，其裂纹谓之“兆”。“视兆问”就是指这种观察“兆”以预测吉凶的迷信活动。因而本义是卜问、预测。甲骨文从卜从口，“卜”字加“口”而成“占”，也是问卜的意思。《左传·僖公十五年》：“史苏占之曰：‘不吉’。”意思是史苏预测说：“不吉利。”又读zhàn，指口授由别人记录。《后汉书·袁安传附袁敞》：“俊自狱中占狱吏上书自讼。”意思是张俊在狱中口授由狱吏做记录为自己申诉。又，作诗不打草稿而随口念出叫“口占”。《西厢记·诸宫调》：“佳人对月，依君瑞韵，亦口占一绝。”意思是美人（崔莺莺）乘月下，照张君瑞诗的韵，也随口念出一首绝句。又表示据有、占有。《晋书·食货志》：“男子一人，占田七十亩。”这个意义后来又写作“佔”，现简化为“占”。如：独占，霸占，占优势。

简体	甲骨文	金文	篆书	隶书	草书	行书
古	古	古	古	古	古	古
占	占	占	占	占	占	占

gǔ àng zhōng

蛊 盎 盅

“蛊”是会意字，“盎”“盅”是形声字。这三个字的形体极其相似。只有辨明结构，才不致相混。

蛊，繁体写作“蠱”。《说文》：“腹中虫也。《春秋传》曰：‘皿虫为蛊。’晦淫之所生也。枭桀死之鬼亦为蛊。从虫从皿。皿，物之用也。”古人把对人身有害的虫子和妖物都称作“蛊”。《周礼·秋官·庶氏》：“掌除毒蛊。”意思是清除害人的毒虫。引申为诱惑。蛊惑人心：比喻用煽动性的舆论或谣言来欺骗、迷惑群众。

盎，从皿央声。指的是古代的一种大口的器皿。《说文》：“盆也。”《尔雅·释器》：“盎谓之缶。”《后汉书·逄萌传》：“首戴瓦盎。”意思是头顶着瓦盆。又借用为形容词，常“盎然”连用，形容盛大、浓厚。春意盎然：形容春天的气氛很浓。比喻繁荣兴盛的样子。

盅，从皿中声。《说文》说是“器虚也”。后来却用来作为小杯子的名称。如：茶盅，酒盅。

简体	繁体	甲骨文	金文	篆书	隶书	草书	行书
蛊	蠱						
盎							
盅							

gǔ mì
汩 汨

“汩”和“汨”意符都是“水”，但“汩”字的声符是“曰”，字形偏平；“汨”字是从冥省声，声符省作“日”，形体瘦长。两字现在的读音都和声符不同，这是古今音变的结果。

汩，《说文》说是“治水也”。指治理疏通河道。屈原《天问》：“不任汩鸿，师何以尚之？”意思是鲧不能胜任治水，众人为什么推举他呢（鸿：即“洪”，指洪水）？又借用以形容水流动的样子。屈原《九章·怀沙》：“浩浩沅湘，分流汩兮。”意思是沅水和湘水，浩浩荡荡地奔流着。又叠用“汩汩”为象声词。如：河水汩汩地流入地里。

汨，水名。《说文》：“长沙汨罗渊，屈原所沉之水。”就是今天湖南省的汨罗江。湖南省北部在汉代为长沙国，所以《说文》称长沙汨罗渊。相传屈原流放，最终在这里投水自尽了。

简体	篆书	隶书	草书	行书
汩	汩	汩	汩	汩
汨	汨	汨	汨	汨

gù 顾　yí 颐

“顾”和“颐”都是形声字，意符都是“页”。简化字的“顾”和“颐”形体很相似。

顾，繁体作“顧”。《说文》：“还视也。从页雇声。”本义是回头看。瞻前顾后：看看前面又回头看看后面。原来形容做事谨慎，考虑周到。后来也形容顾虑过多，犹豫不决。引申为看。顾影自怜：望着自己的影子，自己怜惜自己。形容孤独失意的样子。也用来形容自我欣赏。顾名思义：看名称就联想到它的意义。引申为探望、拜访。三顾茅庐：用刘备三次到茅庐拜访诸葛亮的故事比喻诚心诚意地邀请求教。引申为顾惜。奋不顾身：奋勇直前，不顾个人安危。引申为照顾、照管。顾此失彼：照顾了这个，管不了那个。作副词用时，含有却、反而的意思。《汉书·贾谊传》：“足反居上，首顾居下。”意思是脚在上头，脑袋却在下（师古曰：顾也反也，言如人反顾然）。又作转折连词，略等于不过、但是。如：《史记·越王勾践世家》：“彼非不爱其弟，顾有所不能忍者也。”意思是他不是不爱护他的弟弟，不过有不能克制之处。

颐，本来没有右旁的“页”，是个象形字，横过来就是人的面部下边的形象（写作“臣”就错了）。后来又加了“页”旁，使面颊义更明显。本义指面颊、腮。《庄子·渔父》：“左手据膝，右手持颐。”意为左手按着膝盖，右手托着腮。颐指气使：以面部神色指挥别人，用不着说话，形容有权势的人傲慢的神气。

简体	繁体	篆书	隶书	草书	行书
顾	顧	顧	顧	顾	顧
颐	頤	頤	頤	颐	頤

刮 guā　括 kuò　恬 tián

常有人把“恬”字误读或误写为“刮”或“括”。其实这三个字不仅读音不同，意符各异，声符本来也不同，意义全不一样。

刮，和“括”读音相近，它们都从𠯑声，楷化后写作“舌”。本义是用刀刃把物体表面的东西去掉。刮垢磨光：刮去污垢，打磨光亮。指使旧事物重显光辉。也比喻仔细琢磨，精益求精。引申为擦拭。刮目相看：擦亮眼睛，另眼相看。指情况已有变化，不能再用老眼光去看待。又如：刮地皮（比喻搜刮民财）。又，刮风的“刮”原本从“风”，简化后也写成“刮”了。

括，《说文》：“絜也。”本义是结扎、束结。《庄子·寓言》：“向也括而今也被发。”意思是从前束结头发而现在却披头散发。引申为包容、包括。如：总括，概括。

恬，《说文》说是“安也”。是安静、安逸的意思，所以意符从心，声符是“甜”省声，即“甜”字省去“甘”而保留了“舌”。今天书面语言里还保留了“恬”。如：恬静（安静），恬适（恬静而舒适）。李白《下途归石门旧居》诗：“恬然但觉心绪闲。”意思是安安静静地，只觉得心情特别悠闲自在。引申为安然、满不在乎。恬不知耻：做坏事还安然处之，一点儿也不知羞耻。恬不为怪：安然处之不认为奇怪。形容对不良或异常的现象熟视无睹，以为当然。

简体	篆书	隶书	草书	行书
刮	刮	刮	刮	刮
括	括	括	括	括
恬	恬	恬	恬	恬

诖（guà） 洼（wā）

“诖”和“洼”的声符都是“圭”，由于古今音变的结果，“圭”的标音作用已不明显。两字意符从言、从水不同，意义各异。

诖，《说文》：“误也。”与“误”为同义词，所以常“诖误”连用。《汉书·宣帝纪》：“诸为霍氏所诖误未发觉在吏者，皆赦除之。”意思是那些因霍氏所误没有发觉还关押在官府的人，都赦免他们。又指欺骗。《广雅·释诂二》：“诖，欺也。”《史记·吴王濞列传》：“诖乱天下，欲危社稷。”意思是欺骗扰乱天下，想要危害国家。

洼，《说文》：“深池也。从水圭声。”《广雅·释诂三》：“洼，污也。”本义指深池。《庄子·齐物论》：“似洼者，似污者。”意思是有的像深池，有的像浅坑。又指低陷。柳宗元《始得西山宴游记》：“其高下之势，岈然洼然，若垤若穴，尺寸千里，攒蹙累积，莫得遁隐。”意思是（从西山上俯视）它（指永州等地）高低的地势，高的显出山深的样子，低的显出低陷的样子，有的像蚁穴外的小土堆，有的像洞穴，千里宽广的地方觉得只在尺寸之间，积聚紧缩，没有一点能隐藏不见。

简体	繁体	篆书	隶书	草书	行书
诖	註	註	註	註	註
洼	窪	洼	窪	窪	窪

guà guì
挂 桂

“挂”和“桂”的声符都是“圭”，现在的读音大体上与声符相近。但两字的意符有别，意义也全不相同。

挂，意符是“手”，本义是悬挂。挂羊头卖狗肉：比喻用好的名义做幌子，实际上做坏事。又比喻抓住、把握住。挂一漏万：形容掌握不全，抓住一点，遗漏很多。又引申为内心的牵挂。如：挂念，心挂两地。引申为登记。如：挂失，挂号。挂字还用作量词，多指成串的东西。如：一挂钥匙。

桂，树木的名称，所以意符从木。《说文》：“江南木，百药之长。”本义指肉桂。《楚辞·远游》：“嘉南州之炎德兮，丽桂树之冬荣。”意思是喜爱南方气候的温暖呵，羡慕桂树冬大还那么翠绿。说的就是这种桂树，气味辛香。后来人们把木樨也称作“桂花树”，这是因为桂花也很芳香的缘故。桂树的产地在南方，即今广西一带，所以这一带古代称“桂林郡”，今广西亦简称为“桂”。

简体	篆书	隶书	草书	行书
挂		挂	挂	挂
桂	桂	桂	桂	桂

guǎi　　xiāo

拐　枵

“拐（柺）”和“枵”都是形声字，意符一从手，一从木，形体相近，声符“另”和“号”也只是微小差别，所以容易混淆。其实两字音义都不相同。

拐，用作名词时原作“柺”，指手杖、拐棍，今简化也从手（扌）。用作形容词、动词时，从手作拐。指瘸、跛行。如：他一拐一拐地走来。又指拐弯、转向。拐弯抹角：比喻说话、作文不直截了当。又用来指诱骗行为。如：拐骗（用欺骗手段弄走人或财物）。

枵，《说文》：“木根也。从木号声。”段玉裁注：“木大貌，……木大则多空穴。”本义是空了心的大树。引申为空虚。枵腹从公：空着（饿着）肚子办公事。形容文章内容空洞无物。吴子良《词科习气》：“虎头鼠尾，外肥中枵，此词科习气也。”意思是头像老虎尾像鼠，外面丰满里头空，这是现在科举文字的习气。

简体	篆书	隶书	草书	行书
拐	拐	拐	拐	拐
枵	枵	枵	枵	枵

guān　　kòu

冠　寇

“冠”和“寇”是两个字形相似容易写错的会意字，其实它们的读音、意义用法都相去甚远。

冠，左下部的“元”是人形，其上的“二”是头部，“寸”是手的形状，“冖”是“冠”的形象。“冠”字本身便活显出人戴冠的神情。最初是罩在发髻上的饰物，表示的是“冖”。后来发展成帽子，因而也作为帽子的总称。衣冠楚楚：形容衣帽穿戴整齐漂亮。怒发冲冠：愤怒得头发直竖，把帽子都要顶起来了。形容气愤到极点的样子。冠冕堂皇：形容表面上庄严正大或很体面的样子（冠冕：古代帝王、官员戴的帽子）。作动词用时，读guàn，本指戴冠，也指位居第一。如：冠军。

寇，甲骨文的形体，外面是屋的形象，里面左边是一个人站着面朝左，右旁的“攴”就是手举着木棍打人行凶的样子。《说文》：“暴也。从攴从完。”本义是劫取。《书·费誓》：“无敢寇攘。”（郑玄注：寇，劫取也。）引申为名词，指盗匪、强盗或外来的侵略者（敌人）。如：海寇，外寇，倭寇。引申为骚扰、侵犯。《宋史·寇瑊传》：“既赦贷其罪，复来寇边。”意思是已经赦免了他的罪，又再来骚扰边境。

简体	甲骨文	篆书	隶书	草书	行书
冠		冠	冠	冠	冠
寇	寇	寇	寇	寇	寇

guǎn jiān
管 菅

“管”和“菅”声符都是“官”，但读音不同。意符虽也相似，意义却是各不相同。

管，古代指一种竹制的像笛子的管乐器，所以意符用“竹”。《说文》：“如篪，六孔，十二月之音。”引申为管乐器的总称。李商隐《齐宫词》：“梁台歌管三更罢。”意思是梁王歌台上的乐器声到了深更半夜才停歇下来。引申为圆筒形的东西。如：竹管，钢管。管中窥豹：从竹管的小孔中看豹子，只看到豹身上的一些斑点，看不见整体。比喻只见到事物的一小部分。与“可见一斑”连用，比喻从观察到的部分，可以推测全貌。管窥蠡测：从竹管里看天，用瓠瓢来量海水。比喻眼光狭窄，见识短浅。古代也指钥匙，因为古代钥匙是管状的。《左传·僖公三十二年》：“郑人使我掌其北门之管。”意为郑国人让我掌管他们北门的钥匙。现在已没有钥匙的意思，但管理、管制等词的意义很明显是与管钥有关的。

菅，一种多年生植物的名称，所以用“草”作意符。《说文》：“茅也。”《诗·陈风·东门之池》：“东门之池，可以沤菅。”意思是东门外的护城池，可以浸茅（做鞋帮）。《汉书·贾谊传》：“其视杀人，若艾草菅然。”意思是他把杀人看作像割野草一样。成语“草菅人命”便是由这个意思发展来的。

简体	篆书	隶书	草书	行书
管	管	管	管	管
营	營	營	营	营

guǎn 馆　wǎn 绾

“馆”左边的意符是“食”；“绾”左边的意符是“糸”。虽然两字的声符都是“官”，但音义皆不同。

馆，《说文》：“客舍也。从食官声。《周礼》：‘五十里有市，市有馆，馆有积（储备），以待朝聘之客。’”本义是宾馆、客舍。《诗·郑风·缁衣》：“适子之馆兮，还予授子之粲兮。”意思是那回我曾到你的宾馆里，分手时我还送你精白米。又作动词用，指住宿、驻扎。《左传·僖公五年》：“师还，馆于虞。”意为军队回来，驻扎在虞国。又指旧时的书塾。如：蒙馆，教馆。今又用来称公共文化娱乐饮食旅居的场所。如：文化馆，图书馆，旅馆。

绾，系的意思。《史记·绛侯周勃世家》：“绛侯绾皇帝玺，将兵于北军。”意为绛侯周勃系着皇帝的印，在北军中统帅士兵。又用来指盘绕打结。如：绾髻（盘发为髻）。梅尧臣《桓妒妻》：“妾初见主来，绾髻下庭隅。”意思是妾起初一见主人来时，赶紧绾好发髻走下庭隅（来迎接）。

简体	繁体	篆书	隶书	草书	行书
馆	館	館	館	館	馆
绾	綰	綰	綰	綰	绾

guàn　　guì
贯　贵

“贯”和“贵”，从字形看，两字下半部都是“贝”，颇为相似。但造字方法不同，“贵”是形声字，“贯”是会意字，两字的读音和意义也不一样。

贯，从毌从贝。上面不是“母”，而是用什么东西穿物的形象。“贝”是古代的货币。《说文》：“钱贝之贯。”所以本义是古代穿钱的绳子，即钱串。《史记·平准书》：“贯朽而不可校。”意思是钱串腐朽了，因而钱贝散置，计算不清。古代的铜钱用绳穿，一千个为“一贯”（常不足一千）。所以又用为量词。《金史·宣宗纪》：“兴定宝泉，每一贯当通宝四百费。”意思是兴定钱每一贯同通宝钱四贯相当（泉：钱。当：相当）。又引申为穿、贯通。如雷贯耳：像雷声传入耳朵那样响亮（贯：进入）。比喻人的名声极大。引申为连贯。鱼贯而入：像游鱼那样一个挨一个地走进去。又用来指世代居住的地方。如：乡贯，籍贯。

贵，从贝，上面是声符，是个装东西的篑子的形象，楷化成今天的样子。甲骨文两边两只手，中间一个土块，小篆的“贝”是后加的，人类进入农耕时代，土地的价值是最高的。《说文》：“物不贱也。”本义是物价高（与“贱”相对）。《汉书·食货志上》：“籴，甚贵伤民，甚贱伤农。”意思是米价太昂贵了，伤害了市民；太低贱了，又伤害了农民。引申为珍贵、宝贵。王符《潜夫论·赞学》：“天地之所贵者人也。”意思是天地之中，最宝贵的是人。人贵有自知之明：对于人来说，可贵的是能够正确地认识自己。旧时又用以指禄位高、尊贵。达官贵人：身居高位的官吏和尊贵显赫的人物。又引申为崇高、重视。《商君书·画策》：“圣王者不贵义而贵法。”意思是圣明的君王不重视义而重视法。又用作敬辞，放在要称说的词的前面表示尊敬。如：贵姓，贵干，贵庚。

简体	繁体	甲骨文	篆书	隶书	草书	行书
贯	貫					
贵	貴					

guāng　　xiān
光　先

"光"和"先"都是会意字，形体也相似，两字的下半部都像人形，但上半部不同，因而它们的意义也就有差别了。

光，甲骨文是由一个朝左跪坐的人，头顶着一束火苗组成的。上半部像火焰形，下半部像人形，表示人的头上有火光照耀的意思。《说文》："明也。从火在人上，光明意也。"本义是光明、明亮、光亮。引申为光彩、光荣。《墨子·尚贤中》："若日之光，若月之明。"《左传·昭公二十八年》："光可以鉴，名曰玄妻。"意思是光彩照人，名为玄妻。又如：为国争光。光前裕后：给前人增光，为后人造福。称颂人的功业盛大。又虚化作副词，表只、单义。如：光说不干。

先，甲骨文中上部是"止"（脚的原形），下部像人形。脚在人的前方，表示先行先做的意思。《说文》："前进也。"本义是走在前面。引申为时间或次序在前的（跟"后"相对）。《论语·先进》："先进于礼乐，野人也；后进于礼乐，君子也。"意思是首先学习礼乐再做官的，这一般是在野士人；先做官然后再学习礼乐的是贵族出身的子弟。争先恐后：争着向前，唯恐落后。先入为主：只相信先听到的说法，后来别的话都听不进去。先声夺人：先张扬自己方面的声势以压倒对方。后也比喻做事先抢一步。先天下之忧而忧，后天下之乐而乐：在天下人忧虑之前先忧虑，在天下人享乐之后才享乐。形容对人民疾苦的关心。引申指祖先、上代，或尊称死去的人。如：先人，先父，先哲，革命先烈。

简体	甲骨文	金文	篆书	隶书	草书	行书
光				光	光	光
先				先	先	先

guǎng kuò

犷 扩

“犷”和“扩”都是以“广”作声符的形声字。“犷”读音如声符，“扩”字却因音变而声符标音作用已不明显。两字的意符各异，因此所表示的意义也就不相同了。

犷，意符是“犬”。《说文》：“犬犷犷不可附也。”本义是指恶犬凶猛不可接近。引申为凶悍蛮横。《后汉书·段颎传》：“招降犷敌。”意思是招抚凶悍蛮横的敌人来归顺降服。双音词“犷悍”，也是粗野强悍的意思。

扩，《说文》本来是另一个写法，左边是“弓”，右边是“黄”，所以本义是将弓弩拉满了的意思。引申为扩张、放大、扩大、推广。《孟子·梁惠王上》：“凡有四端于我者，知皆扩而充之矣。”意思是凡是具备了这四种开端的人，都应该把他们扩大充实起来。又如：扩建，扩编，扩大影响。后来引申义通行了，字形也索性改成从手广声了。

简体	繁体	篆书	隶书	草书	行书
犷	獷	獷	獷	獷	獷
扩	擴	彍	擴	擴	擴

guī rùn

闺 闰

“闺”和“闰”两个字看来形体颇为相似，外廓都是“门”。但两个字的造字方法不同，因而它们的意义也就相去甚远。

闺，《说文》：“特立之户，上圜下方，有似圭。从门圭声。”是会意兼形声字。《尔雅·释宫》：“宫中之门谓之闱，其小者谓之闺。”本义是指宫中上圆下方似圭状的小门，所以意符从门。引申为内室。枚乘《七发》：“今夫贵人之子，必宫居而闺处。”意思是现在富贵人家的子弟，都居住在深宫内宅之中。旧时也用以特称妇女居住的内室。如：深闺，闺门。

因而称没有结婚的女子或女儿为“闺女”，称有才德的女子为“闺秀”。

闰，会意字。《说文》说是“余分之月”，又说字形结构是“从王在门中”。这是什么意思呢？古代以月亮绕地球一周的时间计月，每月只有29天多，十二个月合计为354日，距离地球绕太阳一周（一年）的时间365.2422日，少了11天。古代天文学家想出了置闰的办法，即每隔两三年就增加一个月，叫“闰月”。《说文》所谓“余分之月”，就是这个意思。古代每月初一，天子要到太庙里去行告朔礼，这里有十二个室，每月一室，唯有闰月，则没有固定的室，只得在门中，所以就用“王在门中”构成一个“闰”字。

简体	繁体	篆书	隶书	草书	行书
闺	閨	閨	閨	閨	閨
闰	閏	閏	閏	閏	閏

guī jiù
归 旧

“归”和“旧”这两个字，在今天看来，形体很相似，这是简化的结果。其实这两字本来的差别很大。

归，繁体写作“歸”。《说文》：“女嫁也。从止，从妇省。”左上角部分是声符，音duī，用以标“归”字之guī音。是会意兼形声字。“止”是足形，表示行走，“帚”是“婦”的省略。用这两个意符表示妇女出嫁。这是归的本义。《诗·周南·桃夭》：“之子于归。”意思是这个女子出嫁了。引申为返回。归心似箭：想回家的心情就像射出去的箭一样急。形容想回家的心情十分急切。引申为还给、归还。如：物归原主。引申为归附、趋向。万众归心：千万人的心都归附它。指获得群众的拥护。又引申为结局、归宿。归根结底：归结到根本性的问题上。还引申为属于等义。如：这一切都归你负责。

旧，繁体写作“舊”，“臼”是声符，上面的部分是意符，是猫头鹰一类鸷鸟的形象。今读音与声符相同。《说文》：“鸱旧，旧留也。从萑臼声。”本义是鸟名“鸱旧”，是鸱类鸟。但向来都假借作新旧的“旧”，即过去的、以前的、过时的。如：旧社会，旧脑筋。旧调重弹：比喻把陈旧的理论、主张重新搬出来。也说“老调重弹”。喜新厌旧：喜欢新的，讨厌旧的。多指在爱情上或对事物的喜爱不专一。旧瓶装新酒：比喻用旧的形式表现新的内容。引申为经过长时间或经过使用而变色变形的。如：旧衣服，布幕旧了。引申为老交情。如：怀旧，访旧，亲戚故旧。

简体	繁体	甲骨文	金文	篆书	隶书	草书	行书
归	歸	歸	歸	歸	歸	歸	歸
旧	舊	舊	舊	舊	舊	舊	舊

guī hún
瑰 魂

“瑰”和“魂”的右偏旁都是“鬼”，但“鬼”在这两个字的结构中所起的作用却完全不同。“瑰”中的“鬼”是当声符，“魂”中的“鬼”却是意符。因而这两个字的读音和所表示的意义也就截然两样。

瑰，意符是“玉”。本义是次于玉的美石。《诗·秦风·渭阳》：“何以赠之，琼瑰玉佩。”意思是拿什么礼品敬赠（舅父），美石琼瑰为饰的玉佩。引申为奇异、珍奇。王安石《游褒禅山记》：“瑰怪非常之观。”意思是珍贵奇特不同寻常的景象。今双音词“瑰丽”，就是形容形象珍奇、绮丽。

魂，声符是“云”。《说文》：“阳气也。”本义指灵魂。古人想象人的精神能离开形体而存在，这种精神谓之“灵魂”。《左传·昭公七年》：“人生始化曰魄，既生魄，阳曰魂。”意为人刚死叫魄，产生了魄，阳气是魂。魂不附体：魂魄都脱离了躯体。形容恐惧万分。引申指国家、民族的崇高的精神。如：国魂，民族魂。

简体	篆书	隶书	草书	行书
瑰	瑰	瑰	瑰	瑰
魂	魂	魂	魂	魂

龟(guī) 黾(měng)

“龟”和“黾”都是简化字，很相似。它们原来都是象形字，读音不同，释义也相异。

龟，繁体作“龜”。《说文》：“从它，龟头与它头同。”“它”是古“蛇”字，龟头像蛇头，所以篆书的龟上部从它，下面是足、甲、尾的形象，是个象形字，本义是乌龟。龟龄鹤寿：喻人之长寿。相传龟鹤都能活千年。《礼记·礼运》：“麟、凤、龟、龙，谓之四灵。”因以乌龟为灵物，故取其甲以占卜。也指占卜用的龟甲。《楚辞·卜居》：“龟策诚不能知此事。”意思是占卜用的龟甲和草蓍确实不能知道这件事。又通“皲”，读jūn，指皮肤受冻开裂。范成大《次韵李子永雪中长句》：“手龟笔退不可捉。”意思是手冻裂了，笔都拿不住了。

黾，《说文》：“鼃黽也。从它，象形。”指金线蛙。又读mǐn。如：黾勉（勤勉，努力）。《诗·小雅·十月之交》：“黾勉从事，不敢告劳。”意思是勤勉从事劳作，不敢诉说劳苦。又读miǎn。如：黾池（古城名，在今河南渑池县，因南有黾池得名，也作“渑池”）。

简体	繁体	甲骨文	金文	篆书	隶书	草书	行书
龟	龜						
黾	黽						

晷(guǐ) 咎(jiù)

“晷”是以“咎”为声符的形声字。今天读起来“晷”与“咎”的音已相差很远了。“咎”是会意字。

晷，《说文》说是“日景也”。本义是日影，所以意符从日。张衡《西京赋》：“白日未及移其晷。”意思是日光还没有移动它的影子。引申以喻称时光、时间。潘尼《赠陆机》：“寸晷惟宝。”意思是一寸光阴也是宝贝。由日景义引申指用来观测日影以定时刻的仪器，叫“日晷”。

咎，《说文》：“灾也。从人从各。各者，相违也。”用“人违离”来会灾祸的义。本义是灾祸。《左传·昭公八年》：“诸侯必叛，君必有咎。”意为诸侯一定叛乱，您一定有灾祸。咎由自取：灾祸都是自己招来的。又指罪过、过失。引咎自责：把过失归在自己身上，责备自己。又引申为归罪、责备。既往不咎：以往的过失不去责备。

简体	篆书	隶书	草书	行书
晷	晷	晷	晷	晷
咎	咎	咎	咎	咎

guǐ 轨　yà 轧

“轨”和“轧”都是以“车”为意符的形声字。但声符不同，意义也就不一样了。

轨，声符是“九”，由于古今音变，声符“九”已不能标出“轨”的正确读音。《说文》：“车徹也。”就是指车轮滚过后留下的痕迹。《孟子·尽心下》：“城门之轨，两马之力与？”意思是城门通道留下了无数车轮滚过的痕迹，仅仅是两匹马的力量吗？古代车轮间的距离有定制，其广度为古制八尺。《史记·秦始皇本纪》：“车同轨，书同文。”意思是坐的是同样宽度的车，写的是同样的文字。引申为轨道、一定的路线。如：出轨，无轨电车。还常用来比喻规矩、秩序、法则等。如：常轨，越轨，步入正轨。

轧，声符是“乚”。《说文》：“輾也。”本义是指用车轮或圆轴辗压。如：轧棉花，轧马路。又特指古代一种压碎人骨节的酷刑。《史记·匈奴列传》：“有罪，小者轧，大者死。”意为（古代匈奴的习俗）有了罪，罪小的，碾碎足骨节；罪大的，处死。引申为排挤。《庄子·人间世》：“名也者，相轧也。”意思是说起“名”啊，就互相排挤倾轧。又读zhá，指把钢坯压成一定形状钢材的过程。如：轧钢。

简体	繁体	金文	篆书	隶书	草书	行书
轨	軌	軌	軌	軌	軌	軌
轧	軋		軋	軋	軋	軋

guì jù
柜 拒

“柜”和“拒”，现在同是以“巨”为声符的形声字。两字意符不同，所表示的意义各异。

柜，《说文》：“木也。从木巨声。”古代指一种树名，即榉树。《孟子·告子上》说的“杞柳”，即“柜柳”。衣柜的“柜”本作“櫃”，读guì，简化汉字同音兼代写作“柜”，本义指小匣，后来泛称盛放衣物书籍的家具。商店中对外营业的柜形台子称“柜台”，管账的台子称“账柜”，管账的人称为“掌柜”。

拒，意符是“手”，“巨”是声符。本义是抵御、抵抗。《资治通鉴·汉献帝建安十三年》：“今日拒之事更不顺。”意思是今日抵抗他，事情更不好办。引申为拒绝、不接受（请求或赠礼）。拒谏饰非：拒绝别人的规劝，掩饰自己的错误。又如《论语·子张》：“可者与之，其不可者拒之。”意思是可以交结的人就同他交结，那不可以交结的人就拒绝交结。

简体	繁体	篆书	隶书	草书	行书
柜	櫃	柜	櫃	櫃	櫃
拒		拒	拒	拒	拒

guì guì
桧 剑

“桧”和“刽”都以“会”为声符，不过声符一个在右，一个在左。今两字读音相同，和声符“会”的读音同韵母。

桧，一种树名，所以意符从木。一种常绿乔木，也称“桧柏”，叶子像鳞片，雌雄异株，有时同株。《诗·卫风·竹竿》：“淇水悠悠，桧楫松舟。”意思是淇水长长流复流，桧木做的桨，松木造的舟。又读kuài。在作为宋代奸相秦桧的名字时，则读huì。

刽，意符是“刀”。《说文》：“断也。”本义是割断、砍断。旧时称执行死刑的人为“刽子手”，现在用以比喻镇压革命、屠杀人民的人。

简体	繁体	篆书	隶书	草书	行书
桧	檜	檜	檜	檜	檜
刽	劊	劊	劊	劊	劊

gǔn yǎn
衮 兖

“衮”和“兖”虽形似，但读音与字义都大不相同。

衮，《说文》：“天子享先王，卷龙绣于下幅，一龙蟠阿上乡。从衣公声。”指古代帝王及上公祭宗庙所穿的绣有龙纹的礼服。如：衮衣。因古代上公服衮，后世就称三公为“衮”。“衮衮”叠用，形容连续不断。杜甫《醉时歌》：“诸公衮衮登台省，广文先生官独冷。”意思是诸位先生连续不断登上尚书省和御史台的高位，而郑广文先生的官儿，却独独当得清清冷冷。

兖，古代九州之一。汉代又为十三部州之一，统辖今山东中部至河南东部一带地方。今山东省有兖州县（市）。

简体	繁体	篆书	隶书	草书	行书
衮	袞	袞	袞	袞	袞
兖	兗	兗	兗	兗	兗

gǔn　　gǔn

滚　磙

“滚”和“磙”都以“衮”为声符。意符不同，意义自异。

滚，意符是“水”。本义是大水奔流的样子。杜甫《登高》：“无边落木萧萧下，不尽长江滚滚来。”意思是没有边际的树林的叶子正在萧萧地掉下，奔流不息的长江，激流滚滚而来。又指旋转，多指球形物体的运动。如：荷叶上滚着水珠。

磙，意符是“石”，本义是碾子，即用石头制成的滚压器。如：石磙。引申为用碾子扎。如：磙地。

简体	繁体	篆书	隶书	草书	行书
滚	滾	滾	滾	滾	滾
磙	磙	磙	磙	磙	磙

guǒ　　gǎo

果　杲

“果”和“杲”的结构不同，“果”是象形字，“杲”是会意字。但形体颇为相似，容易认错。

果，甲骨文像树木之上结有果实的形状。《说文》：“木实也。从木，象果形在木之上。”本义是果子、果实。《韩非子·五蠹》：“民食果蓏蚌蛤。”意思是人民吃水果瓜类和蚌蛤。这个意义后来又写作“菓”。引申为饱满、饱足。《庄子·逍遥游》：“适莽苍者，三飡而反，腹犹果然。”意为到郊野的人来去只需三顿饭就回家，肚子还是饱饱的。由“果实”引申表成为事实义，常和否定词“不、未”搭配表示没有成为事实。陶潜《桃花源记》：“未果，寻病终。”意思是愿望没有成为事实，不久就病死了。由成为事实义又虚化为副词，如：果然，果真。还有果断、坚决的意思，是假借义。《论语·子路》：“言必信，行必果。”意思是说话一定要守信，办事一定要果断。

杲，从日在木上。《说文》：“明也。”本义是光明、明亮。如：杲日（明亮的太阳）。“杲杲”连用，常用来形容太阳很明亮的样子。如：杲杲日出，秋阳杲杲。

简体	甲骨文	金文	篆书	隶书	草书	行书
果						
杲						

H

hā 哈　hāi 咍　shá 啥

“哈”“咍”和“啥”同是以“口”为意符的形声字，但声符不同，读音和所表示的意义也不一样。

哈，声符是“合”。最早见于《淮南子·泛论》：“尝一哈水而甘苦知矣。”意思是只要呷一口便知道水味甘苦。《玉篇》：“哈，所恰切。以口歃饮。”音shà，实际上是“歃”的异体字。后来读hā，是后出的新形声字，与古代读shà的“哈”无关。今天的“哈”有如下用途：一是张口呼气。如：哈了一口气；一是用作象声词，形容笑声（大多叠用）。如：哈哈大笑。又引申为伛、弯。如：点头哈腰。又读hǎ。如藏族、蒙古族用以表示敬意或祝贺的一种薄绢称“哈达”。又如：一种个儿小腿短的狗称“哈巴狗”，常用来比喻反动统治者豢养的温顺奴才。又读hà，一种青蛙一类的动物叫“哈士蚂”，它的干燥体和雌蛙输卵管的干制品俗称“哈士蟆油”，中医学上用为养阴药，主治虚劳咳嗽等症。

咍，声符是“台”，本义是嗤笑。屈原《九章·惜诵》：“行不群以颠越兮，又众兆之所咍。”意思是分曲直、不同流俗就要跌跤，又遭到群小的暗讽、嗤笑（颠越：殒坠跌跤）。又引作叹词，表示招呼。王实甫《西厢记》第四本：“咍，怎不肯回过脸儿来？”

啥，本来只作“舍”。章炳麟《新方言·释词》说：“舍，何也……俗作啥。”用以称什么。如：有啥说啥，到啥地方。

简体	篆书	隶书	草书	行书
哈	哈	哈	哈	哈
咍	咍			
啥	啥	啥	啥	啥

hán sāi
寒 塞

“寒”和“塞”同是会意字，形体虽然相似，但读音和所表示的意义截然两样。

寒，《说文》：“冻也。”篆书的形体表示人伏室内，覆草取暖。本义是冷（跟“暑”相对）。如：天寒地冻。引申为害怕、畏惧。如：心寒，胆寒。引申为贫困。《史记·范雎蔡泽列传》：“范叔一寒如此哉！”意思是范老弟竟穷到这个地步啊！古代称贫苦的读书人为“寒士”。杜甫《茅屋为秋风所破歌》：“安得广厦千万间，大庇天下寒士俱欢颜。”意为从哪儿才能得到宽大的房舍千万间，多多地庇护着天下的贫苦的读书人，让他们都喜笑颜开呀？

塞，包括两个字，篆书本不相同，楷书合并成一个字了。

塞①，读sāi，会意字，本来没有下边的“土”，甲骨文的字形就像两手向房子里塞东西。本义是填塞、堵塞。如：车马塞途。又引申为塞住容器口使内外隔绝的东西。如：软木塞。又读sè，用于某些合成词中。如：塞责（对自己应负的责任敷衍了事），闭塞（堵塞、偏僻、交通不方便、消息不灵通）。

塞②，读sài，指边界险要之处。塞翁失马：出自《淮南子·人间》，借古时边塞一个老头失马得马的故事，比喻坏事往往可以变为好事。

简体	甲骨文	金文	篆书	隶书	草书	行书
寒						
塞						

hàn zǎo
旱 早

“旱”和“早”只是一笔之差，但两个字的结构方式不同，“旱”是形声字，“早”是会意字，意义也不一样。

旱，意符是“日”，声符是“干”。《说文》：“不雨也。从日干声。”没有降雨或降雨太少就是“旱”了（跟“涝”相对）。如：旱灾，天旱，抗旱。引申为干的（与“水”相对），如：旱烟，旱地，旱稻。称陆地交通为“旱路”。

早，金文是由“日”和“棗”构成，“日”表示日出的时间，“棗”即“枣”为声，似应为形声字。篆文中“早”字上面是“日”，下面是“甲”，“甲”在古人是测日工具，“日”在“甲”上即表示日出的时间，即为“早”。隶书用“十”字代替了“甲”字，也有一说“十”本为“甲”字，并引林义光《文源》：“皮开裂也，十象其裂文。”“十”像东西破裂的裂痕，“日”与“甲”合在一起，就是天将破晓，太阳冲破黑夜而裂开涌出的意思。《说文》：“晨也。从日在甲上。”“甲”在这里表示开头。一天的开头就是“早”。本义是早晨。曹植《与杨德祖书》：“明早相迎，书不尽怀。”引申为初时。如：早春。引申为很久以前。如：他早走了。引申为时间在先的。如：早期，早稻。又用作早晨见面时问候的话。如：老师早！古代君王早晨召见群臣，处理政务叫“早朝”。白居易《长恨歌》：“春宵苦短日高起，从此君王不早朝。”

简体	金文	篆书	隶书	草书	行书
旱		旱	旱	旱	旱
早	早	早	早	早	早

hàn 悍　hàn 捍　hàn 焊

“悍”“捍”和“焊”都是以“旱”为声符的形声字，今读音均与声符相同。但意符不同，意义互不相干。

悍，意符是“忄（心）”。《说文》：“勇也。”本义是勇猛。《后汉书·西羌传论》：“壮悍则委身于兵场。”又如：强悍，他是一员悍将。短小精悍：形容人身材短小而精明强干。也用来形容文章戏剧等短小而有力。引申为凶狠、蛮横。悍然不顾：凶暴强横，不顾一切。

捍，意符是“扌（手）”。又作“扞”。本义是用手抵御。《史记·楚世家》：“吴三公子奔楚，楚封之以捍吴。”意思是吴国三位公子逃到楚国，楚就封他们在边境让他们抵御吴国。又指保卫。《汉书·刑法志》：“若手足之捍头目。”

焊，本义为以火使物干燥。《集韵·旱韵》：“暵，干也。或作焊。”后来用它称连接金属（或某些非金属）使成为整体的一种方法。如：焊接，电焊，锡焊。

简体	篆书	隶书	草书	行书
悍	悍	悍	悍	悍
捍	捍	捍	捍	捍
焊	焊	焊	焊	焊

hàn 汉　chà 汊

“汉”和“汊”现在只是右偏旁中多一“、”的差别，这是汉字简化的结果，其实两字形体原来差别很大，意义也迥然不同。

汉，繁体写作“漢”，简化字将右部改作“又”以求简便易写。但“又”既不表义，也不标音，只是符号而已。本水名。《说文》：“漾也。”本义是指汉水。《荀子·议兵》：“汝颍以为险，江汉以为池。”意思是把汝水、颍水当作险要的防线，把长江、汉水当作护城河。又指银河、天河。也称云汉、天汉、玄汉。《诗·小雅·大东》：“维天有汉，监也有光。”意思是天上银河虽宽广，用作镜子空有光（监：同“鉴”，古人以水为镜。意思是天河水清可以照人，但只见水光而不见人影）。又为朝代名，公元前206—220年，第一代君主刘邦，都城在长安（今陕西西安市）。用来指男子则是后起义。如：好汉，英雄汉，彪形大汉，老汉。

汊，声符是“叉”。今读音与声符相同。本义是河流的分汊。如：港汊，河汊。元好问《普应寺》：“平岗回合尽桑麻，百汊清泉两岸花。”

简体	繁体	篆书	隶书	草书	行书
汉	漢	漢	漢	汉	漢
汉		汉	汉	汉	汉

hàn hàn
撼 憾

“撼”和“憾”都是以“感”为声符的形声字，读音与声符同韵母。两字意符不同，义亦不同。

撼，意符是“扌（手）”。《说文》：“摇也。”本义是摇、摇动。蚍蜉撼树：蚂蚁想摇动大树。比喻力量很小而妄想动摇强大的事物，不自量力。震天撼地：震天动地。形容声势浩大或气概雄伟。

憾，意符是“忄（心）”。《广雅·释诂四》：“憾，恨也。”本义是遗憾、心感不足、不满意。《论语·公冶长》：“愿车马衣轻裘，与朋友共，敝之而无憾。”意思是（我）希望把车马和衣服都与朋友共享，用坏了也没有什么遗憾。古“憾”和“恨”是同义词，“恨”不表示仇恨，也是遗憾的意思，只有“怨恨”二字连用才表示仇恨。先秦一般用“憾”，汉以后则多用“恨”。

简体	篆书	隶书	草书	行书
撼	撼	撼	撼	撼
憾	憾	憾	憾	憾

hāo gāo
蒿 篙

“蒿”和“篙”的声符都是“高”，但“蒿”的读音只与声符同韵母，“篙”则读音与声符相同。

蒿，意符是“草”，是一种草本植物，有青蒿、白蒿等多种。《诗·小雅·鹿鸣》：“呦呦鹿鸣，食野之蒿。”意思是鹿呦呦地鸣叫着，吃着田野上的蒿草。蒿是野生植物，因此文学作品又以“蒿莱”泛指野草。鲁迅《无题》：“万家墨面没蒿莱，敢有歌吟动地哀。”意思是千家万户的人民面容憔悴，掩没在野草丛生的荒原，哪里敢唱出震天动地的哀歌。又成语有“蒿目时艰”，出于《庄子·骈指》的“蒿目而忧世之患”。这里的“蒿”则是假借为“睢”（hé），义为远望，与蒿草的本义无关。

篙，意符是“竹”，是指撑船的竹竿或木杆。通常在下端包上铁制的尖篙头，伸向河底撑船前进。旧又称撑船的人为“篙人”，称撑船的熟手为“篙师”。杜甫《水会渡》诗：“篙师暗理楫，歌笑轻波澜。”意为娴熟的船夫暗暗地清理着船桨准备开船，唱着笑着，全不把波涛放在眼里。

简体	甲骨文	金文	篆书	隶书	草书	行书
蒿						
篙						

háo háo bó
豪 毫 亳

从形体看，“豪”“毫”和“亳”这三个字的上部形体相同，即从高省（“高”省去下面的“口”），但是所起的作用不同：在“豪”“毫”两字中是作为声符，因为“豪”“毫”与声符同韵母；而在“亳”字中却是作为意符，“亳”的声符是“乇（zhè）”。“亳”今声符的标音作用已不明显。这三个字的意符各不相同，所表现的意义也就彼此不相关联。

豪，意符是“豕（猪）”。《说文》：“豕鬣如笔管者。出南郡。”本义是豪猪（也叫箭猪）身上的长而刚硬的长毛。又借用以为有才德威望等卓越人物的称呼。如：豪杰，英豪，文豪。引申以指有势力的或强横的。如：豪门（旧时指有钱有势的家庭）。巧取豪夺：用欺诈的手段取得或凭强暴的手段攫取、掠夺。又指气魄大、行为不拘常格。豪言壮语：气魄很大、具有英雄气概的话。豪情壮志：豪迈的心情，雄伟的理想。双音词“豪放”“豪迈”也都出自这一引申义。

毫，意符是“毛”，本义是长而尖锐的毛。《荀子·赋篇》：“精微乎毫毛。”意思是和毫毛一样微小。也用来比喻极小的数量，多用于否定式。毫发不爽：形容一点也不差（爽：整错，失误）。又用作重量单位名称，十丝为一毫，十毫为一厘。差之毫厘，失之千里：开头时错了一点点，结果就会造成大错误。“毫”还是毛笔的名称。如：挥毫（挥动毛笔疾书的意思）。

亳，古代都邑名，商汤时都城，共有三处：一在今河南商丘市东南，相传汤曾居于此，又名“南亳”；一在今河南商丘市北，相传诸侯拥戴汤为盟主于此，又名“北亳”；一在今河南偃师市西，相传汤攻克夏时所居，又名“西亳”，灭夏后还都北亳。1949年后在偃师二里头发现商代早期宫殿基址，今安徽省还有亳州市。

简体	甲骨文	金文	篆书	隶书	草书	行书
豪						
毫						
亳						

hǎo yú
好 妤

“好”和“妤”左偏旁都是“女”，说明其意义都和女性有关，但在构字中，所起作用不同，“好”是形声字，“好”是会意字。两字的意义有很大的差异。

好，在甲骨文中由“女”和“子”两部分构成，只是“子”在左，“女”在右。在金文中结构没有什么大的变化。篆文中的“好”字已是“女”在左，“子”在右了。《说文》：“美也。从女、子。”徐锴说：“子者，男子之美称，会意。”大概以为“子”在“好”中含有美称的意思，从而会出美意。特指女子的容貌美。褚少孙《西门豹治邺》：“巫行视小家女好者。”意思是巫婆查看到小户人家的姑娘长相漂亮的。引申为善（与“坏”相对）。好事多磨：好事情在实现或成功以前常常会经历许多波折。引申为友爱、和睦。言归于好：完全恢复旧日的友好。现代汉语又常用于动词后头，表示完成或达到完善的地步。如：计划订好了，功课准备好了。用在形容词、动词前表示程度深，并带有感叹语气。如：好漂亮，好面熟。用作动词表示喜爱，读hào。好逸恶劳：喜欢安逸，厌恶劳动。好为人师：喜欢做别人的老师，不谦虚。

妤，从女予声。汉代宫中女官叫“婕妤”，也作“倢伃”，汉武帝时置。此后一直为帝王妃嫔的称号，沿用到明代。《汉书·外戚传上》：“倢伃视上卿，比列侯。”

简体	甲骨文	金文	篆书	隶书	草书	行书
好	好	好	好	好	好	好
妤			妤	妤	妤	妤

浩 皓
hào hào

“浩”和“皓”都是以“告”为声符的形声字，今与声符同韵母。这两个字的读音虽相同，但由于意符有别，因而意义相异。

浩，意符是“水”。本义是形容水面广阔、浩浩无边的样子。浩浩荡荡：原指水势广大，现多用来形容声势壮大。引申为大或多。浩如烟海：形容多得无法计量，多形容文献资料等非常丰富（烟海：烟雾弥漫的大海）。

皓，意符本来是“日”。《说文》：“日出貌。”即太阳刚出来光亮的样子。但后来习惯于称洁白为“皓”，因此意符也就改成“白”了。本义是白、洁白。明眸皓齿：明亮的眼睛，洁白的牙齿，多用来形容女人的美貌。形容老年人的白头发则称“皓首”。又指明亮。范仲淹《岳阳楼记》：“长烟一空，皓月千里。”意思是水面笼罩着一层轻纱般的薄雾，一轮明月普照千里。

简体	篆书	隶书	草书	行书
浩	浩	浩	浩	浩
皓	皓	皓	皓	皓

hé 盒 pén 盆

“盒”和“盆”的意符都是“皿”，同是表示装东西的器物，但声符不同，意义各异。

盒，声符是“合”，今读音如声符。“盒”初见于《广韵》：“盒，盒盘覆也。”本义是盘盖。又指类似盘子的盛器。《类篇》：“盒，盘属。”后来用作盒子的“盒”。如：铅笔盒，饭盒，火柴盒。

盆，声符是“分”，今读音只和声符的韵母相同。《说文》：“盎也。”本来是缶罐一类器皿的名称，后来专用以指敞口浅腹一类器皿。如：脸盆，澡盆，菜盆。被山和高地围绕着的平地形状像个大盆，称为“盆地”。一种陈设在盆中的景物称为“盆景”，即盆栽花草或人工配制小树和小山等，使成为自然景物的缩影。

简体	甲骨文	金文	篆书	隶书	草书	行书
盒			盒	盒	盒	盒
盆	盆	盆	盆	盆	盆	盆

héng 恒　huán 桓　yuán 垣

“恒”“桓”和“垣”三字的声符今天看来好像都从“亘”，其实只有“桓”与“垣”是从亘（xuān）声。“恒”本作“亙”，与“桓”“垣”不同，因此读音不同。三字所从意符有别，所以义也各异。

恒，朱骏声说是“从心舟声”，此说比较合理。本义是长久、经常。如：恒心（长久不变的意志）。持之以恒：长久地坚持下去。又读gèng，指上弦月渐趋盈满。《诗·小雅·天保》：“如月之恒，如日之升。”意思是好比上弦月亮渐趋盈满，好比太阳刚东升。

桓，意符是“木”。《说文》：“亭邮表也。”即亭邮旁边用为表识的柱子，因而本义当是指古代立在驿站、官署等建筑物旁作标志的木柱。后称华表。又假借为“桓桓”，表示威武的样子。杜甫《北征》：“桓桓陈将军，仗钺奋忠烈。”意思是威武的陈将军（玄礼）侍卫皇帝，在马嵬兵变时奋起除掉奸相杨国忠，表现了他的忠烈。

垣，意符是“土”。《说文》：“墙也。”本义是矮墙，也泛指墙。如：城垣，短垣。颓垣断壁：形容建筑物倒塌残破的景象。旧时又用为城池或某些官署的代称。如：省垣（省城），谏垣（谏官官署）。

简体	金文	篆书	隶书	草书	行书
恒	恒	恒	恒	恒	恒
桓		桓	桓	桓	桓
垣	垣	垣	垣	垣	垣

讧 江

hòng　　jiāng

“讧”和“江”的声符都是“工”，因古今音变而读音已不一致，意义相去甚远。

讧，《说文》：“讃也。从言工声。”本义是争讼、争拢、溃乱。《诗·大雅·召旻》：“蟊贼内讧。”意思是蟊贼内争自相伤。郑玄笺：“讧，争讼相陷入之言也。”今集团内部由于争权夺利等原因而发生的冲突或战争也谓之“内讧”。

江，《说文》：“水。出蜀湔氐徼外峪山，入海。从水工声。”本义是长江的专称。江淮河汉：长江、淮河、黄河、汉水。又泛指一般的江河（后起义）。江河日下：江河的水天天向下游流去。比喻情况一天比一天坏。江心补漏：船到江心才补漏。比喻补救不及时，对事情毫无帮助。

简体	繁体	金文	篆书	隶书	草书	行书
讧	訌		訌	訌	讧	訌
江		江	江	江	江	江

候 侯

hòu　　hóu

“候”和“侯”同声不同调，形体只差中间一小竖，极为相似，很容易混淆误用。

候，从人侯声。《说文》：“伺望也。”即守望、放哨的意思。《汉书·匈奴传上》：“是时汉边郡烽火候望精明。”意思是当时汉朝边境的郡县烽火和守望发出的消息很准确。后来常用的等待义就是从这个义发展来的。引申为窥伺、侦察。《吕氏春秋·壅塞》：“宋王使人候齐寇之所至。”意思是宋王派人侦察齐兵入侵到哪里。又指探望、问好。如：问候，敬候起居。我国古代又把五天叫一候，一年分为七十二候。现在气象学上仍沿用。所以又指时令。还有征候、征兆等义。《晋书·天文志》：“凡游气蔽天日月失色，皆是风雨之候也。”意为凡是云气布满天空使日月失去光彩，都是风雨的征兆。

侯，箭靶。《小尔雅·广器》：“射有张布谓之侯。”甲骨文上部和左侧是支撑起来的箭棚，下部是一支箭，表示箭射中了靶子。小篆增加了一个面部朝左的人，表示“射侯”与人有关，楷书写成“人”旁。《诗·齐风·猗嗟》：“终日射侯，不出正兮！”意为终日射靶演武练功，箭箭准确命中靶心啊！古代有射礼，凡是能射中“侯”的就是有本领的男子。因此，引申为有本事的人，又用为爵位的名称。古代五等爵位的第二等就叫“侯”。《礼记·王制》：“王者之制禄爵，公、侯、伯、子、男凡五等。”又福建省的闽侯县，其中的“侯”音hòu。

简体	甲骨文	篆书	隶书	草书	行书
候		候	候	候	候
侯	侯	侯	侯	侯	侯

hú　kǔn
壶　壸

“壶”和“壸”两字只有一笔之差，字形极其相似，所以往往有人将“壸”读成“壶”字。其实这两个字的结构本不相同，读音和意义截然两样。楷书把它们变成一对兄弟了。

壶，繁体写作“壺”，《说文》说是象形。篆书本来是一个有盖的壶的形象。本义是古器名，深腹，敛口，用以盛酒浆或粮食。新石器时代又有陶壶，商周时代有青铜壶，多为圆形，也有方形或椭圆形的。今多指陶瓷或金属等制成的容器，有盖，有嘴，有把儿或提梁，用来盛液体，从嘴里往外倒。李白《月下独酌》：“花间一壶酒，独酌无相亲。”后也泛指大腹可盛液体的器皿。又如：茶壶，喷壶。古代宴饮时一种娱乐活动叫“投壶”。一种计时器叫“漏壶”，即“铜壶滴漏”。

壸，《说文》说是“宫中道”。篆书就像宫中道路之形。《尔雅·释宫》：“宫中衖谓之壸”，即宫中的道路。引申为内宫的代称。如：壸闱。

简体	繁体	甲骨文	金文	篆书	隶书	草书	行书
壶	壺	壺	壺	壺	壺	壶	壶
壸	壼				壼		壼

hǔ lǔ
虎 虏

“虎”和“虏”的部首都是“虍”，但两字的造字方法不同，“虎”是象形字，“虏”是会意兼形声字，读音与意义相去很远。

虎，甲骨文像虎的形状，头、身、尾俱全，身上还有花纹。篆书只剩下虎的大致轮廓。《说文》：“山兽之君。”古人认为老虎是野兽之王。“虎”形态很威武，因此用来比喻勇猛威武。如：虎将，虎虎有生气。又形容人的魁梧强壮为“虎背熊腰”，形容地势险要为“虎踞龙盘”（像虎蹲着，像龙盘着），比喻做事有始无终为“虎头蛇尾”。

虏，繁体写作“虜”，从毌从力，表示获得的俘虏用索捆绑的意思。“虍”是声符。《说文》：“获也。”本义是俘获。《汉书·周亚夫传》：“其将固可袭而虏也。”意思是他们的将军本来可以用袭击的方法把他俘虏过来。引申为打仗时捉住的敌人。如：俘虏。又，古代俘虏常被用作奴隶，所以也用以指奴隶。《史记·李斯列传》：“严家无格虏。”意思是严整之家没有强悍不顺从的奴隶。

简体	繁体	甲骨文	金文	篆书	隶书	草书	行书
虎		虎	虎	虎	虎	虎	虎
虏	虜			虜	虜	虏	虜

hù 户 shī 尸

“户”和“尸”同是象形字，造字方法相同。篆书形体不一样，楷书却变得形体相似了，但音义截然不同。

户，甲骨文像单扇门的形状，是門（门）字的一半。《说文》：“半门曰户。”双扇谓之“门”，单扇谓之“户”。本义是单扇的门，引申以泛指门。如：夜不闭户。门户之内是人家，所以又引申为家。如：猎户（即打猎为生的人家）。家喻户晓：家家户户都知道（喻：明白。晓：知道）。形容人人皆知。又指账册登记的户头。如：存户，用户。

尸，本包括“尸”和“屍”两个字，“尸”是神主，“屍”是人死后的遗体，但其实在古代就已经混用，多写作“尸”。简化汉字一律作“尸”。

尸①，古代祭礼中代死者受祭、象征死者神灵的人，由臣下或死者的晚辈充任。后世逐渐改为神主、画像。引申为主持其事、主管。《诗・召南・采苹》：“谁其尸之？”意思是祭典由谁来主持？

尸②，指尸体。《庄子・则阳》：“伏尸数万。”引申为陈列尸体。《国语・晋语六》：“杀三郄而尸诸朝。”意思是杀了郄姓三大夫，并把他们的尸首陈放于朝以示众。

简体	繁体	甲骨文	金文	篆书	隶书	草书	行书
户	戶						
尸	屍						

hù 沪 lú 泸

“沪”和“泸”的意符都是“水”，声符的形体也很近似，不仔细辨别，容易搞错。

沪，繁体作“滬”。简化字从水户声，完全符合形声字的结构规则。“沪”是上海的别称。相传境内的吴淞江就是古代的沪渎，因而得名。

泸，繁体作“瀘”。简化字从水卢声，读音与声符相同。本义是古水名，即泸水，指今雅砻江下游和金沙江汇合雅砻江以后的一段江流。诸葛亮《出师表》：“五月渡泸，深入不毛。”意思是五月渡过金沙江，深入不毛之地。即指此。

简体	繁体	篆书	隶书	草书	行书
沪	滬	滬	滬	滬	滬
泸	瀘	瀘	瀘	瀘	瀘

huà 话　huó 活

“话”和“活”都是以“舌（𠯑）”为声符的形声字，但意符不同，读音也不一样，意义自异。

话，意符是“言”，上古多指善言、好话，后来泛指语言、话语。如：讲话，会话。引申为说、谈。如：话别，话家常，话旧。宋元间说话的人讲故事所用的底本称“话本”，五四运动以后兴起的以对话和动作为主要表现手段的戏剧叫“话剧”，被他人当作谈笑资料的言论或行动叫“话柄”。

活，意符是“水”。《说文》：“水流声。”本义指水流的样子，后假借以表生存（跟“死”相对）。《诗·邶风·击鼓》：“于嗟阔兮，不我活兮。”又如：活到老，学到老。引申为活计、谋生的手段。如：干活，庄稼活。引申为活动、灵活、不固定。如：活期存款。又用来形容神情生动逼真。如：活灵活现。

简体	繁体	篆书	隶书	草书	行书
话	話	話	話	話	話
活		活	活	活	活

huái zhǔn
淮 准

“淮”和“准”同是形声字，字形极其相似，右边的声旁现在通行的形体完全相同，左边的意符也只有微小的差别，但两字的音义完全不同。

淮，意符是“水”，声符是“隹”，标音的作用已不明显。本义是水名，即淮河。发源于河南省桐柏山，东流经安徽注入洪泽湖，古代本来直至江苏，流入东海。

准，繁体写作“準”，本来是以“隼（sǔn）”为声符，意符是“水”。《说文》：“平也。”意思是如水之平。引申指一种测量水平的器具。《汉书·律历志》：“准者，所以揆（kuí）平取正也。”意思是“准”这个仪器是用来度量水平取得标准的。引申为标准。如：准则（标准、原则），准绳（测定平直的器具，比喻言论、行动等所依据的原则或标准）。唐宋公文中常用“准”表示一定比照、依据、许可等意思。如：准此，相当于照此、据此。

简体	繁体	甲骨文	金文	篆书	隶书	草书	行书
淮							
准	準						

huán huài pī
环 坏 坯

“环”“坏”和“坯”都是形声字，“环”和“坏”的右旁是声符，本来都不是写作“不”的，彼此差别很大，简化后变得极为相近。

环，繁体写作“環”，从玉，右旁是声符。《尔雅·释器》：“（璧）肉好若一谓之环。”（肉：指璧玉的边。好：孔。）邢昺疏：“边孔适等若一者名环。”意谓边的宽度和孔的半径相等时叫作“环”。本义是一种圆形而中间有孔的玉器，即玉圈。《左传·昭公十六年》：“宣子有环。”意思是宣子有玉环。引申为环形之物。如：耳环，花环，铁环。引申为围绕。如：环球，环城铁路。

坏，“壞”的简化字，从土。《说文》：“败也。”段玉裁注：“败者，毁也。”本义是墙壁崩颓。《商君书·修权》：“蠹众而木折，隙大而墙坏。”意为蠹虫多木料就会被蛀断，缝隙大墙壁就会崩颓。引申为毁坏、拆毁。《汉书·艺文志》：“鲁共王坏孔子宅。”意为鲁共王拆毁孔子的住宅。今多指不好、恶劣。如：坏人坏事，坏习惯。

坯，古文字写作“坏”，从土不声。由于“壞”简化后也作“坏”，于是将右旁改从“丕”声，即作“坯”。本义是指没有烧过的砖瓦、陶瓷、景泰蓝等器物的雏形。

简体	繁体	金文	篆书	隶书	草书	行书
环	環	環	環	環	環	環
坏	壞		壞	壞	壞	坏
坯			坏	坯	坯	坯

宦 宧
huàn　yí

“宦”是会意字，“宧”是形声字，读音不同，意义用法全异。但由于形体只有极细微的差别，所以容易弄错。

宦，《说文》：“仕也。从宀从臣。”“宀”是房屋，“臣”是奴仆。本义是做贵族的奴仆。《国语·越语上》：“卑事夫差，宦士三百人于吴。”意思是卑下地侍奉吴王夫差，送三百人给吴国做奴仆。引申为出游学仕。《左传·宣公二年》：“宦三年矣，未知母之存否。”意思是出游学仕三年了，不知母亲还在不在。后通称做官为“宦”。如：宦途（做官的经历），宦海（官场谓仕官升沉有如风波不定的海洋）。“宦官”本来也是官吏的通称。《孔雀东南飞》：“说有兰家女，承籍有宦官。”意思是说有兰家之女，出身于做官的人家。后来专用以称宫内侍奉帝、后的阉人。

宧，《说文》：“养也。室之东北隅，食所居。”指房屋的东北角。古人庖厨食阁，都在房屋的东北角。又用作保养义，通“颐”。

简体	甲骨文	金文	篆书	隶书	草书	行书
宦						
宧						

huàn yǎng quán
豢 养 拳

“豢”“养”和“拳”都是形声字，字形近似，其实“豢”和“拳”的上面的部分就是它们的声符，“养”的声符是“羊”。

豢，意符是“豕（猪）”。《说文》：“以谷圈养豕也。”本义是用谷类圈养猪，当然也包括其他牲畜。本义是饲养猪犬。又常用“豢养”来比喻收买并利用，表示贬义。

养，繁体是“養”，从食羊声。依草书楷化简化为“养”。《说文》：“供养也。”本义是养活、使能生活下去。如：抚养，赡养。本来只用于人，后来也用于其他生物。引申为饲养或培植。如：养猪，养花。养虎遗患：比喻纵容敌人，给自己留下后患。又引申为培养。《孟子·公孙丑上》：“我善养吾浩然之气。”意思是我善于培养我正大刚直的气质。又指保养。如《庄子·养生主》：“吾闻庖丁之言，得养生焉。”意思是我听了庖丁这番话，从中懂得了保养生命的道理。

拳，意符是“手”。《说文》：“手也。”本义是拳头。摩拳擦掌：形容激动振奋的样子。又指徒手的武术。如：太极拳。叠音词“拳拳”用于形容诚恳、恳切。司马迁《报任安书》：“拳拳之忠，终不能自列。”意为我诚恳的忠心，始终没有机会表白。

简体	繁体	甲骨文	金文	篆书	隶书	草书	行书
豢				豢	豢	豢	豢
养	養	養		養	養	養	養
拳			拳	拳	拳	拳	拳

huàn 换　huàn 焕

“换”和“焕”的声符同是“奂”，两字读音相同，但意符有别，是两个不同意义的字。

换，意符从手。《说文》：“易也。”指更换、改换。如：换帖（旧时异姓结为兄弟，互换书有姓名、年籍、家世的帖子），换季（季节更换）。脱胎换骨：道教修炼用语。指修道者得道，就脱凡胎而成圣胎，换凡骨而为仙骨。现在比喻彻底改变错误的立场观点，或改过自新、重新做人。换汤不换药：比喻形式改了，内容没有变。

焕，意符是“火”。本义指光亮、鲜明。焕然一新：亮堂堂的，给人一种全新的感觉。形容呈现全新的面貌。《论语·泰伯》：“焕乎，其有文章。”意思是光辉灿烂呀，他创立的礼乐典章。

简体	繁体	篆书	隶书	草书	行书
换	換	換	換	換	換
焕	煥	煥	煥	煥	煥

huàn　yòu
幻　幼

“幻”和“幼”同是会意字，造字方法相同，楷书形体也相似，只有一撇之差。如果追溯它们各自的来由，就会发现两者在篆书里本来并不相似，所会之意不同，音义都不一样。

幻，篆书是“予”字颠倒过来的形象。《说文》：“相诈惑也。从反予。”楷化后完全看不出来。本义是幻化的意思，即假而似真、虚而不实。也指没有现实根据的、凭空虚构的。如：幻境，梦幻，幻影，幻想。引申为奇异的变化。变幻莫测：变化很多，使人无法捉摸。

幼，甲骨文上面是个“力”字，下面是个“幺（yāo）”字。“幺”是小的意思，“幺力”犹如说力小。《说文》：“少也。”本义是（年纪）小、未长成。如：幼儿，幼苗。引申指小孩儿。如：扶老携幼。《孟子·梁惠王上》：“幼吾幼，以及人之幼。”意思是爱护我家的儿女，从而推广到爱护别人家的儿女（幼吾幼：前一个“幼”字活用为动词）。

简体	甲骨文	金文	篆书	隶书	草书	行书
幻						
幼						

huāng　máng
肓　盲

“肓”常有人误读误写为“盲”。其实这两字虽然都是以“亡”为声符的形声字，形体极其相似，但所从的意符不同，两字的读音不一样，意义也毫不相关。

肓，意符是“肉”。《说文》：“心上鬲下也。”即是心脏和膈膜之间。我国古代医学上把心尖脂肪叫“膏”，心脏和膈膜之间叫“肓”，认为是药力达不到的地方。病入膏肓：病到了无法医治的地步。比喻事情严重到了不可挽救的程度。

盲，意符是“目”。《韩非子·解老》：“目不能决黑白之色则谓之盲。”意思是眼睛不能分辨黑白颜色叫作盲。本义是眼瞎。盲人摸象：比喻对事物了解不全面，固执一点，乱加揣测。盲人瞎马：比喻极端危险。

简体	篆书	隶书	草书	行书
肓	肓	肓	肓	肓
盲	盲	盲	盲	盲

huáng xīng
皇 星

“皇”是会意字，“星”是以“生”为声符的形声字。两字虽形似，但音义皆不同。

皇，古文字上部不是“白”而是“自”。《说文》：“大也。从自。自，始也。始皇者，三皇，大君也。”本义是伟大。《诗·大雅·皇矣》：“皇矣上帝。”意思是伟大啊，上帝！也指君主、皇帝。三皇五帝：三皇通常指伏羲、燧人、神农，或称天皇、地皇、人皇，是古代传说中的三个帝王。五帝通常指黄帝、颛顼（zhuān xū）、帝喾（kù）、唐尧、虞舜。也用作对已故长辈的尊称。如：皇考，皇祖。常叠用以形容堂皇、盛大。如：皇皇文告，皇皇巨著。

星，意符是“晶”。“晶”是星星的象形。《说文》：“万物之精，上为列星。”本义是星星。星罗棋布：像星星似的罗列着，像棋子似的分布着。形容多而密集。星移斗转：星斗变换位置，表示季节改变。比喻时间变化。引申为细碎或细小的东西。星火燎原：一点小火星可以烧遍整个原野。比喻有生命力的微小事物发展前途非常广阔。

简体	甲骨文	金文	篆书	隶书	草书	行书
皇		皇	皇	皇	皇	皇
星	星	星	星	星	星	星

huī　tàn
灰　炭

“灰”是会意字，“炭”是形声字。虽然造字方法不同，读音各异，但都与“火”有关，所以意义虽不一样，却有关联。

灰，《说文》：“死火余烬也。从火从又。又，手也。火既灭，可以执持。”意思是说“灰”是物质经过燃烧后剩下的粉末状的东西，即灰烬。因为燃烧，所以用“火”作意符。又用“又（手）”作意符，是因为火熄灭以后，剩下的东西是可以用手拿的。“火”与“手”合起来会意为物质燃烧后的残余物。如：炉灰，烟灰。李商隐《无题》：“蜡炬成灰泪始干。”意思是蜡烛燃烧成灰烬，那泪才会滴干！引申为消沉、失望。心灰意懒：灰心丧气，意志消沉。又指介于黑白之间的颜色。如：银灰。

炭，意符是“火”，声符是从岸省，即省去下面的“干”，读音与声符同韵母。《说文》：“烧木余也。”即是由木料烧制而成的。本义是木炭。生灵涂炭：人民像陷在烂泥塘里、坠入炭火中一样。形容在反动统治下，广大人民处于极端困苦的境地（生灵：指老百姓。涂炭：泥沼和炭火，比喻困苦）。

简体	篆书	隶书	草书	行书
灰	灰	灰	灰	灰
炭	炭	炭	炭	炭

huī　huī
恢　诙

“恢”和“诙”都是以“灰”为声符的形声字，读音均与声符相同，只是意符不同。

恢，意符是“忄（心）”。《说文》：“大也。”本义是广大、宽。《荀子·非十二子》：“恢然如天地之苞万物。”意思是广大得像天地包罗着万物一样。叠用为“恢恢”，形容非常广大的样子。天网恢恢：天道像一个广阔的大网，作恶者逃不出这个网，也就是逃不出天道的惩罚。“恢宏”作为形容词，也是表示宽阔、广大。如：气度恢宏。而作动词用时意为发扬。《三国志·蜀书·诸葛亮传》：“恢宏志士之气。”意为发扬有志之士的气节。

诙，意符是“言”。本义是戏谑诙谐。《汉书·枚乘传》：“（枚）皋不通经术，诙笑类俳倡。”（师古曰：“俳，杂戏也。倡，乐人也。”）又称说话有趣、引人发笑为“诙谐”。

简体	繁体	篆书	隶书	草书	行书
恢		恢	恢	恢	恢
诙	詼	詼	詼	詼	詼

huī 徽　wēi 微

“徽”和“微”都是形声字，字形看来极相似，但声符和意符均不一样，意义也就完全不同了。

徽，意符是“糸”，声符是从微省，即“微”省去了“几”。《说文》：“邪幅也。一曰三纠绳也。”“邪幅”即后来的绑腿，“三纠绳”是三股线合成的绳索。今天常用的义为徽号的“徽”，义为标帜、标志、符号。如：国徽，校徽，帽徽。

微，意符是“彳”，右旁是声符，也读wēi。《说文》：“隐行也。”本义是隐藏、藏匿。《左传·哀公十六年》：“白公奔山而缢，其徒微之。”意思是白公逃到山上自己吊死了，他的手下人把他的尸体藏起来。引申为不显露的。如古代国君或官吏穿着一般人的衣服外出或探访称“微服出行”。引申为暗暗地、悄悄地。柳宗元《童区寄传》：“童微伺其睡。”意思是区寄暗暗地瞅着他睡着了。又指精深、精妙。微言大义：精深的语言和深奥的道理。去掉形符“彳”，右旁作为声符的部分是细微的意思，但向来都写作“微”。《广雅·释诂》：“微，小也。”指微小。微不足道：非常藐小，不值得一提。微乎其微：形容非常少，非常小。又引申为衰败、衰落。《论语·季氏》：“故夫三桓之子孙微矣。”意思是所以桓公的三房子孙也衰落了。

简体	甲骨文	篆书	隶书	草书	行书
徽		徽	徽	徽	徽
微	微	微	微	微	微

huì huì
彗 慧

“彗”和“慧”读音相同（“彗”旧读suì），但造字方法不同，“彗”是会意字，“慧”是以“彗”为声符的形声字，因为加了一个组成部分“心”，所以表示的意义就完全不同了。

彗，《说文》：“扫竹也。”从又，是手的象形，楷化后变成了“彐”，上面是竹扫帚的形象。本义是扫帚。《汉书·高帝纪》：“太公拥彗。”意思是刘太公拿着扫帚。引申为扫。《后汉书·光武帝纪下》：“高锋彗云。”意思是强大的兵势像风扫残云一样。“彗星”之所以名“彗”，正因为它有一条像扫帚一样的尾巴，俗称“扫帚星”。《公羊传·文公十四年》：“孛者何？彗星也。”孛星是彗星的另一种称法。

慧，从心。本义是聪明、有才智。《左传·成公十八年》：“周子有兄而无慧，不能辨菽麦。”意思是周子有个哥哥是白痴，不能辨别豆子和麦子。又如：智慧，聪慧，慧心，慧眼（原是佛教用语，指能认识到过去未来的眼力，今泛指敏锐的眼力）。

简体	甲骨文	篆书	隶书	草书	行书
彗	彗	彗	彗	彗	彗
慧		慧	慧	慧	慧

huì 惠　huì 蕙

“惠”是会意字，“蕙”是以“惠”为声符的形声字，虽然两字的读音相同，但因“蕙”多了一个意符“艹（草）”，所表示的意义便截然两样了。

惠，从心，上面是“叀（专）”的本字。古人说心血倾注为“专”，心情专一为“惠”。《说文》：“仁也。”本义是仁爱、仁慈。《盐铁论·忧边》：“故民流溺而弗救，不惠君也。”意思是老百姓处于苦难之中而不去解救，不是仁爱的国君啊！引申为恩惠、给人的好处。小恩小惠：小利或小的好处。指给人以小利进行笼络。又常用作有所求于人的敬辞。如：惠顾，惠临，惠存。古书中还有柔顺、柔和的义。王羲之《兰亭集序》：“惠风和畅。”意思是轻微的风儿温和舒畅。

蕙，一种香草名。一名薰草，古人用以佩带或做香焚。古人每每用兰、蕙比喻贤士。屈原《离骚》：“余既滋兰之九畹兮，又树蕙之百亩。”意思是我已种下了大片的春兰啊，又栽种蕙草于百亩之园（畹：一说为田三十亩，一说二十亩，一说十二亩。“九畹”“百亩”只是概言栽种面积之大）。古人又用“蕙心”比喻女子内心的纯美，用“蕙质”比喻美质。

简体	金文	篆书	隶书	草书	行书
惠					
蕙					

hūn 荤　yùn 晕

“荤”和“晕”同是以“军”为声符的形声字，今天读音与声符的韵母相同，但两字的意符不同，意义大不相同。

荤，意符是“艹（草）”。《说文》：“臭菜也。”指的是葱蒜等有特殊气味的菜。古代斋戒不食荤，是指不吃葱蒜等有气味的菜，以免臭味得罪了神。后来佛教传入中国，佛教戒杀生，因此信佛的人说吃斋，则是指不吃肉类食品，后一种义通行之后，前一种遂不为人所熟知了。

晕，意符是“日”。《说文》：“日月气也。”本义是由于空气中的水汽重而在日月周围形成的光圈。所以农谚说：“日晕三更雨，月晕午时风。”引申为光影、色泽模糊的部分。韩愈《宿龙宫滩》：“梦觉灯生晕。”意思是一觉醒来看见灯光模糊（已是深夜了）。引申为昏眩、眼花。如：晕车，晕船。又指昏厥，读yūn。如：晕倒。晕头转向：形容头脑昏乱，迷失方向。

简体	繁体	甲骨文	篆书	隶书	草书	行书
荤	葷		葷	葷	葷	葷
晕	暈			暈	暈	暈

hún　hùn
浑　诨

“浑”和“诨”的声符都是“军”，两字的读音只是声调不同。由于所从意符不同，字义有很大差别。

浑，《说文》：“混流声也。从水军声。”多用来指浑浊。杜甫《示从孙济》：“淘米少汲水，汲多井水浑。”意思是淘米少打点水，水打多了井水就变得浑浊了。又借为“混”，意为混杂掺和在一起。《汉书·刘向传》：“贤不肖浑淆，白黑不分。”意为贤明的和不贤的人混淆杂乱，黑白不分。又为全。如：浑身（全身），浑家（全家）。又虚化为副词简直。杜甫《春望》：“白头搔更短，浑欲不胜簪。”意为白头发越抓越短，简直连簪都插不住了（簪：是针簪，古时挽发为结，然后贯以针簪）。

诨，《玉篇》：“诨，弄言。”指诙谐逗趣、令人发笑的话。插科打诨：戏曲演员在演出过程中穿插一些滑稽的谈话或动作来引人发笑。又指“诨名”（绰号、花名，也说“诨号”）。

简体	繁体	篆书	隶书	草书	行书
浑	渾	渾	渾	渾	渾
诨	諢	諢	諢	諢	諢

huò xián

或 咸

“或”和“咸”本身都是会意字，尽管形体近似，所会的意却不同。

或，《说文》：“邦也。从口从戈，以守一。一，地也。”本古“域”字，即领域、疆域。借用为无定代词有的、有的人。司马迁《报任安书》：“人固有一死，或重于泰山，或轻于鸿毛。”意思是人都免不了一死，但有的死得比泰山还重，有的则死得比鸿毛还轻。又作副词也许、或者。《左传·宣公三年》：“天或启之，必将为君。”意思是上天或者要为他开路，必然会做国君。现代汉语用作连词“或者”，常用在叙述句里，表示选择关系。

咸，《说文》：“皆也，悉也。”向来都用作副词全、都。王羲之《兰亭集序》：“群贤毕至，少长咸集。”意为很多有才能的人都来到了，少的老的都聚集在一起。引申为普遍。《国语·鲁语》：“小赐不咸。”意为小的赏赐不普遍。又作“鹹”的简化字，表示像盐那样的味道。如：咸菜，咸鱼。

简体	繁体	甲骨文	金文	篆书	隶书	草书	行书
或			或	或	或	或	或
咸	鹹	咸	咸	咸	鹹	咸	咸

J

积 枳

jī zhǐ

"积"和"枳"从今天看来，只有左旁一撇之差，这是简化的结果。其实两字的形、音、义本来差别很大。

积，繁体是"積"，《说文》："聚也。从禾责声。"本义是堆积谷物。曹操《步出夏门行·冬十月》："钱镈停置，农收积场。"意思是农具都已放置，庄稼堆积在场上。泛指一般的堆积、积累。积羽沉舟：羽毛虽轻，堆积多了也会把船压沉。比喻细微的东西汇成巨大的力量。也比喻积小患可以招致大祸。积重难返：长时间形成的不良习气或习惯，不易改变。

枳，《说文》："木。似橘。从木只声。"是一种像橘的树，果实比橘小，也叫"枸橘（gōu jú）"，味酸苦。常栽作绿篱，又可作嫁接柑橘的砧木。未成熟和成熟的果实均可入药，分别称"枳实"和"枳壳"。《周礼·考工记》序目："橘逾淮而北为枳。"意为橘树如果越过淮河以北就变成枳了。

简体	繁体	篆书	隶书	草书	行书
积	積	積	積	積	積
枳		枳	枳	枳	枳

赍 赉

jī lài

"赍"和"赉"的意符都是"贝"，声符的形体又相像，所以不容易辨清。

赍，繁体下部是“贝”，上部是“齊”。《说文》：“持遗也。从贝齊声。”本义是持物赠人。《荀子·大略》：“非其人而教之，赍盗粮，借贼兵也。”意思是不是可以教育的人而对他进行教育，就像把粮食送给强盗，把兵器借给贼一样。成语“赍粮藉寇”，比喻做危害自己的蠢事。引申为怀着。江淹《恨赋》：“赍志没地，长怀无已。”

赉，《说文》：“赐也。从贝来声。”本义是赐予。如：赏赉（赏赐）。《新唐书·许景先传》：“赉绢三千。”意为赏赐绢三千匹。后来也用作一般的赠送。

简体	繁体	篆书	隶书	草书	行书
赍	賫	賫	賫	賫	賫
赉	賚	賚	賚	賚	賚

jī 乩　luàn 乱

“乩”和“乱”都是会意字。“乱”的繁体字字形与“乩”差别很大，简化后才成了一对形似字。

乩，从口从卜。《说文》：“卜以问疑也。”本义是稽问。后特指求神降示的一种方法。由二人扶住一个丁字形的木架，下面放沙盘，据说神下降时木架下垂部分即在沙上画成文字，能为人决疑治病，预示吉凶。通称“扶乩”。

乱，繁体是“亂”，左半本是上下两只手相向拿一个织丝的工具操作的形象。表示没有条理、紊乱。快刀斩乱麻：比喻做事果断，能采取坚决有效的措施，很快地解决复杂的问题。心烦意乱：心情烦躁，思绪纷乱。也泛指动荡不定（与“治”相对）。《韩非子·难一》：“法败则国乱。”意思是法制败坏国家就混乱无秩序。乱世英雄：混乱动荡时代中的杰出人才。又指扰乱。《韩非子·五蠹》：“儒以文乱法。”意思是儒家用礼乐典章制度来扰乱法制。又指战乱。如：乱兵，避乱，内乱。又引申指篡乱、混淆。以假乱真：用仿造的假的，去混淆真的。又指古代乐曲的最后一章。《论语·泰伯》：“关雎之乱，洋洋乎，盈耳哉。”意为当结尾演奏关雎之曲的时候，美妙动听的音乐充满了耳朵啊。引申以辞赋篇末总括全篇要旨的话也叫“乱”。

简体	繁体	甲骨文	篆书	隶书	草书	行书
乩			乩	乩	乩	乩
乱	亂	亂	亂	亂	乱	亂

jī fán

笄 笲

“笄”和“笲”的意符都是“竹”，声符形体也相似，容易误用。

笄，本作“笄”。《说文》：“簪也。从竹开声。”本义是簪子。古代用来插定发髻或弁冕。《仪礼·士昏礼》：“女子许嫁，笄而醴之，称字。”意思是女子答应人家的婚事，挽起头发，安上笄，饮酒行礼，（从此）称呼她的字（而不直呼其名）。男子挽发的“笄”与妇女同，不过男子戴上弁冕时，也还要用“笄”固定，所以《仪礼·士冠礼》说：“男子有爵弁笄，皮弁笄。”古代女子年满十五岁就到了可以“笄而醴之”的许嫁年龄，所以称成年为“及笄”。

笲，从竹弁声。是古代盛果品的竹器。《仪礼·士昏礼》：“妇执笲枣栗，自门入。”意为妇人拿着笲盛着枣、栗，从门进去。

简体	篆书	隶书	草书	行书
笄	笄	笄	笄	笄
笲		笲		

jī 嵇　jī 稽

“嵇”和“稽”都是形声字，形体相似，读音相同，但意义不同。

嵇，《说文》新附：“山名。从山，稽省声。”指安徽省亳县附近的嵇山。相传三国魏的文学家、思想家、音乐家嵇康曾家于此。嵇康本会稽上虞人，姓奚，后徙居嵇山侧，因改姓嵇。

稽，《说文》：“留止也。”本义是停留、拖延。《管子·君臣上》：“令出而不稽。”意思是命令一出就不拖延执行。常用义是考核、计算。无稽之谈：没有根据的言谈。又读qǐ，用于“稽首”（古时一种跪拜礼，叩头到地，是九拜中最恭敬者。道士举一手向人行礼也称“稽首”）。

简体	篆书	隶书	草书	行书
嵇	嵇	嵇	嵇	嵇
稽	稽	稽	稽	稽

jī 讥　jī 叽

“讥”和“叽”本来都是以“幾”为声符的形声字，但随着“幾”简化为“几”，作声符时也都写作“几”了。读音均如声符。两字的意符一是“言”，一是“口”，关系虽较密切，但意义仍有区别。

讥，《说文》：“诽也。”本义是非议、指责。段玉裁注：“讥之言微也，以微言相摩切也。”在古代只是表隐约婉转地批评、议论义。范仲淹《岳阳楼记》：“去国怀乡，忧谗畏讥。”意思是离开国都，怀念家乡，担心人家说坏话，惧怕人家非议。又指讥笑、讥刺。王安石《游褒禅山记》："于人为可讥，而在己为有悔。"意思是在别人看来是有理由可以讥笑的，在自己看来也是应当有所悔恨的。又用来指查问、检查。《孟子·公孙丑上》："关，讥而不征。"意思是出入的关口，只检查但不征税。

叽，《说文》："小食也。"指稍稍吃一点。这一本义用得很少。今多用作象声词。如：小鸟叽叽叫。也用以形容小声说话。如：她俩叽里咕噜地谈了半天。也形容物体的滚动。如：石头叽里咕噜滚下山去。

简体	繁体	篆书	隶书	草书	行书
讥	譏	譏	譏	譏	譏
叽	嘰	嘰	嘰	嘰	嘰

jī 饥 jī 肌

"饥"和"肌"，读音都与声符"幾"相同。但意符不同，意义各异。"饥"的情况比较特殊，古时"飢"和"饑"是两个字，现在都简化为"饥"了。

饥，本意指饿，所以意符从食。《说文》："饿也。"《尔雅·释天》释文引《字林》："饥，饿也。"《诗·陈风·衡门》："泌水洋洋，可以乐饥。"意思是泌丘泉水淌啊淌，清水也能充饥肠。饥不择食：饿急了就不选择食物，什么都吃。比喻需要紧迫时，顾不上选择。饥肠辘辘：饿得肚子咕咕直响。形容十分饥饿（古代"饥"和"饿"程度不同，"饥"一般是指吃不饱，"饿"是严重的"饥"）。"飢"又通"饑"，是指饥荒、年成不好。《说文》："谷不熟为饑。"《商君书·垦令》："饑岁无裕利。"意为荒年没有厚利。现在"饑"虽已简化为"饥"，但古代"飢"与"饑"含义不同，读古书时应识别。

肌，意符是"肉"。《说文》："肉也。"本义是肌肉。《韩非子·喻老》："君之病在肌肤，不治恐益深。"意为君王有点疾病在皮肤和肌肉之间，不医治将来恐怕会加深。柳宗元《捕蛇者说》："去死肌，杀三虫。"意为除掉坏死的肌肉，杀死人体内各种寄生虫。先秦时"肌"和"肉"有严格区别，"肌"指人的肌肉，"肉"一般指禽兽的肌肉。汉代以后，"肉"也可以指人的肌肉，但"肌"却不能指称禽兽的肉。

简体	繁体	篆书	隶书	草书	行书
饥	饑	饑	饑	饥	饥
肌		肌	肌	肌	肌

芨 笈 岌
jī jí jí

“芨”“笈”和“岌”的声符都是“及”。“芨”字从草，“笈”字从竹，“岌”字从山，意义有别。

芨，《说文》：“堇草也。”是一种草名。生田野间，春夏采叶，秋冬采茎根，可入药。

笈，书箱。《晋书·王哀传》：“负笈游学。”意思是背着书箱到远处去求学。“笈囊”连言，泛指书袋。张籍《祭退之》：“学诗为众体，久乃溢笈囊。”意为学诗能写作各种体裁，时间久了，书袋里装得满满的。

岌，山高貌。《尔雅·释山》：“小山岌大山，峘。”郭璞注：“岌，谓高过。”又指危险。《管子·小问》：“危哉，君之国岌乎。”“岌岌”叠用，表示高耸的样子。屈原《离骚》：“高余冠之岌岌兮。”意为头戴高高的冠啊。又表示危险貌。《孟子·万章上》：“于斯时，天下殆哉，岌岌乎！”意思是在这个时候，天下危乱啊，快要倾覆呀！

简体	篆书	隶书	草书	行书
芨	芨	芨	芨	芨
笈	笈	笈	笈	笈
岌	岌	岌	岌	岌

jī jí
缉 辑

“缉”和“辑”的声符相同，现在两字的读音也一样，只是声调不同。但意符有别，意义各异。

缉，意符是“糸”。《说文》：“绩也。”本义是指把麻析成缕状再搓捻成线，和“纺”义相近。如：缉麻。王冕《江南妇》诗：“日间力田随夫郎，夜间缉麻不上床。”今多指搜捕、捉拿。如：缉拿（搜查捉拿犯罪的人），缉私（缉捕走私的人），通缉（公安或司法机关通令辖区搜捕在逃的犯人）。

辑，意符是“车”。《说文》：“车和辑也。从车咠声。”本义是车厢。泛指车子。《列子·汤问》：“齐辑乎辔衔之际。”意思是使车厢齐平在马缰绳、马嚼子之间。又指和睦。《国语·鲁语上》：“契为司徒而民辑。”意思是契做司徒，百姓和睦相处。后来专用于聚集、收集之义。《韩非子·说林下》：“甲辑而兵聚。”意为铠甲、兵器等（军需品）都聚集起来了。又指纂集。《汉书·艺文志》：“门人相与辑而纂，故谓之《论语》。”意思是门下的学生们共同收集编纂起来，所以称作《论语》。引申为编辑。也指整套书籍的一部分。如：丛书第一辑。

简体	繁体	篆书	隶书	草书	行书
缉	緝	緝	緝	緝	缉
辑	輯	輯	輯	輯	輯

jí xī
汲 吸

“汲”和“吸”的右偏旁都是“及”，但“吸”是形声字，“汲”则是会意兼形声字。意义也不一样。

汲，《说文》："引水于井也。从水从及，及亦声。"本义是从井里取水。《荀子·荣辱》："短绠（gěng）不可以汲深井之泉。"意思是井绳短，不能打到深井里的水。泛指打水、取水、引水。《韩非子·五蠹》："夫山居而谷汲者，膢腊而相遗以水。"意为住在山上要到溪谷里去打水的人，节日里把水作为互相赠送的礼品［膢（lǘ）：古代楚俗二月间祭饮食。腊：年终祭百神］。叠用为"汲汲"，则是假借来形容心情急切的样子。《汉书·扬雄传》："不汲汲于富贵，不戚戚于贫贱。"意为不为富贵而急切奔走，不因贫贱而愁苦悲伤。

吸，《说文》："内息也。从口及声。"内息即纳息，是把气体从鼻或口引入体内（与"呼"相对）。如：吸烟。也指吸饮，又指饮。屈原《九章·悲回风》："吸湛露之浮源兮，漱凝霜之雰雰。"意为我吸饮着凉爽的甘露，还含漱着飘然而降的冰霜（浮源：露水浓重的样子。雰雰：向下飘落）。引申为吸收、吸引、吸取。如：吸墨纸，吸尘器，吸铁石。

简体	篆书	隶书	草书	行书
汲	汲	汲	汲	汲
吸	吸	吸	吸	吸

jí 籍　jiè 藉

"籍"和"藉"的意符不同，一从竹，一从草。声符相同，两字的形体相似，容易混淆。

籍，《说文》说是"簿书也"。指簿籍、书册。古代用竹片记事著书，所以用"竹"作意符。又指名册、户口册。《汉书·高帝纪》："萧何尽收秦丞相府图籍文书。"意思是萧何把秦朝丞相府中的户口册、文件资料全部收集起来。又指"门籍"，即出入宫门的名牌。古代把写有朝臣姓名年龄的竹片悬挂在宫门上，查对相符，朝臣才能入宫门。犹今之户籍、名籍。今公民登记的自身出生或家庭久居的地方称"籍贯"，"籍"指祖先户籍，"贯"指乡贯，如言某省某县某乡人，便是从门籍的义引申而来的。又引申为登记。《史记·项羽本纪》："籍吏民，封府库。"意思是登记官民户口，封存仓库财物。现代汉语又用来表示个人对国家、组织的隶属关系。如：国籍，党籍，团籍。

藉，《说文》：“祭藉也。”朱骏声《说文通训定声》说：“藉之为言席也。”本义是草垫，也指垫着。《易·大过》：“藉用白茅。”意为用白茅草垫着。屈原《九歌·东皇太一》：“蕙肴蒸兮兰藉。”意为祭肉兰蕙垫（肴蒸：祭祀用的肉。蒸：进献。藉：衬垫，指垫底用的东西）。又指压着。柳宗元《捕蛇者说》：“往往而死者相藉也。”意为往往（这么）死去的人多着了，尸体互相压着。又读jí，指践踏、凌辱。《庄子·让王》：“杀夫子者无罪，藉夫子者不禁。”又“狼藉”连用，形容像狼窝的草那样散乱不堪。相传狼群常藉草而卧，起来就踏乱灭迹。杯盘狼藉：形容宴饮将毕或已毕，桌上杯盘碗筷等乱七八糟地放着。声名狼藉：形容名誉极坏，为人厌恶。

简体	篆书	隶书	草书	行书
籍	籍	籍	籍	籍
藉	藉	藉	藉	藉

棘（jí） 辣（là）

“棘”是会意字，“辣”是形声字，“棘”字的左右边都是“朿”，“辣”字右边是“束”，从木从口，与“朿”不同。造字方法虽不同，但形体近似，所以容易认错读错。其实两字读音不同，意义也全不一样。

棘，《说文》说是“小枣丛生者”。两个“朿”字并叠在一起表示酸枣树丛生之意。本义是指酸枣树。《诗·邶风·凯风》：“凯风自南，吹彼棘心。”意思是和风打从南方来，风吹着酸枣树。又通称有刺的草木。披荆斩棘：拨开荆，砍断棘。比喻排除前进中的困难和障碍，形容创业进程中克服各种困难。又常用“棘手”形容事情难办，像荆棘刺手的样子。

辣，不见于《说文》，是后起字。意符是“辛”，“刺”省声。指像姜、蒜、辣椒等有刺激性的味道。如：酸甜苦辣。引申为狠毒。心狠手辣：心肠凶狠，手段毒辣。又常称毒辣的手段为“辣手”。

简体	甲骨文	金文	篆书	隶书	草书	行书
棘	棘	棘	棘	棘	棘	棘
辣			辣	辣	辣	辣

jí 楫　yī 揖

“楫”和“揖”的声符相同，但今天的读音有别。两字的意符不同，因而所表示的意义也不一样。

楫，意符是“木”。《说文》：“舟櫂也。”“櫂（zhào）”就是桨。本义是指划船的短桨。《晋书·祖逖传》：“中流击楫而誓。”意思是（祖逖乘船渡江）行至中流敲着船桨发誓。后用以比喻立志奋发图强。又“舟楫”连说泛指船只。《荀子·劝学》：“假舟楫者，非能水也，而绝江河。”意思是借助船只的人，并不是会游泳，却能渡过江河。

揖，古时拱手礼，所以意符从手。《论语·述而》：“揖巫马期而进之。”意思是（陈司败）便向巫马期作了个揖，请他走近自己。又指谦让、辞让。《后汉书·刘祐传》：“延陵高揖，华夏仰风。”意思是延陵为人十分谦让，所以天下的人都仰慕他的高尚风格。

简体	篆书	隶书	草书	行书
楫	楫	楫	楫	楫
揖	揖	揖	揖	揖

jí juàn
集 隽

“集”和“隽”都是会意字，虽然造字方法相同，字形近似，但下半部的意符不同，所以表示的意义截然两样。

集，上部本是三个“隹”，意为一群鸟聚在树木上。《诗·周南·葛覃》：“黄鸟于飞，集于灌木。”意思是黄雀飞，来回忙，聚集在灌木林。引申为集合、聚集。集思广益：集中群众的智慧，广泛吸取有益的意见。引申为汇集单篇作品的书册。如：画集，选集。我国古代图书的四部分类法，叫经、史、子、集。“集”又用以称定期的或临时的市场。如：集市，赶集。

隽，下面是由“弓”形变来的，其字从弓从隹。《说文》说是“肥肉也”。《玉篇》：“隽，鸟肥也。”朱骏声认为，野鸟之味隽永而美，即野鸟的味道好。从弓从隹，是射鸟的意思。本义是鸟肉肥美。通常称诗文意味深长为“隽永”。又通“俊”。如：隽拔（俊逸挺秀，亦指人才俊逸出众）。

简体	繁体	甲骨文	金文	篆书	隶书	草书	行书
集							
隽	雋						

jí nǎi
及 乃

“及”是会意字，“乃”是指事字，形体相似，但意义不同。

及，甲骨文像一人从后面追上另一个人的样子。《说文》：“逮也。从又从人。”本义是赶上、追上。《左传·成公二年》：“故不能推车而及。”意思是所以不能推车子赶上。引申为达到。如：目力所及，由表及里。引申为趁着。《左传·僖公二十二年》：“及其未济也，请击之。”意思是趁着他们没有全部渡过的时候，请君王下令攻击他们。又引申为比得上。李白《赠汪伦》：“桃花潭水深千尺，不及汪伦送我情。”意思是桃花潭水百丈深，还比不上汪伦给我送行的感情深。

乃，篆书为弯曲线条，实际上是一个指事符号。不管用作代词还是副词，词义都很虚。用作代词，指你的。汉书《翟义传》：“今欲发之，乃肯从吾乎。”（发：出兵。）副词表肯定，意为就是、原来是。《战国策·齐策四》：“乃歌夫长铗归来者也。”意思是就是那个歌唱“长铗归来吧”的人啊！表示事出意外，意为却、反而、竟然。陶潜《桃花源记》：“问今是何世，乃不知有汉，无论魏晋。”

简体	甲骨文	金文	篆书	隶书	草书	行书
及						
乃						

jí　jì
即　既

“即”和“既”是一对孪生兄弟，它们字形相似，读音相近，都是会意字。不过，造字的原意正好相反。

即，甲骨文像人跽坐而食的形状。左边像只高脚的食器，里面盛满了美味的食物，右边是人跪坐的形状，像人跪坐在食物前准备取食之意。所以《说文》说：“即，食也。”本义是走近、靠近。柳宗元《童区寄传》：“以缚即炉火烧断之。”意思是把捆绑他的绳子靠近炉火烧断它。若即若离：好像接近，又好像离开。形容对人保持一定距离。可望而不可即：看得见，可是够不着。比喻一时还不能实现。又用作介词，相当于“就在（某时或某地）、就着（某物）”。如：即席演说，即景赋诗。在判断句中起判断词的作用，相当于“就是”。范缜《神灭论》：“神即形也，形即神也。”意思是精神就是形体，形体就是精神（意即精神离不开形体，形体离不开精神）。又虚化为副词，相当于“立刻、马上”。如：招之即来，一触即发，黎明即起。用作连词时，作用相当于“则”。《史记·陈涉世家》：“且壮士不死即已，死即举大名耳。”意思是况且好汉不死则罢，死就要成大名。

既，左边与“即”的意符同，右边也同是人的形象，不过头向背后扭转，掉头不顾摆在面前的食物，用以表示已经吃饱了，也就是完了的意思。所会的意与“即”正好相反。本义是尽、完了、终了。韩愈《进学解》：“言未既，有笑于列者。”意思是话还没有说完，人群中就有人笑了。常用作副词，表示已经或某事之后。如：既得利益（已经得到的利益）。“既来之，则安之。”意思是已经把他们招抚来了，就要把他们安顿下来。现在用来表示既然来了，那就安下心吧！“既而”连用为时间副词，表示不久、紧接着。《后汉书·华佗传》：“既而缝合。”意思是紧接着，（把刀口）缝合了。通常与“又”等连用表示一事与他事的并存关系。如：既刮风又下雨。

简体	甲骨文	金文	篆书	隶书	草书	行书
即	即	即	即	即	即	即
既	既	既	既	既	既	既

jǐ 脊 juàn 眷

“脊”是合体象形字，“眷”是形声字。两字造字方法不同，意义相差很大。

脊，《说文》：“背吕也。”从肉，上面那部分读guāi，就是脊骨的形象。本义是人或动物背部中间的脊骨。引申指物体上形状像脊骨的部分。如：山脊，屋脊，书脊。

眷，《说文》：“顾也。”从目。本义是顾、回视。《诗·大雅·皇矣》：“乃眷西顾。”意思是就回头向西看。引申为留恋、思慕。如：眷恋，眷念。又指家属、亲属。如：眷属。王实甫《西厢记》：“愿普天下有情的都成了眷属。”这里的“眷属”指夫妻。叠用为“眷眷”是依恋向往貌。王粲《登楼赋》：“情眷眷而怀归兮，孰忧思之可任？”意思是怀恋故乡而思归，这种忧思谁能经受得了呢?

简体	甲骨文	篆书	隶书	草书	行书
脊					
眷					

jǐ 己　sì 巳　yǐ 已

“己”“巳”和“已”三字字形差别极微，最容易弄错。有个顺口溜：张口己，闭口巳，半口已，可帮助识别。关于这三个字形的由来，众说纷纭，很难定于一是。由于这三个字的义都比较虚，所以最初它们都不过是些指事符号。

己，篆书只是弯曲的线条，它除了作为十天干的第六位的名称甲、乙、丙、丁、戊、己的“己”之外，通常的用途是作自称的代词“自己”用。《论语·学而》：“不患人之不己知，患不知人也。”意思是不担心别人不了解自己，忧虑的是自己不了解别人啊。

巳，只是作为十二地支的第六位的名称子、丑、寅、卯、辰、巳的“巳”，别无他用。因甲骨文有“巳”“子”两个形体，《广雅·释言》：“子、巳，似也。”“子”“巳”同音互训。《诗·小雅·斯干》：“似续妣祖。”郑玄笺：“似，读如巳午之巳。”又是十二时辰之一，上午九时至十一时为巳时。

已，据《说文》说是从“反巳”。这也只是就篆书的形体而言。《说文》说：“用也。”这一意义的“已”，后来加了个人旁，变作“以”。而“已”本身则用于止（停止）义。《诗·郑风·鸡鸣》：“风雨如晦，鸡鸣不已。”意为风雨天气黑沉沉，鸡儿叫个不停。鞠躬尽瘁，死而后已：兢兢业业，不辞辛劳，直到死了为止。形容贡献自己的全部精神和力量。引申为罢免。《论语·公冶长》：“三已之，无愠色。”意为三次被罢免官职，也没有怨恨的脸色。又用作程度副词指大、过。不为已甚：不做过分的事情。还用作时间副词已经。如：他已回杭州。

简体	甲骨文	金文	篆书	隶书	草书	行书
己	己	己	己	己	己	己
巳	巳	巳	巳	巳	巳	巳
已			已	已	已	已

jì tǎo
计 讨

“计”和“讨”同是会意字，形体相似，音义却不相同。

计，由“言”和“十”组成。“言”表示计算时需要动口，含有数（shǔ）的意思。“十”代表数目。数数目，所以会意为计算、算账。《说文》说是“会也，筭也”。数以万计：数目以万为计算单位。不计其数：数目多到计算不清楚。引申为主意、策略、计谋、计划。如：缓兵之计，眉头一皱，计上心来。百年大计：指关系到长远利益的重要计划或措施。三十六计，走为上策：原来是说无力对付敌人，以走开为上策。现在泛指摆脱困难的处境。

讨，从言从寸。“言”表示言语，“寸”在这里表示法度，合起来表示研究、处治之意。《说文》：“治也。”段玉裁说：“发其纠纷而治之曰讨。”本义当是治理、整顿。《左传·宣公十二年》：“在军，无日不讨军实。”意思是在军队里，没有一天不检查整顿军器。又指征伐、诛戮。《书·皋陶谟》：“天讨有罪。”意为上天征伐有罪的人。又引申为议论、研究。如：讨论，探讨。用为索取、乞讨则是后起义。如：讨债，讨饶，自讨苦吃。

简体	繁体	篆书	隶书	草书	行书
计	計	計	計	計	計
讨	討	討	討	討	討

技 枝
jì zhī

“技”和“枝”的声符都是“支”，“枝”字今天的读音依然与声符“支”相同，“技”字则只与声符同韵母。两字所从的意符不同，意义亦各异。

技，意符是“手”。《说文》：“巧也。”本义是技艺、本领。如：绝技，一技之长。又特指有技艺的工匠。《荀子·富国》：“百技所成，所以养一人也。”意思是各种工匠的成就，都是用来奉养一个人的。

枝，意符是“木”。《说文》说是“木别生条也”。本义指树木主干上旁生出来的枝条。如：树枝，柳枝儿。常以比喻事物的派生部分。节外生枝：节之外又生出分枝。比喻在问题之外又岔出了新的问题。又用作量词。如：一枝枪，三枝钢笔（也作“支”）。

简体	篆书	隶书	草书	行书
技	技	技	技	技
枝	枝	枝	枝	枝

伎 岐 歧
jì qí qí

“伎”“岐”和“歧”的声符都是“支”，今读音与声符均有所差别。意符不同，表示的意义也不一样。

伎，意符是“人”。《说文》：“与也。”段玉裁注：“与者，党与也。”本义应是指同伴。但通常用作技巧、才能之“技”。《荀子·王制》：“案谨募选阅材伎之士。”意思是严格谨慎地招募选择有才能技艺的人。古称艺人为“伎”，后作“妓”，指歌女、舞女。又“伎俩”连用，原来也是称技能技巧的，今则用于贬义，指手段、花招。鬼蜮伎俩：比喻居心险恶，暗中伤害人的卑劣手段。

岐，意符是“山”。本为山名，在陕西省岐山县境。也指古邑岐山，在今陕西岐山市东北，商朝时周文王封地。周族古公亶父因受戎狄威逼，自豳迁于岐山下周原，筑城郭居室，作邑以居四方来归之民。《诗·大雅·緜》：“古公亶父， 来朝走马，率西水浒，至于岐下。”意为古公亶父要立家，大清早骑着马，沿着渭水向西走，东行来到岐山下。

歧，指岔路。《吕氏春秋·疑似》：“故墨子见歧道而哭之。”引申指一般分岔的东西。如《山海经·海外南经》记载有所谓“歧舌”，即舌头分岔的人。歧路亡羊：岔路太多，找不到丢失的羊（见《列子·说符》）。比喻因情况复杂多变而迷失方向，误入歧途。引申为不相同、不一致。如：歧义（有两种或几种可能的解释，指语言文字两歧或多歧的意义）。

简体	篆书	隶书	草书	行书
伎	伎	伎	伎	伎
岐	岐	岐	岐	岐
歧	歧	歧	歧	歧

jì 季　lǐ 李

“季”和“李”两字只是上头有无一撇之差，但意义却相去很远。

季，《说文》说是“少称也。从子，从稚省，稚亦声”。指在弟兄中排行第四或最小的。如：伯、仲、叔、季。古代又称叔父为“季父”，称少女为“季女”。《诗·召南·采苹》：“谁其尸之，有齐季女。”意思是祭典由谁来主持，有个美丽的少女。引申为一个朝代或一个季节的末了。如：清季（清朝末年），季春（农历三月）。又三个月为一季，一年分春夏秋冬四季。引申为季节。如：雨季，旺季。

李，意符是“木”，声符是“子”。由于字音的发展变化，声符“子”不能表示现在的读音。《说文》：“果也。”即李树，是一种落叶小乔木，花白色，果实球形，黄色或紫红色，是普通的水果。这种植物的果实称“李子”。又“行李”连用，古代本来指使者。《左传·僖公三十年》：“行李之往来，共（供）其乏困。”意思是使者经过郑国，郑国还可以给他们提供所缺乏的物资往来，供应他缺少的一切。还用以指行旅。蔡琰《胡笳十八拍》：“追思往日兮行李难！”意思是回忆往日的事啊，那时行旅何等艰难！后来引申指出行者所携带的衣箱、铺盖等物。又用作姓氏。传说始祖老子，生于李树下，所以姓“李”，子孙于是就用“李”为姓。

简体	甲骨文	金文	篆书	隶书	草书	行书
季						
李						

洎（jì） 泊（bó）

“洎”和“泊”的字形极其相似，只有辨清字形，察其本义，才不会弄错。

洎，《说文》：“灌釜也。从水自声。”声符“自”的标音作用已不明显了。“灌釜”就是往锅里添水的意思。《吕氏春秋·应言》：“市丘之鼎以烹鸡，多洎之则淡而不可食，少洎之则焦而不熟。”意思是市丘的地方用鼎煮鸡，向鼎里添多了水，就会味淡不好吃，添少了水就会烧焦而且肉没有煮熟。引申为肉汁、汤汁。《左传·襄公二十八年》：“去其肉，而以其洎馈。”意思是将肉取出，只把汤汁给他送去。又用来表示到、至、及等义。张衡《东京赋》：“泽洎幽荒。”意为恩泽普及到偏远的地方。又如：自古洎今，洎乎近世。

泊，不见于《说文》，为后起字。声符是“白”，由于古今音变而音隔。本义是停船、船靠岸。如：船泊港外。又指停留、暂住。陈子昂《古意题徐令壁》：“闻君太平世，栖泊灵台侧。”意为听说你生在太平盛世，隐居栖息在灵台边。又指恬静、静默无为。这是由“澹泊”来的。《老子》：“我独泊兮其未兆。”意为我独爱好恬静，没有任何欲望（未兆：指没有产生欲望）。又读pō，指湖泽、沼泽。如：梁山泊（在山东），罗布泊（蒙古语称罗布诺尔，意为汇入多水之湖，在新疆）。

简体	甲骨文	篆书	隶书	草书	行书
洎	洎	洎	洎	洎	洎
泊	泊	泊	泊	泊	泊

祭 癸

jì guǐ

祭 癸

“祭”与“癸”的字形粗看颇为相似，其实字的各个部件并不一样，“祭”是会意字，“癸”有人认为是形声字。

祭，《说文》：“祭祀也。从示，以手持肉。”本义是祭神和祀祖。旧俗备供品向神或祖先致祭行礼，表示崇敬并求保佑。如：祭天（祭祀天神），祭地 （祭祀地神），祭器（祭祖先所用的礼器）。也指为死去的人举行仪式，表示追念。如：祭奠死难烈士。旧小说中又指用咒语施放神秘武器。如：祭起一件法宝来。

癸，《说文》：“兵也。”朱骏声《说文通训定声》采用戴侗《六书故》的说法，认为“即戣字，三锋矛也”。“癸”是“戣”的古文，指古代的三锋矛。但在古代典籍中，一般只用作天干第十位的名称。《尔雅·释天》：“太岁在癸曰昭阳。”

简体	甲骨文	金文	篆书	隶书	草书	行书
祭	祭	祭	祭	祭	祭	祭
癸	癸	癸	癸	癸	癸	癸

家 冢
jiā zhǒng

“家”是会意字，“冢”是形声字。两字的造字方法不同，读音和所表示的意义也不一样。

家，《说文》：“居也。从宀，豭省声。”甲骨文是屋内有豕（猪）的形象。古代人家多在屋里养猪，所以，家里有猪成了人家的标志。据说在上古，人们的牧业是从养猪开始的。本义是家庭、人家。家徒四壁：家里只有四堵墙。形容十分贫穷。也说“家徒壁立”。又指古代卿大夫的采邑。奴隶社会中诸侯统治的地方叫“国”，大夫统治的地方叫“家”。又指学术流派。如：儒家，道家，百家争鸣。今又用以称掌握某种专门学识或从事某种专门活动的人。如：政治家，文学家。又常用作谦字，用于对别人称比自己辈分高或年纪大的亲属。如：家父，家兄。

冢，本来是从勹的，楷化变成“冖”了。里面不是“豕”字，比“豕”字多了一点，是声符。《说文》：“高坟也。”本义指隆起高大的坟墓。如：古冢，荒冢，丛冢。又指山顶。《诗·小雅·十月之交》：“百川沸腾，山冢崒崩。”意思是大小江河在沸腾，山峰倒塌往下攒（崒：“碎”的假借字）。古代还用以指大、嫡长。如：冢子（嫡长子），冢妇（嫡长子之妻），冢宰（古官名，后世以为宰相之称）。

简体	甲骨文	金文	篆书	隶书	草书	行书
家						
冢						

佳 隹 住
jiā zhuī zhù

“佳”“隹”和“住”这三个字的字形极其相似，其实造字方法各异，“佳”和“住”是形声字，“隹”是象形字。字的结构部件也不一样，音义互不相干。

佳，《说文》：“善也。从人圭声。”本义是美、好。如：佳句，佳音，佳节（欢乐愉快的节日），佳人（美女，也指美好的人。古代诗词中常用以指自己所怀念的人）。传为佳话：流传开去，当作谈话资料的好事或趣事。屈原《楚辞・大招》：“姱修滂浩，丽以佳只。”意思是体态修长又宽广，姿容美丽，性善良（姱：美。修：长。滂浩：广大的样子）。

隹，甲骨文像鸟形。《说文》说是“鸟之短尾总名也。象形”。古书上指短尾巴的鸟。又读cuī，“畏隹”即“嵬崔”，形容高峻貌。《庄子・齐物论》：“山陵之畏隹。”意思是山陵中高峻盘回的地方。又是汉字的一个部首，从隹的字属禽类或与禽类有关。

住，从人主声。本义是停留、停止。《后汉书・蓟子训传》：“见者呼之曰：‘蓟先生小住。’”意思是看到他的人喊道：“蓟先生，您停留一下。”李白《早发白帝城》：“两岸猿声啼不住，轻舟已过万重山。”意为两岸山间猿猴不停地在啼唤，快如飞的小船已经穿过了那万重青山。又引申为居住。崔颢《长干曲》：“君家何处住？妾住在横塘。”意为君家住哪儿啊？我家住在横塘。现代汉语的用法十分灵活，可用来作动词的补语词，表示稳当或牢固。如：把住方向盘。可用来表示停顿或静止。如：把他问住了。可用来表示力量够得上（跟“得”或“不”连用）。如：禁得住，禁不住。

简体	甲骨文	金文	篆书	隶书	草书	行书
佳						
隹					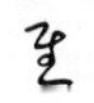	
住					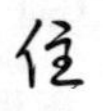	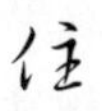

jiā　jiā

茄　笳

“茄”和“笳”的声符都是“加”，但意符不同，“茄”从草，“笳”从竹。两字同音形近，容易混淆。

茄，《说文》：“芙蕖茎。”本音jiā。《尔雅·释草》：“荷，芙蕖，其茎茄。”义为荷叶茎。还用作中药名“五茄”，通常作“五加”。又“雪茄”连用，为英语cigar的音译，是一种用烟叶卷成的烟，形状较一般的香烟粗而长。又读qié，即茄子，草本植物，是普通蔬菜。

笳，也称胡笳，是古代北方民族的一种乐器，类似笛子。《李陵答苏武书》：“胡笳互动，牧马悲鸣。”杜甫《后出塞》：“悲笳数声动。”意思是悲凉的胡笳声又吹响了几声。

简体	篆书	隶书	草书	行书
茄	茄	茄	茄	茄
笳	笳	笳	笳	笳

jià 驾 nú 驽 mà 骂

“驾”“驽”和“骂”同是形声字，但“驾”“驽”是以“加”和“奴”为声符、“马”为意符，而“骂”则是以“马”为声符、“网”为意符。三字的字形虽近似，但音义不相同。

驾，《说文》说是“马在轭中”。本义是套车。《诗·小雅·采薇》：“戎车既驾，四牡业业。”意思是兵车套上了马，四匹公马多高大雄壮呀！引申为驾车。白居易《卖炭翁》：“晓驾炭车辗冰辙。”意思是早上驾着炭车轧着冰冻的车辙赶路。驾轻就熟：赶着轻车去走熟路。比喻对事物很熟悉，做起来很容易。古代又特指帝王车乘，或指帝王。如：皇帝死了称“驾崩”。后用作称人的敬辞。如：尊驾，大驾，劳驾。又有凌驾、超越义。李白《古风五十九首》之三：“大略驾群才。”意思是雄才大略超越一般有才能的人。

驽，《玉篇》：“最下马也。”指质性低下的马。《荀子·劝学》：“驽马十驾，功在不舍。”意思是劣马拉车走十天（也能走得很远），它的成功在于走个不停。又用来泛指才能低下。《史记·廉颇蔺相如列传》：“相如虽驽，独畏廉将军哉？”意思是相如虽然无能，单单会害怕廉将军吗？驽马恋栈：劣马贪恋食槽里的豆料（栈：马枥。这里指马枥中的豆料）。比喻平庸的人目光短浅，顾惜眼前小利。

骂，本来是从网马声。“网”本有笼罩义，骂人是以恶言相加，所以从网。《说文》：

“詈也。”本义是恶语伤人。破口大骂：口出恶语骂人。泼妇骂街：凶悍不讲理的妇女当众漫骂别人。

简体	繁体	甲骨文	篆书	隶书	草书	行书
驾	駕	駕	駕	駕	駕	駕
驽	駑		駑	駑	駑	駑
骂	罵		罵	罵	罵	罵

jiān　shù
坚　竖

“坚”是会意字，“竖”是形声字。两字的造字方法有别，意义也各异，但形体却相似。

坚，繁体写作“堅”。《说文》：“刚也。”从土，上部是声符，也兼表坚硬义。本义是坚硬、坚固、结实。《韩非子·难势》：“誉其质之坚，物莫能陷也。”意思是夸耀它（指盾）的质地坚固，没有任何东西可以刺穿它。坚不可摧：非常坚固，摧毁不了。坚甲利兵：坚固的盔甲，锋利的兵器。形容军队装备精良，借指坚强善战的军队。坚如磐石：坚固得像大石头一样。比喻不可动摇。引申指人的意志坚定、坚强。坚贞不屈：意志坚定而有气节。

竖，繁体写作“豎”。《说文》：“竖立也。从臤豆声。”段玉裁注：“谓坚固立之也。”简化字索性将字下部的“豆”换成了“立”。本义是直立（跟“横”相对）。如：竖栅列营。汉字书法也称直画为“竖”。如：“十”字一横一竖。旧又用以称童仆，也是鄙贱的称谓，犹小子。《史记·项羽本纪》：“竖子不足与谋！”意思是这小子真不配和他同谋共事！

简体	繁体	篆书	隶书	草书	行书
坚	堅	堅	堅	堅	堅
竖	豎	豎	豎	豎	豎

jiǎn 蹇　jiǎn 謇

“蹇”和“謇”的声符是“寒”的省略，读音相同。但意符一从足，一从言，表示的意义有别。

蹇，《说文》：“跛也。从足，寒省声。”指跛足。马中锡《中山狼传》：“策蹇驴。”意思是鞭打跛脚的驴子。引申指差驴或驽马。孟浩然《唐城馆中早发寄杨使君》诗：“访人留后信，策蹇赴前程。”意思是留下一封信（寄给杨使君）告诉他，以后将拜访他，赶着瘦马奔前程。引申为困苦、不顺利。屈原《九章·哀郢》：“蹇侘傺而含感。”意为困苦失意使人感到忧伤。又用作发语词，亦作“謇”。屈原《九歌·湘君》：“君不行兮夷犹，蹇谁留兮中洲。”意为您踌躇不肯走啊，等待谁啊，留在中洲使我想。

謇，义为口吃。《北史·李谐传》：“因謇而徐言。”意思是因为口吃所以慢慢地说话。又指忠诚、正直。《北史·徐纥传》：“外似謇正，内实谄谀。”意思是外部表现好像很刚正，内里实在谄媚奉承。古书中又用作发语词。屈原《离骚》：“謇朝谇而夕替。”意思是早晨进谏晚上就被废黜了。像这样的用法，《离骚》中还多处出现。

简体	篆书	隶书	草书	行书
蹇	蹇	蹇	蹇	蹇
謇	謇	謇	謇	謇

jiǎn liàn dòng
拣 楝 栋

“拣”“楝”和“栋”三字的字形十分相似，容易混淆。

拣，从手柬声。“柬”今简化作“东”。本义是挑选、选择。拣佛烧香：比喻厚此薄彼，不是一视同仁。又表示挑剔。韩愈《赠张籍》：“吾爱其风骨，粹美无可拣。”意思是我爱他的风骨，精粹优美没有什么可以挑剔的。又有拾取义。如：拣柴。在这一义上，与“捡”通。

楝，意符是“木”，声符是“柬”，今天的读音与声符同韵母。声符仍写作“柬”，不简化。是一种木名，即苦楝。落叶乔木，木材可以制器具，种子、树皮、根皮都可入药。

栋，繁体写作“棟”。《说文》：“极也。从木东声。”本义指房屋的脊檩、正中的大梁。雕梁画栋：房屋的栋梁上都有彩画装饰。形容豪华的宫室。又以“栋梁”比喻担负国家重任的人。又用为计算房屋的单位。如：一栋楼房。

简体	繁体	篆书	隶书	草书	行书
拣	揀	揀	揀	揀	揀
楝		楝	楝	楝	楝
栋	棟	棟	棟	棟	棟

jiǎn jiān jiǎn
减 缄 碱

“减”“缄”和“碱”的声符都是“咸”，但声符的标音作用已不明显。三字的意符不同，表示的意义各异，读音也不尽相同。

减，意符本是“水”，今简化只写“两点”。《广韵·释诂三》：“减，少也。”本义是减少（与“加”相对）。如：减价，减免。引申为少于、次于。《晋书·谢安传》：“此儿风神秀彻，后当不减王东海。”意思是这个孩子风度秀丽雅致，将来的前途不比王东海差。

缄，《说文》说是“束箧也”。“箧”指箱子，“束”是缚的意思。本义是指捆东西的绳索，所以意符用“糸”，表示与丝麻有关。又指封口、封闭。常用在信封上写寄信人姓名。如：王缄，上海李缄。引申为闭口。缄口无言：闭着嘴不说话。缄口藏舌：闭着嘴巴把舌头藏起来。指不开口说话。

碱，意符是“石”，是近代新造字，为含有氢氧根的化合物的统称。这种物质有涩味，能使石蕊试纸变蓝，以跟酸中和而形成盐。

简体	繁体	篆书	隶书	草书	行书
减	減	減	減	減	減
缄	緘				
碱		碱	碱	碱	碱

jiǎn 捡　jiǎn 检

“捡”和“检”声符都是“佥”，但两字的意符不同：一是“手”，表示和手以及手的动作有关；一是“木”，表示和树木、木材有关。所以意义相去甚远。

捡，依《说文》本义是“拱也”。即指拱手，读liàn。后来人们用它来书写拾取义的“捡”，读jiǎn，完全是另一个词，与“拱也”不相干。如：捡柴，捡破烂。

检，《说文》：“书署也。”本义是书署，即封书题签，本音jiān。古书用竹木简编制，书成之后，连以皮条或丝绳，于绳结头处封泥，在泥上钤印，叫作“检”。“检”要封泥，钤印等有一定的规格、规定，因而引申为法度、法则、方式。《文选·魏文帝·典论论文》：“曲调虽均，节奏同检。”（《仓颉篇》曰：“检，法度也。”）后来纸张通行之后，公文改用纸张缮写，于是书署用印便都在公文纸上进行，称为“签署”，字由“检”改写为“签”，而音也随“签”而读qiān。今天所说的“签名”，便是这么来的。大多数人也不再问其来由了。由于古代“检（jiǎn）”本是封题竹木书简，有明察约束之义，因而引申为察。今天所说的“检察”“检阅”，就是用的这个义。

简体	繁体	篆书	隶书	草书	行书
捡	撿	撿	撿	捡	撿
检	檢	檢	檢	检	檢

jiǎn　liǎn

睑　脸

“睑”和“脸”的声符都是“佥”，但现在的读音两字只同韵母，意义也不同。

睑，繁体写作“瞼”，意符是“目”。《说文》：“目上下睑也。”本义是指眼睑，即眼睛上下能开闭的皮。《聊斋志异·瞳人语》：“倩人启睑拨视。”意思是请人给他翻开眼皮看。

脸，繁体写作“臉”，意符是“肉”。不见于《说文》，是个后起字，中古时期才被广泛使用。一般所说的“脸”是指头的前部，从额到下巴。如：脸皮，脸谱，脸色。引申为情面、面子。如：丢脸，不要脸。引申为脸上的表情。如：笑脸儿。

简体	繁体	篆书	隶书	草书	行书
睑	瞼	瞼	瞼	睑	瞼
脸	臉	臉	臉	脸	臉

jiàn　chá
荐　茬

“荐”和“茬”同是形声字，两字的意符都是“草”，表示与草木有关，但声符不同，意义不一样。

荐，古代本是两个字。《说文》：“薦席也。从草存声。”又有“薦”字，《说文》：“薦兽之所食草。”这两个字古代即已混用，总的说来写作“薦”的居多，而今天则统简作“荐”了。《庄子·齐物论》：“麋鹿食荐。”意思是麋鹿吃的是草。又指草垫子、草席。如：草荐，棕荐。这些都可看作本义。古代进献祭品也叫“荐”。如：祭祀进献祭品谓“荐享”。鲁迅《自题小像》：“我以我血荐轩辕。”意思是把自己的生命和鲜血献给祖国（轩辕：指黄帝，传说是中华民族的祖先，这里指祖国）。又指推举、介绍。如：推荐，举荐。这些都是“荐”的假借义。

茬，本音chí。《说文》说是“草貌”。这一义很少用。又音chá，最初指砍伐树木，但通常指庄稼收割后的残留根茎。如：麦茬儿，豆茬儿。又指同一块土地上农作物种植或收割的次数。如：换茬，头茬，二茬。

简体	繁体	金文	篆书	隶书	草书	行书
荐	薦	薦	荐	薦	荐	荐
茬			茬	茬	茬	茬

jiàn　jiàn
键　健

“键”和“健”都是以“建”为声符的形声字，读音与声符相同。意义有区别。

键，意符是“金”。本义是古代用于闭锁的销子，后来有了锁，也指锁簧（旧式锁可以插入和拔出的部分）。《周礼·地官·司门》：“掌授管键以启闭国门。”意思是掌管着国门的锁钥，按时收授以打开和关闭首都城门。又泛指锁匙。郭璞《尔雅序》：“六艺之钤键。”意思是（这本书是掌握）六艺的钥匙。从而构成今天的复合词“关键”。近代又用以称乐器上按奏的装置。如：键盘乐器（乐器的分类名称之一，指具有键盘装置的乐器），钢琴、风琴、手风琴的琴键。

健，本义指刚强、强壮有力，所以从人。《晋书·郭璞传》：“得健夫二三十人。”意为得到健壮的汉子二三十个。现在还有复合词“健康”。引申为善于，即在某一方面显示的程度超过一般。如：健谈（善于说话，经久不倦）。

简体	繁体	篆书	隶书	草书	行书
键	鍵	鍵	鍵	鍵	鍵
健		健	健	健	健

jiāng 僵　jiāng 缰

“僵”和“缰”都是以“畺（jiāng）”为声符的形声字，读音与声符相同。但是二字的意符不同，因而各表示不同的义。

僵，《说文解字注》：“僵，偾也。”本义是人向后倒下，即仰倒，所以意符从人。《史记·苏秦列传》：“详僵而弃酒。”意思是假装醉倒而把酒泼掉了。又指不活动、僵硬。百足之虫，死而不僵：百足（即马陆，虫名，约一寸长，躯干计二十节）被砍成几段后，尸体不会马上僵硬，仍能蠕动。比喻有实力有基础的势力，虽一时败落但影响仍然存在。又引申指事情难以处理，停滞不进。如：势成僵局，把事情弄僵了。

缰，意符是“糸”。指缰绳，即牵牲口的绳子。古乐府《青骢白马》：“青骢白马紫丝缰。”意为青花马，纯白马，再配上紫色的丝缰。信马由缰：骑着马无目的地闲逛（信：听凭。由：随从）。比喻随便溜达。

简体	繁体	篆书	隶书	草书	行书
僵		僵	僵	僵	僵
缰	繮	繮	繮	繮	繮

jiāng měi

姜 美

“姜”和“美”的造字方法不同，“姜”是形声字，“美”是会意字，音义都不一样。

姜，从女羊声。《说文》：“神农居姜水，以为姓。”传说炎帝生长在姜水地方，便以“姜”为他的姓。今也用作“薑”的简化字，为草本植物，根茎有辣味，是调味品，也可入药。

美，从羊从大，羊大则味美，以此会意。上古时代，人们吃的肉类主要是羊肉，所以造出了这个字，表示味的甘美。《说文》说“美，甘也”，就是这个意思。又训为美好、美丽（跟“丑”相对）。如：良辰美景。又指才德或质量好，如：美德，价廉物美。美不胜收：美好的东西太多，一时接受不完（看不过来）。

简体	繁体	甲骨文	金文	篆书	隶书	草书	行书
姜	薑	姜	姜	姜	姜	姜	姜
美		美	美	美	美	美	美

jiǎng jiǎng jiāng
奖 桨 浆

“奖”“桨”和“浆”都是以“将”为声符的形声字。三字的读音相同或相近，但意符有别，因而所表示的意义各不相同。

奖，意符本是“犬”，本字是“獎”。《说文》：“嗾犬厉之也。”本义是嗾使狗子。又指劝勉、勉励。《方言》六：“自关而西，秦晋之间相劝曰聳曰奖。”诸葛亮《出师表》：“当奖率三军，北定中原。”意思是应当劝勉三军将士，（率领他们）向北进击，平定中原。从犬也变成从大了。引申为奖励、夸奖。如：嘉奖，有功者奖。引申为为了鼓励或表扬而给予的荣誉或物品等。如：得奖，发奖。

桨，木制的划船用具，所以意符从木。其上端为圆柱形，下端扁平而略宽，中部支在船舷的桨座上。“楫”和“桡”都是桨的别名。苏轼《前赤壁赋》：“桂棹兮兰桨，击空明兮溯流光。”桂棹：桂树做的棹，划船用具。兰桨：木兰树做的桨。空明：指映照着月色的清澈的江水。溯：逆流而上。流光：指江面上随波浮动的月光。

浆，意符是“水”。指古代一种带酸味的饮料。《诗·小雅·大东》：“或以其酒，不以其浆。”意为有人进贡美味酒，周人嫌它像水浆。后遂泛指一切拌有他物的液体。如：豆浆，泥浆，纸浆。

简体	繁体	篆书	隶书	草书	行书
奖	獎	獎	獎	獎	獎
桨	槳	槳	槳	槳	槳
浆	漿	漿	漿	漿	漿

jiàng　　jiàng

降　绛

“降”和“绛”的声符都是“夅”，但两字的意符不同，意义完全不一样。

降，意符“阝（阜）”是高坡的形象；右边是两个足形，表示从阜上走下来。《说文》：“降，下也。”本义指自上落下（跟“升”相对）。如：降雨，温度下降。引申为降低。如：降价，降级。又读xiáng，指投降。如：宁死不降。又指降服，使驯服。降龙伏虎：佛教故事，高僧能用法力制服龙虎。后用以形容力量强大，能战胜强大的势力。

绛，意符是“糸（mì）”。《说文》：“绛，大赤也。”指大红色。《三国志·吴书·吕蒙传》：“为兵作绛衣行縢。”意为给士兵做大红色的军服和绑腿（行縢：后来的绑腿）。古又称银河为绛河。杜审言《七夕》：“白露含明月，青霞断绛河。”

简体	繁体	甲骨文	金文	篆书	隶书	草书	行书
降					降		降
绛	絳				絳		绛

jiāo　　jiāo　　jiǎo

娇　骄　矫

“娇”“骄”和“矫”同是以“喬”为声符的形声字，读音现在只和声符同韵母。区别三字意义的标志是意符。

娇，意符是“女”。本义是柔嫩、妩媚可爱。如：嫩红娇绿。杜甫《宿昔》：“花娇迎杂树。”意思是花儿娇艳错出于杂树之间。引申为宠爱、娇惯。娇生惯养：从小就受父母过分的怜爱和姑息。

骄，意符是“马”。《说文》：“马高六尺为骄。”本义是马高大健壮的样子。

《诗·卫风·硕人》："四牡有骄。"意思是四匹公马高大强壮无比。又指骄傲、放纵。戒骄戒躁：防备或警惕骄傲和急躁情绪的产生。引申为强烈、旺盛。如：骄阳似火。

矫，意符是"矢"。《说文》："揉箭箝也。"即古代一种矫正箭杆使之笔直的工具。用作动词，表示使弯曲的变直。矫枉过正：把弯曲的东西扭直，用力过大，结果又弯向另一边去。比喻纠正偏差，超过了应有限度。又引申为假托、诈称。如：矫诏（假托皇帝的命令）。《公羊传·僖公三十三年》："（弦高）矫以郑伯之命犒师焉。"意为商人弦高假托郑伯的旨意犒劳秦军。

简体	繁体	篆书	隶书	草书	行书
娇	嬌	嬌	嬌	嬌	嬌
骄	驕	驕	驕	驕	驕
矫	矯	矯	矯	矯	矯

jiǎo 角 yǒng 甬

"角"是象形字，"甬"是形声字，造字方法不同，读音各异，但形体相似。

角，甲骨文、金文像割下来的一只牛角。《说文》："兽角也。象形。"本义指牛羊等兽类的角，又泛指动物的角。《墨子·经说下》："牛有角，马无角。"又是古代乐器名。出于西北地区游牧民族，多用作军号。引申指形状像角的东西。如：菱角，皂角。又读jué，古代五音之一。五音是：宫、商、角、徵、羽。又是一种酒器，形状似爵而无柱。《仪礼·特牲馈食礼》："主人左执角。"意思是主人左手拿着酒角。古代一种量器也称"角"。《管子·七法》："尺寸也，绳墨也，规矩也，衡石也，斗斛也，角量也，谓之法。"意思是尺寸、绳墨、规矩、衡石、斗斛、角量这些叫作"法"（法定的度量衡器具）。又用来指隅、角落。杜甫《雨过苏端》："红稠屋角花，碧委墙隅草。"意为屋角的花鲜红，墙隅的草碧绿。

甬，《说文》说是"草木华甬甬然也"。今用作水名，地名。如：甬江。在浙江省，流过宁波。又是宁波的别称。又，庭院居中的通道或走廊、过道，称“甬道”。

简体	甲骨文	金文	篆书	隶书	草书	行书
角	角	角	角	角	角	角
甬		甬	甬	甬	甬	甬

jié 讦 xū 订

“讦”和“订”都是形声字，意符都是“言”，但声符不同，读音有很大差别。

讦，《说文》：“面相斥罪，相告讦也。”指攻击或揭发别人的短处，或揭发别人的隐私。《论语·阳货》：“恶不孙以为勇者，恶讦以为直者。”意思是憎恶毫不谦虚却自以为勇敢的人，憎恶揭发别人隐私却自以为直率的人。又如：揭发暴露谓“讦揭”。揭发人的过错而不徇情谓“讦直”。

订，《尔雅·释诂上》：“订，大也。”《方言》卷一说是“中齐西楚之间”的古方言。本义是大。《诗·大雅·生民》：“实覃实订，厥声载路。”意为哭声又长又洪亮，声音满路人都惊讶（言后稷之哭声长而洪亮）。叠用“订订”，形容广大貌。《诗·大雅·韩奕》：“孔乐韩土，川泽订订。”意为住在韩地欢乐多，河川水泊多宽广。

简体	繁体	金文	篆书	隶书	草书	行书
讦	訐		訐	訐	訐	訐
订	訏	訏	訏	訏		

jié jié
诘 洁

“诘”和“洁”的声符都是“吉”，所以同音，只是意符不同，使用范围各异。

诘，《说文》：“问也。从言，吉声。”本义是责问、追问、质问。如：盘诘（仔细追问可疑的人），反诘（反问）。《左传·襄公二十五年》：“士庄伯不能诘。”意为士庄伯无法反驳。又复音词“诘屈”，形容弯曲。曹操《苦寒行》：“羊肠坂诘屈，车轮为之摧。”意为羊肠坂的地方小路弯弯曲曲，因此车轮也被颠坏了。

洁，简化字，但从结构说，从水吉声，完全符合形声字的条件。本义指干净、清洁。如：洁净（干净），洁白（没有被染污的白色）。又比喻纯清。洁身自好：保持自身的清廉纯洁，不和世俗同流合污。也指怕招惹是非，只顾自己好，不关心公众事情。

简体	繁体	篆书	隶书	草书	行书
诘	詰	詰	詰	詰	詰
洁	潔	潔	潔	潔	潔

jié jié jiē
桔 拮 秸

“桔”“拮”和“秸”声符同是“吉”，读音也基本相同，但意符不同，所表示的意义有别。

桔，意符是“木”。《说文》：“桔梗，草名。”桔梗属桔梗科，多年生草本，中医以根入药。又“桔槔”，为井上汲水用的一种工具，在井旁树上或架子上安装上一个杠杆，一端系水桶，一端坠大石块，一起一落，汲水可以省力，春秋时代已应用，文献记载最早见于《庄子》。又“橘子”的“橘”，现在也简化作“桔”，读jú。

拮，意符是“手”。双声联绵词“拮据”。《说文》：“手口共有所作也。从手吉声。

诗曰：‘予手拮据。’”原义指鸟之筑巢，口足劳若，后来用以比喻艰难困顿或处境窘迫。今天说“拮据”是形容境况窘迫，缺少钱用。

秸，繁体写作“稭”，意符为“禾”，是农作物脱粒后剩下的茎秆。如：麦秸，秫秸，豆秸。《史记·封禅书》：“埽地而祭，席用花苴秸。”意为（古代祭天地）只把地扫一下就举行祭礼，铺地用秸秆。

简体	篆书	隶书	草书	行书
桔	桔	桔	桔	桔
拮	拮	拮	拮	拮
秸	秸	秸	秸	秸

jié 劫 què 却

“劫”和“却”左偏旁都是“去”，看来有点相像，其实两字的造字方法不同，“劫”是会意字，“却”是形声字。“却”本作“卻”，左边的声符其实也不是“谷”，上面的“八”应该连起来，念jué，作为“却”的声符。两字读音不同，表示的意义也完全不一样。

劫，《说文》：“人欲去，以力胁止曰劫。”本义是威逼、胁迫。《左传·庄公八年》：“遇贼于门，劫而束之。”意思是在宫门口遇到叛贼，（叛贼）把他劫走并且捆起来。引申为强夺、掠取。如：趁火打劫，打家劫舍。又用作佛教名词的译音字，佛经谓天地的形成到毁灭为一劫，“劫火”为佛家语，指世界毁灭时的大火。如：浩劫（巨劫，引申为大灾难），遭劫（遭到灾难）。劫后余生：大灾难后的幸存者。

却，《说文》：“节欲也。”即节制欲望。本义是退、退却。《商君书·农战》：“敌不敢至，虽至必却。”意思是敌人不敢来，即使来了也一定只有退却。又指推辞、拒绝。却之不恭：拒绝盛情邀请或拒受礼物就显得不恭敬。中古以后，“却”字逐渐虚化，附在某些动词后面，作为补语，表示该动作的结果。聂夷中《咏田家》：“医得眼前疮，剜却心头肉。”“剜却”即是“割掉”的意思。今又称忘记、忘掉为“忘却”。如：鲁迅杂文《为了忘却的纪念》。又作连词，表示语气转折，相当于“但”“可是”，语气略轻。如：文章虽短却很有力。

简体	繁体	篆书	隶书	草书	行书
劫	刦	劫	劫	劫	劫
却	卻	卻	却	却	却

jié　　jié

碣　竭

“碣”和“竭”的声符是“曷（hé）”，读音不如声符，意符不同，意义各异。

碣，《说文》：“特立之石也。”本义是孤立的山石。古代秦皇岛外海中有碣石山。曹操《步出夏门行·观沧海》：“东临碣石，以观沧海。”意思是向东登上碣石山，把大海眺望。又指圆顶的碑石，与方顶的碑区别。柳宗元《故御史周君碣》：“柳宗元立碣于其墓左。”意思是柳宗元在他的坟墓左边立了圆顶碑石。

竭，《说文》：“负举也。”本义是负载。借作“干涸”的义。曹操《步出夏门行·河朔寒》：“水竭不流，冰坚可蹈。”意思是河水干涸不流动，结成了坚冰能够踏行。引申为完、尽。竭泽而渔：排干了池水捉鱼。比喻只顾眼前利益，不做长远打算，做事不留余地。竭尽全力：用尽全部力气。

简体	篆书	隶书	草书	行书
碣	碣	碣	碣	碣
竭	竭	竭	竭	竭

jiě　　hú
解　斛

“解”和“斛”的形体相似，其实造字方法并不相同。解是会意字，斛是形声字。

解，《说文》：“判也。从刀判牛角。”甲骨文就是用刀解剖牛角的形象。本义是分解牛的肢体。《庄子·养生主》：“庖丁为文惠君解牛。”意思是庖丁正在替魏惠王解剖一头牛。引申指把系着的东西解开。龚自珍《病梅馆记》：“解其棕缚。”意思是解掉他们身上捆着的棕绳。引申指解除。《史记·孙子吴起列传》：“一举解赵之围。”意思是一次行动（就可以）解除（魏国）对赵国的围困。又引申指和解、调解、排解。排难解纷：调解纠纷。

斛，《说文》：“十斗也。从斗，角声。”古量器名，也是容量单位，十斗为一斛，南宋末年改五斗为一斛。《三国志·魏书·武帝纪》：“是岁谷一斛五十余万钱。”意思是这年一斛谷值五十余万铜钱。

简体	甲骨文	金文	篆书	隶书	草书	行书
解				解		解
斛				斛		斛

jiè　　gè
介　个

“介”和“个”字颇为相似，但两字造字方法不同，“介”是会意字，“个”是形声字，所以意义差别很大。

介，《说文》：“画也。从八从人，人各有介。”甲骨文正像人着甲介之形。本义是铠甲。《周礼·夏官·旅贲氏》：“军旅则介而趋。”意思是如果是在军事行动中，就穿着铠甲奔走。由此，长着甲壳的虫子叫“介虫”。引申为边境，与“界”义近。《诗·周颂·思文》：“无此疆尔界。”意思是农政不分疆和界。由于疆界处于二者之间，因此居中以传达两方意思的人称“介”。古代大使出访他国，宾主之间必须有“介”，所以有“绍介而传命”的说法。“介绍”这个词就是这么来的。“媒介”的“介”也是这个意思。

个，今天是作为“個”的简化字出现的。其实在先秦的经典中，它早就存在了。作为量词，最初它只用于表示长条形物的量，所以《说文》说：“箇（个），竹枚也。”《史记·货殖列传》中就有“竹竿万个”的记载。后来演变成为一个最常用的量词。

简体	繁体	甲骨文	篆书	隶书	草书	行书
介		介	介	介	介	介
个	個		個	個	个	個

jīn　bì

巾　币

“巾”和“币”今天看来，只有一“丿”之差，这是简化的结果。其实两字原来差别很大。

巾，象形字。甲骨文像古代擦抹用的布。《说文》：“巾，佩巾也。”《仪礼·士冠礼》：“沐巾。”郑玄注：所以拭汗垢。相当于后来的手帕。张俞《蚕妇》：“昨日入城市，归来泪满巾。”意思是昨天进了城市，回来泪水打湿了手巾。古代又指戴在头上的丝麻织品。李白《嘲鲁儒》：“首戴方山巾。”（方山巾：一种儒生戴的头巾。）又，古代妇女的头巾或发饰称“巾帼”，后用作妇女的代称。如：巾帼英雄。古代还称有车衣车盖的车子为“巾车”。陶潜《归去来兮辞》：“或命巾车，或棹孤舟。”意思是有时坐着有帷幕的小车，有时划着小船。

币，繁体写作“幣”，意符从巾，表示与布帛之类有关。本义是古代用来送人的丝织品。上古外交官带的礼物一般有玉、马、皮、圭、璧、帛等六种，称为“六币”。因此，又作为礼物的通称。在上古并没有货币的意义，到了汉代才指用作交换各种商品的媒介，才有货币的意思。今主要指货币。如：金币，银币，人民币，港币。

简体	繁体	金文	篆书	隶书	草书	行书
巾		巾	巾	巾	巾	巾
币	幣		幣	幣	幣	幣

jīn 今 lìng 令

“今”和“令”只有一“、”之差，两字的读音和所表示的意义却截然两样。

今，《说文》：“是时也。”本义是现在、现代，作“现今”义。《左传·僖公二十三年》：“晋公子，姬出也，而至于今。”意思是晋公子是姬姓女所生，但他至今仍健康地活着。当前，跟“古”相对。如：今天，今春，今年，今昔对比，古为今用，古往今来。

令，上部的“亼”，甲骨文像屋顶的形状，下部像坐在屋下发号施令的人形，用以表示施令的意思。金文到篆文，其写法与甲骨文相似。本义是发出命令。《诗·齐风·东方未明》：“倒之颠之，自公令之。”意为为啥颠倒穿衣裳，因为公家发出命令急。引申为命令。令行禁止：有令必行，有禁必止。形容法令严正。引申为使。如：令人兴奋。又为古代官名。如：县令，太史令。又用以指节令。如：时令，夏令，冬令。又假借以表示美好义。如：令德，令名，令闻。因此，又可以用作敬辞，尊称人家的亲属或有关系的人。如：令兄，令尊，令堂，令郎，令爱。

简体	甲骨文	金文	篆书	隶书	草书	行书
今	今	今	今	今	今	今
令	令	令	令	令	令	令

津 律
jīn lǜ

“津”和“律”的意符不同，很容易看出来。其实两字的声符也是不同的：“津”字右旁的“聿”，篆书左下还有三撇，读jìn，所以“津”字读jīn，与声符同音；“律”字的声符是“聿”，所以“律”读lǜ。两字虽然都是形声字，而音义都不同。

津，甲骨文和金文字形相似，它将舟放在淮字左边。“淮”表示“淮水”，泛指河川。本是会意字，意为船停泊在河川旁用来渡水。小篆演变成形声字。《说文》：“水渡也。从水聿声。”本义是渡口。贾谊《过秦论》：“缮津关，据险要。”意思是修治渡口关卡，占据险要的地方。无人问津：没有人来问渡口了（问津：询问渡口，比喻探求途径或尝试）。比喻没有人来尝试或过问。又假借为“津液”的“津”（原来不从水而从皿），指唾液，即中医称人体内分泌出的液体。望梅生津：远望梅林，口水都流出来了。“津津”叠用，充溢貌。

律，意符是“彳”。本义是法律、法令。《尔雅·释诂》：“律，法也。”引申为约束。律己甚严：约束自己十分严格。又是我国审定乐音高低的标准。古代把乐音分为六律和六吕，合称“十二律”。又是旧诗的一种体裁。如：五律，七律。

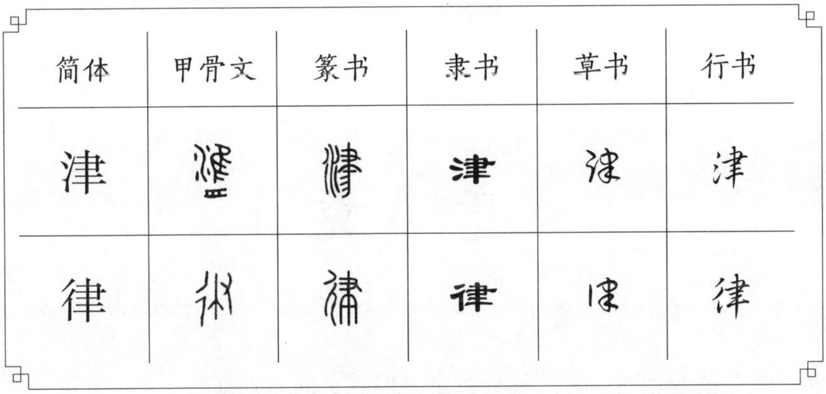

仅 仪
jǐn yí

“仅”繁体是“僅”，“仪”繁体是“儀”，原来差别很大，但简化后却成了一对形似字。

仅，《说文》：“材能也。”即刚刚能够达到。正是就它的副词义而言的，这一用法一直保存到现在。《三国志·吴书·吴主传》：“刘备奔走，仅以身免。”意思是刘备（兵败）逃跑，只不过他自己免除一死（军队却几乎全军覆没了）。又读jìn，几乎、将近。杜甫《泊岳阳城下》：“江国逾千里，山城仅百层。”意思是（我从夔州乘船东行）经过沿江之地超过千里，山、城掠过上百座。

仪，《广雅·释训三》：“仪，容也。”本义指人的容貌、举止。《晋书·温峤传》：“风仪秀整，美于谈论。”意思是风度仪容秀美端庄，长于谈论。仪态万方：形容容貌姿态都极其美好。又指法度、准则。《淮南子·修务》：“设仪立度，可以为法则。”意思是设置规划，确立法度，把它作为行动的准则。又指仪器。如：仪表，地动仪，浑天仪。引申为礼节、仪式。如：仪仗，司仪。又指赠送的礼物。如：贺仪，奠仪。古又称匹配、配偶为“仪”。《诗·鄘风·柏舟》：“实维我仪。”意思是真是我的好配偶（实：是。维：为。仪：“偶”的假借字，即配偶的意思）。

简体	繁体	篆书	隶书	草书	行书
仅	僅	僅	僅	僅	僅
仪	儀	儀	儀	儀	儀

jìng jìng
竞 竟

“竞”和“竟”读音相同，又同是会意字，但意义的差别却很大。

竞，繁体是“競”，甲骨文、金文“競”字的上半部是两个“言”字，下半部是两个“人”字。《说文》：“强语也。”强语是相争的意思，所以本义是竞争。如：竞走，竞技，竞赛。又引申为强劲。《左传·襄公十八年》：“又歌南风，南风不竞，多死声。”意思为又唱南方的曲调，南方的曲调不强，多为象征死亡的声音。又“競競”叠用，表示坚强的样子。《诗·小雅·无羊》：“矜矜競競，不骞不崩。”《毛传》：“以言坚疆也。”也用以形容小心谨慎的样子。《诗·小雅·小旻》：“战战競競，如临深渊，如履薄冰。”

竟，甲骨文中，上半部是“音”，下半部是“人”。表示音竟（尽）的意思。《说文》：“乐曲尽为竟。”本义是乐曲奏完。引申为完毕、终了。未竟之业：未能完成的事业。

引申为自始至终、全。如：竟日（全日），竟夜（通宵）。又虚化为副词“毕竟、竟然、终于”。有志者事竟成：只要有决心，有毅力，事情终究会成功。《史记·淮阴侯列传》：“（韩）信也知其意。怒，竟绝去。”

简体	繁体	甲骨文	金文	篆书	隶书	草书	行书
竞	競	競	競	競	競	競	競
竟		竟	竟	竟	竟	竟	竟

jìng jìng
径 胫

“径”和“胫”的声符相同，读音一样。“径”从彳，表示和人的行动有关。“胫”从肉，表示和人的肌体有关。

径，《说文》：“步道也。”左边的意符“彳”，原是道路的形象。本义指小路。《论语·雍也》：“行不由径。”意思是走路不抄小路。又用来比喻达到目的的办法。如：捷径，门径。又引申为直往。柳宗元《小石城山记》：“自西山道口径北，逾黄茅岭而下。”意思是从西山道口直往北，越过黄茅岭往下走。又指直径。郦道元《水经注·浙江水》：“下有石井，口径七尺。”意思是下面有石井，井口的直径七尺。

胫，指小腿，即下肢从膝盖到脚跟的部分。《论语·宪问》：“以杖叩其胫。”意为用拐杖敲他的小腿。不胫而走：没有腿却能跑。形容流行传播迅速（多指作品、消息等）。

简体	繁体	篆书	隶书	草书	行书
径	徑	徑	徑	徑	徑
胫	脛	脛	脛	脛	脛

jiū jiū
纠 赳

“纠”是会意字，“赳”是形声字。两字的读音相同，字形相似，意义却不同。

纠，《说文》：“绳三合也。从糸丩声。”本义是绞合的绳索。贾谊《鹏鸟赋》：“夫祸之与福兮，何异纠缠。”意思是祸福与绳子一样绞合在一起有何异（《字林》：纠：两合绳。缠：三合绳）。引申为召集、集结；收集。《左传·僖公二十四年》：“召穆公思周德之不类，故纠合宗族于成周而作诗，曰：‘常棣之华，鄂而不韡韡。’”意为召穆公担忧周德衰微，所以召集宗族在成周作诗，说：“常棣的花儿，花蒂都有光彩。”《后汉书·荀彧传》：“收离纠散。”意为纠集散兵游勇。还用为举发、矫正、督察等义。如古书中称举发检察为“纠察”（今指在群众活动中维持秩序），矫正错误称“纠谬”，纠正偏向或偏差称“纠偏”，督察改正谓之“纠正”。

赳，《说文》说是“轻劲有才力也。从走丩声”。叠用为“赳赳”，形容雄壮威武的样子。《诗·周南·兔罝》：“赳赳武夫，公侯干城。”意思是猛勇武士雄赳赳，公侯卫国好屏障（公侯：周代统治阶级的爵位。干城：干，盾。盾和城都作防卫用，这里借喻能御外卫内的人才）。

简体	繁体	篆书	隶书	草书	行书
纠	糾	糾	糾	纠	纠
赳		赳	赳	赳	赳

jiū qiū
揪 楸

“揪”和“楸”都是以“秋”为声符的形声字，两字读音相近，但意符有别。

揪，后起字。《说文》作“揫”。本义是聚敛。《新唐书·孙佺传》：“佺揪聚军中帀万余匹，悉袍带并与之。”意思是孙佺收集军中的布帛一万多匹，连同袍带一起给了他。又指抓住、扭住。如：揪着绳子往上爬，互相揪打。揪辫子：比喻抓住缺点作为把柄，也说抓辫子。

楸，是一种树名，所以意符从木。楸树是落叶乔木，生长较快，木质细致耐温，供建筑造船及制造家具等用。旧时多用楸木做棋盘，因称棋盘为“楸枰”。温庭筠《观棋》：“闲时楸枰倾一壶。”意为清闲时一边下棋一边喝酒。

简体	篆书	隶书	草书	行书
揪	揪	揪	揪	揪
楸	楸	楸	楸	楸

究 jiū　宄 guǐ

“究”和“宄”的声符都是“九”，起初两字的读音本与“九”相近，由于音变，变得彼此不一样了。两字的意符有别，因而表示的意义也大不相同。

究，《说文》：“穷也。从穴，九声。”本义指到底、终极。《韩非子·难一》：“有擅主之臣，则君令不下究。”意思是有独断专行、凌驾于君王之上的臣子，那么君王的命令就不可能贯彻到底。引申为推求、追究。如：追根究底。又引申为终究、毕竟。龚自珍《己亥杂诗》：“九州生气恃风雷，万马齐喑（yīn）究可哀。”意为国家的生命力全凭旺盛的气势，而出现万马齐喑的场面终究是可悲的。

宄，《说文》：“奸也，外为盗，内为宄。从宀九声。”本义指窃盗或作乱的人。《国语·鲁语上》：“窃宝者为宄，用宄之财者为奸。”《三国志·魏书·武帝纪》：“禁断淫祀，奸宄逃窜。”意为禁止无节制地供奉鬼神的迷信活动，犯法作乱的人都逃跑了。

简体	篆书	隶书	草书	行书
究	究	究	究	究
宄	宄	宄	宄	宄

jiū 鸠　zhèn 鸩

“鸠”和“鸩”的意符都是“鸟”，表示两字都与鸟类有关，但声符却不同。“鸠”从九声，读音同声符，只是声调有别；“鸩”的左旁是声符，读yǐn。

鸠，鸟名，指“斑鸠”，也是鸠鸽科部分种类的通称。《诗·卫风·氓》：“于嗟鸠兮，无食桑葚。”意思是哎呀，斑鸠小鸟儿，见了桑葚别嘴馋。鸠形鹄面：像斑鸠那样腹部低陷，胸骨突起，像黄鹄那样脸瘦削无肉。形容人因饥饿而身体瘦削，面容憔悴。鸠占鹊巢：斑鸠占了喜鹊的窝。比喻强占别人的地方或位置。又假借指集合、联合。如：鸠合，鸠集（纠合在一起，多用于贬义）。

鸩，《说文》说是“毒鸟也”。据说用这种鸟的羽毛泡酒，喝了能毒死人。引申为毒酒。饮鸩止渴：喝毒酒止渴。比喻只顾目前，不顾后患。《楚辞·屈原·离骚》：“吾令鸩为媒兮，鸩告余以不好。”意为我让鸩鸟做媒搭桥啊，它骗我说她不好。

简体	繁体	篆书	隶书	草书	行书
鸠	鳩	鳩	鳩	鸠	鸠
鸩	鴆	鴆	鴆	鸩	鸩

jiǔ sǎ
酒 洒

“酒”和“洒”的字形极其相似，但两字造字方法不同，“酒”是会意兼形声字，“洒”是形声字，意义也完全不一样。

酒，从水从酉，“酉”亦声。甲骨文是盛酒器的形状，“水” 表示酒器中流出的液体。本义是指粮食、水果等含淀粉或糖的物质经过发酵制成的饮料。《诗·大雅·既醉》：“既醉以酒，既饱以德。”意思是美酒喝得醉醺醺，饱尝您的好恩德。又如：葡萄酒，白酒。讥讽无能的人为“酒囊饭袋”。

洒，今天读sǎ，是作为“灑”的简化字出现的。其实古代很早就以“洒”代“灑”了。本音xǐ，同“洗”是一组同义词。不过“洗”专指洗脚，读xiǎn。《汉书·黥布传》：“王方踞床洗。”意为汉王正坐在床沿上洗脚。“洒”则泛指一般洗涤。后来用“洗”代替“洒”，以“洒”代替“灑”。因此在阅读古代作品时，要审慎地加以区别。又联绵词“潇洒”，形容人的风度自然大方。亦单说“洒”，如“洒脱”（潇洒不拘束）。又宋元时关西一带的人自称为“洒家”，相当于“咱”。《水浒传》第三回：“洒家是经略府提辖。”

简体	繁体	甲骨文	篆书	隶书	草书	行书
酒		酒	酒	酒	酒	酒
洒	灑	洒	洒	灑	灑	灑

jiǔ wán
九 丸

“九”和“丸”相差只一“、”，但造字方法却不同：“九”是指事字，“丸”是会意字。两字读音不一样，意义差别很大。

九，由一斜画和一曲线构成。相传汉字起源于画卦、结绳。因此“画”不妨看作是取象于画卦，“线”不妨看作取象于结绳。甲骨文像一条绳子与另一条绳子交叉并拐上两个弯，像“九”的倒竖，两个弯代表曲折尽头，倒立状的结绳表示个位数最后一个。“九”的画和线均是一个单纯的抽象意符。“九”是数目，八加一后所得。引申表示多次或多数。九死一生：形容多次经历极大危险而死里逃生。九十其仪：原指女子出嫁时婚礼中仪节的繁多，以表严肃慎重。

丸，在篆书中本是一个反向的“仄”字，丸是圆形的，不能平立，所以用“反仄”来表示圆溜溜之义。本义就是圆溜溜的东西，指弹丸。《左传·宣公二年》：“从台上弹人，而观其辟丸也。”意思是在台上用弹丸打人，看那些人避弹丸取乐。泛指小而圆的物体。如：泥丸，药丸。

简体	甲骨文	金文	篆书	隶书	草书	行书
九				九	九	九
丸				丸	丸	丸

jiǔ 久 qiàn 欠

“久”和“欠”，今天的形体相似，古代篆文并不相同。两字的读音不同，其意义也不相统属。

久，《小尔雅·广诂》：“旧，久也。”本义应是时间长（跟“暂”相对）。如：久仰（仰慕已久，与人初次见面的客气话），久违（久别）。天长地久：跟天和地存在的时间那样长久。形容时间悠久，也形容永不变化（多指爱情）。又指旧。《孔子家语·颜回》：“不忘久德，不思久怨。”意思是不忘记旧时人家给予的恩德，不去记住旧时的怨恨。《论语·宪问》：“久要不忘平生之言，也可以为成人矣。”意为长久穷困却不忘记平生的诺言，这也可以成为完美的人。

欠，甲骨文像人张口打呵欠之形，篆书是人形之上加一个“气”字。《说文》说是“张口气悟也，象气从人上出之形”。本义是打呵欠，疲倦时张口呵气。白居易《江上对酒二首》：“眠多爱欠伸。”意思是睡觉多了，大都爱打呵欠伸懒腰。假借为亏欠。如：欠资，欠债，拖欠。与本义毫无关系。

简体	甲骨文	篆书	隶书	草书	行书
久		久	久	久	久
欠	欠	欠	欠	欠	欠

jiǔ 灸 zhì 炙

“针灸”的“灸”是形声字，“脍炙人口”的“炙”是会意字。

灸，《说文》：“灼也。从火，久声。”本义是烧灼。《后汉书·光武帝纪》：“敢灸灼奴婢，论如律。”意思是（下诏书说）如有敢烧灼奴婢的，按律条定罪。也指中医的一种治疗方法，用艾叶等制成艾绒或艾卷，按穴位烧灼。如：灸足（以火艾灼脚），灸经（记载灸法的医书），针灸（针法和灸法的合称）。

炙，《说文》说是“炮肉也。从肉在火上”。本义是烧烤（肉）。《诗·小雅·瓠叶》：“有兔斯首，燔之炙之。”意为有只小兔是白头，连毛烧它烤熟它。又指烤的肉。脍炙人口：像脍和炙之类的美味的食品一样，人人都爱吃。比喻好的诗文或事物为人们所赞美和传颂。李白《侠客行》：“将炙啖朱亥，持觞劝侯嬴。”意为拿着烤的肉给朱亥吃，举起酒杯劝侯嬴喝。

简体	篆书	隶书	草书	行书
灸	灸	灸	灸	灸
炙	炙	炙	炙	炙

jū dǎn
疽 疸

“疽”和“疸”的意符都是“疒（nè）”，俗称“病旁”。两字的声符虽很相像，实际不同，表示不同的疾病。

疽，《说文》：“痈也。从疒且声。”是一种毒疮。《汉书·项籍传》：“（范增）归未至彭城，疽发背死。”意思是（范增辞别项羽）回家还没到彭城，就生背疽死。《史记·孙子吴起列传》：“卒有病疽者，（吴）起为吮之。”

疸，《说文》：“黄病也。从疒，旦声。”指黄疸，是病人的皮肤、黏膜和眼球的巩膜发黄的一种症状。某些肝炎病人有这种症状，通称黄病。后亦借以称农作物病名，如柑橘的黄龙病。植物的病与人病不同，不是《说文》所称本义，乃后人借用。

简体	篆书	隶书	草书	行书
疽	疽	疽	疽	疽
疸	疸	疸	疸	疸

jū suī
雎 睢

“雎”和“睢”虽然都是形声字，但“雎”字是从隹，且（jū）声；“睢”字是从目，隹（zhuī）声。两字虽形似，但音义各异。

雎，古书上说是一种水鸟，名叫雎鸠。《诗·周南·关雎》：“关关雎鸠，在河之洲。”意思是雎鸟关关相和唱，双栖河心小岛上。又用于古人名，如：范雎，唐雎（均为战国时人）。

睢，《说文》说是“仰目也”。即仰视的样子。引申为怒目而视。《战国策·燕策》：

“若恣睢奋击呴籍叱咄，则徒隶之人至矣。”意为如果放肆骄横，对人任意凌辱，狂呼乱叫，那么唯命是从的奴隶就会来。常常是“恣睢”连用，形容任意胡为。暴戾恣睢：残暴凶狠，任意妄为。也为古代水名，古蒗荡渠支津。《左传·成公十五年》：“鱼石、向为人、鳞朱、向带、渔府出舍于睢上。”舍于睢上：居住在睢水边。

简体	篆书	隶书	草书	行书
雎	雎	雎	雎	雎
睢	睢	睢	睢	睢

jū 掬　tāo 掏

“掬”和“掏”都以“手”为意符，表示与手的动作有关。两字的声符形体也近似，但读音不同，所表示的手的动作有明显区别。

掬，声符是“匊”，读音和声符相同。本义是双手捧（东西）。篆书正作两手向下掬物之形。笑容可掬：笑容露出来，好像可以用手捧住。形容满脸堆笑的样子。《左传·宣公十二年》：“中军、下军争舟，舟中之指可掬也。”意思是中军、下军争着上船，船中被砍下的手指多到可以用双手捧了。杜甫《佳人》：“摘花不插发，采柏动盈掬。”

掏，声符是“匋”。是指用手或工具伸进物体的口，把东西弄出来。如：掏钱，掏鸟窠。引申为挖。如：在墙上掏一个洞。

简体	篆书	隶书	草书	行书
掬	掬	掬	掬	掬
掏	掏	掏	掏	掏

jǔ 矩 jù 距

“矩”同“距”的声符都是“巨”。“距”字今天的读音如声符，“矩”字与声符的声调有别。

矩，本义是画直角或方形用的曲尺，本来写作“巨”，字形就像一只手拿着一把尺。后来“巨”字假借为巨大的“巨”，于是又另造了一个从矢巨声的字来代替它。《荀子·赋篇》：“圆者中规，方者中矩。” 意思是画的圆合乎圆规的要求，画的方合乎曲尺的准则。引申为法度，规则。《论语·为政》：“七十而从心所欲，不逾矩。”意为（吾）到七十岁时就顺从心里所想的，而不会超越规矩。循规蹈矩：遵守规矩（循：遵照。规、矩：借用为一切行为的标准）。也形容拘守成规。

距，意符是“足”。《说文》：“鸡距也。”指的是雄鸡、雉等的腿后面突出的像脚趾的部分，即附足骨，泛指鸡爪。《左传·昭公二十五年》：“季、郈（hǒu）之鸡斗，季氏介其鸡，郈氏为之金距。”意为季平子、郈昭伯玩斗鸡，季平子给他的鸡套上铠甲，郈昭伯给他的鸡的爪子镶上金属。因鸡斗时常用其附足骨刺击，所以引申为抵拒、抗拒等义。后来新造“拒”字表示抵抗义。主要用以称距离。如：两地相距四十里，距今已有十年。

简体	金文	篆书	隶书	草书	行书
矩	矩	矩	矩	矩	矩
距	距	距	距	距	距

jǔ　lèi
沮　泪

“沮”是形声字，“泪”是会意字。尽管两字左偏旁都从“水”，但两字的结构方式有别，读音和所表示的意义也不同。

沮，《说文》：“沮水，出汉中房陵，东入江。从水且（jū）声。”本是水名。音jū。但多用来表示终止、停止、阻止。音jǔ。《诗·小雅·巧言》：“君子如怒，乱庶遄沮。”意思是君子听谗若怒责谗人，祸乱可以很快终止［遄（chuán）：速、快］。又称灰心失望，常“沮丧”连用。《宋书·颜延之传》：“岂识向之夸慢，只足以成今之沮丧耶？”意思是哪里认识到过去的奢侈傲慢，恰好造成今天的灰心丧气呢？又读jù。如：沮洳（指腐烂植物埋在地下形成的泥沼，或低洼潮湿的地方），沮泽（水草所聚之地）。《孙子兵法·军争》：“不知山林险阻沮泽之形者，不能行军。”意思是不知道高山、森林、险道、阻塞、泥地、湖泽的地形的，不能行军。

泪，从目从水，会意。表示眼睛里流出的泪水。古代本是作为形声字“淚”的异体字而存在的。古代多用“淚”字，今以“泪”为正体。《战国策·燕策》：“士皆垂泪涕泣。”引申指形似眼泪的东西。温庭筠《咏晓》：“乱珠凝烛泪。”意为蜡烛的泪像错落的珠子凝聚在一起。

简体	繁体	篆书	隶书	草书	行书
沮		沮	沮	沮	沮
泪	淚	泪	淚	泪	淚

jǔ　zǔ
咀　诅

“咀”和“诅”的声符都是“且”，现在的读音与声符同韵母。但两字的意符不同，意义差别很大。

咀，意符是“口”。《说文》：“含味也。”本义是品味细嚼。双声联绵字“咀嚼”。《史记·司马相如列传》：“唼喋菁藻，咀嚼菱藕。”（唼喋：鸟食之声。菁藻：菁，水草。）引申为细细地体会。韩愈《进学解》：“沈浸醲郁，含英咀华。”意思是深入钻研古人的好作品，细细体会其中的精华（醲郁：酒味浓厚，这里指内容精美的著作）。又读zuǐ，是“嘴”的俗写字。

诅，意符是“言”，本义是诅咒。原指祈祷鬼神加祸于所恨的人。《诗·小雅·何人斯》：“出此三物，以诅尔斯。”意为摆出三牲豕、犬、鸡，求神降祸于你身！引申为赌咒、盟誓。《左传·宣公二年》：“初，丽姬之乱，诅无畜群公子，自是晋无公族。”意思是当初，丽姬之乱的时候，曾在神前盟誓，要求不要收留诸公子，从此晋国就没有公族这一官职。

简体	繁体	篆书	隶书	草书	行书
咀		咀	咀	咀	咀
诅	詛	詛	詛	詛	詛

聚（jù） 娶（qǔ）

“聚”是形声字，“娶”是会意兼形声字，两字结构虽然不全相同，但“取”在它们之中都是声符。“娶”字今天的读音与声符相同，“聚”字只与声符同韵母。由于结构不同，所表示的意义也不同。

聚，意符是“众”。《说文》：“邑落为聚。”本义指村落、居民点。《史记·五帝本纪》：“一年而所居成聚，二年积聚成邑。”意思是经过一年，住的地点便成了村落，经过二年，由村落而扩展成城邑。引申为会聚、集合、积聚。聚精会神：全部精神集中在一起。形容注意力高度集中。聚沙成塔：把沙一点一点聚拢来可以堆成宝塔，比喻积少成多。

娶，由“女”和“取”二字组成。《说文》：“取妇也。”本义是把女子接过来成亲（跟“嫁”相对）。《左传·隐公元年》：“初，郑武公娶于申，曰武姜。”意思是当初，郑武公娶了申国的女子，后被称为武姜。又如：娶妻，娶媳妇。

简体	篆书	隶书	草书	行书
聚	聚	聚	聚	聚
娶	娶	娶	娶	娶

jù　　pǒ

巨　叵

“巨”是象形字，“叵”是会意字。结构方式不同，乍一看去却很相似。

巨，“矩”的本字。即木工所用的曲尺，字形就像一只手拿着一把曲尺。《说文》释“巨，规巨也，从工，象手持之”，就是这个意思。可是向来都借“巨”表示“巨大”义，而另用“矩”表示“规矩”义，于是人们习惯以“大”作“巨”的本义。如：巨款，巨轮，巨变，为数甚巨，事无巨细，耗资巨万，金融巨头，文坛巨匠。

叵，甲骨文是反写的“可”字，意思是不可。《说文》：“不可也，从反可。”如：叵测（不可推测，贬义）。心怀叵测：心里藏着难以猜测的阴谋诡计。这种用改换字方位以表示一定意义，从而造成一个新字的方法也属于会意。有人称之为变体会意。

简体	甲骨文	金文	篆书	隶书	草书	行书
巨		巨	巨	巨	巨	巨
叵	叵		叵	叵	叵	叵

jù 俱　jù 惧

“俱”和“惧”不仅意符不同，原来声符的差别也很大：“俱”的声符是“具”；“惧”的声符本是“瞿（qú）”，简化后的声符都作“具”。意符各异，因而所表示的意义也截然两样。

俱，意符是“亻（人）”。《说文》：“俱，皆也。”用作动词，表示在一起，同去或同来。《史记·信陵君列传》：“臣客屠者朱亥可与俱。”意思是可以和我门下的客人屠户朱亥一起去。又虚化为副词，表示全、都的意思。父母俱存：双亲都健在。一应俱全：形容一切具备，应有尽有。百废俱兴：许多被废置的事情都兴办起来了。形容建设事业蓬勃发展的兴旺景象。面面俱到：各个方面都注意或照顾到了，没有遗漏。用于贬义时指的是平均使用力量，不突出重点。

惧，指恐惧。《说文》：“懼，恐也。”恐惧属于心理活动，所以用“心”作意符。《诗·小雅·谷风》：“将恐将惧，维予与女。”意思是当初忧患、惊恐的日子里，唯我助你把心操。又引申为惧怕、谨慎。临难不惧：面临危难的时候，一点也不惧怕。《论语·述而》：“临事而惧，好谋而成者也。”意为（我能找他共事的）一定是遇到事情谨慎，深思熟虑而能成事的人。

简体	繁体	金文	篆书	隶书	草书	行书
俱			俱	俱	俱	俱
惧	懼	懼	懼	懼	懼	懼

jù 句　gōu 勾

古代本来只有“句”字，“勾”是从“句”分化出来的。后来读音也有了区别，“句”读

jù，“勾”读gōu，便成了截然不同的两个字了。

句，《说文》：“句，曲也。”本读gōu，古代“勾曲”的“勾”都写作“句”。《史记·天官书》：“钩云句曲。”意思是钩云的形状呈弯曲形。古代没有标点符号，因此读书的人临时作记号断句，在每句下画一“√”号，表示断句，其音本来与“勾”无异。后来分化而读jù，专门用作字句的“句”。《文心雕龙·章句》：“因字而生句，积句而成章，积章而成策。”寻章摘句：寻求、摘取书本里的现成词句来丰富辞藻。多指套用前人章法、词语，没有创造性。

勾，由于“句”专用于字句的“句”，于是本来表示弯曲的“句”，便只好将里面的“口”形变而为“厶”。这便是“勾”字的来源。本义是弯曲。引申指用笔打勾，涂去。如：一笔勾销。引申为画出轮廓。如：临摹勾稿。还是古代数学术语。我国古代称不等腰直角三角形中较短的直角边为“勾”，称较长的直角边为“股”，谓之“勾股”。

简体	甲骨文	金文	篆书	隶书	草书	行书
句	句	句	句	句	句	句
勾			勾	勾	勾	勾

捐（juān） 损（sǔn）

“捐”和“损”的意符都是“扌（手）”，不同的声符标志了不同的字音，意义也有所区别。

捐，声符是“肙（yuān）”，今读音与声符同韵母。《说文》：“捐，弃也。”本义是舍弃、抛弃。如：捐躯（为崇高的事业牺牲生命）。《后汉书·列女传》：“于是捐金于野，而远寻师学。”意思是（乐羊子听了妻子的话后）于是将拾来的金抛弃到野外，往远方去找老师学习去了。引申指除去、免去。《史记·孙子吴起列传》：“捐不急之官。”意思是免去无关紧要的官。《孟子·万章上》：“父母使舜完廪，捐阶。”意思是父母亲要舜去修理粮仓，（他一上屋）母亲就搬走梯子。引申为捐助。如：捐款，募捐。在封建社会里，有时可以向政府交纳一定数量的钱而取得某一官阶的资格，叫作“捐官”。如：捐班出身。

损，《说文》说是“减少也。从手员声”。“员”的标音作用已不明显。本义是减少。如：损益，增损。引申为损害。《论语·季氏》：“益者三友，损者三友。”意思是（孔子说）三种朋友有益处，三种朋友有害处。损人利己：损害别人，使自己得利。又引申为丧失。如：损兵折将。

简体	繁体	篆书	隶书	草书	行书
捐		捐	捐	捐	捐
损	損	損	損	損	損

倦（juàn） 惓（quán）

“倦”和“惓”的声符都是“卷（juàn）”，但读音前者全同，后者或全同，或只同韵母。意符不同，表明字义有区别。

倦，《说文》：“罢（疲）也。从人，卷声。”指疲劳、劳累。《史记·屈原贾生列传》：“劳苦倦极。”意思是劳苦奔波，疲劳到了极点。又指厌倦、不耐烦。《论语·述而》：“学而不厌，诲人不倦。”意为努力学习而不满足，教导别人也不厌倦。

惓，从心卷声。起初本是作为“倦”的异体字出现的。朱骏声《说文通训定声·干部》：“倦，亦作惓。”所以又指病体危殆。《淮南子·人间》：“是犹病者已惓，而索良医也。”意思是这好比是病者已经很危殆了，再寻求高明的医生。又读quán，“惓惓”形容恳切。惓惓之忱：恳切的情意。也作“拳拳”。

简体	篆书	隶书	草书	行书
倦	倦	倦	倦	倦
惓		惓	惓	

jué jué
撅 橛

“撅”和“橛”的声符都是“厥”，今天的读音仍与声符相同，只是“撅”与声符的声调略有出入。但两字的意符一是“手”，一是“木”，因而所表示的意义便大不相同了。

撅，《说文》：“撅，从手有所把也。”本义是拔起。《韩诗外传》：“草木根荄浅，未必撅也。”在古代本读jué，《广雅·释诂二》说是“掻也”。今天读juē，是假借，义为翘起。如：撅嘴，撅着嘴巴。又有些地方方言里“折断”也说“撅”。如：撅根柳条当马鞭。

橛，《说文》：“弋也。”本义是小木桩。如：钉上一个小木橛儿。又指树木或禾稼的残根。如：树橛，残橛。

简体	篆书	隶书	草书	行书
撅	撅	撅	撅	撅
橛	橛	橛	橛	橛

jué jué
攫 镢

“攫”和“镢”读音同为jué，只是意符不同：一从手，表示和手的动作有关；一从金，表明与金属有关。

攫，从手矍声。本义是鸟兽用爪子迅速抓取。柳宗元《笼鹰词》：“下攫狐兔腾苍茫。”意思是（鹰）扑下来迅速抓取狐狸兔子又飞上天。《战国策·齐策六》：“徐子之狗犹时攫公孙子，腓而噬之也。”意思是徐子的狗还是会去抓公孙子的小腿肚子，去咬他的。引申为夺取。攫金不见人：出自《列子·说符》记载，有个人想得到金子，走到卖金的铺子，夺取金子就走。人捉住他，问为什么敢当着众人抢金子，他说：“取金子时不见人，只看到金子。”比喻为了满足个人的欲望而不顾一切。

钁，《说文》：“大鉏（锄）也。从金矍声。”指大锄、镢头，为刨土用的一种农具，类似镐。《淮南子·齐俗》：“今之修干戚而笑钁锸。”意思是现在用舜修饰干戚之舞来取笑禹挥舞锄头铁锹。

简体	篆书	隶书	草书	行书
攫	攫	攫	攫	攫
钁	钁	钁	钁	钁

jué jué
决 诀

“决”和“诀”的声符都是“夬（guài）”，今两字均读jué，所表示的意义却不一样。

决，意符本是“水”。《说文》：“决，行流也。”本义指疏导水道。《齐民要术·种谷》：“禹决江疏河。”意思是大禹疏江河水道。引申为水把堤防冲开。如：决口，溃决。引申为判决。《淮南子·时则》：“审决狱。”意为在判决案子上要审慎。后来也称处死为决。如：枪决，处决。还有“分开”之义，因此也作分别讲，特指永别。《汉书·苏武传》：“李陵与苏武决去。”这个意义后来又造了一个“诀”字来表示。还常用在否定词前面，表示一定义。如：决不退缩，决无异言。

诀，意符是“言”。本义是辞别，多指不再相见的分别。如：诀别，永诀。又指就事物主要内容编成的顺口押韵且容易记忆的词句。如：口诀，歌诀。引申为诀窍。如：秘诀，妙诀。

简体	繁体	篆书	隶书	草书	行书
决		决	决	决	决
诀	訣	訣	訣	訣	訣

jué　　kuài

玦　块

“玦”和“块”是一对形似字，但原来的字形差别很大，音义也迥然不同。

玦，从玉夬声。是古玉器，即有缺口的环状佩玉。新石器时代、西周晚期和春秋墓葬中常有发现。屈原《九歌·湘君》：“捐余玦兮江中。”意思是我把我的玉佩抛进江心。（王逸注：玦，玉佩也。先王所以命臣之瑞，故与环即还，与玦即去也。）

块，繁体作“塊”。古文字像土装在筐形的器物中，本是一种装在筐里的土块，是个象形字。《说文》写作“凷”。后来写作“塊”变成形声字。从土鬼声。本义是土块。简化字从土夬声。更接近于今天的读音。《左传·僖公二十三年》：“（重耳）乞食于野人，野人与之块。”意为（重耳）向乡下人要饭吃，乡下人给他一块泥土。也指疙瘩或成团儿的东西。如：块煤，冰块。又用作量词，如：两块香皂，一块布，三块钱（“块”等于“圆”）。也有孤独义。《楚辞·九辩》：“块独守此无泽兮，仰浮云而永叹。”意为我独处荒芜沼泽，仰望阴云长叹息。

简体	繁体	甲骨文	篆书	隶书	草书	行书
玦						
块	塊			塊		塊

jué　　jué　　jué

掘　崛　倔

“掘”“崛”和“倔”三字同是以“屈”为声符，但“屈”的标音作用已不明显。三字的意符有别，因而所表示的意义也就大不一样。

掘，本义是挖，《说文》：“掘，搰也。”所以用“手”作意符，表示与手的动作有关。临渴掘井：到口渴的时候才去掘井。比喻不早做准备，事到临头才想办法是不行的。挖掘潜力：把蕴藏的力量挖掘出来，使之得到充分发挥。

崛，指山的高起、突出。《说文》：“崛，山短高也。”因而用“山”作意符。王符《潜夫论·慎微》：“凡山陵之高，非削成而崛起也，必步增而稍上焉。”意思是山陵的高，不是像削成的那样陡起的，一定是逐步增高渐渐上升的。

倔，本出于“倔强（jué jiàng）”这个词中，本义指执拗不屈于人，所以用“人”作意符，表示与人的态度、行为有关。倔强倨傲：形容人高傲自大，刚强不屈。又念juè，形容性子直，态度生硬。如：这人真倔，他是个倔脾气。

简体	篆书	隶书	草书	行书
掘	掘	掘	掘	掘
崛	崛	崛	崛	崛
倔	倔	倔	倔	倔

jūn mí
麇 麋

“麇”和“麋”都是以“鹿”为意符的形声字，但声符不同：麇从囷（qūn）声，今读音与声符同韵，“禾”已不起标音作用；麋从米声，今天的读音与声符相同，只是声调略异。

麇，古指獐子、獐鹿。《说文》：“麇，麞也。”《左传·哀公十四年》：“逢泽有介麇焉。”意思是逢泽有失群的獐子。又读qún，义与群、成群相近。《左传·昭公五年》：“求诸侯而麇至；求昏而荐女，君亲送之，上卿及上大夫致之。”意思是要求诸侯朝见，诸侯就成群结队到来，请求婚姻就进奉女子，国君亲自送亲，上卿和上大夫护送前来。（杜预注：麇，群也。）如：麇集（许多人或物聚集在一起）。

麋，指麋鹿。《孟子·梁惠王上》：“王立于沼上，顾鸿雁麋鹿。”意为惠王站在池塘边上，他回头看着那些鸿雁麋鹿。屈原《九歌·湘夫人》：“麋何食于庭中，蛟何为兮水裔？”意为麋鹿为何在庭院中觅食？蛟龙为什么搁浅在水边？“麋鹿”是哺乳动物，雄的有角，角像鹿，尾像驴，蹄像牛，颈像骆驼，但从整个来看，哪一种动物都不像，所以又称“四不像”。其以植物为食，原产我国，后来绝迹了。英国还有，听说曾赠送给我国。

简体	甲骨文	金文	篆书	隶书	草书	行书
麇	麇	麇	麇	麇	麇	麇
麋	麋		麋	麋	麋	麋

菌（jùn） 茵（yīn）

“菌”和“茵”都是形声字，造字方法相同，字形也十分相似。但因为下部声符不一样，所以指的不是相同的东西。

菌，意符是“艸”，声符是“囷（qūn）”。《说文》：“地蕈也。”“地蕈”是一种高等菌类，生长在树林里或草地上，种类很多，有的可以食用，俗称“菌子”。又读jūn，指低等植物的一大类，不开花，没有茎和叶子，不含叶绿素，种类也多。如：细菌，真菌。

茵，也是以“艸”为意符，声符却是“因”。《说文》：“车重席。”本义是指车垫子。《诗·秦风·小戎》：“文茵畅毂。”意思是虎皮垫座，车毂长车［文茵：用有花纹的虎皮制的车褥子。毂（gǔ）：车轴伸在两轮之外的部分］。又为垫子或褥子、毯子之类的通称。如：绿草如茵。

简体	篆书	隶书	草书	行书
菌	菌	菌	菌	菌
茵	茵	茵	茵	茵

jùn　quān
浚　悛

“浚”和“悛”虽然都是形声字，声符也都是“夋”，但两字的读音完全不同，意符也相异，因此意义相去很远。

浚，意符是“水”。本义是深。《诗·小雅·小弁》：“莫高匪山，莫浚匪泉。”意思是若是不高不是山，若是不深不是潭。又指挖深、疏通（水道）。如：疏浚，浚渠，浚河。《孟子·万章上》：“使浚井，出，从而掩之。”意为派他去挖深水井，出去，跟着就填埋水井。

悛，意符是“忄（心）”。《说文》：“悛，止也。”《方言》卷六：“悛，改也。”本义是改、悔改。《左传·隐公六年》：“长恶不悛，以自及也。”意思是滋长了恶而不悔改，马上会自取祸害。怙恶不悛：坚持作恶，不肯悔改。

简体	篆书	隶书	草书	行书
浚	浚	浚	浚	浚
悛	悛	悛	悛	悛

jùn　jùn
峻　骏

“峻”和“骏”都读jùn，声符同是“夋（qūn）”，但两字意符各异，因而意义各有所指。

峻，意符是“山”。《说文》：“峻，高也。”本义指（山）高而陡。《国语·晋语下》：“高山峻原，不生草木。”又如：崇山峻岭。又用以比喻严厉苛刻。《后汉书·崔骃传》：“故严刑峻法，破奸宄之胆。”意思是所以严厉刑法，使邪恶狡诈的坏人胆战心惊。

骏，意符是“马”。《说文》：“骏，马之良材也。”本义指良马。《楚辞·七谏·谬谏》：“驽骏杂而不分兮。”意思是不纯的马和良马分辨不清啊！又指迅速。《尔雅·释诂上》：“骏，速也。”《诗·周颂·清庙》：“对越在天，骏奔在庙。”意为遥对文王在天之灵，奔走宗庙疾如风。

简体	繁体	篆书	隶书	草书	行书
峻		峻	峻	峻	峻
骏	駿	駿	駿	駿	駿

K

kāi shēng
开 升

“开”和“升”字形很相近，这是简化的结果。“开”，繁体原作“開”，与“升”本不相似。两字造字方法不同：“开”是会意字，“升”是象形字。读音也不同，因而意义相去甚远。

开，《说文》说是“张也。从门，从开”。里面的“开”本是用手去开门的形象。本义是启门、把门打开。又指打开。《老子》：“善闭无关楗，而不可开。”意思是善于闭锁的人不用锁具，却无法打开。引申为开始、创始。开国元勋：建立邦国立大功的人。开宗明义：本为《孝经》第一章名。谓张其宗旨，明其义理。后用以指写作或发言一开头即说明主旨。引申为开辟、扩展。开源节流：开辟财源，节约开支。引申为开放、舒展。黄巢《题菊花》：“他年我若为青帝，报与桃花一处开。”意为有朝一日我当了春神，我就叫菊花与桃花一起在春天开放。

升，今天的“升”字，实际上包括三个字：“升”（升①）、“昇（shēng）”（升②）、“陞”（升③）。

升①，《说文》说是“十合也。从斗，象形”。古十合（gě）等于一升，十升等于一斗，所以“升”字的本义是指容量单位。又借为“上升”（跟“降”相对）。如：升旗，升级。又引申为登上。升堂入室：登上厅堂，进入内室（原来比喻造诣高深的程度：入室比喻最高境界，升堂仅次于入室。后泛用以赞扬人在学问或技能方面有高深的造诣）。

升②，太阳上昇，这个“昇”字的音与升一样，起初就借“升”来写，后来为了区别，在上头加了“日”字头写作“昇”。江淹《石劫赋》：“日照水而东昇。”意为太阳东升，金光照耀着水面。又古称天下太平为“昇平”。

升③，“陞”字本来也是上升的意思，后来专用于升官的义。王安石《本朝百年无事札子》：“陞擢之任。”意思是提升选拔官吏的工作。

古代作为升斗义的“升”字只写作“升”，上升的意义一般写作“升”，太阳升的意义和升平的意义写作“昇”或“升”，升官的意义本来写作“升”或“昇”。“陞”字见于《广雅·释诂一》：“陞，上也。”唐以后一般用于升官的义。

简体	繁体	甲骨文	金文	篆书	隶书	草书	行书
开	開	開		開	開	開	開
升		升	升	升	升	升	升

kān xíng
刊 刑

“刊”和“刑”都以“刀（刂）”为意符。声符看来也只一笔之差，但读音和意义完全不一样。

刊，声符是“干”，今天的读音与声符同韵母。《说文》：“刊。剟也。”本义是砍、砍削。《周礼·秋官·柞氏》：“夏日至，令刊阳木而火之。”意思是夏天到来了，将生在山南面的树木剥掉树皮，用火烧燎（据说可以抑制过多枝条的发生）。又为删改、修订。如：勘误校正文字错误称“刊误”。形容不能改动或不可磨灭的言论为“不刊之论”。古时书籍靠雕刻木板印刷，所以出书叫“刊行”。又引申为定期或不定期发行的杂志，也指在报纸上定期出的有专门内容的版面。如：月刊，副刊。

刑，声符是“井”，现在已不能标明刑字的正确读音。《说文》：“刑，罚罪也。”本义是刑罚。如：徒刑，判刑，刑法，动刑，受刑。古代谓受过肉刑，形体亏损的人为“刑人”，多以刑人充服劳役的奴隶。

简体	甲骨文	金文	篆书	隶书	草书	行书
刊			刊	刊	刊	刊
刑	刑	刑	刑	刑	刑	刑

kān kān kān
戡　勘　堪

“戡”“勘”和“堪”三字读音一样，都是形声字。从字形结构就可以看出，它们所从的声符都是“甚”。由于古今音变，现在声符的标音作用已不明显。

从字义来说，三字间存在错综复杂的关系。

“戡”和“堪”皆见于《说文》，而“勘”则是徐铉给《说文》所加的新附字。今天所用的只有“勘”“堪”，“戡”字不用了。其实今天所用的“勘”“堪”的义，却都是从“戡”那里来的。

戡，《说文》说是“刺也”。这个义未见用过。古代新使用的义出于《尔雅·释诂上》的“戡，克也”。这一义后来分化成三个不同的词，各自找了一个专字来书写。

“戡，克也”的本义是克服、平定。《尚书》中有“西伯戡黎”的题目，记载的是周文王作西伯时讨伐黎侯，使商朝的人惊恐的事。“戡”在这里便是克服、平定义。由于克服、平定要使用武力，所以从戈。这个义一直沿用下来了。

勘，“戡，克也”引申而有考查、核定义。这引申义后来另造了一个字“勘”。《说文》新附所谓“勘，校也”，就是这么来的，而从“戈”改成了从“力”。“勘”有两个用途：一是考查。这在古代使用的面比较宽，如审问囚犯可以说“勘狱”或“推勘”，考核成绩可以说“勘功”。今天一般常用的，只有地质工作的“勘探”了。二是对书刊的校核，通称“校勘”。这种意义的“勘”，今天一般写作“刊”了。

堪，“戡，克也”虚化后，成为助动词，相当于今天的“能、能够”。这一义通常写作“堪”。“堪”，《说文》说是“地突也”，指土地隆起部分。“堪”的这个本义不常用，却假借来书写“戡”的助动词义能、能够。如“堪称佳作，不堪设想”都用“堪”，而不再用“戡”“勘”了。

简体	篆书	隶书	草书	行书
戡	戡	戡	戡	戡
勘	勘	勘	勘	勘
堪	堪	堪	堪	堪

kǎn kǎn
坎 砍

“坎”和“砍”都读 kǎn，声符都是“欠”，今天的读音只与声符同韵母。两字意符不同：一是“土”，一是“石”，所以表示的意义不一样。

坎，《说文》：“陷也。”本文是指坑穴。《齐民要术·大豆》：“坎方深各六寸，相去二尺。”意思是（种大豆的）坑穴六寸见方，深度也是六寸，穴与穴之间相距二尺。又“坎坷（kě）”连用，称道路坑坑洼洼。人们常以“坎坷不平”或“半世坎坷”比喻不得志。“坎坎”为象声词。《诗·魏风·伐檀》：“坎坎伐檀兮，寘之河之干兮。”意思是砍伐檀树响叮当，放在河边两岸上（坎坎：伐木声，摹声词。干：岸）。

砍，指用刀斧猛力把东西断开。如：砍柴（把树枝砍下来）。“砍”字初见于《篇海》，本是流行的俗字。

简体	甲骨文	篆书	隶书	草书	行书
坎			坎		坎
砍			砍		砍

kàn zhuó
看 着

“看”和“着”的形体相似，但音义截然两样。原来“着”字本不这么写，和“看”本来并不相似。

看，小篆上面是“手”字的形状，下面是“目”，表示用手搭在眼睛上遮蔽太阳以远望，这样才看得清楚。本义是眼睛注视一定的对象或方位。李白《望庐山瀑布》：“遥看瀑布挂前川。”意思是远远看去，（庐山香炉峰的）瀑布好像挂在眼前的一条大川。引申为观察、估量。

看风转舵：比喻相机行事，随机应变。又引申为看待。另眼相看：用另外的眼光看待。形容对某人、某事特别重视，也形容对过去所不重视的人重视起来。又读 kān，指守护。如：看门，看家。又引申为监视。如：看管，看守，看押。

着，本作“著”，与“著书”“著名”的“著”没有区别。唐代玄应和尚所写的《一切经音义》引《字书》说：“著，相附着也。”还是写作“著”的。后来演化出一个“着”字，两字的读音也不一样了，“著”读 zhù，“着”音 zhuó。“着”的本义是附着。如着色，着墨。在现代汉语里“着”又分化为 zhāo、zháo、zhe 三个字音，分别为三种不同功用。读 zhāo，指下棋落子。如：只因一着错，输却满盘棋。又比喻计策或手段。如：三十六着，走为上策。读 zháo，指接触、感受、受到。如：上不着天，下不着地；着了凉。又引申为对。如：他猜着了。还读 zhe（轻声），用作助词，表示动作或状态的持续。加在某些动词后使成介词。如：顺着，朝着。

简体	繁体	篆书	隶书	草书	行书
看		看	看	看	看
着	著	著	着	着	着

kāng kāng
糠 慷

“糠”和“慷”的声符都是“康”，两字的读音与声符相同。但意符不同，因而意义有区别。

糠，本来不从米而从禾，康声。而“康”则是“糠”的异体字。其实从古文字看来，甲骨文“康”字的形体，正像双手举一杵状物舂米，糠皮纷纷落下的形象。后来由于“康”假借以书写“安康”“康宁”之义，便在“康”边加了偏旁“禾”，后来又改作“米”，成为“糠”字，以示区别。《史记·仲尼弟子列传》中记载孔子有个安贫乐道的学生叫原宪，住在陋巷。糟糠不厌：连“糟糠”这样的粗食品都不能吃个饱。形容生活的清苦。《后汉书·宋弘传》：“臣闻贫贱之知不可忘，糟糠之妻不下堂。”意思是我听说贫贱时的知心朋友不可忘记，吃糟糠共患难的妻子要永远生活在一起。

慷，意符是“心”。“慷慨”是双声联绵词，两个音节构成一个单纯的复音词，不能拆开来讲。常用来表示情绪激昂，充满正气。慷慨陈词：形容情绪、语调激动昂扬而充满正气。又表示感慨、叹息。《古诗十九首·西北有高楼》：“一弹再三叹，慷慨有余哀。”现代汉语中，“慷慨”却是大方、不吝啬的意思。慷慨解囊：毫不吝啬地拿出钱来帮助人。

简体	篆书	隶书	草书	行书
糠	糠	糠	糠	糠
慷	慷	慷	慷	慷

kàng 炕　kēng 坑

有人往往把“炕”读成“坑”，这是因为“炕”和“坑”很相似，而人们对泥坑的“坑”字比较熟悉的缘故。它们的声符都是“亢”。其实，两字的意符有别，因而意义不同。

炕，《说文》：“干也。”原义是干燥，所以用“火”作意符。用火烤干也叫“炕”。《诗·小雅·瓠叶》：“燔之炙之。”意思是有的烤来有的熏。（《毛传》：“烤火曰炙。”《玉篇》：“炕，炙也。”）我国北方人用土坯或砖砌成的睡觉用的长方台称“炕”，底下有孔道，跟烟囱相通，可以烧火取暖。

坑，本义是地面上洼下去的地方，所以用“土”作意符。《楚辞·七谏·初放》：“死日将至兮，与麋鹿同坑。”意思是叹流年已过死日将至，在荒野与禽兽同水坑，相伴度日。又如：泥坑，水坑。又引申为地洞、地道。如：矿坑。古时指活埋人。焚书坑儒：烧毁经书，活埋儒生。还引申为陷害。如：坑人。

简体	篆书	隶书	草书	行书
炕	炕	炕	炕	炕
坑	坑	坑	坑	坑

kàng 抗　háng 杭

“抗”和“杭”都是左形右声的形声字，声符同是“亢”，但今天的读音已有区别。

抗，《说文》：“扞也。”本义是捍卫、救，所以用“手”作意符。《国语·晋语四》：“未报楚惠而抗宋，我曲楚直。”意思是我们尚未报答楚国恩惠，就出兵救宋，这是我们理曲而楚理直。又指抵抗。如：抗日战争，抗灾。引申为拒绝、抗拒。如：抗命，抗租。引申为对等、匹敌。分庭抗礼：古时宾客和主人相见，分别站在庭中的两边，相对行礼，以平等的地位相待。比喻彼此以平等对等的关系相处，各不相下。现在有时指互相对立或搞分裂、闹独立的言行。

杭，本作为“航”的异体字出现。《诗·卫风·河广》：“谁谓河广，一苇杭之。”意为谁说黄河宽又广？一条苇筏就能航（苇：用芦苇编的筏子。杭：通“航”）。又指渡船。《楚辞·屈原·九章·惜诵》：“昔余梦登天兮，魂中道而无杭。”意为我曾梦见自己登天，魂到中途失了渡船。传说秦始皇到会稽时，曾从钱塘江渡过，留下了一些船只，所以称其地曰“余杭”，后遂以为州名，称“杭州”。至于劳动号子“杭育嗨育”则是借“杭”以记音。

简体	篆书	隶书	草书	行书
抗	抗	抗	抗	抗
杭	杭	杭	杭	杭

kào 犒　gǎo 稿

“犒”和“稿”两字都是形声字，右部都是“高”，左部也极相似，很容易混淆。两字虽都以“高”为声符，但读音却不同，区别意义的关键在于意符。

犒，从牛，指以牛、羊等肉食表示慰劳。《左传·僖公三十三年》：“以乘韦先牛十二犒师。”意思是（商人弦高冒称奉郑国国君的命令）用四张皮革配上十二头牛犒劳秦军。《说文》无此字，最初本来写作“槁”，与枯槁的“槁”同字，义取滋润枯槁，与慰问辛劳之“劳”（慰劳）同。引申为对一切劳绩的赏赐报酬。如：犒赏。

稿，“稾”的俗体。《说文》：“木枯也。”本义是草木干枯。又指干枯之物。《左传·哀公三年》：“于是乎去表之稾，道还公宫。”意为于是清除火势蔓延方向的草木干枯易燃物品，环绕公宫开挖防火道。也指谷类植物的茎。如：稿荐（稻草、麦秸等编成的垫子）。《史记·屈原贾生列传》：“怀王使屈原造为宪令，屈原属草稾未定。”司马贞《索隐》：“草稿，谓创制宪令之本。”用“草稿”来称呼初步写成的文章底本。于是后来便相沿用“草”或“稿”来称呼文稿、画稿，称“稿”尤为普遍。

简体	篆书	隶书	草书	行书
犒	犒	犒	犒	犒
稿	稾	稿	稿	稿

磕（kē） 嗑（kē） 瞌（kē）

“磕”“嗑”和“瞌”的声符都是“盍”，但这三字却都读 kē，与声符只同韵母。三字的意符有别，因而字义各不相同。

磕，《说文》：“石声也。”本义是石头撞击的声响，所以从石，后借用以表示碰到硬东西上的义。如：杯子磕破了。旧时的礼节，人跪在地上，两手扶地，头近地或着地，称为“磕头”。

嗑，《说文》：“多言也。”本音 kē。《孔丛子·儒服》：“子路嗑嗑，尚饮十榼。”意思是别看子路话儿多，还要喝上十大碗。今用为“嗑瓜子”的嗑，音 kè。因为表示与“口”相关的义，所以从口。

瞌，俗话说“打瞌睡”的“瞌”，本来也借用“磕”字。朱骏声《说文通训定声·谦部》说：“磕今俗又用为磕睡字。”由于“瞌睡”与“石”无关，而最明显表现在眼睛上，所以就将左旁的“石”换成了“目”，又造了一个新形声字。

简体	篆书	隶书	草书	行书
磕	磕	磕	磕	磕
嗑	嗑	嗑	嗑	嗑
瞌	瞌	瞌	瞌	瞌

珂 柯

kē kē

“珂”和“柯”的声符都是“可”，读音相同，形体近似，但意义很不相同。

珂，《玉篇》：“珂，石次玉也。”是一种仅次于玉的美石。从玉可声。也指用类似玉石的美石、洁白如雪的玛瑙或海中螺贝所做的马笼头上的饰品。张华《轻薄篇》：“乘马鸣玉珂。”意思是驾车，四匹马的笼头上用玉珂装成的装饰物发出悦耳的响声。《西京杂记·卷二》：“一马之饰值百金，皆以南海白蜃为珂。”

柯，《说文》：“斧柄也。从木可声。”《周礼·考工记·车人》：“柯长三尺，博三寸，厚一寸有半。”意思是斧柄长三尺，宽三寸，厚一寸半。《诗·豳风·伐柯》：“伐柯如何，匪斧不克。”意思是要砍斧柄怎么办？没有斧头不成功。又指树枝。《齐民要术·园篱》：“交柯错叶。”意思是树枝和叶子交错茂密。

简体	篆书	隶书	草书	行书
珂	珂	珂	珂	珂
柯	柯	柯	柯	柯

kē　　kē

棵　稞

“棵”和“稞”的声符都是“果”，而读音则都是 kē，但是意符一是“木”，一是“禾”，意义有很大区别。

棵，《广韵》说是“断木也”。读 huǎn。又指俎案。《广雅·释器》：“棵，几也。”《集韵》：“棵，俎名。”现在多用作量词，读 kē。多用于植物（后起义）。植物一株叫一棵。如：两棵树，三棵草。

稞，《说文》说是“谷之善者”。段玉裁注：“谓凡谷颗粒俱佳者。”《广韵》则说是“净谷”。读 huà，指颗粒纯净的好谷。现在则是指大麦的一种，读 kē，即青稞。粒大，皮薄，主要产在西藏、青海等地，也叫“稞麦”。

简体	篆书	隶书	草书	行书
棵	棵	棵	棵	棵
稞	稞	稞	稞	稞

kē　　luǒ　　huái

颗　裸　踝

“颗”“裸”和“踝”都是以“果”为声符的形声字，而声符的位置不同，“颗”的声符在左，“裸”“踝”的声符在右。三字的读音与声符“果”都不尽相同。意符不同，义亦各异。

颗，本音 kě，本义是“小头”，所以从页（xiè，头）。这个本义很少见用，而早在 6 世纪时就已经用作量词，而且有 kē 的读音。《颜氏家训·书证篇》说是由“块”音转变而来。从此以后，以“颗”为量词的例子屡见不鲜。如：一颗珠子，颗粒归仓。李绅《悯农》二首之一：“春种一粒粟，秋收万颗子。”意思是春季种上一粒粟，秋天要收万颗粮。

裸，人不穿衣服，赤条条的叫“裸”，所以用“衣”为意符。《左传·僖公二十三年》：

“曹共公闻其（指晋公子重耳）骈胁，欲观其裸。”意为曹共公听说晋公子重耳的肋骨是长成整块的，所以想在他裸体时看他的肋骨。引申之，无遮盖显露于外的东西也可以称“裸”。如：裸芽。

踝，《说文》：“足踝也。从足果声。”小腿下连接脚跟处两旁的突起部分。指踝角，又指脚跟。《礼记·深衣》：“负绳及踝以应直。”郑玄注：“踝，跟也。”陆游《春日》诗：“雨来三日泥没踝，过尽梅花浑不知。”

简体	繁体	篆书	隶书	草书	行书
颗	顆	顆	顆	顆	顆
裸		裸	裸	裸	裸
踝		踝	踝	踝	踝

kěn 恳　kěn 垦

“恳”和“垦”的声符同是“豤（kěn）”，两字都与声符读音一致。但意符不同，表示的意义各异。

恳，繁体写作“懇”，不见于《说文》，但《广雅》中两见。《释诂一》说：“恳，信也。”《释训》：“恳恳，诚也。”古汉语说“信”，也是“诚”的意思。本义是形容真诚，所以和“诚”连用作“诚恳”。“诚恳”是一种精神面貌，所以“恳”字从心。司马迁《报任安书》：“意气勤勤恳恳。”颜师古注说是“至诚貌”。诚心相求叫“恳求”。习惯上也单说“恳”。如：敬恳，转恳。

垦，也不见于《说文》，而徐铉的《说文新附》收了它，释作“垦，耕也”。大概是根据《广雅·释地》而来。《广雅·释诂三》又说：“垦，治也。”也是指耕治土地的意思，与土地有关，所以“垦”字从土。《列子·汤问》：“叩土垦壤。”意思是凿石头，挖土壤。《国语·周语上》：“土不备垦，辟在司寇。”

简体	繁体	篆书	隶书	草书	行书
恳	懇	懇	懇	懇	懇
垦	墾	墾	墾	墾	墾

kū zhòu
哭 咒

“哭”和“咒”的上部，今天写法都一样。如果把它们看作同一部首，那就错了。这是由于字形演变而造成的相近。若从结构上加以分析，便区别开了。

哭，《说文》：“哀声也。从吅，狱省声。”放声大哭，声音很大，所以从吅（xuān）。“哭”与“狱”古音很相近，所以用“狱”为声符，不过省去了很多，只剩下一个“犬”，不容易看出原来形声字的面貌。是基本词汇，沿用至今，很少变化。

咒，本作“呪”，是“祝”的异体，不过把从“示”换成了从“口”。本指祝告。《后汉书·谅辅传》：“时夏大旱……辅乃自暴庭中，慷慨咒曰。”意思是那年夏天天时大旱……谅辅于是自己站在庭中晒太阳，慷慨激昂地祝告（苍天）说……。“咒”（祝告），本来包含两方面的义：一是祷告、祈求；一是诅咒，希望神降祸于某人。其后两义分化，祈福的专用“祝”，诅咒的专用“咒”，读音也不同了，祝读 zhù，咒音 zhòu。

简体	金文	篆书	隶书	草书	行书
哭	哭	哭	哭	哭	哭
咒		咒	咒	咒	咒

kǔ ruò shān
苦 若 苫

“苦”“若”和“苫”三字的形体相似，都是形声字，意符都从草，但声符有别，音义也迥然不同。

苦，声符是“古”。“苦”“古”同韵母。《说文》：“大苦，岑也。”本义是大苦，又叫“苓”，就是中药的地黄。因为它味苦，所以凡是苦味的东西都称苦。良药苦口：治病的好药，味苦难吃。比喻真诚的劝诫或尖锐的批评，使人听着不舒服，却对人很有益处。苦尽甘来：苦难的日子已经过去，美好的日子已经到来。引申为有耐心地、尽力地。苦口婆心：劝说不辞劳苦，用心像老太太那样慈爱。形容怀着好心再三恳切劝告。

若，《说文》：“择菜也，从艸右，右，手也。”又《玉篇》：“杜若，香草。”以为是香草名，即杜若。在甲骨文中，本像人两手伸向头上以理顺头发的形象。金文中有的又在下方加了个“口”，后来形体演变，弄成从艸从右，实属误会。《尔雅·释诂》：“若，善也。”又《释言》：“若，顺也。”顺、善才是“若”的本义。《左传·宣公三年》：“不逢不若。”意思是不遇上不顺的事。便是用的本义。假借为像。若明若暗：像是明朗，又像阴暗。比喻对问题或情况认识模糊。又假借作第二人称代词你。柳宗元《捕蛇者说》：“更若役，复若赋，则何如？”意为改变你的差使，恢复你的赋税，那怎么样呢？假借作连词假如、如果。毛泽东《人民解放军占领南京》：“天若有情天亦老，人间正道是沧桑。”意为老天如果有感情的话，它也会变老的，人世的规律就是沧海桑田不断发展变化。

苫，《说文》：“盖也。从艹占声。”《尔雅·释器》：“白盖谓之苫。”本义是茅草名。因而茅草的编织物也叫“苫”。《左传·襄公十四年》：“乃祖吾离被苫盖，蒙荆棘以来归我先君。”意思是你祖父吾离身穿蓑衣，头戴荆冠来归附我国先君。又特指居丧时睡的草垫。《左传·襄公十七年》记载晏子的父亲去世，晏子“寝苫枕草”，即睡在茅草苫上，以表悲痛。

简体	甲骨文	金文	篆书	隶书	草书	行书
苦			苦	苦	苦	苦
若	若	若	若	若	若	若
苫			苫	苫	苫	苫

kuàng　kuàng
框　眶

“框”和“眶”的声符都是“匡”。但意符不同，所表示的意义不一样。

框，先得从“匡”说起。“匡”本身是盛饭用的筐子。引申指匡廓，即物体外部轮廓，因而只有四周匡廓而内中空空者也称“框”，不过加了“木”旁而已。因为过去使用木材做原料最为普遍，所以从木。这就是“框”的本义的由来。如：门框，窗框，玻璃框子，镜框儿。又读 kuāng。“框框”指事物固有的格式或范围，或是传统的做法。如：突破旧框框。

眶，眼睛周围的匡廓，起初本也只作“匡”。《内经·刺禁论》中“刺匡上”的“匡”，便指眼匡。后来为了区别，便加意符“目”而作“眶”。《列子·仲尼》：“射其目，矢来注眸子而眶不睫。”

简体	篆书	隶书	草书	行书
框	框	框	框	框
眶	眶	眶	眶	眶

kuì　kuì　kuì
馈　愦　聩

“馈”“愦”和“聩”的声符都是“贵”，今天的读音只与“贵”同韵母。三字的意符各异，因而意义完全不同。

馈，意符从食。本义是进食于人。《汉书·贾谊传》：“春秋入学，坐国老，执酱而亲馈之。”意思是春秋两季（选定时日）进入国学，请国老上坐，（君主）拿出酱品食物，亲自奉献给他们。后泛指赠送（礼品）。《孟子·公孙丑下》：“前日于齐，王馈兼金一百而不受。”意思是前段时间在齐国，齐王送您上等金一百镒，可您不肯接受。

愦，意符是“心”。《说文》：“乱也。”指的是糊涂、昏乱。《战国策·齐策四》：“（孟尝君）谢曰：‘文倦于事，愦于忧，而性懦愚，沉于国家之事，开罪于先生。’”意思是（孟尝君）向他道歉说：“我被这些琐事弄得很疲劳，由于忧愁感到心烦意乱，而我的生性又懦弱愚笨，陷在国家事务中，因而得罪了先生。”

聩，指耳聋，所以用“耳”作意符。发聋振聩：发出很大的响声，使耳聋的人也能听见。比喻用语言文字唤醒糊涂的人，使他们清醒过来。

简体	繁体	篆书	隶书	草书	行书
馈	饋	饋	饋	饋	饋
愦	憒	憒	憒	憒	憒
聩	聵	聵	聵	聵	聵

kǔn　kǔn
捆　梱

“捆”和“梱”的声符都是“困”，意符又很相似，所以容易混淆。

捆，本义是叩击使牢固。《孟子·滕文公上》：“皆衣褐，捆屦、织席以为食。”意思是都是穿着麻布，靠打草鞋、编织草席来维持生活。（赵岐注：“梱，犹椓也，织屦欲使坚固叩之也。”）又指用绳子等把东西缠束起来。如：捆绑，捆麦子。作量词用，用于捆起来的东西。如：一捆柴火，两捆草。

梱，《说文》：“门橛也。从木困声。”本义是指门限。朱骏声《说文通训定声》：“横界于门下者为阈，也曰切；直竖于门中者为梱，也曰闑；凡横者直者皆所以为限。”《史记·循吏列传》：“王必欲高车，臣请教闾里，使高其梱。”意思是大王如果一定要将车加高，我就下令居民，让他们加高他们家的门限（古代门中以别内外的木桩叫梱）。

简体	篆书	隶书	草书	行书
捆	捆	捆	捆	捆
梱	梱	梱		

L

lái 来　lěi 耒

“来”是象形字，“耒”是会意字。两字的形体和读音都相似，但意义不一样。

来，甲骨文像一棵成熟了的小麦，上部是麦穗，中间两侧是麦叶，下部是麦根。本义是小麦。《诗·周颂·思文》：“贻我来牟。”意思是赠送给我们小麦和大麦（牟：大麦）。后被借用作来往的“来”。来而不往非礼也：只有来没有往，是不合于礼的。现多用以表示对别人的行动要有相应的反响。又假借作副词，表示将来。来日方长：将来的日子还长着哩。表示事有可为，将来还有机会。古书中还有用作句尾语气词的。《庄子·人间世》：“子其有以语吾来？”意为先生可以教导我吗？又表示祈使的语气。杜甫《发刘郎浦》：“白发厌伴渔人宿，黄帽青鞋归去来。”其中的“来”则相当于现代汉语中的“咧”。

耒，《说文》：“手耕曲木也。从木推丰。”丰读 jiè，像草丛，木表示耕具。“从木推丰”会耕具耒的意。本义是指古代的一种农具，作用相当于后世的犁，木把叫“耒”，犁头叫“耜”。后来常用“耒耜”作为农具的总称。

简体	繁体	甲骨文	金文	篆书	隶书	草书	行书
来	來						
耒							

lán 谰　lán 澜　lán 斓

“谰”“澜”和“斓”的声符都是“阑”，读音相同，但意符有别，意义不一样。

谰，《说文》：“怟谰也。从言阑声。”本义是抵赖、诬。无耻谰言：不顾羞耻的诬赖话。

澜，从水阑声。《说文》：“大波也。”本义是大波浪。力挽狂澜：比喻用巨大的力量扭转十分险恶的局势。挽：牵引。狂澜：巨大波浪。推波助澜：比喻促成事物（多指坏事物）的发展，使扩大影响。

斓，斑斓，形容文采绚丽，色彩错杂。如：五色斑斓。《后汉书·南蛮传》：“衣裳斑斓，语言侏离。”意思是衣裳五彩缤纷，说起话来哇啦哇啦听不懂。白居易《郡中春宴因赠诸客》诗：“阇谈绯衫故，斓斑白发新。”

简体	繁体	金文	篆书	隶书	草书	行书
谰	讕	讕	讕	讕	讕	讕
澜	瀾		瀾	瀾	瀾	瀾
斓	斕		斕	斕	斕	斕

lán 拦　lán 栏

“拦”和“栏”的声符本来都是“阑”，简化作“兰”。意符从手从木不同。由于音同形近，所以容易误用。

拦，后起字。本义是阻挡、遮拦。杜甫《兵车行》：“牵衣顿足拦道哭，哭声直上干云霄。”

意思是拦路牵着（亲人）的衣裳不放手，只管跺脚痛哭，哭声凄惨上冲云霄。又引申为当、对准。俗话说“拦头一棒”，就是对准脑袋给一棍棒之意。

栏，最早见于《玉篇》。本义是栏杆。岳飞《满江红》：“怒发冲冠，凭栏处，潇潇雨歇。”意思是满腔愤怒似乎头发都要立起来冲掉发冠啊，当我凭栏远望，潇潇细雨刚刚停歇。引申为养家畜的圈。如：牛栏，猪栏。报刊按内容划分的版面叫“栏”。如：文艺栏，体育栏。表格中区分项目的大格儿也叫“栏”。如：备注栏。

简体	繁体	篆书	隶书	草书	行书
拦	攔				
栏	欄				

lán lán
蓝 篮

“蓝”和“篮”声符同是“监”，今读音和声符有一定距离。由于意符不同，字义因此也不相同。

蓝，《说文》：“染青草也。从艹监声。”本义是一种植物名，靛草，叶可制青色染料，即靛青。其叶如蓼，故又称蓼蓝。青出于蓝而胜于蓝：靛青是从蓼蓝提炼出来的，颜色比蓼蓝更深。比喻学生超过老师，后人胜过前人。通常指蓝色。杜甫《冬到金华山观》：“上有蔚蓝天。”“蔚蓝”是形容像晴朗天空那样的颜色。“蓝”在上古汉语中不用来表示颜色，作颜色讲是后起义。另外，不少人习惯将“蓝”简化为“兰”，是完全错误的。

篮，以“竹”为意符。《广雅·释器》说是：“篮，筐也。”本义是指有提梁的盛物器，多用藤竹、柳条等编成。如：菜篮，藤篮，花篮。白居易《放鱼》诗：“晓日提竹篮，家童买春蔬。”又指熏笼。《说文》：“篮，大篝也。”段玉裁注：“今俗谓熏篝曰烘篮是也。”篮球架上供投球用的带网铁圈也叫“篮”。如：投篮，球进了篮。

简体	繁体	篆书	隶书	草书	行书
蓝	藍	藍	藍	藍	藍
篮	籃	籃	籃	籃	籃

láng lǎng
郎　朗

“郎”和“朗”的声符都是“良”，今读音与声符相近，意符不同，区分了它们的意义范畴。

郎，意符从邑。“邑”作偏旁写作“阝”，在右。《说文》：“郎，鲁亭也。”是古代鲁国的邑名。《左传·隐公元年》：“费伯帅师城郎。”意思是费伯率领军队在郎地筑城。战国时开始设“郎”这一官职，为帝王侍从官侍郎、中郎、郎中等的统称，秦汉沿袭。后代遂以侍郎、郎中、员外郎司各部要职。汉代士人开始步入仕途，每每先作“郎”，因而又用为青少年男子的美称。《三国志·吴书·周瑜传》：“瑜时年二十四，吴中皆呼为周郎。”意思是周瑜当时二十四岁，吴国人都称呼他为周郎。又是女子对其所爱男人的昵称。古乐府《西洲曲》：“开门郎不至，出门采红莲。”年轻女子则称“女郎”。《乐府诗集·木兰诗》：“同行十二年，不知木兰是女郎。”又借用指从事某些职业的人。如：货郎，放牛郎。

朗，从月良声。以“月”为意符的字大都同月亮有联系。《说文》：“朖（朗），明也。”本义是明亮。王羲之《兰亭集序》“天朗气清”的“朗”用的就是本义。豁然开朗：形容由狭隘幽暗突然变得开阔明亮。也比喻思想一下子明白过来。又引申为响亮。李白《劳劳亭歌》：“朗咏青川飞夜霜。”意思是我深夜高声朗诵啊，青川上正飞霜满天。高声吟诵称“朗诵”。高声诵读称“朗读”。叠用为“朗朗”，则常用来形容读书声音清晰响亮。

简体	篆书	隶书	草书	行书
郎	郎	郎	郎	郎
朗	朖	朗	朗	朗

láng kuò
廊　廓

“廊”和“廓”意符同是“广”，但声符不同，表示的意义也两样。

廊，意符从广。“广”甲骨文像屋顶屋墙之形，用它作意符，表示与房屋之类有关。本义是指屋檐下的过道或室外独立有顶的过道。如：走廊，长廊。连接两个或几个独立建筑物的走廊称“游廊”。杜牧《阿房宫赋》：“廊腰缦回，檐牙高啄。”意思是游廊像绸子一般回环曲折，飞檐像鸟嘴向高处仰啄。

廓，《尔雅·释诂》：“大也。”郭璞注举“廓落宇宙”为例。本义是广大、空阔。《楚辞·九辩》：“悲忧穷戚兮独处廓。”意思是忧伤困窘啊，孤零零地待在空阔的地方。引申指物体的外围。如：轮廓，框廓。又，《方言》卷一：“张小使大谓之廓。”是扩张的意思。这个义后来写作“扩”。

简体	篆书	隶书	草书	行书
廊	廊	廊	廊	廊
廓	廓	廓	廓	廓

láng hěn
狼　狠

“狼”和“狠”的意符都是“犬”，说明字义都和兽类有关。声符一从良一从艮，标志不同读音。义完全两样，但由于形体只有一点之差，所以很容易弄错。

狼，《说文》：“似犬，锐头白颊，高前广后。”因为形状似狗，所以用“犬”作意符。本义是兽名。狼奔豕突：像狼和猪一样东奔西跑，乱窜乱撞。比喻匪徒横冲直撞，到处作恶。狼性凶狠、狡猾。所以又常用来比喻狠毒和狡猾的人。如：比喻心肠狠毒或忘恩负义为“狼心狗肺”，比喻凶暴的人习性难改、用心狠毒为“狼子野心”。

狠，本读wán，《说文》：“犬斗声。从犬艮声。”假借为狠毒、残忍。心狠手辣：心肠凶狠，手段毒辣。今又常用来称控制感情、下定决心。如：狠心。

简体	甲骨文	篆书	隶书	草书	行书
狼	狼	狼	狼	狼	狼
狠		狠	狠	狠	狠

láo　zǎi
牢　宰

“牢”和“宰”都是会意字，但所会之意不同，读音不同，意义各异。

牢，《说文》：“闲养牛马圈也。从牛冬（终）省，取其四周匝也。”“冬”是畜圈的形象。本义是指养牛马等家畜的圈。亡羊补牢：羊跑掉了，才去修补羊圈。比喻受到损失之后，及时想办法去补救，免得以后再受损失。引申为祭祀用的牺牲。古代帝王祭祀社稷时牛羊豕三牲全备称“太牢”，诸侯祭祀所用羊豕各一头称“少牢”。又引申为监禁犯人的地方。如：囚牢，监牢。又引申为“坚固”。如：牢不可破。

宰，上部是“宀”，下部是“辛”。《说文》：“罪人在屋下执事者。”本义是指古代奴隶主家中掌管家务的总管。引申为官吏的通称。据《周礼》的记载，当时官吏之以“宰”为名者，有冢宰、大宰、小宰、宰夫、内宰、里宰等。春秋时卿大夫的家臣和采邑的长官也称“宰”。《论语·雍也》：“原思为之宰。”意思是原思（孔子的学生）担任孔子家的总管。引申为主宰。《庄子·列御寇》：“受乎心，宰乎神。”意思是承受在内心，主宰着精神。又指杀牲。如：宰割，屠宰。

简体	甲骨文	金文	篆书	隶书	草书	行书
牢	牢	牢	牢	牢	牢	牢
宰	宰	宰	宰	宰	宰	宰

lǎo 潦　liáo 燎

“潦”与“燎”，声符同是“尞”，两字的读音相近，但意符不同，意义两样。

潦，《说文》：“雨水大貌。”《列子·汤问》：“百川水潦归焉。”意思是百川和雨水都归向海洋。又指积水。王勃《滕王阁序》：“潦水尽而寒潭清。”意为雨后积水已尽，寒冷的潭水清澈照人。用于“潦倒”的“潦”读 liáo。“潦倒”是复音词，多用以形容颓丧、失意。杜甫《登高》：“潦倒新停浊酒杯。”意为久病衰颓，近来连浊酒也不喝了。“潦草”也是复音词，则是指（字）不工整或（做事）不仔细认真。又读 lào，通常写作“涝”，指雨大成灾。《庄子·秋水》：“禹之时，十年九潦。”意思是禹的时代，十年有九年水灾。

燎，指放火烧田，所以用“火”作意符。《一切经音义》卷二十四引《说文》：“火田也。”《诗·小雅·正月》：“燎之方扬，宁或灭之。”意思是野火烧得正旺，有谁能够浇熄它？引申为燃烧、延烧。星火燎原：点点小火星可以延烧整个原野。《三国志·魏书·王粲传》：“以此行事，无异于鼓洪炉以燎毛皮。”意思是像这样做，那就和吹旺了火炉的火去烧毛皮差不多。后来就以“燎发”来比喻消灭敌人极容易。又读 liào，指古代用来照明的火炬。《诗·小雅·庭燎》：“庭燎之光。”意思是火炬的光亮。叠用为“燎燎”，则是表示明显貌。《韩诗外传》卷二：“昭昭乎若日月之光明，燎燎乎如星辰之错行。”意思是显赫荣耀啊像日月的光明，明显清晰啊像星辰的交错运行。

简体	篆书	隶书	草书	行书
潦	潦	潦	潦	潦
燎	燎	燎	燎	燎

lǎo 老　kǎo 考

“老”和“考”形体很相似，只是下面的一画不同。字义起初虽然也有关系，但读音不同，今天使用的义相去很远了。

老，甲骨文是一个弯腰驼背的老汉手持拐杖的形象，属象形字。本义是年纪大、衰老（与“少”“壮”相对）。《孟子·梁惠王上》：“老吾老，以及人之老。”意思是尊敬我家里的老人，从而推广到尊敬别人家里的老人。曹操《步出夏门行·龟虽寿》：“老骥伏枥，志在千里。”意思是伏在棚里的老千里马，仍想驰骋在千里关山。引申为陈旧的或过时的。如：老脑筋、老经验。又引申指原来的或长久的。如：老脾气，老地方，老主顾。用作副词时又表示经常、很、极的意思。如：老谈这件事，老早，老远。

考，《说文》：“考，老也。从老省，丂声。”本义指老、年纪大。《诗·小雅·楚茨》：“使君寿考。”意为（神）使君得长寿（寿考：犹言高寿）。古代又称已死去的父亲为“考”。《礼记·曲礼下》：“生曰父，曰母，曰妻；死曰考，曰妣，曰嫔。”意为活着的时候称父、母、妻，死了就称考、妣、嫔。如丧考妣：好像死了父母一样。形容非常悲伤。考察的“考”本作“攷”，后来却混同了。现在只用“考”，不用“攷”。如：考查工作或学习的出勤情况称“考勤”，实地观察调查称“考察”。

简体	甲骨文	金文	篆书	隶书	草书	行书
老	老	老	老	老	老	老
考	考	考	考	考	考	考

léi yíng yíng
羸 赢 嬴

“羸”“赢”和“嬴”笔画繁多，形体十分相似，只是下部中间的意符不同，所以往往易致混淆。

羸，《说文》：“瘦也。从羊羸（luǒ）声。”朱骏声认为本训羊瘦，后转言人。本义是瘦弱。贾谊《论积贮疏》：“罢夫羸老易子而咬其骨。”意思是年老体弱的人就把孩子交换着吃。

赢，《说文》：“有余贾利也。”段玉裁认为应是从贝从羸，会意。“贝”是古货币，“羸”是多肉之兽，会经商有赢利之意。本义是盈利、利润。晁错《论贵粟疏》：“操其奇（jī）赢。”意为拿到差价的盈利。引申为获得、得到。辛弃疾《破阵子·醉里挑灯看剑》：“赢得生前身后名。”意为得到在世时和死后的名声。古代又借用作一种竹篓一类的器物之名称。因而引申为携带。《荀子·议兵》：“赢三日之粮，日中而趋百里。”意为携带三天的干粮，一天跑一百里。现代汉语多用来指获胜（跟“输”相对）。如：这盘棋他一定赢。

嬴，《说文》：“少昊氏之姓。从女，羸省声。”是姓氏专用字。古代氏族社会以女子为中心，所以姓氏有的用“女”作意符。秦为嬴姓，故称嬴秦；秦始皇名政，所以又叫嬴政。

简体	繁体	金文	篆书	隶书	草书	行书
羸			羸	羸	羸	羸
赢	贏	赢	赢	赢	赢	赢
嬴		嬴	嬴	嬴	嬴	嬴

lèi　　lóu

类　娄

“类”和“娄”结构不同，读音各异，意义互不相关。原来的繁体字的字形并不相近，简化后才成了一对形似字。

类，繁体写作“類”。《说文》：“种类相似，唯犬为甚。从犬頪声。”古人认为犬的类别特征最明显，所以意符从犬。声符也念 lèi，简化时省去了“页”，而意符也从“犬”简成“大”了。本义是种类。如：同类、类别。《论语·卫灵公》：“有教无类。”意思是受教育，不分贵贱、贤愚，机会均等。引申为相似、类似。画虎类犬：想画老虎，结果却画得像犬。比喻好高骛远，终无成就，弄得不伦不类。古书中有时用作副词，表示大抵、大致。《汉书·贾谊传》：“类非俗吏之所能为也。”意思是大抵不是一般（庸俗）的官吏所能办到的。

娄，《释名·释宫室》解释“楼”字时说：“牖户诸射孔娄娄然也。”“楼”最初本是用于守望，所以上面有很多“射孔”。“娄娄然”正是形容楼上很多射孔的空明貌。这个义后来很少用。也是星宿名。二十八宿之一，西方白虎七宿的第二个宿。今天只用作姓氏和地名了。

简体	繁体	篆书	隶书	草书	行书
类	類	類	類	類	類
娄	婁	婁	婁	婁	婁

lèi　　zhù

肋　助

“肋”和“助”的右边虽然都是“力”，但是这个“力”的作用不同：在“肋”字里，它是声符；在“助”字里，它却又是意符了。

肋，《说文》：“胁骨也。从肉力声。”古今音变，声符的标音作用已不明显。肋骨即胸部两侧的肋骨。即人或高等动物胸壁两侧成对的长条形的骨。人有十二对肋骨，有保护胸腔内脏的作用。

助，从力且（jū）声。《小尔雅·广诂》说是“佐也”。本义是帮助、辅助。《诗·小雅·正月》：“将伯助予。”意思是才叫喊老兄帮助我。助我张目：因得到别人的帮助而使自己的气势更加壮大。助人为乐：把帮助人当作快乐。助桀为虐：比喻帮助别人做坏事。也说“助纣为虐”（桀是夏朝的最后一个王，纣是商朝的最后一个王，相传都是暴君）。

简体	篆书	隶书	草书	行书
肋	肋	肋	肋	肋
助	助	助	助	助

棱（léng） 梭（suō）

“棱”和“梭”声符不同，读音不一样，意义也相差很远。但由于意符同是“木”，两字形体很相似，只是右上方“土”“厶”的不同，容易写错。

棱，古代本指四方的木头，所以从木。方木是有棱角的，所以用来称物体表面的条状突起。又指严厉。后汉书《王允传》：“允性刚棱疾恶。”又读 lèng，指田间土垄，唐宋人约计田亩的单位。

梭，本音 xùn，是一种树木的名称。《说文》：“梭，木也。”但很少用到，却把它借来写织布的“梭”，即织布时牵引纬线的工具。从语音的角度说，声符“夋（qūn）”与“梭（suō）”间，谈不上有什么关系，但既已约定俗成，大家都承认它是“梭子”的“梭”。日月如梭：太阳和月亮如同穿梭似的来去，形容时光过得很快。又将机关枪等武器的子弹夹子叫作“梭子”，所以又用作量词，专门用于指子弹。如：一梭子弹。

简体	篆书	隶书	草书	行书
棱	棱	棱	棱	棱
梭	梭	梭	梭	梭

lí 蓠 lí 篱

“蓠”和“篱”的声符都是“离”，读音均同声符，只有意符之别，容易误用。

蓠，《说文》：“江蓠，蘼芜。从草离声。”是古书上说的一种香草名，即江蓠，又名蘼芜。司马相如《上林赋》：“掩以绿蕙，被以江蓠。”意思是（千里长堤）覆盖着绿刍香蕙和江蓠（张揖曰：“掩：覆也。绿：王刍也。蕙：薰草也”）。

篱，指篱笆，即指用竹木芦苇等编成的围墙或屏障，所以用“竹”为意符。潘岳《闲居赋》：“长杨映沼，芳枳树篱。”意为长长的垂杨映照着池水呀，芬芳的枳树啊栽上做篱笆。《三国志·蜀书·先主传》：“舍东南角篱，上有桑树生，高五丈余。”

简体	繁体	篆书	隶书	草书	行书
蓠	蘺	蘺	蘺	蘺	蘺
篱	籬	籬	籬	籬	籬

黎 藜
lí lí

“黎”和“藜”都读 lí，“黎”的声符是利省声，“藜”则以“黎”为声符，所以音同。“黎”加了一个“⺾”意符，意义就有所不同。

黎，从黍，古文利省声。《尔雅·释诂》：“黎，众也。”本义是众多。《诗·大雅·桑柔》：“民靡有黎，具祸以烬。”意思是百姓死亡人丁稀少，全遭难变灰烬。又如称民众或百姓为“黎民”“黎庶”。又用来指黑色。《书·禹贡》：“厥土青黎。”意为那儿的土是青黑色的。又是古国名、民族名。今指少数民族名，在广东省海南岛，环黎母山而居。现在主要用作姓氏。

藜，从草黎声。《说文》：“藜，草也。”本义是草名。俗名红心灰藋。用它的老茎制成的手杖称“藜杖”，用它的嫩叶煮成的羹称“藜羹”。《左传·昭公十六年》：“斩之蓬、蒿、藜、藋而共处之。”意为砍去蓬、蒿、藜、藋等杂草，在这里和睦相处。

简体	篆书	隶书	草书	行书
黎	黎	黎	黎	黎
藜	藜	藜	藜	藜

里 黑
lǐ hēi

“里”和“黑”同是会意字。两字读音不同，形体的差别似乎只在于下部有没有四点。其实古字的结构完全不同。

里，从田从土。有田有土才能生活，所以《说文》说是“居也”。本义宅院、住宅区。也是古代一种居民组织。《周礼》说：“五家为邻，五邻为里。”先秦以二十五家为里，实际上居住情况不可能这样严格。这一意义一直在沿用。现在某些人聚居的街道乡村的名称多有称“里”的。邻里、里弄、乡里、故里的“里”都与本义有关。“里”又是旧时县以下的基层行政单位，古时的乡官称里正。又用作长度单位，历代不等。“里外”的“里”本来写作“裏”，“从衣里声”，简化字省了从“衣”，同音兼代都写作“里”。如：城里，箱子里。又附在“这”“那”“哪”等字后边表示地点。如：这里，那里。

黑，金文上部像烟囱形，当中的黑点表示烟囱里面的黑灰，下部是“炎”字，表示烧火时把烟囱里面都熏黑了。《说文》：“火所熏之色也。”本义是黑色。如：黑白分明。引申为暗、光线不足。如：天黑了，屋子里太黑。又引申为隐蔽、不公开的（多指违法的）。如：黑话，黑市。引申为坏、狠毒，或象征反动。如：黑心肝，黑帮。

简体	繁体	金文	篆书	隶书	草书	行书
里	裏					
黑						

lì　lì
历　厉

“历”和“厉”读音相同，声符却不一样，两字的意符也全不相同，但形体十分相似。

历，繁体写作“歷”，简化时将“厂”下面的形体全部省掉，换上个“力”作声符。本来是从止厤声。故《说文》释为“过也”。本义是经过。文天祥《指南录后序》：“发北关外，历吴门、毗陵，渡瓜州，复还京口，为一卷。”意思是从北关外出发，经过吴门、常州，渡江到瓜州，又回到京口（的部分）作为一卷。又指时间上的经历。如：过去多少过程称“历程”，过去的各个朝代称“历代”，过去多少年称“历年”。叠用为“历历”，是借“历”字的音来写口语中的词，表示清晰分明的意思。历历在目：远方的景物或过去的情况清清楚楚地呈现在眼前。历历可数：可以清楚地一个个或一件件数出来。崔颢《黄鹤楼》：“晴川历历汉阳树，芳草萋萋鹦鹉洲。”意思是隔着晴明的江水，汉阳远树清晰分明，鹦鹉洲上的青草长得茂密可爱。“历法”“历书”的“历”本也从“止”，后来曾改作从日（曆）（历），是后起字，现在也都简化作“历”了。

厉，繁体作“厲”。《说文》：“旱石也。”从厂，蠆省声。本义是磨刀石。《诗·大雅·公刘》：“涉渭为乱，取厉取锻。”意思是横渡渭水河，把磨石采又把锻石搬。引申为磨砺。《韩非子·五蠹》：“坚甲厉兵以备难。”意思是铠甲做得牢牢的，兵器磨得快快的，为的是防备困难。又用为严肃、猛然等义。声色俱厉：（说话时）声音和脸色都很严厉。雷厉风行：像雷一样猛烈，如风一样疾速。形容声势猛烈，行动果断。也形容办事严格和快速。后来主要用于表示严厉义，而作为“厉石”的“厉”反而写作“砺”了。

简体	繁体	甲骨文	金文	篆书	隶书	草书	行书
历	曆				曆		曆
厉	厲				厲		厲

lián　lín
怜　邻

“怜”和“邻”的声符相同（本作“粦”，今简化作“令”），只是位置在右在左不同，意符从心从邑有异，表明了它们各自不同的意义范畴。

怜，意符从心。《说文》：“哀也。”本义是怜惜、同情。同病相怜：患同一种病的人相互同情。比喻因有共同遭遇而互相同情怜悯。引申为爱惜、喜爱、爱慕。如：爱惜人才古人称“怜才”。古汉语“可怜”二字连用，有以下三种意思：①表示可爱的意思。《古诗为焦仲卿妻作》：“可怜体无比，阿母为汝求。”意思是（罗敷的）姿态可爱无比，我请人去跟你说亲。②表示值得同情。白居易《卖炭翁》：“可怜身上衣正单。”意思是值得同情的是他身上的衣服还非常单薄。③表示可惜。辛弃疾《菩萨蛮》：“西北望长安，可怜无数山。”意思是向西北遥望旧京，可惜只能看到重重叠叠的青山。现代汉语“可怜”只有怜悯和值得同情之意。

邻，意符从邑。《说文》：“五家为邻。”本义是周时的基层组织之一，所以用“邑”作意符。引申为邻近、邻居。以邻为壑：把邻国当作大水坑，把本国洪水排到那里去。比喻只顾自己的利益，把困难或灾祸转嫁给别人。

简体	繁体	篆书	隶书	草书	行书
怜	憐	憐	憐	憐	憐
邻	鄰	鄰	鄰	鄰	鄰

liàn liàn
练 炼

“练”和“炼”声符都是“柬”，但是意符不同，一从糸，一从火，这就区分了它们不同的字义。但是由于音同形近，所以也易误用。

练，从糸柬声。《说文》：“练，湅缯也。”本义是指白色的熟绢。江平如练：江水平静得像一匹平铺着的白色熟绢。引申指把丝麻或织品煮得柔软而洁白。《淮南子·说林》：“墨子见练丝而泣之。”意思是墨子看见加工丝就对它哭泣（有感于染于苍则苍，染于黄则黄）。引申为练习、训练。如：勤学苦练。又指经验多、纯熟。如：老练（阅历深经验多，稳重而做事有办法），干练（富有才能又有经验），练达（阅历多而通达人情世故）。

炼，从火柬声。本义是用火烧制、冶炼。《论衡·谈天》：“女娲销炼五色石以补苍天。”如：炼钢，炼油。引申为锤炼文字，或比喻下苦功夫以求其精。杜甫《白盐山》诗：“词人取佳句，刷炼始堪传。”又如：炼字，炼句。

简体	繁体	篆书	隶书	草书	行书
练	練	練	練	練	練
炼	煉	煉	煉	煉	煉

liáng liáng
梁 粱

“梁”和“粱”读音相同，意符虽有从木从米的区别，而形体相似，所以很容易混淆误用。

梁，《说文》：“水桥也。从木从水。刅（chuāng）声。”本义是桥。《国语·周语中》：“九月除道，十月成梁。”意思是九月修治道路，十月建造桥梁。在水中筑的用来捕鱼的渔坝也叫梁。《诗·邶风·谷风》：“毋逝我梁，毋发我笱。”意为我的拦鱼坝别让人来，我捕鱼的渔笼不许乱开（梁：渔坝。用石头拦阻水流，中空留缺口以便捕鱼。有的称为堰。笱：捕鱼的竹篓）。引申指架在墙上或柱子上支撑屋顶的横木。汉朝陈寔的家里，夜里来了一个窃贼，躲在屋梁上，陈寔把他叫作“梁上君子”。后来就用“梁上君子”作窃贼的代称。

粱，从米，梁省声。《说文》：“米名也。”是粟的优良品种的统称。《诗·小雅·甫田》：“黍稷稻粱，农夫之庆。”引申为精美的饭食。古代以“稻粱”“膏粱”并称。“粱肉”指精美的膳食。杜甫《醉时歌·赠广文馆博士郑虔》：“甲第纷纷厌粱肉，广文先生饭不足。”今专用作高粱的“粱”。

简体	金文	篆书	隶书	草书	行书
梁		梁	梁	梁	梁
粱	粱	粱	粱	粱	粱

liáng liàng liàng
凉 谅 晾

“凉”“谅”和“晾”声符都是“京”，因古今音变，标音作用已不明显。三字意符有别，字义不同，不能混用。

凉，从水京声。今简化作“凉”。本义是指稍冷、微寒。李白《草书歌行》中“八月九月天气凉”的“凉”，用的就是本义。又指寒冷。《诗·邶风·北风》：“北方其凉，雨雪其雱。”意思是北风刮起来冰冰凉，漫天雪花纷纷扬［其雱（páng）：即雱雱，雪盛的样子］。又用来比喻灰心失望。如：他听到这个消息，心里凉了半截。

谅，意符是“言”。《说文》说是“信也”。本义是诚实。《论语·季氏》：“友直，友谅，友多闻，益矣。”意思是同正直的人交友，同诚实的人交友，同见闻广博的人交友，便有益了。又指信任、体谅。《诗·邶风·柏舟》：“母也天只，不谅人只。”意思是妈呀，天啦，简直不体谅人啊。又，请人体察原谅称“谅察”，了解实情后原谅或消除意见称“谅解”。又虚化为副词表推断。如：谅必，谅可，谅已收到。

晾，《字汇补》说是“晒暴也”。本义是将湿东西晾晒使干，所以从日。如：晾衣服。今多指把东西放在通风或者阴凉的地方吹干。

简体	繁体	篆书	隶书	草书	行书
凉		涼	凉	凉	凉
谅	諒	諒	諒	諒	諒
晾		晾	晾	晾	晾

liáng 良　gèn 艮

“良”和“艮”形体十分相似，但造字方法不同：“良”是形声字，“艮”是会意字。读音也各异，意义更是相去很远。

良，依《说文》的解释，是以“亡”为声符的形声字，义为“美也”。本义是指好、良好。《左传·定公十三年》：“三折肱知为良医。”意思是臂膀折断几次便成了良医。良辰美景：美好的时刻，宜人的景色。又指和悦，和睦。《论语·学而》：“夫子温良恭俭让以得之。”意思是先生是靠温和、和悦、恭敬、俭朴、谦让（五种美德）取得的。又虚化为副词，表示很、甚的意思。如：获益良多，用心良苦。《史记·赵世家》：“诸将以为赵氏孤儿良已死。”用的是表肯定的副词，相当于“的确”义。

艮，《说文》说是“很也。从匕目，会意，匕目，犹目相匕（比），不相下也”。这个义很少用到。但《易经》上有个“艮”卦。不要误认为“良”。还是方位名，指东北方。也是时辰名，在子时之后的凌晨时分。

简体	甲骨文	金文	篆书	隶书	草书	行书
良						
艮						

liáo liào
寥 廖

“寥”和“廖”声符同是“翏”，意符稍有不同。两字音近义异，但由于形似，很容易误用。

寥，从宀翏声。本义是指空虚寂静。《老子》：“寂兮寥兮，独立而不改。”又指稀疏。寥若晨星：就像早晨的星星那样稀少。叠用为“寥寥”，常用来形容非常少。寥寥可数：指少得一眼就可以数清楚。刘长卿《过郑山人所居》诗：“寂寂孤莺啼杏园，寥寥一犬吠桃源。”又称“寥廓”，表示空阔义。《楚辞·屈原·远游》：“下峥嵘而无地兮，上寥廓而无天。”意思是下界不见地深渺茫茫，上界天河外无垠空旷。

廖，从广寥声。《说文》新附：“廖，人姓。”是姓氏专用字。《左传·庄公二十七年》：“王使召伯廖赐齐侯命，且请伐卫。”意思是周惠王派遣召伯廖赐命齐桓公，并请他进攻卫国。

简体	篆书	隶书	草书	行书
寥				
廖				

liáo　　dīng

疗　疔

“疗”和“疔”的意符都是“疒”，表示字义和疾病有关。声符不同，所以读音各异。

疗，繁体写作“療”。《说文》：“乐，治也。”声符本来是繁体的“乐”，也写作“尞”，简化成“了”。本义是指医治、治疗。《左传·襄公二十六年》：“不可救疗。”意思是不能挽救、治疗。又如：疾病的医疗效果叫“疗效”，在特设的医疗机构进行以休养为主的治疗叫“疗养”。《诗·陈风·衡门》：“泌泌之洋洋，可以乐饥。”《韩诗》作“可以疗饥”。古代“乐”“疗”音义相同，是治疗的意思。

疔，声符是“丁”，是一种毒疮的名称，叫疔疮。《素问·生气通天论》：“足生大疔。”《张隐菴集注》：“丁即疔，言阳气之通会于腠理也。”

简体	繁体	篆书	隶书	草书	行书
疗	療	療	療	療	療
疔		疔	疔	疔	疔

liào　　kē

料　科

“料”和“科”都是会意字，读音不同，义却相近，但现在的字义已经有很大差别。两字的形体只有细微差异，所以容易弄错。

料，金文的左边是米的形象，右边是斗形，上部的斗口朝左，其中的一小横是表示舀进的米，下面用“十”字来表示长柄。《说文》：“量也，从米在斗中。”本义是指量米。引申为计算、统计。《吴子·图国》：“必料其民。”意思是一定要统计他的老百姓（的数字）。又引申为估计、揣度。如：料事如神，不出所料。又用来称可供加工的物质。如：材料，原料，衣料。

可供饮食的物质。如：饮料，作料。牛马家畜家禽所吃的草、粮食或杂粮叫“饲料”。古书中有时读 liáo，表示碰、触的意思。实际上是“撩”的假借义，与“料”字的本义和引申义无关系。《庄子·盗跖》：“疾走料虎头，编胡须。”意思是莽撞地去撩虎头，捋虎须。

科，《说文》：“程也。从禾从斗。斗者，量也。”本义指品级、类别。王充《论衡·幸偶》：“与此同科。”意为与此同类。引申为法律条文。《三国志·蜀书·诸葛亮传》：“科教严明，赏罚必信。”意为法律条文与教令必须严明，赏罚说到办到。又指科举制取士的名目。如：进士科。农作物的植株也谓“科”。如：小科密植。也称小株密植。

简体	金文	篆书	隶书	草书	行书
料	料	料	料	料	料
科		科	科	科	科

lín 麟　lín 鳞

“麟”和“鳞”的声符相同，只是意符从鹿从鱼不同，两字意义相差很远。

麟，意符从鹿，是传说中的仁兽名，即麒麟。《左传·哀公十四年》：“春，西狩于大野，叔孙氏之车子钼商获麟。”意思是（鲁哀公十四年）春，在西部大野打猎，叔孙氏的御者子钼商捉获一只麒麟。（杜预注：“麟者，仁兽，圣王之嘉瑞也。”）古代称麟、凤、龟、龙为四灵。又比喻珍贵而不实用之物为“麟角凤距”，比喻珍贵稀见之物为“麟凤一毛”或“凤毛麟角”。

鳞，《说文》说是“鱼甲也”。因为鱼的鳞似鱼的铠甲，所以称鱼甲。本义指鱼类和爬行动物身体外表的透明角质鳞片。《楚辞·九章·悲回风》：“鱼葺鳞以自别兮，蛟龙隐其文章。”意为群鱼彼此炫耀鳞甲，蛟龙却把美丽的金鳞隐藏（葺：整治。文章：文采，指蛟龙的鳞甲）。因鳞片的排列如覆瓦状，常以“鳞”形容房屋或船只密集。鳞次栉比：像鱼鳞和梳子的齿那样有次序地排列着。

简体	繁体	篆书	隶书	草书	行书
麟		麟	麟	麟	麟
鳞	鱗	鱗	鱗	鱗	鱗

lín jiàn

临 监

“临”和“监”都是象形字，读音不同，意义有别。

临，甲骨文像一个人俯首下视的样子。金文像一个人用眼睛往下俯视器物的样子。本义是从高处往低处看。《诗·大雅·大明》：“上帝临女，无贰尔心。”意思是上帝监视着你们，休怀二心要争光。居高临下：占据高处，俯向低处。形容所处地势有利。引申为面对、对着。如临大敌：像面对着强大的敌人。形容戒备森严，十分紧张。引申为来到、到达。亲临其境：亲身到了那个地方。形容感受深切。至于临别、临产的“临”则是将要、快要的意思。

监，甲骨文像一个人俯身向皿中的水观看的形状，人的头上画一只大眼睛，表示人利用器皿中的水照照自己的模样。本义是指照影或镜子。音 jiàn。《书·酒诰》：“人无于水监，当于民监。”意为人君不要到水中去照自己的影子，而应到臣民中去照照自己的影子。贾谊《胎教》：“明监所以照形也。”意思是明镜是用来照人的容貌的。后来铜镜发明，加上“金”旁成了“鑑”。又引申为自上向下看，读 jiān。后来又引申为监视、俯察之意。如：监考（监视试场，使应考的人遵守考试纪律），监督（察看并督促），监制（主管人或主管部门监督某一商品的制造）。又是古代主管检察的官名。《史记·秦始皇本纪》：“郡置守、尉、监。”

简体	繁体	甲骨文	金文	篆书	隶书	草书	行书
临	臨	臨	臨	臨	臨	臨	臨
监	監	監	監	監	監	監	監

lóng yóu quǎn
龙 尤 犬

“龙”的繁体本来和“尤”“犬”没有共同之处，只是简化后才跟它们形体相似。

龙，甲骨文像龙形，是古代传说中一种有鳞有须，能兴云作雨的神异动物。刘向《新序》记载：古代有个叶公非常爱好龙，器物上画着龙，房屋上也刻着龙。真龙知道了，就到叶公家里来，把头探进窗户。叶公一见，吓得面色如土，拔腿就跑。因此人们用“叶公好龙”来比喻名义上说爱好某事物，实际上并不真爱好。

尤，《说文》：“异也。”古文字本是从乙又声，楷化后看不出原来的结构了。古书多作罪过、过失义。《诗·小雅·四月》：“莫知其尤。”意思是还不承认是犯罪。又如，仿效别人干坏事叫“效尤”。以儆效尤：用来警诫人们，不要向过错学习。引申为指责、归罪。怨天尤人：怨恨天命，责怪别人。形容遇到不称心的事情一味归咎客观，埋怨别人。又指特异的、突出的。如：特出的人物谓之“尤物”。《庄子·徐无鬼》：“夫子，物之尤也。”意思是先生是最出类拔萃的人物。还虚化为副词，表示格外、更加等义。

犬，甲骨文和金文都像狗的样子，楷书完全失去狗的形象。“狗”，犬通名。古人以大者为“犬”，小者为“狗”。本义指“狗”。《诗·小雅·巧言》：“跃跃毚兔，遇犬获之。”意思是好比狡兔脚虽快，碰上猎狗把命丧（毚：狡猾）。蜀犬吠日：柳宗元在《答韦中立论师道书》中说：四川地方多雾，那里的狗不常见日光，每逢日出，狗都叫起来。后来用“蜀犬吠日”比喻少见多怪。

简体	繁体	甲骨文	金文	篆书	隶书	草书	行书
龙	龍	龍	龍	龍	龍	龍	龍
尤		尤	尤	尤	尤	尤	尤
犬		犬	犬	犬	犬	犬	犬

垄 砻
lǒng lóng

“垄”和“砻”的声符都是“龙”。但是意符不同，一从土，一从石，区分了它们各自不同的意义。

垄，繁体写作“壟”，意符从土。《说文》：“丘垄也。”本义指土堆。又指田地分界的田埂。《史记·陈涉世家》：“辍耕之垄上。”意思是停止耕作走到田埂上。高适《登垄》有“垄头远行客，垄上分流水”的诗句。“垄上”也指田埂上。也指坟墓。《战国策·齐策四》：“有敢去柳下季垄五十步而樵采者，罪死不赦。”意思是有谁敢到离柳下季坟墓五十步以内的地方打柴的，一律处死，决不赦免（柳下季：春秋时鲁大夫，名禽字季，食邑柳下，死后谥“惠”，故又称柳下惠）。

砻，繁体作“礱”。本义是指磨物。《荀子·性恶》：“纯金必将待砻厉而后利。”曹植《宝刀铭》：“造兹宝刀，既砻既砺。”后专指磨去谷壳的器具。稻谷砻过后脱下的外壳称“砻糠”。

简体	繁体	篆书	隶书	草书	行书
垄	壟	壟	壟	壟	壟
砻	礱	礱	礱	礱	礱

拢 扰
lǒng rǎo

“拢”和“扰”的繁体相差很远，简化以后，形体只有一撇之差，极为相似，容易误用。

拢，从手龙声。繁体写作“攏”，本义是掠、梳头发。韩偓《春闷偶成》诗：“有意通情处，无言拢鬓时。”“拢鬓”就是梳理发鬓之意。也是弹奏乐器的一种指法。白居易《琵琶行》：“轻拢慢捻抹复挑，初为霓裳后六幺。”“拢”“捻”“抹”“挑”都是弹琵琶的指法，“拢”是叩弦。还有靠近义。《乐府诗集·江南曲》：“知即旧时意，且请拢船头。”

扰，形声字，《说文》“扰”字作“擾”，声符作“夒（nāo）”，繁体作“憂”，今简化为“尤”。本义是纷乱、纷扰。《左传·襄公四年》：“兽有茂草，各有攸处，德用不扰。”意思是野兽有丰盛茂密的青草，人兽各有所处，互不纷扰。又如：骚扰，扰乱。今又用为客套语，因受人款待而表示客气。如：打扰，叨扰。

简体	繁体	篆书	隶书	草书	行书
拢	攏	攏	攏	攏	攏
扰	擾	擾	擾	擾	擾

蒌 lóu 篓 lǒu

“蒌”和“篓”的声符都是“娄”，读音只有声调不同。但意符不同，意义有别。

蒌，《说文》说是“蒌草也。可以烹鱼。从草娄声”。是一种生在水中的草，也可烹鱼作羹。苏轼《惠崇春江晓景》：“蒌蒿满地芦芽短，正是河豚欲上时。”《诗·周南·汉广》：“翘翘错薪，言刈其蒌。”意思是杂柴乱草长得高，割下蒌蒿当烛烧。

篓，繁体写作“簍”。《说文》：“竹笼也。”意符是“竹”，指用竹子、荆条、苇篾等编成的容器，从口到底比较深。《急就篇》：“篓、箪、箕、帚、筐、筴。”颜师古注：“篓者，疏目之笼，言其孔楼楼然。”又如：油篓，字纸篓。

简体	繁体	篆书	隶书	草书	行书
蒌	蔞	蔞	蔞	蔞	蔞
篓	簍	簍	簍	簍	簍

lǒu　lóu
搂　楼

“搂”和“楼”的声符都是“娄”，但意符从手从木有别。

搂，《说文》：“曳聚也。”本读 lóu。本义是拽、牵引。后读 lǒu，用为揽、抱。《红楼梦》第三回：“早被外祖母抱住，搂入怀中。”今又读 lōu，用来指用手拢着提起来（指衣服）。如：搂起袖子。还用来称搜刮财物。如：搂钱。

楼，从木娄声。《说文》：“重屋也。”本义是指建造在高处的建筑物。古代多用于瞭望。《孟子·告子下》：“方寸之木可以使高于岑楼。”意思是一寸厚的木块（如果放在高处），可以使它比尖角高楼还高（岑楼：朱熹注，楼之高锐似山者）。又指两层以上的房屋。如：高楼大厦。古代车船有上层者，也都称“楼”。如有叠房的大船称“楼船”。古代的战车，上设望楼，用于瞭望敌人，称“楼车”。后世攻城用具如“云梯”“飞梯”之类，即在“楼车”基础上改进发展而成。

简体	繁体	篆书	隶书	草书	行书
搂	摟	摟	摟	摟	摟
楼	樓	樓	樓	樓	樓

lú　lú
庐　芦

“庐”和“芦”简化后同是以“卢”为声符的形声字，容易混淆。

庐，繁体写作“廬”。《说文》：“寄也。秋冬去，春夏居。从广盧声。”指在田间临时搭起的简陋屋子，类似今天的“窝棚”。《诗·小雅·信南山》：“中田有庐，疆场有瓜。”意思是田中有屋住人家，田边种着青翠瓜。又指宾客住的客舍。《周礼·地官·遗人》：“十里有庐，庐有饮食。”意为每隔十里路就有一个客舍，客舍中设有饮食招待客人。也指古代官吏轮流应差住的房子。《汉书· 金日磾传》：“日磾小疾卧庐。”意思是日磾害了小病，躺在官吏轮流应差住的房子里。也是古代国名。《国语·周语中》：“庐由荆妫。”韦昭注：“庐，妫姓之国。”

芦，繁体写作“蘆”。《说文》：“芦服也。”是菜名，即萝卜（芦菔、萝卜都是古今音变，同物异名）。又指芦苇，草本植物，多生于湿地或浅水，茎中空，可以编席、造纸。《淮南子·修务》：“夫雁顺风，以爱气力，衔芦而翔以备矰弋。”意思是大雁顺风飞行，以便爱惜它的气力，口衔芦苇而飞翔，用来防备射伤。高诱注：“未秀曰芦，已秀曰苇。”

简体	繁体	金文	篆书	隶书	草书	行书
庐	廬			廬		廬
芦	蘆			蘆		蘆

lǔ 卤　yǒu 卣

“卤”和“卣”都是象形字，由于字形的演变楷化，现在是很难从它的形体看出它们各自的意义了。

卤，金文是由“卣（yǒu，古代一种盛酒的器皿）”字转化而来的，字形像盐罐，后来繁化加上四点表示罐中有盐，也有卤。《说文》：“鹵，西方鹹地也。从籀文西，象盐形。”今天的“卤”，原是籀文的“西”字，本来还有四点像盐粒状，简化时省去。本义是指不生长谷物的盐鹹地。段玉裁注：“卤咸地仅产盐。”《左传·襄公二十五年》：“辨京陵、表淳卤。”意思是区别高地山陵情况，标明盐鹹地。又指制盐时剩下的黑色汁液，通称“盐卤”。《史记·货殖列传》：“山东食海盐，山西食盐卤。”又指用盐水加五香或用酱油煮（整个的鸡、鸭或大块肉等）。如：卤鸡，卤鸭。

卣，古代的礼器，用于盛酒，形状一般为椭圆形，大腹，敛口，圈足，有盖与提梁。“卣”字即象其形。是中型酒尊。《诗·大雅·江汉》：“赉尔圭瓒，秬鬯（chàng）一卣。”意思是赏你玉杓世代传，黍酒一壶香又甜［赉：赏赐。圭瓒：用玉做的酒勺。秬鬯：用秬（黑黍）和卣酿成的香酒］。

简体	繁体	甲骨文	金文	篆书	隶书	草书	行书
卤	鹵		鹵	鹵	鹵	鹵	鹵
卣		卣	卣	卣	卣	卣	卣

录 隶

lù lì

“录”和“隶”原来的繁体不论是意符还是声符均无共同之处，简化后却成了一对形似字。

录，繁体左边本来还有意符“金”。《说文》：“金色也。从金录声。”但从来就用为记载、登记义。《公羊传·隐公十年》：“《春秋》录内而略外。”意思是《春秋》记录中原诸国的事，而对边远诸族则略而不记。又指抄写、抄录。宋濂《送东阳马生序》：“每借于藏书之家，手自笔录。”意为常常向藏书人家借阅，亲手抄写。又引申为收录、任用。量才录用：根据人的能力，收录并安排合适的工作。又指记录言行事物的册子。如：言行录，备忘录。

隶，繁体写作“隸”，从隶柰声。简化后省略了偏旁，去声留形。本义是指奴隶，即操贱役的人。《左传·昭公七年》：“大夫臣士，士臣皂，皂臣舆，舆臣隶，隶臣僚，僚臣仆。”“隶”就是“舆”下面的一个奴仆等级。“皂隶”本指古代的贱役，后特指“衙役”。也用来表示附属义。如：隶属（从属或区域机构间的管辖关系）。

简体	繁体	篆书	隶书	草书	行书
录	録	録	録	録	録
隶	隸	隸	隸	隸	隸

lǚ　zú
旅　族

“旅”和“族”都是会意字。结构上相同的部分，原是旗帜的形象，右下角的形体不同，区别为两个不同的字。

旅，甲骨文像是一面战旗下站着两个人，是战士守卫大旗之意。金文是战车上插着大旗的形象，战士聚集在大旗的周围。是旗子下面跟随着士兵的意思。《说文》：“军之五百人为旅。”本义是指古代军队的编制单位，五百人为一旅。《左传·哀公元年》：“有众一旅。”意思是有军队五百人。从军队的出征，引申为旅行。如今称旅行游览为“旅游”。旅行途中称“旅途”。又引申为寄居。《史记·陈杞世家》中的“羁旅之臣”，就是指寄居在外的人。由“寄居”义又引申为“旅客”。范仲淹《岳阳楼记》：“商旅不行。”意思是客商不能出行。

族，甲骨文像是一杆大旗下两支箭，表示很多箭同时射向大旗，有聚集之意。《说文》：“族，矢锋也，束之族族也。从方从矢。”本义是指聚集。后来才引申为有血缘关系之亲属的合称。如：家族，宗族，氏族。又引申为同类、品类。陶潜《咏贫士》：“万族各有托，孤云独无依。”韩愈《师说》：“士大夫之族。”意思是士大夫这一类人。古代一种残酷的刑法，杀死犯罪者的整个家族，甚至他母亲、妻子等的家族，这种刑法也叫“族”，也称“灭族”。《史记·秦始皇本纪》：“以古非今者族。”意思是对用古时候的事来抨击当前（政治）的人要判以灭族之罪。

简体	甲骨文	金文	篆书	隶书	草书	行书
旅						
族						

lǚ lòu
缕 镂

“缕”和“镂”声符虽然都是“娄”，但意符从糸从金不同，读音和意义各异。

缕，《说文》：“线也。”指麻线丝线，所以意符从糸。千丝万缕：千根丝，万条线。形容彼此间多种多样的复杂关系。又泛指线状物。冯延巳《鹊踏枝》：“杨柳风轻，展尽黄金缕。”引申指详尽、细致。如：详细叙述称“缕述”，详细分析称“缕析”。有时可用作量词，多用于长条形东西。如：一缕头发，一缕炊烟。

镂，意符从金。《说文》：“刚铁，可以刻镂。从金娄声。”本义指可供雕刻的硬铁，又指雕刻。《荀子·劝学》：“锲而不舍，金石可镂。”意思是坚持不懈地刻下去，就是金属、石头也可以雕空。古人常用“镂月裁云”形容工巧，用“镂冰雕朽”来形容事不可成、徒劳无功，用“镂骨铭肌”形容受人之惠感激之深。叠韵联绵字“属镂”，剑名。《史记·伍子胥列传》：“乃使使赐伍子胥属镂之剑，曰：‘子以此死。’”

简体	繁体	篆书	隶书	草书	行书
缕	縷	縷	縷	縷	缕
镂	鏤	鏤	鏤	鏤	鏤

lǚ xǐ jī
履 屣 屐

“履”“屣”和“屐”虽然读音各不相同，但由于形体相似，字义都是鞋，所以很容易混淆。

履，《说文》：“足所依也。”为古代鞋之通称。削足适履：鞋小脚大，把脚削得适合鞋子的大小。比喻拘泥成例，生搬硬套，勉强求合或作无原则的迁就。又用作动词践踏、行走。如履薄冰：好像在薄冰上走。比喻小心翼翼，战战兢兢。又引申为施行、执行。如：履约（实

简体	繁体	篆书	隶书	草书	行书
绿	綠	綠	綠	绿	绿
缘	緣	緣	緣	缘	缘

luán 峦 mán 蛮 liàn 恋

“峦”“蛮”和“恋”的意符各异，从山，从虫，从心，标明了各自的意义范畴；声符虽然相同（即字的上部），读音却不一样。

峦,《说文》:“山小而锐者。”即指小而锐峭的山，所以意符从山。屈原《九章·悲回风》:“登石峦以远望兮，路眇眇之默默。”意思是登上石山，我向远处眺望，道路辽远，真是冷冷清清。又泛指峰峦、山梁。如：重峦叠嶂。王勃《滕王阁序》：“桂殿兰宫，列冈峦之体势。”意思是精巧瑰丽的宫殿，像山冈和山梁高低起伏的格局排列着（桂、兰：用桂树和木兰来形容建筑用材的精美）。

蛮，《说文》：“南蛮也。”意符从虫（huǐ）。篆书的“虫”像蛇形（篆书三个“虫”才是昆虫的“虫”，今天简化也作“虫”）。南方人的图腾是盘瓠，俗称盘古，便是一条大蛇，所以“蛮”字从虫。本义是古代对我国南方各民族的泛称。又为粗野、凶恶、不通情理。如：野蛮。态度粗暴而不讲理称“蛮不讲理”。方言中用作副词，相当于“很”。如：很好称“蛮好”，挺大为“蛮大”。

恋，本义是指爱慕不舍，思念不忘，所以用“心”作意符。嵇康《思亲》：“日远迈兮思予心，恋所生兮泪不禁。”意思是日子久远了使我思念心切，眷恋生我的娘啊眼泪禁不住往下淌。今称男女互相爱慕的行动为“恋爱”。形容顾念，舍不得离开谓“恋恋不舍”。

简体	繁体	篆书	隶书	草书	行书
峦	巒	巒	巒	巒	巒
蛮	蠻	蠻	蠻	蠻	蠻
恋	戀	戀	戀	戀	戀

luǎn 卵　mǎo 卯　yìn 印

“卵”和“卯”均为象形字，“印”则是会意字。三个字的音义均不同，但是由于形体近似，所以容易误用。

卵，金文像卵破其液流出的形状。本义是蛋。危如累卵：形容危险的情形，有如把蛋叠得高高的一样，随时都有倒下来的可能。《左传·哀公十六年》：“子西曰：‘胜如卵，余翼而长之。’”意思是子西说：“白公胜就像蛋，我覆翼而使他长大”（如鸟用翅膀把卵孵养成长）。后常用“卵翼”指说庇护。

卯，甲骨文、金文似剖牲口本体的形象，中间两竖像剖分开。但向来借用为地支的第四位。用以计时，相当于现在上午五时至七时。旧时官署办公从清晨卯时始。点名称“点卯”，应名为“画卯”“应卯”，点名册称“卯册”或“卯簿”。

印，《说文》：“执政所持信也。从爪从卩。”“爪”是手的形象，右边是古代的符节。本义是指图章、印信。一说“印”即“抑”字的本字，本义就是“按”的意思。由按又引申为被按的图章叫作“印”。秦以前的印都称为玺。秦始皇规定只有皇帝的印才能称“玺”，而官私所用的均改称“印”。汉代又出现了章或印章的名称。唐以后帝王的印称“宝”，官私印中又出现了“记”“关防”“图章”等名称。引申指留下的痕迹。如：手印，脚印。又特指文字或图画的印刷。如：印书，印报纸。还引申为符合义。如：印证（证明与事实相符）。心心相印：彼此的心意一致，不用说出就能互相了解。形容彼此契合，心意相投。

简体	甲骨文	金文	篆书	隶书	草书	行书
卵		卵	卵	卵	卵	卵
卯	卯	卯	卯	卯	卯	卯
印	印	印	印	印	印	印

lún 沦 cāng 沧

“沦”和“沧”的形体本来不大相同，但是简化后却是十分相似，书写往往容易搞错。

沦，《说文》：“小波也。从水仑声。”本义是水上的波纹。《诗·魏风·伐檀》：“河水清且沦猗。”意思是河水清清而且泛着小小波纹啊！《说文》：“一曰没也。”又指淹没、没落。《汉书·郊祀志上》：“而鼎沦没于泗水彭城下。”马融《广成颂》：“沦灭潭渊。”意思是淹没在深渊里。

沧，从水仓声。《说文》：“寒也。”本义是寒冷。《列子·汤问》：“日初出，沧沧凉凉，及其日中，如探汤。”又指青绿色，同“苍”。如：沧江（泛称江水。江水呈青苍色，故称），沧海（大海，海水苍色，一望无际，故称）。沧海横流：大海的水四处泛流。比喻时世动乱。

简体	繁体	金文	篆书	隶书	草书	行书
沦	淪	淪	淪	淪	淪	淪
沧	滄		滄	滄	滄	滄

lūn qiāng qiāng
抡 抢 枪

“抡”“抢”和“枪”都是形声字。抡的声符是“仑（侖）”，抢和枪的声符是“仓（倉）”。三个字的意符也有所区别。

抡，意符是“手”。《说文》：“择也。”本义是选择、选拔。《国语·晋语八》：“君抡贤人之后有常位于国者而立之。”意思是您选择朝廷中有一定地位的贤人后代而立为大夫。今天读 lūn，指用力挥动、挥舞。如：抡刀，抡拳。

抢，意符也从手，本义是指触、撞。《庄子·逍遥游》：“我决起而飞，抢榆枋而止。”意为我奋起而飞，碰到榆树和檀树就停下来。今读 qiǎng，指争夺、劫夺。是晚起义。如：强力夺取称“抢掠”，用暴力把别人的东西夺过来据为己有谓之“抢劫”。

枪，从木，本是指长柄有尖头的刺人的兵器。现在把口径在两厘米以下，发射枪弹的武器也叫“枪”。如：手枪，步枪。又泛指枪状的东西。如：茶叶的嫩芽叫“茶枪”。有一种茶叶叫“旗枪”，就是以其嫩芽挺立似枪，新叶初展如旗而得名。

简体	繁体	篆书	隶书	草书	行书
抡	掄	掄	掄	掄	掄
抢	搶	搶	搶	搶	搶
枪	槍	槍	槍	槍	槍

M

máilǐ

埋 理

“埋”和“理”都是以“里”为声符的形声字，由于古今音变，现在读音很不相同。两字所从意符不同，字义也各异。

埋，《说文》：“埋作薶，解释为瘗也。”《玉篇·土部》：“藏也，瘗也。”本义是藏于土。《左传·昭公十三年》：“既，乃与巴姬密埋璧于大室之庭。”意思是事后就和巴姬秘密地把玉璧埋在祖庙的院子里。又指埋葬，古代特指没有完成一定的礼仪而匆忙落葬。《释名·释丧制》：“葬不如礼曰埋。”意为不依照一定礼仪要求草草落葬叫埋。又指隐藏。隐姓埋名：隐藏自己的真实姓名，不让人知道。

理，《说文》：“治玉也。从玉里声。”指对玉璞进行加工。《韩非子·和氏》：“使玉人理其璞而得宝焉。”意思是（楚文王）就叫玉匠雕琢那块玉璞，果真得到了宝玉。引申为整治、治理、整顿等义。王安石《答司马谏议书》：“为天下理财，不为征利。”意思是替国家治理财政（增加收入），不能算是搜刮钱财。刘基《卖柑者言》：“法斁（dù）而不知理。”意思是法制遭到破坏而不知道整顿。又指玉石的纹路，引申为物的纹理或事物的条理。如：肌理，木理。又用作名词，指道理、规律。理屈词穷：理由已被驳倒，再也没有话可说。理所当然：从道理上说应该这样。又指理睬。即对别人的言语行动表示态度或意见（多用于否定）。置之不理：放在一边，不予理睬。

简体	甲骨文	篆书	隶书	草书	行书
埋					
理					

mǎi mài
买 卖

“买”和“卖”是一对同声不同调的反义词，意义关联密切。

买，《说文》：“市也。从网贝，会意。”古文字上部是一张网，下部是“贝”，以网携取贝即“买”的原始意义。本义是以钱换物。如：买菜，买米。买椟还珠：买下匣子，退还珍珠。源出《韩非子·外储说左上》。据说当时有个楚国人到郑国去卖珍珠，把珍珠放在一个装饰得很华贵的匣子里，郑国人不识货，买下匣子，却把珍珠退还了。以此比喻没有眼光，舍本逐末。

卖，从出从买，依草书简化为“卖”。《说文》：“出货物也。”本义是售物、出货，即以物换钱，与“买”相反。卖剑买牛：卖掉刀剑买耕牛。比喻改业归田。卖国求荣：出卖祖国和人民的利益，以谋求个人的荣华富贵。又引申指尽力使出来、不吝惜。如：卖劲，卖力。又指炫耀、夸耀。如：有意显示炫耀自己的本领称“卖弄”，在别人前面夸耀自己的功劳叫“卖功”。

简体	繁体	甲骨文	金文	篆书	隶书	草书	行书
买	買						
卖	賣						

màn màn màn
慢 幔 谩

“慢”“幔”和“谩”的声符同是“曼”，但意符不同，表示的意义不一样。

慢，《说文》：“惰也。从心曼声。”本义当是傲慢、不敬。《史记·淮阴侯列传》：“王素慢无礼，今拜大将如呼小儿耳。”意思是大王您素来简慢无礼，（果真像那样）拜大将就同呼唤小孩儿差不多了。又指怠慢、轻忽。诸葛亮《出师表》："若无兴德之言，则责攸之、祎、允等之慢。"意思是如果没增进道德修养的言论，那就追究郭攸之、费祎、董允他们的责任了。慢藏诲盗：因保管疏忽而招致盗窃。今多用来指迟缓。慢条斯理：形容说话、动作慢腾腾，不慌不忙。

幔，《说文》："幕也。从巾曼声。"本义是帐幕。最早是供行军住宿用的。《墨子·非攻下》："幔幕帷盖，三军之用。"意思是帐幕帘子一类的东西，是三军所需要的。古代用帐幕围成的亭子称"幔亭"。武夷山上有"幔亭峰"，相传神人武夷君每年八月十五日大会村人于武夷山，上置幔亭，化虹桥通山下。武夷山的幔亭峰就是因此而得名。

谩，本义是欺骗，所以用"言"作意符。《说文》："谩，欺也。"屈原《九章·惜往日》："或忠信而死节兮，或訑谩而不疑。"意思是有的忠诚老实因坚持原则而送命，有的偏搞欺骗花招却深得（君王）信任。今天常用于"谩骂"一词之中，读 màn，义为轻慢无礼，则与"慢"通。

简体	繁体	篆书	隶书	草书	行书
慢		慢	慢	慢	慢
幔		幔	幔	幔	幔
谩	謾	謾	謾	謾	謾

máng 芒　máng 茫

"茫"是"芒"的派生字，但表示的意义不一样。

芒，《说文》："草耑端也。"从草亡声。本义是指草叶或某些禾本科植物籽实的外壳上的针状物。芒刺在背：像芒和刺扎在背上一样，形容坐立不安。引申为尖端、锋刃。锋芒毕露：刀剑等武器的刃口和尖端都露出来。比喻人的锐气、才干全显露在外面。多指人有傲气，好表现自己。又用来指光芒，即向四面放射的强烈光线。

茫，后起字，其结构是从水芒声。《玉篇》：“茫，沧茫也。”本义是旷远、模糊不清的意思。《庄子·天下》：“芒乎昧乎，未之尽者。”意思是旷远模糊，没有穷尽。茫无头绪：一点头绪也没有。形容事情混乱不清，不知从哪里下手。又叠用为“茫茫”，也是形容辽阔、深远。阮籍《咏怀》：“绿水扬洪波，旷野莽茫茫。”古乐府《敕勒歌》：“天苍苍，野茫茫，风吹草低见牛羊。”

简体	篆书	隶书	草书	行书
芒	芒	芒	芒	芒
茫		茫	茫	茫

máo　jīng
旄　旌

“旄”和“旌”的相同部分是它们的意符，在甲骨文中本是一根直立的旗杆，右边弯曲而下垂的一笔，表示飘动的旗帜。楷化后，旗杆部分变成个“方”，而右边像旗的曲笔变得像“人”了。“旄”字的声符是“毛”，“旌”字的声符是“生”，因而两字读音不同，所表示的意义略有区别。

旄，古代旗杆头上用旄牛尾作的装饰，也指有这种装饰的旗，用以指挥打仗。所以本义是用旄牛尾做装饰品的旗帜。《诗·鄘风·干旄》：“孑孑干旄，在浚之郊。”意思是旗杆顶旄牛尾翘得高，插在车后到浚郊。又泛指大旗。岑参《轮台歌》：“上将拥旄西出征，平明吹笛大军行。”意思是大将军挥动着大旗向西出征，天亮吹起军笛，大军出发。

旌，《说文》：“游车载旌。”本来专指古代一种有羽毛或旄牛尾装饰的旗子，又是旗子的通称。屈原《九歌·国殇》：“旌蔽日兮敌若云。”意思是战旗遮蔽了太阳啊，敌兵好像乌云一样涌来。古代使者所持之节，叫作“旌节”，用旄牛尾作饰，为信使的象征。古书中又有表彰义，通称“旌表”。曹操《表论田畴功》：“减应宠赏，以旌其德。”意思是确实应该受到尊崇，给予封赏，用来表彰他的美德。

简体	金文	篆书	隶书	草书	行书
旄	旄	旄	旄	旄	旄
旌		旌	旌	旌	旌

mào bāo
袤 褒

“袤”和“褒”的声符不同，读音相异。但意符却同是“衣”，字形相似，容易误用。

袤，《说文》：“南北曰袤，东西曰广。从衣矛声。”本义是指南北距离的长度。张衡《西京赋》：“于是量径轮，考广袤。”意思是于是量它的周长和它的直径，考查它的广度和长度。也泛指长度。《史记·蒙恬列传》：“筑长城，因地形，用制险塞，起临洮，至辽东，延袤万余里。”意思是（蒙恬）建筑长城，按地理形势的具体情况，设立险要的防塞，从临洮开始，到辽东为止，连续不断有一万多里长。

褒，《说文》说是“衣博裾”。本义是指衣襟宽大。褒衣博带：宽袍大带。古代儒生的装束。今多用来指赞美、夸奖（跟“贬”相对）。如：表扬和奖励称“褒奖”，表示赞许义的词称“褒义词”。

简体	篆书	隶书	草书	行书
袤	袤	袤	袤	袤
褒	褒	褒	褒	褒

mào　　miǎo
貌　藐

“貌”是形声字，“藐”又是以“貌”为声符的形声字。

貌，《说文》：“颂仪也。”颂是“容貌”的“容”的本字，“颂仪”就是“容仪”，也就是今天所说的“相貌”。本义是容仪、容色。《论语·季氏》：“色思温，貌思恭。”意思是想想脸色是否温和，想想容貌是否恭敬。《屈原·九章· 惜颂》：“言与形其可迹兮，情与貌其不变。”意思是我言行一致可看行动，表里如一见其忠。其貌不扬：指人的容貌不出众。又引申为外表、外观。貌合神离：指外表亲密而内怀二心。人不可貌相：指不能只凭外表来估量人。

藐，草名，所以意符是“草”。指弱小幼稚。如：弱小的孤儿称“藐孤”。《左传·僖公九年》：“召之，曰：以是藐诸孤，辱在大夫，其若之何？”意为召见他，说：“把这个弱小的孤儿托付给您，准备怎么办？”又指轻视、小看。《孟子·尽心下》：“说大人，则藐之，勿视其巍巍然。”意为（孟子说）想向诸侯进言，就得轻视他，不要把他高高在上的地位放在眼里。又读 mò，《尔雅·释草》：“藐，茈草。”这种草可以染紫。一名“茈䓞”，也叫“紫草”。

简体	篆书	隶书	草书	行书
貌	貌	貌	貌	貌
藐	藐	藐	藐	藐

méi　　mù
枚　牧

“枚”和“牧”都是会意字。两字形体相似，但读音和意义相去甚远。

枚，从木从攴，会意。树木枝干可以为杖，所以从木、攴。《说文》：“干也。”本义是树干。

《诗·周南·汝坟》：“遵彼汝坟，伐其条枚。”意思是沿着汝水边的高地走一遭，要砍下树上的枝干。古代军队秘密行动时，让兵士衔在口中用以防止喧哗的器具，形似筷子，也叫作“枚”。《诗·豳风·东山》：“制彼裳衣，勿士行枚。”意为家常衣裳缝一件，从此不再含枚上战场（勿士：不要从事。行枚：行，音 héng，借作“横”。“横枚”就是“衔枚”，引申为军伍征战之事）。又用作量词，相当于个、件。今多用于形体小的东西。不胜枚举：不能一个一个地全部列举出来，形容数量甚多。

牧，甲骨文的形体，右边是一只手拿着鞭子，左边是牛头的形象。表示手拿棍子（或鞭子）放牛的意思。《说文》：“养牛也。”本义指放养牲畜。引申为放牧牛羊等牲畜的人。王安石《谢公墩》：“问樵樵不知，问牧牧不言。”意思是问樵夫，樵夫不知道；问放牛人，放牛人也不说话。又指郊外之地。《诗·小雅·出车》：“我出我车，于彼牧矣。”意思是驾起我的车子，车子走向郊外牧地（牧：郊外。《尔雅》：“邑外谓之郊，郊外谓之牧。”）。古代封建统治者蔑视劳动人民，将放牧牛马的“牧”引申称统治人民为“牧”。《汉书·元帝纪》：“失牧民之术。”意思是失去了统治人民的办法。又从“牧”的统治义引申为官名，如州的长官称“州牧”。

简体	甲骨文	金文	篆书	隶书	草书	行书
枚	枚	枚	枚	枚	枚	枚
牧	牧	牧	牧	牧	牧	牧

mèi 沬　mò 沫

“沬”和“沫”意符都是“水”，声符“未”和“末”，只是两横画一上短下长、一上长下短的差别，很容易混淆。

沬，甲骨文的形体像人散头发就皿洗面的样子。《说文》：“沬，洒面也。从水未声 。”改作形声字了。本义是指洗面。如：沬血（犹言流血满面）。司马迁《报任安书》：“然陵一呼劳，军士无不起，躬自流涕，沬血饮泣。”意思是但是李陵一声号召，疲劳的士卒便无不复起，人人眼里流泪，血流满面，暗自抽泣。也是古地名，即商都朝歌，春秋时卫国的一邑。《诗·鄘风·桑中》：“爰采麦矣，沬之北矣。”意思是采集麦子去哪里，卫国朝歌北边地（爰：在什么地方）。

沫，《说文》：“沫水也，出蜀西徼外，东南入江。从水末声。”本是四川之大渡河的古名。假借指液体形成的许多小泡。《淮南子·俶真》：“人莫鉴于流沫，而鉴于止水者，以其静也。”意为没有人用流动的有泡沫的浑水当镜子，而用静止的清水来照面，这是因为它平静的缘故（鉴：镜子）。如：泡沫，唾沫，肥皂沫。

简体	甲骨文	篆书	隶书	草书	行书
沫		沫	沫		
沬	沬	沬	沬	沬	沬

mèi 妹　mò 妺　shū 姝

“妹”“妺”和“姝”三字的意符均为“女”，说明字的本义均与女性有关。但声符一从未，一从末，另一是从朱，因而意义相去甚远。

妹，《说文》：“女弟也。”本义即指妹妹。如：姐妹，兄妹。《诗·卫风·硕人》：“东宫之妹，邢侯之姨。”意思是她是齐太子的妹子，邢侯的小姨（东宫：指齐国太子，名得臣。由于太子居东宫，所以成为太子的代称）。

妺，声符是“末”，只用于人名。如：妺喜。传说是夏王桀的妃子，有施氏之女。有施氏原为喜姓。相传有施氏为夏桀所败，因进妺喜于桀，受到宠爱。商汤灭夏，桀和妺喜南奔而死。

姝，声符是“朱”，本义是美好。《诗·邶风·静女》：“静女其姝。”意思是娴静的姑娘多美丽。又指美女、青年女子。古乐府《陌上桑》：“使君遣吏往，问是谁家姝。”意思是使君派遣小吏去打探，问是哪一家的姑娘。

简体	甲骨文	金文	篆书	隶书	草书	行书
妹	妹	妹	妹	妹	妹	妹
妺				妺		
姝			姝	姝	姝	姝

mèng yú
孟 盂

“孟”和“盂”的下部虽然都是“皿”，但在“孟”字里，“皿”是声符，而在“盂”字里，“皿”却是意符，声符是“于”。

孟，《说文》：“长也。”本义是指子女中居长者。古人用孟、仲、季做次序。如：孟女（指长女）。《史记·鲁周公世家》：“庄公筑台临党氏，见孟女，说而爱之。”意思是鲁庄公筑了个高台恰好俯瞰党氏的家，看见他家的大姑娘，很高兴很喜欢她。引申为初、始。以指四季中第一个月。如：春季的第一个月叫“孟春”，即农历正月。余类推。曹操《步出夏门行·冬十月》：“孟冬十月，北风徘徊。”意思是初冬十月天气，北风吹个不停。

盂，《说文》：“饮器也。”本义是盛饮食或其他液体的圆口器皿。如：水盂。《史记·滑稽列传》：“操一豚蹄，酒一盂。”意思是提着一个猪蹄和一盂酒。古代和尚用的饭碗，底平，口略小，形稍偏，叫作“钵盂”。今天，主要用来称痰盂、漱口盂。

简体	甲骨文	金文	篆书	隶书	草书	行书
孟	孟	孟	孟	孟	孟	孟
盂	盂	盂	盂	盂	盂	盂

mí 糜　mǐ 靡

“糜”和“靡”的声符虽然同是“麻”，读音却因古今音变而不与“麻”同。意符不同，字义各异。

糜，《说文》：“糁也。从米麻声。”本义是粥。《释名·释饮食》：“糜，煮米使糜烂也。”意思是糜就是将米煮得稀烂。又指浪费。如：糜费（耗费过度）。

靡，《说文》：“披靡也。从非麻声。”本义指倒下。《左传·庄公十年》：“望其旗靡，故逐之。”意思是看见（齐国的）军旗已经倒下，所以才追逐他们。又形容军队溃败。望风披靡：随风而倒。形容军队没有斗志，被对方的声势吓倒。又指奢侈、浪费。贾谊《论积贮疏》：“生之者甚少，而靡之者甚多。”意思是生产财物的人很少，耗费财物的人却很多。又用来表示无、没有。靡日不思：没有一天不思念。重叠作“靡靡”，形容乐声的柔媚。如：靡靡之音。

简体	篆书	隶书	草书	行书
糜	糜	糜	糜	糜
靡	靡	靡	靡	靡

mí 弥　mǐ 弭

“弥”和“弭”的声符不同，读音却近似，只是声调不一样。

弥，繁体写作“彌”。《说文》：“弛弓也。从弓玺声。”本义是放松。但多借用为遍及、满的意思。弥天大谎：天大的谎话。弥天，即满天，极言其大。又用作副词，相当于益、更加。《论语·子罕》：“仰之弥高，钻之弥坚。”意思是越抬头看，越觉得高大；越用力钻研，越觉得艰深。欲盖弥彰：想要掩盖事实的真相，结果反而更加显露出来（指坏事）。

弭，本是古代角弓的末梢名称，以象牙或牛角为饰。所以用“弓”作意符。《诗·小雅·采薇》：“象弭鱼服。”意思是鱼皮箭袋雕弓挂（弭：本是弓的两头缚弦的地方，所以有时也称弓为弭。象弭：用象牙镶饰的弓。鱼服：即鱼菔，用鱼皮做的箭袋）。也指没有装饰的弓。《尔雅·释器》：“弓有缘者谓之弓，无缘者谓之弥。”但向来用为制止、安定等义。如：弭兵（停止战争、制止战争），弭谤（禁止人的非议）。《史记·田敬仲完世家》：“夫治国家而弭人民者，无若夫五音者。”意为弄懂治理国家安抚人民之理，没有比体会调治五音之理更好的了。这里的“弭人民”，就是使人民安定的意思。

简体	繁体	金文	篆书	隶书	草书	行书
弥	彌					
弭						

mì mì

密 蜜

“密”和“蜜”读音相同，形体相似，都是形声字。由于所从意符不同，意义相去很远。

密，《说文》：“山如堂者。从山宓声。”本义是指形状如堂屋的山。这个本义很少用，一般用的假借义，指稠密（跟“稀疏”相对）。紧锣密鼓：锣鼓声敲得很密。比喻公开活动前的紧张舆论准备。引申为亲近、亲密。《三国志·蜀书·诸葛亮传》：“于是与亮情好日密。”意思是于是同诸葛亮感情一天天亲密起来。古书中又指隐蔽的地方。《礼记·少仪》：“不窥密。”意思是不窥探人家的隐蔽之处。引申为秘密。如：密谋（秘密谋划，多指坏的），密令（秘密命令、指令），密探（做秘密侦察工作的人）。也是古国名，即“密须”，在今甘肃灵台县西。《诗·大雅·皇矣》：“密人不恭，敢距大邦。”意思是密人态度不恭顺，竟敢抗拒周大邦（距：通“拒”，抗拒。大邦：指周国。文王在殷末被封为西伯，三分天下有其二）。

蜜，指蜂蜜，即蜜蜂采取花液所酿成的稠液。《楚辞·宋玉·招魂》：“粔籹蜜饵，有怅惶些。”意为各色各样的点心又甜又香，更有蜜制米兰饼和甘饴糖［粔籹（jùnǔ）：用米面制成的点心。蜜饵：蜜制的糕饼。怅惶：用糯米和面做成的油炸食品］。引申为像蜂蜜的东西，或甜美。甜言蜜语：为了讨人喜欢或哄骗人而说的好听话。

简体	甲骨文	金文	篆书	隶书	草书	行书
密						
蜜						

mì　　shì

谧　谥

“谧”和“谥”都是形声字，声符不同，所以读音各异，意义不同。

谧，《说文》：“静语也。从言盆声。一曰无声。”本义指安宁、平静。如：安谧，静谧。《后汉书·桓帝纪》：“故假延临政，以须安谧。”意思是故暂缓临政，以待安宁。叠用为“谧谧”，也是形容静寂的样子。李贺《昌谷》诗：“谧谧厌夏光，商风道清气。”意思是寂静，沉闷，我讨厌这夏天的时光，秋风啊送来了清爽之气。

谥，《说文》：“谥，行之迹也。从言益声。”古代人死后，根据这人一生的行迹，给他定个称号，叫作“谥号”。古代帝王贵族、大臣、士大夫死后，都有谥号，后人常称他的谥号而不称名。如：汉武帝谥“武”，王安石谥“文”。《左传·宣公十年》：“改葬幽公，谥之曰灵。”意为改葬郑幽公，并改谥为“灵”。

简体	繁体	篆书	隶书	草书	行书
谧	謐				
谥	謚				

觅 mì　苋 xiàn　笕 jiǎn

“觅”“苋”和“笕”三字的下部都是“见”，但结构却不同，读音也不一样，因而字义各异。

觅，最早见于《玉篇》。有人认为就是《说文》“𠂢”部所说“䀏”字。其实是汉以后出现的新字，从爪从见，会意，本义是寻找。如：觅食，觅路。辛弃疾《永遇乐·京口北固亭怀古》：“千古江山，英雄无觅，孙仲谋处。”意思是大好江山千古不废，（然而曾在京口建都的三国时代的）孙权及其英雄业绩已无处寻找了。又，诗人得句，多由苦思力索，故称“觅句”。

苋，《说文》：“苋菜也。”本义是一种菜名，即苋菜，所以用“草”作意符。杜甫《种莴苣》：“野苋迷汝来，宗生实于此。”

笕，连接起来引水用的竹管，所以意符用“竹”。白居易《钱塘湖石记》：“（钱塘湖）北有石函，南有笕，凡放水溉田，每减一寸，可溉十五余顷。”文中所说的“笕”即指此物。也用来指屋檐上承接雨水的长管。如：水笕。

简体	繁体	甲骨文	金文	篆书	隶书	草书	行书
觅	覓						
苋	莧						
笕	筧						

绵 棉 锦

mián mián jǐn

“绵”“棉”和“锦”的右偏旁同是“帛”，但“帛”在这三个字中起着不同的构字作用。

绵，《说文》：“联微也。从系帛。”是个会意字。会积细系而成帛之意。本义是连续不断、延续。张衡《思玄赋》：“绵日月而不衰。”意思是延续许多时日而不衰减。叠用“绵绵”也表示连绵不断貌。曹植《洛神赋》：“浮长川而忘反，思绵绵而增慕。”意为船在漫长的水道上浮行，忘记了归路，思绪连绵愈增爱慕之情。又《玉篇》说：“新絮也，今作绵。”则是指丝绵。《广韵·二仙》：“精曰绵，粗曰素。”意为精致的叫绵，粗劣的叫素。

棉，植物名，本指木棉，所以意符从木。《广韵》：“木棉，树名。”今天所谓棉花，是从西域传入的，起初叫“白叠”，因其纤维与木棉同，所以也称棉。

锦，《说文》：“襄邑织文。从帛金声。”汉代襄邑以织锦出名。襄邑相当于今天河南省睢县。本义是用彩色经、纬丝织出各种图案花纹的丝织品。锦上添花：在彩色花纹的纺织品上再绣上花。比喻好上加好。锦囊妙计：指放在用锦做成的袋子里的好计策，喻称解决问题、克服困难的好办法。因为“锦”是美丽的织物，所以又用来比喻鲜艳华美。如精美的衣食称“锦衣玉食”，形容前程光明称“锦绣前程”或“前程似锦”。

简体	繁体	篆书	隶书	草书	行书
绵	綿	緜	綿	绵	绵
棉		棉	棉	棉	棉
锦	錦	錦	錦	锦	錦

miǎn gài

丏 丐

“丏”是象形字，“丐”是会意字。两字的造字方法不同，读音各异，所表示的意义也相去很远。

丏，《说文》：“不见也，象壅蔽之形。”林义光《文原》：“象人头上有物蔽之形。”本义是遮蔽、看不见的意思。汉水古代又称沔水，湖北省有个沔阳县，“沔”字的右旁是“丏”，写成“丐”就错了。

丐，本作“匄”“匃”。《说文》：“乞也。……亡人为丐。”篆书本来是“从亡从人”会意。楷化后写成“丐”了。“亡”是逃的意思。逃亡的人求食于他乡就谓之“丐”。本义是讨取、乞求。《左传·昭公六年》：“不抽屋，不强丐。”意思是不准拆毁民居，不准强行讨取。苏轼《思治论》：“此犹适于千里不赍粮，而假丐于涂人。”（赍：携带。）又称“乞丐”，为后起义。柳宗元《寄许京兆孟容书》：“皂隶佣丐，皆得上父母丘基。”

简体	篆书	隶书	草书	行书
丏				
丐				

miǎn tù

免 兔

“免”和“兔”都是象形字。两字的形体本来差别很大，音义均异，楷书却只有一点之差。

免，《说文》漏收。甲骨文、金文像人形着冠，是冠冕的“冕”的本字。但一向借为免除、去掉、脱去等义。如：古代脱帽表示谢罪谓“免冠”，脱下头盔称“免胄”。又指逃避。《礼记·曲礼》：“临难勿苟免。”意思是面临危难不要企图侥幸免脱。今双音词“避免”，也是由这一意义沿用而来的。还有罢职的意思。如：免官（罢去官职）。《史记·吕后纪》：“王陵遂病，免归。”这里的“免归”就是指罢去官职回家。今还用来表禁止，不过语气委婉一些。如：闲人免进。

兔，甲骨文像兔子的形状：头朝上，耳大而下垂，尾巴很短，正是兔子的特点。《说文》：“象兔踞，后其尾形。”这是就小篆的形体所作的分析。兔死狐悲：兔子死了，狐狸感到悲伤。比喻因同类的死亡或消灭而感到悲痛。兔死狗烹：兔子死了，猎狗因不再需要而被人烹食了。比喻事成见弃。

简体	甲骨文	金文	篆书	隶书	草书	行书
免						
兔						

miáo　　dí

苗　笛

“苗”是会意字，“笛”是形声字。读音各异，意义毫无共通之处。

苗，从艹从田，会意。《说文》：“艸生于田者。”本义是初生的植物或没有吐穗的庄稼。《诗·王风·黍离》：“彼黍离离，彼稷之苗。”意思是看那小米满田畴，高粱抽苗绿油油（黍：糜子，其种子称小米。离离：茂盛的样子）。如：麦苗，蒜苗。拔苗助长：比喻违反事物的发展规律，急于求成，反而坏事。苗而不秀：庄稼生长了，却不吐穗扬花。比喻资质虽好，但没有什么成就。也借指某些初生饲养的动物。如：鱼苗，猪苗。培育树木幼株或某些农作物的幼苗的园地称“苗圃”，略微显露发展的趋势或情况称为“苗头”。

笛，从竹由声。《说文》：“七孔箫（筒）也。”本义是指一种管乐器，即笛子。李白《春夜洛城闻笛》诗：“谁家玉笛暗飞声，散入春风满洛城。”引申以泛指响声尖锐的发音器。如：汽笛，警笛。

简体	篆书	隶书	草书	行书
苗	苗	苗	苗	苗
笛	笛	笛	笛	笛

miáo 瞄　miáo 描

“瞄”和“描”的声符都是“苗”，意符不同，意义各异。

瞄，指把视力集中在一点上注意看，所以用“目”作意符，表示与眼睛的动作、功用有关。如：瞄准。

描，指依样摹写。如：描花，描图样。用语言文字等把事物的形象表现出来谓之“描写”。梅尧臣《和杨直讲夹竹花图》：“年深粉剥见墨踪，描写工夫始惊俗。”意思是年代久了，那涂在面上的灰粉剥落了，露出原来水墨画的底子，这一下它的描绘功力，才使人们大为叹服。

简体	篆书	隶书	草书	行书
瞄	瞄	瞄	瞄	瞄
描	描	描	描	描

miǎo 眇　miǎo 渺　miǎo 缈

“眇”，会意兼形声字，“渺”和“缈”是形声字，“眇”的声符是“少”，“渺”“缈”又是以“眇”为声符的字，意义范畴各异。

眇，从目从少，少亦声。《说文》：“目少也。”本义是指瞎了一只眼睛。也指两眼都瞎。苏轼《日喻》：“生而眇者不识日。”意思是生来就眼瞎的人不知道什么是太阳。

渺，从水眇声，同“淼”。本义是指水阔无边。如形容水势辽阔为“烟波浩渺”。又形容渺远、无边无际的样子。苏轼《前赤壁赋》：“渺渺兮予怀，望美人兮天一方。”意思是多么渺远啊，我的怀想，遥望心上的人儿啊，在天的另一方。引申指渺茫。渺若烟云：形容渺茫像烟云模糊不清的样子。又有微小的意思。苏轼《前赤壁赋》：“渺苍海之一粟。”意思是像茫茫大海里一粒小米那样微小。

缈，从糸眇声。用于缥缈，形容隐隐约约、若有若无的样子。白居易《长恨歌》：“忽闻海上有仙山，山在虚无缥缈间。”意思是忽听说海上有座仙山，而山却是隐隐约约，若有若无。虚无缥缈：空空洞洞，隐隐约约，若有若无。形容空虚渺茫，不可捉摸。

简体	繁体	篆书	隶书	草书	行书
眇					
渺					
缈	緲				

乜 也

miē yě

“乜”和“也”读音不同，表示的意义距离很大。但形体只有一笔之差，容易混淆不清。

乜，最早见于《广韵》。《康熙字典》曰：“乜，眼乜斜也。”可见它是唐宋时期的新字，是为记口语“乜斜”这个词而造的字。音本作 miè，是将“也”字去掉一笔而成。今音 miē，义为眼微张。如形容眼微张之状为“乜斜”。《红楼梦》第八回：“宝玉乜斜倦眼道：‘你要走，我和你同走。’”后来“乜斜”也称斜着看的样子。又读 niè，姓。

也，象形字，其本义众说纷纭，甲骨文、金文的形状有人认为古时与“它”“也”同字。《说文》说“也”字的别体像蛇形，是“蛇”的本字。也有人说“也”的本义是盥器，更有人认为是女子的外阴，但常用义都假借为古汉语语气词，用于判断句尾，表示判断语气。用于因果句尾，表示解释。用于疑问句尾，常与疑问代词或疑问副词相配合，表示疑问或反问。又用于句中，表示停顿，以引起下文。在白话文里用作副词，意义同“亦”。

简体	甲骨文	篆书	隶书	草书	行书
乜		乜	乜	乜	乜
也	也	也	也	也	也

民 尼

mín ní

“民”是会意字，“尼”是形声字，读音各异，意义范畴大不一样。

民，《说文》：“众萌也。从古文之象。”《说文》释氓字谓“民也”。金文的形体上部是一只眼睛，其下是一把锥子刺进了眼睛，表明奴隶主把奴隶的一只眼睛刺瞎，并强迫他们劳动。所以最初指奴隶，随着社会的发展，逐渐泛指被统治的庶人、百姓。《穀梁传·成公六年》：“古者有四民：有士民，有商民，有农民，有工民。”意思是古代有四种人：士、农、工、商。又泛指人，人类。《诗·大雅·生民》：“厥初生民，时维姜嫄。”意思是是谁生下第一代周人，嫄就是那位母亲。

尼，《说文》：“从后近之也。从尸匕声。”段玉裁注：“尼训近，故以为亲昵字。”指相近、亲近。通常写作“昵”。又俗称信佛出家的女子为“尼姑”，是梵语译文“比丘尼”的简称。又指阻止、停止。读 nì。《孟子·梁惠王下》：“行，或使之；止，或尼之。”意思是来，有人促使他；不来，有人阻止他。

简体	甲骨文	金文	篆书	隶书	草书	行书
民						
尼						

mín hūn
缗 婚

“缗”和“婚”楷书的声符都是“昏”，而读音不同，意符有从糸从女的不同，意义自有区别。

缗，从糸昏声，而“昏”字则本从民声，楷化成“氏”了。本义是钓鱼用的丝绳。《诗·召南·何彼秾矣》：“其钓维何？维丝伊缗。”意思是钓起鱼来用什么绳啊？不是丝线就是那丝绳。古代穿钱用的索子也称“缗”，一千文穿作一串，因此“缗”又用作量词。《梦溪笔谈》卷十一：“可益二十万缗。”意思是可以增加二十万串钱。

婚，《说文》：“妇家也。礼娶妇以昏时……从女昏，昏亦声。”本义是指男女结为夫妻。古籍中婚姻常作“昏”，因为黄昏时行婚礼故名。杜甫《赠卫八处士》：“昔别君未婚，儿女忽成行。”意思是从前分手时你还没结婚，今天见面你却是儿女成群了。现在的结婚仪式称“婚礼”，结婚的日期称“婚期”，男女双方对婚姻的约定称“婚约”。

简体	繁体	篆书	隶书	草书	行书
缗	緡	緡	緡	缗	缗
婚		婚	婚	婚	婚

mǐn xuè
皿　血

“皿”是象形字，“血”是指事字，两字的形体只有一撇之差，容易误用。

皿，甲骨文、金文字形像盛东西的器皿形状。《说文》：“饭食之用器也。”本义是器皿，即碗、碟、杯一类用器的总称。

血，甲骨文像器皿，中间加一短画表示那里有血。《说文》：“祭所荐牲血也。从皿，一象血形。”也泛指血液。兵不血刃：武器的锋刃上没有沾上血。形容战事顺利，未经血战就取得了胜利。血流漂杵：血流成河，连杵棒都漂起来。形容杀人很多。也泛指流血很多。古书中又用来指“血泪”，即因悲痛而流的泪。江淹《别赋》：“沥泣共诀，抆（wěn）血相视。”意思是挥泪诀别，揩血相视（指侠客与亲人故土相别时泪尽继之以血，形容极为悲痛）。

简体	甲骨文	金文	篆书	隶书	草书	行书
皿	皿	皿	皿	皿	皿	皿
血	血		血	血	血	血

míng míng
瞑　暝

“瞑”和“暝”声符都是“冥”，读音如同声符，但意符有别，表示的意义不一样。

瞑，《说文》：“翕目也。”本义是闭上眼睛。所以用“目”作意符。《左传·文公元年》：“谥之曰‘灵’，不瞑，曰‘成’，乃瞑。”意思是给他谥号为“灵”，尸体的眼睛不闭上，换成谥号“成”才闭上眼睛。曹丕《与吴质书》：“通夜不瞑。”意为通宵不曾合眼。

暝，指日暮、黄昏，所以意符从日。《古诗为焦仲卿妻作》：“晻晻日欲暝，愁思出门啼。”李白《自遣》诗：“对酒不沉暝，落花盈我衣。”又指日落、天黑。卢照邻《葭川独泛》：“山暝行人断。”意思是天黑下来了，山谷里行人绝迹。又形容幽暗、昏暗。欧阳修《醉翁亭记》：“云归而岩穴暝。”意思是烟云归集，山岩洞穴就昏暗了。

简体	篆书	隶书	草书	行书
瞑	瞑	瞑	瞑	瞑
暝	暝	暝	暝	暝

míng wū
鸣　呜

“鸣”是会意字，“呜”是形声字，和声符“乌”同音。两字读音不同，意义也有很大区别。

鸣，甲骨文的右边是只鸟，左边的“口”是表示用口叫的意思。《说文》：“鸟声也。”本义是鸟叫。《诗·小雅·伐木》：“伐木丁丁，鸟鸣嘤嘤。”意思是砍树铮铮响，鸟儿叫嘤嘤。杜甫《绝句四首》：“两个黄鹂鸣翠柳，一行白鹭上青天。”意思是两只黄莺儿正鸣叫在翠绿的杨柳树间，（远处江上）有一行白鹭飞向一片晴朗的蓝天。后来泛指禽兽昆虫的鸣叫。如：鸡鸣，蝉鸣。又泛指发出轰响。如：雷鸣，鸣炮。孤掌难鸣：一个巴掌拍不出声音来。比喻一个人力量单薄，难以成事。后来还引申出抽象意义，含有表达、显露、发表（情感、意见、主张）的意思。如：公开表示谢意用“鸣谢”，比喻在学术上进行争论谓“争鸣”。

鸣，从口乌声。表示哀叹。《后汉书·袁安传》：“及与公卿言国家事，未曾不噫呜流涕。”意思是一到和公卿们谈论国事时，没有不伤心流泪的。李贺《致酒行》：“少年心事当拿云，谁念幽寒坐呜呃。”“呜呃”即哀叹之意。古书中多用作象声词。如：吹角声用“呜轧”，悲泣声用“呜咽”，悲叹声用“呜哑”，抚儿声、啼哭声用“呜呜”。用作叹词是“呜呼”。旧时祭文中常用“呜呼哀哉”表示对死者的哀悼，后来遂借为死的代称。

简体	繁体	甲骨文	金文	篆书	隶书	草书	行书
鸣	鳴				鳴		鸣
鸣	鳴				鳴		鸣

miù 谬　móu 缪

“谬”和“缪”声符虽同，但读音有异。意符从言从糸有别，意义不一样。

谬，《说文》：“狂者之妄言也。”本义是荒诞、错误。如：谬论（荒诞的言论），谬戾（荒谬乖戾）。谬种流传：荒谬的种子一代代传下去。比喻错误的言论、见解、学风等传播扩散。

缪，本义是麻十束。《说文》：“枲之十絜也。一曰绸缪。”段玉裁注：“十絜犹十束也。”绸缪：叠韵联绵字，是紧密缠缚之意。《诗·唐风·绸缪》：“绸缪束薪。”意思是道道绳儿把柴捆紧。又引申为先做准备。未雨绸缪：趁着天没有下雨，事先防备。“绸缪”又有缠绵义，指情意深厚。卢谌《赠刘琨一首并书》：“绸缪之旨，有同骨肉。”意思是缠绵深切的情意，和亲骨肉一样。作姓氏用，读 miào。

简体	繁体	篆书	隶书	草书	行书
谬	謬	謬	謬	謬	謬
缪	繆	繆	繆	繆	繆

mó mù mù
摹 募 慕

“摹”“募”和“慕”的声符都是“莫”，所以读音略同。但是意符一从手，一从力，一从心，意义有很大区别。

摹，《说文》：“摹，规也。”本义是指谋划，照着样子写或画。如：描摹，临摹。临摹或翻刻的书画本叫作“摹本”。《汉书·高帝纪下》：“虽日不暇给，规摹弘远矣。”韦昭曰：“正员之器曰规，摹者，如画工未施采事摹之矣。”《师古》曰：“取喻规摹，谓立制范下。给，足也。日不暇足，言政事繁多。”又指效法、照样做。《汉书·仲长统传·昌言》：“若是，三代不足摹，圣人未可师也。”

募，《说文》说是“广求也”。本义是征集、相募。广泛征集叫“募集”，募集捐款叫“募捐”，以雇佣形式招募兵员的制度叫“募兵制”。《史记·商君列传》：“募民有徙置北门者，予十金。”

慕，《说文》：“习也，从心莫声。”朱骏声认为是“思也”。本义是思慕、依恋向往。《孟子·万章上》：“人少则慕父母。”意思是人在幼小时就依恋父母。引申为羡慕、诱惑。《淮南子·原道训》：“去其诱慕，除其嗜欲。”意思是抛弃名利权位的诱惑，消除自己的贪欲。又如双音词“爱慕”“景慕”等。

简体	金文	篆书	隶书	草书	行书
摹		摹	摹	摹	摹
募		募	募	募	募
慕	慕	慕	慕	慕	慕

mǒ　mò
抹　秣

“抹”和“秣”都以“末”为声符，读音相同，声调不同，意符一从手，一从禾，区分了它们的意义。

抹，从手，本义是搽。如：抹粉。杜甫《北征》：“学母无不为，晓妆随手抹。”意思是小孩学着妈妈的动作什么都来，早上梳妆信手涂抹。还用来称勾掉、除去。如：抹杀（一概不计，完全勾销）。又读 mò。如：抹墙［把和好了的泥或灰涂上后再用抹（mǒ）子弄平］。又是奏弦乐的一种手法。白居易《琵琶行》：“轻拢慢捻抹复挑，初为霓裳后绿腰。”今用作“擦”义时有两种读音。一读 mǒ。如：他吃完饭把嘴巴一抹就走了。一读 mā。如：抹桌子，抹汗。

秣，指牲口的饲料。所以用“禾”作意符。杜甫《敬简王明府》：“骥病思偏秣。”意思是好马病了，想吃点单独备办的好饲料。引申为喂饲料马匹。《诗·周南·汉广》：“之子于归，言秣其马。”意思是有朝这人要嫁我，接她把马喂喂饱。秣马厉兵：喂饱战马，磨快兵器。形容做好战备。

简体	篆书	隶书	草书	行书
抹		抹	抹	抹
秣	秣	秣	秣	秣

mò　mǒu
莫　某

“莫”是会意字，是“暮”的本字，后假借为无称代词及副词。“某”也是会意字。两字的读音各异，意义范畴自然也不一样。

莫，甲骨文的形体上部是草，下边也是草，中间是个太阳，其意是太阳落在草丛之中，表示天色已晚。《说文》：“日且冥也。”即日落的时候。后来又加意符“日”，成了暮。《诗·齐风·东方未明》：“不能辰夜，不夙则莫。”意思是夜里不能陪伴我，早出晚归太无常。借作无称代词，表示没有什么。莫名其妙：没有人能说明它的奥妙（道理）。表示事情很奇怪，使人不明白。莫逆之交：指情投意合的朋友（莫逆：没有什么相抵触）。莫测高深：无法测量高度和深度。形容使人难以捉摸，难以理解。后来又虚化为副词“不要”。岳飞《满江红》：“莫等闲，白了少年头，空悲切。”意思是不要糊里糊涂地就混到年老头发白，那时空自悲伤，也来不及了。

某，《说文》：“酸果也。从木甘。”为什么义训酸而形从甘呢？段玉裁认为“甘是酸之母”。凡吃甘多易呈酸味。现假借作代词，代替不明确指出的人、地、事物等。如：某人，某处。或作自称之词，指代我，也指代人名。

简体	甲骨文	金文	篆书	隶书	草书	行书
莫	莫	莫	莫	莫	莫	莫
某		某	某	某	某	某

mò bǎi
陌 佰

“陌”是形声字，“佰”是会意字，读音各异，意义也相差很远。

陌，从阜百声。《说文》无“陌”字，许慎释义中用“百”代“陌”。《玉篇》：“阡陌也。”本义是田间的小路，南北方向的道路叫“阡”，东西为“陌”。引申指田野。陶潜《咏荆轲》：“素骥鸣广陌，慷慨送我行。”意思是白马在广阔的原野里长嘶，人们慷慨悲歌送我远行。又引申为街巷。辛弃疾《永遇乐·京口北固亭怀古》：“寻常巷陌。”意思是普通的小巷街道。

佰，军队编制单位，军队百人为“佰”。《说文》说是“相什佰也。从人百”。朱骏声《说文通训定声》：“《过秦论》‘挽起什佰之中’，此言百夫长也。”《汉书·食货志》：“有仟佰之得，此言货钱数也。”也是“百”字的大写。如：伍佰元。

简体	篆书	隶书	草书	行书
陌	陌	陌	陌	陌
佰	佰	佰	佰	佰

móu mōu móu
牟 哞 眸

“牟”是指事字，“哞”和“眸”都是以“牟”为声符的形声字，同音不同调，意义也有很大区别。

牟，从牛，厶像牛叫时口中的气。《说文》：“牛鸣也。”本义是指牛叫的声音。柳宗元《牛赋》：“牟然而鸣。”意思是（牛）哞哞地叫了。又借作“蛑”，是一种食苗根的虫。由此而引申为贪取、谋取。如：牟取暴利。《史记·平准书》：“如此，富商大贾无所牟大利。”

哞，从口牟声。“牟”被假借义所专，就又造了“哞”这个形声字作为牛鸣的专字。

眸，意符是“目”。本义是瞳仁，即眼珠。《孟子·离娄上》：“胸中正，则眸子瞭焉；胸中不正，则眸子眊焉。”意思是如果他内心正直，他的眼珠就明亮，如果他的内心不正直，那么他的眼珠就浑浊。泛指眼睛。明眸皓齿：明亮的眼睛，洁白的牙齿。多用以形容女子的美貌。凝眸远望：目不转睛地向远方看去。

简体	甲骨文	篆书	隶书	草书	行书
牟	牟	牟	牟	牟	牟
哞		哞	哞	哞	哞
眸		眸	眸	眸	眸

mǔ　mǔ
拇　姆

“拇”和“姆”的声符都是“母”，意符从手从女区分了它们的字义。

拇，从手母声。《说文》：“将指也。”本义是指手足的大指，即拇指，也叫大拇指。《国语·楚语上》：“有首领股肱，至于手拇。”《庄子·骈拇》：“骈拇枝指，出乎性哉，而侈于书。”《释文》：“拇，音母，足大指也。”

姆，从女母声。本是指古时以妇道教女子的女教师。有些地方弟妻对嫂子的称呼为“姆姆”。今称受雇为人照管儿童或为人从事家务劳动的妇女为“保姆”。

简体	篆书	隶书	草书	行书
拇	拇	拇	拇	拇
姆	姆	姆	姆	姆

mù 幕　mì 幂

“幕”，从巾莫声；“幂”，从巾冥声。声符不同，所以读音不一样。意符都是“巾”，但意义各异。

幕，《说文》：“帷在上曰幕。”本义是指帐篷的顶布。“帷”则是围在四周的幕布，没有顶子。所以古人说“在上曰幕，在旁曰帷”。《战国策·齐策一》：“举袂成幕。”意思是把袖子举起来可以成幕（形容人多）。也泛指帐篷。杜甫《西山》：“风动将军幕。”意思是风儿吹动将军的帐幕。古代将军的府署称“幕府”。因为军旅无固定住所，以帷幕为府署，故称幕府。在古代又有覆盖义。《庄子·则阳》：“解朝服而幕之。”意为脱下朝服覆盖他（的尸体）。古代作战时用的臂部或腿部的护甲也叫作“幕”。《史记·苏秦列传》：“当敌则斩坚甲铁幕。”意思是面对敌人时则砍坏坚固的铠甲、铁做的甲裳。

幂，《玉篇》：“以巾覆物。”本义是罩、覆盖。《周礼·天官·幂人》：“祭祀，以疏布巾幂八尊，以画布巾幂六彝。”意为祭祀时，用粗布巾盖着八尊，用画有云气的布巾盖着六彝。《仪礼·公食大夫礼》：“簠有盖幂。”意为（祭祀时用来盛稻粱的）簠有巾覆盖。叠用为“幂幂”，形容深浓貌。韩愈《叉鱼招张功曹》：“盖江烟幂幂。”意为烟雾沉沉笼罩着大江。今用为数学术语，表示一个数目自乘若干次的形式叫“幂”。

简体	篆书	隶书	草书	行书
幕	幕	幕	幕	幕
幂	幂	幂	幂	幂

mù shù
木 术

“木”和“术”的形体本来有很大的区别。“术”的繁体字是“術”，但是简化后就和“木”只有一点之差了。

木，甲骨文的字形像一棵树的样子，上部是树头，下部是树根，是个象形字。本义是树，木本植物的通称。《韩非子·亡征》：“木虽蠹，无疾风不折。”意思是树虽然被蠹虫咬坏了，但如果不刮大风还是不会折断的。引申为木材、木料。木已成舟：木头已经做成了船只。比喻事情定局，不能改变。朽木粪土：比喻不可造就的人或不可收拾的事。引申指某些木制的（器物）。如：木桶，木盘。“行将就木”的“木”则是指棺木，意思是说寿命已经不长，快进棺材了。古书中还有质朴、朴实义。《史记·绛侯周勃世家》中“勃为人木强敦厚”的“木”，就是用的质朴义。

术，原本是草名，如白术、苍术等，读 zhú。《尔雅·释草》：“术，山蓟。”又作用“術”的简化字，读 shù。《说文》：“邑中道也。从行术声。”本义是古代城邑中的道路。左思《蜀都赋》：“亦有甲第，当衢向术。”意思是也有豪华的公馆，在闹市在街边。引申为方法、手段。《孟子·告子下》：“教也多术矣，予不屑之教诲也者，是亦教诲之而已矣。”意思是教育也有很多方法、方式呀，我不屑于去教诲他，实际上这也是一种教诲呢。贾思勰《齐民要术序》“益国利民之术”的“术”也是方法义。现在说“战术”，也是一样。又引申为学术、学问、技能、技艺等。不学无术：没有学问，没有技术本领。

简体	繁体	甲骨文	金文	篆书	隶书	草书	行书
木		木	木	木	木	木	木
术	術			術	術	術	术

N

náo náo
挠 桡

“挠”和“桡”声符同是“尧”，两字的读音相同，但意符有别，表示的意义不一样。

挠，《说文》：“扰也。从手尧声。”本义是搅、搅和。《淮南子·说林训》：“使水浊者，鱼挠之。”意思是使水混浊的原因，是鱼儿在里面挠动啊。引申为扰乱。《庄子·骈拇》：“招仁义以挠天下。”意思是（有虞氏）标榜仁义扰乱天下。作屈、弯曲用时是借为“桡”。不屈不挠：不弯曲。比喻（在困难或暴力面前）不屈服，不弯腰。今口语又指轻轻地抓。抓耳挠腮：形容心里焦急，又没有办法，或欢喜得不知怎么办才好。

桡，《说文》：“曲木也。从木尧声。”本义是弯曲。《易·大过》：“栋挠，凶。”《释文》：“曲折也。”又读 ráo，指划船的桨。《淮南子·主术》：“夫七尺之挠而制船之左右者，以水为资。”意思是七尺长的桨就能操纵船儿左右，那是以水为凭借的缘故。又指桡骨，骨骼名称之一。

简体	繁体	篆书	隶书	草书	行书
挠	撓	撓	撓	挠	撓
桡	橈	橈	橈	桡	橈

nǎo nǎo
恼 脑

“恼”是形声字，“脑”主要是象形字，造字方法有所不同，但音同形似。

恼，本义是恼火、恼怒。以“心”为意符，表示与心理活动有关。恼羞成怒：由于羞愧怨恨而发怒。引申为忧愁、苦闷。也用为使人烦恼、撩拨。王安石《夜直》：“春色恼人眠不得，月移花影上栏杆。”意思是春色使人烦恼得睡不着，月儿移动花影爬上了栏杆。杜甫《奉陪郑驸马韦曲》诗：“韦曲花无赖，家家恼杀人。”

脑，右边本来像人脑形，左边意符“月（肉）”，表示其为人体的一部分。本义指人体中枢神经系统的主要部分，也指脑袋。《左传·僖公二十八年》：“晋侯梦与楚子搏，楚子伏己而监其脑，是以惧。”意思是晋文公梦见和楚王搏斗，楚王伏在他的身上吮吸他的脑髓，所以有些害怕。摇头晃脑：形容自得其乐，或自以为是的样子。脑满肠肥：形容不劳而食的人吃得饱饱的，养得胖胖的。中医称某些结晶体为“脑”。

简体	繁体	篆书	隶书	草书	行书
恼	惱	惱	惱	惱	惱
脑	腦	腦	腦	腦	腦

nè nà nà
讷 纳 衲

“讷”“纳”和“衲”的形体结构看起来似乎都是左形右声。实际上，“讷”是会意字，“纳”和“衲”才是形声字。

讷，《说文》：“言难也。从言从内。”本义是说话迟钝。如：口讷。《论语·里仁》：“君子欲讷于言而敏于行。”意思是君子对于言语应该迟钝，对于行动要敏捷。

纳，从糸内声。《说文》说是“丝湿纳纳也”。本义濡湿貌，借作“内”。“内”有二音二义：内外的“内”音 nèi，收进的“内”音 nà。为了区别，后一个“内”借“纳”来书写。义为收入、接受、接纳、采纳、享受。《庄子·刻意》：“吐故纳新。”又如：出纳，采纳，纳福，闭门不纳。引申为放进去。如：纳入正轨。引申为上交。如：纳税，纳粮。又指一种缝纫方法。如：纳鞋底。

衲，从衣内声。本义是缝补、补缀。《广雅·释器皿》：“衲，补也。”如：百衲衣（僧徒的衣服常用许多长方形小块片拼缀制成，因此用作僧衣的代称）。也用作僧徒的自称或代称。如：贫衲，老衲。戴叔伦《题横山寺》：“老衲供茶碗，斜阳送客舟。”意思是老和尚送上一杯茶，午后的斜阳照送着客船。

简体	繁体	篆书	隶书	草书	行书
讷	訥	訥	訥	訥	訥
纳	納	納	納	納	納
衲		衲	衲	衲	衲

嫩 nèn 嗽 sòu 漱 shù

“嫩”“嗽”和“漱”的意符不同，意义自然各异。“嗽”和“漱”虽同声符，读音也不一样。

嫩，最初见于六朝文献，俗字。本义是指初生时的柔软娇嫩状态。如：嫩芽，嫩枝。引申为颜色浅。如谓浅绿色为“嫩绿”，新生的绿叶为“嫩叶”。

嗽，意符是“口”，本义是指咳嗽。《周礼·天官·疾医》：“冬时有嗽，上气疾。”

漱，《说文》：“荡口也。从水欶声。”指含水洗口腔。如：漱口。引申为冲刷。《周礼·考工记·匠人》：“善沟者，水漱之。”

简体	篆书	隶书	草书	行书
嫩	嫩	嫩	嫩	嫩
嗽	嗽	嗽	嗽	嗽
漱	漱	漱	漱	漱

néng xióng
能 熊

“能”和“熊”的造字方法相同，都是象形字。“能”是“熊”的本字，借用为贤能的“能”字之后，又有了很多引申义，所以成了两个字。

能，象形字，金文很像熊的形状。《说文》：“熊属，足似鹿。”本义就是一种熊属动物的名称。因为这种动物是野兽中的强者，所以借用为贤能的“能”字。又用作能愿动词，表示能够。《孟子·告子上》：“贤者能勿丧耳。” 意思是（只不过是）贤能的人能够多保持它罢了。有时还用作代词这样、如此。杜甫《茅屋为秋风所破歌》：“忍能对面为盗贼。”意思是忍心这样当着我的面做“贼”。

熊，《说文》：“兽似豕，山居，冬蛰。”甲骨文像熊属的兽的形状。本义是指一种兽的名称。《诗·小雅·斯干》：“吉梦维何？维熊维罴。”意为太卜占梦是如何？梦见熊罴有名堂。又如：白熊，黑熊。熊心豹胆：形容胆大，什么都不怕。熊踞虎峙：比喻群雄各据一方的形势。

简体	甲骨文	金文	篆书	隶书	草书	行书
能	能	能	能	能	能	能
熊	熊		熊	熊	熊	熊

ní nì
呢 昵

“呢”和“昵”都是以“尼”为声符的形声字，但意符一从口，一从日，音义有别。

呢，象声词，通常作“呢喃”，像燕子的鸣叫声。刘季孙《题饶州酒务厅屏》：“呢喃燕子语梁间，底事来惊梦里闲。”《玉篇》：“呢喃，小声多言也。”因而又用来形容声音很低。《聊斋志异·于去恶》：“兄于枕上教《毛诗》，诵声呢喃，夜尽四十余行。”意思是哥哥在床上睡着教他念《毛诗》，他随着哥哥呢喃诵读，一夜就能读四十多行。近代又用来称一种毛织物。如：毛呢，呢制服。用作语气词，又读 ne，表询问语气或表警醒语气。

昵，从日尼声。本作“暱”。《说文》：“日近也。从日匿声。”义为亲近。如：亲昵。《左传·襄公二年》：“若背之，是弃力与言，其谁昵我？”意思是如果背弃楚国，这是丢弃了楚国的功劳和自己的誓言，还有谁来亲近我们？

简体	篆书	隶书	草书	行书
呢	呢	呢	呢	呢
昵	昵	昵	昵	昵

nǐ sì
拟 姒

“拟”和“姒”都是形声字，但读音不同。繁体“擬”本从手疑声。“疑”简化为“以”作声符，才与“姒”相似。

拟，《说文》：“度也。”本义是忖度、思量。《易·系辞上》：“拟之而后言。”意思是思量以后再说话。后称设计、筹划为“拟议”。引申为比拟、模拟、模仿。拟于不伦：用不能相比的人或事物来比方。后起义又有准备、打算等。李清照《武陵春·春晚》：“闻说双溪春尚好，也拟泛轻舟。”意为听说双溪这地方春天的景色很不错，也曾打算到那里驾船玩赏。

姒，古代兄妻为“姒”，弟妻为“娣”，兄弟之妻相互也称“姒”。《左传·昭公二十八年》：“长叔姒生男。”意思是大弟媳生了个男孩子（“长叔姒”指叔向之妻，因为此时叔向比诸弟皆长，所以称其妻为“长叔姒”）。又指夫的妻，偏长者为“姒”。《尔雅·释亲》：“女子同出，谓先生为姒，后生为娣。”郭璞注：“同出，谓俱嫁事一夫。”又古代用作姓氏。如：周幽王妃子褒姒。

简体	繁体	金文	篆书	隶书	草书	行书
拟	擬		擬	擬	擬	擬
姒		姒	姒	姒	姒	姒

niè niè
孽 蘖

“孽”和“蘖”的声符都是“辥”，但下部意符从子从木有区别，意义不一样。

孽，《说文》：“庶子也。”所以意符从子。古时指庶子，非嫡妻所生之子。即妾媵所生之子。又借指灾祸、祸患。《书·太甲中》：“天作孽，犹可违；自作孽，不可逭。”意思是天降灾祸，还可躲避；自己作孽，不能活命。《荀子·君道》：“好女之色，之恶者之孽。”意思是美女之姿色是丑者的灾殃。又指不孝。贾谊《新书·道术》：“子爱利亲谓之孝，反孝为孽。”

蘖，意符是“木”。本义是指树木砍伐后复生的枝条。《尚书·盘庚上》：“若颠木之有由蘖。”（由：《说文》作“甹”，指已倒之木更生的枝条。）泛指始生的草木及其嫩芽。《孟子·告子上》：“非无萌蘖之生焉，牛羊又从而牧之，是以若彼濯濯也。”意为不是没有新条嫩芽生长出来，但紧跟着就放牛牧羊，所以变成那样光秃秃了（濯濯：赵岐注，无草木貌）。又用于“分蘖”，指稻、麦等农作物的种子生出幼苗后，在接近地面主枝的地方分枝。

简体	甲骨文	篆书	隶书	草书	行书
孽	孽	孽	孽	孽	孽
蘖		蘖	蘖	蘖	蘖

níng níng níng
拧 柠 狞

“拧”“柠”和“狞”的声符都是“宁”（繁体作“寧”），读音相同。但意符各异，意义不同。

拧，后起字。从手，是握住物体的两端向相反方向用力的意思。如：拧毛巾，把麻拧成绳子。又读 nǐng，指用力扭转。如：拧螺丝，拧紧水龙头。

柠，从木，指果树柠檬。为常绿乔木，产在热带、亚热带，果实也叫柠檬，可制饮料。

狞，从犬，本义是凶恶。李贺《感讽诗》五之一：“县官骑马来，狞色虬紫须。”韩愈《送无本师归范阳》：“狞飙搅空衢，天地与顿撼。”又如：叠韵联绵字“狰狞”。狰狞可畏：凶恶面貌令人畏惧。

简体	繁体	篆书	隶书	草书	行书
拧	擰	擰	擰	擰	擰
柠	檸	檸	檸	檸	檸
狞	獰	獰	獰	獰	獰

niǔ 忸　niǔ 扭　niǔ 狃

“忸”“扭”和“狃”的声符都是“丑”，今读音已与声符不同。

忸，从心丑声。《方言》卷十：“忸怩，惭涩也。”指羞涩不好意思的样子。如：忸怩作态。《国语·晋语八》：“君忸怩，乃趣赦之。”

扭，从手丑声。本义是转动。如：扭过脸去。引申为摇晃、摆动。扭扭捏捏：行走时身体故意扭动摇摆。形容装模作样，或者言谈举止羞涩、不大方的样子。引申为拧、拧伤。如：扭了腰。引申为揪住。如：两人扭在一起。

狃，从犬丑声。意义是拘于习惯。《诗·郑风·大叔于田》：“将叔无狃，戒其伤女。”（狃：习惯、熟练。无狃：不要因为熟练而麻痹大意。）如：狃于常例，狃于陋习。

简体	篆书	隶书	草书	行书
忸	忸	忸	忸	忸
扭	扭	扭	扭	扭
狃	狃	狃	狃	狃

niǔ 纽　niǔ 钮

“纽”和“钮”的声符都是“丑”，读音也相同，只是意符不同，意义自异。

纽，《说文》：“系也。一曰结而不可解。从糸丑声。”本义是打结。引申为纽带，系结用的带子。后来出现了纽扣，也称“纽”。也用来比喻根本、关键。《庄子·人间世》：“禹舜之所纽也。”意思是（这是）禹和舜处世的关键。又如：枢纽（事物的关键或事物相互联系的中心环节）。也是音韵学的术语，指声母，又称“声纽”。

钮，《说文》：“钮，印鼻也。”指印章上端可以提系处，按等级不同而形状各异，有雕饰以分别官印的等级。《太平御览》卷六百八十二引崔鸿《十六国春秋·前凉录》：“赵婴上言，于青涧水中得一玉玺，钳钮，光照水外。”意为赵婴上书说，在青涧水中得到一枚玉玺，当钳住印钮捞上时，光射出水外来了。又通“纽”，指交互而成的扣结。

简体	繁体	篆书	隶书	草书	行书
纽	紐	紐	紐	纽	纽
钮	鈕	鈕	鈕	钮	鈕

nǔ nǔ tǎng
努 弩 帑

“努”“弩”和“帑”都是形声字，声符都是“奴”，但读音不同。

努，从力奴声。《方言》：“努，勉也。”本义是尽量地使出力量，通常说努力。《文选·古辞·长歌行》：“少壮不努力，老大徒伤悲。”又借指凸出、翘起。如：努嘴（向人有所暗示），努目（瞪眼）。唐元英《谈薮》：“金刚努目，所以降服四魔。”

弩，《说文》：“弓有臂者。从弓奴声。”本义是用机械发射的弓，也叫窝弓，力强可以及远。其种类很多，大的可以用脚踏或用腰开，有数矢并发者称“连弩”。剑拔弩张：剑已出鞘，弓张开了。原形容书法雄健有力。后比喻对立的双方都摆开了架势，一触即发，形势紧张。

帑，《说文》：“金帛所藏也。从巾奴声。”而音读为 tǎng。本义是指收藏钱币的府库和府库里的钱财。又读 nú，指儿子或并指妻子和儿子，则是借为“孥”。《诗·小雅·常棣》：“宜尔室家，乐尔妻帑。”意思是使你全家相安，妻儿都能快乐（宜：安。尔：指兄弟）。《左传·文公六年》：“宣子使臾骈送其帑。”意思是宣子派臾骈把（贾季的）妻子儿女送到（贾季）那里去。

简体	篆书	隶书	草书	行书
努	努	努	努	努
弩	弩	弩	弩	弩
帑	帑	帑	帑	帑

nù　shù
怒　恕

“怒”和“恕”的声符从奴从如不同，所以读音各异。

怒，从心奴声。《说文》：“恚也。”本义是生气、愤怒、恼怒。《诗·邶风·柏舟》：“薄言往愬，逢彼之怒。”意思是赴到他家去诉苦，对我发怒脾气躁。怒形于色：内心的愤怒在脸上显露出来。怒气冲天：形容愤怒到极点。又用来形容气势很盛、猛烈。杜甫《茅屋为秋风所破歌》：“八月秋高风怒号。”“怒号”就表现出了狂风来势之猛烈。

恕，从心如声。《说文》：“仁也。”本义是指儒家的伦理范畴，谓以仁爱之心待人，用自己的心推想别人的心。《论语·卫灵公》：“有一言而可以终身行之者乎？”子曰：“其恕乎！己所不欲，勿施于人。”意为有没有一句可以终身奉行的话呢？孔子说：“那大概就是恕吧！自己不喜欢的，不强加给别人。”又如：忠恕，恕道。引申为原谅。如：宽恕，恕罪。又用于套语，请对方不要计较。如：恕我无理，恕难从命。

简体	篆书	隶书	草书	行书
怒	怒	怒	怒	怒
恕	恕	恕	恕	恕

nuǎn　　ài

暖　暧

“暖”和“暧”的声符从爰从愛不同，不但读音各异，而且意义有区别。

暖，《说文》：“从火爰声。”楷书多写作从日爰声。本义是温暖、暖和。《吕氏春秋·季秋》：“行春令，则暖风来至。”又如：春暖花开，风和日暖。引申为在火上或火旁等处热一热。如：暖酒，暖暖手。又读 xuān。如形容自满貌为“暖暖姝姝”。

暧，从日愛声。《玉篇》：“曖，晻（àn）曖，暗貌。”本义指日光昏暗。陶潜《归园田居》：“暧暧远人村，依依墟里烟。”意思是昏暗不明啊，那远远的村落，在空中浮漾着的是集镇上的炊烟。双音词“暧昧”，原义是模糊不清晰，引申指（态度、用意）含糊、不明白。如：态度暧昧。又指（行为）不光明，或有不可告人的隐私。如：关系暧昧。

简体	繁体	篆书	隶书	草书	行书
暖					
暧	曖				

nuò　　nuò

懦　糯

“懦”和“糯”的声符同是“需”，由于古今音变，声符的作用已不明显。意符从心从米，区别了两字的不同意义范畴。

懦，《说文》：“驽弱者也。”本义是怯懦、软弱。《左传·僖公二年》：“懦而不能强谏。”意思是（宫之奇的为人）懦弱而不能坚决进谏。又如：懦夫（软弱无能的人）。又指柔软。夏侯湛《玄鸟赋》：“拾柔草以自籍，采懦毛以为蓐。”

糯，稻的一种，所以用“米”作意符。如：糯谷，糯米。司马光《涑水记闻卷一三》：“守陵喜，运糯米以饷智高。”

简体	篆书	隶书	草书	行书
懦	懦	懦	懦	懦
糯	糯	糯	糯	糯

O

ōu ǒu

讴 呕

“讴”和“呕”的声符都是“区”，读音同声不同调。都是写人的动作，其意符“言”与“口”也互有关联，古代两字有时可通用，但现在使用范围已有明显区别。

讴，《说文》：“齐歌也。从言区声。”本义是歌唱。《孟子·告子下》：“昔者王豹处于淇，而河西善讴。”意思是从前王豹（卫国歌手）住在淇水旁边，因而河西的人都会唱歌。《荀子·议兵》：“故近者歌讴而乐之。”意思是所以近处的人欢乐地歌唱起来。引申指歌曲。曹植《箜篌引》：“京洛出名讴。”意思是京都洛阳的地方出产著名的歌曲。古代双音词“讴歌”指唱歌、歌唱。屈原《离骚》：“宁戚之讴歌兮，齐桓闻以该辅。”意思是宁戚喂牛鼓角歌唱啊，桓公听后授官列位在朝堂（宁戚：春秋卫国人。该：备。传说宁戚经商时一次在东门外住宿，半夜起来喂牛，他叩牛角而歌，齐桓公听到了知道他是个有才能的人，便用他做客卿）。又指歌颂。《孟子·万章上》：“讴歌者，不讴歌益而讴歌启。”意思是歌颂的人不去歌颂益却歌颂启。

呕，《说文》作“欧”。本义是呕吐，所以从口。令人作呕：使人恶心，让人厌恶。呕心沥血：形容劳思苦索，费尽心血。《左传·哀公二年》：“吾伏弢呕血鼓声不衰。”意思是（赵鞅说）我尽管伏在箭袋上吐血，但鼓声不衰减。

简体	繁体	篆书	隶书	草书	行书
讴	謳	謳	謳	謳	謳
呕	嘔	嘔	嘔	嘔	嘔

ōu ōu
欧 殴

“欧”和“殴”造字方法相同，音同形似，声符都是“區”，词义却区别很大。

欧，《说文》：“吐也。从欠區声。”本是呕吐的“嘔”的本字，现只作姓氏用。又指欧洲，是欧罗巴的简称。如：南欧，北欧，欧洲各国。

殴，《说文》：“捶击物也。从殳區声。”本义是殴打、捶击。《后汉书·梁冀传》：“殴击更卒，所在怨毒。”意思是殴打官吏兵卒，所在的地方无不对他极端怨恨。《史记·留侯世家》：“良鄂然，欲殴之，为其老，彊忍，下取履。”

简体	繁体	篆书	隶书	草书	行书
欧	歐	歐	歐	歐	歐
殴	毆	毆	毆	毆	毆

ǒu ǒu
耦 藕

“耦”是以“禺”为声符的形声字，“藕”又是以“耦”为声符的形声字，虽辗转相从，但各自所从的意符不同，意义全不一样。

耦，《说文》释为“耒广五寸为伐，二伐为耦。从耒禺声”。《广雅·释地》：“耦，耕也。”本义是二人并肩耕作。《论语·微子》：“长沮、桀溺耦而耕。”意思是长沮、桀溺两人并肩耕作。引申为双、成双（与“奇”相对）。《三国志·吴书·吴主传》：“车中八牛以为四耦。”意思是车中八头牛配成四双。又引申为配偶。《左传·桓公二年》：“人各有耦。”意思是各人有各人自己的配偶。这个意义后来写作“偶”（“偶”的本义是偶像，用泥木之类做成人、物形体，后借为“耦”）。

藕，《说文》本作“从艹从水，会意，禺声”。《尔雅》作“藕”，则是从艹耦声。《说文》说是“芙渠根”。芙渠是荷花，荷花的地下茎就是“藕”。古人误以为根。藕断丝连：藕已断，但藕丝还连接着。比喻没有彻底断绝关系，也比喻断断续续。孟郊《去妇》：“妾心藕中丝，虽断犹牵连。”意思是我的心就像藕中的丝，即使藕断了丝儿仍相连。

简体	篆书	隶书	草书	行书
耦	耦	耦	耦	耦
藕	藕	藕	藕	藕

òu shū kōu
怄 枢 抠

“怄”“枢”和“抠”都是以“區”为声符，但读音都不同，其意符有从心，从木，从手的区别，字义也因而各异。

怄，意符是“心（忄）”，方言指“怄气”，即闹别扭、生闷气。如：怄了一肚子气。又指使怄气、使不愉快。如：你别故意怄我。

枢，《说文》：“户枢也。从木区声。”本义是门上的转轴。户枢不蠹：门的转轴（因经常转动）不会被虫蛀蚀。比喻经常运动着的东西不易腐蚀，可以经久不坏。引申指重要或中心的部分。如：中枢。又比喻事物的关键。事物联系的中心环节称“枢纽”。古代称政权的中枢、中央发号施令的机构为“枢府”。宋代官府有枢密院。又是星名，北斗七星第一星，也称“天枢”。

抠，《说文》：“一曰抠衣升堂。”本义是指提起、撩起。即抠衣提裳而行，以示敬谨之意。今多指用手指或细小的东西往较深的地方挖。如：把掉在砖缝里的豆粒抠出来。引申为雕刻（花纹）。如：在镜框上抠出花来。又引申为不必要的讲究。如：抠字眼儿，死抠书本儿。

简体	繁体	篆书	隶书	草书	行书
怄	慪	慪	慪	慪	慪
枢	樞	樞	樞	樞	樞
抠	摳	摳	摳	摳	摳

P

pā 葩　pá 筢

“葩”和“筢”的读音相近，但是意符不同，声符也有别，字义当然不一样。

葩，《说文》：“华（花）也。”上面是意符“艹”，下面是声符。本义是指草木的花。如：奇葩异草。张衡《思玄赋》：“天地烟煴，百卉含葩。”意思是天地间气化流行，各种草儿都开花吐艳［烟煴（yīn yūn）：阴阳二气和合貌］。引申为华丽、华美。韩愈《进学解》：“《诗》正而葩。”意思是《诗经》义理正大而又辞藻华丽。所以后来人们称《诗经》为“葩经”。

筢，从竹把声。是五齿的竹耙，搂取柴草时用。

简体	篆书	隶书	草书	行书
葩	葩	葩	葩	葩
筢	筢	筢	筢	筢

pái 排　pái 徘

“排”和“徘”的声符都是“非”。形体相似，意义却大不相同。

排，《说文》：“挤也。从手非声。”本义是推移、排挤。排山倒海：把高山推开，把大海翻倒过来。形容声势浩大，力量巨大。《后汉书·贾逵传》：“诸儒内怀不服，相与排之。”意思是众儒生内心不服，相互排挤他。引申为排除、消除。排难解纷：为人排除危难或调解纠纷。作“排列”解是后起义。白居易《春题湖上》诗：“松排山面千重翠，月点波心一颗珠。”意思是松树排列在山峦上形成千重翠绿，月亮点缀在波纹中就像一颗珍珠。又指疏通。《孟子·滕文公上》：“决汝汉排淮泗而注之江。”意思是挖开汝河、汉水，疏通淮河、泗水的淤积，并使它注入大江。

徘，从彳非声。“徘徊”为叠韵联绵字，即往返回旋的样子。宋玉《风赋》：“徘徊于桂椒之间。”意思是（它）在桂树和椒树之间往返回旋。徘徊歧路：在岔道口上来回地走。比喻犹疑不决。

简体	篆书	隶书	草书	行书
排	排	排	排	排
徘	徘	徘	徘	徘

pài zhuā
派 抓

“派”是会意兼形声字。“抓”是形声字。两种造字方法不同，音义均不一样。

派，《说文》：“别水也。”从水，本义指水的支流。左思《吴都赋》：“百川派别，归海为汇。”意思是水的支流分开成千百支，流归大海就汇合在一起。泛指流派、支系。今指立场见解或观点相同的一些人。如：党派，学派。还常用为派遣义。如：委派。又指作风或风度。如：派头，气派。

抓，意符是“手”，声符是“爪”。本音 zhāo，指“搔”。杜牧《读韩杜集》：“杜诗韩集愁来读，似倩麻姑痒处抓。”意思是愁来一读杜诗韩集，就像请仙人麻姑给我搔痒一样。又读 zhuā，用手或爪取物。如：抓了一大把米，老鹰抓去一只鸡。引申为捉拿。如：抓奸细。

简体	篆书	隶书	草书	行书
派	派	派	派	派
抓	抓	抓	抓	抓

pán 磐　pán 盘

“磐”和“盘”都是以“般”为声符的形声字，“盘”是“盤”的简化。意符不同，因而字义各异。

磐，巨大的石头，所以从石。坚如磐石：坚固如同厚而大的石头。形容坚固而不可动摇。《韩非子·显学》：“磐石千里，不可谓富。”意思是只有大石头而无土壤的地，尽管千里，也不能说富有。

盘，《说文》：“从木般声。”解释为“承盘也”。本为承水的盘，古代的盥具。又泛指一般盘子。李绅《悯农》：“谁知盘中餐，粒粒皆辛苦。”意思是谁知道盘子里装的饭，粒粒都是辛苦得来。又借为逸乐。《书·无逸》：“文王不敢盘于游田。”意为文王不敢贪享游赏和打猎的欢乐。又借为盘旋。《徐霞客游记·楚游日记》：“盘空而升。”意为在空中盘旋上升。又“盘桓”连用时，与“徘徊”同。曹植《洛神赋》：“怅盘桓而不能去。”意思是惆怅地徘徊着不愿意离去。（《广雅》：“盘桓：不进也。”）

简体	繁体	金文	篆书	隶书	草书	行书
磐			磐	磐	磐	磐
盘	盤	盤	盤	盤	盤	盤

pàn 判　pàn 叛

“判”和“叛”读音相同，但它们的声符却不一样，一个是“半”，一个是“反”。“半”在这两字中充当的构字偏旁作用不同，在“判”中是声符，在“叛”中却是意符。

判，《说文》：“分也。从刀半声。”本义是分、分开、分离。柳宗元《封建论》：“遂判为十二，合为七国。”意思是于是分成十二诸侯国，后来又合并为七个强国。引申指区别、分辨。判若两人：差别很大好像不是同一个人。形容一个人在不同的场合、不同的时间形象表现完全不同。还引申为评判、判断、判决等，不过已是后起的意义了。

叛，《说文》：“半也。从半反声。”指的是一物被剖判后的两半。今天说的反叛，却是另一义。朱骏声说是“反也。从反，半声”。义为背叛、反对。如：叛徒，叛逆。《左传·隐公四年》：“众叛亲离，难以济矣。”意思是民众背叛，亲近离开，难以成功。

简体	篆书	隶书	草书	行书
判	判	判	判	判
叛	叛	叛	叛	叛

pàn 盼　xì 盻

“盼”和“盻”的意符都是“目”，表明字义和眼睛有关。声符不同，读音各异，意义也有差别。

盼，《说文》：“诗曰：美目盼兮。从目分声。”《一切经音义》卷八引《说文》：“盼，目黑白分也。”本义是眼睛黑白分明。《诗·卫风·硕人》：“美目盼兮。”意思是那眼睛黑白分明多么美丽啊！引申为看。左顾右盼：左面看看，右面看看。形容得意（或警戒）的神态。又指盼望。如：盼星星，盼月亮。

盻，《说文》：“恨视也。从目兮声。”本义为怒视。《战国策·韩策》：“韩挟齐魏以盻楚。”意思是韩国倚仗着齐、魏，仇视楚国。叠用为“盻盻”，形容勤苦不息的样子。《孟子·滕文公上》：“为民父母，使民盻盻然，将终岁勤动，不得以养其父母。”意思是号称百姓的父母，却使百姓整年地辛勤劳动，仍然不能供养他们的爹娘。

棒，指棍子、杖，所以从木。《抱朴子·外篇·酒戒》：“于是白刃抽而忘思难之虑，棒杖奋而罔顾乎前后。”也泛指其他条状物。如：炭精棒，冰棒。口语里又借用来指（体力或能力）强、（水平）高、（成绩）好。如：棒小子，字写得棒。

简体	篆书	隶书	草书	行书
捧	捧	捧	捧	捧
棒	棒	棒	棒	棒

pī 丕　bù 不

“丕”和“不”在形体上只是下部一横画之差，但是造字方法却不相同。“丕”是以“不”为声符派生的形声字，“不”是象形字。因此，音、义全不相同。

丕，《说文》：“大也。从一不声。”本义是大、宏大。《尚书·大禹谟》：“嘉乃丕绩。”意思是赞赏你的宏大的功绩。又用作连词乃、于是。《尚书·盘庚》：“先后丕降与汝罪疾。”意思是先后（已经死去的王）于是降下疾病惩罚你。但古书中多用作助词，置句首或句中，无义。

不，甲骨文是花蒂的形象。《诗·小雅·常棣》：“常棣之华，鄂（萼）不韡韡。”意思是常棣的花儿，花蒂花萼都有光彩。但向来借为否定词，表示相反意。不求甚解：原指读书只求理解精神，不刻意于一字一句的解释。后引申为读书不认真，略知大意而不求深入理解。不偏不倚：原意指儒家折中、调和的中庸之道。现常用于不偏袒这一方，也不偏袒那一方，表示正对中心，准确无误或表示中立公正。不速之客：不请自来的客人。不谋而合：事先没有商量不待解释就可以明白，形容事理明显。普通话在去声字前面应读阳平 bú。

简体	甲骨文	金文	篆书	隶书	草书	行书
丕			丕	丕	丕	丕
不	不	不	不	不	不	不

pī pí bǐ
批 枇 秕

“批”“枇”和“秕”都以“比”为声符，但读音不一样，三字意符各异，字义不同。

批，从手比声。《说文》：“手击也。”即用手打击。《左传·庄公十二年》：“（宋万）遇仇牧于门，批而杀之。”意思是（宋国的南宫长万）在城门口遇见仇牧，一反手便打死了他。引申为攻击、击入。批亢捣虚：攻击敌人的要害，乘虚而入（亢：咽喉）。又引申为排除、削除。批患折难：排除患难，解决困难。作削和薄切是后起义。杜甫《李鄠县丈人胡马行》：“头上锐耳批秋竹。”又，评判也说“批”。如：老师给学生作文的评语叫“批语”，在书刊、文章上加评语和圈点叫“批点”。又指大批量（买卖货物）。如：批发，批购。

枇，《说文》：“枇杷，木也。从木比声。”指枇杷，乔木，果实也叫枇杷，球形，淡黄色或橙黄色，可以吃，叶子和核可入药。司马相如《上林赋》：“枇杷，橪柿、亭奈、厚朴。”

秕，《说文》：“不成粟也。从禾比声。”是中空或不饱满的谷粒。如：秕粒，秕子。秕子和糠叫“秕糠”，比喻没有价值的东西。引申为坏、不良。如：旧指不良的政治措施为“秕政”。又为动词，败坏。《后汉书·安帝纪·赞》：“安德不升，秕我王度。”

简体	篆书	隶书	草书	行书
批	批	批	批	批
枇	枇	枇	枇	枇
秕	秕	秕	秕	秕

pī bò
劈 擘

“劈”和“擘”的不同意符“刀”和“手”，指明一与刀的使用有关，一与手有关，区分了两字不同的意义范畴。由于音近形似，也易误用。

劈，《说文》：“破也。从刀辟声。”指用刀斧等由纵面破开。如：劈木柴。引申为分开。如：劈山引水。又用来指正对着。如：劈头盖脸（正对着头脸）。

擘，《说文》：“大指也。”本义是指大拇指。《孟子·滕文公下》：“于齐国之士，吾必以仲子为巨擘焉。”意思是在齐国的读书人中间，我一定要称陈仲子为首屈一指的人物了。又引申指分割、分裂。《玉篇》：“擘，裂也。”《史记·刺客列传》：“既至王前，专诸擘鱼，因以匕首刺王僚。”白居易《秦中吟》：“果擘洞庭桔，脍切天池鳞。”意思是吃的水果是掰开的洞庭橘子，菜肴是细切的天池鱼。擘肌分理：比喻剖析精细。口语读 bāi 。

简体	篆书	隶书	草书	行书
劈	劈	劈	劈	劈
擘	擘	擘	擘	擘

pí zì
毗 眦

“毗”和“眦”形体相似，但声符各异，读音差别很大，意义范畴也因意符的不同而大相径庭。

毗，从比从田，会意。本义是毗连，即两者紧挨着的意思。如：毗邻，毗连。又指辅助。《诗·小雅·节南山》：“天子是毗，俾民不迷。”意思是君王靠你来辅助，百姓靠你把路指。《三国志·蜀书·诸葛亮传》：“亮毗佐危国。”意思是诸葛亮辅助处于危难中的蜀国。《后汉书·明德马皇后纪》：“辄言及政事，多所毗补。”这里的“毗”用的也是辅助义。

眦，也写作“眥”。《说文》：“目匡也。从目此声。”本义是指上下眼睑的接合处，靠近鼻子的叫“内眦”，靠近两鬓的叫“外眦”，通称“眼角”“眼眶”。《史记·项羽本纪》：“瞋目视项王……目眦尽裂。”意为（樊哙）瞪着眼睛注视项王……两个眼角都裂开了。形容愤怒到极点谓之“眦裂”。柳宗元《韦道安》：“一闻激高义，眦裂肝胆横。”

简体	繁体	篆书	隶书	草书	行书
毗		毗	毗	毗	毗
眦	眥	眦	眥	眦	眥

pí 脾　pì 睥

“脾”和“睥”的声符都是“卑”，今读音与声符不同，字义因意符不一样而各异。

脾，《说文》：“土藏也。从肉卑声。”土藏即指脾脏，是人或高等动物的内脏之一。蔡琰《悲愤》诗：“还顾邈冥冥，肝脾为烂腐。”人的性情也称“脾气”，又称发怒为“发脾气”。

睥，从目卑声。“睥睨（pì nì）”，叠韵联绵词。本义是眼睛斜着看，有厌恶或傲慢之意。《淮南子·修务》：“过者莫不左右睥睨而掩鼻。”意思是从这里走过的人没有一个不斜着眼睛看左右和掩鼻子。也作“俾倪”。《史记·信陵君列传》：“侯生下见其客朱亥，俾倪，故久立，与其客语。”意思是侯生从车上下来，会见他的朋友朱亥，旁若无人的高傲样子，故意久站着跟他的朋友谈话。引申为窥伺。《史记·魏其武安侯列传》：“睥睨两宫间，幸天下有变，而欲有大功。”古书中也有用来称城墙上的短墙的。《释名·释宫室》：“墙上垣曰睥睨……或名堞。”意思是城上的短墙叫睥睨，或称作堞。

简体	篆书	隶书	草书	行书
脾	脾	脾	脾	脾
睥	睥	睥	睥	睥

pǐ 圮　yí 圯

“圮”和“圯”意符都是“土”，声符“己”“巳”只有不封口和封口的差别，稍不注意，就会认错写别。

圮，《说文》：“毁也。虞书曰：方命圮族。从土己声。”本义是毁灭、断绝。又指毁坏、坍塌。如：颓圮。苏辙《东轩记》：“岁十二月，乃克支其欹斜，补其圮缺。”意思是到了年底十二月，才能够把房屋倾斜的地方支撑起来，把那些坍塌的地方和缺口修补起来。

圯，《说文》：“东楚谓桥为圯。”本义指桥。如“圯桥”，在江苏省睢宁县沂水上，秦末张良在这里遇见了黄石公，谦虚敬老，黄石公授以太公兵法。见《史记·留侯世家》。唐代司马贞《索隐》引李奇曰：“下邳人谓桥为圯。”后来，“圯桥”便成为此桥的专名了。李白《经下邳圯桥怀张子房》：“我来圯桥上，怀古钦英风。”意思是我今来到下邳圯桥之上，怀念古人而钦敬（张良的）英雄风采。

简体	篆书	隶书	草书	行书
圮	圮	圮	圮	圮
圯	圯	圯	圯	圯

piān　　biǎn

偏　褊

“偏”和“褊”的不同意符“人”和“衣”，标明了它们意义的不同范畴。但是由于声符同是“扁”，读音同韵母，辅音也只有送气不送气之分，所以容易混淆。

偏，《说文》：“颇也。从人扁声。”本义是不正、偏斜，引申为侧、边。《左传·隐公十一年》：“郑伯使许大夫百里奉许叔以居许东偏。”意思是郑庄公让许国大夫百里侍奉许叔住在许都的东侧。引申指不公正、片面。如：偏颇（偏于一方，不公平），偏见（偏于一方面的见解）。偏听偏信：片面地听了一方面的话就信以为真。多指处理事情的态度不公正。

褊，《说文》：“衣小也。从衣扁声。”本义是衣服狭小。王充《论衡·自纪》：“夫形大衣不得褊。”意为形体大的人衣服不能太狭小。引申为狭小、狭窄。《左传·昭公元年》：“以敝邑褊小，不足以容从者。”意思是由于敝邑狭小，不足以容纳您的随从。引申为薄弱。《楚辞·七谏·初放》：“浅智褊能兮，闻见又寡。”意为我才智疏浅能力薄弱，孤陋寡闻毫无长处。（《章句》：“褊，狭也。”）

简体	篆书	隶书	草书	行书
偏	偏	偏	偏	偏
褊	褊	褊	褊	褊

piàn　　qiáng

片　爿

“片”和“爿”都是会意字，而且都是半边“木”字，只是左、右两旁不同而已，因而意义也相同，只是“爿”仅用于方言。

片，古字“木”的一半，表示木材被劈开的木片儿。《说文》：“判木也。从半木，会意。”

段玉裁注："判者，分也。"本义就是破开的木片，也指其他物的片。《南史·齐武陵昭王晔传》："乃破荻为片。"引申指平而薄的东西。白居易《太湖石》诗："削成青玉片，截断碧云根。"又如：纸片，明信片。又指少、短、零星的、不全的。如：指零碎的文字材料谓"片纸只字"。复音词"片刻"形容极短的时间、一会儿。又用作量词。如：两片药。杜甫《曲江》："一片花飞减却春。"意思是一片儿花瓣飞落，就会使人觉得已经减却了好几分春。刘禹锡《西塞山怀古》诗："千寻铁锁沉江底，一片降幡出石头。"意思是几千尺长的拦江铁锁，竟沉落在长江江底，而一片投降的白幡，竖起出古城石头。

爿，甲骨文像床形，直立起来就像"爿"，因此是床的古字，"牀"字是在象形的基础上增加意符"木"而成的。"木"表示制床的材料。"爿"是指劈成片的木材。有的方言读pán，指劈成片的竹、木等。如：柴爿，竹爿。又用作量词。如：田地一片叫"一爿"，商店、工厂等一家叫"一爿"。

简体	甲骨文	篆书	隶书	草书	行书
片		片	片	片	片
爿	爿	爿	爿	爿	爿

piāo　piāo　piáo

剽　飘　瓢

"剽""飘"和"瓢"都是以"票"为声符的形声字。字义因各不相同的意符而有很大区别。

剽，《说文》："砭刺也。从刀票声。一曰票，劫人也。"本义是砭刺，即针灸一类的治疗方法。但古书中借作抢劫义。《汉书·贾谊传》："剽吏而夺之金。"意思是抢劫官吏而夺取他的钱。今天仍然称抄袭窃取别人的著作曰"剽窃"，称击杀、抢劫谓"剽掠"。又用来形容动作轻捷。如：轻捷骁勇曰"剽悍"，勇猛敏捷谓"剽疾"。

飘，《说文》："回风也。从风票声。"特指"飘风"。本义是旋风、大风。《庄子·天下》："若飘风之还，若羽之旋。"意思是像旋风那样回旋，像羽毛那样飘转。引申为飘动、飞扬。白居易《长恨歌》："骊宫高处入青云，仙乐风飘处处闻。"意思是骊山的华清宫高耸就像在天上，神仙的音乐声随风飘荡处处都可以听到。"飘飘"叠用，形容飘拂翻卷或风吹的样子。如：红旗飘飘。形容得意的样子用“飘飘然”，意思是轻飘飘的好像浮在空中。

瓢，《说文》：“蠡也。从瓠省，票声。”指剖开葫芦做成的舀水器或盛酒器。《论语·雍也》：“一箪食，一瓢饮，在陋巷。”意为一竹筐饭，一瓜瓢水，住在简陋的小巷。后以“箪瓢”形容生活俭朴。后来其他用木头挖成的或金属做的舀水器具也称“瓢”。如：形容雨大谓之“瓢泼大雨”。

简体	繁体	篆书	隶书	草书	行书
剽		剽	剽	剽	剽
飘	飄	飄	飄	飄	飄
瓢		瓢	瓢	瓢	瓢

piǎo　fú
殍　俘

“殍”和“俘”的声符都是“孚”，但读音不同，“俘”读音同声符，“殍”却读 piǎo，不要把它读成 fú。它们的字义截然不同。

殍，意符从歹，表示与死亡有关。义指饿死。《孟子·梁惠王上》：“涂有饿殍而不知发。”意思是道路上有饿死的人却不曾想到应该打开仓廪救济饥民。《辽史·杨佶传》：“燕地饥疫，民多流殍。”意思是河北北部一带地方饥荒瘟疫，老百姓很多流亡和饿死的。

俘，从人孚声。《说文》：“军所获也。”本义是俘虏，指打仗时捉住的敌人。如：战俘。《左传·庄公三十一年》：“诸侯不相遗俘。”意为诸侯之间不能互相赠送俘虏。又用作动词，指擒获、掳掠。《左传·宣公二年》：“俘二百五十人。”意思是擒获二百五十人。《左传·成公十三年》：“伐我涑川，俘我王官。”意思是攻打我国涑川，掠取我国王官。

简体	篆书	隶书	草书	行书
殍	殍	殍	殍	殍
俘	俘	俘	俘	俘

pīn 拼　bīng 栟

“拼”和“栟”的声符都是“并”，“栟”读音如声符，“拼”则不同。字义因意符而异。“栟”字不常用，容易误读成 pīn。

拼，后起形声字，其结构是从手并声。本义是指连合、贴近。如：拼音。把零碎的合在一起叫“拼凑”，用两种以上的凉菜摆在一个菜盘里拼成菜叫“拼盘”。又，不顾一切、豁出性命称“拚（pàn）命”，后来也误成“拼命”。

栟，从木并声。《说文》：“栟，栟榈，椶也。”本义是一种树名，即棕榈。张衡《南都赋》：“楈枒栟榈，柍柘檍檀。”（楈枒似栟榈，皮可作索。檍、檀：木名。）韩愈《城南联句》：“买养驯孔翠，远苞树蕉栟。”意思是购买驯养孔雀翠鸟，远处草木茂盛，有芭蕉有棕榈。

简体	篆书	隶书	草书	行书
拼	拼	拼	拼	拼
栟	栟			

pín tān
贫 贪

“贫”是会意兼形声字，“贪”是形声字，造字方法不尽相同，音义截然两样。

贫，从贝从分，会意，分亦声。《说文》：“财分少也。”本义是指缺乏财物、贫穷（与“富”相对）。《论语·学而》：“贫而无谄，富而无骄，何如？”意思是贫穷却不巴结奉承，有钱却不骄傲自大，怎么样？引申为缺少、不足。刘勰《文心雕龙·练字》：“富于万篇，而贫于一字。”意思是虽能写万篇文章，有时也会缺少一个合适的字。现在称贫血、贫油的“贫”也都是用的这个含义。在某些方言中还用来形容浅薄行为。如：称爱说话，言语尖酸刻薄、使人讨厌为“贫嘴薄舌”。

贪，《说文》：“欲物也。从贝今声。”欲物就是指求得无厌，过分爱财。《左传·襄公二十三年》：“贪货弃命，也君所恶也。”意思是贪财而背弃君命，这也是国君您所憎恶的啊。贪人败类：谓贪鄙之人败坏善道。引申为贪恋。如：贪生怕死。引申为不知满足地追求。《诗·大雅·桑柔》：“民之贪乱，宁为荼毒。”意思是百姓为何不知足地追求作乱，因遭暴政残害苦难挡（宁：乃。荼毒：残害）。贪多务得：一味追求多得。

简体	繁体	甲骨文	篆书	隶书	草书	行书
贫	貧			貧		貧
贪	貪			貪		貪

píng pēng pēng
坪 怦 砰

“坪”和“怦”“砰”的声符都是“平”，但三字的意符有别，造字方法略异，因而意义用法也有所不同。

坪，《说文》：“地平也。从土从平，会意。”即会土地平坦之意。多用为地名。如：陕西的杨家坪，广东北部的坪石。也泛指平坦场地。如：操坪，晒谷坪。

怦，从心平声。今天一般用以形容心跳。“怦怦”，象声词，形容心跳动。《玉篇》：“心跳貌。”如：心怦怦地跳着。又形容忠谨貌。《楚辞·九辩》：“私自怜兮何极？心怦怦兮谅直。”意思是独哀怜伤感何能有终极，尽忠心、诚实、正直始终如一（谅直：诚实正直）。

砰，从石平声。是个象声词，形容撞击或重物落地的声音。《列子·汤问》：“徐以气听，砰然闻之，若雷霆之声。”李白《梁甫吟》：“雷公砰訇震天鼓，帝旁投壶多玉女。”“砰訇”就是形容响声洪亮。亦作“砰轰”。

简体	金文	篆书	隶书	草书	行书坪
坪	坪	坪	坪	坪	坪
怦		怦	怦	怦	怦
砰		砰	砰	砰	砰

凭 píng　恁 nèn

“凭”是会意字，“恁”是形声字。两字上部虽同为“任”，造字方法却不同，意义也因之迥异。

凭，《说文》：“依几也。从几从任。”“几”是古代席地而坐时，置于身后以便倚靠的小桌，“依几”是依着凭几。辛弃疾《满江红·暮春》词：“凭画廊，一线数飞鸿，沉空碧。”引申为靠着。如：凭栏远眺。依靠也称“凭借”，作为凭记的事物称“凭据”，没有依据谓之“凭空”，依靠险要的地方谓之“凭险”。

恁，《说文》有“恁”，但古书中未见用过，唐宋的白话借作那么、那样的意思。如：恁大胆，恁有劲儿，要不了恁些（那么多）。又表示那的意思。如：恁时，恁时节。读 nín，同“您”，多见于元曲。

简体	繁体	金文	篆书	隶书	草书	行书
凭	憑		憑	憑	憑	憑
恁		恁	恁	恁	恁	恁

pō 坡 bō 波

“坡”和“波”声符都是“皮”，但读音已不同声符。意符从土从水，表明各自的不同字义。

坡，《说文》：“阪也。从土皮声。”指地形倾斜的地方。如：山坡，高坡。斜坡起止点的高度差与其水平距离的比值称为“坡度”。阮籍《咏怀》诗之二十六：“朝登洪坡颠，白夕望西山。”

波，从水皮声。《说文》：“水涌流也。”本义是指水涌流。《管子·君臣下》：“夫水波而上，尽其摇而复下。”又指波浪、波纹。《楚辞·九歌·河伯》：“与女游兮九河，冲风起兮横波。”（女：通“汝”，指河伯。九河：黄河的总称。横波：大波浪。）苏轼《前赤壁赋》：“清风徐来，水波不兴。”波澜壮阔：比喻声势浩大。又如：风波（比喻事物的意外变化），波折（事情进行中发生的曲折）。物理学上用来称振动在物体中的传播。如：声波，发出波的物体或地点称为“波源”。

简体	金文	篆书	隶书	草书	行书
坡	坡	坡	坡	坡	坡
波		波	波	波	波

pū　pǔ
扑　朴

“扑”和“朴”的声符都是“菐（bú）”，简化为“卜”。偏旁一从手，一从木，字义亦因之而异。

扑，《说文》：“挨也。从手菐声。”《字林》说是“手相击”，引申为击。《战国策·楚策一》：“我将深入吴军，若扑一人，若捽一人，以与大心者也。”意思是我准备冲进敌阵，您要是能击倒一个敌人，抓住一个敌人，都是对我大心的帮助啊！［捽（zuó）：揪住。大心：人名。］《淮南子·说林》：“为雷电所扑。”意思是被雷电所击中。引申为直冲的意思。清风扑面：清风迎面而来。香气扑鼻：香气直冲鼻子。

朴，《说文》：“木素也。从木菐声。”“木素”是指未经加工成器的原材料。《论衡·量知》：“无刀斧之断者谓之朴。”古书中用来指本质、本性。今多指朴实、朴质。如：俭朴、诚朴、朴素。又，《说文》有“从木卜声”的“朴”字读 pò，义为木皮，即树皮。崔骃《博徒论》：“肤如桑朴，足如熊蹄。”“桑朴”就是指桑的表皮。中药有“厚朴”。又读 piáo，指姓。读 pō。如：朴刀（旧式武器，窄长有短把的刀，双手使用）。

简体	繁体	篆书	隶书	草书	行书
扑	撲	撲	撲	撲	扑
朴	樸	樸	樸	樸	朴

Q

qī　　qī
期　欺

“期”和“欺”同声符“其”，读音相同。不同的意符“月”和“欠”区分了两字的字义。

期，《说文》：“会也。从月其声。”本义是要约、约会。《诗·鄘风·桑中》：“期我乎桑中。”意思是约我来到桑中这个地方。《史记·孙子吴起列传》：“期曰：暮见火举而俱发。”意思是跟士兵约定说：黄昏时看见有人举火把就一齐射箭。又指期望、要求。《吕氏春秋·察今》：“良剑期乎断，不期乎镆铘。”意思是好剑只期望它能斩断东西，不要求它一定是镆铘宝剑。又用来指一定的时间期限。如：过期，到期。又读 jī，指一周、一年、一整月、一昼夜。《左传·襄公九年》：“行之期年，国乃有节。”意思是（这些措施）实行一年，国家就有了法度。《礼记·中庸》：“择于中庸，而不能期月守也。”意为选择中庸之道，却不能一个月坚守。

欺，《说文》：“欺，诈也。从欠其声。”本义是欺骗。《论语·子罕》：“吾谁欺？欺天乎？”意思是我欺骗谁呢？欺骗上天吗？欺世盗名：欺骗世人以窃取名誉。又指欺负、欺凌。杜甫《茅屋为秋风所破歌》：“南村群童欺我老无力，忍能对面为盗贼。”意思是南村那群小孩儿，欺负我老啦，没有了气力，竟忍心这样面对面当起强盗！

简体	金文	篆书	隶书	草书	行书
期					
欺				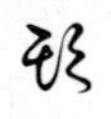	

qī tiān
漆　添

“漆”和“添”读音不同，意义也差别很大，只是由于形体相似，容易混淆。

漆，右半就是“漆”的本字。从木，像树身划开的口子，下面是水字，象征漆液流出。旁边有三点水的“漆”字本水名，在陕西，借用作油漆的“漆”。本义是指漆树皮里的黏汁，后推广指其他油脂制成的涂料。如：磁漆。又称制作油漆器物的小手工业者为“漆匠”。土漆干后，颜色深黑，所以形容非常黑暗没有一点光明或形容一无所知为“漆黑一团”。

添，后起字。从水忝声。“忝”则从心天声。下面一竖三点。写成水就错了。本义是增加。添枝加叶：形容叙述事情或转述别人的话时，为了夸张渲染，增添上原来没有的内容。添兵减灶：比喻以假象迷惑人。明为减灶，暗里增兵。唐制二十一岁服丁役，故生育男孩叫“添丁”。杜甫《东楼》诗：“但添新战骨，不返旧征魂。”

简体	金文	篆书	隶书	草书	行书
漆					
添					

qí zhāi
齐　斋

“齐”是象形字，“斋”是形声字。两字读音各异，造字方法不同，意义相去很远。

齐，甲骨文是三个箭头形并排，象征着麦吐穗齐平的义。篆书又在下面加上“二”，也是为了突出齐平义。繁体作“齊”，简化字参照草书形体楷化为“齐”。本义是严整、整齐。参差不齐：高低大小不整齐。用作使动，使整齐。引申为整治。《论语·为政》：“道之以政，齐之以刑。”意思是治理人民采用政令，整治人民采用刑罚。齐家治国：整治家庭，治理国家。

引申为等、同样、一致等义。如：有同样的名望曰“齐名”，思想一致谓“齐心”。

斋，本从示齐声。简化字参照草书形体楷化作“斋”。本义是“戒洁也”。古代祭祀前要使身心洁净，穿整洁衣服，戒除嗜欲以示虔敬。这种形式叫“斋”。佛教以过清淡生活为“斋”，信仰佛教的人称吃素食为“吃斋”，舍饭给僧人叫“斋僧”。其他宗教也有“斋日”，内容各不同。《孟子·离娄下》：“虽有恶人，斋戒沐浴，则可以祀上帝。”意思是即使有个丑陋的人，只要他斋戒沐浴，也可以祭祀上天神明。又指屋舍。一般指书房、学校。如：书斋、东斋。也有用作商店的名称。如：荣宝斋。

简体	繁体	甲骨文	金文	篆书	隶书	草书	行书
齐	齊				齊		齊
斋	齋				齋		齋

qí　　mǐn　　mín

芪　筤　罠

“芪”“筤”和“罠”，读音有别。“芪”的意符是“草”，“筤”的意符是“竹”，“罠”的意符是“网”。字义全不一样。

芪，《说文》：“芪母也。从草氏声。”是一种药草名，即黄芪，草本植物，小叶长圆形，开淡黄色小花，根入中药。

筤，竹篾。《说文》：“筤，竹肤也。”朱骏声《说文通训定声》：“竹外青也，亦谓之筠。析者声转谓之篾。”

罠，《说文》：“钓也。”段玉裁说：“罠，所以钓也。按系部曰缗，钓鱼繁也。此曰罠，所以钓也。然则缗、罠，古今字也。一古文，一小篆也。”字义是指钓鱼绳，也捕鸟兽的网。左思《吴都赋》：“罼罕琐结，罠蹏连纲。”

简体	篆书	隶书	草书	行书
苠	苠	苠	苠	苠
笢	笢	笢		笢
罠	罠	罠		罠

杞（qǐ） 祀（sì）

“杞”与“祀”形体很相像。其实仔细一看，不仅意符一是“木”，一是“示”，而且声符也不一样，一是开口“己（jǐ）”，一是合嘴“巳（sì）”。两字形音义都不相同。

杞，《说文》：“枸杞也。从木己声。”是一种丛生小灌木，名叫枸杞。《诗·小雅·四牡》：“翩翩者鵻，载飞载止，集于苞杞。”意思是翩翩飞的斑鸠，有时高飞有时留，飞来集在杞树头。“杞”又是周朝国名，在今河南杞县。相传周武王封夏禹后人东楼公于杞，后为楚所灭。杞人忧天：传说杞国有个人怕天塌下来，自己无处存身，吃饭睡觉都感到不安（见于《列子·天瑞》）。比喻不必要的忧虑。

祀，《说文》：“祭无巳也。”本义是指祭神祀祖。《左传·成公十三年》：“国之大事，在祀与戎。”意为国家的大事在于祭祀和战争。《国语·周语上》：“夫祀，国之大节也。”意为祭祀是国家的大典。殷代又称年为“祀”。《书·伊训》：“惟元祀，十有二月，乙丑，伊尹祠于先王。”意为太甲元年十二月乙丑日，伊尹祭祀先王。

简体	甲骨文	金文	篆书	隶书	草书	行书
杞	杞	杞	杞	杞	杞	杞
祀	祀	祀	祀	祀	祀	祀

气 乞

qì qǐ

“气”和“乞”读音只是声调不同，形体极其相似，只有一小横画的差别。但意义相去甚远，谁知它们在古文字中，原来是一字两用。

气，甲骨文像云气的形象。《说文》：“云气也。象形。”本义是云气。引申指一切气体的通称。又指气息。气急败坏：上气不接下气，狼狈不堪的样子。形容十分慌张或羞怒。又指人的精神状态。气冲斗牛：形容精神旺盛、意气昂扬，或非常生气、愤慨之极。气壮山河：形容气概像高山大河那样雄伟豪迈。又用来称气候，天气。秋高气爽：形容秋天的气候，清明爽朗。

乞，本借“气”，楷书去掉一画为“乞”，以示区别。指向人乞讨、请求。《左传·僖公十三年》：“冬，晋荐饥，使乞籴于秦。”意思是这年冬天，晋国再次发生饥荒，派人到秦国乞求购买粮食。又如：请求援助叫“乞援”，请求对方接受自己的投降叫“乞降”，乞求别人哀怜和帮助叫“乞哀告怜”。古书中还有给予义。《汉书·朱买臣传》：“妻自经死，买臣乞其夫钱，令葬。”意思是朱买臣的前妻上吊自杀了，朱买臣给予她的后夫一些钱，叫他把她埋葬了。

简体	繁体	甲骨文	金文	篆书	隶书	草书	行书
气	氣				氣		氣
乞					乞	乞	乞

讫 屹

qì yì

“讫”和“屹”的声符虽然都是“乞”，读音却不同。意符有别，字义也不一样。

讫，《说文》：“止也。从言乞声。”字义是（事情）完结、终了。贾思勰《齐民要术·大豆》：“刈讫则速耕。”意思是收割完了就迅速耕种。又如：商店卖东西的发票上常见盖有“收讫”的戳子，就是表示收清的意思。付讫、验讫的“讫”也都是表示完结、终了义。又指截止。如：（事情）从开始到截止谓“起讫”。古书中还虚化为副词，表示终究、毕竟的意思。《汉书·西域传》：“而康居骄黠，讫不肯拜使者。”意为西域中的康居（qí）国，骄傲狡猾，始终不肯拜迎使者。

屹，改从山。山势高峻貌，《正字通》说是“山独立壮武貌”，即山峰高耸的样子。人们常用“屹立”来形容像山峰一样高耸而稳固地立着，比喻坚定不可动摇。

简体	繁体	篆书	隶书	草书	行书
讫	訖	訖	訖	讫	訖
屹		屹	屹	屹	屹

qiǎ 卡　biàn 卞

“卡”和“卞”只有一画之差，而音义皆不同，只有了解两字构形的来由，才能辨明它们间的差异。

卡，很晚才出现的新字，本音 zá，后音变而读 qiǎ。本指在交通要道或险隘路口驻兵稽查行人或设站收税的地方。如：关卡。引申为堵截、阻挡。如：卡住敌人的退路，他对用钱卡得很紧。引申为用手的虎口紧紧按住。如：卡脖子。又引申为夹在中间、堵塞。如：鱼刺卡在嗓里。又读 kǎ，是英语 card 的音译字，指卡片。如：资料卡，图书卡片。

卞，是个老资格的简化字。“弁”字隶书简化成上面作“二”，下面作“八”，楷化而成“卞”。但古书中并不用它写弁冕的“弁”，而是另用于“卞急”，表示急躁义。《左传·定公三年》：“庄公卞急而好洁。”意思是邾庄公急躁而爱干净。也指角力、徒手搏斗。《汉书·哀帝纪·赞》：“时览卞射武戏。”意思是有时观看角力、骑射等游戏。又用为姓。如：卞和，春秋时楚国人。相传他两次献玉璞给楚王，都被认为虚假，先后被砍去双脚。楚文王即位，卞和抱璞玉哭于荆山下，王使人雕琢那块玉璞，果得宝玉，称为和氏璧。

简体	篆书	隶书	草书	行书
卡	卡	卡	卡	卡
卞	卞	卞	卞	卞

恰（qià）怡（yí）

“恰”和“怡”读音和字义都相差很远，但字形却十分相似。

恰，在唐诗中常见，而六朝以前的文献中不见此字。本义是指适合、正好。恰如其分：形容办事说话正合分寸。恰到好处：形容说话做事恰好达到最适当的地步。叠用为“恰恰”，也表示正好的意思。如：恰恰相反。唐诗中“恰恰”有时用作象声词，像鸟啼声。杜甫《江畔独步寻花之六》：“留连戏蝶时时舞，自在娇莺恰恰啼。”意思是那些恋恋不舍的蝴蝶儿，不停地在花间飞舞，悠闲自在的黄莺儿喳喳地叫着。

怡，从心台声。《说文》：“和也。”《尔雅·释言》说是“悦也”。本义当是指和悦、愉快。怡然自得：形容高兴得意的样子。怡情悦性：使心情快乐舒畅。杜甫《赠卫八处士》诗：“怡然敬父执，问我来何方？”意为和颜悦色地来接待父亲的老朋友，恭敬地问我来自什么地方？

简体	篆书	隶书	草书	行书
恰	恰	恰	恰	恰
怡	怡	怡	怡	怡

qiān 签 quán 筌

“签”与“筌”读音不同，意义相异，但是由于上部意符都是“竹”，形体相似，容易误用。

签，指签名押字。为了表示负责而在档、单据上亲自写上姓名或画上记号叫“签名”“签字”，用比较简单的文字提出要点或意见叫“签注”。《南史·吕文显传》：“前直叙所论之事，后云谨签。”沈括《梦溪笔谈·故事》：“曾见唐人堂帖、宰相签押。”

筌，从竹全声。是捕鱼用的鱼笱一类的竹器。郭璞《江赋》：“栫淀为涔，夹漈罗筌。”《李善》注：“筌，字也作荃。”《庄子·外物》：“筌者所以在鱼，得鱼而忘筌。”意思是鱼笱是用来捕鱼的，捕到鱼便忘了鱼笱。成语“得鱼忘筌”，比喻达到目的就忘了原来所依靠的事物。

简体	繁体	篆书	隶书	草书	行书
签	籤	籤	籤	籤	籤
筌		筌	筌	筌	筌

qiān 铅 lǚ 铝

“铅”与“铝”的意符同是“金”，表示均系金属，但是属两种不同的金属。

铅，《说文》：“青金也。从金㕣声。”是一种重金属，呈青白色，也称青金。因为铅很软，西方古时曾用铅写字，谓之“铅笔”。后才改用石墨制成笔芯，而名称未改，仍称铅笔。这就是今天大家所用的铅笔。

铝，声符是“吕”，是一种银白色轻金属，俗称钢精或钢种。“铝”的合金质轻而坚韧，是制作飞机、火箭、车辆、船只的重要原料。

简体	繁体	金文	篆书	隶书	草书	行书
铅	鉛		鉛	鉛	鉛	鉛
铝	鋁	鋁	鋁	鋁	鋁	鋁

qián 潜　shān 潸

“潜”和“潸”意符都从水，但声符各异，字义不同。

潜，从水，右旁是声符（音 cǎn），声符的标音作用已不明显。朱骏声说：“没水以涉曰潜。”本义是指潜水，在水下面活动。《诗·小雅·鹤鸣》：“鱼潜在渊，或在于渚。”意思是鱼儿潜在深水里，有时游近小洲边。又指深藏、隐没。潜踪隐迹：潜伏隐藏起来，不让人家看到形迹。范仲淹《岳阳楼记》：“日星隐曜，山岳潜形。”引申为暗中、偷偷地、悄悄地。潜移默化：指人的思想、性格受环境或他人的感染、影响，在不知不觉中起了变化。杜甫《春夜喜雨》：“随风潜入夜，润物细无声。”意思是（这雨啊）趁着黑夜悄悄地随风飘落下来，滋润着一切生物，却细腻得听不到一点声音。

潸，从水，散省声。读音与声符略有不同。《说文》：“涕流貌。”形容流泪的样子。如：潸然泪下。《诗·小雅·大东》：“睠然顾之，潸焉出涕。”意思是回转头看了再看，忍不住泪涟涟。

简体	繁体	篆书	隶书	草书	行书
潜	潛	潛	潛	潛	潛
潸		潸	潸	潸	潸

qián líng
钤 铃

“钤”和“铃”不只意符同是“金”，而且声符形体也只一点之差，很容易混淆。

钤，从金今声。《玉篇》说是“车辖也”。本义是将车轮固着于车轴的金属插销。过去把它与锁具的键合称“钤键”，用以比喻关键事物。郭璞《尔雅注序》：“夫《尔雅》者……诚九流之津涉，六艺之钤键。”意思是《尔雅》这部书，确实是通往九流这些学派的桥梁，打开六经的钥匙啊。又图章也叫“钤记”，旧时机关团体使用的“钤记”多半是长形的。

铃，从金令声。《说文》：“令丁也。”即铃铛、铃儿。铃铛为金属制成的响器，常见的有球形和钟形，多悬于马颈或旗首。《诗·周颂·载见》：“龙旂扬扬，和铃央央。”意思是龙旗纹彩色鲜艳，和铃共鸣声央央。《左传·桓公二年》：“钖、鸾、和、铃，昭其声也。”意思是钖铃、鸾铃、轼铃、旗铃，这都是为了表示声音。现在除用来称金属制成的响器外，也指铃状物。如：哑铃，杠铃。

简体	繁体	金文	篆书	隶书	草书	行书
钤	鈐		鈐	鈐	鈐	鈐
铃	鈴	鈴	鈴	鈴	鈴	鈴

qiǎn qiǎn
谴 缱

“谴”和“缱”的声符同是“遣”，意符不同，意义完全两样。

谴，《说文》：“谪问也。从言遣声。”本义是责备、责罚。《诗·小雅·小明》：“岂不怀归，畏此谴怒。”意思是难道我不想回家乡，那是怕遭到责罚。引申为贬谪。韦嗣立《奉和张岳州王潭州别诗序》：“后承朝谴，各自东西。”意思是后来受到朝廷的贬谪，便分离各自东西。

缱，“缱绻”，牢结不离散之意。《左传·昭公二十五年》：“缱绻从公，无通内外。”意为紧紧跟从国君，不要里外通气。后来又用于形容情意缠绵、难舍难分。如：情意缱绻。白居易《寄元九》：“岂是贪衣食，感君心缱绻。”意思是难道是贪图衣食吗？感激君恩心意缠绵啊。

简体	繁体	篆书	隶书	草书	行书
谴	譴	譴	譴	譴	譴
缱	繾	繾	繾	繾	繾

qiàn　　zàn

堑　暂

堑和暂的声符虽都是“斩”，但读音不一样，意符从土从日，表示不同的意义。

堑，从土斩声。指的是壕沟、坑堑。《史记·高祖本纪》：“郎中郑忠乃说止汉王，使高垒深堑，勿与战。”意思是郎中郑忠于是劝说汉王，使他修建高的防守建筑物，挖掘深的壕沟，不要跟敌方交战。长江天堑：长江是天然形成的防线。“堑”还用来指挫折。吃一堑，长一智：受一次挫折，长一分见识。

暂，《说文》：“不久也，从日斩声。”本义指时间短（跟“久”相对）。段玉裁注：“今伪云霎时间即此字也。”《后汉书·黄宪传》：“友人劝其仕，宪亦不拒之，暂到京师而还。”意为朋友劝他做官，黄宪也不加拒绝，到了京城短时间就回来。又表示猝然、突然。《史记· 李将军列传》：“广暂腾而上胡儿马。”意为李广突然跃上胡兵骑的马。

简体	繁体	篆书	隶书	草书	行书
堑	塹	塹	塹	塹	塹
暂	暫	暫	暫	暫	暫

qiáng 墙　qiáng 樯　sè 穑

“墙”，本从啬爿声。简化字采用了它的异体字，改从土。“樯”是从墙省声的形声字。“穑”的右方虽然也是“啬”，却从啬声，与前面两字不同音。三字字义各异，但形体相似，所以容易混淆。

墙，《说文》：“垣蔽也。”指砖、石或土等筑成的屏障。如：城墙，墙壁。《诗·郑风·将仲子》：“将仲子兮，无逾我墙。”意思是求求你，我的小二哥，请你不要翻过我家的墙。《论语·公冶长》：“粪土之墙不可杇也。”意思是粪土似的墙壁不可能再粉刷啊！

樯，指帆柱，即桅杆。如：帆樯如林。郭璞《江赋》中有“舶舻相属，万里连樯”的佳句。也用来借指船只。《宋书·谢灵运传》：“灵樯千艘，雷辎万乘”。

穑，从禾啬声。《说文》说“谷可收曰穑”。即指收割庄稼。《诗·魏风·伐檀》：“不稼不穑，胡取禾三百亿兮？”意思是你不种不收，凭什么获得三百捆庄稼？古代称“种之曰稼，敛之曰穑”。即耕种称“稼”，收割叫“穑”。通常用“稼穑”泛指农事活动。

简体	繁体	篆书	隶书	草书	行书
墙	牆	牆	牆	墙	墙
樯	檣	檣	檣	樯	樯
穑	穡	穡	穡	穑	穑

qiào jiào zhàn
谯　醮　蘸

“谯”“醮”和“蘸”的形体相似，但三字的读音不同，意义各异。

谯，《说文》：“娆诿也。”本义是责备，又写作“诮”。《管子·揆度》：“力足荡游不作，老者谯之。”意思是有足够的力量游游荡荡不工作，老人责备他。又读 qiáo，通“瞧”，指瞭望。如：谯楼（城门上的望楼，俗称鼓楼），谯门（建有望楼的城门）。

醮，《说文》：“冠娶礼祭。从酉焦声。”义是指古冠礼、婚礼中的一种仪式，即尊者为卑者酌酒，卑者接受敬酒后不需回敬。因此，旧时称妇女再嫁为“再醮”。后来通称和尚道士作法事为“打醮”。

蘸，《说文》：“以物没水也。”此徐弦《说文》新附字。他说：“此盖俗语，从艹未详。”《玉篇》：“蘸，以物内水中。”原指把东西浸入水中。引申为以液体沾染他物或物蘸取液体。徐渭《葡萄》：“尚有旧时书秃笔，偶将蘸墨点葡萄。”意思是还有旧时书写用过的秃笔，偶尔也拿起来蘸上墨水画点葡萄。又如今之称“蘸水笔”“蘸酱”等，都是沿用该义。

简体	繁体	篆书	隶书	草书	行书
谯	譙	譙	譙	譙	譙
醮		醮	醮	醮	醮
蘸		蘸	蘸	蘸	蘸

qiào qiāo
撬　橇

“撬”和“橇”的声符同是“毳（cuì）”，意符一从手一从木，也十分相似。

撬，《集韵》：“举也。”义是举起、向上。又指拨开、挑开。吴承恩《西游记》二十五回：

“众仙撬开门板，着手扯下床来，也只是不醒。”

橇，古代在泥路上行走的用具，本读cuì，与声符“毳”同音。《史记·夏本纪》：“陆行乘车，水行乘船，泥行乘橇，山行乘檋（jū）。”意思是走陆路乘车，走水路乘船，走泥巴路乘橇，走山路穿檋（檋，一种上山穿的鞋）。今天在冰雪上用狗或马等拖拉滑行的交通工具叫“雪橇”，读qiāo。

简体	篆书	隶书	草书	行书
撬	撬	撬	撬	撬
橇	橇	橇	橇	橇

诮 qiào 悄 qiǎo

“诮”和“悄”的声符都是“肖”，意符一从言一从心，表示各自不同的意义范畴。由于音同形近，因此容易误用。

诮，与“谯”同，责备。《书·金縢》：“公乃为诗以贻王，名之曰《鸱鸮》，王亦未敢诮公。”“诮公”就是责备公。引申为讥讽。现多“讥诮”连用，指冷言冷语地讥讽。

悄，《说文》：“忧也。”本义是忧愁的样子。《诗·陈风·月出》：“舒窈纠兮，劳心悄兮。”意思是体态苗条姗姗来，惹人相思心里愁啊！现代汉语中悄然落泪的“悄然”就是此意义。又形容寂静的样子。白居易《琵琶行》：“东船西舫悄无言，唯见江心秋月白。”意思是东边西边的船儿都寂静无声，只见映在江心的秋月一团雪白。说“静悄悄”时读qiāo。形容安静没有声音或者声音很低。

简体	繁体	篆书	隶书	草书	行书
诮	誚	誚	誚	誚	誚
悄		悄	悄	悄	悄

俏 峭

qiào qiào

"俏"和"峭"都是以"肖"为声符的形声字，音同形似，意义却有很大区别。

俏，后起字。意符是"人"，指人俊俏、体态轻盈美好、动作灵活。如：打扮得真俏。俊俏美丽谓"俏丽"，容貌或装饰好看、做事干净利落或谈话有风趣称作"俏皮"。

峭，又作"陗"，意符是"山"，表示意义与山有关。本义是高陡、险峻。《楚辞·九章·悲回风》："上高岩之峭岸兮，处雌蜺之标颠。"意思是登上峻峭高山，我坐在五彩虹霓之上（雌蜺：虹蜺，常有二环，内环色艳，称虹，古人谓之雄性；外环色淡，称蜺，古人谓之雌性）。又如：山势又高又陡称"陡峭"，像墙壁一样陡的山崖称"峭壁"。又引申为严酷、苛刻、严厉等义。如：峭法（即苛法），峭刻（即严厉苛刻）。

简体	篆书	隶书	草书	行书
俏	俏	俏	俏	俏
峭	峭	峭	峭	峭

切 功

qiē gōng

"切"和"功"看起来形体相似，其实两字的声符不同：一是"七"（不是"土"），一是"工"。意符也各异：一是"刀"，一是"力"。因此形、音、义都不一样。

切，《说文》："刌（cǔn）也。从刀七声。"本义是指用刀分割、断开。《礼记·内则》："切葱若薤。"又读 qiè，义为贴近、接近。《荀子·劝学》："诗书故而不切。"意思是《诗经》《尚书》多记载掌故，未必切合当前情况。又如：切身（关系到本身），亲切（亲近、密切）。切肤之痛：切身的痛苦。比喻痛苦感受极深。又形容急迫、殷切。《论语·子张》："切问而近思。”意思是恳切地发问，却多考虑当前的问题。还有严厉的意义。《汉书·霍光传》：“光闻之，切让王莽。”意思是霍光听知这件事，严厉责备王莽。叠用为“切切”，往往也用来表示严词嘱咐。如：切切此布（旧时布告末尾的套用语）。

功，指工作，包括农事、劳役、文事、武事等。《诗·豳风·七月》：“我稼既同，上入执宫功。”意思是大伙庄稼刚收完，又要服役修宫房。《诗·大雅·崧高》：“登是南邦，世执其功。”意思是建成南方一邦国，子孙世守事业旺。又引申为功勋。《史记·项羽本纪》：“劳苦而功高如此，未有封侯之赏。”意思是劳苦功高到这种程度，还没有得到封侯的奖赏。引申为功效、成就。《孟子·公孙丑上》：“故事半古之人，功必倍之，惟此时为然。”意思是所以现在只在做古人的一半事情，就可以获得加倍的成功，只有这个时候是这样。

简体	篆书	隶书	草书	行书
切	切	切	切	切
功	功	功	功	功

qiè 挈　xié 絜

“挈”和“絜”的声符相同，但音符一从手，一从糸，意义有别。

挈，《说文》：“县持也。”本义是悬持、提着、提起。提纲挈领：抓住网的总绳，提住衣服的领子。比喻把意义简明扼要地提出来。引申为提携、带领。如：挈眷（携带家属）。扶老挈幼：扶持老人，带着小孩。

絜，《说文》：“麻一耑也。”读 jié。段玉裁注：“一耑犹一束也。”因为束起来才便于提絜。用作量度义时读 xié。《庄子·人间世》：“见栎社树，其大蔽数千牛，絜之百围。”意思是看见有一棵被奉为社神的栎树，树大到可以供几千头牛遮阴，量一量树干有一百尺粗。引申为衡量、比较。贾谊《过秦论》：“试使山东之国与陈涉度长絜大。”意思是假使太行山以东各国跟陈涉比比长短，衡量大小。表清洁、廉洁义时读 jié，同“洁”。《诗·小雅·楚茨》：“济济跄跄，絜尔牛羊。”意思是祭者恭敬又端庄，洗净你的牛和羊［济济：庄严恭敬的样子。跄跄（qiàng）：走路有节奏的样子］。

简体	篆书	隶书	草书	行书
挈	挈	挈	挈	挈
絜	絜			

qiè 窃　qiào 窍

“窃”和“窍”都是简化后的新形声字。虽然形似，但音义截然不同。

窃，繁体作“竊”，本义是偷。《荀子·正论》：“窃其猪彘。”意思是偷他的猪。又如：小偷叫“小窃”，篡夺国家政权叫“窃国”，用不正当手段占据土地或职位叫“窃据”。古书中又用作副词，意思是偷偷地、暗中。《史记·孙子吴起列传》：“窃载与之齐。”意思是偷偷地用车子载他，和他一起到齐国去。又用作谦辞，表示私自、私下。《史记·廉颇蔺相如列传》：“臣窃以为其人勇士。”意思是我私下认为相如那个人是个勇敢的人。叠用为“窃窃”形容声音细小。如：窃窃私语。

窍，繁体作“竅”。《说文》：“空也。”“空”即“孔”。《广雅·释诂》：“窍，孔也。”本义是孔、窟窿。又特指人身有孔之器官。《庄子·应帝王》：“人皆有七窍。”“七窍”就是指两眼、两耳、两鼻孔和口共七孔。现在又用“窍”来比喻事物的关键。如：诀窍。比喻一点儿也不懂叫“一窍不通”，称能解决问题的好方法为“窍门”。

简体	繁体	篆书	隶书	草书	行书
窃	竊	竊	竊	竊	竊
窍	竅	竅	竅	竅	竅

qīn 侵　jìn 浸

“侵”和“浸”的造字方法不同，“侵”是会意字，“浸”是形声字，读音不同，意义也有很大的差别。

侵，《说文》：“渐进也。从人又持帚，会意。”篆书右边是用手持扫帚的形状，表示给人打扫尘土之意。因为打扫是要渐进的，用以表示“侵”的渐进义。如：形容渐进的样子为“侵淫”。宋玉《风赋》：“侵淫溪谷，盛怒于土囊之口。”意思是（风）渐渐地进入山谷，在大山洞的洞口狂啸起来（土囊：大穴，山有穴，口大数尺，称风井）。又《广雅·释言》：“侵，凌也。”是越境进犯和迫害、欺凌的意思。《左传·庄公二十九年》：“夏，郑人侵许。凡师有钟鼓曰伐，无曰侵。”意思是夏天，郑国人侵袭许国。凡是出兵，有钟鼓之声叫作“伐”，没有叫作“侵”。今天仍称侵犯别国的领土主权、掠夺并奴役别国的人民为“侵略”，称用侵略手段占有别国的领土或非法占有别人的财产为“侵占”。

浸，《说文》：“浸水也。”本是河流的名称，但多用来指泡在液体里浸渍、浸泡。《诗·曹风·下泉》：“洌彼下泉，浸彼苞稂。”意为下泉水呀清又凉，淹得莠草难生长（苞：丛生。稂：生而不结实的粱、莠一类的草）。又如：浸种（为了使种子发芽快，在播种前用温水或冷水浸一定时间）。又指液体渗入。如：衣服让汗浸湿了。

简体	甲骨文	金文	篆书	隶书	草书	行书
侵				侵		侵
浸				浸		浸

qín zòu
秦 奏

“秦”和“奏”都是会意字，读音不同，意义各异，但是形体相似。

秦，古国名。秦襄公始立国，甲骨文上面中间像杵形，两边是双手，下面是禾的复体字，意思是双手举杵舂禾。据说古代秦地适宜种禾，所以从禾。又是朝代名，是我国历史上第一个专制中央集权的封建王朝。第一代君王是嬴政，即秦始皇，其子孙就姓秦，是秦姓的来源。

奏，《说文》：“进也。”本义是进献。《史记·廉颇蔺相如列传》：“相如奉璧奏秦王。”意思是蔺相如捧着玉璧进献给秦王。引申为向君王进言或上书。如：古代向皇帝奏事的本章称“奏章”，明清两代官员向皇帝奏事的文书用摺本缮写故称“奏折”。又特指进刀、运刀为“奏刀”。《庄子·养生主》：“奏刀騞然。”意思是进刀，发出騞騞的声响。又指奏乐、演奏。如：独奏，合奏。屈原《离骚》：“奏九歌而舞韶兮。”意思是演奏着《九歌》，跳着《九韶》舞啊（韶：即九韶，传说是舜时的舞乐）！还有取得（功效）的意义。如：称取得预期的效果叫“奏效”，取得胜利谓“奏捷”。

简体	甲骨文	金文	篆书	隶书	草书	行书
秦						
奏						

qín qín
擒 檎

“擒”和“檎”的声符都是“禽”，读音相同。由于意符从手从木不同，意义截然两样。

擒，古作“禽”。甲骨文像捕捉鸟兽的网，有柄。本义是捉拿、捕捉。后来用以指鸟类而成为常用义，于是又造个加义符“扌”的“擒”字。欲擒故纵：想抓住他，却先故意放纵他。比喻为了进一步的控制，先故意放松一步。射人先射马，擒贼先擒王：比喻做事要抓住要害。

檎，意符是“木”。是一种果树名，叫林檎。小乔木，花粉红色，果实球形。《玉篇》：“檎，林檎，果似奈。”左思《蜀都赋》：“其园则有林檎、枇杷、橙柿、椁椁。”

简体	甲骨文	篆书	隶书	草书	行书
擒	擒	擒	擒	擒	擒
檎		檎	檎	檎	檎

qín sè
琴 瑟

“琴”和“瑟”形体相似，但是造字方法却不同。一是象形字，一是形声字，读音、字义都不一样。

琴，象形字，本是古琴的形象，楷化成今天的样子。是一种拨弦乐器。《诗·国风·关雎》：“窈窕淑女，琴瑟友之。”意思是纯洁美丽好姑娘，弹琴奏瑟亲无间。现在又用作某些乐器的统称。如：钢琴，胡琴，月琴，手风琴。琴和剑，都是古代文人随身携带的东西，因以指文人行装。后来用“琴剑飘零”来形容文人落魄江湖。元代吴莱《寄董与几》有“小榻琴心展，长缨剑胆舒”的佳句。剑胆琴心：比喻柔情侠骨，既有情致，又有胆略。

瑟，从琴必声。是古代一种弦乐器，像琴。有二十五根弦和十六根弦两种。《诗·小雅·鹿鸣》：“我有嘉宾，鼓瑟吹笙。”意为我有满座好宾客，席上弹瑟又吹笙。《史记·廉颇蔺相如列传》：“赵王鼓瑟。”就是指弹奏“瑟”这种乐器。“瑟瑟”叠用，多用来形容轻微的声音。如：秋风瑟瑟。又形容颤抖。如：瑟瑟发抖。

简体	篆书	隶书	草书	行书
琴	琴	琴	琴	琴
瑟	瑟	瑟	瑟	瑟

qín　líng
芩　苓

“芩”和“苓”的声符不一样，读音自然各异，意符同是“艹”，表示它们都是草本植物。只是由于两字形体只有一点之差，所以容易误用。

芩，《说文》：“岑草也。从艸今声。”本义是一种牧草名。《诗·小雅·鹿鸣》：“呦呦鹿鸣，食野之芩。”意思是野鹿呼伴呦呦鸣，在那野外吃芩草。又指中药黄芩，草本植物，开淡紫色花，根黄色。本为从艸金声，一般写作“芩”。

苓，《说文》：“卷耳也。从艸令声。”卷耳即苍耳子。《诗·邶风·简兮》：“山有榛，隰有苓。”这里的“苓”指的是大苦。也指茯苓，中药材的一种，寄生在松树根上的菌类，有利尿镇静作用。

简体	篆书	隶书	草书	行书
芩	芩	芩	芩	芩
苓	苓	苓	苓	苓

沁（qìn） 泌（bì）

“沁”和“泌”都是以“水”为意符的形声字。“沁阳”和“泌阳”，都在河南省，如果弄错，相去五六百里。

沁，从水心声。水名，指沁水，黄河支流。假借为“浸”，渗入或透出。沁人心脾：沁入内脏。形容吸入芳香凉爽的空气或饮进清凉饮料使人感到舒适。也形容美好的诗文、乐曲等给人以清新、爽朗的感觉。又指以物探水。韩愈《与孟郊同宿联句》：“义泉虽至今，盗索不敢沁。”

泌，从水必声。《说文》说是“侠流”。本义是细小的水流，指泉水。《诗·陈风·衡门》：“泌之洋洋。”意思是泉水洋洋日夜奔流。（《毛传》：“泌，泉水。”）又是水名。河南省唐河的支流称“泌”，出泌阳县。又读 mì，特指分泌。后起义。

简体	甲骨文	篆书	隶书	草书	行书
沁					
泌					

晴（qíng） 睛（jīng）

“晴”的意符是“日”，“睛”的意符是“目”，不细心辨认，很容易混淆。

晴，雨止无云，天气晴朗。潘岳《闲居赋》：“微雨新晴，六合清朗。”又如：晴空（晴朗的天空），晴朗（天气晴朗）。晴天霹雳：晴天里突然来的电闪雷鸣。多比喻突然发生的意外。

睛，眼珠子。目不转睛：眼珠子一动不动地看着，形容注意力集中。画龙点睛：传说有个人很会画龙，画得像真龙一样，点上眼睛龙就飞走了（见张彦远《历代名画记》）。多比喻说话、作文时，在关键的地方用上一两句精警的语句，点明要旨，能使全篇更显得精辟有力。

简体	篆书	隶书	草书	行书
睛	睛	睛	睛	睛
睛	睛	睛	睛	睛

qǐng 顷　qīng 倾

“顷”是“倾”的本字，但自分化后，各有所主，读音也略有区别。

顷，《说文》：“顷，头不正也。”泛指偏侧、倾斜。但向来假借作土地面积单位名，百亩为一顷。又假借指时间短，表示一会儿、片刻（与“久”相对）。《史记·留侯世家》：“有顷，父亦来。”意思是一会儿，老头儿也来了。又虚化为副词近来、刚才、不久前。《三国志·吴书·吴主传》：“顷闻诸将出入，各尚谦约。”意思是近来听说诸位将领出征也好，在家也好，各人尚能谦逊约束自己。

倾，《说文》：“仄也。从人从顷，会意。”本义是侧、斜。《战国策·秦策一》：“妻侧目而视，倾耳而听。”意为（苏秦）的妻子斜着眼看他，侧着耳朵听他说话。又指倒坍、倾覆。如：大厦将倾。范仲淹《岳阳楼记》：“樯倾楫摧。”意为（船上的）桅杆倒了，桨断了。引申指使器物反转或歪斜，尽数倒出里面的东西。倾箱倒箧：把大小箱子里的东西全倒出来。比喻尽其所有。倾盆大雨：形容雨又大又急像倒下来一样。又用来指钦佩、倾慕。《汉书·司马相如传上》：“一坐尽倾。”意思是满座的人都钦佩不已。

简体	繁体	金文	篆书	隶书	草书	行书
顷	頃	頃	頃	頃	頃	頃
倾	傾		傾	傾	傾	傾

qǐng 请　qīng 清

“请”和“清”的声符都是“青”，所以同音，但是声调不同。意符从言从水，区别了各自不同的意义。

请，《说文》：“谒也。”本义是谒见。又指请求。《左传·隐公元年》：“若弗与，则请除之。”意思是如果不给（他），那就请您除掉他。又指邀请。如：请客，请医生。邀请客人时送去的通知叫“请帖”。又用为敬辞，用于希望对方做某事。如：请坐，请喝茶。又是古代朝会名。汉制，春曰朝，秋曰请。《史记·吴王濞列传》：“及后使人为秋请。”

清，本义指水清，所以从水（与“浊”相对）。《诗·魏风·伐檀》：“河水清且沦漪。”意思是河水清清而且泛着波纹啊！引申为明晰、清楚。江淹《王粲怀德》：“日暮山河清。”意思是日暮的时候山河还看得很明晰。引申为洁净、高洁、公正等义。如：清官（指清廉公正的官吏）。

简体	繁体	篆书	隶书	草书	行书
请	請	請	請	請	請
清		清	清	清	清

qìng 庆　yàn 厌

“庆”和“厌”简化后很相似，笔画同是六画，只是一点的位置不同而已。其实，繁体形体差别很大，造字方法也不同，“庆”是会意字，“厌”是形声字，音义都相去甚远。

庆，甲骨文的左边是个“文”（人）字，表示心意，右边是一张鹿皮，古时祝贺人家喜事都用鹿皮做礼物。意思是带着鹿皮，以至诚之心来庆贺。《说文》：“行贺人也。从心从夊，会意。吉礼以鹿皮为挚，故从鹿省。”本义是庆贺、祝贺。《国语·鲁语下》：“夫义人者，固庆其喜而吊其忧。”又指奖赏。古书中常“庆赏”连用。《管子·牧民》：“严刑罚，则民远邪；信庆赏，则民轻难。”意思是刑罚严明，那么老百姓就会远远离开邪恶；奖赏讲信用，那么老百姓就敢于赴难。

厌，本写作“猒”。古文字由“犬”“肉”“甘”三个部分组成，是个会意字，像一只狗张着嘴吃肉，或吃得很香（甘），也有的说是狗肉好吃之意。本义是吃饱、满足，是“餍”的本字，但后来都借用表示压的“厭”来表示这个意义。《说文》：“厭，笮也。”段玉裁注：“此义今人作压，乃古今字之殊。”“厭”字简化后只留下“厂”和“犬”，成为今天所见到的“厌”。《左传·隐公元年》：“姜氏何厌之有，不如早为之所。”意思是姜氏什么时候会满足啊！不如早点处置他。引申为嫌、厌恶。《论语·乡党》：“食不厌精，脍不厌细。”意为粮食不嫌舂得精，鱼和肉不嫌切得细。兵不厌诈：用兵不厌嫌诈术。指打仗时为了克敌制胜必须采用迷惑敌人的方法。

简体	繁体	甲骨文	金文	篆书	隶书	草书	行书
庆	慶	慶	慶	慶	慶	慶	慶
厌	厭			厭	厭	厭	厭

qìng qìng
磬 罄

“磬”和“罄”读音相同。《说文》认为“磬”是会意字，“罄”是以“磬”省为声符的形声字。

磬，《说文》：“乐石也。”甲骨文上部的左边像悬磬之形，右为一只手持棒击之。本义是古代一种石制的敲击乐器。《诗·小雅·鼓钟》：“鼓瑟鼓琴，笙磬同音。”意思是又鼓瑟来又弹琴，笙磬同奏相和鸣（笙：编管有簧的乐器。同音：音调和谐）。《荀子·乐论》：“磬似水。”意思是磬声如流水。也指佛寺中敲击以集僧众的鸣器或钵形的铜乐器。

罄，《说文》：“器中空也。”所以从缶。《诗·小雅·蓼莪》：“瓶之罄矣。”意思是酒瓶底儿早空了。引申为尽。罄竹难书：用尽竹子（做竹简）也写不完。形容罪状太多，难以写完。语出《旧唐书·李密传》：“罄南山之竹，书罪无穷。”意思是把整个南山的竹子都裁成竹简，用来书写他的罪恶，也写不完啊。

简体	甲骨文	篆书	隶书	草书	行书
磬					
罄					

qióng 穷　qióng 穹

“穷”和“穹”虽然声符不一样，但读音却相同，这是简化字所造成的。两字的意义有很大差别。但是由于形体相似，读音相同，所以容易误用。

穷，繁体写作“窮”。从穴躬声。《说文》：“极也。”本义是极、尽。穷奢极欲：指奢侈和贪欲到了极点。又表示到了尽头。日暮途穷：太阳落山了，路也到头了。比喻计穷力尽。引申指寻求到尽头。穷源溯流：追究事物的根源并探寻其发展的经过。后又常用以指困窘、生活困难或无依无靠的困难户。《左传·昭公十四年》：“分贫、振穷，长孤幼，养老疾。”意思是令他施舍贫苦，赈济贫穷抚育年幼的孤儿，赡养年老有病的人。穷乡僻壤：荒凉困苦而偏僻的地方。穷而后工：旧时指文人处境困难诗就写得好。在古代，缺乏衣食钱财一般叫“贫”，不得志、没有出路叫“穷”。“贫”与“富”相对，“穷”与“通”“达”相对。《庄子·德充符》：“死生存亡，穷达贫富。”

穹，从穴弓声。本义是穹隆，像天空那样中间隆起而四方下垂的形状。借指天空。如：苍穹（苍指天空的颜色，穹指天的形状）。《尔雅·释诂》又称“穹，大也”。又有高、大、深的意义。司马相如《长门赋》：“正殿块以造天兮，郁并起而穹崇。”意思是那正殿块然独立高达于天啊，楼阁并起，耸立高空（造：至也。郭璞《方言注》曰：“郁，壮大也。穹，崇高貌”）。又，幽深的山谷谓之“穹谷”。班固《西都赋》：“其阳则崇山隐天，幽林穹谷。”意思是它的南面却是崇山峻岭直入云霄，到处是茂密的森林，幽深的山谷。

简体	繁体	篆书	隶书	草书	行书
穷	窮	窮	窮	窮	窮
穹		穹	穹	穹	穹

qiú sì

囚 四

“囚”是会意字，“四”是指事字，两字造字方法不一样，读音各异，意义也截然不同。

囚，从人在囗中，会意。甲骨文像一个人被关在土牢中的形状，也有说是从人在陷阱中。《说文》：“囚，系也。”表示拘禁的意义，也指俘虏或囚犯。白居易《歌舞》诗：“岂知阌乡狱，中有冻死囚。”意思是哪知阌乡县监狱里，有冻死的囚犯呀。人们又用“囚首垢面”来形容久未理发和洗脸的样子，好像旧时监狱里的犯人。

四，甲骨文中是用四条横道来表示的。本义数目，三加一所得。如：一年分春夏秋冬四时谓之“四季”，《史记》《汉书》《后汉书》与《三国志》称“四史”。古人以为中国四周都有海，故有“四海”之称。把中国叫作海内，外国称海外，“四海”就指天下、全世界。楚霸王项羽被汉军和诸侯的军队层层包围在垓下。夜里，听见四面的汉军都唱出楚歌，项羽吃惊地说：“汉军把楚地都占领了吗？为什么楚人这么多呢？”后来人们就用“四面楚歌”来比喻四面受敌，处于孤立危急的困境。

简体	甲骨文	金文	篆书	隶书	草书	行书
囚	囚		囚	囚	囚	囚
四	四	四	四	四	四	四

qiú　　sì
泅　泗

“泅”和“泗”的意符都是“水”，表示字义都和水有关，声符从囚从四各异，意义也因而不一样。

泅，从水囚声。本义是游泳。《列子·说符》：“人有滨河而居者，习于水，勇于泅。”又如：泅渡（游泳渡过江、河）。

泗，从水四声。本河流名。《说文》：“泗水，泲水，东入淮。”流经今山东、江苏入淮。《书·禹贡》：“达于淮泗。”意思是通达淮河、泗水。古代又指鼻涕。《诗·陈风·泽陂》：“寤寐无为，涕泗滂沱。”意思是日夜相思睡不着，涕泪汪汪如雨下（寤寐：睡着和醒着。涕：眼泪。泗：鼻液）。

简体	篆书	隶书	草书	行书
泅	泅	泅	泅	泅
泗	泗	泗	泗	泗

qū　　pǐ
区　匹

“区”和“匹”的读音全不相同，意义也相去很远，只是形体相似，容易混淆。

区，甲骨文表示许多物品隐藏起来的形象。《说文》：“踦区，藏隐也。从品在匸中。品，众也。”是一个会意字。段玉裁说：“区之义内藏多品。”故引申为区别、区域。《论语·子张》：“譬诸草木，区以别矣。”意思是（学说）犹如草木一样，是要区别各种各类的。潘岳《藉田赋》：“洪钟越乎区外。”意为大钟洪亮的声音飞出这一地区之外。“区区”叠用，形容少、小。贾谊《过秦论》：“然而秦以区区之地，致万乘之权。”意思是然而秦王凭很小的地方，得到皇帝的权势。又用来形容诚挚。《古诗为焦仲卿妻作》：“新妇谓府吏，感君区区怀。”意为新妇对府吏说，感谢你诚挚的情怀。又作姓用，读 ōu。

匹，金文字形以山崖或崖洞壁的凹凸不平比喻布匹的褶皱。《说文》：“四丈也。”朱骏声说：“从匸者，卷而可藏也。八者，分也，分四丈为二卷也。”会意兼形声字。本义是计算布帛的单位，用作量词。如：匹练（一匹白绢）。也用作计算马、骡等牲畜的单位。如：四匹马。“国家兴亡，匹夫有责”的“匹夫”，则是指庶人平民，意思是国家的兴亡盛衰，百姓有肩负的责任。

简体	繁体	甲骨文	金文	篆书	隶书	草书	行书
区	區						
匹							

qū 躯　qū 驱

“躯”和“驱”的声符都是“区”，读音和声符同。意符不同：一从身，表示字义与人的身体有关；一从马，表示字义与马有关。

躯，《说文》：“体也。”本义是指身体。如：身躯，躯体。为国家的事业牺牲生命称“为国捐躯”。曹植《白马篇》：“捐躯赴国难，视死忽如归。”意思是舍得身躯奔赴国难，看待牺牲如同归家。

驱，《说文》说是“马驰也”。本义是马快跑。段玉裁注：“驱马，自人策马言之。”本义是策马前进。《诗·唐风·山有枢》：“子有车马，弗驰弗驱。”（孔颖达疏：走马谓之驰，策马谓之驱。）长驱直入：一路上跃马加鞭，毫不停顿地快速前进。形容进军的顺利。引申以泛指快速行进、前进。如：并驾齐驱。又引申指驱逐、驱赶。《左传·桓公十二年》：“驱楚役徒于山中。”意为把楚国的砍柴人驱赶到山里。

简体	繁体	甲骨文	篆书	隶书	草书	行书
躯	軀		軀	軀	軀	軀
驱	驅	敺	驅	驅	驅	驅

qǔ gǎn 取 敢

“取”是会意字，“敢”是形声字，造字方法不同，读音各异，意义相去很远。

取，《说文》：“捕取也。从又从耳，会意。”《周礼》：“获者取左耳。”甲骨文字形像手执耳。在上古战争中，割取俘虏的左耳作为记功的凭证。引申为捕获、捉拿。《资治通鉴·唐宪宗元和十一年》：“入蔡州取吴元济。”意思是攻入蔡州捉拿吴元济。引申为吸取、夺取。取长补短：吸收长处来弥补短处。取而代之：夺取别人的位置由自己来代替。取之不尽，用之不竭：拿不完，用不完，形容非常丰富。《荀子·劝学》中“青取之于蓝而青于蓝”的“取”，用的正是提取义。

敢，古文字本来从又从寸从甘。“又”“寸”本像手，两只手一前一后，象征追赶的形象。要追上才甘心，所以是勇敢。篆书形体讹变，故《说文》不得其解。本义是无畏、有胆量。如说做事无所畏惧叫“敢作敢为”。又用于反问句中，有岂敢的意思。《诗·小雅·绵蛮》：“岂敢惮行，畏不能趋。”意为哪敢害怕走远路，只怕慢了来不及。《左传·僖公四年》：“敢不共给？”意为岂敢不供给？用作谦辞，表示冒昧地请求别人。如：敢问，敢请。

简体	甲骨文	金文	篆书	隶书	草书	行书
取	取	取	取	取	取	取
敢			敢	敢	敢	敢

quán　　chà

权　杈

“权”和“杈”形体本来区别很大，简化后却只有一点之隔。所以，尽管音义不同，却是容易混淆的。

权，右边本来和“灌”字右边一样，声符相同。简化后才改为“又”。《说文》：“黄华木也。”本义是树名。秤锤也叫“权”，这是假借。引申秤也叫“权”。《论语·尧曰》：“谨权量，审法度。”意思是核准度量衡单位，审查法令制度的内容。现存最早的有战国秦权和楚权，用铜或铁制成。引申用为动词衡量、称量。《孟子·梁惠王上》：“权，然后知轻重。”意思是称一称，然后才知道轻重。又引申为权力。黄宗羲《原君》：“以为天下利害之权皆出于我。”意思是认为决定天下利益和灾害的大权都掌握在我手里。引申为计谋、机变等。如：随机应变的谋略叫“权谋”，机变狡诈称“权诈”，权谋机变的手段方法称“权术”。为了适应客观情况需要打破惯例，灵活办事，谓之“通权达变”。还虚化为副词权且、暂且。《儒林外史·范进中举》：“谨具贺仪五十两，世先生权且收着。”意思是恭敬地呈送贺礼五十两银子，世先生暂且收下吧！

杈，《说文》：“枝也。从木叉声。”本义当是指树木的分枝或树枝的分杈。又指叉形的用具。如翻柴草的一种农具，一端有两个向上的略弯的长齿，一端有长柄。

简体	繁体	篆书	隶书	草书	行书
权	權	權	權	權	權
杈		杈	杈	杈	杈

quán　jīn
全　金

“全”和“金”读音不同，意义也相去很远，但是形体只下部左右有无两小点的差别。

全，从入从玉，会意。据说纯色的玉才能献入王府，所以用“入玉”来会完全的意。《说文》作“仝”字，以“全”为“仝”的重文。本义完全、完好、完整。《墨子 · 辞过》：“其为舟车也，全固轻利。”意思是他做的船只车辆，完好坚固，轻便适用。引申为保全、全部等义。两全其美：办事顾全双方，使双方都得到好处，不让任何一方吃亏。全神贯注：全部精神集中（在一点上）。形容注意力高度集中。又虚化为副词，相当于都。杜甫《腊日》：“腊日常年暖尚遥，今年腊日冻全消。”意思是往年到了腊日的时候，天气离开暖和还很远，而今年到了腊日冷冻却全消失了。

金，古文字由“亼”“土”“二”三部分组成，表示藏在地下的矿物。《说文》：“五色金也。”古代五色金指金黄、银白、铜赤、铅青、铁黑。黄金为诸金之长，故独得金名。又是金属的通称。《荀子 · 劝学》中“锲而不舍，金石可镂”的“金石”就指的是金属和石头。还是古代计算货币的单位，秦以黄金一镒为一金，汉以一斤为一金。引申为货币、钱。如：现金、奖金。古时金属制的打击乐器也称“金”。古代作战，休战时敲打金属乐器，所以说“鸣金收兵”。也是五行之一。《书 · 洪范》：“五行：一曰水，二曰火，三曰木，四曰金，五曰土。”

简体	金文	篆书	隶书	草书	行书
全		全	全	全	全
金	金	金	金	金	金

quàn　　juǎn

券　卷

“券”往往有人误读成“卷”。“券”和“卷”虽然同声符，但意符有别，音义都不一样。

券，《说文》：“契也。”古代刻木为券，各拿一半，相合为信，故以“刀”作意符。本义是契约。《战国策·齐策四》：“于是约车治装，载券契而行。”意思是于是备车整装，带上契约，准备上路。后来泛指票据、凭证。如：入场券，公债券。

卷，《说文》：“膝曲也。”意符本是“卩（jié）”，楷书作偏旁写作“㔾”。本指膝弯曲。引申指弯曲，读 quán。《诗·大雅·卷阿》：“有卷者阿，飘风自南。”意思是大陵卷曲成山阿，旋风南吹声怒号（卷：曲。阿：大的山陵。飘风：旋风）。又读 juǎn。把东西弯曲裹成圆筒形。如：卷行李。古代的书写在帛或纸上，卷起来收藏，故称书为“卷”。读 juàn。手不释卷：手里的书放不下。形容读书用功。后又指书的一部分。如：上卷，第一卷。通常还称用以考卷或官厅存档的文书。如：试卷，案卷。

简体	篆书	隶书	草书	行书
券	券	券		券
卷	卷	卷	卷	卷

R

染（rǎn） 柒（qī）

“染”和“柒”虽然形似，但读音不同，意义相去很远。

染，《说文》说是“以缯染为色”。“从水从木从九，会意。”“木”指用来做染料的栀（栀子可做黄色染料）、茜（qiàn，可以染红色）之类，“水”是染色需要的物质，“九”则表示染的次数多。本义用染料着色。《墨子·所染》：“染于苍则苍，染于黄则黄。”意思是在深蓝色染料里染就成了深蓝色，在黄色染料里染就成了黄色。引申为沾上、感受。一尘不染：指佛教徒修行，排除物欲，保持身心纯洁。后用以形容清净、纯洁，也形容人清高、清廉、不受坏思想坏习气的沾染。也指病疫的蔓延、灾祸的牵连。如：传染，染病。又有“染指”的典故。说的是春秋时，郑灵公请大臣们吃甲鱼，故意不给子公吃，子公很生气，就伸指向盛甲鱼的鼎里蘸上点汤，尝尝滋味就走了（见《左传·宣公四年》）。后人借以喻指企图分享非所应得的利益。

柒，古本同“漆”，是“漆”的异体字。《山海经·西山经》：“又西百二十里，曰刚山，多柒木。”意为再往西一百二十里，有山叫刚山，上面多漆树。后来多用来作数目“七”的大写。

简体	篆书	隶书	草书	行书
染	染	染	染	染
柒	柒	柒	柒	柒

rǎng 壤 ráng 攘

“壤”和“攘”都是以“襄”为声符构成的形声字，但意符一从土，一从手，意义各异。

壤，《说文》：“柔土也。从土襄声。”本义是松软的泥土，即经耕作的土地。王充《论衡·率性》：“深耕细锄，厚加粪壤。”意思是深深地耕，仔细地锄，多多施用粪肥。引申以泛指土地。天壤之别：像天上和地下那样的差别。比喻相隔极远，差别极大。又指地区、区域。柳宗元《茆檐下始栽竹》：“楚壤多怪石。”意为楚的地方有很多奇形怪状的石头。

攘，《说文》：“推也。”所以从手。读 ráng，指排斥、排除。《楚辞·七谏·沉江》：“正臣端其操行兮，反离谤而见攘。”意思是正直的臣子行为端正，反而被诽谤而遭到排斥。又指偷、窃取。《墨子·非攻》：“攘人犬豕鸡豚，其不义又甚入人园圃窃人桃李。”意为偷人家的鸡鸭猪狗，比进入人家的园子偷桃李更为不义。又用为撩起、挽起义。攘臂瞋目：捋起袖子伸出胳膊，睁大眼睛。形容愤怒的样子。又叠用为“攘攘（rǎng rǎng）”，形容喧闹纷杂的样子。熙熙攘攘：形容人来人往，非常热闹。

简体	篆书	隶书	草书	行书
壤	壤	壤	壤	壤
攘	攘	攘	攘	攘

ráo 饶 xiāo 骁

“饶”和“骁”声符同是“尧”，但意符从食从马各异，音义不同。

饶，从食。《说文》：“饱也。”本义指丰厚、富足、多。《汉书·赵充国传》：“今虏马肥，粮食方饶。”意思是现在敌人正是马壮力强、粮食充足的时候。饶有风趣：富有风趣。宽容、宽恕是后起义。如：求饶，饶他这一回。杜甫《立秋后题》：“日月不相饶，节序昨夜隔。”意思是时间毫不留情，季节从昨夜就分隔（夏、秋）。

骁，意符是“马”。《说文》：“良马也。”本义是好马。《文选·颜延之·赭白马赋》：“料武艺品骁腾。”（料：《字林》曰量也。腾：《广雅》曰奔也。）引申为勇猛、矫健。如：骁将（勇将、猛将），骁骑（勇猛的骑兵，也是武官名）。

简体	繁体	篆书	隶书	草书	行书
饶	饒	饒	饒	饶	饒
骁	驍	驍	驍	骁	驍

rè shú
热 熟

“热”和“熟”的意符都是“火（灬）”，声符不同，读音不同，但形体相似，意义也有一定的联系。

热，《说文》：“温也。”本义是温度高，或感到温度高（跟“冷”相对）。《孟子·梁惠王下》：“如水益深，如火益热，也运而已矣。”意思是如果水更加深，如果火更加热，那他们也就只好转求于他人了啊。趁热打铁：铁要趁烧红的时候打。比喻做事要抓紧时机，一鼓作气地干下去。水深火热：比喻人民生活处境异常艰难痛苦。引申指发躁、急躁。如：热中。语出《孟子·万章上》：“仕则慕君，不得于君则热中。”意思是做官便讨好君主，得不着君主的欢心便内心躁急。后来“热中”一词多用来形容非常羡慕或急切想得到的意思。如：热中名利。又引申为生病引起的体温高。如：发热、退热。又引申为情意深厚、热烈。如：亲热，热爱，热心快肠等。

熟，本作“孰”，甲骨文像人跪而双手捧着盛满祭品的祭器的形状，是用熟物享祭的意思。后来“孰”借为疑问代词，便又在“孰”字的下面加“火”以示区别。自此以后，“孰”与“熟”就有了明确的分工。熟的本义是指食物烹煮到可以吃的程度。《论语·乡党》：“君赐腥，必熟而荐之。”意思是国君赐以生肉，煮熟一定先（给祖宗）进供。引申指植物的果实、种子成熟。瓜熟蒂落：瓜熟了，瓜蒂自然脱落。比喻条件成熟了，事情自然会成功。又引申为熟练、熟悉。熟能生巧：熟练了就能产生巧办法或找出窍门。又指习惯、常见。熟视无睹：指对客观事物不关心，虽经常在眼前，却跟没看见一样。

简体	繁体	甲骨文	篆书	隶书	草书	行书
热	熱					
熟						

rèn shì
任 仕

“任”比“仕”只多了一撇，左偏旁都是“人”，形体相似，但造字方法不同，一是形声字，一是会意字，因而词义相异。

任，从人壬声。甲骨文一边是“人”，一边是“壬”的本字（初文）；金文“任”是个从人壬声的形声字，实际上“壬”是“任”的本字。本义是抱，也指挑。《诗·小雅·生民》：“是任是负，以归肇祀。”意思是挑着背着忙运输，归来神前祭先祖。还有担保、保举义。《周礼·秋官·大司寇》：“使州里任之，则宥而赦之。”意思是叫州里官为他担保，就宽恕赦免他。引申为负担、担子。任重道远：负担很重而路途遥远。比喻担负着重大的责任又要经历长时间的艰苦奋斗。引申为任用、信任、承受等义。任人唯贤：任用德才兼备的人，而不管他跟自己的关系是否密切。引申为听凭。听之任之：听从它，任凭它去吧。陶潜《归去来兮辞》：“曷不委心任去留。”意思是何不委弃俗心而听任自己的性情所愿以决定去留。作动词时读平声，用作名词时读去声，但任用、委任、承担责任的“任”也读去声。

仕，《说文》：“学也。从人从士。”会意。以“士”作称谓的用法较多。在古代，人划分为等级，“士”一般是指文人、知识分子，只有这个阶层才有读书的资格。引申为做官。《论语·公冶长》：“令尹子文三仕为令尹，无喜色。”意思是（楚国的）令尹子文三次出任令尹的官，脸上没有喜悦的颜色。古人又谓做官从政之路为“仕途”，官吏之家称“仕门”。古书中有时还用为审察义。《诗·小雅·节南山》：“弗问弗仕，勿罔君子。”意思是用人不问又不察，别把君子来蒙混。

简体	甲骨文	金文	篆书	隶书	草书	行书
任	任	任	任	任	任	任
仕		仕	仕	仕	仕	仕

仍 扔

réng　　rēng

“仍”和“扔”都是以“乃”为声符的形声字。但意符不同：一为“人”，一为“手”。字义不同。

仍，《说文》：“因也。从人乃声。”本义是因袭、依旧。《论语·先进》：“仍旧贯，如之何？何必改作？”意思是照着老样子去做怎么样？为什么一定要翻造呢？引申为重复、频繁。《国语·周语下》：“晋仍无道而鲜胄，其将失之矣。”意思是晋国无道的国君频繁出现而后代又稀少，怕要失去政权吧。又虚化为副词仍然，表示情况继续不变或恢复原状。

扔，从手。本义是牵引、拉。今天则完全是另一个义，称抛掷叫“扔”。如：扔手榴弹。又引申指抛弃、丢。如：把它扔了吧，这件事他早就扔在脖子后边了。

简体	甲骨文	篆书	隶书	草书	行书
仍		仍	仍	仍	仍
扔	扔	扔	扔	扔	扔

rì 日 yuē 曰

“日”和“曰”，一是象形字，一是会意兼形声字。形体一个瘦长，一个扁平，书写阅读时不注意就会把字写别认错。

日，甲骨文和金文都像太阳的形状，中间的一横或一道像太阳里的光。是个象形字。字义是太阳。旭日东升：太阳从东方升起。日月经天，江河行地：像太阳、月亮在天空运行，江河在地上流淌。比喻永恒的准则，也比喻言行的光明磊落。又因为只有白天才有太阳，所以引申为白昼（跟“夜”相对）。夜以继日：夜间接上白天。形容日夜不停地（工作、学习）。古人认为太阳一昼夜绕地球转一周（其实是地球自转一周），所以日又引申为一天，一昼夜。一日不见，如隔三秋：一天未见面好像隔了三年一般。用作状语指每天。日新月异：每日每月都有新的变化。形容进步发展很快。日理万机：每天处理成千上万件事情。形容政务繁忙。

曰，甲骨文从口，上部的一横表示说话时从口中出来的气。《说文》：“曰，词也。从口乙声，亦象口气出也。”属形声兼会意字。本义是说、说道。《论语· 先进》：“子曰：‘以吾一日长乎尔，毋吾以也。’”意思是孔子说：“因为我比你们年纪大些，没有人任用我了。”又表示名称叫作。柳宗元《小石潭记》：“崔氏二小生，曰恕己，曰奉壹。”意思是崔家有两个年轻人，一个叫恕己，一个叫奉壹。还作助词用于句首或句中，无义。《诗·秦风·渭阳》：“我送舅氏，曰至渭阳。”意思是我亲自恭送我的舅舅，一直送到渭水的北岸。古汉语中，“谓”和“曰”都是说的意思，“谓”不与所说的话紧接，“曰”则与所说的话紧接。

简体	甲骨文	金文	篆书	隶书	草书	行书
日						
曰						

róng jiè
戎 戒

“戎”和“戒”同是会意字，而且构成会意的右上偏旁都是“弋”，表示字义都与武器有关。但是左下的偏旁一是“甲”（楷化作“十”），一是“双手”（楷化作“廾”），因此所会的意义大有区别。现代汉语中，“戎”只保存在书面语里，平常使用不多，因而容易把“戎”误认为“戒”字。

戎，甲骨文是由“戈”和“十”合成的。“戈”是兵器，“十”的最初意义是“甲”，即铠甲之类。《说文》：“兵也。”段玉裁说：“兵者，械也。”即指古代戈、甲一类的战争器械。本义是兵器的总称。《礼记·月令》：“以习五戎。”“五戎”就是指弓矢、殳、矛、戈、戟五种兵器。引申为军队、士兵。投笔从戎：丢掉笔参军。引申指军事、战争。《乐府诗集·木兰诗》：“万里赴戎机。”意思是从万里远的后方赶去参加战斗。又是古代对我国西北部民族的统称。《三国志·蜀书·诸葛亮传》：“西和诸戎。”意思是在西方与各少数民族和好。

戒，甲骨文、金文的上面是“戈”，下面是“廾”（双手）的形象，表示警惕戒备。《说文》：“警也。从廾持戈，以戒不虞。”“不虞”就是指突然来犯之敌。本义是警戒、戒备。贾谊《新书·大政》：“戒之哉，与民为敌者，民必胜之。”意思是要警戒啊，同人民为敌的，人民一定战胜他。又，警惕、防备之心称“戒心”，随时警惕、避免骄傲和急躁称“戒骄戒躁”。引申为告诫、警告。这个意义后来写作“诫”。又引申为戒除，一般指去掉不良习惯。如：戒烟，戒酒。

简体	甲骨文	金文	篆书	隶书	草书	行书
戎						
戒						

róng yíng yíng
荣 荧 萤

“荣”是会意字，“荧”和“萤”都是形声字。简化字都是草字头，其实原来意符不是“艹（草）”，声符也有别。

荣，《说文》：“桐木也。从木，荧省声。”本义指梧桐树。又指草类开花或谷类结穗。陶潜《桃花源诗》：“草荣识节和。”意思是草木开花便知到了暖和季节。引申为茂盛。欣欣向荣：形容草木茂盛。也比喻事业蓬勃发展，一片兴旺、繁荣的景象。引申为光荣（跟“辱”相对）。《荀子·荣辱》：“先义而后利者荣，先利而后义者辱。”意思是把义看得比利重的光荣，把利看得比义重的可耻。

荧，古文字本来是两支火把交叉的形象，指光微弱貌。《说文》：“荧，屋下灯烛之光也。”本义是微弱的光。如：灯火荧然。“荧荧”用来形容微光闪烁的样子，多指星月之光或灯烛光。如：明星荧荧。现在称涂有荧光物质的屏叫“荧光屏”。

萤，意符是“虫”。是一种昆虫，腹部末端有发亮的器官，能发带绿色的光，通称“萤火虫”。《礼记·月令》：“腐草为萤。”郑玄注：“萤，飞虫，萤火虫。”

简体	繁体	甲骨文	篆书	隶书	草书	行书
荣	榮	榮	榮	榮	榮	榮
荧	熒		熒	熒	熒	熒
萤	螢		螢	螢	螢	螢

ròu nèi
肉 内

“肉”和“内”形体相似，但读音不同，造字方法各异，因而它们的意义是截然不同的。

肉，甲骨文像切下来的一块肉的形状，是象形字。《说文》：“肉，胾肉也。”［胾（zì），切成大块的肉。］《汉书·樊哙传》：“拔剑切肉食之。”意思是拔出剑来把肉切开就吃。引申指某些蔬菜、水果去皮核后可以吃的部分。《齐民要术·椰》：“（椰）肉正白，如鸡子。”意思是椰子的肉雪白就像鸡蛋白一样。又如现在说的笋肉、龙眼肉等都是指这个意思。

内，从冂从入，表示自外而入的意思。《说文》：“入也。从冂，自外而入也。”本义指收容、接纳，读 nà。《史记·项羽本纪》：“交戟之士不内。”意思是两旁交叉着长戟守卫军门的卫兵（拦住）不让进去。马中锡《中山狼传》：“内狼于囊。”意思是把狼装进口袋里。用作方位词时读 nèi，指里面（跟“外”相对）。《左传·定公八年》：“与阳氏战于南门之内。”意思是和阳氏在南门里边交战。引申指内部。内忧外患：国内的祸患和外来的侵略。从前人们认为“男主外，女主内”，所以称妻子为“内人”，进而用作妻子的代称。如：对人说到自己的妻子的时候称“贱内”“内人”，称妻子的亲属“内侄”“内弟”。

简体	甲骨文	金文	篆书	隶书	草书	行书
肉						
内						

rú rú
孺 儒

“孺”和“儒”的声符同是“需”，音同形似。

孺，《说文》：“乳子也。”所以从子。本义是小孩。《史记·留侯世家》：“孺子可教也。”意思是这孩子可以造就成材呀（其实张良此时已是青年，黄石公这样称呼他，有亲爱之意）！

又指亲睦。《诗·小雅·常棣》："兄弟既具，和乐且孺。"意思是兄弟今日都来齐，家宴和乐又亲睦。

儒，《说文》："柔也，术士之偁。"指古代从巫、史、卜中分化出来的人，也称术士。后泛指学者，相当于今天的知识分子。又指儒家，孔子的学派。《孟子·尽心下》："逃墨必归于杨，逃杨必归于儒。"意思是离开墨子学说的，一定会归入杨朱学说，脱离杨朱学说的，一定会归向儒家学说。

简体	篆书	隶书	草书	行书
孺	孺	孺	孺	孺
儒	儒	儒	儒	儒

rǔ 汝　zhuāng 妆

"汝"和"妆"右偏旁都是"女"，但"女"在两字结构中所起的作用不同：在"汝"字中，"女"是声符；在"妆"字中，"女"却是意符，因而两字字义没有任何关联，读音也不一样。

汝，从水女声。《说文》："水。出弘农卢氏还归山，东入淮。"它的上游即今河南北汝河。本义是水名。《荀子·议兵》："汝颍以为险。"意思是凭借汝水、颍水的险要。借用为第二人称代词你、你的。柳宗元《三赠刘员外》："今日临岐别，何年待汝归！"意思是今天在岔路分别，哪一年能接待你归来！

妆，繁体作"妝"。《说文》："饰也。从女，牀省声。"本义是打扮、装饰。白居易《琵琶行》："曲罢曾教善才伏，妆成每被秋娘妒。"意思是弹完一曲能使最好的乐师佩服，打扮起来引起一些美女的妒忌。旧又指妇女用的脂粉、衣服等装饰物。《乐府诗集·木兰诗》："阿姊闻妹来，当户理红妆。"意思是阿姐听到阿妹要回来，对着窗户搽脂抹粉，穿着新衣服打扮自己。今又用来指演员的装饰。如：演员除去化装时穿戴涂抹的饰物叫作"卸妆"。

简体	繁体	甲骨文	金文	篆书	隶书	草书	行书
汝		汝		汝	汝	汝	汝
妆	妝	妝	妝	妝	妆	妆	妆

rù rù nòu
缛 溽 耨

“缛”“溽”和“耨”的声符都是“辱”，意符有别，三字的字义各有所指。

缛，《说文》：“繁采色也。从糸辱声。”本义是繁密的彩色装饰。郭璞《江赋》：“缛组争映。”意思是色彩艳丽的组带争相辉映。又指繁多、烦琐。繁文缛节：烦琐而不必要的仪式礼节。也用来比喻烦琐多余的事项或手续。

溽，《说文》：“溼暑也。从水辱声。”指湿润、闷热。郭璞《江赋》：“林无不溽。”意思是树林没有不潮闷的。又如：溽暑（夏天潮湿而闷热的气候）。谢灵运《喜雨》：“朱明振炎气，溽暑扇温飙。”意思是夏季炎气盛，闷热的暑天吹着热风。

耨，一种小手锄。《释名·释用器》：“耨似锄。”《国语·齐语》：“时雨既至，挟其枪、刈、耨、镈，以待旦暮从事于田野。”［枪：掘土除草的农具。刈（yì）：镰刀。耨：古代一种类似锄头的除草工具。镈（bó）：类似锄头的除草农具。］又指除草。《孟子·梁惠王上》：“深耕易耨。”意为深耕细作，早除秽草。

简体	繁体	篆书	隶书	草书	行书
缛	縟	縟	縟	缛	缛
溽		溽	溽	溽	溽
耨		耨	耨	耨	耨

枘 柄

ruì bǐng

“枘”和“柄”的意符同是“木”，声符“内”与“丙”只一横画之差，不注意辨别就会误用。

枘，本义是指榫头，即插入卯眼的部分。《庄子·天下》：“凿不围枘。”意思是凿孔不围绕孔内的榫头。方枘圆凿：方榫头，圆榫眼，合不到一起。比喻有抵触、不投合。

柄，斧柄，泛指器物的柄或柄状物。《说文》：“柯也。”《墨子·备蛾傅》：“长斧，斧柄长六尺。”《诗·小雅·大东》：“维北有斗，西柄之揭。”意为斗星高照在天上，举着柄儿向西方（揭：高举）。又比喻权力。《左传·襄公二十三年》：“既有利权，又执民柄，将何惧焉？”意思是既是有利有权，又掌握着对百姓的赏罚权力，有什么可怕的呢？又如：柄臣（掌权的大臣），柄用（被信任而掌权）。

简体	篆书	隶书	草书	行书
枘	枘	枘	枘	枘
柄	柄	柄	柄	柄

S

sāng 桑　shēn 燊

“桑”，从古文字看是个象形字；“燊”是会意字。结构不同，意义读音各异。

桑，指桑树。乔木，叶子是蚕的饲料。《说文》：“蚕所食叶木。”桑树的嫩枝皮可制纸，果实名“桑葚”，可以吃，叶果皮根皆入药。桑榆暮景：落日的余晖照在桑榆树梢上。比喻老年的时光。“桑”与“梓”都是古代住宅前后常常栽的树木。《诗·小雅·小弁》：“维桑与梓，必恭敬止。”意思是想到桑树、梓树，我总是毕恭毕敬。东汉以来，常用“桑梓”比喻故乡。桑梓之念：指对故乡的怀念。

燊，《说文》：“盛貌。从焱在木上。”会意。本义是指炽盛。但未见用例。

简体	甲骨文	篆书	隶书	草书	行书
桑	桑	桑	桑	桑	桑
燊		燊	燊		

sāo 搔　sāo 骚

“搔”和“骚”的声符都是“蚤”，读音相同，意符从手从马不同，表示的字义有别。

搔，从手蚤声。词义指抓挠、用手指甲轻刮。《诗·邶风·静女》：“爱而不见，搔首踟蹰。”意思是故意逗人藏起来，惹我挠头又徘徊。杜甫《春望》：“白头搔更短，浑欲不胜簪。”意思是由于焦虑不安，白发越搔越少，简直连簪子都要插不住了。隔靴搔痒：隔着靴子挠痒痒。比喻说话、作文不中肯，没有抓住要点。也指做事不切实际，劳而无功。

骚，从马蚤声。《说文》：“扰也。”常用义是骚动、骚扰。又指诗体的一种，即“骚体”，也称楚辞体，由屈原的《离骚》得名。如宋玉的《九辩》、贾谊的《吊屈原赋》，都属这种文体。因屈原作《离骚》，后人称诗人为“骚人”。范仲淹《岳阳楼记》：“迁客骚人，多会于此。”意思是被贬在外的官员和诗人，多在这里聚会。“骚人墨客”也常指风雅之士。

简体	繁体	篆书	隶书	草书	行书
搔		搔	搔	搔	搔
骚	騷	騷	騷	騷	騷

shā　shā

沙　纱

“沙”和“纱”形体结构右旁都是“少”，似乎都是左形右声。其实，“沙”为会意字，“纱”才是形声字，造字方法并不相同。

沙，《说文》：“水散石也。从水从少，水少沙见。”是一个会意字。金文的左边是弯曲的流水形，右边用四小点来表示有很多沙粒。本义是水边或水底的微细石粒子，即沙粒。沙里淘金：从沙子里淘出黄金。比喻从大量材料中选取精华。也比喻费力大而成效少。“沙场”本指平沙旷野，后多用来指战场。高适《燕歌行》：“君不见沙场征战苦，至今犹忆李将军？”意思是你不是看到战场上作战的艰苦，到现在还想念李将军（李将军指李广，西汉名将）吗？

纱，意符是“糸”。《玉篇》：“纱縠也。”纺丝而织曰“纱縠”，“轻者为纱，绉者为縠”。本义是轻的丝织品，古代多用丝织成。现代某些纺织品的类名也有称“纱”的。如：乔其纱，泡泡纱等。今天也指丝、棉、麻等织成的细缕，可以拈线或织布。

简体	繁体	金文	篆书	隶书	草书	行书
沙		沙	沙	沙	沙	沙
纱	紗		紗	紗	紗	紗

煞(shā) 熬(áo)

“煞”和“熬”的形体近似，但结构却不相同，“熬”是形声字，而“煞”则是由“杀”讹变来的，两字的音义皆不同。

煞，本只是作为“杀”的异体字出现的。《白虎通·五行》“西方煞伤成物”中的“煞伤”即“杀伤”。后来两字有了分工：杀戮的义作“杀”，止住、结束等义作“煞”。如：煞尾（结束事情的最后一段），煞车（用闸等止住车的进行）。又虚化为极、很等副词，读 shà。煞费苦心：很费心思。又是迷信传说中凶恶的神。凶神恶煞：形容非常凶恶的人。

熬，《说文》：“干煎也。从火敖声。”《周礼·地官·舍人》：“丧纪，共饭米熬谷。”意思是有丧事时供应饭米和熬谷。古代丧礼要给死人口中填米，称饭米。“熬谷”即干煎的谷，撒在棺旁，据说可以引诱蚂蚁，免致伤害尸体。引申指受逆境的折磨。王逸《九思·逢尤》：“我心兮煎熬。”意思是我的心遭受着折磨。又读 āo，指一种烹调方法。是后起的意义。

简体	金文	篆书	隶书	草书	行书
煞		煞	煞	煞	煞
熬	熬	熬	熬	熬	熬

shān shān
杉 衫

“杉”和“衫”右旁的三撇是声符，只是意符一是“木”，一是“衣”，区分了两字的字义。

杉，一种常绿乔木，木材白色，质轻，有香味，供建筑和制器具用。杜牧《题池洲弄水亭》中有“杉树碧为幢，花骈红作堵”的诗句。

衫，《说文》新附：“衣也。从衣彡声。”初指短袖的单衣，后为单衣的通称。《中华古今注·布衫》：“王皇及周末庶人，服短褐襦，服深衣。秦始皇以布开胯，名曰衫。”又据说古代妇人衣与裙相连，秦始皇元年，诏宫人及近侍宫人，皆着衫子，也称半衣，故上衣称“衫子”。

简体	甲骨文	篆书	隶书	草书	行书
杉	杉	杉	杉	杉	杉
衫		衫	衫	衫	衫

shān shān
姗 跚

“姗”和“跚”读音相同，声符都是“删”的省略。“姗”的意符是“女”，“跚”的意符是“足”，因而表示的意义不同。

姗，《说文》：“诽也。”本义和“讪”相近，指讥笑，读 shàn。《汉书·石显传》：“显恐天下学士姗己。”意思是石显恐怕天下的学士讥笑自己。（颜师古注：“姗，古讪字。”）又叠用为“姗姗”，读 shān。姗姗来迟：“姗姗”原来是形容女子从容缓步的样子，今也用来形容来得很晚。

跚，用于复音词“蹒跚”，形容腿脚不灵便，走路缓慢、摇摆的样子。也作“盘跚”。范成大《病中夜坐呈致远》：“便当采药西山去，脚力蹒跚怕远游。”意为得便将到西山去采药，脚力不中行走不便，害怕出远门。

简体	篆书	隶书	草书	行书
姗	姗	姗	姗	姗
跚	跚	跚	跚	跚

shàn 擅 tán 檀

“擅”和“檀”的声符虽同是“亶”，读音却不一样。由于意符从手从木的不同，两字的意义也相去甚远。

擅，《说文》：“专也。”指独断专行。引申为不经允许而任意随便地行动。擅离职守：未经允许任意离开本职工作。引申为据有、拥有。《战国策·秦策三》：“方五百里，赵独擅之。”意思是方圆五百里的地方，赵国独自据有它。还引申为专长。如：在某方面有特长称“擅长”。

檀，《说文》：“木也。”本义是檀树。《诗·魏风·伐檀》：“坎坎伐檀兮，置之河之干兮。”意思是叮叮冬冬来把檀树砍，砍下檀树放河边。又，热带植物旃檀也简称檀，俗称“檀香木”，能做香料，也能入药，可用来制折扇、小盒等工艺品。

简体	篆书	隶书	草书	行书
擅	擅	擅	擅	擅
檀	檀	檀	檀	檀

shàn　shàn

汕　讪

"汕"和"讪"的声符都是"山"，意符从水从言不同，表示意义各异 。

汕，《说文》："鱼游水貌。"《尔雅·释器》所说的"汕"指擦罟，一种捕鱼的网。今天只用于地名汕头市、汕尾市，在广东东南海边，著名港口。

讪，《说文》："谤也。"即诽谤、诋毁。《论语·阳货》："恶居下流而讪上者。"意思是憎恨处在下面地位而诽谤上面的人。所以意符从言。又指讥讽。如：讪笑。又用来比喻难为情的样子。如：脸上发讪，搭讪（为了想跟人接近或把尴尬的局面敷衍过去而找话说）。

简体	繁体	篆书	隶书	草书	行书
汕		汕	汕	汕	汕
讪	訕	訕	訕	訕	訕

shàng　zhǐ

上　止

"上"和"止"的造字方法不同，"上"是指事字，"止"是象形字。读音、意义各异。

上，甲骨文的形体，下面一横线或弧线表示任何一个处所，在其上有一短横，指示上的方位。本义指位置在高处、上面（与"下"相对）。《荀子·劝学》："上食埃土，下饮黄泉。"意思是在地面上可以吃尘土，在地下可以饮黄泉的水。引申为上等、地位高的。《史记·廉颇蔺相如列传》："位在我上。"意思是（蔺相如的）地位比我高。又用作动词登上、由低处到高处。上树拔梯：让人上了树后，却把梯子搬掉。比喻诱使人上钩以后就断其退路。古代特指帝王。《史记·陈涉世家》："上使外将兵。"意思是皇帝派他在外领兵。

止，甲骨文像一只脚的形象。本义是脚、足。《汉书·刑法志》："当斩左止者，笞五百。”意思是应当砍掉左脚的，可改为用竹板打五百下。这个意义后来加了“足”旁，构成了新的形声字“趾”，代表脚。“止”就专用以表示停止义。《韩非子·难势》：“令则行，禁则止。”意思是发布命令就执行，下达禁令就停止。引申为居住、栖息。《徐霞客游记·游黄山记》：“复从峡度栈以上，止文殊院。”意思是又从峡谷经过栈道而上，（当晚）住宿在文殊院。又指禁止、阻止。《列子·汤问》：“河曲智叟笑而止之。”意思是河曲那个地方有个叫智叟的，笑着阻止愚公。用作副词时，义为只是、仅仅。《庄子·天运》：“止可以一宿而不可久处。”意思是只可以停留一宿而不可以久居。这一用法，后来写作“只”。又用为语气词，表确定语气。《诗·召南·草虫》：“亦既见止，亦既觏止，我心则悦。”意思是我们已经相见了，我们已经相聚了，我的心欢欣又舒畅。

简体	甲骨文	金文	篆书	隶书	草书	行书
上	上	上	上	上	上	上
止	止	止	止	止	止	止

梢 稍 捎
shāo shāo shāo

“梢”“稍”和“捎”的声符都是“肖”，意符不同，意义有很大区别。

梢，《尔雅·释木》：“梢，梢櫂。”郭璞注：“谓木无枝柯，梢櫂长而杀者。”《说文》：“木也。”常用以指树枝的末端。杜甫《送韦郎司直归成都》：“为问南溪竹，抽梢合过墙？”意思是请问那南溪的竹子，竹梢该长过墙了吧？泛指事物的末尾、末端。如：眉毛的末尾部分称“眉梢”。

稍，从禾，《说文》：“出物有渐也。”义为逐渐地、慢慢地。《史记·信陵君列传》：“其后秦稍蚕食魏。”意思是后来秦国逐渐吞食魏国。又用作副词稍微，表示数量不多或程度不深。方勺《泊宅编》：“稍不如意，则鞭笞酷虐。”意思是稍微不如意，就给予残酷的鞭打。

捎，从手肖声。古代关西方言取物之上者谓之“桥捎”，即挑选最好的东西。本义是选择。《广雅·释诂》：“捎，择也。”今义是顺便带的意思。如：捎个口信。

简体	篆书	隶书	草书	行书
梢	梢	梢	梢	梢
稍	稍	稍	稍	稍
捎	捎	捎	捎	捎

shè mò
设 没

“设”和“没”都是会意字，读音不同，但形体相近。

设，《说文》：“施陈也。从言从殳。殳，使人也。”“言”与“殳”合起来表示有所吩咐的意思。本义是陈设、安排。《战国策·秦策一》：“张乐设饮，郊迎三十里。”意思是安排好乐队、酒食，到三十里外的郊野迎候。又指设置、建立、兴办。《孟子·滕文公上》：“设为庠序学校以教之。”意思是就要设立兴办学校教育人民。又指设想。设身处地：设想自己处在当事人的地位或环境中，意思是多替别人着想。又虚化为连词假使、假若。《史记·魏其武安侯列传》：“此特帝在，即录录，设百岁后，是属宁有可信者乎？”意思是这只是因为皇帝在，所以这些人随声附和，如果皇帝死了，他们难道还有可信赖的吗？

没，《说文》：“沉也。”原字右旁本不是“殳”，而是“从又在回下”。“回”本是一个大回流水的形象。“又在回下”像人入水有所取，所以本义是沉入水中。引申为沉没。古称善于潜水的人为“没人”。《庄子·达生》：“若乃夫没人，则未尝见舟而便操之也。”意思是像那会潜水的人，即使没有见过船也会驾船。又指隐没、消失。出没无常：出现和隐藏没有一定，无法捉摸。又读 méi，表示无的意思。没精打采：形容精神萎靡、不振作的样子。

简体	繁体	甲骨文	篆书	隶书	草书	行书
设	設	設	設	設	设	設
没			没	没	没	没

shè nǎn
赦 赧

“赦”和“赧”的左旁都是“赤”。但“赤”在“赦”字里是声符，而在“赧”字里却是意符，所以“赦”和“赧”形体虽然相似，音义却毫无共通之处。

赦，《说文》：“置也。从攴赤声。”是置之不问的意思。本义为赦免。《韩非子·五蠹》：“施赏不迁，行诛无赦。”意思是施行赏赐不变易，施行责罚不赦免。又如：大赦，国家依法对全国犯人（除某些例外）一律实行赦免（减轻或免除刑罚）。特赦，今指国家对某些有悔改表现的犯人或特定犯人减轻或免除刑罚。

赧，《说文》：“面惭赤也。”从赤，本义是指因惭愧而脸红、惭愧貌。《孟子·滕文公下》：“未同而言，观其色赧赧然，非由之所知也。”意思是（子路说）分明没有相同，又勉强交谈，你看他脸上表现出惭愧的颜色，这种人，我是不好理解的。

简体	篆书	隶书	草书	行书
赦	赦	赦	赦	赦
赧	赧	赧	赧	赧

shè　shè

摄　慑

“摄”和“慑”的声符都是“聂（niè）”，古今音变，声符的标音作用已不明显。意符一从手一从心，字义有别。

摄，《说文》：“引持也。”本义是提起、牵引。如：摄齐（古代的一种仪节）。“齐”在这里读 zī，是古衣衫下摆的名称。古时穿长袍，升堂时提起衣摆，防止跌倒，表示恭谨有礼。《论语·乡党》：“摄齐升堂，鞠躬如也。”意思是提起下摆向堂上走，恭恭敬敬，小心翼翼。表示吸取、保养、代理义。后世多用来称“摄取”（吸取），“摄生”（养生，也指维持生命），“摄政”（代君主处理国政）。照相叫“摄影”，意谓将人的影像摄取下来。

慑，《说文》：“失气也。”即被吓住了的意思。本义是恐惧、害怕。如：慑服（畏惧威势而屈服），慑息（因恐惧而屏息）。《管子·戒篇》：“身在草茅之中而无慑意。”意为尽管身处草野，（作为一般的老百姓）可是没有一点惧怕（权势）的心理。

简体	繁体	篆书	隶书	草书	行书
摄	攝	攝	攝	攝	攝
慑	懾	懾	懾	懾	懾

shěn　zhòu

审　宙

“审”本是会意字，简化改为形声字；“宙”是形声字。两字读音各异，意义也相去甚远，只是形似。

审，繁体写作“審”，从宀从番，会意。“番”是兽足，古人凭鸟兽之迹来辨认猎物，所以有明晰的义。本义是详知、明悉。引申指仔细观察。《聊斋志异·促织》：“审视，巨身修尾，青项金翅。”意思是仔细一看，（只见蟋蟀）个儿大，尾巴长，青色的脖颈，金黄色的翅膀。又引申为审问、讯问。方苞《狱中杂记》：“余经秋审，皆减等发配。”

宙，从宀由声。段玉裁说是循环往复、无穷无尽的意思。本义是古往今来，即抽象的时间概念。《庄子·庚桑楚》：“有长而无本剽者，宙也。”意思是无限延长而没有起点终点，这就是宙。《淮南子·齐俗》：“往古来今谓之宙，四方上下谓之宇。”“宇宙”连用，泛指整个空间，与天地间的义差不多。

简体	繁体	甲骨文	篆书	隶书	草书	行书
审	審		審	審	審	審
宙		宙	宙	宙	宙	宙

shěn 哂　shài 晒

“哂”和“晒”的右半都是“西”，而读音却很不同。意符从口从日，显示了两字的不同意义。

哂，从口，义为微笑、讥笑。《论语·先进》：“夫子何哂由也？”意思是老先生为什么嗤笑子路呢？又，请人收下礼物时常说“哂纳”，是一客套话，含有微薄不值一笑的意思。

晒，右边原是以繁体的“麗”为声符，因古今音变而标音作用不明显，简化字改从西。本义是曝晒、曝物使干。齐己《题终南山隐者室》：“风吟窗树老，日晒窦云干。”意思是窗前吟风的树儿已老，太阳照晒，山洞的云气也消失了。

简体	繁体	篆书	隶书	草书	行书
哂		哂	哂	哂	哂
晒	曬	曬	曬	曬	晒

shèn zhěn
慎 缜

“慎”和“缜”的意符有别，但它们的声符却都是“真”，因此读音相近。

慎，《说文》：“谨也。从心真声。”本义是谨慎、慎重。《诗·小雅·巷伯》：“慎尔言也，谓尔不信。”意思是劝你说话要谨慎，否则对你就不信。谨小慎微：用谨慎的态度对待细小的问题，以防造成较大的错误或损失。现多形容对一切细小的事情过于谨慎小心，以致缩手缩脚。谨言慎行：说话小心，做事谨慎。又虚化为副词，常用于否定句，表示切莫、千万不要的意思。杜甫《潼关吏》诗：“请嘱防关将，慎勿学哥舒！”意思是请嘱咐守卫边防关塞的将领，千万不要学那位哥舒翰！

缜，指“缜密”，周密、细致、细心谨慎。《南史·孔休源传》：“累居显职，性缜密，未尝言禁中事。”意思是连续担任显要的职务，生性谨严细致，从不谈宫中的事。

简体	繁体	篆书	隶书	草书	行书
慎		慎	慎	慎	慎
缜	縝	縝	縝	縝	缜

shéng yíng
绳 蝇

“绳”和“蝇”造字方法虽不同，但两字却有关联，“绳”从蝇省声，是以“蝇”省为声符的形声字，“蝇”是会意字，两字的读音不相同，意义各异。

绳，《说文》：“索也。”从糸，本义是绳子。这个义一直沿用到今天。由此引申，木工用的墨线也称“绳”。《荀子·劝学》：“木直中绳。”意思是木头直得像用墨线弹过的一样。又引申为标准、法则。《商君书·开塞》：“王道有绳。”意思是王道是有法则的。用作动词时，表示按一定的标准去衡量、纠正、约束、制裁。绳之以法：按照法律来约束、制裁（不守法的人）。

蝇，繁体作“蠅”，《说文》说是“营营青蝇，虫之大腹者”。右旁为“黾”，黾是蛙黾，蛙的腹大，苍蝇是虫之腹大者，所以从黾虫，会意，即苍蝇。《诗·小雅·青营》：“营营青蝇，止于樊。”意思是苍蝇飞来飞去声营营，飞上篱笆把身停（营营：摹声词。止：停。樊：篱笆）。蝇营狗苟：像苍蝇那样飞来飞去，像狗那样苟且偷生。比喻不顾廉耻，到处钻营。蝇粪玷玉：比喻细微的过错也会有损于人。又，很小很小的楷书称之为“蝇头小楷”。

简体	繁体	篆书	隶书	草书	行书
绳	繩	繩	繩	繩	繩
蝇	蠅	蠅	蠅	蠅	蠅

shī 师　shuài 帅

“师”“帅”都是会意字。两字读音各异，意义也有很大的差别。但由于笔画只有上右一短横之差，所以容易弄错。

师，从帀从𠂤。甲骨文和金文就只写作“𠂤”。“帀”也写作“匝”，是周匝的意思。结合起来表示人多。本义是古代的军队编制名称。古二千五百人为“师”。引申指军队。《左传·庄公十年》：“十年春，齐师伐我。”意思是庄公十年春天，齐国的军队进攻我们鲁国。又指老师。韩愈《师说》：“师者，所以传道授业解惑也。”意思是老师，就是靠他来传授道理、讲授知识、解答疑难问题的。又称效法、学习。《史记·秦始皇本纪》：“诸生不师今而学古。”意思是那些儒生们不学习现在而效法古代。

帅，《说文》说是“佩巾也。从巾、𠂤”。本义是古代妇女的佩巾（一说这是以“帅”为“帨”，“帨”是“帅”的重文）。但都借用指军队的指挥官。如：将帅，元帅。《论语·子罕》：“三军可夺帅也，匹夫不可夺志也。”意思是打仗的军队可以夺去统帅，一个人的志向决不可以被强迫改变。又如：帅旗，帅印。也指地方的长官。《国语·齐语》：“三乡为县，县有县帅。”还有带领、率领义。《三国志·蜀书·诸葛亮传》：“亮帅众出武功。”意思是诸葛亮率领士众从武功出兵。引申为遵循。王安石《上皇帝万言书》：“不先教之以道艺，诚不可以诛其不帅教。”意为不先用道理教育他，就不可以责罚他不遵循教导办事。（后两义通常写作“率”。）

简体	繁体	金文	篆书	隶书	草书	行书
师	師	師	師	師	師	師
帅	帥	帥	帥	帥	帥	帥

shī xuán
施 旋

“施”和“旋”所从的意符有一部分相同，形体也相似，但造字方法不同，“施”是形声字，“旋”是会意字，读音完全不同，意义本来都与旌旗有关，但后世常用义却差别很大。

施，本义是旗貌。但通常借用为施加、施行的“施”。《论语·卫灵公》：“己所不欲，勿施于人。”意思是自己不想要的，不要施加在别人身上。文天祥《指南录后序》：“战、守、迁皆不及施。”意思是（不论是）迎战、防守或迁都，都已经来不及措办、进行。古书中又有给予、施舍的意思。《孔雀东南飞》：“留待作后施。”意思是留着以后作施舍用吧！还用来称设置。林嗣环《口技》：“施八尺屏障。”意思是设置八尺的帷幕。

旋，甲骨文形体上部是向右飘动的旗子，中间用“口”来表示回旋之意，“口”下是一只“脚”的形象，表示举着旗子走动的意思。《说文》：“周旋，旌旗之指麾也。从㫃从疋。疋，足也。”本义是运转、旋转。《荀子·天论》：“列星随旋，日月递炤。”意思是群星旋转，日月交替照耀。引申为归、回。李商隐《行次西郊作》：“未知何日旋。”意思是不知哪天回来。现在还称胜利归来为“凯旋”。用作副词时，表示不久、一会儿。《后汉书·董卓传》：“卓既系琼、珌，旋亦悔之。”意思是董卓已经杀了琼和珌这两个人，不久又后悔了。

简体	甲骨文	篆书	隶书	草书	行书
施		施	施	施	施
旋	旋	旋	旋	旋	旋

shǐ shī
矢 失

“矢”是象形字，“失”是形声字，意义相去很远。

矢，古字就是箭的象形。甲骨文和金文的上端是锋利的箭头，中间是箭杆，下端有栝（箭尾扣弦处）。本义是箭。屈原《九歌·国殇》：“矢交堕兮士争先。”意思是双方对射的箭纷纷坠落啊，战士们个个奋勇争先。有的放矢：对准靶子射箭。比喻言论和行动有明确的目标。又借为“誓”，指发誓。矢志不渝：发誓立志永不改变，形容意志坚决。又假借为“屎”，指粪便。方苞《狱中杂记》：“矢溺皆闭其中。”意思是犯人都被关在牢里拉屎拉尿。

失，篆书本是从手乙声，楷化后看不出原来的形体结构了。《说文》：“纵也。”本义是遗失、失掉。《左传·庄公十二年》：“得一夫而失一国，也恶而弃好。”意思是得到一个人而失去一个国家，结交邪恶的人而丢掉友好的邦国。失之交臂：指往来之间，臂虽交而失之。形容当面错过机会。失之东隅，收之桑榆：早晨丢失的，晚上又收回来了。比喻开始虽然失败了，最后终于取得成功，或在此时此地失败了，却在彼时彼地取得成功。又如：失业（失去营生的职业），失节（失去操守），失信（失去信用）。又引申为过错、过失。《礼记·学记》：“教也者，长善而救其失者也。”意为教育（的任务），就是要发扬人的善良而纠正他的过失。

简体	甲骨文	金文	篆书	隶书	草书	行书
矢	矢	矢	矢	矢	矢	矢
失	失		失	失	失	失

shì　fú
市　巿

“市”和“巿”的形体极其相似，但是笔画写法不同。“市”五笔，上头是一点；“巿”四笔，中间是一竖贯通出头。两字的意义相去甚远。

市，指交易物品的场所、市场。《易·系辞下》：“日中为市。”《乐府诗集·木兰诗》：“东市买骏马，西市买鞍鞯。”意思是上东市去买骏马，西市买鞍子辔头。引申为买。《论语·乡党》：“沽酒市脯，不食。”意思是从市场买来的酒，买来的熟肉，不吃。《孔雀东南飞》：“交广市鲑珍。”意思是往交州、广州等地买来山珍海味。又引申为交易、卖。刘基《卖柑者言》：“若所市于人者，将以实笾豆，奉祭祀，供宾客乎？”意思是你所卖给人家的（柑子），是用它盛在祭器里供祭祀用，还是招待客人呢？

巿，本字是“韨”。原意是一幅布帛，后又作蔽膝的饰巾，是一种有地位的人的祭服。古代又写作“芾”。《诗·曹风·候人》：“彼其之子，三百赤芾。”意思是你看那群小人啊，三百人穿着朱红的蔽膝［其（jì）：语助词，无义。之子：指穿赤芾的暴发户。赤芾：红色皮制的蔽膝］。《毛传》：“大夫以上，赤芾乘轩。”意思是古代大夫以上的官才能穿红皮蔽膝和坐轩车。宋代有位名书画家叫米芾，又作米绂。

简体	金文	篆书	隶书	草书	行书
巿					
市					

shì　zhì
恃　峙

“恃”和“峙”虽然声符同是“寺”，但由于古今音变，读音已经不一样了。意符从心从山的不同，区别了它们的字义。

恃，从心寺声。《说文》：“赖也。”本义是倚仗、凭借。《左传·僖公二十六年》：“室如县罄，野无青草，何恃而不恐。”意思是你们屋内空空，田野连草都不长，你们倚仗什么而不害怕。有恃无恐：因为有所倚仗而不畏惧，毫无顾忌。恃才傲物：倚仗自己的才能而骄傲自大，轻视别人。

峙，从山寺声。指山耸立、屹立。黄遵宪《游丰湖》：“罗山峙其西，丰湖绕其左。”意思是罗山耸立在西边，丰湖绕在左边。又用以形容人坚定地站着。《后汉书·河间孝王开传》：“景峙不为礼。”意思是景（人名）挺立在那里毫不客气。又引申为对立。潘岳《为贾谧作赠陆机》：“六国互峙。”意思是六国互相对峙。

简体	篆书	隶书	草书	行书
恃	恃	恃	恃	恃
峙	峙	峙	峙	峙

shì　hòu
适　逅

“适”和“逅”的意符都是“辶”，表示字义与行走有关。声符不同，读音自异，使用范围有区别。

适，繁体本作“適”，从辵啻声。现“適”简化为“适”，《说文》：“之也。”是到某处去的意思。苏轼《石钟山记》：“余自齐安舟行适临汝。”意思是我从齐安（黄州）乘船到临汝去。又特指女子嫁到夫家。《孔雀东南飞》：“始适还家门。”意思是刚出嫁不久就被休回家。常用义指适合、适宜、适当。适可而止：到了适当的程度就停下来，形容说话、待人、办事恰到好处，不过分。用为副词表示恰好。适得其反：恰恰得到相反的结果。

逅，从辵后声。用于复音词“邂逅”，意思是偶然，即不期而会。《诗·郑风·野有蔓草》：“邂逅相遇，适我愿兮！”意思是偶于路上巧相遇，正好合我的心愿啊！

简体	繁体	篆书	隶书	草书	行书
适	適	適	適	適	適
逅		逅	逅	逅	逅

shǒu qiú
首 酋

“首”是象形字，“酋”是会意字。造字方法不同，读音各异，意义没有共通之处。

首，甲骨文、金文是人头侧视的简化和夸张。本义是头。《史记·陈涉世家》：“祭以尉首。”意思是用那颗军官的头来祭拜天地。引申为一伙人的头目。罪魁祸首：罪大恶极的首恶分子。又引申为首先、第一。首屈一指：扳指头计数时先弯下大拇指，表示位居第一位。还用来称服罪、告发罪行。梁启超《谭嗣同传》：“苟不欲救，请至颐和园首仆而杀仆。”意为如果不愿意拯救（皇上），那就请到颐和园（慈禧太后住地）密告我，把我杀掉好了。自己坦白自己的罪行称“自首”，也沿用这一意义。还用作量词。诗、词、歌、赋一篇叫“一首”。韩愈《与陈给事书》：“献近所为《复志赋》已下十首。”意为敬献近期所作的《复志赋》等十篇作品。

酋，《说文》：“绎酒也。从酉，水半见于上。《礼》有大酋，掌酒官也。”段玉裁认为“绎酒”就是昔酒，即陈酒。也用来称掌管酒的长官。如称酒官之长为“大酋”。后用以称部族的首领，通常叫“酋长”。

简体	甲骨文	金文	篆书	隶书	草书	行书
首	首	首	首	首	首	首
酋			酋	酋	酋	酋

shòu yuán
授 援

“授”和“援”的意符都是“手”，声符不同，读音各异，但形体近似，容易误写。

授，从手受声。古代起初表示给予义和接受义，都写作“受”。后来为了区别，在左边加了提手旁，表示用手给，专门充当授给、给予的义，而“受”就只承担“接受”的义。如：颁发奖品称为“授奖”，把权力委托给人或机构代为执行称“授权”，把自己的意图告诉别人让人照办称“授意”。又引申为传授。如：传授学业叫“授业”，以通信辅导为主的教学方法称“函授”。

援，从手爰声。《说文》：“引也。”意思是攀缘、拉。《徐霞客游记·游黄山记》：“石基侧削则援崖。”意思是石岩陡峭的地方就攀缘石岩爬上去。引申为执、持。《左传·成公二年》：“（郤克）左并辔，右援枹而鼓。”意思是郤克把驾车的四匹马的缰绳合在一起用左手拉着，右手拿着鼓槌击鼓。又用来指救助。《孟子·离娄上》：“今天下溺矣，夫子之不援，何也？”意思是现在天下的人都掉在水里了，您不去救援，又是什么缘故呢？今复音词“援助”“求援”都是沿用的这个义。

简体	篆书	隶书	草书	行书
授	授	授	授	授
援	援	援	援	援

shòu huǎn
绶 缓

“绶”的意符是“糸”，“缓”的意符是“素”。声符不同，读音各异，但形体相近，容易写错。

绶，《说文》：“韨维也。从糸受声。”古代特指一种丝织的彩带，用以拴系玉饰和印章，随地位不同而有颜色的区别。《史记·范雎蔡泽列传》：“怀黄金之印，结紫绶于要（腰）。”意思是随身带着黄金印，用紫色绶带系着，挂在腰间。

缓，《说文》作“䋣”，从素，《说文》：“𦅸也。”本义是宽松。《古诗十九首·行行重行行》：“相去日已远，衣带日已缓。”意思是相隔一天天地更远了，衣带一天天地松了（人瘦了）。引申为迟缓、延缓。缓兵之计：使敌人延缓进兵的计策。比喻使事态暂时缓和，同时积极制定应付的策略。缓不济急：太缓慢了，适应不了紧急的需要。白居易《长恨歌》：“缓歌慢舞凝丝竹，尽日君王看不足。”意思是轻柔的歌儿妖媚的舞，君王整天整天地看个不够。

简体	繁体	篆书	隶书	草书	行书
绶	綬	綬	綬	綬	绶
缓	緩	緩	緩	緩	缓

shū　shū
疏　梳

“疏”是会意兼形声字，“梳”则是以“疏”省为声符的形声字，但意义不同。

疏，《说文》：“通也。”右边是倒过来的“子”，左边的“疋（sū）”与“足”同义。朱骏声认为是表示生小孩的意思，以妇女生产小孩的通引申泛指消除阻塞、使通畅。《孟子·滕文公上》：“禹疏九河。”意思是大禹疏浚九条大河。用于感情关系上，表示距离大、疏远（与“亲”相对）。《史记·屈原贾生列传》：“王怒而疏屈平。”意思是楚王（听了）很生气，就对屈原疏远起来。又与“密”相对，表示稀疏义。体大节疏：（好比竹子）个儿大的，节就稀疏。引申指浅薄。志大才疏：志向很大但是能力却很薄弱。又指分条陈述或记载。《聊斋志异·促织》：“细疏其能。”意思是详细地陈述它的本领。又读 shù，指古代向皇上陈述自己对某种事物意见的文体。如：贾谊《论积贮疏》。又是注释的一种，对前人所做的注释加以阐发和说明。如：《庄子义疏》。

梳，《说文》：“理发也。”即指梳子，整理头发的用具。如：木梳，角梳。又用作动词，指用梳子整理头发。《文选·扬雄·长杨赋》：“头蓬不暇疏，饥不及餐。”又如：梳洗（梳头洗脸），妇女梳头打扮叫“梳妆”。秦韬《贫女》：“谁爱风流高格调，共怜时世俭梳妆。”

简体	篆书	隶书	草书	行书
疏	疏	疏	疏	疏
梳	梳	梳	梳	梳

shū　zhù
抒　杼

“抒”和“杼”都是形声字，声符同是“予”，今两字的读音只同韵母，意符从手从木，说明字义分别与手和木有关。

抒，《说文》：“挹也。从手予声。”常用义是表达、抒发。《墨子·小取》：“以辞抒意。”意思是用文章言辞来表达、抒发自己的情怀。又如，表达情思称“抒情”。各人充分发表自己的意见谓之“各抒己见”。

杼，《说文》：“机之持纬者。从木予声。”本义是织布的梭子。《乐府诗集·木兰诗》：“不闻机杼声，唯闻女叹息。”意思是听不到织布机上飞梭的响声，只听到女儿叹息的声音。又读 shù，是一种木名，即柞树。《庄子·山木》：“逃于大泽，衣裘褐，食杼栗。”意思是逃到旷野，穿着粗布衣服，吃着杼栗野果。

简体	篆书	隶书	草书	行书
抒	抒	抒	抒	抒
杼	杼	杼	杼	杼

shǔ shǔ
暑 署

“暑”和“署”的声符都是“者”，音同形似，所以在使用中极易误用。

暑，天气炎热，所以用“日”作意符。《说文》：“暑，热也。”寒来暑往：形容时间的流逝。夏天的热气称“暑气”。

署，“者”字上面的“四”，是“网”演变来的，因此，“署”字是从网者声。《说文》：“部署，有所网属。”字义是指布置、安排，使各有所属，如网在纲，所以用“网”作意符。《汉书·高帝纪》：“部署诸将。”意思是安排各个将领。引申指衙门、官吏办公的场所。如：公署，官署。旧时称其官职空缺由别人暂时代理为“署理”。《三国志·蜀书·诸葛亮传》：“以亮为军师将军，署左将军府事。”意为任命诸葛亮为军师将军，并代理左将军府的职务。还用于签名、题字。如：在档上批上意见、签上自己的名称“签署”。

简体	篆书	隶书	草书	行书
暑	暑	暑	暑	暑
署	署	署	署	署

shù mí
述 迷

“述”和“迷”都是形声字，两字意符相同，声符却各异，意义相去甚远。

述，从辵术声。《说文》：“循也。”字义是遵循、依照。今常用义是记述、传述。《论语·述而》：“述而不作，信而好古。”意思是我仅传述古籍而没有什么创新，笃信并且爱好古籍。范仲淹《岳阳楼记》：“前人之述备矣。”意思是过去人们的记述描写已经很详尽了。对某一著作加以介绍评论叫“述评”，派到外国或外地担任主要工作的人员回来向主管部门陈述工作情况称“述职”。

迷，声符是“米”。《说文》：“或也。”常指迷乱、分辨不清。屈原《九章·涉江》：“迷不知吾所如。”意为迷迷糊糊不知我到了什么地方。现在仍称辨不清是非、摸不着头脑为“迷惑”，由于分辨不清而感到不知怎么办称“迷惘”。又指沉醉迷恋。李白《梦游天姥吟留别》诗：“迷花倚石忽已瞑。”意为迷恋着花，依倚着石，不觉天色已经晚了。也指沉醉于某一事物的人。如：球迷，影迷。

简体	金文	篆书	隶书	草书	行书
述	述	述	述	述	述
迷		迷	迷	迷	迷

shuǎ 耍　yāo 要

“耍”和“要”读音不同，意义各异，但形体只有一横画之差，容易误用。

耍，后起字，最早见于《篇海》：“尖耍、俊利也。”读 shǎ。元曲曲牌有“耍孩儿”，是机灵的意思。又，“戏也。”字义是游戏、玩耍，也指玩弄、戏弄。今音 shuǎ。如：耍猴儿。又指施展、表现出来（多含贬义）。如：耍笔杆儿，耍小聪明，耍态度，耍威风等。

要，本读 yāo。《说文》：“身中也。”篆书像人两手叉腰之形，本义指人的腰部，是“腰”的本字。《墨子·兼爱中》：“昔者，楚灵王好士细要。”意思是从前，楚灵王喜欢士人腰细。这个意义后来写作“腰”。又用作要约、要请。这个义后来写作“邀”。陶潜《桃花源记》：“便要还家。”意思是便邀请（渔人）到自己家里去（做客）。又指要挟、威胁。贾谊《过秦论》：“章邯因以三军之众要市于外。”意思是章邯于是凭三军士众的力量在外地要挟求封。用来称紧要、关键时，读 yào。《盐铁论·相刺》：“要在安国家，利人民。”意思是关键在于安定国家，有利人民。今常用义是指重要、必要（后起义）。如：要职，要事。构成事物的必要因素称“要素”，说话行文简明扼要不烦琐谓之“要言不烦”。

简体	金文	篆书	隶书	草书	行书
耍		耍	耍	耍	耍
要	要	要	要	要	要

shuāi 衰 póu 裒

“衰”和“裒”都从衣，形体虽相似，但读音、意义都相去很远。

衰，从衣，中间的形体在古文字中本是蓑衣的形象。《说文》：“艸雨衣。”但向来假借指事物由强盛而渐趋微弱（与“盛”相对）。欧阳修《伶官传序》：“盛衰之理，虽曰天命，岂非人事哉？”意思是兴盛与衰亡的道理，尽管说是天命，难道不是由于人事吗？又指减少。《战国策·赵策四》：“饮食得无衰乎？”意思是每天饮食没有减少吧？又读 cuī，通“缞”，指古代的丧服。如：斩衰（旧时五种丧服中最重的一种，用最粗的麻布做成，不缉边，使断处外露，以示无饰），齐衰（旧时五种丧服之一，次于斩衰，用粗麻布做成，因其缉边缝齐故称）。

裒，《集韵》：“聚也。”本义是聚集。《诗·小雅·常棣》：“原隰裒矣，兄弟求矣。”意为众人聚在原野，兄弟往来相寻（一说原隰，乃山川之变）。裒敛无厌：聚敛财物，没有满足的时候。又指减少、削除。裒多益寡：削减有余以补不足。

简体	金文	篆书	隶书	草书	行书
衰	衰	衰	衰	衰	衰
裒		裒	裒	裒	裒

shuān shuān
栓 拴

“栓”和“拴”的声符都是“全”。意符从木从手，音同形似，容易混淆。

栓，《广雅·释器》：“钉也。”指木钉、插子。如：消火栓，枪栓。后来像木钉形状的器物也叫栓。如：门栓。又指瓶塞。也指形状像塞子的东西。如：栓剂。

拴，后起字，本是栓字的动词用法，即用栓挂住义，因此将偏旁“木”换成了“手”。王实甫《西厢记》第三本：“我将这角门儿也不曾拴牢。”今天指用绳子等绕在物体上，再打上结绑。如：把马拴在树下。

简体	篆书	隶书	草书	行书
栓	栓	栓	栓	栓
拴	拴	拴	拴	拴

shuāng nú
双 奴

“双”的繁体和“奴”的形体相去很远，但简化后却极为相似。读音不同，意义更是截然相异。

双，繁体作“雙”，本像又（手）持着一双隹（鸟儿）的形象，是会意字。《说文》：“隹二枚也。”本义是两双鸟，又指成双的。比翼双飞、双宿双飞：均喻夫妇或情侣的形影不离。双管齐下：原指画画时两管笔同时并用，后比喻为了达到某一目的，同时从两方面进行。又特指偶数（与“单数”相对）。《宋史·礼志》：“唐朝故事，只日视事，双日不坐。”意思是过去唐朝的典章制度，单日坐堂办公，双日则不坐堂。

奴，会意字。《说文》：“奴、婢，皆古之罪人也。从女从又 。”金文奴字的左边是“女”，下部是一只大手（又），表示抓住了一个人。古代战俘大都沦为奴隶。古代的罪人、罪人子女，或被掠卖剥夺人身自由的人都称“奴”。陆游《岁暮感怀》：“富豪役千奴，贫老无寸帛。”意思是富豪人家役使着上千奴仆，而贫穷老汉却连一寸布帛也没有。又用作自己的谦称。唐代男女尊卑，都自称为奴。计有功《唐诗纪事·昭宗》：“何处是英雄，迎奴归故宫。”意思是谁是英雄汉，接我回故宫去。便是男子自称“奴”之例。自宋以后，多为妇女自称。

简体	繁体	甲骨文	金文	篆书	隶书	草书	行书
双	雙		雙	雙	雙	雙	雙
奴		奴	奴	奴	奴	奴	奴

shuì　yuè
税　悦

“税”和“悦”声符都是“兑”，但由于古今音变，读音不同，意义各异。

税，《说文》：“租也。”即国家的税收、田租，所以用“禾”作意符。现在的农业税、工商业税也都沿用这个意义。古书中又用以指赠送。《礼记·檀弓上》：“未仕者不敢税人。”意思是没有出仕的人不敢拿礼物送人。

悦，意符从心。《广雅·释诂》：“悦，喜也。”本义是高兴、愉快。《孟子·梁惠王下》：“取之而燕民悦，则取之。”意思是攻取它而燕国人民高兴，就攻取它。《庄子·徐无鬼》：“武侯大悦而笑。”意思是武侯很高兴地笑了起来。和颜悦色：形容和蔼喜悦的脸色。又作使动词，表示使愉快。赏心悦目：欣赏美丽的景物或景色使人心中欢畅。

简体	篆书	隶书	草书	行书
税	税	税	税	税
悦	悦	悦	悦	悦

shùn xū
顺 须

“顺”是会意兼形声字，“须”却是象形字。但字形大体一样，只是左边三直画与三撇的区别，所以极易混淆。

顺，《说文》：“理也。从页从川。”朱骏声认为“本谓人面文理”。常用义是合于理、顺着、向着一个方面（与“逆”相对）。顺风转舵：顺着风向使舵。形容没有明确的方向或主张，只是顺着情势改变态度。《左传·隐公三年》：“君义、臣行、父慈、子孝、兄爱、弟敬谓六顺也。”引申为依着自然情势（转移）、沿（着）。顺理成章：写文章或做事情顺着事理就能够做好。也指做事情合乎道理，或比喻某种情况自然会产生某种结果。顺藤摸瓜：比喻沿着发现的线索探求根底。还引申为顺便、趁便。顺手牵羊：比喻顺便拿走人家的东西（指偷窃行为）。

须，甲骨文是面部朝右的一个大头人，嘴巴上翘着三根硬胡须，是个象形字。表示胡须义，是“髯鬚”的“鬚”的本字。《说文》：“面毛也。”又用为副词，表示必须、应当等义。杜甫《闻官军收河南河北》诗：“白日放歌须纵酒，青春作伴好还乡。”意思是在这样美好的日子里，应该高歌痛饮，趁着青山绿水，带着家小，好和他们一路还乡。

简体	繁体	甲骨文	金文	篆书	隶书	草书	行书
顺	順				順		順
须	須				須		須

shuò lì
烁 砾

“烁”和“砾”的声符都是“乐”，但现在读音已不相同，意符从火从石，区分了它们不同的意义。

烁，见于《说文》新附：“灼烁，光也。”本义是闪闪发光的样子。《新唐书·天文志》：“中夜有大流星长数丈，光烁如电。”意思是半夜里有一颗大流星拖着几丈长的尾巴，光芒就像闪电一样。又称光亮动摇不定，忽明忽暗为“闪烁”。闪烁其词：形容说话遮遮掩掩，吞吞吐吐。

砾，《说文》：“小石也。”意符从石，本义是小石、碎石。《汉书·霍去病传》：“大风起，砂砾击面。”意思是（沙漠里）大风一起，沙和小石子被风吹起，迎面打来。

简体	繁体	篆书	隶书	草书	行书
烁	爍	爍	爍	烁	爍
砾	礫	礫	礫	砾	礫

sī ēn
思 恩

“思”是会意字，“恩”是形声字，结构方式不同，音义各异。

思，从心，古人误以为“心”是思维器官，上面的“田”本是人脑的形象。本义是指思考、想问题。《论语·为政》：“学而不思则罔。”意思是光学习，不思考，就会感到迷惑。引申为思念。李白《静夜思》诗：“举头望明月，低头思故乡。”意思是抬头仰望明月，低头思念故乡。又指心情、思绪。旧读 sì。柳宗元《登柳州城楼》：“海天愁思正茫茫。”意思是无边无际的愁思呵正白茫茫。在古书中也用作助词，读 sì。没有实义。《诗·小雅·采薇》：“今我来思，雨雪霏霏。”意思是如今我回来路途中，大雪花纷纷扬扬。

恩，《说文》：“惠也。从心因声。”指恩德、恩惠。忘恩负义：忘掉别人对自己的恩德和好处，做出对不起别人的事。恩将仇报：用仇恨报答恩惠。《孟子·梁惠王上》：“今恩足以及禽兽，而功不至于百姓者，独何与？”意为现在恩惠足够用来施及飞禽走兽，可是这些功德却不能达到老百姓身上，这倒是为什么呢？

简体	篆书	隶书	草书	行书
思	思	思	思	思
恩	恩	恩	恩	恩

sì　yì
肆　肄

“肆”和“肄”声符不同，所以读音各异。但楷书的形体相近，容易误用。

肆，左旁是由“长”演变来的，《说文》：“极陈也。从长隶声。”本义是陈设。《诗·大雅·行苇》：“肆筵设席。”意思是陈设竹制的垫子铺上席（古人席地而坐，因身份不同而坐层有多少之分，起码有两层，下一层是筵，上一层才是席，高贵者还施茵）。又指商店、手工业作坊。如：酒肆，茶肆。《论语·子张》：“百工居肆以成其事。”意思是各种手工艺人居住在各自的制造场所，完成他们的工作。“肆”与“恣”在放纵的意义上同源。如：说不顾一切、没有一点顾忌为“肆无忌惮”，不顾一切任意妄为叫“放肆”。还用作“四”的大写，则是出于假借。

肄，右旁是意符，是手持巾的形象，表示从事某种活动。左边是声符，是“矢”的古文，表示这个字读 yì 。《说文》：“习也。”即指学习、研习。《后汉书·礼仪志中》：“兵官皆肄孙、吴兵法。”意思是士兵军官都学习孙、吴的兵法。今天称在学校学习为肄业。古书中又有劳苦义。《诗·邶风·谷风》：“有洸有溃，既诒我肄。”意思是你粗声恶气对我叫嚷，全家的重活教我担当［有洸（guāng）：有溃，本义都是形容水激流的样子，这里是借用，形容人动武和发怒的样子。诒：同“遗”，留给。肄：劳苦的工作］。

简体	金文	篆书	隶书	草书	行书
肆		肆	肆	肆	肆
肄	肄	肄	肄	肄	肄

sōng　　sōng

忪　松

“忪”和“松”的声符都是“公”，读音相同。所从意符不同，“忪”从心，“松”从木，字义相去很远。

忪，见于《玉篇》，原音 zhōng，是作为联绵词“怔忪（zhēng zhōng）”的形式出现的，义为惶恐貌。《文选·王褒·四子讲德论》：“百姓征忪，无所措手足。”（《方言》曰：“征伀，惶遽也。”）惺忪的“忪”念 sōng。右旁本来写作“惚”。《玉篇》：“了慧也。”是聪明伶俐的意思。后来写作“惺忪”。汤显祖《牡丹亭·闹殇》：“不分明再不惺忪。”意思是没来由再也不苏醒了。今天还保存在“睡眼惺忪”这个成语里，形容因刚醒而眼睛模糊不清的样子。

松，《说文》：“木也。”是松科植物的总称。《诗·郑风·山有扶苏》：“山有桥松，隰有游龙。”意思是山顶松树高又大，低洼地里开笼花。《论语·子罕》：“岁寒才知松柏之后凋也。”意思是年末寒冷了，才会知道松柏是最后凋零的。因松树经冬不凋，松龄长久，所以有成语“松柏之寿”比喻长寿。作为松散义的“松”字今也已简化为“松”了。

简体	繁体	甲骨文	金文	篆书	隶书	草书	行书
忪				忪	忪	忪	忪
松	鬆	松	松	松	鬆	松	松

sǒng　　sǒng

怂　耸

“怂”与“耸”虽然意符从心从耳不同，但是声符则相同。

怂，《说文》：“惊也。”本义是惊惧。这个义很少用，今天常见的是复音词“怂恿”，即鼓动别人去做（某事）。王安石《和吴冲卿雪》诗：“填空忽汗漫，造物谁怂恿？”意思是（雪）漫天盖地撒下来，谁叫老天爷这么干？

耸，《说文》：“生而聋曰耸。”本义指生来就耳聋，所以从耳。这个义也很少用。今天常见的义是高、高耸的意思。柳宗元《种柳戏题》：“耸干会参天。”意思是高耸的树干，将会直上云霄。耸壑凌霄：直立山谷，高入云霄。比喻出人头地。又指恐惧、使人吃惊。危言耸听：形容故意说夸大或吓人的话，让人震惊。

简体	繁体	篆书	隶书	草书	行书
怂	慫	慫	慫	慫	慫
耸	聳	聳	聳	聳	聳

sòng　nì
送　逆

“送”与“逆”读音不同，意义相反，但是形体颇为相似。

送，《说文》：“遣也。”古文字本是双手举着火把送人走的形象，篆书又加“辵”构成会意字。本义是指送行。《左传·文公六年》：“贾季奔狄，宣子使臾骈送其帑。”意思是贾季逃奔到狄国，宣子赵盾派臾骈把他的家人送到狄国去。送旧迎新：过去指欢送卸任的官吏，迎接新来接事的官吏。后又用于一般人事往来。又指馈赠、赠送。如：送礼，奉送。

逆，本与“迎”是同义词，古两字音相近，在迎接的意义上二者本是一个字，由于方言的不同才分为两个字。《说文》：“迎也。”《方言》卷一：“自关而东曰逆，自关而西曰迎。”甲骨文是一个倒向的人形，用“彳”表示道路，又画了一个足形，表示迎上前去。本义迎、迎接（与“送”相对）。引申指反向，即方向相反。如：逆流（水倒流）。逆水行舟，不进则退：比喻学习或做事好像逆着水流的方向行船，不努力前进就要后退。也指不顺。逆来顺受：指对外来的压迫或无理的待遇采取顺从、忍受的态度。忠言逆耳：忠诚正直的劝告听来会刺耳不舒服。引申为叛逆。曹操《褒枣祇令》：“丰足军用，摧灭群逆。”意思是满足军粮的供应，消灭叛乱势力。

简体	甲骨文	金文	篆书	隶书	草书	行书
送		送	送	送	送	送
逆	逆	逆	逆	逆	逆	逆

sòng sòng
颂 讼

“颂”和“讼”的声符都是“公”，只是位置左右不同。意符有别：一从页，一从言。古时两字却相通，但现代汉语中已不能通用。

颂，是容貌的“容”的本字，所以从页。《说文》：“（皃）貌也。”本义指仪容、礼容。读 róng。《汉书·儒林传》：“鲁徐生善为颂。”意思是鲁国的徐生很熟悉当时的礼容。这个意义后来都写作“容”，而将“颂”字用作歌颂、颂扬。歌功颂德：歌颂功绩和德行。又是古代一种文体。刘勰《文心雕龙·颂赞》：“颂惟典雅。”意思是“颂”这种体裁要求典雅。

讼，《说文》：“争也。从言公声。”本义是争论、争辩是非。《盐铁论·利议》：“辩讼公门之下。”意思是在国君的外门之下争辩。聚讼纷纭：形容大家纷纷争辩，没有一致的看法。引申为诉讼；打官司。《论语·颜渊》：“听讼，吾犹人也。必也使无讼乎。”意思是孔子说：审理诉讼，我同别人差不多，但一定要使诉讼的事件完全消灭才好。古书中“讼”通“颂”“诵”。《说文》：“一曰歌讼。”段玉裁注：“讼、颂古今字，古作讼皃，今作容貌，古今字之异也。”古本《毛诗》“雅颂”字多作“讼”。

简体	繁体	金文	篆书	隶书	草书	行书
颂	頌	頌	頌	頌	頌	頌
讼	訟	訟	訟	訟	訟	訟

稣 酥

sū　sū

“稣”和“酥”的读音一样，字的结构部件有所不同，意义也各异。

稣，《说文》：“把取禾若也。从禾鱼声。”指的是取草。这个意义只保存在书面语言“樵稣”（打柴割草）之中，而且多写作“苏”了。基督教传入中国，用此字译天主“耶稣”的名字。

酥，最早见于《玉篇》：“酥，酪也。”是奶酪一类的食品，因为酪是由牛羊乳汁经发酵后加工而成，所以从酉。也是乳制品，古代做法应也相近。今天所说的酥油，为少数民族食品，做法与古不同，仍沿用“酥”字。“酥”字右旁为“禾”，是从酥省声。酥油食品滑腻，因此也用以比喻润滑。韩愈《早春呈水部张十八员外》诗：“天街小雨润如酥。”意思是京城街道小雨后滑得像酥油。又借用以称松脆的食品。如：桃酥，酥糖。

简体	繁体	篆书	隶书	草书	行书
稣	穌	穌	穌	稣	穌
酥		酥	酥	酥	酥

俗 浴

sú　yù

“俗”和“浴”的声符都是“谷”，但意符从人从水各异，字义因而不同。

俗，《说文》：“习也。”本义是习俗、风气。《书·君陈》：“败常乱俗。”意思是败坏纲常，秽乱风气。移风易俗：转移风气，改变习俗。也指世俗、通俗。《孟子·梁惠王下》：“寡人非能好先王之乐也，直好世俗之乐耳。”意思是我没有能够爱好先代帝王留下来的古乐，只是爱好民间通俗的音乐罢了。又指庸俗。俗不可耐：庸俗得叫人受不了。现在对在群众中普遍流行的也叫作“俗”。如：俗话，俗文学。

浴，指洗澡，所以以“水”为意符。《说文》：“洒（洗）身也。”《论语·先进》：“浴乎沂，风乎舞雩，咏而归。”意思是沐浴在沂河，到舞雩台上吹风，然后唱着歌回家去。《楚辞·渔父》：“新浴者必振衣。”意思是刚洗过澡的人必定抖一抖衣服（去掉灰尘）。现在一般用于书面语言。如：浴池，浴室，浴衣。

简体	甲骨文	篆书	隶书	草书	行书
俗					
浴					

sù suǒ
素 索

“素”是指事字，“索”是会意字。读音相异，但都有意符“糸”，形体颇为相似。

素，从糸，表示它是一种丝织物。“糸”的上部不是字，只是表示这种细致的丝织物的光泽的符号。这种织品未染色，所以是白色的。金文上面像织机，下面是丝，两边是双手，双手在弄丝织帛。《说文》说是“白致缯也”，即白色的细绢。《孔雀东南飞》：“十三能织素。”意思是十三岁就能织白绸子。引申为白的、没有染色的。郦道元《三峡》：“素湍绿潭，回清倒影。”意思是雪白的急流，碧绿的潭水，回旋着清波，倒映着景物。虚化为副词，表示空、白白地。《诗·魏风·伐檀》：“彼君子兮，不素餐兮！”意思是那些大人先生啊，可不是白白地吃闲饭！又用来称一向、平时。《史记·陈涉世家》：“吴广素爱人，士卒多为用者。”意思是吴广向来爱护士兵，所以士卒多愿意为他效劳。

索，会意字，上部是从草木勃勃茂盛的“勃”字演变来的，表示用来搓绳索的草木的茎叶，从“糸”表示与丝麻有关的义。本义是大绳子。《说文》：“草有茎叶，可作绳索。”泛指绳子。《书·五子之歌》：“懔乎若朽索之驭六马。”意为（我的）畏惧就像用腐朽的绳索去驾驭六匹马拉的车一样。又借用作动词寻找。按图索骥：按照图像寻找骏马。比喻拘泥成规，只知按本本办事，不能结合实际，灵活变通。还有寂寞、孤单的意思。《礼记·檀弓》：“吾离群而索居，亦已久矣。”意为我离开人群孤单地居住已经很久了。又形容没有兴趣的样子。如：索然寡味，兴致索然。

简体	金文	篆书	隶书	草书	行书
素	素	素	素	素	素
索		索	索	索	索

碎（suì） 粹（cuì）

“碎”和“粹”的声符都是“卒”，现在声符的标音作用已不明显。意符从石从米，标明了各自不同的意义。

碎，《说文》：“䃺也。”指完整的东西破成零片零块。本义是破碎。粉身碎骨：身体都被碎成粉末。形容惨死。也指为了某种目的而承受最大的牺牲。又指零星、不完整、背后议论人。如：闲言碎语。

粹，《说文》：“不杂也。”是纯粹的意思。《淮南子·说山》：“貂裘而杂，不若狐裘而粹。”意思是貂裘虽名贵，若杂而不纯，反不如纯粹的狐裘。引申为精华。如：文粹。王安石《读史》：“糟粕所传非粹美。”意思是流传下来的是糟粕而不是什么精华的东西。

简体	篆书	隶书	草书	行书
碎	碎	碎	碎	碎
粹	粹	粹	粹	粹

sūn　　xiǎng

飧　飨

“飧”是会意字，“飨”是形声字。虽然都从食，表示两字字义均与食有关，但其具体的义仍有区别。

飧，从夕从食，会意。《说文》：“餔也。”申时吃的饭叫餔。古人每日两餐，晚饭申时（下午三时至五时）吃。所以，“飧”是吃晚饭的意思。柳宗元《种树郭橐驼传》：“吾小人辍飧饔以劳吏者。”意思是像我这样的小人停下晚饭和早饭来慰劳士吏。又泛指熟食、饭食。杜甫《客至》：“盘飧市远无兼味。”意思是由于离市集较远，招待客人盘子里的菜蔬并没有多样。

飨，繁体作“饗”，原是个会意字，甲骨文、金文的形体，中间是一个食器装满了佳肴，左右两个人面对面地坐着宴飨。小篆把“人”形变成了一正一反的“邑”字，在整个字的下部又加了一个“食”字作意符，成了上声下形的形声字。今又简化为“飨”，成了左声右形。本义是乡人相聚饮酒，指用酒食款待人。《说文》：“乡人饮酒也。从食从乡，乡亦声。”《诗·豳风·七月》：“十月涤场，朋酒斯飨。”（朋酒：两壶酒。斯：代词，指酒。飨：以酒食待客）。《汉书·高帝纪上》：“于是飨士。”意思是于是用酒食款待士人。引申为供奉鬼神（迷信说法）。《礼记·月令》：“以共皇天上帝社稷之飨。”意思是用来供奉皇天上帝、地神谷神的祭献。

简体	繁体	甲骨文	金文	篆书	隶书	草书	行书
飧							
飨	饗						

suō　　suō

唆　睃

“唆”和“睃”都是后起的形声字，声符相同，从梭省声。“梭”本读 sùn，木名。但传为汉末之作的《通俗文》用作纺织用的“梭”而读 suō。所以后起的“唆”“睃”，都以它为声符。

“唆”与“睃”形体近似，不留心即易误用。

唆，从口，义为唆使，指使或挑动别人去做坏事。也称教唆、刁唆。《三国演义》第二十四回：“量你是个医人，安敢下毒害我？必有人唆使你来。”

睃，意符是“目”，字义是看，后起义。《水浒全传》第五十一回：“都头如何不去睃一睃？”意思是都头为什么不去看一看？

简体	篆书	隶书	草书	行书
唆	唆	唆	唆	唆
睃	睃	睃	睃	睃

T

tái　　shí

抬　拾

“抬”和“拾”都是形声字，意符同是“手”，表示都与手的动作有关，声符各异，读音与字义都不同。

抬，本作“擡”。本义是举，合力共举一物，后起义。《西游记》第三回：“猴王渐觉酒醒，忽抬头观看。”又如：抬桌子。引申为提起、举高。高抬贵手：旧时恳求人原谅的话，意为你一抬手我就过去了。

拾，《说文》：“掇也。从手合声。”声符已经反映不出字音了。本义是拾取、捡起。拾人牙慧：比喻拾取人家的只言片语当作自己的话。道不拾遗：遗失在路上的东西都没有人捡回去。又用来作数目字“十”的大写。

简体	篆书	隶书	草书	行书
抬	抬	抬	抬	抬
拾	拾	拾	拾	拾

tān　　tān

滩　摊

“滩”和“摊”的声符都是“难”，与声符同韵母。意符一从水，一从手，区分了两字的不同意义。

滩，《说文》："水濡而干也。"后世用来指河、海、湖边水深时淹没、水浅时露出的地方。如：河滩，海滩。晒盐的海滩称"盐滩"，江河中水浅多石而水流很急的地方叫"险滩"。

摊，摆开、展开的意思，所以意符从手。杜甫《又示宗武》诗："觅句新知律，摊书解满床。"又如：把棉花摊开晒一晒。引申指一种烹饪方法。如：摊鸡蛋，摊饼。又指设在路旁、广场上的临时售货处。如：水果摊儿。分担财物或任务也称"摊"。分派各人或各地区、单位担负捐款或任务叫作"摊派"。

简体	繁体	金文	篆书	隶书	草书	行书
滩	灘	灘	灘	灘	灘	灘
摊	攤		攤	攤	攤	攤

tán dàn
谈 淡

"谈"和"淡"都是以"炎"为声符的形声字，今音与声符同韵母。意符一从言，一从水，标志其字义分别与语言、水有关。

谈，《说文》："语也。"本义是谈论、说。《诗·小雅·节南山》："犹心如惔，不也戏谈。"意思是满心忧愤如火烧，不敢谈论发牢骚［惔（tán）：炎的假借字，火烧］。谈笑风生：形容谈话很高兴而有风趣。谈虎色变：谈起老虎，脸色陡变。比喻一提到自己害怕的事物神情就紧张。又用作名词，指言谈、言论。如：没有根据的言谈称为"无稽之谈"，令人觉得奇怪的言论称为"奇谈怪论"。

淡，意符是"水"。《说文》："薄味也。"本义是（味）薄。如：一杯淡酒。也指没有任何味道。如：淡水（指不含盐分的水，与"咸水"相对）。引申为浅、轻、薄（跟"深""重""厚"相对）。淡妆浓抹：淡雅和浓艳两种不同的妆饰打扮。天高云淡：万里晴空，飘着淡淡的白云，天显得格外高远。轻描淡写：原指绘画时用浅淡的颜色轻轻描绘。常用以比喻说话、作文对某些重要的事轻轻带过。粗茶淡饭：形容饮食简单，生活俭朴。引申为不热心。淡然处之：用冷淡的态度对待它。引申指营业不旺盛。如：淡季。

简体	繁体	篆书	隶书	草书	行书
谈	談	談	談	谈	談
淡		淡	淡	淡	淡

tǎn　zǔ

袒　祖

“袒”和“祖”尽管很相似，也都是形声字，但意符声符都不同，因而音、义各异。

袒，本音 zhàn。《说文》：“衣缝解也。从衣旦声。”段玉裁注：“许书无绽字，此即绽字也。”原来是绽裂的“绽”的本字，借用以表裸露义，即脱去上衣，露出身体的一部分。古人在谢罪或祭祀时常脱衣露体表示虔诚。解上衣露左臂，或去外衣露短襦皆曰“袒（tǎn）”。肉袒面缚：脱去上衣，反缚着手。形容顺从归降。

祖，《说文》：“始庙也。从示且（jū）声。”本义是祖庙。《周礼·考工记·匠人》：“左祖右社。”意思是（宫殿）左边是祖庙，右边是社坛。引申为祖先。又特指祖父。柳宗元《捕蛇者说》：“吾祖死于是，吾父死于是。”意思是我的祖父死在捕蛇这种职业上，我的父亲也死在这种职业上。

简体	甲骨文	金文	篆书	隶书	草书	行书
袒			袒	袒	袒	袒
祖	祖	祖	祖	祖	祖	祖

搪 塘

tángtáng

搪　塘

“搪”和“塘”都是以“唐”为声符的形声字，读音与声符相同。所从意符不同，字义各异。

搪，后起字，指“搪揬”（双声联绵词）。即冒犯、顶撞。这个义通常写作“唐突”。又表抵挡义，如：搪风（挡着风），搪塞（敷衍、应付）。方言中又称涂抹为“搪”，因而用石英、长石、碳酸钠等烧制成的像釉子的物质叫“搪瓷”。在金属坯胎上涂敷一层搪瓷，以防氧化生锈，这类器皿也叫作“搪瓷”。

塘，《集韵》：“筑土遏水曰塘。”本义是指堤岸、堤防。如：河塘，海塘。《新唐书·地理志》：“绕州郭有堤塘百八十里。”意思是绕着许州城城郭有堤岸一百八十里。也指水池。杜甫《茅屋为秋风所破歌》：“下者飘转沉塘坳。”意思是低的飘扬旋转落到水池和低洼的地方。

简体	篆书	隶书	草书	行书
搪	搪	搪	搪	搪
塘	塘	塘	塘	塘

堂 棠 常

tángtángcháng

堂　棠　常

“堂”“棠”和“常”都是以“尚”为声符的形声字，均只与声符同韵母。意符有别，字义各异。

堂，《说文》：“殿也。”古代是指高大的房屋，特指供奉神佛或帝王受朝理事的房屋。秦以后，“堂”的这一意义都称“殿”。《荀子·儒效》：“诸侯趋走堂下。”意思是诸侯在殿堂下面奔走效劳。引申为公堂，即官吏办公的地方。李商隐《行次西郊作》诗：“巍巍政事堂。”意思是处理政事的公堂高大堂皇。堂高廉远：比喻官府与人民之间尊卑上下互相隔绝、不能接近（堂：厅堂，指官府。廉：厅堂的边角）。又指正屋。刘禹锡《乌衣巷》：“旧时王谢堂前燕，飞入寻常百姓家。”意思是过去是王、谢两大豪门贵族正屋前面檐下的燕子，现在却飞进了普通老百姓的家里。古代宫室，前为堂，后为室，所以古人又用“升堂入室”来比喻研究学问造诣程度的差别，“升堂”表示已到了通晓的阶段，“入室”则是到了最高的境界。

棠，一种乔木名。朱骏声说：“实之白而甘者曰棠，赤而涩者曰杜。”棠有赤白两种：赤棠木理坚韧，果实涩而无味；白棠就是甘棠，也叫棠梨，果实似梨而小，可食，味甜酸。《诗·召南·甘棠》：“蔽芾甘棠，勿剪勿伐。”意为棠梨茂密又高大，不要剪它别砍它（蔽芾：形容树高大茂密的样子）。

常，“裳”的本字。从巾，表示是布帛制作的物品（或从衣，意同），尚声。本义是下身衣。假借指常规、规律。《荀子·天论》：“天行有常。”意为大自然的运行有一定的规律。用作形容词，指永恒的、固定的。韩愈《师说》：“圣人无常师。”意为圣人没有固定的老师。常用义指一般的、平常的。也用作副词，表经常、常常。苏轼《石钟山记》：“是说也，人常疑之。”意为这种说法，人们常常怀疑它。

简体	篆书	隶书	草书	行书
堂	堂	堂	堂	堂
棠	棠	棠	棠	棠
常	常	常	常	常

膛（táng） 瞠（chēng）

“膛”和“瞠”虽然都是以“堂”为声符的形声字，但读音不同。膛从肉，瞠从目，意符不同，两字的义自然不一样了。

膛，《玉篇·肉部》：“膛，肥貌。”又指胸腔，意符从“肉（月）”。如：胸膛。也指器物中空的部分。如：枪膛，灶膛。

瞠，瞪着眼看，所以意符从目。瞠目结舌：瞪着眼睛说不出话来。形容窘迫、惊愕的样子。瞠乎其后：在后面干瞪眼，赶不上。形容远落在后头。

简体	篆书	隶书	草书	行书
膛	膛	膛	膛	膛
瞠	瞠	瞠	瞠	瞠

倘（tǎng） 徜（cháng）

“倘”和“徜”虽然声符都是“尚”，但读音不同。两字意符虽只一笔之差，性质完全不同，意义也全然相异了。

倘，表示惊疑的神气，所以从人。《庄子·在宥》：“云将见之，倘然止，贽然立。”意思是管云的神将看见它，惊疑地停下来，恭敬地站着。又用作连词，表示假使、假设。庾信《寄徐陵》：“故人倘思我，及此平生时！”意思是假如老朋友还记得我，请追忆平素的事情吧！

徜，用于“徜徉”，联绵词，意思是徘徊、自由自在地往来行走、闲游。也表示安闲自在地步行，所以从彳。也写作“倘佯”“尚羊”等。但“倘若”的“倘”，绝不能写作“徜”。韩愈《送李愿归盘谷序》：“从子于盘兮，终吾身以徜徉。”意思是跟着你到盘谷去，让我终生都漫游在这里。

简体	篆书	隶书	草书	行书
倘	倘	倘	倘	倘
徜	徜	徜	徜	徜

táo　　táo

陶　淘

“陶”和“淘”的声符相同。意符一从阜，一从水，区分了各自不同的字义。

陶，本丘名，也用为地名。“陶”字右边的声符“匋”也念 táo，是陶器的“陶”的本字，但向来都以“陶”来代替“匋”。《礼记·郊特牲》：“器用陶匏。”意思是用的器具是陶器和匏瓜做的瓢。引申为造就、培养。王安石《上皇帝万言书》：“陶就天下之才。”意思是培养天下有才能的人使之有所造就。又如“陶冶”，本指烧制陶器，冶炼金属，借以比喻给人的思想、性格以有益的影响。又借用以形容快乐、欢喜的样子。如：其乐陶陶。谢灵运《酬从弟惠连》：“共陶暮春时。”意为暮春的时候在一起欢乐。

淘，从水。本义为以水冲洗、汰除杂质。如：淘米，淘金。杜甫《示从孙》：“淘米少汲水，汲多井水浑。”意为淘米时少打点水，打多了井水就浑了。《元史·刘秉忠传》：“珍贝金银之所出，淘沙炼石，实不易为。”意思是宝贝金银的生产，或淘沙，或冶炼，实在不容易啊！又指开挖疏通。孟元老《东京梦华录·诸色杂卖》：“每遇春时，官差人夫监淘在城渠，别开坑盛出者泥，谓之泥盆。”这个意义也写作“掏”。刘禹锡《浪淘沙》之八：“千淘万漉虽辛苦，吹尽狂沙始到金。”又用于复音词，称顽皮、不听话为“淘气”。《红楼梦》第二回：“如今长了十来岁，虽然淘气异常，但聪明乖觉，百个不及他一个。”

简体	金文	篆书	隶书	草书	行书
陶					
淘					

téng 縢　xī 膝

“縢”和“膝”从表面看好像意符都是“月（肉）”，其实“縢”的意符是“糸”，“膝”的意符才是“月（肉）”。两字声符也不一样，意义截然不同。

縢，从糸朕声。《说文》：“缄也。”是缄封的意思。《广雅·释器》：“索也。”缄封即捆绑。指的是绳子。《诗·秦风·小戎》：“交韔二弓，竹闭绲縢。”意思是两弓交叉袋中放，正弓竹柲绳捆紧（交韔二弓：交叉顺倒两只弓放在弓袋里。闭：通“柲”，竹柲，用竹制成纠正弓弩的工具。绲：绳。縢：捆绑）。也指绳子。《庄子·胠箧》：“摄缄縢，固扃鐍。”意思是紧紧地用绳捆好，牢牢地锁好。又指绑腿布，因为是缠在小腿上的，所以也叫“縢”。《战国策·秦策一》：“赢縢履蹻。”意思是缠着绑腿布，穿着草鞋（赢：通“累”，缠绕）。

膝，《说文》：“胫头卪也。”本义是指大小腿相接的关节处。《庄子·渔父》：“左手据膝，右手持颐以听。”意思是左手支着膝盖，右手托住腮（入神地）听着。又如：膝席（古人屈膝跪地坐，对人表示尊敬时，即直起身子，两膝仍着地），膝下（指人幼年时，常依于父母膝旁，言父母对幼孩之抚爱，后用作对父母的尊称）。

简体	金文	篆书	隶书	草书	行书
縢					
膝					

tì 悌　tī 梯

“悌”和“梯”的声符都是“弟”，但意符不同，字义相去很远。

悌，意符是“心”。《说文》新附：“善兄弟也。”本义是敬爱兄长。也作“弟”。《孟子·滕文公下》：“入则孝，出则悌。”意思是在家孝顺父母，出外敬爱兄长。

梯，意符是“木”。《说文》：“梯，木阶也。”是一种便利上下的用具或设备。如：楼梯，云梯，阶梯。又引申形容像楼梯的事物。如：梯田（沿着山坡开辟的一级一级的农田，形状像楼梯），人梯（把自己当作梯子，让人通过自己攀登高处。比喻牺牲自己，奖掖后进）。

简体	篆书	隶书	草书	行书
悌	悌	悌	悌	悌
梯	梯	梯	梯	梯

tián hān
甜 酣

“甜”是会意字，“酣”是会意兼形声字，两字造字方法有所不同，音义有别。

甜，从舌从甘。舌头是能够品尝甘甜味道的。《说文》：“美也（指味美）。”本义是指像糖和蜜的味道（与“苦”相对）。甜言蜜语：蜜那样甜的话语。指为了讨人喜欢或哄骗人而说好听的话。先秦时代没有“甜”字，凡表示甜味都曰“甘”。

酣，本义是酒喝得很畅快。《说文》：“酒乐也。从酉从甘，甘亦声。”《史记·廉颇蔺相如列传》：“秦王饮酒酣。”意思是秦王喝酒正喝得畅快的时候。引申为尽情。曹表《善哉行》：“朝日乐相乐，酣饮不知醉。”意思是朝朝夕夕欢乐相处，尽情饮酒不知道酒醉。又引申泛指尽情、痛快。如：比喻熟睡为“酣睡”，形容战斗激烈为“酣战”。

简体	篆书	隶书	草书	行书
甜	甜	甜	甜	甜
酣	酣	酣	酣	酣

tián yóu
田 由

“田”和“由”两字异常相似，只是中间的一竖是否出头的区别。但各有来由，意义皆不同。

田，甲骨文像一块长方形的大田，外面的大方块表示田地的范围，纵横交错的线条是田间小道（古称阡陌）和沟渠。《说文》：“树谷曰田。”本义是农田、田地。《诗·大雅·瞻卬》：“人有土田，女反有之。”意思是别人如有好田地，你却侵占归自己（女：你。有：《广雅·释诂》言“有，取也”）。《孟子· 梁惠王上》：“百亩之田，勿夺其时。”意思是每户人家的一百亩的田地，不要耽误他们的生产季节。围猎是为田除害，所以，古代又指打猎。《韩非子·难一》：“焚林而田，偷取多兽，后必无兽。”意思是放火烧林这样围猎，好像讨便宜可以猎取很多野兽，可是以后就再没有野兽了。“田田”叠用，形容清新碧绿的样子。乐府古辞《江南可采莲》：“江南可采莲，莲叶何田田！”意思是江南好采莲，莲叶绿得多可爱！

由，《说文》无“由”字。从古文字形体看，当是甲胄的“胄”的本字，像胄形。借用为经由的“由”，表从此行走的意思。《论语·雍也》：“谁能出不由户？”意为谁能出入不经过门户？必由之路：必然经由的道路。引申为顺随、听从。如：事不由己。又指原因、缘由。雍陶《非酒》：“人人漫说酒消忧，我道翻为引恨由。”意为人人都说饮酒能够消愁，我说倒是引起惆怅的缘由。又作介词用，表示归（某人去做）。如：这事由我负责。表示凭借。如：由此可知。

简体	甲骨文	金文	篆书	隶书	草书	行书
田	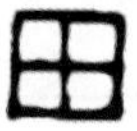					
由						

tiáo　　jì
髫　髻

“髫”和“髻”所从的意符相同，表明它们属于一个义类，即都与毛发有关，但声符不同，所以音义都不一样。

髫，《说文》新附：“小儿垂结也。”本义是古代小孩的下垂头发。古时童子未冠者头发下垂，因以“垂髫”指儿童或童年。陶潜《桃花源记》：“黄发垂髫，并怡然自乐。”意思是老人小孩，都高高兴兴，自得其乐。

髻，《说文》新附：“总发也。”挽发而结之于头顶，称为“发髻”。魏学洢《核舟记》：“居右者椎髻仰面。”意思是在右边的一个梳着椎形的发髻，仰着脸。白居易《吾雏》诗：“我头发尽落，汝顶髻初成。”

简体	篆书	隶书	草书	行书
髫	髫	髫	髫	髫
髻	髻	髻	髻	髻

tiǎo　　táo
挑　桃

“挑”和“桃”都是以“兆”为声符的形声字，只与声符同韵母。意符从手从木不同，意义自异。

挑，《说文》：“挠也。”本义为挑逗、激发。《史记·项羽本纪》：“乃自披甲持戟挑战。”意思是于是自己披着盔甲拿着戟挑逗敌人作战。今称借端生事，企图引起冲突或战争为“挑衅”，挑起是非争端、使别人不团结叫作“挑拨离间”。又用棒状物拨动也叫“挑”。辛弃疾《破阵子·为陈同甫赋壮词以寄》：“醉里挑灯看剑。”意思是醉里朦胧，拨亮灯火看宝剑。又读 tiāo，义为用肩担着。如：挑水，挑土。口语里说拣择、选择也称“挑”。如：挑肥拣瘦。

桃，果木名。《说文》：“果也。从木兆声。”是一种乔木，花粉红色，果实略呈球形，表面有短绒毛，味甜，是一种常见的水果。核仁可入药。桃子是这种植物的果实。《诗·大雅·抑》：“投我以桃，报之以李。”意为人家送我一篮桃，我把李子来相报。引申指形状像桃儿的东西。如：棉桃。人们用“桃李”来比喻所教的学生。如：桃李满天下。

简体	篆书	隶书	草书	行书
挑	挑	挑	挑	挑
桃	桃	桃	桃	桃

tiào 眺　tiǎo 朓

“眺”和“朓”的声符都是“兆”，但读音只与声符同韵母。意符一从目，一从月（一从肉），意义各异。

眺，《说文》：“目不正也。”是斜视的意思。又指远看、眺望。如：登高远眺。杜甫《登兖州城楼》诗：“从来多古意，临眺独踌躇。”意思是我本来具备幽雅的情趣，今天独自徘徊在城楼远望。

朓，本古代天文学上的名词，指农历月底一弯新月已出现在西方。从月。《说文》：“晦而月见西方谓之朓。”一从肉。《说文》：“祭也，从肉兆声。”这个字平时很少见，但南朝宋有位著名诗人名叫谢朓。

简体	篆书	隶书	草书	行书
眺	眺	眺	眺	眺
朓	朓			

tiě fū
铁 𫓧

“铁”和“𫓧”的意符都是“金”，表示同是金属或金属制品。形体只有一小撇之差，十分相似，但声符不同，音义各异。

铁，繁体作“鐵”，从金，右边是声符。《说文》：“黑金也。”本义是指黑色金属。《史记·货殖列传》：“邯郸郭纵以铁冶成业。”意思是邯郸人郭纵靠冶炼铁矿创立了家业。古人有以器物的质料代替器物名称的修辞条例，所以古代又用“铁”来称铁制的农具。《孟子·滕文公上》：“许子以釜甑爨（音窜）、以铁耕乎？”意为许先生也用铁锅瓦甑煮饭，用铁犁耕作吗？又指兵器。手无寸铁：手里没有任何兵器。“铁”又用来比喻坚固。铁打江山：用铁锻打的江山。比喻国家政权巩固。铁石心肠：比喻心肠硬，不为感情所动。

𫓧，《说文》：“莝斫刀也。从金夫声。”段玉裁改为：“斫莝刀也。”本义是切草的刀，即铡刀。古代也用为腰斩的刑具。如：𫓧质（𫓧：铡刀。质：垫在下面的砧板）。《史记·项羽本纪》：“孰与身伏𫓧质，妻子为僇乎？”意为这与身受腰斩的刑罚、妻儿罚作官府的奴婢相比，哪样好呢？古代又指斧头。《列子·说符》：“人有亡𫓧者，意其邻之子。”意为有人丢失了一把斧头，心里怀疑是邻居的儿子偷去的。

简体	繁体	篆书	隶书	草书	行书
铁	鐵	鐵	鐵	鐵	鐵
𫓧	鈇	鈇	鈇		

tiè tiē
帖 贴

“帖”和“贴”的声符都是“占”，现在字音与声符已完全不同了。意符从巾从贝表明各自的不同本义。但今音同形近，容易混淆。

帖，《说文》：“帛书署也。”古代纸没有发明之前，写字用竹木或布帛。写在布帛上叫“帖”，写在竹木上的叫“简”（检）。古代“碑”和“帖”对言时有区别，铭功纪事的石刻叫“碑”，书疏叫“帖”。如：王羲之的《姑母帖》《兰亭帖》，王献之的《中秋帖》。石刻的拓本也称“帖”。又读 tiě，用来称简短言词写的柬帖。如：名帖，请帖，军帖。《乐府诗集·木兰诗》：“昨夜见军帖，可汗大点兵。”“军帖”指写有军令的柬帖。还用来指中药方，后来用作量词，读 tiē。一剂药称“一帖”。

贴，见于《说文》新附，从贝，本指用财物抵押。《玉篇》：“贴，以物质钱。”这个义后世很少用。常用义是黏附。如：剪贴。引申为紧挨、靠近。如：紧紧地挨近称“贴近”，最亲近的知己称“贴心”。又如：贴心话，贴心朋友。

简体	繁体	篆书	隶书	草书	行书
帖		帖	帖	帖	帖
贴	貼	貼	貼	貼	貼

tīng zè
厅 仄

“厅”是形声字，意符本是“广”，今简化为“厂”，声符本是“听”，简化后成了“丁”，仍然合于形声字的原则。“仄”是会意字。两字造字方法不同，原来的形体差别也很大，简化后，形体很相似。

厅，《广韵》：“厅，厅屋。”古代官府办公的地方叫“听事”，简称“听”。后加意符“广”以示区别，今简化为“厅”。私宅的堂屋也称“厅”。清制在府的下面设州、县，有的又设厅。现在省属机关还用“厅”的名称，如：公安厅，粮食厅。今多用来指聚会或招待客人用的大房间。如：客厅，厅堂。

仄，本义是倾斜、偏斜。从人在厂下，会意。《管子·白心》：“日极则仄，月满则亏。”意思是日头过了正午就开始偏斜，月亮过了满圆就开始亏蚀。“仄”又由倾斜引申为平仄的“仄”。汉语的声调分平仄两大类型，平声归平，上、去、入归仄。诗、词和曲把平仄交替使用，使音调和谐而有变化，便于歌唱或吟咏。

简体	繁体	篆书	隶书	草书	行书
厅	廳	廳	廳	廳	廳
仄		仄	仄	仄	仄

tíng yán

廷 延

“廷”与“延”左旁完全一样，只是右旁不同，读音各异，意义也相去很远。

廷，右旁是“壬”，有声符的作用。《说文》：“朝中也。”指朝廷，即封建时代国君受朝拜和处理政事的地方。《韩非子·孤愤》：“无能之士在廷。”意思是没有才能的人在朝廷里。地方官吏办事的地方也称“廷”。如：县廷。“廷”加上“广”作意符，表示厅堂、庭院等义。古代“廷”与“庭”一般可相通。

延，右旁像“正”，但不同，上面不是短横而是一撇。本义是伸长、延长。延年益寿：增加岁数，延长寿命。苟延残喘：勉强拖延一口没断的气。用来比喻勉强维持生活。又指延伸、扩展。如：蔓延（形容像蔓草一样不断向周围扩展）。

简体	金文	篆书	隶书	草书	行书
廷	廷	廷	廷	廷	廷
延		延	延	延	延

tǐng 挺 tǐng 梃 tǐng 铤

“挺”“梃”和“铤”的声符都是“廷”。意符有从手从木从金的不同，表明各自有不同的使用范围。

挺，指拔、拔出。《说文》：“拔也。从手廷声。”《战国策·魏策四》中的“挺剑而起”就是拔剑而起立的意思。又指撑直、伸直。《荀子·劝学》：“虽有槁暴不复挺者。”句中的“挺”就是伸直的义。又如：直起身子叫“挺身”，直立叫“挺立”。在现在口语里，又用作副词，相当于很。如：他挺努力。

梃，指棍棒。《广雅·释器》：“梃，杖也。”《孟子·梁惠王上》：“杀人以梃与刃，有以异乎？”意思是用棍棒同用刀来杀人，有什么不同吗？又指“梃子”，即门框、窗框或门扇、窗扇两侧直立的边框。如：门梃，窗梃。

铤，《说文》：“铜铁朴也。”指铜铁等尚未成器的坯料。《淮南子·修务》：“铤者，金银铜铁等未成器铸作片，名曰铤。”又借用以形容急速奔跑的样子，读 tǐng，通“逞”。铤而走险，急何能择：狂奔赴险，情况危急，还谈什么选择。又读 dìng，古代重五两或十两的金银块。这个意义后来写作“锭”。

简体	繁体	篆书	隶书	草书	行书
挺		挺	挺	挺	挺
梃		梃	梃	梃	梃
铤	鋌	鋌	鋌	鋌	鋌

tóng　　zhòng

童　重

“童”的声符是“重”的省略，“重”的声符是“东”，今两字的读音只同韵母。意符不同，意义各异。

童，《说文》：“男有辠曰奴，奴曰童，女曰妾。”上面像“立”的部分是意符，本是黥刺刑具的形象，上古奴隶在脸上刺有记号，以防逃跑。本义是奴仆、奴隶。后世所说的“书童”“琴童”等都是指奴仆之类的人。《史记·货殖列传》：“富至童千人。”意思是富有的人家竟养奴仆达千人之多。儿童的“童”本作“僮”。《说文》：“僮，未冠也。”这才是指儿童，通常都作“童”。童颜鹤发：白白的头发，红红的脸膛。形容老年人气色好。童叟无欺：既不欺骗小孩，也不欺骗老翁。形容交易公道。古书中山无草木也谓之“童”。《荀子·王制》：“故山林不童而百姓有余材也。”意思是所以山林不是光秃秃的，因而老百姓就有足够的木材。

重，《说文》：“厚也。从壬东声。”本义是厚重，多指分量重、重量大（与“轻”相对）。《史记·秦始皇本纪》：“金人十二，重各千石。”意思是十二个金人，重量各是十二万斤（古代一百二十斤为一石）。引申为重要、重大。如：任重道远。引申为重视、敬重。如：尊师重道。又读 chóng，指重叠、重复。张衡《同声歌》：“重户结金扃。”意思是重重的门户都锁上了金锁。用作量词层。《史记·项羽本纪》：“汉军及诸侯兵，围之数重。”意为刘邦和诸侯的军队把他围了好几层。又用作副词，表示重新。范仲淹《岳阳楼记》：“乃重修岳阳楼。”意为于是重新修缮岳阳楼。

简体	甲骨文	金文	篆书	隶书	草书	行书
童						
重						

tóng 曈　tóng 瞳

“曈”和“瞳”的声符都是“童”，但是意符从日从目各异，表示的意义不一样。

曈，《说文》新附：“曈昽，日欲明也。”“曈昽”是指太阳初出由暗而明的光景。杨亿《禁直》：“初日曈昽艳屋梁。”意思是初升的太阳淡淡的光，斜照上屋梁。叠用为“曈曈”，形容日出时光亮的样子。如：初日曈曈。王安石《元日》：“千门万户曈曈日，总把新桃换旧符。”意思是旭日的灿烂光辉照遍了千家万户，他们都把旧的桃符换下来，又把新的挂在门口。

瞳，《玉篇》：“目珠子也。”本义是指瞳孔，即眼球中心的圆孔，光线通过瞳孔进入眼内，通称“瞳人”。李贺《唐儿歌》：“骨重神寒天庙器，一双瞳人剪秋水。”意思是体态稳重，神采清俊，这朝廷的好人才哟，一双眼睛像秋水一样闪光。引申形容无知直视的样子。《庄子·知北游》：“汝瞳焉如新生之犊而无求其故。”意思是你纯真无邪如同初生的小牛一般，不要追问那原因吧。

简体	篆书	隶书	草书	行书
曈	曈			
瞳	瞳	瞳	瞳	瞳

tǒng 筒　jiǎn 简

“筒”和“简”都是形声字，意符都从竹，表示与竹子有关，都是竹制品。声符从同从间不同，所以读音各异，意义也不一样。

筒，从竹同声，《说文》：“通箫也。”本义指竹管乐器，也泛指竹筒。杜甫《引水》诗：“白帝城西万竹蟠，接筒引水喉不干。”意思是白帝城的西边有万顷竹林，把竹子锯成竹筒引来山上的泉水，就可以润润喉咙叫你不感到干渴啊！引申为像竹筒的管状器物。如：笔筒，烟筒。又指衣服、靴袜上筒状的部分。如：袖筒儿，袜筒儿，长筒靴。

简，从竹间声。本义是竹简，战国至魏晋时代一种用来书写的竹片。引申指书信。柳宗元《答贡士元公瑾论仕进书》：“辱致来简，受赐无量。”意为承蒙您来信，受益不浅。古书中还有怠慢的意思。《孟子·离娄下》：“孟子独不与驩言，是简驩也。”意为孟子唯独不同王驩说话，这是对王驩的怠慢。又借为挑选义。魏学洢《核舟记》：“盖简桃核狭者为之。”意为原来是挑选狭长的桃核雕刻成的。今多用来称简单（跟“繁”相对）。如：言简意赅。又指使简单、简化。如：精兵简政。

简体	繁体	篆书	隶书	草书	行书
筒		筒	筒	筒	筒
简	簡	簡	簡	簡	簡

tǒng 捅　tǒng 桶

“捅”和“桶”都是以“甬”为声符的形声字，今音与声符同韵母。意符从手从木不同，说明字义有很大区别。

捅，戳、扎的意思。如：他把窗户纸捅了个窟窿。又指碰、触动。如：捅了一下马蜂窝。还用为抽象意义的戳穿、揭露。如：他把看到的事全部捅出来了。

桶，盛东西的器具，用木头、铁皮、塑胶等制成，多为圆形，有的有提梁。如：铁桶，饭桶。《说文》：“木方，受六升。”段玉裁注：“疑当作方斛，受六升。”

简体	篆书	隶书	草书	行书
捅	捅	捅	捅	捅
桶	桶	桶	桶	桶

tǒng 统　chòng 铳

“统”和“铳”的声符均为“充”，但意符不同，两字的读音和意义都不一样。

统，本义是丝的头绪。《淮南子·泰族》：“茧之性为丝，然非得工女煮以热汤而抽其统纪，则不能成丝。”意思是茧的实质是丝，若不是有技术的女子用热水来煮它，并且把丝的头绪抽出来，就不能成为丝。引申为一脉相传的系统。《孟子·梁惠王下》：“君子创业垂统，为可继也。”意思是有德君子创立功业，传之子孙，正是为了能够一代代地继承下去。引申为主管、率领。《三国志·蜀书·诸葛亮传》：“今将军诚能命猛将统兵数万。”意思是现在将军您假如能命令勇猛的大将率士兵数万人。

铳，本义是斧子安柄的空处，所以从金。这个义很少用。火枪发明后，也叫“铳”。如：鸟铳。

简体	繁体	篆书	隶书	草书	行书
统	統	統	統	统	统
铳	銃	銃	銃	铳	銃

tòng yōng
痛 痈

“痛”和“痈”的左旁相同的部分是意符，俗称病旁，表示字义与疾病有关。但字义因声符不同而有所区别。

痛，本义是疼痛。《韩非子·外储说右上》：“故能使人弹疽者，必能忍痛者。”意思是能让人给他割治疮疖的人，定是能忍受疼痛的。引申为痛苦、悲痛。痛定思痛：悲痛的心情平静下来之后，追思当时所遭受的痛苦，倍增苦楚。形容受痛苦的沉重，并有吸取教训，警惕未来的意思。又常用来谓尽情地、彻底地。如：尽情地饮酒叫“痛饮”，尽情大哭称“痛哭”，彻底地改正过去的错误谓之“痛改前非”。

痈，《说文》：“肿也。”是一种多生在脖子上或背部的毒疮，属皮肤和皮下组织化脓性的炎症。

简体	繁体	篆书	隶书	草书	行书
痛					
痈	癰				

tòu wēi
透 逶

“透”和“逶”的意符都是“辵”，表示字义与行走有关。但声符不同：一从秀，一从委。所以读音不同，意义也有很大的区别。

透，本义是跳。《说文》新附：“跳也，过也。”《南史·后妃传》：“妃知不免，乃透井死。”意思是妃子知道自己免不了一死，于是跳井自杀了。引申为通过、穿过。贾岛《病鹘吟》：“有时透雾凌空去。”意思是有的时候穿过云雾凌空飞去。又如：“透明”就是物体能透过光线的意思，“透顶”则是指达到极端。

逶，用于联绵词“逶迤”，形容弯曲而延续不断的样子。《古诗十九首·东城高且长》：“东城高且长，逶迤自相属。”意为东城又高又长，弯弯曲曲地相连着。

简体	篆书	隶书	草书	行书
透	透	透	透	透
逶	逶	逶	逶	逶

突（tū） 实（shí）

“突”和“实”虽都是会意字，形体相似，但所会之意不同，音义各异。

突，从犬从穴，会狗从穴中窜出之意。《说文》：“犬从穴中暂出也。”引申为急速地向前或向外冲。狼奔豕突：像狼那样奔跑，像猪那样乱撞。形容成群的敌军或盗匪东奔西跑。突围的“突”也用的是急冲义，指军队突破敌人包围的作战行动。古代灶旁突起的出烟火口也叫“突”。曲突徙薪：把直烟囱改为弯的，把灶旁的柴禾搬开。比喻事先采取措施，防患于未然。

实，从宀从贯。“宀”是房子的形象，“贯”是钱财，合起来表示室中多财物，会财宝、财物之意。简化为实。《说文》：“富也。”《左传·文公十八年》：“聚敛积实，不知纪极。”意为搜刮聚积财物没有限度。又指果实、结果实。春华秋实：春天开花，秋天结实。比喻文章写得华丽而有内容。又指真实、实在（跟“虚”相对）。实事求是：从实际情况出发，不夸大，不缩小，正确地对待和处理问题。又虚化为副词，表确实、的确义。《孔雀东南飞》：“儿实无罪过。”意为我确实没有过错。

简体	繁体	甲骨文	篆书	隶书	草书	行书
突		突	突	突	突	突
实	實	實	實	實	实	實

tǔ　shì

土　士

“土”和“士”虽都是会意字，都是三画，但写法不同：“土”是上横短，下横长；“士”相反，上横长，下横短。稍不注意，就会写错。

土，甲骨文表示地面上突起来的一堆土，后演变成“土”。本义是泥土、土壤。《荀子·劝学》：“积土成山。”意思是土堆积起来成了山。又引申为乡土、故乡。《后汉书·班超传》：“久在绝域，年老思土。”意思是长久居住在遥远的异地，年纪老了就会思念起故乡来。

士，《说文》：“事也。数始于一，终于十。从一从十。孔子曰：‘推十合一为士。’”古“士”通“事”，本义是指从事耕种等劳动的男子。后用为对男子的美称。《诗·郑风·女曰鸡鸣》：“女曰鸡鸣，士曰昧旦。”意为女的说鸡在叫，男的说天亮了。古代四民是士、农、工、商，“士”是四民之一。上古时又是战斗时在战车上的甲士，后来不分乘车徒行统称“士”。之后却又多指读书人。《三国志·魏书·邓艾传》：“文为世范，行为士则。”意为文章是当世的典范，品行可以做士人的准则。今又用来指某些技术人员。如：医士，护士，技士，助产士。还用为对人的美称。如：女士，勇士。为正义事业而牺牲的人称为“烈士”。

简体	甲骨文	金文	篆书	隶书	草书	行书
土	土	土	土	土	土	土
士		士	士	士	士	士

tuán 团　yīn 因　kùn 困

“团”是形声字，“因”和“困”则是会意字。三字造字方法不同，读音字义各异，只是形体十分相似，稍不留心就会用错。

团，本是形容圆。王昌龄《长信愁》：“且将团扇共徘徊。”意思是权且同圆宫扇一起徘徊。引申为聚集、集合。如团拜的“团”用的就是相聚义。原指有庆贺的事，相聚而拜。又引申为因需要而组成的集体。如：代表团，主席团。又是军队编制单位。《隋书·礼仪志三》：“又步卒八十队分为四团，团有偏将一人。”现在军队也有团的建制。

因，依靠、凭借、根据的意思。《说文》：“就也。”因势利导：顺着事物的发展趋势加以引导推动。引申为原因（跟“果”相对）。事出有因：事情的出现一定有原因。又作连词，相当于由于。《史记·卫将军骠骑列传》：“因前出使绝国功，封骞博望侯。”意为（张骞）由于以前出使西域有功，被封为博望侯。

困，外框是表示一个特定范围，里边是生长的树木。《说文》：“故庐也。”又用为困窘、困难。《史记·屈原贾生列传》：“齐竟怒不救楚，楚大困。”意为齐国终于愤怒而不救楚国，因此楚国陷入极其困难的境地。引申被困、困住。困兽犹斗：被围困的野兽仍要搏斗。比喻在绝境中还极力挣扎。此外，贫乏、短缺或精力不济也称“困”。如：困乏（疲倦，也指经济困难），困境（困难的处境）。

简体	繁体	甲骨文	金文	篆书	隶书	草书	行书
团	團						
因							
困							

tuō tuì

脱 蜕

“脱”和“蜕”的声符都是“兑”，读音却不一样。意符从肉从虫不同，表明意义各不相属。

脱，《说文》：“消肉臞也。”本指消瘦，所以从肉。通常借用为脱落、去掉。如：取掉帽子叫“脱帽”，鸟兽的毛脱落叫“脱毛”，去掉某些物质中的脂肪质谓之“脱脂”。又引申为脱离。如：脱险（脱离危险），脱产（脱离直接生产，专门从事行政管理等工作或者专门学习）。此外，文字漏掉也称“脱”。如：脱误（文字遗漏和错误）。脱口而出的“脱”用的则是夺义，有冲出的意思。整个成语是不加思索随口说出之意。

蜕，指蛇、蝉等动物脱下的皮。《说文》：“蛇蝉所解皮也。”《庄子·寓言》：“予，蜩（tiáo）甲也，蛇蜕也，似之而非也。”意思是我（好比）是蝉壳，是蛇皮，像它却又不是它。今称（人或事物）发生质变曰“蜕变”，又用“蜕化”（虫类脱皮）来比喻腐化堕落。

简体	篆书	隶书	草书	行书
脱	脱	脱	脱	脱
蜕	蜕	蜕	蜕	蜕

tuó tuó

驼 鸵

“驼”和“鸵”的声符都是“它”，读音相同，但是意符从马从鸟不同，表示一是指兽类，一是指禽类，字义范畴各有所属，不能混淆。

驼，指骆驼，哺乳动物，身体高大，背上有驼峰，蹄扁平，蹄底有肉质的垫，适于在沙漠中行走，是沙漠地区主要的力畜。引申指（背）弯曲。如：驼背。

鸵，指鸵鸟，现代鸟类中最大的鸟，高可达三米，不能飞，善走，生长在非洲的草原和沙漠地带。据说鸵鸟被追急时，就把头钻进沙里，自以为平安无事。所以用“鸵鸟政策”来指不敢正视现实的政策。

简体	繁体	篆书	隶书	草书	行书
驼	駝	駝	駝	駝	駝
鸵	鴕	鴕	鴕	鴕	鴕

tuó dù
橐 蠹

“橐”和“蠹”都是形声字。“蠹”以“橐”为声符，“橐”的声符则是“石”，古今音变，声符的标音作用已不明显。今天两字的读音不同，意义也相去很远，只是形似。

橐，《说文》：“囊也。”“橐”和“囊”本义同是口袋，但在古代有区别：“囊”是有底的口袋，“橐”是无底的口袋，两头都是口，用时用绳扎紧。《战国策·秦策一》：“负书担橐。”意思是挑着书箱和口袋。古代又指风箱。《墨子·备穴》：“具炉橐。”意思是备办炉子、风箱。此外，骆驼古代也称“橐驼”。《史记·苏秦列传》：“燕、代橐驼良马必实外厩。”意思是燕、代（今河北山西北部）的骆驼和良马一定会系满您的马棚。

蠹，《说文》说是“木中虫”。意符是下部的两个虫，念 kūn，是昆虫的“昆”的本字，像虫在木中的形状。指的是蛀器物的虫子。如：木蠹，书蠹。又用作动词，意义是蛀蚀、侵害。流水不腐，户枢不蠹：流动的水不腐臭，转动的门轴不被虫蛀蚀。比喻经常运动的东西不易受侵蚀。

简体	甲骨文	金文	篆书	隶书	草书	行书
橐						
囊						

tuò zhè
拓 柘

“拓”和“柘”都是形声字，声符都是“石”，由于古今音变，声符的作用已不明显。两字意符从手从木各不相同，意义完全两样。

拓，《说文》：“拾也。从手石声。”音 zhí，同“摭”，拾取。又音 tuò，指举、托起。《列子·说符》：“孔子之劲，能拓国门之关。”意思是孔子力大，能举起国都城门的大门杠。还引申为开拓、开辟（土地、道路）。如：开荒叫“拓荒”，扩展边疆叫“拓边”。左思《吴都赋》的“拓土画疆”就是开拓土地、划分疆界的意思。又读 tà，指把石碑或器物上的字、图像拓印在纸上。《隋书·经籍志一》：“其相承传拓之本，犹在秘府。”意思是那些相承流传下来的拓本，还在皇宫中藏书的地方。

柘，一种木名，桑属。《说文》：“桑也。从木石声。”是一种桑科树木，叶子可以喂蚕，木质密致坚韧，是贵重的木材。木汁能染赤黄色。古通“蔗”。“柘浆”就是甘蔗汁。屈原《招魂》：“胹鳖炮羔，有柘浆些。”意思是清炖甲鱼火烤羊羔，调味时加些蔗汁甜浆啊（胹：煮。炮：连毛用火烤熟。羔：小羊）！

简体	篆书	隶书	草书	行书
拓				
柘				

tuò 唾　shuì 睡

“唾”是形声字，“睡”却是会意字。“垂”在“唾”中是声符，在“睡”中却与“目”一样，都是意符，又加上两字从口从目的不同，意义各异。

唾，《说文》：“口液也。从口垂声。”指唾沫。引申为吐唾沫，表示鄙弃。《左传·僖公三十三年》：“不顾而唾。”意思是头也不回往地上吐了一口唾沫。唾手可得：比喻非常容易到手（唾手：往手上吐口沫）。唾面自干：人家把唾沫吐在他脸上，也不擦，让它自行干掉。形容逆来顺受，受了侮辱不加反抗。

睡，古时指坐着打瞌睡。《说文》：“坐寐也。从目、垂。”意思是眼睑下垂，坐而假寐。是个会意兼形声字。贾谊《治安策》：“将吏被介胄而睡。”意思是官兵披着铠甲坐着打瞌睡。后来引申为睡眠。李频《寄辛明府》诗：“晓鼓愁方乱，春山睡正酣。”古代“睡觉”又指睡醒。程颢《秋日偶成》诗：“闲来无事不从容，睡觉东窗日已红。”

简体	篆书	隶书	草书	行书
唾	唾	唾	唾	唾
睡	睡	睡	睡	睡

W

wán guān

完 莞

“完”和“莞”同是形声字，造字方法相同，字形也相似，但音义不同。

完，从宀元声。今天的读音与声符同韵母。《说文》：“全也。”本义是完好、完整。体无完肤：全身没有一块完好的皮肤。形容遍体鳞伤或物体破坏得很厉害，也用以比喻某个论点被彻底驳倒。金无足赤，人无完人：黄金没有十足的赤金，人也没有全无缺点的。引申为坚固。《孟子·离娄上》：“城郭不完，兵甲不多，非国之灾也。”意思是城墙不坚固，军备不充足，不是国家的灾难。又引申为修缮。《孟子·万章上》：“父母使舜完廪。”意思是舜的父母亲打发舜去修缮谷仓。又有完成、终止的意思，是后起的义。如：完工，完结。古代一般不表示“完了”的意义。

莞，从艹完声。今读音与“完”同韵母。是一种植物名，即水葱，又称席子草，亦指莞草编的席。《诗·小雅·斯干》：“下莞上簟。”意思是下铺草垫上铺席（古人席地而坐，下面铺莞草席，上面铺簟子）。又读 guǎn。如：东莞，县市名，在广东省。又读 wǎn，用于“莞尔”，形容微笑。《论语·阳货》：“夫子莞尔而笑，曰：‘割鸡焉用牛刀？’”意思是孔子微微笑着，说道：“杀鸡，何必用宰牛的刀？”

简体	篆书	隶书	草书	行书
完	完	完	完	完
莞	莞	莞	莞	莞

wáng yù
王 玉

“王”和“玉”只有一点之差，其实它们的来源各不相同，读音与意义也全不一样。

王，甲骨文、金文中，本是斧一类兵器的形状，因而用为权力的象征，这是帝王的“王”字的由来。但早在篆书中就已经变成三横一竖的“王”，还附会说：“三画而连其中，谓之王。三者，天、地、人也。而参通之者，王也。”意思是说，三横表示天、地、人，一竖表示贯通天、地、人的君主，代表上帝统治人民。这是对帝王的神化。也指一国的君主，即先秦时代天子、诸侯的称号。如：国王，君王。秦汉以后，帝王改称皇帝。《左传·僖公二十五年》：“今之王，古之帝也。”又指封爵的最高一级。如：亲王，郡王。

玉，古字像一条绳子上穿了三块玉的形状。古人的玉常是成串相连，所以用“三”表示三块玉，“丨”表示贯串的绳子。楷书右边加“丶”组成“玉”字。作左偏旁写作“王”。本义是指温润而有光泽的美石。玉石俱焚：美玉和石头一齐烧毁了。比喻不论好坏，同归于尽。宁为玉碎，不为瓦全：宁做玉器被打碎，不做陶器得保全。比喻愿意为正义而牺牲，绝不丧失气节苟全性命。玉洁冰清：像玉那样洁净，像冰那样清明。形容人的品行高洁。古诗文中常用“玉人”称美丽的女子。元稹《莺莺传》：“待月西厢下，迎风户半开，拂墙花影动，疑是玉人来。”意思是在西厢坐待明月，迎清风门儿半开，花影儿墙头拂动，疑心是美人儿到来。

简体	甲骨文	金文	篆书	隶书	草书	行书
王						
玉						

wǎng zhù
枉 柱

“枉”和“柱”的意符都是“木”，声符的形体只有微小的差别，然而读音和字义却不一样。

枉，《说文》：“衺曲也。”古人生活中接触得最多的是木材，因而取象于木材的弯曲，所以从木。本义是弯曲或歪斜。矫枉过正：把弯曲的东西扭直，结果又弯向另一方去。比喻纠正错误而超过了应有的限度。枉尺直寻：比喻以细小的让步而获得较大的好处（枉：屈。直：伸。寻：古代长度单位，八尺为寻）。引申为行为不合正道或违法曲断。贪赃枉法：执法的人接受贿赂而歪曲或破坏法律。还虚化为副词白白地、徒然。枉费心机：白费心思。

柱，声符是“主”，读音也与声符基本相同。《说文》：“楹也。”指建筑物中直立的起支撑作用的构件，即柱子、支柱。因为它是建筑物的主要支撑者，所以常以“柱石”（支梁的柱子和承受柱子的基石）比喻担负国家重任的人。引申为像柱子的东西。如：水柱，花柱。又，古瑟上用以张弦并可扭动调节弦的音高的短木桩也称“柱”。弦音须常调节，如果把柱子胶牢了，便无法调整音高。古人便以“胶柱鼓瑟”来比喻人们的拘板不知变通。

简体	篆书	隶书	草书	行书
枉	枉	枉	枉	枉
柱	柱	柱	柱	柱

wǎng gāng
网 冈

“网”和“冈”两字，今天看来，只是里面一个“乂”和两个“乂”的区别，其实两字的形体、结构、方式本不相同。现在形体相近，乃简化的结果。

网，甲骨文的形体是“网”的象形，取象于渔网。《说文》：“庖牺所结绳以渔。从冂，下象网交文。”本义是用绳线等结成的捕鱼鳖鸟兽的工具。一网打尽：比喻全部抓住或消灭，一个也不漏掉。网开三面：把捕禽兽的网打开三面。比喻执法宽大。又引申指像网一样的组织或系统。如：宣传网，灌溉网。

冈，本是“从山网声”的形声字，简化为“冈”。《说文》说是“山骨也”。《释名·释山》：“山脊曰冈。”《诗·周南·卷耳》：“陟彼高岗，我马玄黄。”意思是登上高高山脊梁，我马病得眼玄黄（玄黄：马病的样子）。这个义一直沿用到今天。如：山冈，冈峦（连绵的山冈）。

简体	繁体	甲骨文	金文	篆书	隶书	草书	行书
网	網	网	网	网	網	网	網
冈	岡		岡	岡	岡	岡	岡

wàng　wàng

妄　忘

“妄”和“忘”的声符都是“亡”，读音与声符的声调略有出入。两字的意符不同，所表示的意义各异。

妄，意符是“女”。《说文》：“乱也。”贾谊《新书·道术》：“反度为妄。”意思是凡是不合法度的都称“妄”。轻举妄动：不经慎重考虑，轻率地采取行动。又指荒诞不合理、虚妄、狂妄。痴心妄想：失去理智的荒唐的想法。指一心想着不可能实现的事情。妄自尊大：狂妄地自高自大。形容自以为了不起，藐视别人。

忘，意符是“心”。《说文》：“不识（zhì，记住）也。”即指不记得（忘记）。《诗·小雅·隰桑》：“中心藏之，何日忘之？”意为思念之情藏心底，哪有一天能忘记。忘恩负义：忘记别人对自己的恩德和好处，做出对不起别人的事。忘乎所以：由于过度兴奋或骄傲自满而忘记了一切。也说“忘其所以”。

简体	甲骨文	金文	篆书	隶书	草书	行书
安						
忘						

wéi wéi wéi
惟 唯 维

“惟”“唯”和“维”的声符都是“隹（zhuī）”。三字由于意符的不同，表示不同的概念。

惟，意符是“心”。《说文》：“凡思也。”凡思即泛指一切思考。因而本义是思、考虑。贾谊《治安策》：“臣窃惟事势。”意思是臣子私下考虑事物发展的趋势。今有复音词“思惟”，通常写作“思维”，是人类特有的一种精神活动，指在表象、概念的基础上进行分析、综合、判断、推理等认识活动的过程。

唯，意符是“口”。《说文》说是“诺也”。指应答声，读 wěi。《论语・里仁》：“曾子曰：‘唯！’”意为曾子说：“是的。”唯唯诺诺：形容只是顺从附和，不敢表示不同意见的样子（唯唯：谦卑的应答。诺诺：连声应答，表示顺从）。今用作副词，读 wéi，表仅、只意。

维，意符是“糸”。《说文》：“车盖维也。”车盖是古代车上荫蔽用的伞状物。本义是系车盖的绳子。也泛指系物的绳子。《淮南子・天文》：“共工……怒而触不周之山，天柱折，地维绝。”意思是共工……发起怒来用头撞击不周山，结果，顶天的柱子断了，系缀着地的绳子也断了。也用来比喻一切事物赖以固定或起重要作用的东西。旧称礼、义、廉、耻为治国之四纲，称为“四维”。《管子・牧民》：“何谓四维？一曰礼，二曰义，三曰廉，四曰耻。”意思是什么叫“四维”？一是礼，二是义，三是廉，四是耻。引申为系、联结。《诗・小雅・节南山》：“秉国之钧，四方是维。”意思是掌握国家大权，四方仗他维系。

上述三字在用为表示某种语法功能而没有实义或其义很虚的词时，“惟”“唯”和“维”三个字可以通用。因为这种词无法造字，不管用哪一个字，同样是出于假借。如用作副词，表示只、只是的意义，“惟”和“唯”通用。唯利是图：只图财利，别的什么都不顾。也可作“惟利是图”。

简体	繁体	甲骨文	金文	篆书	隶书	草书	行书
惟				惟	惟	惟	惟
唯		唯	唯	唯	唯	唯	唯
维	維		維	維	維	維	维

桅(wéi) 栀(zhī)

“桅”和“栀”的意符都是“木”，表示与树木、木料有关。但由于声符不同，因此，两字读音各异，词义不同。

桅，声符是“危”，今读音与声符相同。本义是桅杆。《释名·释船》：“船前立柱曰桅。”即竖立于船身的圆木。《玉篇》：“桅，船上檣竿。”今机动船上的金属长杆仍旧称“桅”。在帆船上主要用于扬帆，在机动船只上主要用于悬旗和装设航行灯。

栀，声符是“卮（zhī）”，今读音与声符相同，指的是栀子。常绿灌木，叶对生，花白色，有强烈的香气，供观赏。果实可做黄色染料，也可入药。《说文》新附：“木，实可染。”这种植物的果实也叫“栀子”。

简体	繁体	篆书	隶书	草书	行书
桅		桅	桅	桅	桅
栀	梔	梔	梔	梔	梔

wèi　　mò
未　末

“未”与“末”在古文字中本是容易区别的，变成楷书后，极为近似。“未”字是上横短下横长，“末”字是上横长下横短。不细察字形，就会用错。

未，在古文字中是作为十二地支第八位的字出现的。字形结构据《说文》说是“象木重枝叶也”。借用为副词没有、不曾。未雨绸缪：趁着天没下雨先修缮房屋门窗。比喻事先防备。未卜先知：没有占卜就预先知道了。形容有预见。又指不能、不可。未可厚非：不可过分指责，苛求。表示虽有缺点，但是可以原谅。是地支第八位，古代用以表十二时辰之一，“未时”相当于十三时至十五时。

末，《说文》说是“木上曰末。从木，一在其上”。用“一”指示树木的末梢，是指事字。本义是树梢。《左传·昭公十一年》：“末大必折。”意思是树梢太大了就会折断。引申为尖端、东西的末梢。秋毫之末：鸟兽在秋天新长细毛的尖端，比喻十分微细的东西。引申为不是根本的或不重要的事物（跟“本”相对）。本末倒置：比喻把主要的和次要的，根本的和非根本的关系弄颠倒了。还引申指终了、末尾。如：春末，末班车。

简体	甲骨文	金文	篆书	隶书	草书	行书
未						
末						

wèi　　mèi
味　昧

“味”和“昧”都以“未”为声符，“味”与“未”同音，“昧”与“未”则只同韵母。但两字意符有异，因而意义完全不同。

味，意符是“口”。《说文》：“滋味也。”本义是滋味、味道。如：甜味，酸味。引申指食物的一个品种。《韩非子·外储说左下》：“食不二味，坐不重（chóng）席。”意思是吃饭不要两个菜，入座不敷设两重以上的座席。又为量词。中药物一种叫“一味”。又引申为较抽象的意味、趣味义。津津有味：形容有滋味，有趣味（津津：兴趣很浓厚的样子）。

昧，意符是“日”。《说文》：“爽，旦明也。一曰闇也。”“昧爽”指天未全明时、黎明。闇是不明之意。所以本义当是昏暗。屈原《离骚》：“路幽昧以险隘。”意思是道路昏暗危险狭隘（这里指国家的前途黑暗危险）。引申为愚昧、无知。如：昧于事理。又引申为隐藏或隐瞒。如：拾金不昧。

简体	金文	篆书	隶书	草书	行书
味		味	味	味	味
昧	昧	昧	昧	昧	昧

wèi zhòu
胃 胄

“胃”和“胄”的楷书字形极其相似，然而两字的造字方法不同：“胃”是附加有意符的象形字；“胄”，据《说文》记载，篆书有两个“胄”，都是形声字。

胃，《说文》：“谷府也。”上面的“田”，原来各个小方格中各有一“·”，像装有食物的胃的形状。下面的“月”，表示胃与肉有关，是人体的一个器官。谷府的“府”后来写作“腑”，即“脏腑”。本义是人和脊椎动物消化管的扩大部分，形状像口袋，是贮藏和消化食物的器官。如：胃炎，指胃黏膜的炎性疾病。食欲不振称为“胃口不好”。又，“胃口”也用来比喻兴趣。如：打球他不感兴趣，游泳才对他的胃口。

胄，有指后代人的“胄裔”和指盔甲的“甲胄”两个含义。过去的字形结构方式不同。甲胄的“胄”古字从目（金文画了一只眼睛），目之上是古代武士所戴的头盔形状。后来头盔变成“由”，“目”也变成了“冃”，成了从冃（mào）由声的形声字。《说文》：“兜鍪也。”汉代称“胄”曰“兜鍪”，汉以后称为盔。本义是头盔、甲胄。《左传·僖公三十三年》：“左右免胄而下。”意思是车左车右都脱去头盔下车致敬。胄裔的“胄”，从肉由声。本义是后代，特指帝王或贵族的后代。《三国志·蜀书·诸葛亮传》：“将军既帝室之胄，信义著于四海。”意为将军您（指刘备）既然是皇室的后代，诚信和德义又是天下有名的。

简体	金文	篆书	隶书	草书	行书
胃	胃	胃	胃	胃	胃
胄	胄	胄			

wēn shī
温 湿

“温”和“湿”都是形声字，同是以“水”为意符，但声符不一样，读音不同，意义也各异。

温，从水，右边是声符，也念 wēn。“温”据《说文》说是水名，为四川省乌江的一条支流。《广雅·释诂三》：“温，暖也。”本义当是暖、不冷不热。《礼记·月令》：“（季夏之月）温风始至，蟋蟀居壁。”如：温带，温水。又引申为温和。《论语·学而》：“夫子温良恭俭让以得之。”意思是他老人家温和、善良、严肃、节俭、谦逊，用这样的态度来取得。又释为温习、复习。温故知新：温习旧的知识，得到新的理解和体会。也指回忆过去，认识现在。

湿，从水，右旁是声符。也是水名。本音 tà，亦作“漯”。《说文》：“水。出东郡东武阳，入海。”是古黄河下游的一条支流，在山东省境。黄河历史上多次改道，古湿水遗址已不可知。很早就用作潮湿的“湿”字（与“干”“燥”相对）。《孟子·公孙丑上》：“是犹恶湿而居下也。”意思是这正好比一方面厌恶潮湿，另一方面又自处于低洼之地一样。

简体	繁体	甲骨文	篆书	隶书	草书	行书
温	溫		溫	溫	溫	溫
湿	濕	濕	濕	濕	濕	濕

wén zhàng
文 丈

“文”是象形字，“丈”是会意字。笔画多少不同，读音相异，所表示的意义也不一样。

文，甲骨文的字形像纹理错横交错形。《说文》：“错画也，象交文。”许慎认为“文”是交错的纹，故云“错画也”。其实“文”本花纹之“纹”。王充《论衡·言毒》：“蝮（fù）蛇多文。”意思是蝮蛇（一种毒蛇）的身上布满花纹。又指刺花纹。《庄子·逍遥游》：“越人断发文身。”意思是越国一带的人剪光头发，在身上刺花纹。用作动词作掩饰、修饰义。文过饰非：掩饰自己的过失、错误。汉字的笔画有横有竖，也像交错的纹路，故引申为文字。如：甲骨文，钟鼎文。书本典籍都是由文字写成的，所以也叫作“文”。《论语·学而》：“行有余力，则以学文。”意思是躬行实践，有剩余的精力，就去学习文献。旧时的铜钱一面铸文字，故又称钱一枚为“一文”。如：形容价值极低的东西为“一文不值”。

丈，《说文》：“十尺也。从又持十。”本义是指长度单位。十尺为一丈。引申为量地。如：清丈，丈量。又作为对老年男子的尊称。如：老丈，岳丈，姑丈。

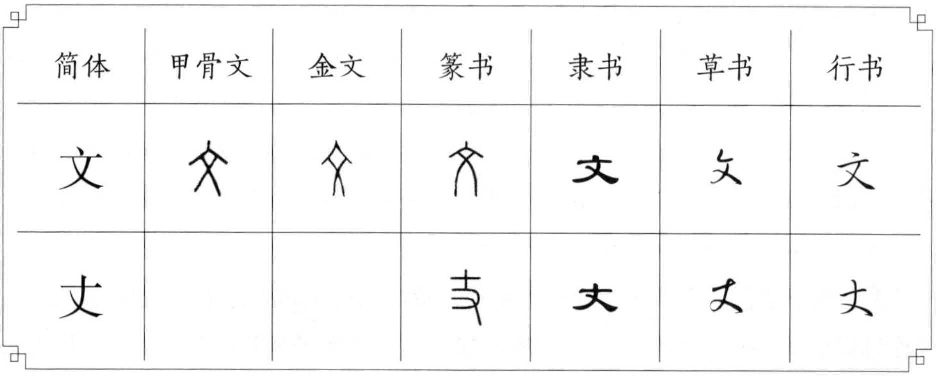

wén jiǎo
纹 绞

“纹”和“绞”的意符都是“糸”，但造字方法不同，读音各异，表示的意义也互不相干。

纹，声符是“文”，读音与声符同。《玉篇》：“纹，绫纹也。”《广韵》也说：“纹，绫也。”本义是丝织品上的花纹。杜甫《小至》诗：“刺绣五纹添弱线。”意思是刺绣五彩花纹（因白天渐长）又添一线之功。又泛指一般的纹路或花纹。如：指纹，皱纹，螺纹纸。其实“纹”本是由“文”义引中而来，参见“文”条。

绞，《说文》：“缢也。从交从糸。”本义是绞死。旧制死刑有斩、绞两种。《左传·哀公二年》：“若其有罪，绞缢以戮。”意为如果（战败）获罪，就用绞刑把我诛戮。又指两股相交扭结成绳索。如：绞铁索，绞麻绳。引申为拧、挤压。如：把毛巾绞干，绞尽脑汁。

简体	繁体	篆书	隶书	草书	行书
纹	紋	紋	紋	紋	纹
绞	絞	絞	絞	絞	绞

wén jiān
闻 间

“闻”是形声字，“间”是会意字，造字方法不同，意义也不一样。

闻，《说文》：“知闻也。从耳门声。”本义是听见。闻过则喜：听到人指出自己的过错就高兴。形容虚心接受意见。闻鸡起舞：听到鸡叫就起来舞剑练武。形容有志之士及时奋起。引申指见闻、知识。《史记·屈原贾生列传》：“博闻强志。”意思是见闻广博，记忆力强。引申为听见的事情、消息。如：新闻，奇闻。又指名声。如：称有名望的人为“闻人”。还指用鼻子嗅。如：闻到一股气味。

间，古代都写作“閒”，从门从月，意思是从门中看见了月光，足见门有间隙。所以《说文》说是“隙也”。本义为夹缝、间隙、空隙。《史记·管晏列传》：“晏子为齐相，出，其御之妻从门间而窥其夫。”意思是晏子做齐国的宰相，有一次外出，他的车夫的妻子从门缝里看她丈夫的神态。《庄子·养生主》：“彼节者有间。”意思是牛的骨节有间隙。又引申为中间、期间。曹操《度关山》：“天地间，人为贵。”意思是天地之间，人是最贵重的。又引申为房屋的量词。如：三间房，两间屋。又读 jiàn，表示介入其间、参与。《左传·庄公十年》：“肉食者谋之，又何间焉？”意思是官老爷考虑那件事，你何必参与呢？又指关系上的裂缝、意见不合。《左传·哀公二十七年》：“君臣多间。”意思是君臣之间嫌隙很多。引申为动词挑拨离间、制造不和。《史记·屈原贾生列传》：“谗人间之。”意思是说坏话的小人离间了他和君主的关系。又虚化为副词秘密地、偷偷地。《史记·陈涉世家》：“又间令吴广之次所旁丛祠中。”“间令”就是秘密地命令的意思。“间”由空间引申为时间的空闲、闲暇，音也念 xián。于是将间隙的“间”改从日，而将从月的字专表闲暇以示区别。现在则都作“闲”了。各种意义读音不同。作闲暇、安静义时读 xián，作为中间和量词时读 jiān，其余都读 jiàn。

简体	繁体	甲骨文	篆书	隶书	草书	行书
闻	聞	聞	聞	聞	聞	聞
间	間		間	間	間	間

wěn yǐn
稳 隐

“稳”和“隐”同是形声字，声符相同，而意符不同，因而意义不一样。

稳，最初本来只写作“隐”，所以《广雅·释诂》说：“隐，安也。”后来改从禾。《玉篇》有“稳”，说明来源也很早，当和农事有关。后来“安稳”就专用“稳”而不用“隐”了。本义是平稳、稳定。如：他立场很稳，把凳子放稳。又指稳重、稳当。如：稳步前进。稳扎稳打：原指步步为营，采取最稳当的方法来打击敌人，现常用以比喻有把握有步骤地进行工作。引申为有把握。如：十拿九稳。

隐，从阜，《说文》：“蔽也。”本义是指隐蔽不露。《荀子·王制》：“故近者不隐其能，远者不疾其劳。”意思是所以亲近的人不抹杀他的才能，疏远的人不妒忌他的功劳。引申为潜伏的、藏在深处的。如：隐情，隐患。旧称隐居不做官的人为“隐士”，谓依稀、不清楚、不明显为“隐约”。范成大《三湘怨》：“风云忽飘荡，隐约闻箫鼓。”意思是风云飘忽荡漾，隐隐约约听到箫鼓的声音。

简体	繁体	篆书	隶书	草书	行书
稳	穩	穩	穩	穩	穩
隐	隱	隱	隱	隱	隱

wěn 吻　wěn 刎

“吻”今常用以表示亲热，“刎”则用来称自杀。两字的声符都从勿，但今天的读音只与声符同声母。两字意符各异，因此所表示的意义判若两样。

吻，《说文》：“口边也。”指的是嘴唇的两边，所以意符从口。也指用嘴唇接触人或物，表示亲爱。又谓相合、符合为“吻合”。

刎，指割颈，所以意符用“刀”。《史记·项羽本纪》：“乃自刎而死。”意思是于是自己割颈死去了。又泛指割断。《韩非子·外储说右下》：“抽刀而刎其脚。”意思是抽出刀来把他的脚砍断了。古代往往称同生死共患难的朋友为“刎颈之交”。

简体	篆书	隶书	草书	行书
吻	吻	吻	吻	吻
刎	刎	刎	刎	刎

wō nìng
倭 佞

“倭”和“佞”两字都是形声字，左偏旁都是“人（亻）”，其实意符不同，“倭”的意符是“亻”，“佞”的意符是“女”。倭从委声，佞从仁声。音义都相异。

倭，日本的古称。14 世纪至 16 世纪屡次骚扰、劫掠朝鲜和我国沿海地区的日本海盗集团，史称“倭寇”。在联绵词“倭迟”中读 wēi，形容迂回、遥远的样子。《诗·小雅·四牡》：“周道倭迟。”意思是大路遥远又迂回（周道：大路）。

佞，据《说文》说是“巧谄高材也”。就是指善于用花言巧语谄媚人。王充《论衡·答佞》：“何必为佞以取富贵。”意思是何必巧言谄媚去谋取荣华富贵。引申为有口才、能说会道。《论语·公冶长》：“雍也仁而不佞。”意思是冉雍这个人有仁德却没有口才。古人谦称自己没有才智为“不佞”。

简体	篆书	隶书	草书	行书
倭	倭	倭	倭	倭
佞	佞	佞	佞	佞

wū niǎo
乌 鸟

“乌”和“鸟”都是象形字，字形极为相似，只有一“丶”（眼睛）之差。不仔细辨认，很容易混淆错用。

乌，指乌鸦，乌鸦全身是黑的，分辨不清眼珠，因而不点眼睛，即用鸟字省去表眼睛的一点来会意。本义是鸟名，即乌鸦。《说文》：“孝鸟也。”《小尔雅·广鸟》：“纯黑而反哺者谓之乌。”《诗·邶风·北风》：“莫里匪乌。”（莫：无。匪：非。莫匪：即无非，应连用，即天下乌鸦一般黑之意。）张继《枫桥夜泊》：“月落乌啼霜满天。”意思是月亮落下去了，乌鸦啼叫着，霜啊，就像把天都给罩满。乌合之众：指像暂时聚合的群鸦一样没有组织的人群。比喻临时杂凑、无组织无纪律的一群人。又引申为黑色。如：乌云，乌贼。又称环境嘈杂秩序混乱或社会黑暗为“乌烟瘴气”。古书中，有时还借用来表疑问哪、怎么。柳宗元《永州龙兴寺息壤记》：“土乌能神？”意思是土怎么能显神呢？

鸟，甲骨文像鸟的形状，是飞禽的统称。《说文》：“长尾禽总名也。”段玉裁注：“短尾曰隹，长尾名鸟，析言则然，混言则不别也。”如：鸟道（形容险峻狭窄的山路只有飞鸟可度）。李白《蜀道难》：“西当太白有鸟道，可以横绝峨眉巅。”又如：鸟瞰（从高处俯视地面景物，也借以称对事物概括描写）。鸟尽弓藏：鸟没有了，弓也就藏起来。比喻功成而功臣被害。

简体	繁体	甲骨文	金文	篆书	隶书	草书	行书
乌	烏						
鸟	鳥						

X

昔 厝

xī cuò

“昔”是象形字，“厝”是以“昔”为声符衍生的形声字，但是“厝”的读音已经与“昔”不同，而意义相去远甚。

昔，下部为“日”，上面本来是几条曲线，象征晒干的条状肉。本义是干肉。由于“昔”字很早就用来表示过去的时间义，因此表示干肉义时就都用籀文“腊”。作从前、过去义时，跟“今”相对。《诗·小雅·采薇》：“昔我往矣，杨柳依依。”意思是回想当初出征时，杨柳柔弱随风飘拂。又如：昔日（往日），昔年（往年），今昔对比，今胜于昔。

厝，从厂（hǎn）昔声。《说文》说是“厉石也”。朱骏声认为厉石是金刚钻之类。假借为“措”，义为放置、安排。厝火积薪：把火放在柴堆下面。比喻潜伏着很大的危险。又指安葬。潘岳《寡妇赋》：“痛存亡之殊制兮，将迁神而安厝。”“安厝”就是迁灵柩安葬的意思。后来又指停柩待葬或浅埋以待改葬。归有光《与沈养吾书》：“山妻在殡，便欲权厝。”意思是妻子的灵柩停放着，我想暂时浅埋以待改葬。

简体	甲骨文	金文	篆书	隶书	草书	行书
昔						
厝						

xī　　tuò
析　柝

“析”是会意字，“柝”是形声字。两字虽然左边偏旁相同，本义都与木有关，右偏旁也只一“、”之差，但是由于造字方法不同，意义相距很大。

析，从木从斤。斤是斧头，意为用斧头劈木头。所以《说文》说“破木也”。《诗·齐风·南山》：“析薪如之何？匪斧不克。”意思是怎么样劈开木柴呢？非用利斧劈不开。引申为分开、离散。《论语·季氏》：“邦分崩离析，而不能守也。”意思是国家分裂瓦解，却不能保全。分崩离析：形容国家或集团分裂瓦解、不可收拾。又引申为分析、辨析。陶潜《移居》：“奇文共欣赏，疑义相与析。”意思是奇妙的文章共同欣赏，疑难之处一块儿辨析。

柝，从木斥声。声符的标音作用已不明显。《说文》：“判也。”本指木材开裂，但常用以指“木柝”。朱骏声说“木柝”也是“判木为之”。中间挖空，敲打可以发声，就是旧时巡夜打更用的木梆子。《乐府诗集·木兰诗》：“朔气传金柝，寒光照铁衣。”意为北方的寒气里传送来军中打更声，冰冷的月光照射着战士们的盔甲。

简体	甲骨文	金文	篆书	隶书	草书	行书
析	析	析	析	析	析	析
柝			柝	柝	柝	柝

xī　　yǒu
西　酉

“西”和“酉”都是象形字，但原来的形体大不相同，因而意义也全不一样，在字源上更没有关联。楷化后变得很相似，只有一画之差。

西，本像鸟栖止在巢上的形状，所以《说文》说是“鸟在巢上。象形”。鸟栖止时，日在西方，因此借用为东西方的“西”，成了方位词的专用字。本义是西方，即太阳落下去的一边。如：

夕阳西下。“西方”除指方向外，近代还借用来指欧美各国，有时特指欧洲资本主义各国和美国。佛教徒所指的西方是所谓西方净土。还用来称属于西洋的东西。如：西装，西餐，西医（欧美各国传入中国的医学）。

酉，古“酒”字，像酿器的形状。《说文》酉部六十七字，都取酒义，或与酒有关。有少数几个字与酒的关系比较远，只有一个“醜”字完全无关系。“醜”字的部首原在鬼部，“醜”混杂到了酉部，是声符，与酒完全无关。但“酉”后来为“酒”字所代替，“酉”只用来称地支的第十位，古代也用十二地支计时，酉时指十七时到十九时这段时间。

简体	甲骨文	金文	篆书	隶书	草书	行书
西	西	西	西	西	西	西
酉	酉	酉	酉	酉	酉	酉

xī yáng
锡 钖

“锡”和“钖”的意符都是“金”，声符的构件原来只有极其微小的差别，简化字将“锡”字的声旁简化为“𠃓”，“钖”字则未简化。

锡，《说文》：“银铅之间也。从金易声。”是指一种金属元素，富有延展性，在空气中不易起变化，多用来镀铁、焊接金属或制造合金。《荀子·强国》：“金锡美，工冶巧。”意思是铜和锡等材料精美，煅冶的工艺也很精巧。这里说的正是用铜锡的合金青铜来铸剑。在铁器之前，青铜是刀剑的最好材料。古代又与“赐”通。屈原《离骚》：“皇览揆余于初度兮，肇锡余以嘉名。”意思是爹爹看了我初生的模样，就赐给了我个好名字。

钖，右旁声符也念 yáng 。是古代马额上的金属装饰物，马走动时发出声响。《诗·大雅·韩奕》：“钩膺镂钖。”（钩膺：套在马胸前颈上的带饰。镂：刻。钖：马额上的金属装饰物。）也指盾脊上的装饰。《礼记·郊特牲》：“朱干设钖。”郑玄注：“干，盾也。钖，傅其背如龟也。”今天虽不常见，但古书上每每可以碰上，不要误认为“锡”。

简体	繁体	篆书	隶书	草书	行书
锡	錫	錫	錫	錫	錫
钖	鍚		鍚		

xǐ 洗 xiǎn 冼

"洗"和"冼"声符都是"先"，但意符有一小点的差别，音义就完全不同。

洗，本音 xiǎn。《说文》说是"洒足也"。专指洗脚。《汉书·郦食其传》："沛公方踞床，令两女子洗。"就是用洗的本义。甲骨文、金文为足形，像水形即置足于水中冲洗。一般洗涤则用"洒（xǐ）"，后来洒字用作洒扫的"洒"，而以"洗"代"洒"，从而"洗"也就顶替了"洒（xǐ）"的音。于是作为洒足义的"洗"，便与一般洗涤义的"洗"（本作"洒"）合而为一，而不知"洗"本音 xiǎn 了。"洗"（"洒"）由一般洗涤的义引申为像用水洗净一样杀光或抢光。如：洗城，洗劫。基督教接受入教时所举行的一种宗教仪式叫"洗礼"（把水滴在受洗人的额上，或将受洗人身体浸在水里，表示洗净过去的罪恶）。也比喻重大的锻炼和考验。如：受过战斗的洗礼。

冼，本音 shěng，义是"寒貌"。与姓氏本无关系。作为姓氏的"冼"本作"洗"。最早见于《隋书·列女传》："隋有谯国夫人洗氏，高凉洗氏之女也，世为南越首领。"是我国南方少数民族的姓，写作"洗"是译音。所以用"洗"，正是"洗"本念 xiǎn 的缘故。后来"洗"与"洒"合流而念 xǐ 了，于是就将"洗"字去掉一点作"冼"以示区别，与"寒貌"的"冼（shěng）"没有关系。

简体	甲骨文	篆书	隶书	草书	行书
洗	洗	洗	洗	洗	洗
冼		冼	冼	冼	冼

xiá 峡　xiá 狭

“峡”和“狭”声符都是“夹”，但意符不同，一从山，一从犬，所以字义各异。

峡，意符是“山”。本义是指两山夹水的地方。《淮南子·原道》：“逍遥于广泽之中，而仿洋于山峡之旁。”意思是自由自在地游荡在大泽之中，山峡之旁。“山峡”就是指的两山间夹着的峡谷。又特指长江三峡。《世说新语·言语》：“桓公（温）入峡，绝壁天悬，腾波迅急。”这里“入峡”就是进入长江三峡的意思。

狭，意符从犬，本来是“狎”的异体字，义为亲昵。六畜之中，最与人亲昵的是犬，所以从犬。至于狭隘的“狭”的本字原来写作“陜”，从阜，阜是山陵一类高岸的形象，所以《说文》说：“隘也。”是形容词。大概由于这个“陜”字很容易同作为地名的“陕（shǎn）”字相混（“陜”字右旁不是“夾”，“夾”字中间是两个“人”，而“陝”字右旁中间是两个“入”），所以借用“狭”字来书写。后来“狭”便逐渐成狭隘的“狭”的专字。本义是窄、不宽阔（跟“广”相对）。如：狭小，狭长。狭路相逢：形容仇人相遇，难以兼容。又如：范围比较狭窄的定义称“狭义”，心胸、气量见识等不宽广、不宏大谓之心胸或气量“狭隘”。“陜”由“隘也”义引申以专指两山之间的窄狭地带。作为名词时，本来也作“陜”，也写作“峡”，从山与从阜会意。后来“峡”则专用以表示名词义，而“陜”又借用了“狭”，于是“峡”“狭”两字便各有专职，再不好混用了。

简体	繁体	篆书	隶书	草书	行书
峡	峽	峽	峽	峽	峽
狭	狹	陜	狹	狹	狹

xiá yā
狎 押

“狎”和“押”同声符“甲”，但意符一从犬一从手，音义全然不同。

狎，《说文》：“犬可习也。从犬甲声。”本义是亲近、亲密。《左传·襄公六年》：“宋华弱与乐辔少相狎，长相优，又相谤也。”意思是宋国的华弱和乐辔小时候彼此很亲昵，长大了又常相戏谑，又互相诽谤。也指戏弄、轻侮。柳宗元《黔之驴》：“稍近，益狎。”意思是（虎）渐渐靠近驴子，进一步戏弄它。《韩非子·十过》：“狎徐君。”意思是轻侮徐国国君。

押，在公文、契约上签字或画记号，以作凭证。《宋史·高宗纪》：“必先书押而后报行。”意为必须先画押然后报请执行。又指督率、拘管。如：押班（古代朝会时领班。唐制，凡朝会奏事，以监察御史二人押班），押解（押送犯人或俘虏），押送（拘送犯人或俘虏交给有关方面）。还用来指抵押典当。如：押租（旧时租地或租房子时交付的保证金），押金（做抵押用的钱）。

简体	篆书	隶书	草书	行书
狎	狎	狎	狎	狎
押	押	押	押	押

xiá xiá xiá
瑕 遐 暇

“瑕”“遐”和“暇”声符都是“叚（jiǎ）”，意符不同，字义各异。

瑕，意符是“玉”。《说文》：“玉小赤也。从玉叚声。”本义是红颜色的玉。常用以指玉上的斑点。《左传·宣公十五年》：“瑾瑜匿瑕。”意思是美玉隐匿有斑点。后来常用“瑕疵”来比喻人或事物的缺点。白璧微瑕：洁白的玉上面有细小疵点。比喻很好的人或事物有些小缺点。也比喻美中不足。

遐，从足叚声。《说文》新附：“远也。”本义是指远，所以用“足”作意符，显示其距离远的义。遐迩闻名：形容名声大，远近闻名。通常说的“遐想”，就是指悠远地思索或想象。

暇，指空闲、没有事的时候。《说文》：“闲也。从日叚声。”杜甫《北征》诗：“维时遭艰虞，朝野少暇日。”意为正值国家遭遇艰难令人忧虑的时候，举国上下都没有空闲的日子。应接不暇：人或事物太多，接待应付忙个没完。也指风景或（可看的）东西好且多，看不过来。自顾不暇：连自己都顾不过来，哪能再顾别人。

简体	篆书	隶书	草书	行书
瑕	瑕	瑕	瑕	瑕
遐	遐	遐	遐	遐
暇	暇	暇	暇	暇

xiān 鲜　xiǎn 藓

“鲜”是形声字，“藓”又是以“鲜”为声符的形声字。由于“鲜”的意符是“鱼”，“藓”的意符是“草”，所以两字虽形似，而意义全不一样。

鲜，从鱼，𩵦省声。据《说文》说是“鱼名，出貉国”。却向来假借为“鲜鱼”，即生鱼。《老子》第六十章：“治大国若烹小鲜。”意思是治理大国如同烹小鱼的道理一样。引申为新鲜。如：鲜肉，鲜啤酒，鲜花。又引申为鲜艳、鲜明。鲜车怒马：装饰华丽的车和肥壮雄健的马。言服饰华丽。又读 xiǎn，少。《左传·定公十三年》：“富而不骄者鲜。”意思是富有而不骄傲的人很少。

藓，从艹鲜声。是苔藓类低等植物的名称，所以用“艹”作意符。孟郊《秋怀》诗：“古骨无浊肉，古衣如藓苔。”

简体	繁体	甲骨文	金文	篆书	隶书	草书	行书
鲜	鮮	鮮	鮮	鮮	鮮	鮮	鮮
藓	蘚			蘚	蘚	蘚	蘚

xiān　　yāo　　ǎo

祆　祅　袄

“祆”与“祅”的区别在声旁“天”与“夭”的一横一撇之异，而“祅”和“袄”的区别则在意符“示”与“衣”的一点之差。

祆，波斯拜火教所信之神的名称。本只作“天”，后来加“示”旁表示与宗教活动有关。古波斯琐罗亚斯德创“祆教”，其教称宇宙内善恶二道，不断斗争，最后善胜恶。教徒以火为最纯洁，奉为善神的征象，故称为火教或拜火教，于南北朝传入中国。

祅，本义是神怪，所以从示。通常写作“妖”。古人说天反时为灾，地反物为祅。《荀子·天论》：“祅怪不能使之凶。”意思是（按规律办事则）妖怪也不能使他遭灾祸。

袄，本从奥声，简化字改作“夭”声。《玉篇》：“袍袄也。”古代长衣称袍，短衣称袄。通常指有衬里的上衣。如：皮袄，棉袄，夹袄。

简体	繁体	篆书	隶书	草书	行书
祆		祆	祆	祆	祆
祅		祅	祅		
袄	襖	襖	襖	襖	襖

xián 弦　xián 舷

“弦”和“舷”的声符都是“玄”，形体也相似，但字义不同。

弦，《说文》：“弓弦也。”本义是指弓弦，用于发箭。《仪礼·乡射礼》：“有司左执弣，右执弦而授弓。”意思是侍奉的人左手拿着弓梢，右手拿着弦，将弓递给射者。引申指乐器上用以发声的丝线、铜线或钢丝。《礼记·乐记》：“昔者舜作五弦之琴，以歌《南风》。”意思是从前舜制作了五弦琴，用来歌唱《南风》。又指“弦月”，即半边月。月半圆时状如弓弦，故称。农历初七、初八为“上弦”，二十二、二十三为“下弦”。还用为数学名词，算术中圆弧两端联结的直线就叫弦，又直角三角形的斜线也称弦。

舷，船的边沿。郭璞《江赋》：“忽忘夕而宵归，咏采菱以叩舷。”意为叩着船舷吟诗歌咏采菱，乐而忘记夕阳忽已西下，只好在夜色苍茫中归来。现代仍用来指船、飞机的两侧。如：右舷，左舷，舷窗，舷梯。

简体	篆书	隶书	草书	行书
弦		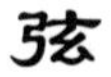		
舷				

xiāng 箱　xiāng 葙

“箱”和“葙”声符同是“相”，今读音如声符，但意符不同，字义不一样。

箱，《说文》：“大车牝服也。”本义是古代运载物品的牛车车箱。由于它是用竹、木之类做成的，所以从竹。《诗·小雅·大东》：“睆彼牵牛，不以服箱。”意思是那颗明亮牵牛星，也不能用来拖大车箱（睆：明亮的样子。牵牛：星座名）。用以承放东西的箱子的“箱”，古代本叫“笥”，是用竹篾编制的，后世也称作箱。制作原料也不限于竹篾，更多是用皮革、木头、铁皮等制成。如：皮箱，书箱。引申为像箱子的东西。如：镜箱，风箱。

葙，意符是“草”，草本植物，指青葙，花淡红色，供观赏，种子叫青葙子，中医入药。《宋书·王准之传》说王准之的曾祖父王彪之曾做过尚书令，所以很熟悉当时南朝的史实，记载下来，“缄之青箱”（封存在青色的箱子里）世代相传，称为“青箱学”。这里的“青箱”切不可误作“青葙”，否则意义就截然不同了。

简体	篆书	隶书	草书	行书
箱	箱	箱	箱	箱
葙	葙	葙	葙	葙

xiáng xiáng
详 祥

“详”和“祥”声符都是“羊”，但意符各异，所以字义也不一样。

详，意符是“言”，表示与语言有关。《说文》：“审议也。”本义是审察，也指审慎。《后汉书·明帝纪》：“详刑慎罚。”意思是使用刑罚要审慎。引申为清楚明白。如：生卒不详，内容不详。引申为详细、详尽（跟“略”相对）。如：详密（详细周密），详谈（详细面谈）。引申为广泛、周遍。《盐铁论·利议》：“详延有道之士。”意为广泛征聘有才能的人。

祥，意符是“示”。《说文》：“福也。”指幸福、吉利。《汉书·刘向传》：“和气致祥，乖气致异。”意为和谐的气氛带来吉祥，乖戾的气氛招致灾变。又指吉凶的预兆。《左传·僖公十六年》：“是何祥也？吉凶焉在？”意思是这是什么样的预兆？吉凶将出现在哪里？后来多以吉兆为“祥”，而以凶兆为“不祥”。

简体	繁体	甲骨文	篆书	隶书	草书	行书
详	詳		詳	詳	詳	詳
祥		祥	祥	祥	祥	祥

xiǎng 享 hēng 亨 pēng 烹

“享”“亨”和“烹”三个字读音不同，写法也有区别，今天谁都知道它们是三个不同的字，但从文字学的角度说，它们在古代原是一个字，三个不同形体原是从一个形体“享”演化成的。

享，它的下部原来并不作“子”，而是“曰”。《说文》：“献也。从高省，‘曰’象进孰物形。”说是一种向神献祭品的象征。楷书的“享”是另一篆文的形体讹变来的。本义是供献，即把祭品、珍品献给祖先、神明。《尚书·盘庚上》：“兹予大享于先王。”意思是现在向先王供奉丰盛的祭品。引申为鬼神享用祭品。《孟子·万章上》：“使之主祭而百神享之。”意思是让舜主持祭祀，所有的神明都来享用祭品。引申为享受。坐享其成：坐着不动，享受别人的劳动成果。

亨，由“享”变来的。“享”既然是向神献察，古人认为是人神相通的措施，因此引申为通，于是不再造字，就将“享”字减掉一笔作“亨”，专用以表通达义。“享”与“亨”古代读音并没有两样，后来音变而出现了差异。《易·坤》：“品物咸亨。”意思是各种物品都亨通顺成。

烹，原来也只写作“亨”，《诗经》里多作“亨”。后来为了区别，在下面加了四点，表示用火烹煮之义，于是构成“烹”字。《左传·昭公二十年》：“水火醯醢盐梅，以烹鱼肉。”意思是用水、火、醋、酱、盐、梅来烹调鱼肉。原来石经本作“亨”，下面四点是后人补刻上去的。今双音词“烹调”仍保留着烧煮义。又指古代一种酷刑，用鼎来煮杀人。《战国策·齐策一》：“臣请三言而已矣，益一言，臣请烹。”意思是我只说三个字，多一个字，把我处以烹刑。引申为杀、消灭。《史记·秦始皇本纪》：“烹灭强暴。”意为消灭凶暴的人。

简体	甲骨文	篆书	隶书	草书	行书
享	享	享	享	享	享
亨		亨	亨	亨	亨
烹		烹	烹	烹	烹

xiǎng　　shǎng

响　晌

“响”和“晌”原来两字的形体并无相似之处，汉字简化后却成了一对形似字。从汉字结构原则说，意符不同，意义也不一样。

响，繁体意符从音，声符是“鄉”。简化汉字将意符的“音”换成“口”，又将声符繁体“乡”换成“向”。《说文》说是“声也”。本义指回声。如响斯应：如同回声相应那样。比喻反应迅速。也泛指声音。肖纲《大法颂序》：“鸿钟传响。”意思是巨钟传来洪亮的声音。引申为声音响亮。响彻云霄：声音响得好像能够穿透云层直上高空。形容声音响亮高昂。响遏行云：声音把浮动的云彩阻止住了。形容歌声嘹亮，直入云霄。又用作动词，发出声响。吴均《与顾章书》：“蝉吟鹤唳，水响猿啼。”意思是蝉儿哼哼白鹤叫，水流哗哗猿猴鸣。

晌，意符是“日”，表示与太阳的运行有关，指正午或午时前后。如：晌午。又指一天以内的一段时间。如：工作了一晌，上半晌，下半晌。又泛指不多久的时间。王实甫《西厢记》：“低头了一晌，把庞儿变了眉儿皱。”意为一会儿低下了头，变了脸色皱着眉头。

简体	繁体	篆书	隶书	草书	行书
响	響	響	響	響	響
晌		晌	晌	晌	晌

xiàng　　wèn

向　问

“向”与“问”不仅造字方法不同，原来的形体差异也很大，繁体“問”依据草书楷化简化为“问”，与“向”字的形状近似了。

向，甲骨文像房子开了窗口的样子。《说文》：“北出牖也。”本义是指朝北的窗户。《诗·豳风·七月》：“塞向墐户。”意思是塞起朝北的窗户，把柴门涂上泥（墐：用泥涂抹。

古代农民多编柴竹为门，冬天需涂泥塞缝，以御寒气）。又指朝向、对着，特指脸或正面对着（跟“背”相对）。向壁虚构：对着墙壁凭空想象。比喻不根据事实而捏造。也说“向壁虚造”。又引申为将近、接近。向晓雨止：接近早晨的时候雨停止了。古书中“向”字还常假借作时间词，表示从前、往昔，有时用作连词，表示假设、倘若、如果的意思。柳宗元《捕蛇者说》：“向吾不为斯役，则久已病矣。”意思是假如我不干这个差事，则早就困苦不堪了。

问，询问的意思（与“答”相对）。《说文》：“讯也。从口门声。”问道于盲：向瞎子问路。比喻向毫无所知的人去请教。又用为表示关切而询问。如：问好，问安，问寒问暖。“问”字又有追究、责问义。胁从不问：被胁迫而随从别人做坏事的不加追究。“问”字还有管、干预的意思。如：不闻不问。柳宗元《童区寄传》：“恣所为不问。”意为任他去做而不加干预。

简体	繁体	甲骨文	金文	篆书	隶书	草书	行书
向		向	向	向	向	向	向
问	問	問		問	問	问	問

xiāo xiāo
宵 霄

“宵”和“霄”同是形声字，声符都是“肖”。但意符不一样，因而虽音同形似而意义不相同。

宵，意符是“宀（mián）”。《说文》：“夜也。”本义是夜晚。《诗·豳风·七月》：“昼尔于茅，宵尔索绹。”意思是白天割的茅草多，夜里将它搓成根根绳索（索：搓。绹：绳）。又如：春天的夜晚称“春宵”，彻夜称“通宵”，农历正月十五这一天叫上元节故夜晚称“元宵”。宵衣旰食：天没亮就起床，天晚了，才吃饭（宵：夜。旰：晚。旰食：晚食，指事情忙而不能按时吃饭睡觉）。形容勤于政事。

霄，意符是“雨”，本指雨雪杂下，但一般指天空。九霄云外：在九重天的云雾外面。比喻无限远的地方或远得无影无踪。

简体	金文	篆书	隶书	草书	行书
宵	宵	宵	宵	宵	宵
霄		霄	霄	霄	霄

xiāo　suǒ
销　锁

“销”和“锁”的意符都是“金”，声符粗看也相似，其实不同，因而音义都不一样。

销，指熔化金属，所以《说文》说是“铄金也”。声符是“肖”，读音和声符相同。《史记·秦始皇本纪》：“收天下兵，聚之咸阳，销以为钟鐻、金人十二。”意思是将全国的兵器收缴上来，集中在咸阳，熔铸成乐器和十二个大铜人。引申指取消、解除。如：销假（请假期满后向主管人员报到），销账（从账上勾销）。又用来称近代商业中发卖货物。如：货物销售的出路称“销路”，货物销路广、卖得快称“畅销”。

锁，从金贞声。本是铁制刑具的名称，俗称“锁链”。如：铁锁锒铛（láng dāng）。后来出现了“锁钥”（《礼记·月令》孔颖达疏提到“锁须”，可知唐代已经有了锁钥）。《说文》新附说：“铁锁，门键也。”即指此。引申为用锁使门、箱子、抽屉等关住或使铁链拴住。如：锁门。又用来形容紧皱眉头。愁眉锁眼：形容十分忧愁苦恼的样子。

简体	繁体	篆书	隶书	草书	行书
销	銷	銷	銷	銷	銷
锁	鎖	鎖	鎖	鎖	鎖

xiāo　qì
嚣 器

“嚣”和“器”都是会意字，两个字的上下都有四个“口”，而中心部分，一是人的头部，一是“犬”，所以两字的音义相去很远。

嚣，所从的四个“口”是众口的意思，“页”表示人的头部，“众口”表示声音嘈杂，所以《说文》说是“声也。气出头上”。本义是指喧哗、吵闹。《左传·成公十六年》上记载：“晋楚交战，楚共王登上楼车了探晋军，对部下说：‘甚嚣，且尘土矣’。”意思是晋军喧哗，混乱得很厉害，而且尘土飞扬起来了。后来用“甚嚣尘上”形容对传闻之事议论纷纷。现多指反动言论十分嚣张。

器，所从的四个“口”是表示各种器皿，从犬是表示守护器皿之意。《说文》：“皿也。”本义是器皿。如：瓷器，铁器，器具，器物。又用来比喻人才、才能。大器晚成：比喻能担负重任有大才的人物，要经过长期磨炼，所以成就比较晚。引申为器量、器度。《论语·八佾》：“管仲之器小哉。”意思是管仲的器量狭小得很呀！又引申指长辈对晚辈或上级对下级看重、重视。《后汉书·陈宏传》：“朝廷器之。”意为朝廷很器重他。今“器重”为双音词。如：领导很器重他。

简体	繁体	金文	篆书	隶书	草书	行书
嚣	囂					
器						

xiāo　niǎo
枭 袅

“枭”和“袅”的上部都是鸟头，但是下部一从木，一从衣，读音和字义就完全不同了。

枭，《说文》：“不孝鸟也。日至，捕枭磔之。从鸟头在木上。”是一种猛禽。俗称猫头鹰。

旧传枭食母，故以喻恶人。《诗·大雅·瞻卬》：“懿厥哲妇，为枭为鸱。”意思是噫！这个妇人呀！她是恶枭猫头鹰（懿：通“噫”，叹词。哲妇：指幽王的宠妃褒姒）。又指骁勇、豪雄。如：枭将（勇猛的将领），枭雄（凶狠专横，也指骁悍雄杰的人物），枭骑（勇猛健壮的骑兵）。古代的一种酷刑叫“枭首”（斩头而悬挂木上）。

袅，从衣鸟声。用于“袅娜”，柔弱貌。用以形容草木枝叶柔弱细长的样子。李白《侍从宜春苑奉诏赋》诗：“池南柳色半青青，萦烟袅娜拂绮城。”意思是池塘南边的柳枝，早春时半已发青，烟雾缭绕轻柔地飘拂在锦绣般的城中。也用来形容女子体态柔美的样子。韩偓《袅娜》诗：“袅娜腰枝淡薄妆，六朝宫样窄衣裳。”意思是柔软的腰啊淡淡的妆，（穿着）六朝宫中式样的瘦窄衣裳。“袅袅”叠用，形容烟气缭绕。苏轼《青牛岭高绝处有小寺》诗：“炉烟袅袅十里香。”意思是香炉的烟气缭绕飘散，十里之内都能闻到它的香味。又用来形容声音婉转悠扬或思绪连绵不绝。杜甫《猿》诗：“袅袅啼虚壁，萧萧挂冷枝。”意为在陡峭的悬崖上婉转地叫着，凄凉地悬挂在冷清清的树枝上。

简体	繁体	篆书	隶书	草书	行书
枭	梟	梟	梟	梟	梟
袅	裊	裊	裊	裊	裊

xiāo 萧 xiāo 箫

“萧”和“箫”声符同是“肃”，但意符一从草，一从竹，因而意义各异。

萧，《说文》：“艾蒿也。”是一种含有香味的草本植物。《诗·王风·采葛》：“彼采萧兮。”意思是那位采艾蒿的人啊！但本义已少用，多用来形容寂寞冷落。如：四壁萧然。形容冷落、稀稀落落称“萧疏”，形容风吹树木的声音或景色的凄凉称“萧瑟”，形容寂寞冷落、毫无生气为“萧条”。又“萧萧”叠用作象声词，形容马叫声或风声。《诗·小雅·车攻》：“萧萧马鸣。”意为马儿萧萧地鸣叫。《史记·刺客列传》：“风萧萧兮易水寒。”意为风儿呼呼地吹，易水好冰凉。古代称王侯宫中的照壁为“萧墙”。祸起萧墙：比喻内部发生祸乱。

箫，意符是“竹”。《说文》说是“参差管乐”。就是指一种管乐器。古代称若干竹管编成的排箫为“箫”。《诗·周颂·有瞽》：“箫管备举，喤喤厥声。”意为大箫小管齐吹响，众乐同发声洪亮［箫管：竹制乐器，古箫是排箫，一种编管乐器。管：如笛。喤喤（huáng）：形容乐声洪亮和谐］。后世则称竹制单管直吹者为“箫”，也叫“洞箫”。

简体	繁体	篆书	隶书	草书	行书
萧	蕭	蕭	蕭	蕭	蕭
箫	簫	簫	簫	簫	簫

楔 xiē　揳 xiē

“楔”和“揳”声符都是“契”，意符一从木，一从手，字义不同。

楔，楔子。从木契声。指插在木器的榫子缝里的木片，或钉在墙上挂东西用的木钉或竹钉。《说文》：“櫼也。”段玉裁注：“今俗语曰楔子。”我国古代杂剧里加在第一折前头或插在两折之间的片段也称“楔子”。近代小说加在正文前面的片段也都称“楔子”。《尔雅·释木》：“楔，荆桃。”郭璞注：“今樱桃也。”指的是一种树名。

揳，意符是“手”。《说文》无“揳”字。方言指把楔子、钉子等捶打到物体里面。如：墙上揳个钉子。起初本来也写作“楔”。为了和名词的“楔”区别，将意符“木”改成“手”以表示动词义。常指打击、弹奏，读 jiǎ。《楚辞·招魂》：“铿钟摇簴揳梓瑟些。”意思是用力撞击乐钟，钟架震动，梓木琴瑟也合拍鸣响（铿钟：敲钟。簴：挂钟的木架。梓瑟：用梓木制作的瑟）。

简体	篆书	隶书	草书	行书
楔	楔	楔	楔	楔

xié　　zuì

携　槜

“携”和“槜”今天看来，似乎只有左边的意符不同，声符都是“隽”。其实两字右旁的声符本来不一样，“携”从巂（子规鸟的别名叫“子巂”，音 xī）声，而“槜”从隽声，但人们书写时，为了求简便，都混作“隽”了。今天两字的声符虽然混成一样，但意符仍须严加区别，因为两字的音、义和词性都不一样。

携，意符是“手”。《说文》：“提也。”本义是用手提着。《诗·大雅·板》：“如璋如圭，如取如携。”意思是像玄圭配玉璋，如拿着、提着来相帮（圭璋：都是玉制的礼器。《孔疏》：“半圭为璋，合二璋成圭”）。引申为携带、带领。如：扶老携幼。今称手拉着手为“携手”。如：携手前进。

槜，意符是“木”。是一种果木的名称，指的是“槜李”，李子的一个品种。果实皮鲜红，汁多，味甜。“槜李”又是古地名，在今浙江嘉兴西南。《左传·定公十四年》：“五月，于越败吴于槜李。”意为五月，越国在槜李打败了吴国。后为嘉兴的别名。

简体	繁体	篆书	隶书	草书	行书
携	攜	攜	攜	攜	攜
槜	檇		檇		

xié　　xié

协　胁

“协”是会意字，“胁”是形声字，两字的右旁虽相同，但意义全不一样。

协，繁体右旁本是三个“力”，简化汉字用两点取代下部的两个“力”。《说文》：“同众之和也。”表示众多的人一齐出力，有和睦、合作之意。《左传·僖公二十四年》：“君臣不协。”意思是君臣上下相互欺蒙，互不合作。今称共同出力为“协力”，称共同商量以取得一致意见为“协商”，称配合得当为“协调”，若干人或若干单位互相配合来完成任务称“协作”。为促进某种共同事业的发展而组成的群众团体叫“协会”。如：作家协会。都是从“协，同众之和也”这个义引申来的。

胁，右旁原来也是三个“力”，但是只作声符，与义无关。《说文》：“两膀也。”即指从腋下到腰上的部位。《史记·扁鹊列传》：“更熨两胁下。”意思是交替地烫熨左右两胁的下面。又古方言亦称“耸肩”为“胁肩”。胁肩谄笑：耸起双肩，装出讨好笑脸。形容谄媚的丑态。威胁的“胁”也来源于古方言。后来构成双音词“胁迫”，即威胁强迫。“胁从”是被迫而随从别人做坏事的意思。

简体	繁体	甲骨文	篆书	隶书	草书	行书
协	協	劦	協	協	協	協
胁	脅		脅	脅	脅	脅

榭 谢

xiè xiè

“榭”和“谢”声符都是“射”，但意符不同，字义不一样。

榭，《说文》新附：“台有屋也。从木射声。”本义是指建在高土台上的敞屋。据说是古代的讲武堂。《左传·成公十七年》：“三郄将谋于榭。”意思是三郄准备到讲武堂和他们商谈、谋划。后来又成为游观的地方。《左传·襄公三十一年》：“宫室卑庳，无观台榭。”意思是宫室低小，没有可供观望的台榭。古代台、榭和楼都不同。“台”的特点是筑土很高，也就是一种高坛；“榭”是台上的房子；“楼”是重屋，上下都可以住人。

谢，意符是“言”。《说文》：“辞去也。从言射声。”本义是辞别、辞去。李白《留别金陵崔侍御》诗：“因之出寥廓，挥手谢公卿。”意思是因此来到寥廓的原野，挥手辞别公卿。引申为推辞、拒绝。《史记·吕太后本纪》：“太后使使告代王，欲徙王赵，代王谢，愿守代边。”意思是太后派使者告诉代王，要把代王迁到赵国去做王，代王推辞，愿意守护代国边疆。敬谢不敏：表示推辞某件事的客气话（谢：推辞。不敏：没有才能）。又指认错、道歉。如：向人承认错误请求原谅称“谢罪”。《史记·绛侯周勃世家》：“条侯免冠谢。”意思是条侯周亚夫去冠认错。现在大都用作感谢义。如：道谢，感谢。表示感谢的心意称“谢意”。

简体	繁体	甲骨文	金文	篆书	隶书	草书	行书
樹			樹	樹	樹	樹	樹
谢	謝	謝		謝	謝	謝	謝

xīn　　bì

心　必

“心”是象形字，“必”是会意兼形声字，造字方法不同，虽楷书形似而意义、读音都不一样。

心，甲骨文像人心脏的形状，上部是两个心房，下部是包含两个心室的部分，中间用一竖表示纵沟，楷化成“心”。本义是心脏。《淮南子·汤问》：“内则肝胆心肺脾肾肠胃。”意思是（体）内就是肝、胆、心、肺、脾、肾、肠、胃（等腑脏器官）。引申指思想的器官和思想、感情等。心不在焉：心不在这里。形容思想不集中。心驰神往：心神都奔向追求或向往的目标。形容一心向往。心腹之患：指藏在内部的致命祸害。心力交瘁：形容精神和体力都极度疲劳。引申指中心、中央的部分。如：圆心，重心。

必，篆书由“弋”“八”合成。“弋”是做标志的木桩，“八”表示分界。用木桩做分界的标志就可以确定不移，所以本义是必定、一定。《说文》：“分极也。从八、弋，弋亦声。”《诗·邶风·旄丘》：“何其久也，必有以也。”意为为何久久不见我啊，必定有因由不肯说啊！又用作连词，表示果真的意思。《史记·廉颇蔺相如列传》：“王必无人，臣愿奉璧往使。”意为大王要是果真找不到人，小臣愿意捧着和氏璧，出使秦国。

简体	甲骨文	金文	篆书	隶书	草书	行书
心	心	心	心	心	心	心
必	必	必	必	必	必	必

xīn xìng
辛 幸

“辛”是象形字，“幸”是会意字，虽形体近似，但造字方法各异，音义都不相同。

辛，古代一种刑具，古文字即像这种刑具的形状。引申指劳苦，如双音词“辛苦”“艰辛”。引申为悲痛、痛苦。茹苦含辛：咽下痛苦，忍受悲辛。辣味给人的刺激强烈，所以也称“辛”。屈原《招魂》：“大苦咸酸，辛甘行些。”意思是苦、咸、酸、辣、甜都用（行：用。些：语气词）。又假借为天干第八位，与地支配合成六十甲子，用以纪年、月、日。

幸，《说文》：“幸，吉而免凶也。从屰从夭。”“夭”字与死亡有关，“屰”同“逆”，是相反的意思。本义是逢凶化吉，包含有“幸运”的意思。《左传·僖公十五年》：“韩简退曰：‘我幸而得囚。’”意思是韩简退下去说：“我如果能被囚禁就是幸运了。”《论语·述而》：“丘也幸，苟有过，人必知之。”意思是我真幸运，假若有什么错误，人家一定知道给指出来。引申为庆幸。幸灾乐祸：对他人遭灾罹祸不同情反而引以为庆幸。又用为敬语，表示希望。幸勿推却：希望不要推却。后进一步虚化为副词，表示借以免除困难的有利情况，现代汉语用“幸亏”来表示。如：幸亏来得早，否则就赶不上这班车了。

简体	甲骨文	金文	篆书	隶书	草书	行书
辛						
幸						

xìn pàn
衅 畔

“衅”和“畔”形体虽颇近似，音义却相去甚远。

衅，《说文》：“血祭也。”本义是指用牲血涂器祭祀。《孟子·梁惠王上》：“王见之曰：‘牛何之？’对曰：‘将以衅钟。’”意思是王看到了，便问道：“牵着牛往那儿去？”那人答道：“准备宰了祭钟。”古代新制器物杀牲以祭时，往往把血涂在器物的缝隙中，故又引申为缝隙、间隙、破绽。《左传·桓公八年》：“仇有衅，不可失也。”意思是敌国内部有隙可乘，不可以错过机会。又引申为嫌隙、争端。如称挑起事端为“挑衅”，故意找事挑衅谓之“寻衅”。

畔，据《说文》说是“田界也。从田半声”。本义是田地的边界。《左传·襄公二十五年》：“行无越思，如农之有畔。”意为所做的不超过所想的，好像农田里有田埂。引申为江湖、道路等的旁边、附近。如：湖畔，路畔，桥畔。古书中常假借为“叛”，作背叛、叛乱义。《孟子·公孙丑下》：“寡助之至，亲戚畔之。”意为帮助的人少到极点时，连亲戚也都反对他。

简体	繁体	篆书	隶书	草书	行书
衅	釁	釁	釁	釁	釁
畔		畔	畔	畔	畔

xìn 囟　cōng 囱

“囟”和“囱”都是象形字，两字的外部形体相同，只是中间一是“乂”，一是“夕”，意义就都不同了。

囟，《说文》：“头会，㛃盖也。象形。”本义是指“囟门”，即婴儿头顶骨未合缝的地方，在头顶的前部中央，也叫“囟脑门”。

囱，本来是“窗”的本字，像窗口形。《说文》：“在墙曰牖，在屋曰囱。”后来本义为“窗”所代替，“囱”专用于烟囱。读音也与“窗”分异，读 cōng。“窗”是用来透气，“囱”则用来透烟。“囱”也称“灶突”“烟囱”。

简体	甲骨文	金文	篆书	隶书	草书	行书
囟	囟	囟	囟	囟	囟	囟
囱			囱	囱	囱	囱

性 姓 牲

xìng xìng shēng

“性”“姓”和“牲”虽然声符都是“生”，但读音不一样。“性”和“姓”与声符不同音，“牲”读音与声符相同，这是古今音变的结果。三字的意符各异，所以意义也不一样。

性，意符是“心”。本义是指人的本性。《论语·阳货》：“性相近也，习相远也。”意思是人类的本性本是相近的，只因为习染不同，便相互疏远。又称人的禀赋与气质为“性情”，称人的性情品格为“性格”。引申以指事物的本质特点。如：性质。又指性能。中医所说的“药性”就是这个意思。

姓，表示家族系统的称号。古代社会从母姓，故“姓”字从女从生。后世的分支则称“氏”。秦汉以后，姓氏合而为一了。《论语·述而》：“君娶于吴，为同姓。”意思是鲁君从吴娶了一位夫人，是个同姓女子。

牲，甲骨文形体左边是正面看的羊头形象，上部是向下弯曲的一对羊角，中间是眼睛，最下部用箭头形表示羊的嘴巴。金文把甲骨文左旁的羊换成了牛（牛的两角向上弯，羊的两角是向下弯）。《说文》说“牲”是“牛完全”。本义当是指供祭祀用的牛、羊、猪。《左传·庄公十年》：“牺牲玉帛，弗敢加也。”意思是祭神的三牲、美玉和币帛，祷告时不敢虚报。古代的“牺牲”义与现代汉语中作动词用的意义完全不同。

简体	甲骨文	金文	篆书	隶书	草书	行书
性						
姓						
牲						

xiōng　　xù

汹　酗

常有人把“酗酒”误读为“汹酒”，这是错误相信“秀才认字认半边”的恶果。其实“汹”“酗”两字的造字方法不同，“酗”根本不是形声字，不能“认半边”。

汹，《说文》：“涌也。从水匈声。”义是汹涌。如：汹涌澎湃。“汹汹”叠用，形容波涛的声音。《楚辞·九章·悲回风》：“听波声之汹汹。”意思是听那波涛澎湃、激荡之声。也用来形容声势大的样子（贬义）。如：气势汹汹，来势汹汹。

酗，《书·微子》：“我用沉酗于酒。”释文说“以酒为凶曰酗”，所以从酉从凶会意，义指酒醉撒酒疯。又称沉迷于酒为“酗酒”。《论衡·语增》：“赐尊者之前，三觞而退；过于三觞，醉酗生乱。”

简体	繁体	篆书	隶书	草书	行书
汹	洶	洶	洶	洶	洶
酗		酗	酗	酗	酗

xiū　　tǐ

休　体

“休”是会意字，“体”原来是形声字。古代只有“體”，宋代以后才出现“体”字。《广韵》《集韵》中“体”的音义都同“笨”，是粗笨、粗鲁的意思。简化汉字将“體”简化为“体”，人之本即“体”，就是会意字了。

休，《说文》：“从人依木。”人依靠着树，表示休息、休整的意思。《诗·大雅·民劳》：“民亦劳止，汔可小休。”意思是人民劳苦苦够了，要求稍微得休息（亦：止，语气词。汔：通“乞”，求）。引申为停止。如：争论不休。旧社会丈夫把妻子赶回家、断绝夫妻关系也叫

"休"。后来又虚化为副词，表示莫、不要。如：闲话休提。又有吉庆、欢乐义。休戚相关：彼此之间的忧喜、祸福都互相关联，形容利害一致。

体，本义是指身体，有时指身体的一部分。如：上体，肢体。《论语·微子》："四体不勤，五谷不分。""四体"指的是四肢。又引申指物体。如：固体，液体，气体。还用以称文字的书写形式和作品的样式。如：草体，旧体诗。亲身（经验）、设身处地为别人着想也用"体"字做词素。如：体验（亲身经历），体会（体验领会），体谅（设身处地替别人着想，给予谅解）。

简体	繁体	甲骨文	金文	篆书	隶书	草书	行书
休		休	休	休	休	休	休
体	體			體	體	體	體

xiǔ 朽　wū 杇

"朽"和"杇"的意符都是"木"，声符的形体又相似，所以容易混淆。

朽，从朽声。本义是腐烂。朽木不雕：腐烂的木头无法雕刻。比喻人不上进、无法成才，也比喻事物和局势败坏、不可挽救。永垂不朽：永远流传，不会磨灭（多指光辉的事迹和伟大的人物）。又比喻衰老。如：老朽，朽迈。《晋书·张忠传》："年朽发落。"意思是年纪衰老，头发都脱落了。

杇，《说文》："所以涂也。从木亏声。"也写作"圬"。是涂饰墙壁的工具，俗称瓦刀。引申指涂饰、粉刷 。《论语·公冶长》："粪土之墙不可杇也。"意为粪土似的墙壁不能够粉刷啊。成语有"杇木粪墙"，比喻不堪造就的人或不可收拾的事。

简体	金文	篆书	隶书	草书	行书
朽					
杇					

xiù tū
秀 秃

“秀”和“秃”字形极为相似，区别只下部右边一画之屈向左、右的差别而已。两字的字形由来，却有些纠葛。

秀，由于东汉光武帝名刘秀，许慎是东汉人，为了避讳，所以《说文》中对“秀”字不加解说，因此历来文字学家其说不一。“秀”字从禾，《说文》也把它放在禾部里，其义必与禾有关。《尔雅·释草》郭璞注和《诗经》毛传都说“不荣而实者谓之秀”。“荣”和“华”都是指花。《论语·子罕》：“苗而不秀者有矣夫，秀而不实者有矣夫。”意思是庄稼生长了，却不吐穗开花的，有过的吧！吐穗开花了，却不凝浆结实的，有过的吧！“秀”处于“苗”与“实”两者之间，正指植物开花阶段，而“苗”之本义又指庄稼，从而可知“秀”的本义乃指禾本科植物的抽穗扬花。由于禾本科植物的花没有花被，没有通常意义上的花，所以古人特别名之曰“秀”。《尔雅·释草》所说的“不荣而实”正是这个意思。本义古代用得不多，后来多用来形容特别优异或状貌优美出众。如：秀才。原来就是称德才优异之士，到汉朝开始定为举士之科目，后汉避讳又改“茂才”，三国魏后复称“秀才”。秀出班行：形容才能优异超过同辈［班行（bān háng）：同辈，同列］。秀色可餐：极赞妇女容色之美。也用以形容花木山川秀丽。

秃，《说文》：“无发也。”下部的“几”是从人变来的。上部的“禾”据《说文》说是“象禾粟”之形，大概是指谷粒光秃秃的样子。《释名·释疾病》：“秃，无发沐秃也。”“沐秃”就是形容光秃秃的样子。本义是指人没有头发。《穀梁传·成公元年》：“季孙行父秃，……同时而聘于齐，齐使秃者御秃者。”意思是季孙行父秃头……同时间出使齐国，齐国故意派秃头的人来迎接秃头的季孙行父。引申指其他没有覆被之物。如：山上没有树木称“秃山”，树没有叶子称“秃树”。“秃鹫”的身体大，全身棕黑色，颈后有部分裸秃，故名，又叫“坐山雕”。

简体	甲骨文	篆书	隶书	草书	行书
秀	秀	秀	秀	秀	秀
秃		秃	秃	秃	秃

xiù xiù yòu
绣 锈 诱

“绣”“锈”和“诱”简化后的声符同是“秀”，所以往往有人把“引诱”误读成“引绣”。

绣，《说文》：“五采备也。从糸肃声。”本义是五彩具备的画纹。《周礼·考工记·画缋》：“画缋之事……五彩备谓之绣。”又指用彩色丝、绒、棉线在绸、布等上面刺绣花纹、图像或文字。如：描龙绣凤。绣花枕头：比喻徒有外表，而无学识才能的人。又指刺绣品。如：苏绣（江苏苏州出产的刺绣），湘绣（湖南出产的刺绣）。

锈，指生锈，金属表面上的氧化物。又指锈病，即由细菌引起的植物病害。发生病害的植物叶子和茎出现铁锈色的斑点。

诱，《玉篇》：“诱，引也。”本义是教导、引导。循循善诱：善于有步骤地进行引导。指教育得法（循循：有步骤的样子）。引申为引诱，即利用手段使人随从自己的意愿。如：诱惑（使用手段，使人认识模糊而做坏事），诱胁（引诱和威胁）。诱敌深入：引诱敌人深入地进到自己设置的包围圈中。

简体	繁体	篆书	隶书	草书	行书
绣	繡	繡	繡	绣	繡
锈	鏽	銹	鏽	锈	銹
诱	誘	誘	誘	诱	誘

xiù　niè
臭　臬

“臭”和“臬”都是会意字。虽然造字方法相同，但构件有别，意思自然也就大不相同。

臭，从犬从自。本义是气味的总称。古代香气、秽气都名为“臭”。《诗·大雅·文王》：“上天之载，无声无臭。”意思是老天爷的事谁知道，没有声音也没有味道。又指用鼻子闻。《说文》：“禽走臭而知其迹者，犬也。”又读 chòu，指气味难闻（跟“香”相对）。如：臭气，臭味。也用来形容惹人讨厌的东西。如：臭名远扬，摆臭架子。

臬，从自从木。《说文》：“射准的也。”本义当是射箭的目标、箭靶。张衡《东京赋》：“桃弧棘矢，所发无臬。”意思是（年终举行傩祭）桃木做的弓，棘树做的箭，没有靶子，驱赶厉鬼罢了。又指法度、刑法。《书·康诰》：“汝陈时臬。”意思是你要宣布此法。因此后世常用“臬”来称呼司法机关。如元代时设肃政廉访司，主管一路司法刑狱和官吏考核，有“臬司”之称。明清时设置提刑按察司，主管一省刑名按劾之事，也叫“臬司”。清按察司收赃罚银的库房称“臬库”。

简体	甲骨文	篆书	隶书	草书	行书
臭					
臬					

xiù　xiù
嗅　溴

“嗅”和“溴”声符都是“臭”，读音也如声符，但意符各异，字义不同。

嗅，本来从鼻，《说文》作“齅”。表示用鼻子辨别气味义，今天说“闻”。后来简化从口，作“嗅”。《韩非子·外储说左下》：“食之则甘，嗅之则香。”意思是吃它就觉得甘甜，闻一闻就感到香。

溴，新造字，是一种非金属元素的名称。为暗棕红色发烟液体，有刺激性气味，对皮肤有强烈的腐蚀性。用来制染料。溴的化合物用作镇静剂。

简体	篆书	隶书	草书	行书
嗅	嗅	嗅	嗅	嗅
溴	溴	溴	溴	溴

xù xūn
勖 勋

“勖”和“勋”都是形声字，意符都是“力”，但声符不一样，音义也都互不相同。

勖，通常写作“勗”，从力冒声。声符的标音作用已不明显。《说文》：“勉也。”本义是勉励。《诗·邶风·燕燕》：“先君之思，以勖寡人。”意思是常说别忘先君的遗德，她的劝勉感我心。现常“勖勉”连用。如：勖勉有加（再勉励的意思）。

勋，从力员声。“勳”的古字。本来声符作“熏”，与从员古音是一样的。《说文》：“能成王功也。”本义是功勋、特殊的功劳。《史记·高祖功臣侯者年表》：“古者人臣，功有五品：以德立宗庙定社稷曰勋。”意思是古代臣子的功劳有五等：以德行建立宗庙安定社稷的叫勋。古代称功臣为“勋臣”，称功绩事业为“勋业”。

简体	繁体	篆书	隶书	草书	行书
勖		勖	勖	勖	勖
勋	勛	勳	勛	勋	勛

xù　zhào

煦　照

“煦”和“照”两字的意符都是“火”，声符不同，音义各异。

煦，下部的四点是由“火”变来的，从火。上部是声符，也读 xù。《说文》：“烝也。一曰赤貌，一曰温润也，从火昫声。”本义是温暖。如：春风和煦。

照，从火昭声。《说文》：“明也。”本义明。王充《论衡·吉验》：“照察明着。”这个意义又写作“炤”。引申指光线照射。《礼记·中庸》：“日月所照。”意思是太阳、月亮能照到的地方（指全世界）。引申指日光。如：晚照，夕照。又指对着镜子或其他反光物看自己的影子。李白《梦游天姥吟留别》：“湖月照我影。”意思是镜湖照见我的身影。后来又用以指按照、依照。照本宣科：依照着本本逐条宣读。比喻不能灵活运用，死板地照现成文章或稿子宣读。还有“通知”“通告”义。照会：外交用语，指一国政府把自己对于彼此有关的某一事件的意见通知另一国政府。也用以称上述性质的外交档。

简体	篆书	隶书	草书	行书
煦	煦	煦	煦	煦
照	照	照	照	照

xuān　xuān　xuàn

喧　暄　渲

“喧”和“暄”的声符都是“宣”，今读音如声符。“渲”的声符虽也同是“宣”，但声调不同，读 xuàn。这三个字的意符各异，因而表达了三个不同的意义。

喧，意符是“口”。本义是声音大而繁闹。锣鼓喧天：敲锣打鼓，声音轰轰响成一片。形容气氛热烈。喧宾夺主：客人的声音比主人的还要大。比喻客人占了主人的地位或外来的、次要的事物盖过了原有的、主要事物的地位。陶潜《饮酒》：“结庐在人境，而无车马喧。”

意为家住在人来人往的地方，却没有车马喧闹声。

暄，意符是“日”。本义是指温暖。陶潜《九日闲居》诗：“露凄暄风息，气澈天象明。”意为露水寒冷，暖风停止，空气清新，天空明朗。今称见面时的应酬话曰“寒暄”，暗寓问寒问暖的意思。

渲，指渲染，是国画的一种画法，用水墨或淡的色彩涂抹画面，以加强艺术效果，所以从水。又比喻夸大的形容。如：小事一桩，用不着这么渲染。

简体	篆书	隶书	草书	行书
喧	喧	喧	喧	喧
暄	暄	暄	暄	暄
渲	渲	渲	渲	渲

炫 xuàn　眩 xuàn

“炫”和“眩”的声符都是“玄”。意符各异，意义也不一样。

炫，意符是“火”。《说文》：“炫，焖耀也。”本义是指光耀、辉映。如：光彩炫目。又通“衒”。夸耀、自夸。自炫其能：故意在别人面前显示自己的才能。

眩，意符是“目”，《说文》：“目无常主也。”指（眼睛）昏花，看不清楚。如：头晕目眩。引申为迷惑、迷乱。如：眩于名利。

简体	篆书	隶书	草书	行书
炫	炫	炫	炫	炫
眩	眩	眩	眩	眩

xué zāi
穴 灾

“穴”是形声字，“灾”是会意字，造字方法不同，音义全不一样。但是汉字简化后形体却相近。

穴，是“土室，岩洞”。《说文》：“土室也。从宀，八声。”今声符的作用已不明显。《易·系辞下》：“上古穴居而野处，后世圣人易之以宫室。”“穴居野处”就是夜居洞窟、昼处牧野的意思。又泛指动物的巢穴。“不入虎穴，焉得虎子。”意思是不进老虎洞，怎能抓到小老虎？比喻不亲历险境，便不能成功。引申指墓圹。《诗·王风·大车》：“死则同穴。”意为死了一定要同穴并墓。又，中医学指人体上可以进行针灸的部位。如：穴位。

灾，与“災”是异体字。宀表示深屋，深屋中忽然生火，表示发生火灾之意。甲骨文像火焚屋的形状。災是异体字，上面是川，表水，下面是火，因为水火是灾害的主要根源，所以用以会意，指水火成灾，简化字均作“灾”。《左传·宣公十六年》：“凡火，人火曰火，天火曰灾。”意为凡是着火，人为的火叫作火，天降的火叫作灾。又泛指水、旱、虫、风等造成的灾害。如：水灾，虫灾，旱灾。引申指个人遭遇的不幸。如：招灾惹祸，没病没灾。

简体	繁体	甲骨文	篆书	隶书	草书	行书
穴						
灾	災					

xún diàn
旬 甸

“旬”和“甸”同是会意字，造字方法相同，但所构成会意的字素不一样，因而意义各异；读音也完全不同。

旬，《说文》：“徧也。十日为旬。从勹。”其实早在甲骨文中就有这个字。《说文》

所说的“勹”，就是从甲骨文变来的。古人用以记时，十天为一旬，一个月分上、中、下三旬。后来以旬代替十。如：八旬老父。白居易《偶吟自慰兼呈梦得》诗：“且喜同年满七旬，莫嫌衰病莫嫌贫。”意为且喜咱们一样都满了七十岁，莫嫌衰老多病也莫嫌贫穷。

甸，从勹、田，会意，田亦声。《说文》：“甸，天子五百里也。”上古时代国都城外百里称“郊”，郊外称“甸”。张衡《西京赋》所说的“郊甸之内”就是这个意思。又泛指都城的郊外。谢朓《晚登三山还望京邑》：“杂英满芳甸。”意思是各种野花开满城郊。但该义今天已经不用了。方言中还有称放牧的草地为“甸子”的。又形容沉重说“沉甸甸”，则不过是借“甸”字的音来书写口语词罢了。

简体	甲骨文	金文	篆书	隶书	草书	行书
旬	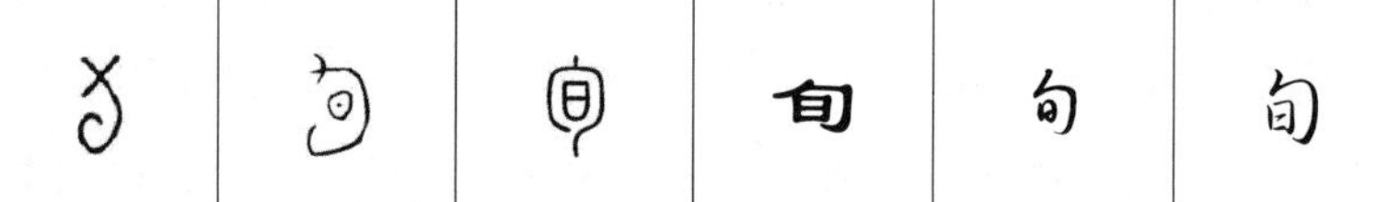					
甸	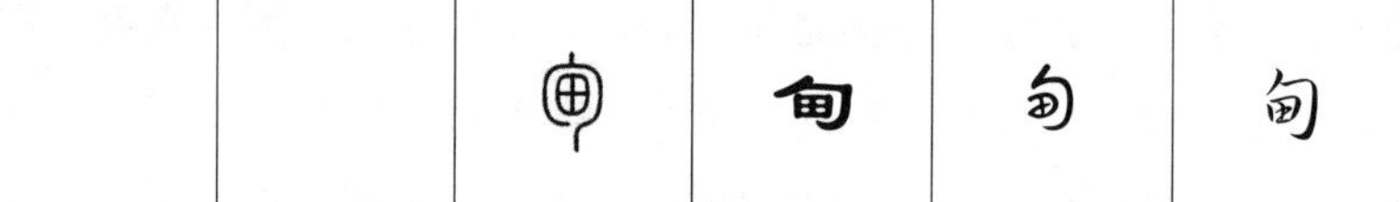					

xùn 训　xùn 驯

“训”和“驯”的声符相同，都是“川”，今天的读音已与声符不同了，两字读音相同。意符不同，意义迥异。

训，本义是教导、训诫。《说文》：“教也。从言，川声。常用义是教训、训斥、训导、训练。引申为教导或训诫的话。如：遗训，训示，训令。引申为准则、规范。不足为训：不值得作为遵循或仿效的法则。此外，古代词义解释也称“训”。训诂：对古书字句的解释。

驯，《说文》：“马顺也。从马川声。”本义是指驯服、顺从。《淮南子·山林训》：“马先驯而后求良。”意思是马先驯服，然后才能求得良马。如：这匹马很驯。因而和良构成双音词“驯良”，指和顺善良。引申为使驯服。如饲养野生动物使逐渐驯服为“驯养”。

简体	繁体	篆书	隶书	草书	行书
训	訓	訓	訓	訓	訓
驯	馴	馴	馴	馴	馴

讯 汛

xùn xùn

“讯”和“汛”的声符都是“卂”，笔顺是⺄𠃍卂三笔，与“凡”不同。用“卂”作声符的字一般都读 xùn。

讯，从言卂声。《说文》：“问也。”本义是指讯问、询问。《诗·小雅·正月》：“召彼故老，讯之占梦。”意为曾召元老仔细问，再请占梦卜吉凶。又指审讯、审问。邹阳《狱中上梁王书》：“卒从吏讯，为世所疑。”意为（大王）还是听信了狱吏审讯之词，使我受到世人的怀疑。又引申为消息、信息。如：电讯，新华社讯。古代“问”的意义很广，既表示一般的问，也可以表示审问；“讯”字则较多用于审问。

汛，《说文》：“洒也。从水，卂声。”“洒”是指用水洗洁。今多用以指河流定期的涨水。如：桃花汛，伏汛。江河水位定时性的上涨期叫“汛期”。又引申指“鱼汛”，是沿海渔民每年捕鱼的季节。

简体	繁体	甲骨文	篆书	隶书	草书	行书
讯	訊	[illegible]	訊	訊	訊	訊
汛			汛	汛	汛	汛

Y

yā yā
鸦　鸭

“鸦”和“鸭”意符都是“鸟”，都表示飞禽，但种属不同。声符不同，古代的读音本不一样，今天成了同音词，是由于古今音变的缘故。

鸦，声符是“牙”，今天读音与声符同音不同调。鸦是鸟类的一属，全身黑色，故又称乌鸦。鸦雀无声：连乌鸦、麻雀的声音都没有。比喻十分寂静。

鸭，声符是“甲”，今音与声符同韵母。鸭属鸟类的一科，嘴扁，趾间有蹼，善游泳，肉可吃，毹毛可用来絮被子，填枕头。苏轼《惠崇春江晚景》诗其一：“竹外桃花三两枝，春江水暖鸭先知。”

简体	繁体	篆书	隶书	草书	行书
鸦	鴉	鴉	鴉	鴉	鸦
鸭	鴨	鴨	鴨	鴨	鸭

yá yá
涯　睚

“涯”和“睚”都是《说文》新附字。“涯”是会意兼形声字，“睚”是会意字，造字方法稍有不同。但形体近似，读音也一样。

涯，《说文》新附：“水边也。”所以从水，右旁是声符。本义指水边。也泛指边际。

天涯海角：形容非常偏僻遥远的地方。学海无涯，惟勤是岸：学问像海洋无边无际，只有依靠勤奋才能到达彼岸。《古诗十九首·行行重行行》：“相去万余里，各在天一涯。”意为（咱们）相隔一万多里，各处在天的一边。

睚，《说文》新附：“目际也。”所以从目厓会意。本义指眼边。复音词“睚眦”指发怒时瞪眼睛。《史记·范雎蔡泽列传》：“一饭之德必偿，睚眦之怨必报。”意思是一餐饭食的恩德必定报答，瞪眼睛那样的小怨小忿也一定要报复。

简体	篆书	隶书	草书	行书
涯	涯	涯	涯	涯
睚	睚	睚	睚	睚

yǎ 雅　zhì 稚

“雅”和“稚”都是形声字，但声符不同，所以读音不一样；意义也各异。

雅，声符是“牙”，今读音与声符同音不同调。意符是“隹”。《说文》：“楚乌也，一名鸒，一名卑居。秦谓之雅。”据《小尔雅》说：“纯黑反哺，谓之慈乌，小而腹下白，不反哺谓之雅乌。”本与“鸦”为异体字。但多用以表示正的、合乎规范义。《三国志·蜀书·诸葛亮传》：“察纳雅言。”意为分辨采纳正确的意见。又指高尚的、不粗俗的。如：形容行为有礼为“文雅”；称服饰、器物、房屋等美观而大方为“雅致”；称高雅的意趣为“雅趣”；饭馆、酒店、深堂中比较精致而舒适的小房间称“雅座”。又用作敬辞。如：把自己的诗文、书画等赠给人时，表示请对方指正，称“雅正”。

稚，本作“稺”，段玉裁注：“今字作稚。”右为声符。《说文》：“幼禾也。”段玉裁注：“先种者当其未长亦稚也，先种而中有迟长者亦稚也。”本义是晚种的谷类。引申为幼小。《穀梁传·僖公十年》：“（丽姬）有二子，长曰奚齐，稚曰卓子。”陶潜《归去来兮辞》：“稚子候门。”意为幼儿在门口等候。后来构成双音词“幼稚”，常用来指年纪小，又用以形容头脑简单或缺乏经验。

简体	篆书	隶书	草书	行书
雅	雅	雅	雅	雅
稚	稚	稚	稚	稚

yán yán
妍 研

“妍”和“研”都是形声字，右旁声符相同，但意符不同，意义不一样。

妍，意符从女，声符本来是“幵”，简化作“开”。本是古代秦晋一带的方言字。本义美丽（跟“媸”相对。媸：相貌丑）。白居易《过昭君村》：“妍姿化已久，但有村名存。”“妍姿”就是美丽的姿容。妍皮不裹痴骨：谓外美而又内惠，即秀外慧中、表里一致之意。

研，《说文》：“磨也。”本义是磨、碾。即用石制的东西研磨，所以以“石”为意符。如：研成粉末。引申为研究、探讨。陈亮《甲辰答朱元晦书》：“研穷义理之精微。”意为深入钻研精深微妙的义理。

简体	篆书	隶书	草书	行书
妍	妍	妍	妍	妍
研	研	研	研	研

yǎn mó

魇 魔

“魇”和“魔”的意符都是“鬼”，两字的声符一从厌、一从麻，因而音义都不同。

魇，指梦中惊骇，噩梦。《说文》新附：“魇，梦惊也。”韩愈《陪杜侍御游湘西两寺独宿有题一首，因献杨常侍》诗：“犹疑在波涛，怵惕梦成魇。”意思是（睡梦中）还仿佛在波涛中行船，惊惧得发梦魇了。又指妖邪。《太平广记》卷三六九引《广异记》：“其婢女求术者行魇蛊之法。”

魔，梵语“魔罗”（梵文“Mara”）的简称。意译为障碍、扰乱、破坏。佛教又指妨碍修行破坏佛法的邪恶之神。印度古代神话传说，欲界第六天之主波旬是魔界之主，常率魔众做破坏善事活动。佛教采用其说，以一切烦恼、疑惑、迷恋等妨碍修行的心理活动作为魔。犹太教、基督教《圣经》故事中诱惑人犯罪的恶鬼，又名撒旦，也称魔鬼。说魔鬼原是天使，因为堕落犯罪被打下地狱，从此与上帝敌对。《说文》新附：“魔，鬼也。”引申指神秘、神奇。如：魔术，魔力。又用来形容爱好入迷。白居易《白发》诗：“书魔昏两眼，酒病沉四肢。”意为看书成癖致使两眼昏花，贪酒成疾而使四肢沉重行动不灵。

简体	繁体	篆书	隶书	草书	行书
魇	魘	魘	魘	魘	魘
魔		魔	魔	魔	魔

yǎn qiān

衍 愆

“衍”字从水从行，会意；“愆”是以“衍”为声符的形声字，两字的结构方式不同，意义各殊。

衍，《说文》：“水朝宗于海貌也。”段玉裁注：“海潮之来，旁推曲畅，两厓渚涘之间，不辨牛马，故曰衍。”本义是潮盛貌。引申为满溢、盛多。杜笃《论都赋》：“国富人衍。”意思是国家富裕，人口盛多。校勘学家称抄刊古书而误增的字为“衍文”。引申指开展、发挥。敷衍：本指铺叙推衍，今多用来称办事不负责任或待人不诚恳，只做表面上的应付。

愆，《说文》：“过也。从心，衍声。”本义是指过失、罪过。《三国志·蜀书·诸葛亮传》：“街亭之役，咎由马谡，而君引愆。”意为街亭战役的过失在马谡，可是你却引以为自己的过失。引申为差误、错乱。如：误期或失期称“愆期”；次序失调称“愆序”。《左传·文公元年》：“履端于始，序则不愆。”意思是年历的推算，以冬至作为开始，四时的次序就不会错乱。又指丧失。《左传·昭公二十六年》：“王昏不若，用愆厥位。”意为天子昏聩不贤，因此失去王位。

简体	金文	篆书	隶书	草书	行书
衍	衍	衍	衍	衍	衍
愆		愆	愆	愆	愆

yàn　biāo

焱　猋

“焱”和“猋”都是会意字，但构成的字素不一样，一是火，一是犬，所以所会的意思就大不相同。

焱，《说文》：“火华也。从三火。”本义是指火花，即火焰。《文选·张衡·思玄赋》：“纷翼翼以徐戾兮，焱回回其扬灵。”（戾：至也。回回：光明貌。焱：李善注：“《说文》曰：‘火华也。’言光之盛如火之华。”）该义后来只写作“焰”，而“焱”则多用于人名。

猋，从三犬。《说文》说是“犬奔貌”。由“众犬狂奔”的本义引申为“疾速、敏捷”义。屈原《九歌·云中君》：“猋远举兮云中。”意思是疾速地飞回云中。又引申为旋风、暴风。也写作“飙”。《尔雅·释天》说：“扶摇谓之猋。”意思是暴风从地下旋刮到天上叫作猋。郭璞注：“暴风从下上。”《礼记·月令》中所说“猋风暴雨”，也是指大旋风。

简体	甲骨文	金文	篆书	隶书	草书	行书
焱	焱		焱	焱	焱	焱
猋		猋	猋	猋		

yāng yāng
殃 秧

“殃”和“秧”都是形声字，声符都是“央”，读音均与声符同。两字的意符不同，所以意义不同。

殃，意符是“歹（è）”，表示和灾祸、死亡有关。《说文》：“咎也。”即祸害的意思。《左传·庄公二十年》：“哀乐失时，殃咎必至。”意为悲哀或者快乐不是时候，灾祸一定会降临。城门失火，殃及池鱼：城门失火（需用护城河的水救火），池鱼因而遭殃。比喻无端遭牵连而受到祸害。又用如动词，义为“使……遭殃”。祸国殃民：使国家受灾祸，人民遭残害。《孟子·告子下》：“不教民而用之，谓之灾民。”意为不首先训练人民就使用他们，这叫作残害人民。

秧，意符是“禾”，表示和庄稼有关。今天称稻禾的幼苗为“秧”。如：秧田，插秧。又泛指植物的幼苗。如：树秧，黄瓜秧儿。又称某些植物的茎。如：瓜秧，豆秧，白薯秧子。又引申为鱼苗，如渔秧。后来某些饲养的幼小动物也称秧。如：猪秧子。

简体	篆书	隶书	草书	行书
殃	殃	殃	殃	殃
秧	秧	秧	秧	秧

yáng yáng
佯 徉

“佯”和“徉”都是形声字，声符都是“羊”，读音均如声符。但意符不同，意思也就不一样了。

佯，意符是“人”，义是假装。《孙子兵法·军争》：“佯北勿从。”意为（敌人）假装败北，不要追击。佯攻：指虚张声势地向敌方进攻。佯言：假意儿说。佯狂：假装疯癫。《史记·宋微子世家》：“（箕子）乃被发佯狂而为奴。”

徉，意符是“彳”，用于复音词“徜徉”，指徘徊，安闲自在地步行。宋玉《风赋》：“然后徜徉中庭，北上玉堂。”意思是然后它在庭院中徘徊，又进入华美的宫殿。

简体	甲骨文	篆书	隶书	草书	行书
佯		佯	佯	佯	佯
徉	徉	徉	徉	徉	徉

yáng yáng
扬 杨

“扬”和“杨”的右旁声符相同。意符一从手，一从木，意义各异。

扬，《说文》：“飞举也。”本义是飞起、升高。《诗·小雅·沔水》：“鴥彼飞隼，载飞载扬。”意为在空中疾飞的大鹰，时高时低迎风行（鴥：鸟疾飞的样子）。抑扬顿挫：（声音）高低起伏和停顿转折。多形容诗文的音调优美，吟诵起来和谐悦耳。引申为称颂、宣扬。又指掀起。《楚辞·屈原·渔父》：“何不淈其泥而扬其波。”意为你为什么不搅乱泥沙，掀起水波，随波逐流（淈其泥：搅动泥沙。扬其波：扬起水波）。名扬四海：名声被广泛传扬称颂。“扬扬”叠用往往用来形容心情愉快或得意的样子。如：扬扬自得。

杨，一种木名，即杨树。乔木，种类很多，与柳树同科，异属。《诗·陈风·东门之杨》：“东门之杨，其叶肺肺。”意为东门之外有白杨，叶子茂密青葱葱［肺肺（pèi）：同“芾芾”，茂密的样子］。又是古国名，姬姓，在今山西洪洞县东南。还用作姓，如：杨广。

简体	繁体	甲骨文	金文	篆书	隶书	草书	行书
扬	揚	揚		揚	揚	揚	揚
杨	楊		楊	楊	楊	楊	楊

yǎng yì

仰 抑

“仰”和“抑”都是会意字，楷书两字右边部件相同（其实“抑”字右边不是“卬”），左偏旁一从人，一从手，音义完全不相同。

仰，《说文》：“举也。从人从卬。”本义是指抬头、脸向上（与“俯”相对）。仰不愧天：抬头没有对不起天的地方。指自省没有做过不好的事，问心无愧。又指依靠、依赖。仰人鼻息：比喻依赖人，看人的脸色行事。还用来称敬慕。高山仰止：像仰望高山那样，对伟大的人物表示仰慕和崇敬。

抑，《说文》：“按也。从反印。”后又加手旁，楷书混作“卬”。本义是按、捺。《老子》：“高者抑之，下者举之。”意为高的按下，低的上举。引申为压制、抑制。抑强扶弱：压制强暴，扶助弱小。屈原《离骚》：“屈心而抑志，忍尤而攘诟。”意为委屈抑制自己受伤害的情怀，忍受承担着编造的耻辱和罪名（忍尤：忍受罪过。攘诟：遭到耻辱）。又用作连词，表示轻微的转折。《左传·昭公元年》：“子皙信美矣；抑子南，夫也。”意思是子皙确实漂亮；可是子南才是真正的丈夫。又表示选择，相当现代汉语的“还是”“抑或”。《论语·学而》：“求之与？抑与之与？”意为是打听得来的呢，还是别人主动告诉他的呢？有时也用作助词，用在句首，无义。《左传·昭公十三年》：“抑齐人不盟，若之何？”意为要是齐国不肯结盟，怎么办？又用作叹词，表示赞美。《诗·小雅·十月之交》：“抑此皇父，岂曰不时！”意为啊，请问你皇父，难道能说我不是！

简体	篆书	隶书	草书	行书
仰	仰	仰	仰	仰
抑	抑	抑	抑	抑

yǎo xiāng tà
杳 香 沓

“杳”“香”和“沓”都是会意字。它们形体近似，而读音各异，意义也没有相关联的地方。

杳，《说文》：“冥也。从日在木下，会意。”太阳落得比树还低，天当然就暗了，所以本义是指昏暗。《管子·内业》：“杳乎如入于渊。”意为昏暗的样子如同坠入深渊一样。屈原《九歌·山鬼》：“杳冥冥兮羌昼晦，东风飘兮神灵雨。”意思是白昼昏暗如夜晚，东风吹来雨神在降雨（羌：语助词，楚方言。昼晦：白天昏暗不明。神灵雨：雨神在降雨）。引申指远得不见踪影。杳如黄鹤：比喻一去全无踪影。

香，《说文》：“芳也。从黍从甘，会意。”楷化后省去了一些笔画。本义是黍子之类的谷物散发出来的香甜气味。引申为气味美的通称（与“臭”相对）。如：稻香，花香。又引申为有香味的原料或制成品。如：麝香，檀香。此外，吃得很有味道或睡得很甜，也称“吃得香”或“睡得香”。

沓，从曰从水会意。《说文》：“语多沓沓也。”本义是繁多、重复。纷至沓来：形容接连不断地到来。又指会合。屈原《天问》：“天何所沓？”意为天和地合处怎样合？

简体	甲骨文	篆书	隶书	草书	行书
杳		杳	杳	杳	杳
香	香	香	香	香	香
沓	沓	沓	沓	沓	沓

耀 曜

yào yào

“耀”和“曜”的声符都是“翟（dí）”。耀左从光，曜左从日。虽然来自日，但两者之间毕竟有区别，所以字义不同。

耀，本从火，后来采用从光的写法。本义是光线强烈地照射。《左传·庄公二十二年》：“光，远而自他有耀者也。”意思是光，是从别的远的地方照耀而来的。引申为显示、炫耀。耀武扬威：炫耀武力，显示威风。《国语·周语上》：“先王耀德不观兵。”句中的“观”意为使看，即显示。

曜，最初是作为“耀”的异体字出现的。《玉篇》说“曜”与“燿”同。指光耀、明亮。《诗·桧风·羔裘》：“羔裘如膏，日出有曜。”意思是那羊皮袍的滑润犹如脂膏，在太阳的照射下金光闪耀。又泛指光芒、光辉。范仲淹《岳阳楼记》：“日星隐曜。”意为太阳和星星都失去了光辉。后来专用作为星辰的总称。如：七曜（日、月和金、木、水、火、土五星合称）。

简体	篆书	隶书	草书	行书
耀	耀	耀	耀	耀
曜	曜	曜	曜	曜

揶 椰

yé yē

“揶”和“椰”虽然声符都是“耶”，但同音不同调。意符不同，意义相去甚远。

揶，意符是“手”。“揶揄”连用指耍笑、嘲弄。白居易《东南行》：“常遭人指点，数被鬼揶揄。”意思是常常遭到别人背后指说，多次被鬼嘲弄。

椰，意符是“木”，指椰子树。乔木，树干直立，不分枝。果实叫椰子，果肉白色多汁，可以吃，也可榨油。果皮的纤维可制缆绳和刷子。左思《吴都赋》：“槟榔无柯，椰叶无阴。”

意为槟榔高六七丈，正直没有枝柯（椰树似槟榔，无枝条，高十余寻，叶在其末，如束蒲）。

简体	篆书	隶书	草书	行书
揶	揶	揶	揶	揶
椰	椰	椰	椰	椰

yè　hè
谒　褐

“谒”和“褐”声符同是“曷”，读音却不一样。字义因意符不同而异。

谒，《说文》：“白也。从言，曷声。”这里的“白”，是告白的意思。本义是禀告、陈述。《战国策·秦策一》：“臣请谒其故。”意思是请让我禀告它的缘由。引申为请求。《左传·昭公十六年》：“宣子谒诸郑伯。”意思是宣子（韩起）请求郑定公帮助。又指请见、进见（一般用于下对上、幼对长，或用作谦辞）。《史记·萧相国世家》：“上至，相国谒。”意思是皇上（刘邦）到，相国拜见。又指名帖。《史记·郦生陆贾列传》：“使者惧而失谒。”意思是使者恐惧而丢失名帖。又称名刺、名帖为“谒刺”。

褐，《说文》：“编枲袜；一曰粗衣。从衣，曷声。”本义是指兽毛或粗麻织的袜子或短衣，通常指古时贫苦人所穿的衣服。《诗·豳风·七月》：“无衣无褐，何以卒岁。”意思是粗布衣裳无一件，怎样挨过年？又作为贫贱的人的代称。《孟子·公孙丑上》：“不受于褐宽博，亦不受于万乘之君。”意思是既不能忍受卑贱的人的侮辱，也不能忍受大国君主的侮辱。还用来指黄黑的颜色。白居易《三适赠道友》诗：“褐绫袍厚暖。”意为黄黑色的绫做的袍子又厚又暖。

简体	繁体	篆书	隶书	草书	行书
谒	謁	謁	謁	謁	謁
褐		褐	褐	褐	褐

yè　　huá
晔　哗

“晔”是会意字，“哗”是形声字，造字方法不同，意义各异，读音也不一样。

晔，《说文》：“光也。”所以从日从华会意。本义是光亮、光彩的样子。《楚辞·屈原·远游》：“恐天时之代序兮，耀灵晔而西征。”意思是担心天时变化代谢流转，灿烂的太阳渐渐落山（代序：代谢。耀灵：指太阳。晔：闪光的样子）。李白《酬殷明佐见赠五云裘歌》：“晔如晴天散彩虹。”意思是光彩夺目，好像雨后天晴光芒四射的彩虹。现写作“烨”。

哗，意符是“口”，声符是“华”。义是喧哗、喧闹。如：哗然，哗笑。哗众取宠：用浮夸的言辞或做作的行动去迎合群众，以博得好感或拥护。假借作象声词时读 huā。如：流水哗哗地响。

简体	繁体	篆书	隶书	草书	行书
晔	曄	曄	曄	曄	曄
哗	嘩	嘩	嘩	嘩	嘩

yí　　xuān
宜　宣

“宜”是会意兼形声字，“宣”是形声字，两字只是形体相近，造字方法却不同，读音、意义也全然不一样。

宜，下部像“且”的部分，原来是“多”和“一”变成的。《说文》说是“所安也。从宀之下，一之上；多省声”。“宀”本房屋之形，“一”表示安定。《仓颉篇》：“宜，得其所也。”本义是合适、相宜。因地制宜：根据不同地方的具体情况采取适宜的办法。又用为助动词，相当于“应当”“应该”。事不宜迟：事情要抓紧时间快做，不应当拖延。古代本与“多”字同韵，所以《诗·鄘风·君子偕老》篇第一章以“佗”“何”“宜”为韵。由于古今音变，宜读yí，声符“多”的标音作用已不明显。

宣，从宀亘声。《说文》：“天子宣室也。”原为古代帝王的大室，即宫殿组成部分之一，却用以指普遍。《史记·秦始皇本纪》：“宣省习俗。”意为普遍考察风俗习惯。又指宣告、显示。《左传·僖公二十七年》：“民未知信，未宣其用。”意为百姓还不知道信用，还未能显示它的作用。今多指公开说出来；传播、散布出去。心照不宣：彼此心里明白，不必说出来。

yí 遗　qiǎn 遣

“遗”和“遣”造字方法虽相同，意符都是“辵”，但是声符各异，意义也不一样。

遗，从辵贵声。《说文》：“亡也。”本义遗失。《韩非子·难三》：“齐桓公饮酒醉，遗其冠。”意为齐桓公喝醉了酒，把帽子遗失了。引申为遗失的东西。如：路不拾遗。引申为遗漏或留下。如：遗忘，补遗。不遗余力：拿出所有的力量，一点也不保留。遗风余烈：前代留下来的风气和业绩。指对后世的影响。又特指死人留下的。如：遗嘱，遗书。古代又读wèi，表示给予、赠送等义。《史记·信陵君列传》：“公子闻之，往请，欲厚遗之。”意为公子（信陵君）听说他有才能，前往请他相见，想用厚礼赠送给他。

遣，《说文》说是“纵也”。从辵，右边是声符，也念qiǎn。本是放走、送走的意思，所以从辵。《左传·僖公二十三年》：“公子不可。姜与子犯谋，醉而遣之。”意为公子不愿走，姜氏和子犯商量，灌醉了公子，然后把他送走。该义现在还保存在复合词“遣送”和“遣返”中。引申为放逐、谪贬。《汉书·孙光传》：“上免官遣归故郡。”意为皇上免去他的官职，放逐回原籍。韩愈《柳子厚墓志铭》：“中山刘梦得禹锡，亦在遣中。”意为中山人刘梦得禹锡在被谪贬之列。引申为排除、排遣。如双音词“消遣”“遣闷”。后来多用于派遣义。调兵遣将：调动兵力，派遣将领。也泛指调动人力。后又发展成介词，相当于“让”“使”等义。李白《劳劳亭》："春风知别苦，不遣柳条青。"意为春风好像知道离别的苦楚，居然还没有让柳条儿发青。

简体	繁体	金文	篆书	隶书	草书	行书
遗	遺	遺	遺	遺	遺	遺
遣		遣	遣	遣	遣	遣

疑 凝

yí níng

疑 凝

"疑"是会意字，"凝"是以"疑"为声符的形声字。形体虽相近，但造字方法不同，音义也不一样。

疑，金文作人反顾之形，从彳止，表示在行路之中，合起来表示疑惑义。"牛"声（见《伯疑父簋》）。后形体讹变成"疑"。本义是不相信、疑心。将信将疑：又有些相信，又有些怀疑。疑则勿任，任则勿疑：对人有怀疑就不要用他，任用了就不要怀疑他。引申指不分明、难以确定。疑义：疑惑不清的含义或事理。疑案：真相不明，证据不足，一时难以判决的案件。

凝，意符是"冫（冰）"，表示和寒冷有关。声符是"疑"。今天"凝"的读音与"疑"相差很远了。本义是水结成冰。引申指一切液体凝结为固体。白居易《长恨歌》："春寒赐浴华清池，温泉水滑洗凝脂。"意为初春天气还很冷，唐明皇赏令杨贵妃到温泉华清池去洗澡，水儿柔滑，荡洗着杨贵妃那像凝结的油脂般的嫩皮肤。又引申为凝聚、专注。凝思：聚精会神地思考。凝望：注目远望。

简体	金文	篆书	隶书	草书	行书
疑	疑	疑	疑	疑	疑
凝		凝	凝	凝	凝

yí 饴　yí 贻

“饴”和“贻”的声符都是“台（台也读 yí）”，但意符不同，因而意义各不相同。

饴，意符是“食”，表示与食物有关，指的是用米、麦制成的糖浆，通称“饴糖”。如：高粱饴。甘之如饴：把它看得像糖一样甜。比喻乐意从事某种辛苦的工作或勇于承担最大的牺牲。

贻，意符是“贝”。本义是赠送、送给。《庄子·逍遥游》：“魏王贻我大瓠之种。”意思是魏王送我一粒大葫芦的种子。又指遗留，与“遗”义相近。《左传·宣公二年》：“我之怀矣，自贻伊戚。”意为我太怀念故国，反而给自己留下悲戚。贻害无穷：留下后患没个完。形容影响很严重。贻人口实：给人家留下话柄。

简体	繁体	篆书	隶书	草书	行书
饴	飴	飴	飴	饴	飴
贻	貽	貽	貽	贻	貽

yì 奕　yì 弈

“奕”和“弈”的声符都是“亦”，读音也均同声符。但因意符不同，意义也就各有所指了。

奕，意符是“大”。《说文》：“大也。”“奕奕”叠用形容高大的样子。《诗·大雅·韩奕》：“奕奕梁山。”意为多么高大的梁山。又形容光明、明亮。《北齐书·琅邪王传》：“眼光奕奕，数步射人。”意为眼光闪亮，隔几步远就觉得照射人。今常用“奕奕”来形容精神饱满、神采焕发的样子。如：“神采奕奕”，便是从“光明”义引申来的。

弈，意符是“廾（gǒng）”，是相向的两只手衍变来的，表示用手操作。《说文》：“弈，围棋也。”《论语·阳货》：“不有博弈者乎？为之，犹贤乎已。”意为不是有掷采下弈的游戏吗？干这些事，也比这样闲着好。又指下棋。如：对弈。《左传·襄公二十五年》：“弈者举棋不定。”意为下棋的人举棋不定（就不能击败他的对手）。

简体	篆书	隶书	草书	行书
奕	奕	奕	奕	奕
弈	弈	弈	弈	弈

邑（yì） 色（sè）

“邑”和“色”都是会意字，虽然造字方法一样，形体也近似，但所会之意却全不相同。

邑，从口（wèi）从卩（jié）。《说文》：“国也。从口；先王之制，尊卑有大小，从卩。”甲骨文的字形上面表示一个区域的范围，下面是人的形象。人居住的区域范围就是邑。引申为都邑、城市。《史记·五帝纪》：“一年而所居成聚，二年成邑，三年成都。”又指京城。《诗·商颂·殷武》：“商邑翼翼，四方之极。”意为京师商邑繁华又齐整，好给四方做榜样。用如动词，义为建筑城邑。《左传·隐公十 年》：“吾先君新邑于此。”意为我祖先在这里新建筑城邑。引申为国。《左传·桓公十一年》：“君次于郊郢以御四邑。”意为您驻在郊郢来抵御（隋、纹、州、蓼）这四个国家。这个意义只见于《尚书》《诗经》《左传》等书，后代罕用。后世通行的是它的引申义城市。如：城邑，通都大邑。

色，《说文》说是“颜气也。从人从卩（节）”。本义是人面部的神色。《论语·颜渊》：“察言而观色。”意为善于分析别人的言语，观察别人的脸色。喜形于色：抑制不住的高兴流露在脸色上。又指女色。《论语·季氏》：“少之时，血气未定，戒之在色。”意为年轻的时候，血气未稳定，便要禁戒贪恋女色。还用以指情景、景象。如：夜色。又引申指景况。形容出发前后的神态、情景或气派常用“行色”。如：行色匆匆，以壮行色。今天常用义为“颜色”，便是从“神色”义引申来的，来源也很早。如《老子》第十二章：“五色令人目盲。”其中的“五色”就是指青、黄、赤、白、黑五种颜色。老子讲究恬淡无为，所以他说五色使人眼花缭乱。

简体	甲骨文	金文	篆书	隶书	草书	行书
邑	邑	邑	邑	邑	邑	邑
色			色	色	色	色

yì 乂 yì 义

“乂”和“义”读音相同，今天只有一点之差，其实两字原来毫无相似之处，因汉字简化而相似了。

乂，是“刈”的初文。《说文》：“芟艹也。从丿从丶相交。”本义是割草。也写作“刈”。后来两字分化，“割草”义专用“刈”字，而用“乂”字表示治理。《汉书·武五子传》：“保国乂民。”意为保卫国家，统治民众。引申为安定。《北史·齐文宣帝纪》：“朝野安乂。”意为政府和民间都很安定。又用来称有才能的人。孙楚《为石仲容与孙皓书》：“隽乂盈朝。”意为俊秀有才能的人充满朝廷。

义，繁体写作“義”。《说文》说是“从我羊”，实际上是从羊我声。“羊”在我国古代象征着善。义者，事之宜。本义是指合理的行为或道理。《左传·隐公元年》：“多行不义必自毙。”“义”和“乂”同音，简化汉字就取“乂”字加一点作义。义不容辞：道义上不允许推辞。义无反顾：在道义上只有勇往直前，绝对不能徘徊退缩。义正词严：道理正当，言词严峻。又引申为情谊、恩义。义重如山：恩情重得像座山。又指意义、意思。如：字义，定义等。

简体	繁体	甲骨文	金文	篆书	隶书	草书	行书
乂		乂	乂	乂			
义	義	義	義	義	義	義	義

yì　yì
忆　亿

“忆”和“亿”原来的声符都是“意”，简化字同音兼代将右偏旁“意”简化为“乙”，读音虽也相同，但不同调。意符不同，意义各异。

忆，意符是“心”。本义是思念、回想。庾信《奉和永丰殿下言志》：“还思建邺水，终忆武昌鱼。”这里的“思”和“忆”都是回想、怀念的意思。又指记住。《梁书·昭明太子统传》：“读书数行并下，过目皆忆。”意为读书能一眼看几行，看过了就不会忘记。

亿，意符是“人”。本义是安。但很早就假借为数词。古代有时把十万也叫一亿。《诗·大雅·假乐》：“子孙千亿。”意为子子孙孙千千万万。郑玄笺：“十万曰亿。”有时把一万万叫一亿。《诗·魏风·伐檀》：“不稼不穑，胡取禾三百亿兮？”意为不耕种不收割，为何三百亿谷束上你场（亿：周代以十万为亿。指禾把的数目）？今天则统一以一万万为亿。

简体	繁体	篆书	隶书	草书	行书
忆	憶	憶	憶	憶	憶
亿	億	億	億	億	億

yì　yì
译　绎

“译”和“绎”都是形声字，右旁相同的部分便是声符，读yì。但是意符不同，字义便不一样。

译，意符是“言”，将一种语言文字翻成另一种语言文字叫“译”，通常叫翻译。《说文》：“译，传译四夷之言者。”《汉书·平帝纪》：“越裳氏重（chóng）译贡白雉一，黑雉二。”意为越裳氏国的人通过多重翻译前来进贡白雉一，黑雉二（颜师古注：越裳，南方远国也。译谓传言也。道路绝远，风俗殊隔，故累译而后乃通）。商代解释经义也叫“译”，王符《潜夫论·考绩》：“夫圣人为天口，贤者为圣译。”意为那圣人是天的喉舌，而贤人又是圣人的翻译。

绎，意符是“糸”，表示与纺织及纺织物有关。《说文》：“绎，抽丝也。”本义是抽丝。引申为寻求、推究。《论语·子罕》：“巽与之言能无说乎？绎之为贵。”意为恭顺谨敬的话，听了能不喜悦吗？要加以分析、推究才可贵。逻辑学中，由一般原理推求其具体情况的方法，叫作演绎法；又引申为连续不断。络绎不绝：（人、马、车、船等）来来往往，连续不断。

简体	繁体	篆书	隶书	草书	行书
译	譯	譯	譯	譯	譯
绎	繹	繹	繹	繹	繹

yǐn 饮　qīn 钦

“饮”是会意字，“钦”是形声字，两字的形体相似，但音义皆不同。

饮，甲骨文的左下部是个酒罐子的形状，酒罐之上是一个人弯腰低头伸舌喝酒。本义是喝。《孟子·告子上》：“冬日则饮汤，夏日则饮水，然则饮食亦在外也。”意为冬天就喝热水，夏日就该喝冷水，那么饮食（便不只是由本性）也是由外在（因素）决定的了。饮水思源：喝水想到源头。比喻不忘本。又是古人饮食的通称。《史记·高祖本纪》：“有一老父请饮，吕后因餔之。”意为有一个老翁路过请求给饮食，吕后给他东西吃。又引申为隐没、含忍等义。饮羽：箭深入，尾部羽毛隐没不见。形容发箭的力量极强。饮恨吞声：形容忍受痛苦，不敢表露。又读 yìn，以饮料给人或畜饮。《诗·小雅·绵蛮》：“饮之食之，教之诲之。”意为给他喝的吃的，教他劝他好好干。屈原《离骚》：“饮余马于咸池兮。”意为我在咸池让我的马饮水。

钦，《说文》：“欠貌。从欠金声。”本义是打呵欠的样子。《尔雅·释诂下》：“钦，敬也。”常用义为恭敬、敬重。钦佩：敬重佩服。钦敬：钦佩，尊敬。钦慕：钦佩，爱慕。又是旧时对皇帝所行事的敬称。钦定：旧称皇帝的著述，或经皇帝指令修纂审定的著述。钦命：旧指皇帝的命令，也指皇帝命令所办理的事务。钦差大臣：由皇帝临时派遣出外办理重大事件的官员。

简体	繁体	甲骨文	金文	篆书	隶书	草书	行书
饮	飲	飲	飲	飲	飲	飲	飲
钦	欽		欽	欽	欽	欽	欽

yīng 膺 yàn 赝

“膺”和“赝”虽然都是形声字，但意符和声符都不一样，音义完全不同。

膺，从肉，表示它是人肢体的名称，上面是声符，念 yīn。《说文》：“膺，胸也。”本义是胸脯。李白《蜀道难》诗：“以手抚膺坐长叹。”意为只好坐下来用手抚摩着胸口长长地叹息。义愤填膺：义愤充满胸中。形容满腔愤怒。引申为承当、承担。克膺重寄：能承担重大的使命。

赝，《集韵》：“伪物。”从贝，表示字义与财物有关。雁声，所以读 yàn。本义为伪造的、假冒的。赝品：伪造的文物。赝本：伪托名人手笔的书画。赝币：伪造的货币，多指硬币。韩愈《酬崔少府》：“前计顿乖张，居然见真赝。”意为前头的谋划顿时觉得不符合实际，终于看到了人情的真伪。

简体	繁体	篆书	隶书	草书	行书
膺		膺	膺	膺	膺
赝	贋	贋	贋	贋	贋

莹 茔
yíng yíng

“莹”和“茔”两字的形体结构上部是它的声符，就是下部有从玉、从土的不同，字义也因此有所区别。

莹，《说文》：“玉色。从玉，荧省声。”本义指珠玉的光彩晶莹。《韩诗外传》卷四：“良珠度寸，虽有百仞之水，不能掩其莹。”意为质地优良的珍珠的直径如果满一寸，虽然有百仞深的水，也不能掩盖它的光彩。又指玉色美石。《诗·齐风·著》：“尚之以琼莹乎而。”意为美玉闪闪多漂亮（乎而：语尾助词）。扬雄《法言·吾子》：“如玉如莹。”意为像美玉，像莹石。

茔，从土荧省声。《说文》：“墓也。”《玉篇》：“墓地。”《汉书·张安世传》：“赐茔杜东。”意为赐墓地于杜陵之东。柳宗元《寄许京兆孟容书》：“虽不敢望归扫茔域，退托先人之庐，以尽余齿。”意为虽然不敢希望能回家扫墓，倚靠先人的产业，以度余年。

简体	繁体	篆书	隶书	草书	行书
莹	瑩	瑩	瑩	瑩	瑩
茔	塋	塋	塋	塋	塋

涌 踊
yǒng yǒng

“涌”和“踊”的声符都是“甬”，但所从意符不同，字义因而各异。

涌，从水。《释名·释水》：“水上出曰涌泉。”本义是水向上冒出。泪如泉涌：眼泪像泉水一样涌了出来。引申以形容其他东西的翻涌。风起云涌：风刮起来，云像潮涌一般。比喻许多事情相继兴起，声势浩大。也是古水名，夏水支流。

踊，往上跳的意思，所以意符用“足”。《说文》：“踊，跳也。”《左传·僖公二十八年》：

“距跃三百，曲踊三百。”纵身跨越叫“距跃”，并足上跳叫“曲踊”。这里记的是晋国一员大将为了表示自己伤势已平复，用两种方式各跳了三百下。现在很少单用，常用于复合词“踊跃”，形容情绪热烈，争先恐后。如：踊跃发言，踊跃参军。

简体	繁体	篆书	隶书	草书	行书
涌	湧	湧	湧	湧	涌
踊	踴	踴	踴	踴	踴

yòng　　shuǎi
用　　甩

“用”和“甩”两字相仿，音义却不同。

用，《说文》：“可施行也。从卜从中。会意。”意谓占卜占中了然后才可进行的事情。本义指使用。《诗·大雅·公刘》：“酌之用匏。”意为喝酒啊用葫芦瓢。引申为任用。《孟子·梁惠王下》：“见贤焉，然后用之。”意为发现他真有才干再任用他。又引申为用处、作用。李白《将进酒》诗：“天生我才必有用。”意为天生我这样的人才一定会有用处。又引申为费用。《荀子·天论》：“强本而节用。”意为加强农业巩固根本而节省费用。又用作助动词，相当于需要。李白《上韩荆州书》：“生不用封万户侯，但愿一识韩荆州。”意为这辈子不需要封万户侯，只希望能结识韩荆州。还常用来表示请客人吃喝的敬辞。如：请用饭，请用茶。

甩，近代新造的字，将“用”字中间一竖延长右弯，表示“挥动”义。如：甩胳膊，甩辫子。又指用甩的动作往外扔。如：甩手榴弹。引申为抛掉、抛开。如：我们等一下，别把他甩在后面。

简体	甲骨文	金文	篆书	隶书	草书	行书
用	用	用	用	用	用	用
甩			甩	甩	甩	甩

幽 豳
yōu bīn

“幽”是会意兼形声字，“豳”是形声字。两字的字形近似，但音义各异。

幽，从山，里面的两个“幺”也念 yōu，很隐微的意思，同时也是声符。本义是指山的隐蔽处，也即深远、僻静、昏暗的地方。《诗·小雅·伐木》：“出自幽谷，迁于乔木。”意为（鸟儿）本从幽深的山谷飞出，飞来住到高树上。引申为隐蔽的、不公开的。如：幽会。又引申为幽静、幽闲。杜甫《江村》诗：“长夏江村事事幽。”意为住在江边村子里，夏天事事都那样幽闲。又引申为幽雅。畅叙幽情：痛痛快快地叙一叙高雅的感情。又由幽隐引申为幽闭、监禁。司马迁《报任安书》：“深幽囹圄之中。”意为被拘禁在监狱之中。古代称北方为幽都，因此又用为北方州名。幽州为古代十二州之一，相当于今河北北部及辽宁西部。曹植《白马篇》：“借问谁家子，幽并游侠儿。”意为请问是谁家的汉子，原来是幽州、并州的游侠客。

豳，《说文》附在“邠”下，是同一个地名的两种不同写法。朱骏声认为先有豳，其字从山，是那里的山名，里面的两个“豕”是声符，也念 bīn，由于公刘迁居到那里，创立城邑，用作地名，才另造了从邑的“邠”字。朱骏声的这话是有道理的。豳地约在今陕西彬县旬邑一带。《诗经》里有《豳风》，相传是豳公时诗歌的汇集。

简体	甲骨文	金文	篆书	隶书	草书	行书
幽						
豳						

又 叉
yòu chā

“又”和“叉”只有一点之差，音义却大不相同。

又，甲骨文像一只右手，金文和小篆也是三个指头向左的一只右手。《说文》：“又，手也。

象形。”段玉裁注：“此即今之右字。”本义是“右”。但多假借为副词，表示更、再。白居易《赋得古原草送别》诗：“野火烧不尽，春风吹又生。”意为这草儿啊，野火烧也烧不尽，春风吹来又发青。又用来表示几种情况或几种性质同时存在。如：又红又专。用在否定句或反问句里加强语气。如：你又不是三岁的小孩。另外表示整数之外再加上分数。如：一又三分之一。

叉，从又，象叉之形，是一个指事字，用短画置于“又”的指间，用以表示“手指相错”义。《说文》：“手指相错也。”本义是交错、交叉。叉手：两手交叉。引申为歧头的用器。如：渔叉，钢叉。引申为分开，读 chǎ。如：叉开，叉着腿。又读 chá，阻塞、挡住。如：路口给车辆叉住了。

简体	甲骨文	金文	篆书	隶书	草书	行书
又	又	又	又	又	又	又
叉	叉	叉	叉	叉	叉	叉

迂 yū　迁 qiān

“迂”和“迁”都是形声字，意符也都是“辵”，但声符不同，音义各异。

迂，声符是“于”。《说文》：“避也。”本义是绕道走，所以从辵。和“直”是相对的。《孙子兵法·军争》：“先知迂直之计者胜，此军争之法也。” 意为预先知道绕道还是正面迎敌的计策的人得胜，这是用兵作战的方法啊！至今仍称避开敌人的主力，从侧面或背后进攻为迂回战术。引申以形容其他曲折的事物。如：山路迂回，文意迂回婉转。又，拘泥固执、不切实际也称迂。《论语·子路》记载孔子主张治理卫国应先从正名开始，子路道：“有是哉，子之迂也！”后代还常称人们陈腐不切实际的言行为“迂腐”。

迁，古文字本来是四只手抬着一件东西转移位置的形象。后来加了意符“辵”，简化字又将声符换成“千”。本义是迁移、迁徙。“莺迁乔木”，来源于《诗·小雅·伐木》的“出自幽谷，迁于乔木”。后来常用为祝贺别人迁居的颂词。引申为变更、变迁。时过境迁：时间过去了，情况也改变了。古代又指调动官职，一般指升官，贬官则称“左迁”。古代也用以指放逐、流放。柳宗元《封建论》：“然后掩捕而迁之。”意为然后才能逮捕流放他们。

简体	繁体	篆书	隶书	草书	行书
迂		迂	迂	迂	迂
迁	遷	遷	遷	遷	遷

yū shū
纡 纾

“纡”和“纾”的意符都是“糸”，但声符有别，读音和字义各不相同。

纡，《说文》：“诎（屈）也。从糸，亏声。一曰萦也。”本义是指屈曲、回旋。宋玉《高唐赋》：“水澹澹而盘纡兮。”意为流水波浪起伏而盘转回旋啊！又指屈抑。纡尊降贵：地位高的人自抑身份俯就他人。又指系结、垂。纡青拖紫：系佩印绶（青、紫，指绶带的颜色）。比喻地位显著。

纾，《说文》：“缓也。从糸，予声。”本义是舒缓。后来多写作“舒”。《左传·襄公八年》：“民急矣，姑从楚以纾吾民。”意为百姓危急了，姑且顺从楚国，以缓和百姓的苦难。引申为缓解。《左传·襄公二十九年》：“祸未歇也，必三年而后能纾。”意为祸乱还没有完哩，一定要三年然后才能缓解。

简体	繁体	篆书	隶书	草书	行书
纡	紆	紆	紆	紆	紆
纾	紓	紓	紓	紓	紓

余 佘

yú shé

“余”和“佘”差别极微，音义却不相同，其实本出一源。但自分化以后，就不能混用了。

余，从八舍省声。古代第一人称代词：我，我的。屈原《九章·怀沙》：“定心广志，余何所畏惧兮？”意为意志坚定胸怀宽广，我又畏惧什么呢？“剩余”的“余”本是从食余声，也简化为“余”了。余勇可贾：还有剩余力量可以使出来。余音绕梁：形容歌声优美动听，久久不散。不遗余力：把全部力量都使出来，一点也不保留。又用以指某种事情、情况以外或以后的时间。如：兴奋之余，业余。又用来表示整数后头不定的零数。《三国志·蜀书·诸葛亮传》：“相持百余日。”意为双方的部队对峙了一百多天。

佘，姓氏专用字，最早见于《元和姓纂》。据说，“余”字古代本有 yú、shé 二音，作为姓用，为了与“余”区别，将下面改成“示”而作“佘”。如：佘赛花。上海市青浦区东南有佘山，相传有一位姓佘的人曾隐居于此，故名。

简体	繁体	甲骨文	金文	篆书	隶书	草书	行书
余	餘	余	余	余	餘	余	余
佘				佘	佘	佘	佘

畬 畲

yú shē

“畬”和“畲”的意符都是“田”，而声符“余”和“佘”只有极细微的区别。

畬，《说文》：“三岁治田也。从田，余声。”本义是指开垦种了三年的熟田。《诗·周颂·臣工》：“如何新畬。”意为如何耕作新田畴（已垦两年的熟田叫“新”，又一说是又一轮，古时实行轮耕，种过的田在休闲几年后再种，故称新畬）。又读 shē，通“畲”。指火耕，即焚烧田地里的草木，用草木灰做肥料的耕作方法。这种耕种的田地叫“畲田”（即火耕地）。

畲，我国东南地区少数民族名，“畲”“畬”本同一字，据说分布在我国东南地区的少数民族，因地处僻远，原来文化落后，采用刀耕火种的原始生产方式，故通称“畬民”。后来为了区别于“三岁治田也”义的“畬”，改作“畲”。

简体	篆书
畬	畬
畲	畲

谀 yú　腴 yú

“谀”和“腴”的声符都是“臾”，读音均如声符 yú。只是意符不同，意义相异。

谀，意符是“言”。本义是恭维，用不实之词奉承人。《荀子·修身》：“以不善先人者谓之谄，以不善和人者谓之谀。”《史记·刘敬叔孙通列传》：“先生何言之谀也？”意为先生为什么言辞这样奉承呢？阿谀奉承：迎合别人的心意，说好听话，讨好别人。

腴，意符是“肉”。《说文》：“腹下肥者。”指的是人和动物腹下肥肉。王充《论衡·语增》：“桀纣之君，垂腴尺余。”意为桀纣这些暴君（大腹便便），肥肉下垂有一尺多。引申指肌肉丰满。如：丰腴。引申为（田地）肥沃。如：膏腴。

简体	繁体	篆书	隶书	草书	行书
谀	諛	諛	諛	諛	諛
腴		腴	腴	腴	腴

yǔ zì
宇 字

“宇”为形声字，“字”是会意兼形声字。造字方法不同，读音和意义也全不一样。

宇，指屋檐。《说文》：“屋边也。从宀，于声。”《诗·豳风·七月》：“八月在宇。”意为八月（蟋蟀）在屋檐边。引申为房屋、屋舍。《史记·秦始皇本纪》：“各安其宇。”意为各自认为他的住处安好（对生活满意）。因为房屋是四周下垂的，所以又用来比喻国家的四境或疆域、国土、国家。屈原《离骚》：“尔何怀乎故宇？”意为你为什么怀念故土？贾谊《过秦论》：“有席卷天下，包举宇内，囊括四海之意。”“宇内”指的就是四境之内。还常用来称人的风度。器宇轩昂：形容人的气度不凡。

字，本义是生孩子。《说文》：“乳也。从子在下，子亦声。”段玉裁注：“人及鸟生子曰乳。”“宀”和“子”就是表示在屋里生孩子的意思。王充《论衡·气寿》：“妇人疏字者子活，数乳者子死。”意为妇人生孩子，生得稀疏的，孩子就容易养活；生得太密的，孩子就不容易养活。引申为养育。《左传·成公十一年》：“又不能字人之孤而杀之。”意为又不能养育别人的孤儿而杀死他。又指表字（别名）。《史记·陈涉世家》：“陈胜者，阳城人也，字涉。”意思是陈胜是阳城人，表字叫涉。古代女子许嫁也称“字”。“待字闺中”，就是指女子尚未定亲。又引申为文字。《说文解字叙》：“形声相益即谓之字。字者，孳乳而寖多也。”意为形（意符）声（声符）两相组合而构成新的形体，就叫作字。所谓字，是辗转生成而变多的啊。

简体	甲骨文	金文	篆书	隶书	草书	行书
宇	宇	宇	宇	宇	宇	宇
字		字	字	字	字	字

yǔ 庾 yǔ 瘐 shòu 瘦

“庾”和“瘐”形近，声符同是“臾”。所以这两个字都读 yú。瘐和瘦（shòu）形近，两字意符相同。而三字声符不同，音义亦各异。

庾，意符是“广”。本义指露天的谷仓。《诗·小雅·楚茨》：“我仓既盈，我庾维亿。”意为我的粮仓已装满，我露天的谷仓无数计。又，露天积聚的谷物称“庾积”。《国语·周语中》：“野有庾积，场功未毕。”意为田野有露天堆积的谷物，场上的农事还未结束。古代又是一种容量单位，一庾等于十六斗，也有的说是等于二斗四升。

瘐，《尔雅·释训》：“瘐瘐，病也。”本义是病重貌。汉代特指囚犯在牢狱中生病叫“瘐”。《汉书·宣帝纪》：“今系者或以掠辜，若饥寒，瘐死狱中。”颜师古注引苏林曰：“囚徒病，律名为瘐。”后世遂称囚犯因折磨、疾病而死在牢里叫“瘐死”。

瘦，指肌肉不丰满或脂肪少（跟“肥”“胖”相对）。如称肌肉不丰满的人为“瘦子”。形容身材瘦个儿小为“瘦小”。比喻挑挑拣拣，一味挑选对自己有利的东西为“挑肥拣瘦”。肌肉不丰满，软弱无力称“瘦弱”。又喻称土壤瘠薄。如：瘦田。孟郊《秋夕贫居述怀》诗：“浅井不供饮，瘦田长废耕。”意为一口浅井还供不上饮用水，瘦田常常抛荒不能耕种。

简体	篆书	隶书	草书	行书
庾	庾	庾	庾	庾
瘐		瘐		瘐
瘦	瘦	瘦	瘦	瘦

yǔ 予 máo 矛

“予”和“矛”都是象形字，“予”字在象形中兼有会意。两字楷化的形体相似，但在古文字中是大不相同的。

予，古文字像手持连环结给人的样子。《说文》：“予，推予也，象相予之形。”本义是给予、赠予。《诗·小雅·采菽》：“君子来朝，何锡予之？”意为诸侯远道来朝见，用些什么去赏赐？古用作第一人称代词时读 yú，义为我、我的。《书·盘庚上》：“予若观火。”意为我（对你们了解得很清楚），像观看火一样。后常称透彻地了解为“洞若观火”。

矛，古代一种兵器，用来刺敌人，在长杆的一端装有青铜或铁制成的矛头，古字本像这种兵器的形状。《诗·秦风·无衣》：“王于兴师，修我戈矛。”意为君王如果发兵，整顿好戈矛就出征。《韩非子·难一》：“以子之矛，陷子之盾，何如？”

简体	甲骨文	金文	篆书	隶书	草书	行书
予			予	予	予	予
矛	矛	矛	矛	矛	矛	矛

yù qiān
芋 芊

“芋”和“芊”的意符都是“草”，表示与草本植物有关。但两字声符不同，音义各异。

芋，声符是“于”，是一种草本植物，块茎椭圆形或卵形，含淀粉很多，供食用，通称芋头。《说文》：“大叶实根，骇人。故谓之芋也。”《史记·项羽本纪》：“今岁饥民贫，士卒食芋菽。”菽：豆也。也用以泛指像芋的东西。如：洋芋（马铃薯）。

芊，声符是“千”。草木茂盛谓之“芊绵”，也作“芊眠”“芊芊”。《列子·力命》：“美哉国乎，郁郁芊芊。”意为这地方多美啊，郁郁葱葱，草木茂盛！《文选·宋玉·高唐赋》：“仰视山颠，肃何芊芊。”

简体	篆书	隶书	草书	行书
芋	芋	芋	芋	芋
芊	芊	芊	芊	芊

yù téng
誉 誊

“誉”和“誊”意符都是“言”，表示两字的意义均与语言文字有关。但声符各异，意义不一样。

誉，声符本是繁体的“与”字，简化成今天的写法。本义是称赞、赞美。《庄子·盗跖》：“好面誉人者，也好背而毁之。”意为喜欢当面赞美别人的人，也喜欢在背后毁谤别人。引申为名誉、荣誉。《孟子·告子上》：“令闻广誉施于身，所以不愿人之文绣也。”意为世人传颂的荣誉加在我的身上，所以也不羡慕别人身上的锦绣衣裳了。誉满全球：名声传遍全世界。

誊，本从朕声。简化时省掉了左边的“月”。本义是抄写。《说文》：“迻书也。”如：这稿子太乱，要誊写一遍。

简体	繁体	篆书	隶书	草书	行书
誉	譽	譽	譽	譽	譽
誊	謄	謄	謄	謄	謄

yù yú
谕 瑜

“谕”和“瑜”的声符都是“俞”，同音不同调，意符有从言从玉之区别。

谕，《说文》：“告也。从言，俞声。”指告晓、告示（一般用于上对下）。面谕：当面训示。手谕：旧指上级或尊长亲笔写的指示。引申为知道、理解。白居易《买花》：“低头独长叹，此叹无人谕。”意为低头长叹息，这种叹息有谁理解呢？

瑜，《说文》：“瑾瑜，美玉也。”本义是美玉。《山海经·西山经》：“瘗用百瑜。”意为用一百块玉埋了祭神。《左传·宣公十五年》：“瑾瑜匿瑕。”意为美玉也隐藏着瑕疵。

又用来形容玉的光彩。瑕不掩瑜：小小的斑点掩盖不了美玉的光彩。比喻掩盖不了优点，优点是主要的，缺点是次要的。

简体	繁体	篆书	隶书	草书	行书
谕	諭	諭	諭	諭	諭
瑜		瑜	瑜	瑜	瑜

yuán wù
元 兀

“元”和“兀”的形体很相近，但造字方法不同，“元”是象形字，“兀”是会意字，虽同与人有关，意义却不一样。

元，在古文字里本像人形，上面两横是由头形变来的。《说文》的“始也”是引申义，本义应是人的脑袋、头颅。《左传·僖公三十三年》：“狄人归其元，面如生。”意为狄人送回他（先轸）的头颅，面色像活着一样。引申为开始。如新年的第一天称“元旦”，第一次娶的妻子称“元配”。《孟子·滕文公下》：“勇士不忘丧其元。”意为勇敢士人不害怕丢掉自己的脑袋。引申为最高的、居首的。如：国家的最高领导人称“元首”，统率全军的主帅称“元帅”。今天军衔中高于将官的军官仍称元帅。

兀，从字源的角度说，同“元”本来是一个字。在古文字里，“元”字上面是表示头的部位的符号，既可作“一”，也可作“二”。后来，借用“兀”以书写另一个词，于是与“元”不再混用。《说文》“高而上平，从一在人上”的说法，便是在“兀”借用以表示另一个词的情况下，附会词义而立说的。借“兀”字书写的词是一个形容词，而且常以复音词的形式出现，其基本义为高耸貌。杜甫《茅屋为秋风所破歌》：“何时眼前突兀见此屋。”意为什么时候眼前忽然高高地出现这样的大厦。也形容光秃秃的样子。杜牧《阿房宫赋》：“蜀山兀，阿房出。”意为西蜀山上的树被砍光，阿房宫才造出来。也形容勤勉不止貌。韩愈《进学解》：“恒兀兀以穷年。”意为经常一年到头勤勉地用功。还用来指茫然无知。柳宗元《读书》：“临文乍了了，彻卷兀若无。”意为面对着一篇篇文章似乎刚刚清楚，读完一卷时早忘个精光。

简体	甲骨文	金文	篆书	隶书	草书	行书
元	元	元	元	元	元	元
兀	兀	兀	兀	兀	兀	兀

沅 沆
yuán　hàng

“沅”和“沆”的意符都是“水”，但声符不一样，字义也各不相同。

沅，水名，即湘江四大支流之一的沅江。屈原《九歌·湘夫人》：“沅有芷兮澧有兰，思公子兮未敢言。”意为沅水有香芷，澧水有兰花，念你情深无法说（芷：香草名。公子：同帝子，湘夫人。未敢言：不敢明白表达对湘夫人思念之情）。成语有“沅芷澧兰”，比喻高尚纯洁的人品。

沆，《说文》：“沆，莽沆，大水也。从水，亢声。一曰大泽貌。”义为“莽沆”，水波浩渺的样子。《晋书·成公绥传·天地赋》：“沧海沆漭而四周，悬圃隆崇而特起。”意为大海茫茫围绕在四周啊，“悬圃”在中间岿然隆起。又指“沆瀣”，夜间的水汽。成语“沆瀣一气”，则是另一回事。据钱易《南部新书》记载：唐朝崔瀣参加科举考试，考官崔沆取中了他。有人嘲笑说：“座主门生，沆瀣一气。”后用来比喻臭味相投的人联合在一起。

简体	金文	篆书	隶书	草书	行书
沅	沅	沅	沅	沅	沅
沆		沆	沆	沆	沆

yuán yuán
园 圆

“园”和“圆”是同音词，字形外部都是一个大口包着，很容易相混。其实这两个字起初并不同音。“园”的繁体是从囗袁声，上古韵属元部；“圆”字从囗员声，上古韵属文部，读音与“云”相近。语音演变的结果，变成了同音词。

园，《说文》：“所以树果也。”本义是指种植果树的地方，即果园。《诗·郑风·将仲子》：“将仲子兮，无逾我园。”意为二哥请你听我讲！不要翻我后园的墙。后泛称种树木蔬菜的地方。也用以指别墅和供人游览娱乐的地方。如：公园，游乐园。古代帝王的陵墓占地很多，里面有享殿之类建筑物，通称陵园，也称园。如：汉文帝的墓称“文园”。

圆，《说文》：“圆，圜全也。”本义是指方圆的圆。如：圆桌，圆柱，圆筒。《孟子·离娄上》：“不以规矩，不能成方圆。”意思是如果不采用圆规曲尺，还是画不出准确的方形、圆形。引申为完备、周全。自圆其说：指说话的人能把自己的论点讲得周全，没有遗漏。又称弥补谎话中的漏洞为“圆谎”。没有缺点、漏洞，使人满意称“圆满”。也用来称声音婉转。白居易《题周家歌者》：“深圆似转簧。”意为（歌声）婉转像吹笙。

简体	繁体	篆书	隶书	草书	行书
园	園	園	園	園	園
圆	圓	圓	圓	圓	圓

yuǎn yùn
远 运

“远”和“运”的意符都是“辵”，表示和行走有关，但读音和意义由于声符的不同而各异。声符部分本来相差很远，简化后变得相似了。

远，声符本来是“袁”，简化字换成“元”。《说文》：“远，辽也。”本义是指空间或时间的距离长，即远处（跟“近”相对）。《左传·襄公二十五年》：“言之无文，行之不远。”意为言辞没有文采，就不能传到远处。又如：远处，远古，远景，为时不远。远水救不了近火：比喻缓慢的解决办法不能满足急迫的需要。远见卓识：眼光远大，见识高超。又表示（血统关系）疏远。如：远亲，远房。表示（差别）程度大。如：远远超过。表示不接近。如：敬而远之。

运，声符本来是“军”，简化字换成“云”。《说文》：“运迻徙也。”《广雅·释诂》：“运、转也。”本义是指运行、运转。《易·系辞上》：“日月运行，一寒一暑。”意为太阳、月亮落下又升起，运行不止，冬天过了夏天来。又指运用。《史记·高祖本纪》：“夫运筹帷幄之中，决胜于千里之外，吾不如子房。”引申为搬运、运输。如：运货，客运，水运。又用作名词，指命运气数。如：好运，幸运。

简体	繁体	甲骨文	金文	篆书	隶书	草书	行书
远	遠	遠	遠	遠	遠	遠	遠
运	運			運	運	運	運

yuàn　chuán　yuán
掾　椽　橼

“掾”“椽”和“橼”的形体相似，但表示的意义差别却很大。

掾，《说文》：“缘也。”本是佐助的意思，所以从手，右旁是声符读 tuàn。后为属官的通称。掾吏：副官佐、贰吏等。掾属：佐治的官吏。掾史：分曹治事的属吏、胥吏，自汉以后，中央及各州县皆置掾史，如廷掾、狱掾、佐史、令史等。

椽，《说文》：“榱也。”即椽子，旧式布瓦盖房，安在梁上支架屋面和瓦片所用的木条，所以意符从木。《左传·桓公十四年》：“以太宫之椽归，为卢门之椽。”意思是把（郑国）大庙的椽子拿回去做宋国卢门的椽子。也用来指房屋的间数。陆游《夜雨》：“寒雨连三夕，幽居只数椽。”意思是寒冷的雨一下就三天不断，咱的寒舍就这么几间房。

橼，香橼，乔木或灌木，果实长圆形，黄色味酸而苦，果皮中医入药，也叫枸橼。苏轼《和刘柴桑》：“黄橼出旧梓，紫茗抽新畲。”

简体	篆书	隶书	草书	行书
掾	掾	掾	掾	掾
椽	椽	椽	椽	椽
橼	櫞	櫞	櫞	櫞

yún 匀　sháo 勺

“匀”和“勺”字形只有一点之差，其实古字结构各异，音义皆殊。

匀，来源于“旬”。古人记日以十天为旬，甲骨文即将“十”字竖画延长向内回曲，表示“周而复始”义。十天一旬，非常均匀，于是再加两画而构成“匀”字。本义是均匀、匀称。杜甫《丽人行》：“肌理细腻骨肉匀。”意为皮儿细嫩，体态均匀。又引申为分。如：平均分派叫“匀摊”。杜荀鹤《题花木障》：“不假东风次第吹，等匀春色一枝枝。”意为不凭借春风的力量，一枝枝花儿将春色匀布在屏障上。

勺，古文字本来是勺子的形象，中间的一点，指示舀东西的部分。从汉字的结构说，是象形兼指事字。本义是勺子，舀东西的用具，略作半球形，有柄。如：马勺，铁勺。又是古代一种容量单位，十撮等于一抄，十抄等于一勺，十勺为一合（gě）。

简体	繁体	甲骨文	金文	篆书	隶书	草书	行书
匀	匀	匀	匀	匀	匀	匀	匀
勺			勺	勺	勺	勺	勺

yǔn 陨 yǔn 殒

“陨”和“殒”的声符都是“员”，今读音与声符不同；意符不同，意义不一样。

陨，意符是“阜”。《说文》：“从高下也。”本义是指从高处落下，陨落。特指星体或其他在高空运行的物体从高空坠落。《左传·僖公十六年》：“陨石于宋五。”意思是在宋国从天上坠落石头五块。古人忌讳说死，采用委婉说法如“陨”“队（坠）”，久之，成为习惯用语，于是更换意符而作“殒”。

殒，死亡的意思，所以意符从歹。《史记·汉兴以来诸侯王年表》：“殒身亡国。”古代又通“陨”，为坠落义。《荀子·赋篇》：“列星殒坠，旦暮晦盲。”意为天上的星星落下来，一天到晚昏沉沉（比喻政治昏暗）。

简体	繁体	金文	篆书	隶书	草书	行书
陨	隕	隕	隕	隕	隕	隕
殒	殞		殞	殞	殞	殞

yùn 熨 wèi 慰

“熨”“慰”和“尉”之间，有一种错综复杂的关系。先从“熨”谈起。

熨，后起字，本字只作“尉”。“尉”字左下方的“小”，其实是从“火”变来的。“尉”的本义，《说文》说是“从又（手）持火以申缯也”。正是“熨”的意思，“尉”是“熨”的本字。后来由于“尉”字习惯用为古代一种官职的名称，因此又在“尉”下加火而成“熨”。

“熨”和“尉”古代都念wèi，又都有入声的音读（纡物切），本应读yù，后世音转而读yùn。本义是用熨斗熨平布帛衣衫。中医有一种热疗法叫熨法，则仍音wèi。由本义引申组成的固定词组“熨帖”，则仍保留了“yù”音，是妥帖的意思。

慰，《说文》：“安也。”通常作“安慰”。因与心理有关，所以从心。《诗·邶风·凯风》：“有子七人，莫慰母心。”意为我娘有七个儿子，不能安慰亲娘心。常用的词语有：慰问，慰劳，慰唁。又指心安。如：欣慰。

简体	篆书	隶书	草书	行书
熨				
慰				

Z

zài　　rǎn
再　冉

“再”和“冉”从楷书看，两字只差上面一横，形体相似。其实，古文字本不相同，“再”是会意字，“冉”是象形字，形音义都相去甚远。

再，《说文》：“一举而二也。从冓省。”古人称动作进行第二次为再。《左传·僖公五年》：“一之为甚，其可再乎？”意为一次已经过分，难道还可以来第二次吗？又指两次。《史记·孙子吴起列传》：“田忌一不胜而再胜。”意为田忌（赛马）输了一次而胜了两次。现代汉语有时专指第二次，如书刊第二次出版谓“再版”。又有重复、又一次的意思。如：再次出现称“再现”；一次又一次地继续努力称“再接再厉”。

冉，《说文》：“毛冉冉也。象形。”本义是指细毛下垂的样子，字形就像物体柔软下垂的形状。曹植《美女篇》：“柔条纷冉冉，落叶何翩翩。”意为柔弱的桑枝轻轻摇曳，采摘桑叶那么轻快。又用来形容“渐进”的样子。屈原《离骚》：“老冉冉其将至兮，恐修名之不立。”意为老年渐渐地就要到来啊，只是害怕美好的名声没有树立起来。现代汉语仍用“冉冉”形容舒缓的行动。如：月亮冉冉上升。

简体	甲骨文	金文	篆书	隶书	草书	行书
再	再	再	再	再	再	再
冉	冉	冉	冉	冉	冉	冉

zàng zāng
脏 赃

“脏”和“赃”是一组形似字，右部都作“庄”，是声符，左边的意符虽不相同，却很相近。

脏，作为一个简化汉字，取代了两个繁体字：

脏①，繁体“臟”，右边的声符本作“臧”，意符从肉，读 zàng，身体内脏的通称。古书里往往就写作“藏”，意思是人体内的“府藏”，后乃作“腑脏”。中医学以心、肝、脾、肺、肾为五脏，以别于六腑。

脏②，是繁体“髒”的简化字，从骨葬声。组成复音词“肮髒”。“肮髒”本读 āng-zāng，义为刚直倔强貌。李白《送张十四游河北》：“有如张公子，肮髒在风尘。”意为像张公子这样刚正啊，却在风尘里没有出头。这个“髒”字不能简化成“脏”。表示不洁义的“脏”读 zāng。据清代焦竑说：物不净曰“𡟰赃”。后来写作“肮髒”，简化作“肮脏”。

赃，本来也从臧声，简化字换成庄。“赃”字从贝，表示与财货有关。本义指贪污受贿或盗窃所得的财物。如：退赃，追赃。捉贼要赃，捉奸要双：捉贼要把赃物抓到（有物证），捉奸要把当事人双双捉到（有人证）。

简体	繁体	篆书	隶书	草书	行书
脏	臟	臟	臟	臟	臟
赃	贜	贜	贜	贜	贜

zǎo dàn
蚤 蛋

“蚤”和“蛋”都是形声字，意符相同，但声符不同，音亦各异。

蚤，从虫，上面是声符。本义是跳蚤。但古时常借作“早”。《史记·项羽本纪》：“旦日不可不蚤自来谢项王。”意为明天（沛公）不可不早点来向项王道歉。又通“爪”，指“指甲”。

《荀子·大略》：“争利如蚤甲而丧其掌。” 意思是争夺像指甲那样大的利益，却丧失巴掌，而所失甚大。

蛋，起初本是古代南方民族名，字的上部是从声符“延”变来的，后来专用以指鸟、龟、蛇等所产的卵。如：鸡蛋，鸭蛋。又形容呈球形的东西。如：泥蛋儿，山药蛋。

简体	篆书	隶书	草书	行书
蚤				
蛋				

zào 噪　sǎng 嗓

“噪”和“嗓”的意符都是“口”，表示字义与口有关；但声符有从喿、从桑之别，音义不一样。

噪，右部本来就是它的本字，从三口在木上会意。《说文》说是“鸟群鸣也”。后来又在左边加个口旁。杜甫《羌村》：“柴门鸟雀噪，归客千里至。”意为柴枝儿编的门啊，一片雀鸣鸟叫声中，千里外的归客来到了。引申为嘈杂。薛道衡《奉和月夜听军乐应》诗：“笳声喧陇水，鼓曲噪渔阳。”喧：声音大。引申为喧哗，很多人在一起叫嚷。鼓噪：古代指作战时擂鼓呐喊，以壮声势；今泛指喧嚷。

嗓，《集韵》：“喉也。”指咽喉。如：嗓子痛，哑嗓子，大嗓门。《红楼梦》第五十四回：“老祖宗喫一口润润嗓子。”《正字通》又说“俗以马病鼻流涎曰嗓”。六畜劳伤，鼻子常流脓水，叫作嗓病。

简体	甲骨文	篆书	隶书	草书	行书
噪					
嗓					

zhà　　shān

栅　珊

“栅”和“珊”的声符从表面上看都是“册”，但读音却相去甚远。“栅”本音 cè，由于音转而读 zhà；“珊”的声符是“删”省略去“刀（刂）”，读音如删。造字方法不全相同：“栅”是会意兼形声字，“珊”则是形声字。因此形虽似而意义相去甚远。

栅，指栅栏。《说文》：“编树木也。从木从册，册亦声。”从木，表明使用的材料是木；从册表明编的方法像用绳子串编简册一样。用这种材料和方法编的东西就是栅栏，类似篱笆而较坚固的东西，用来做路障或遮蔽物。陆游《过邻居》：“群散鸡归栅，声喧雀噪囷。”

珊，《说文》：“珊瑚，色赤，生于海，或生于山。”本义指珊瑚，是热带海中的腔肠动物，骨骼相连，形状像树枝，故也称珊瑚树，多为红色，也有白色或黑色的，可供玩赏，也可以做装饰品。《史记·司马相如列传·上林赋》：“玫瑰碧琳，珊瑚丛生。”珊瑚在网：比喻有才学的人都被收罗。又假借为形容用语，“珊珊”叠用，形容衣裾玉佩的声音。如杜甫《郑驸马宅宴洞中》：“时闻杂佩声珊珊。”又形容雨声。白居易《题卢秘书夏日新栽竹》诗：“碧笼烟幂幂，珠晒雨珊珊。”

简体	繁体	篆书	隶书	草书	行书
栅	柵	栅	栅	栅	栅
珊		珊	珊	珊	珊

zhài　　sài

寨　赛

“寨”和“赛”字形相似，读音不同，意义各异。

寨，意符是“木”，指防卫用的栅栏、营垒。安营扎寨：安置营房，并在四周修筑栅栏。现泛指部队或团体在一个地方驻扎或安顿下来。又指山寨。《广韵》说“山居以木栅”，就是指用栅栏围起的山寨。后来用以称四周有栅栏或围墙的村子。

赛，《说文》新附说是“报也”。旧时酬神称赛，俗称报祭神曰“赛神”。白居易《春村》：“黄昏林下路，鼓笛赛神归。”意为黄昏时，参加赛神的人们敲着鼓吹着笛子从林间的小路归来。假借为比赛。如：赛跑，球赛。

简体	繁体	篆书	隶书	草书	行书
寨		寨	寨	寨	寨
赛	賽	賽	賽	賽	賽

zhān tǎn
毡 毯

“毡”和“毯”的意符同是“毛”，表示字义多与毛有关，但声符不一样。

毡，即毡子，用羊毛或其他动物的毛，经湿、热、压力等作用使粘缩而成的块片状材料。我国古代已有制毡的工艺技术。如《周礼·天官·掌皮》说：“共其毳毛为毡，以待邦事。”意思是供给柔软的毛材好做毡子，以备国用。古代游牧民族所用的毡制帐篷称“毡帐”，像今天蒙古包。马致远《汉宫秋》第一折：“毡帐秋风迷宿草，穹庐夜月听悲笳。”意思是毡帐秋风里，一片凄迷的枯草；月夜穹庐里，又听到悲笳一声声（穹庐：北方民族住的帐篷名）。

毯，即毯子，一种细软厚实的毛织物。白居易《红线毯》诗：“大原毯涩毛缕硬。”意为太原出产的毛毯质地硬涩。棉传入我国后，也以棉为之。如：毛毯，地毯，壁毯。

简体	繁体	篆书	隶书	草书	行书
毡	氈	氈	氈	氈	氈
毯		毯	毯	毯	毯

zhān 瞻　shàn 赡

“瞻”和“赡”虽都是形声字，声符都是“詹”，但读音不同，“瞻”读音如声符，“赡”今音与声符只同韵母。两字的意符只有微小的差异，意义差别却很大。

瞻，意符是“目”。《说文》：“临视也。”本义是往前或向上看。《诗·邶风·燕燕》：“瞻望弗及，泣涕如雨。”意为遥望背影渐消失，泪珠滚滚如雨下。瞻前顾后：看看前面，又看看后面。形容做事以前考虑周密谨慎；也形容顾虑过多，犹豫不决。

赡，从贝。本义是丰富、充足。《小尔雅·广言》：“赡，足也。”《墨子·节葬下》：“财不赡。”意为财力不充足。《孟子·公孙丑上》：“以力服人者，非心服也，力不赡也。”意为使用强力去压服别人的，人家不会心悦诚服，只是因为他本身的力量不充足的缘故。又指供给、供养。《玉篇》：“赡，周也，假助也。”《盐铁论·本议》：“使备塞乘城之士饥寒于边，将何以赡之？”意为让防守边城的士卒在边塞受饥寒之苦，拿什么去供给他们呢？又，子女对于父母在物质上和生活上的帮助称“赡养”。《中华人民共和国婚姻法》规定：子女对父母有赡养扶助的义务，不得虐待或遗弃。

简体	繁体	篆书	隶书	草书	行书
瞻		瞻	瞻	瞻	瞻
赡	贍	贍	贍	贍	贍

zhàng 障　zhàng 幛　zhàng 嶂

“障”“幛”和“嶂”的声符都是“章”，今与声符同音不同调，字义亦因彼此意符不同而各异。

障，指筑堤防。《国语·周语中》：“泽不陂障，川无舟梁。”意为川泽不筑堤岸，河上没有船只和杞梁。又指阻挡。所以用“阜”为意符。《吕氏春秋·贵直》：“欲闻枉而恶直言，是障其源而欲其水也。”意为想知道枉曲不直之处而又讨厌别人说直话，就好比阻塞水源而希望水流一样。又指用来遮挡的东西。如：屏障。

幛，意符是“巾”，指幛子，即题上词句的整幅绸布，用作祝贺或吊唁的礼物。如：寿幛，挽幛。

嶂，高耸险峻像屏障的山峰，所以意符是“山”。《集韵》：“山之高险者。”层峦叠嶂：形容山峦重叠。

简体	篆书	隶书	草书	行书
障	障	障	障	障
幛	幛	幛	幛	幛
嶂	嶂	嶂	嶂	嶂

zhàng zhàng
仗 杖

“仗”和“杖”的声符都是“丈”，读音均如声符，意义因意符不同而有明显的区别。

仗，从人。本义是刀戟等兵器的总称。明火执仗：举着火把拿着兵器。原指强盗公开抢劫，现用以比喻明目张胆地（干坏事）。引申为执、拿着。《盐铁论·结和》：“高皇帝仗剑定九州。”意为汉高祖刘邦握着剑（南征北战），平定九州（统一中国）。又引申为凭借、倚仗。仗势欺人：倚仗权势欺压人。又用来作名词，指战争或战斗。如：打了胜仗。

杖，从木。本义是手杖。《论语·宪问》：“以杖叩其胫。”意为用拐杖敲他的小腿。扶杖而行：握着拐杖走路。又泛指棍棒。擀面杖吹火：拿擀面用的木棍儿吹火，寓“一窍不通”义。又指执、持。“既食，孔伯姬杖戈而先。”意为吃过饭后，孔伯姬执戈先行。

简体	篆书	隶书	草书	行书
仗	仗	仗	仗	仗
杖	杖	杖	杖	杖

zhàng zhàng
帐 胀

“帐”和“胀”的声符都是“长（zhǎng）”，读音与声符同音不同调。两字的义因意符不同而殊异。

帐，意符是“巾”，表示和纺织品有关。《说文》：“帐，帱也。”《释名》：“帐，张也，施于床上也。”本义是指用布、纱或绸子等做成的作为遮蔽的用具。如：帐幔，蚊帐，营帐，帐篷。北方人称夏秋间长得高而密的大面积高粱、玉米等为“青纱帐”。后又用来指帐册，记载钱财出入。如：记帐，查帐。记帐用的簿册称帐簿。这个意义现在写作“账”。

胀，意符是“肉”，表示和人的机体有关。意义是指皮肉鼓胀，或身体内壁受到压迫而产生不舒服的感觉。如：肿胀，肚子发胀。引申为膨胀，即由于温度增高或其他因素，物体的长度或体积增加。如：热胀冷缩。又借指某些事物的扩大或增长。如：通货膨胀，指国家纸币的发行量超过流通中所需要的货币量，引起纸币贬值、物价上涨的现象。

简体	繁体	篆书	隶书	草书	行书
帐	帳	帳	帳	帳	帳
胀	脹	脹	脹	脹	脹

zhāo　　jiàn

钊　剑

“钊”和“剑”两字看来右偏旁都是“刀”，好像都是形声字。其实只有“剑”才是形声字，“钊”是会意字。两字意义读音都不一样。

钊，从刀从金。《说文》：“刓也。”又《尔雅·释诂》：“钊，勉也。”义是勉励。又释：“钊，见也。”但多用于人名，古也有用作姓的。

剑，繁体为“劍”“劒”。《说文》：“人所带兵也。从刃，佥声。”是古代的一种兵器，青铜或铁制成，长条形，一端尖，两边有刃，可以佩带。剑拔弩张：剑拔出来了，弓拉开了。原形容书法崛奇雄健，现比喻一触即发的紧张局势。

简体	繁体	金文	篆书	隶书	草书	行书
钊	釗		釗	釗	釗	釗
剑	劍	劍	劍	劍	劍	劍

zhǎo　　guā

爪　瓜

“爪”和“瓜”都是象形字。虽然造字方法相同，现在楷化了的字形外部很相似，其实它们的古字形体并不近似。

爪，《说文》：“覆手曰爪。象形。”本义是手爪。引申为指甲或趾甲，或鸟兽的脚。如：鹰爪，前爪。爪牙：爪和牙是猛禽、猛兽的武器，过去用以比喻护卫的人，今天则多用于贬义，指坏人的帮凶。

瓜，古文字像瓜藤上挂着一个瓜的形象。《说文》：“瓜，㼌也。”本义是指葫芦科植物及其果实。又如：西瓜，南瓜，冬瓜，黄瓜。《诗·小雅·信南山》：“中田有庐，疆场有瓜。”意为田中有房住人家，田边种着青翠瓜。瓜熟蒂落：比喻条件具备，时机成熟。

简体	金文	篆书	隶书	草书	行书
爪	爪	爪	爪	爪	爪
瓜	瓜	瓜	瓜	瓜	瓜

zhào diào
棹 掉

“棹”和“掉”都是形声字，声符都是“卓”，意符从木从手不同，音义各异。

棹，划水行船的工具。屈原《九歌·湘君》：“桂棹兮兰枻，斫冰兮积雪。”意为用桂木做船，木兰做桨，破浪飞驰，激起浪花如堆堆积雪。又指划船。陶潜《归去来兮辞》：“或命巾车，或棹孤舟。”意为我时而坐着小车，时而划着扁舟。又用为船的代称。过去称船家为“棹夫”，称水军为“棹卒”，船工行船时所唱的歌称“棹歌”。

掉，《说文》：“摇也。”本义是摇动、摇摆。《左传·昭公十一年》：“尾大不掉，是君所知也。”意为尾巴太长，就不能摇摆是君王所清楚的。用以比喻下属如果势力太大，就指挥不动。引申为扭转。掉头不顾：扭转头去看也不看。又指落下。掉队：结队行走时落在队伍的后面。掉色：颜色脱落。掉泪：落下眼泪。又用在动词后面，表示动作完成。如：改掉坏习气。

简体	篆书	隶书	草书	行书
棹	棹	棹	棹	棹
掉	掉	掉	掉	掉

zhào tiáo
召 苕

“召”是以“刀”为声符的形声字，“苕”又是以“召”为声符的形声字，今天读音都不一样。由于各有各的意符，意义彼此毫不相干。

召，意符是“口”。《说文》：“呼也。”意思是用言语呼唤人来。甲骨文上半部是一个人用手和口招呼（别人），下半部是高地。《诗·小雅·出车》：“召彼仆夫，谓之载矣。”意为唤来御车武士驾起来，赶快送我到边防。今如召集、召见、召开会议等，都沿用这个意义。又读 shào，指古地名。周初召公奭的封地。

苕，意符是“草”。《说文》：“苕草也。”即凌霄花。又芦苇的穗也称苕，通常用来编制扫帚，称笤帚。又南方用作甘薯的别名，读 sháo，也叫红苕。

简体	甲骨文	金文	篆书	隶书	草书	行书
召				召	召	召
苕				苕	苕	苕

zhào zhǎo
诏 沼

“诏”和“沼”虽然声符都是“召”，但声调不同。意符各异，“诏”字尚有会意成分，所以两字意义很不一样。

诏，本义是告诉、告诫、教诲。《说文》：“告也（告诫）。从言，从召；召亦声。”《庄子·盗跖》：“若父不能诏其子，兄不能教其弟，则无贵父子兄弟之亲矣。”意为如果父亲不能教训他的儿子，兄长不能教导他的弟弟，那么，父子兄弟之亲也没有什么可贵了。又指诏书，君王颁发的命令或文告。秦以后“诏”只限于皇帝下命令用。蒲松龄《促织》：“诏赐抚臣名马衣锻。”意为皇帝下命令赏赐巡抚好马、锦缎。

沼，指水池子。《说文》：“池水。从水，召声。”《孟子·梁惠王上》：“王立于沼上。”意为王站在池塘岸上。又指沼泽，即水草茂密的泥泞地带。池沼污泥中埋藏的植物体发酵腐烂生成的气体称“沼气”，可用作燃料或化工原料。

简体	繁体	篆书	隶书	草书	行书
诏	詔	詔	詔	詔	詔
沼		沼	沼	沼	沼

zhé 蛰 zhē 蜇 qióng 蛩

“蛰”“蜇”和“蛩”的意符同是“虫”，但声符不同，音义不一样。

蛰，《说文》：“藏也。从虫，执声。”指动物冬眠，藏起来不食不动的状态。蛰户：昆虫蛰伏的穴。蛰虫：伏藏在土中过冬的昆虫。蛰雷：春雷初动，发声启蛰。蛰兽：藏于穴中过冬的野兽。《庄子·天运》：“蛰虫始作，吾惊之以雷霆。”意为冬眠的虫类刚要振作，我以雷霆之声惊动它。

蜇，《玉篇》：“虫螫也。”是指蜂、蝎子等用毒刺刺人或动物。又读 zhé，指海蜇、水母的俗称，腔肠动物，生活在海中，可以食用。《正字通》：“蜇，又江蜇，即海胆。味咸，可生啖，伪呼海蜇，也曰蜇皮，以其似皮也。”

蛩，《说文》：“蛩，蛩蛩，兽也。一曰秦谓蝉蜕曰蛩。从虫，巩声。”“蛩蛩”为古传说中的怪兽名。《山海经·海外北经》：“北海有素兽焉，状如马，名曰蛩蛩。”意为北海有一种白色的兽，样子像马，名叫蛩蛩。又指蝗虫，也指蟋蟀。白居易《禁中闻蛩》：“西窗独闇坐，满耳新蛩声。”意为对着西窗独自闷坐，（在蟋蟀叫的季节里）到处都是蟋蟀的叫声！

简体	繁体	篆书	隶书	草书	行书
蛰	蟄	蟄	蟄	蟄	蟄
蜇		蜇	蜇	蜇	蜇
蛪		蛪	蛪	蛪	蛪

zhè 浙　xī 淅

“浙”和“淅”的意符都从水，但声符不同，读音和意义不一样。

浙，《说文》：“江水东至会稽山阴为浙江。从水，折声。”前人已辨清。浙江即今钱塘江。浙江省正是以水为名的。《说文》所说有误。

淅，《说文》：“汰米也。从水，析声。”即淘米。《仪礼·士丧礼》：“祝淅米于堂。”意为祝（祭祀告神者）在堂上洗米。《孟子·万章下》：“孔子之去齐，接淅而行。”意为孔子当年离开齐国，米没淘完、漉干就出发。叠用为“淅淅”作象声词。《淮南子·兵略》：“秋风淅淅吹我衣。”意为淅淅的秋风吹动我的衣裳。又构成另一象声词“淅沥”，形容雪、雨、风等的声音。苏舜钦《游洛中内》：“别殿秋高风淅沥，后园春老树婆娑。”意为便殿里深秋风儿呼呼地吹呀，后园里春光已老，树密荫浓影婆娑。

简体	篆书	隶书	草书	行书
浙	浙	浙	浙	浙
淅	淅	淅	淅	淅

zhēn　　zhēn

帧　桢

“帧”和“桢”的声符同是“贞”，读音有细微的区别，但意义相去甚远。

帧，画幅，意符是“巾”。汤显祖《牡丹亭·写真》：“偶成一诗，暗藏春色，题于帧首之上何如？”意为偶然写成一首诗，诗里暗藏春色，题写在画幅上如何？书画、书刊的装潢设计称“装帧”。又作量词用于字画。《正字通》：“今日以一幅为帧。”一幅字画也称一帧字画。

桢，一种木名，所以意符从木。《山海经·东山经》：“又东二百里曰太山，上多金、玉、桢木。”指女桢，叶冬不凋。古诗文中用以比喻有节操的女性。筑墙时竖立在两端的木柱也叫桢。又引申为主干、支柱。也称能胜重任的人才。《汉书·匡衡传》：“朝廷者，天下之桢干也。”意为朝廷（政府）是国家的主干（中枢）啊！

简体	繁体	篆书	隶书	草书	行书
帧	幀	幀	幀	幀	幀
桢	楨	楨	楨	楨	楨

zhēn　　ōu

甄　瓯

“甄”和“瓯”的意符都是“瓦”，说明其意义都与瓦器有关；但声符不同，音义各异。

甄，《说文》：“匋也。”“匋”是瓦器。“甄”指的是制造陶器的转轮。《潘尼传·释奠颂》：“若金就范，若埴在甄。”意为（人受教育）就像金属熔铸进模型，黏土放到制作陶器的转轮上。也比喻培育造就人才或推行教化。甄陶：锻炼成器。又引申为审查鉴定（优劣，真伪）。甄别：审查辨别优劣、真伪；考核鉴定能力、质量。

瓯，盆盂类瓦器。《说文》：“小盆也。从瓦区声。”《淮南子·说林》：“狗彘不择瓯瓯而食。”意为猪狗并不挑选瓦盆吃食。又如，茶瓯，酒瓯，都是饮器。又是古代乐器名。古人击瓯，以十二磁瓯为一棹。又，汉初温州一带为东瓯王国，故“瓯”又是温州的别称。

简体	繁体	篆书	隶书	草书	行书
甄		甄	甄	甄	甄
瓯	甌	甌	甌	甌	甌

zhěn 诊　zhēn 珍

“诊”和“珍”的声符相同，但两字的声调不同，其字义因意符不同而有很大差异。

诊，意符是“言”。《说文》：“视也。”指医生对病人病情的诊断。中医称望、闻、问、切为四诊。后来把医生对病人的诊断治疗通称为诊。如：诊病。比医院规模小的医疗单位称诊所。

珍，意符是“玉”。《说文》：“珍，宝也。”又“宝，珍也”。“珍宝”连用意为珍珠宝玉的总称。如：奇珍异宝。也泛指其他稀有的东西。山珍海错：山间或海中出产的珍异食品（海错：指各种海味）。又用作形容词，义为宝贵的、贵重的。如：宝贵的物品称“珍品”；珍贵而不易获得的书称“珍本”。而“珍视”“珍惜”的“珍”则含有看重、爱惜、重视的意思。

简体	繁体	篆书	隶书	草书	行书
诊	診	診	診	診	診
珍		珍	珍	珍	珍

zhèn　　lián

朕　联

“朕”和“联”的读音和意义差别很大，汉字简化后才成了一对形似字。

朕，《说文》在舟部，无疑从舟，楷化成月。古文字是两只手拿尖棍在舟旁修补船缝。戴震说是“舟之缝理”。即木船上的一些接缝，也泛指缝隙。《周礼·考工记·函人》：“眡（视）其朕，欲其直也。”借作人称代词我、我的。屈原《离骚》：“朕皇考曰伯庸。”意为号叫伯庸的是我已故的父亲。古时自称为朕，本无贵贱之分，自秦始皇起专用为皇帝的自称。《史记·秦始皇本纪》：“朕为始皇帝。”意为我是第一个皇帝。皇太后临朝听政时也自称朕。

联，会意字。《说文》：“连也。从耳从丝。从耳，耳连于颊。从丝，丝连不绝也。”本义是联结、连接。珠联璧合：珍珠美玉连串在一起。比喻人才或美好的事物聚集在一块。又指联合、联系。《周礼·地官·大司徒》：“三曰联兄弟，四曰联师儒，五曰联朋友。”又特指对联，写在纸上、布上或刻在竹子上、木头上、柱子上的对偶语句，上句称上联，下句称下联。

简体	繁体	甲骨文	金文	篆书	隶书	草书	行书
朕							
联	聯						

zhēng jìng
争 净

“争”是会意字，“净”是以“争”为声符的形声字。两字虽形似但音义完全不同。

争，在金文本是上下两只手争夺一根直棍状的物体。本义是指争夺、竞争。《说文》：“争，引也。”从𠬪从厂。“𠬪（piǎo）”就是双手。段玉裁注：“引之使归于己。”如：力争上游，分秒必争。引申为争执、争论。如：据理力争。又引申为规劝，读 zhèng，古人称规劝帝王的臣子为“争臣”，能直言规劝的朋友为“争友”。这个意义后来写作“诤”，加了一个意符“言”，更加明确它使用的范畴。

净，原为“从水，争声”，《说文》：“净，鲁北城门池也。”是古代鲁国北城的护城河名。但向来用它代替“从水，静声”的字。本义是清洁、干净。今简化只用两点，作“净”。《国语·周语》：“净其巾幂。”《韦昭注》：“净，洁也。”又用作动词，指擦洗干净。如：净一净桌面儿。还有“净尽”“没有剩余”义。如：杯里的茶没有喝净。又引申为纯净。如：净重，净利等。也是戏曲中的角色，俗称花脸。

简体	繁体	金文	篆书	隶书	草书	行书
争	爭	爭	爭	爭	争	爭
净	淨		淨	淨	净	淨

zhī yì
脂 诣

“脂”和“诣”的意符不同，部类不相统属，意义迥异。声符虽然都是“旨”，但是现在的读音已不同。

脂，意符是“肉”。《说文》：“戴角者脂，无角者膏。”意思是指牛羊一类家畜的脂肪为脂，猪的脂肪叫膏。但一般不加分别，泛指动植物所含的油质。《诗·卫风·硕人》：“手如柔荑，肤如凝脂。”意思是她的手指像茅草的嫩芽，皮肤像洁润的凝冻脂膏。现在称“脂肪”“松脂”的“脂”就是用这个意义。又指胭脂。如：涂脂抹粉。

诣，意符是“言”。本义是到某处去。《资治通鉴·元和十二年》：“（李）愬以槛车送（吴）元济诣京师。”意为李愬用囚车把吴元济送往京城去。又指所到达之处。如：造诣（指学业技术所达到的程度）。苦心孤诣：费尽心思地钻研或经营，到了别人所达不到的境地（孤诣：指的是别人所达不到的境地）。

简体	繁体	篆书	隶书	草书	行书
脂		脂	脂	脂	脂
诣	詣	詣	詣	詣	詣

zhí 直　zhēn 真　jù 具

“直”是指事字，“真”和“具” 都是会意字。这三个字就其形体来说，有相似之处，都包含有似“且”的这个构件。其实，三字中像“且”的部分，并非同样的形体，在“直”和“真”中，它是“目”，而在“具”中，却是“贝”的省略。所以，不辨清字源，是难以把握其本义的。

直，甲骨文下部像一只眼睛的形状，眼睛的上端用“丨”代表直立的物体，表示以眼测直的意思。现在人们观测直的东西，仍习惯用一只眼睛顺着长条物的一端往前看。后来“丨”变成“十”，而“目”下又加了“~”楷化成“直”。本义是成直线的（跟“曲”相对）。《荀子·劝学》：“木直中绳，輮以为轮。”意为木头直得合乎手拉直的墨线，把它弄弯就可以做成车轮。引申为公正、合理；正义。理直气壮：理由正确、充分，说话就有气势。也用来形容直爽。如：心直口快，直言不讳。又引申为直接、径直。多用作状语。《史记·信陵君列传》：“侯生摄敝衣冠，直上载公子上座。”意为侯嬴整了整破旧的衣服帽子，径直走上公子所乘马车的尊位上。又用作副词，表示只、只是的意思。《孟子·梁惠王上》：“直不百步耳，是亦走也。”意为这也是逃跑，只不过没有百步那么远罢了。唐以后又表示简直的意思。杜甫《八月十五夜月》：“此时瞻白兔，直欲数秋毫。”意为这时看月色多么明亮，简直可以数清鸟兽秋天新长的细毛。

真，《说文》的解说很牵强。有人认为“真”的字形，本来是古文字“页”的倒写，表示人倒回到最初，以体现“真”的义。本义是真实（与“伪”相对）。如：真心诚意，真才实学，去伪存真。陶行知有名言：“千教万教教人学真，千学万学学做真人。”又虚化为副词的确、实在。如：时间过得真快。

具，甲骨文上面是“鼎”，下面是双手，金文把上面的“鼎”简化为“贝”，小篆再将它简化为“目”，隶变而成现在的字形。《说文》：“共置也。从廾，从贝省。”“贝”泛指财货，合拱的“手”表示备办。本义是准备、备办。褚少孙《补史记·滑稽列传·西门豹治邺》：“为具牛酒饭食。”意为替她备办牛肉白酒和饭食。引申为具备、具有。魏学洢《核舟记》：“各具情态。”意为各自都具有神情姿态。又用作名词指器械、装备。如：器具，战具，玩具等。用作副词，表示尽、统统、全部的意思。后作“俱”。《史记·项羽本纪》：“具以沛公言报项王。”意为把沛公的话全都报告给项王。

简体	甲骨文	金文	篆书	隶书	草书	行书
直						
真						
具						

zhǐ 纸　dǐ 诋　chí 坻

“纸”的声符是“氏”，“诋”和“坻”的声符是“氐”。三字的意符不同，却很近似，容易误用。

纸，《说文》：“絮一苫也。从糸氏声。”朱骏声认为造纸产生于漂絮，漂下的短绒均匀地摊在竹筐上，干后便成了纸，到了东汉，蔡伦总结了前人的经验，从而发展为用竹、树皮、麻头、旧渔网之类为原料的造纸。因最初以漂絮而来，所以其字从糸。纸上谈兵：在文字上谈用兵策略。比喻不联系实际情况，发空议论。据陶谷《清异录·居室》记载：唐末有庸医孟斧，把自己房间里的家具都包上金纸，闪闪发光。到过他家的人都说，在那房里一会儿就能让人金迷纸醉。因而有成语“金迷纸醉”，比喻使人沉迷的奢侈繁华的环境和骄奢淫逸的生活。

诋，《说文》：“苛也，一曰诃也。从言氐声。”本义是指摘，后多以指毁谤、诬蔑。如：恶意诬蔑曰“诋毁”。

坻，《说文》：“小渚也。”指水中的小块陆地。《诗·秦风·蒹葭》：“溯游从之，宛在水中坻。”意为逆水而行去找她，像在水中小洲上。又读 dǐ。宝坻，县名，在天津市。

简体	繁体	篆书	隶书	草书	行书
纸	紙	紙	紙	紙	紙
诋	詆	詆	詆	詆	詆
坻		坻	坻	坻	坻

痣 (zhì) 痔 (zhì)

“痣”和“痔”的意符相同，表示与疾病或人的肉体、精神的不正常状况有关。声符虽不同，但读音却相同。

痣，声符是“志”。《集韵》：“黑子也。”指人体皮肤上所生的有色斑点，没有疼痛或刺痒等症状。《梁书·丁贵嫔传》：“初贵嫔生有赤痣在左臂，治之不灭。”意为原来贵嫔左臂长有一颗红色的痣，治也治不灭。

痔，声符是“寺”。《说文》：“后病也。”即肛门病，通称痔疮。《文选·登徒子好色赋》：“旁行踽偻，又疥且痔。”意为弯腰驼背，又是癞子又有痔疮（说明极丑陋）。

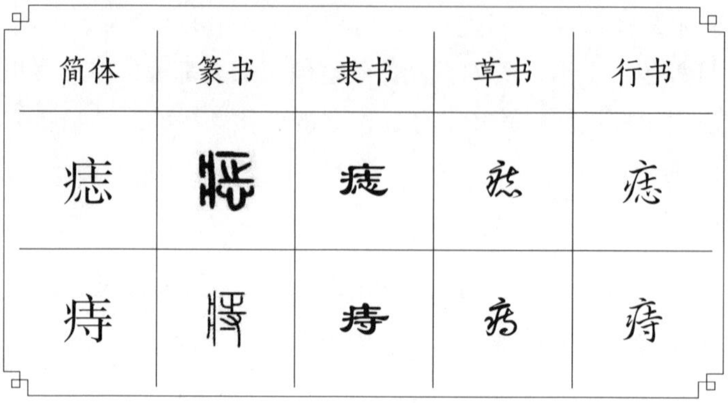

zhì 至 zhí 侄

“至”是指事字，“侄”是以“至”为声符的形声字，与声符同声不同调，加上一个“人”作意符，表示其词义与人的社会生活有关。

至，本义是从上到下。甲骨文像一支倒着的箭，下着地面，表示箭从高处落到地面上的意思。本义是到、到达。《左传·文公二年》：“秦军又至。”意为秦军又来了。引申为极致、到达极点，相当于副词极、最的作用。至高无上：最高的，再也没有更高的。至理名言：包含着深刻道理而又很有价值的话语。《史记·春申君列传》：“物至则反。”意为事物达到了顶点就会向相反的方向变化。

侄，也写作“姪”。《说文》：“兄之女也。”段玉裁《说文解字注》：“女子谓兄弟之子也。各本作兄之女也。不完。今依《尔雅》正。”是女子对其兄弟子女的称呼。《左传·襄公二十三年》：“继室以其侄。”意为（臧宣叔）以妻子的侄女作为继室。这里的“侄”是女性。又《僖公十五年》：“侄其从姑。”意为侄子跟着姑姑。这里的“侄”指太子圉。古代“侄”的称呼虽兼指男女，都是对“姑”而言，晋以后才开始称“叔侄”。

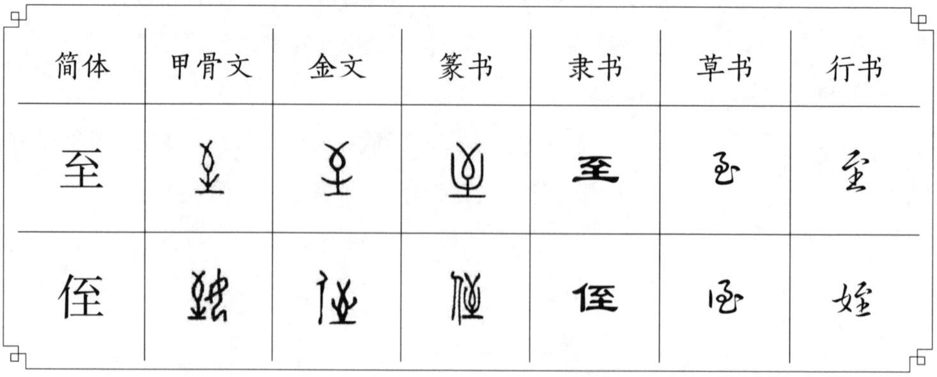

挚 絷

zhì zhí

"挚"和"絷"上部都是"执"，读音基本相同，形体也相似。但所从意符不同，义亦各异。

挚，用手握着（什么东西）的意思，所以从手从执会意。而"执"则是拘捕罪人，引申作握着。两字读音古代本不一样，今天只是声调不同了。又用于诚挚义 。如：他对人很诚挚。义为握持，因而引申有见面礼义。古时有见面礼，因人的身份高低而有不同规定，最初也用"挚"字，后因见面礼与财物有关，改从"贝"而作"贽"。如：贽见（拿着礼物求见）。

絷，本作"馽"。《说文·马部》："绊马足也。"指用绳索拴住马足。屈原《九歌·国殇》："霾两轮兮絷四马。"意思是两个车轮陷入泥土，四匹马给绳索拴住了马足。《诗·周颂·有客》："言授之絷，以絷其马。"意为我们给他绊马索，绊住他马儿不前进。引申为囚禁、束缚。《左传·成公九年》："南冠而絷者谁也？"意思是戴着南方的帽子而被囚禁的人是谁？

简体	繁体	篆书	隶书	草书	行书
挚	摯	摯	摯	摯	摯
絷	縶	縶	縶	縶	縶

质 盾

zhì dùn

"质"与"盾"虽然形体相似，但造字方法却不同，"质"是形声字，"盾"是象形字，两字的音义全不一样。

质，从贝，上面本是相并的两个"斤"。朱骏声认为就是"椹櫍"（砧板）的"櫍"，与"质"同音。《说文》："以物相赘。"即抵押品。《战国策·赵策四》："必以长安君为质，兵乃出。"意思是一定要让长安君当人质，才肯出兵。在上古时已经有了本质和朴实的意义。《荀子·劝学》："其质非不美也。"意思是（兰芷）它的本质并非不美。《论语·雍也》："质胜文则野。"意为朴实多于文采，就未免粗野。今双音词"质朴"就是从这一义发展而来的。古书中还有质问、责备的意思。《汉书·汲黯传》："黯质责汤于上前。"意思是汲黯当着汉武帝的面义正词严地质问责备张汤。质问、质疑等双音词今天仍然属于常用的词汇。

盾，象形。甲骨文和金文都是一块长方形或梯形的盾牌样子，中间是供使用者手执的把手，指古代一种用来防护身体、抵御矛箭等的兵器。《韩非子·难势》："以子之矛，陷子之盾，何如？"意为拿你的矛来刺你的盾，怎么样？引申指盾形的东西。如：银盾。

简体	繁体	甲骨文	金文	篆书	隶书	草书	行书
质	質		質	質	質	質	質
盾		盾	盾	盾	盾	盾	盾

zhòng shēn 仲 伸

"仲"与"伸"意符同是"人"，说明其词义与人有关，但声符不同，字形结构方式也不尽相同，所以意义不一样。

仲，《说文》："中也。从人从中，中亦声。"是会意兼形声字。本义是排行第二。旧时弟兄排行以伯、仲、叔、季为序，仲是老二。《诗·小雅·何人斯》："伯氏吹埙，仲氏吹篪（chí）。"意思是老大吹土埙，老二吹篪笛。引申以泛指位次居中的。"仲春"指其月份在春季的中间，即农历二月。"仲秋"指农历八月，其月份在秋季中间。

伸，从人申声。本义是舒展、伸直。《荀子·乐论》："执其干戚，习其俯仰屈伸。"意为（跳舞的人）拿着盾牌和大斧，操练那些俯仰屈伸的动作。又，人疲乏时，伸展腰和上肢谓之"伸懒腰"。引申为陈述、倾吐。杜甫《兵车行》："长者虽有问，役夫敢伸恨？"意为父老虽然关心垂问，可是当苦役的差夫怎么敢陈述自己对差役的怨恨呢？这个意义又写作"申"。如：申诉，申冤，申辩。

简体	篆书	隶书	草书	行书
仲	仲	仲	仲	仲
伸	伸	伸	伸	伸

zhōu zhòu zhòu
诌 绉 皱

“诌”“绉”和“皱”同是以“刍”为声符的形声字，因意符不同，义亦各异。

诌，意符是“言”。本义是信口编造。如：胡诌，瞎诌。又指争吵。《朱子语类·一三一》：“光姓刚，虽暂屈，终是不甘，曾与秦桧诌。”

绉，古代本指一种特别细薄的丝葛织物，所以用“糸”为意符。《诗·鄘风·君子偕老》：“蒙彼绉絺（chī），是绁袢（xiè pàn）也。”意思是那罩在下面的丝葛中衣啊！那中衣里的紧身内衣啊（蒙：覆、罩。绉絺：今名绉纱。绁袢：也称亵衣、内衣）！后来用作一种织面呈细密皱纹的丝织物的名称。如：双绉，碧绉，湖绉。

皱，意符是“皮”。本义是脸上或皮肤因松弛而起的纹路。黄庭坚《黄几复自海上寄惠金液三十两戏答》：“皱面黄须已一翁，樽前犹发少年红。”意为充满皱纹的脸长着黄胡子，已经是一个老头子了，可是喝起酒来，脸上还焕发出少年的红光呢！又指衣服绸子因受褶压而显出的痕迹。如：皱褶，皱纹。又引申指紧蹙。如：皱眉头。

简体	繁体	篆书	隶书	草书	行书
诌	謅	謅	謅	謅	謅
绉	縐	縐	縐	縐	縐
皱	皺	皺	皺	皺	皺

诸 渚
zhū zhǔ

“诸”和“渚”的声符都是“者”，两字的读音相同，只声调有异。意符不同，义也不同。

诸，具有代词性质，指代人或事物。有时泛指众、许多。《左传·襄公二年》：“晋师侵卫，诸大夫欲从晋。”意思是晋军进攻郑国，大夫们想要服从晋国。有时是之于或之乎的合音，是兼具第三人称代词与介词或助词双重作用的兼辞。如：付诸（之于）东流，公诸（之于）世。《孟子·梁惠王下》：“汤放桀，武王伐纣，有诸（之乎）？”意为商汤流放夏桀，武王讨伐殷纣，真有这回事吗？

渚，《说文》引《尔雅》：“小洲曰渚。”今《尔雅·释水》作“陼”。本义是指水中间的小块陆地。《诗·召南·江有汜》：“江有渚，之子归，不我与。”意思是大江也有小沙洲，这个姑娘出嫁，不同我一块儿走。今江苏无锡太湖有名胜称“鼋头渚”。

简体	繁体	篆书	隶书	草书	行书
诸	諸	諸	諸	諸	諸
渚		渚	渚	渚	渚

诛 珠 株
zhū zhū zhū

“诛”“珠”和“株”的声符都是“朱”，今读音同声符，但意符不同，所以意义各不相同。

诛，意符是“言”。《说文》：“讨也。”本义是责问、谴责、声讨。口诛笔伐：对坏人坏事进行口头和书面的揭发和声讨。又指处死（罪人）。罪不容诛：处以死刑也不能抵偿所犯的罪恶。形容罪大恶极。引申为铲除。屈原《卜居》：“宁诛锄草茅以力耕乎？将游大人以成名乎？”意思是我是去除草锄地从事耕耘呢，还是攀高结贵捞取名声呢？

珠，意符是“玉”。《说文》：“蚌之阴精也。”蚌壳内由分泌物结成的晶莹小圆体，即珍珠。曹植《七启》：“弄珠蚌，戏鲛人。”意思是戏弄珠蚌和鲛人。“珠蚌”就是指这种产珠的蚌。珠圆玉润：像珠子那样圆，像玉石那样润泽。形容歌声婉转优美或文字流畅明快。明珠暗投：把闪闪发光的珍珠投到暗处。比喻怀才不遇或好人失足参加坏集团。也泛指珍贵的东西得不到赏识。又引申为珠状的小颗粒。如：眼珠，汗珠。李白《金陵城西楼月下吟》：“白云映水摇空城，白露垂珠滴秋月。”意为水面上映照着天上的白云和晃动着空旷的城楼，露珠垂滴在秋夜的明月下。

株，意符是“木”。本义指露在地面上树木的根和茎。守株待兔：守着树桩子，等着得到撞死在树桩上的兔子。比喻死守狭隘经验不知道变通，或妄想不经过主观努力而得到意外的成功。又指植株。如：株距，幼株。用作量词，表示棵。如：院子里种了两株枣树。

简体	繁体	篆书	隶书	草书	行书
诛	誅	誅	誅	诛	誅
珠		珠	珠	珠	珠
株		株	株	株	株

zhú 逐 suì 遂

“逐”和“遂”的形体颇为相似，意义都与“走（辵）”有关。但造字方法不同，“逐”是会意字，“遂”是形声字，所以不但读音不同，意义也有很大区别。

逐，本义是追赶。《说文》：“追也。从辵，从豚省。”甲骨文的字形上部是一只猪（豕），下面是一只脚（止），表示人正在追赶猪。金文在“止”上加“彳”构成表示义符的“辵”，也有从“犬”从“鹿”等形，可知“逐”的本义不仅限于追猪。《左传·庄公十年》：“遂逐齐师。”意思是于是乘胜追击齐国军队。引申为随、跟随。随波逐流：随着波浪起伏，跟着流水飘荡。比喻没有坚定的立场和正确的主见，只是跟着别人走。又引申为追求。追名逐利：追求功名利禄。又引申为驱逐、赶走。秦始皇曾经下令驱逐各国在秦的客卿，后来泛称赶走客人为“下逐客令”。又指挨着次序。如：一字一句地顺下去称“逐字逐句”，一步一步地称“逐步”，一个一个地称“逐个”，一年一年地称“逐年”。

遂，从辵，中间是声符。朱骏声认为“遂”的本义应是“道也”，即道路。又指田间水沟。《周礼·地官·遂人》：“夫间有遂，遂上有径。”意思是夫（土地单位）间有水沟，水沟上面有路。又引申为通达。《淮南子·精神》：“何往而不遂？”意为上哪儿行不通呢？又指顺从。如：顺从自己的心意称“遂意”，如愿以偿称“遂愿”。又用作连词，表示就、于是义。

简体	甲骨文	金文	篆书	隶书	草书	行书
逐	逐	逐	逐	逐	逐	逐
遂			遂	遂	遂	遂

zhǔ　zhǔ
嘱　瞩

“嘱”和“瞩”的声符都是“属”，今读音同声符，但意符不同，意义自然随之而各异了。

嘱，意符是“口”，词义是告诫、托付。如：叮嘱，嘱托，以事相嘱。《后汉书·卓茂传》：“亭长为从你求乎？为汝有事嘱之而受乎？”

瞩，意符是“目”，指的是注视。如：瞩目（注目）。高瞻远瞩：站得高，看得远。比喻眼光远大。《淮南子·道应》：“听焉无闻，视焉无瞩。”

简体	繁体	篆书	隶书	草书	行书
嘱	囑	囑	囑	囑	囑
瞩	矚	矚	矚	矚	矚

zhù　wā

蛀　蛙

“蛀”和“蛙”的意符都是“虫”，但声符不同，因而字音各异，所指的对象也不一样。

蛀，指蛀虫。《本草》：“木蠹虫亦名蛀虫。”即指咬衣服、书籍、谷粒、树木等的小虫。通称蛀虫。

蛙，声符是“圭”。属两栖动物的一种，无尾，善于跳跃，捕食昆虫。其种类很多。如：青蛙，牛蛙。“蛙泳”是游泳姿势的一种，因像蛙游水的姿势而得名。

简体	篆书	隶书	草书	行书
蛀	蛀	蛀	蛀	蛀
蛙	蛙	蛙	蛙	蛙

zhù　zhù

箸　著

“箸”和“著”的声符都是“者”，今读音与声符略有出入。两字的意符不同，一是“竹”，一是“草”，意义有明显的区别。

箸，从竹，一种饭具，俗称筷子。《史记·十二诸侯年表》：“纣为象箸而箕子唏。”意思是纣王用象牙筷，箕子因而悲叹。隶书偏旁“竹”与“草”每每相混，因而衍化出“著”。

著，《广雅·释诂四》：“著，明也。”指明显。彰明较著：彰、明、较、著，都是明显的意思。形容极其明显，容易看清。《礼记·中庸》：“诚则形，形则著，著则明。”意为内心诚实，必定会表现出来，表现出来就会日益显著，显著了就会越发辉煌。又如：形容效果突出为“成效卓著”。作动词用，表示显出义。如：颇著成效，称出名为“著名”。又指写作。如：著书立说，著述。《史记·老子韩非列传》：“非为人口吃，不能道说，而善著书。”还用作名词，指著作。如：名著，新著。

简体	篆书	隶书	草书	行书
箸	箸	箸	箸	箸
著	著	著	著	著

zhuài 拽　zhuǎi 跩

“拽”和“跩”都是后起字，但都符合汉字的结构规律。“拽”是从手从曳的会意字，而“跩”则是从足拽省声的形声字，表示行走的姿态。

拽，义为拉、拖带。如：生拉硬拽，把门拽上。又指用力扔，读 zhuāi。如：把皮球拽得老远。

跩，指身体肥胖不灵活，走路摇晃。如：鸭子一跩一跩地走着。

简体	篆书	隶书	草书	行书
拽	拽	拽	拽	拽
跩		跩		

zhuàn 撰　zhuàn 馔

“撰”和“馔”的声符都是“巽”，但意符不同，字义各异。

撰，意符是“手（扌）”。本义是著述、撰写。如：撰文，撰稿。又指著作。杜甫《洗兵马》：

“隐士休歌紫芝曲，词人解撰河清颂。”古代又通“选”，读 xuǎn，义为选择。《淮南子·说山》：“撰良马者，非以逐狐狸，将以射麋鹿。”意思是选择良马，不是为了追赶狐狸，而是为了建立功业，争夺天下。

馔，从食。《说文》：“具食也。”本义是陈设或准备食物。杜甫《病后遇王倚饮赠歌》：“遣人向市赊香粳，唤妇出房亲自馔。”意为打发人到市集赊回喷香的粳米，叫妇人从房里出来亲自做饭菜。引申指食物，多指美食。如《南史·虞悰传》：“盛馔享宾。”意思是用精美的酒食来款待宾客。又引申为食用。《论语·为政》：“有酒食，先生馔，曾是以为孝乎？”意为有酒有肴，供年长的人吃喝，这样可以叫作孝了么？

简体	繁体	篆书	隶书	草书	行书
撰		撰	撰	撰	撰
馔	饌	饌	饌	饌	饌

zhuāng yā
庄　压

简化字“庄”和“压”仅在于一“点”的位置不同，形体相近。实际上，两字繁体的意符声符都不一样，因而读音全不相同，意义也相去很远，没有任何关联。

庄，本来从艹壮声。因汉明帝名“庄”，许慎避讳不说解其意。汉代多用“严”字代替。本义当是与庄重、严肃有关。《论语·为政》：“临之以庄则敬。”意思是你用严肃认真的态度对待人民，他们就会恭敬。后起义则是指村庄。如：庄户，农庄，王家庄。封建社会里君主、贵族等所占有的成片土地也称“庄”。如：皇庄，庄田，庄园。旧时指规模较大或做批发生意的商店。如：钱庄，布庄，茶庄，饭庄。

压，繁体上面作繁体的“厌”，下面作“土”。实际繁体的“厌”就是“压”的本字。由于用作厌饱、厌恶的“厌”，于是又在下面加“土”以示区别，简化作“压”。《广雅·释言》：“压，镇也。”指从上往下施加重力。如：泰山压顶不弯腰。引申为胜过、超过等义。《唐摭言·慈恩寺题名游赏赋咏杂记》：“我今日压倒元白。”意为我今天胜过元稹、白居易。又引申为逼迫、追近。大军压境：大军逼近边境。

简体	繁体	篆书	隶书	草书	行书
庄	莊	莊	莊	莊	莊
压	壓	壓	壓	壓	壓

zhuàng 壮　zhuàng 状

“壮”与“状”声符同是“爿”，其意符不同，一为“士”，一为“犬”，所以意义不相同。

壮，从士爿声。《说文》：“大也。”秦晋方言凡人之大谓之“壮”。本义指大、长大。引申为强健、雄壮、雄伟。如：年壮体健称“壮健”，雄伟的景象称“壮观”，雄壮而开阔称“壮阔”。用为动词表示加强、使壮大的意思。如：以壮声势，壮壮胆子等。又指壮年，古人三十岁以上为壮年。《礼记·曲礼上》：“三十曰壮有室。”贾谊《治安策》：“大国之王，幼弱未壮。”意思是大国的国君，年纪幼小而没有达到壮年。

状，《说文》说是“犬形也。从犬爿声”。本义是形状、样子。奇形怪状：稀奇古怪的形状。又用作动词，意思是陈述、描绘。《庄子·德充符》：“自状其过。”意为自己陈述自己的过错。在古代又是一种陈述事状的文体，记述人一生经历者称“行状”。又特指诉状。如：状纸，告状。有些褒奖、委托的档也称“状”。如：奖状，委任状。这已经是后起的意义了。

简体	繁体	甲骨文	金文	篆书	隶书	草书	行书
壮	壯	壯	壯	壯	壯	壯	壯
状	狀			狀	狀	狀	狀

zhuì áo
赘 聱

“赘”和“聱”读音全不相同，字义的差别也很大。可是形体却十分相似。

赘，《说文》：“以物质钱。从敖、贝。敖者，犹放。贝，当复取之也。”是个会意字。即表示以物抵押钱，以后还要来取的意思。《汉书·严助传》：“民待卖爵赘子，以接衣食。”意思是老百姓靠出卖爵位、抵押子女来解决衣食问题。还用来称多余的、重复的。如：赘述。旧指男子到女方家成婚并定居为“入赘”，也称“赘婿”。

聱，《玉篇》引《广雅》：“聱，不入人语也。”本义是不听取意见。《说文》新附：“不听也。”又用于联绵词“聱牙”，形容语言艰涩不顺。韩愈《进学解》：“周诰殷盘，佶曲聱牙。”意为《尚书》中的《周诰》《大诰》《康诰》《酒诰》《洛诰》和《盘庚》，文章艰涩难读。成语有“佶屈聱牙”，形容文句艰涩，不自然，读起来生硬别扭。

简体	繁体	篆书	隶书	草书	行书
赘	贅	贅	贅	贅	贅
聱		聱	聱	聱	聱

zhuì duō
缀 裰

“缀”和“裰”读音虽不同，形体却很相似。

缀，《说文》：“合箸也。从叕从糸。”实际上是“叕”的异体字。本义指缝合。《战国策·秦策一》：“缀甲厉兵。”意思是缝合铠甲，磨利武器。引申为联结。如：缀文（连缀字句以成文章，指著述、写作）。又指装饰、表记。《韩非子·外储说上》：“薰以桂椒，缀以珠玉。”意思是用桂皮、花椒来薰香，用珠玉来装饰。双音词“点缀”也是装饰的意思，即加以衬托或装饰，使原有的事物更美好。

裰，《广韵》：“裰，补裰破衣也。”义指缝补。又指“直裰”，是古代家居常服，一种斜领大袖、四周镶边的袍子。也指僧道穿的大领长袍。《水浒传》第四回：“智深穿了皂布直裰，系了鸦青绦，换了僧鞋，大踏步走出山门来。”

简体	繁体	篆书	隶书	草书	行书
缀	綴	綴	綴	綴	綴
裰		裰	裰	裰	裰

zhuō 涿　zhuó 诼

“涿”和“诼”的声符和读音相同，但意符从水从言有别，表示的意义不一样。

涿，《说文》：“流下滴也。从水豖声。”本义是指流下的水滴。今天保存在地名用字中。如：河北省的涿州市，涿鹿。

诼，《广雅·释言》：“诼，谮也。”指毁谤。屈原《离骚》：“众女嫉余之蛾眉兮，谣诼谓余以善淫。”意为你周围的侍女（比喻众臣）嫉妒我的丰姿，造出谣言毁谤我是邪乱之人。

简体	繁体	篆书	隶书	草书	行书
涿		涿	涿	涿	涿
诼	諑	諑	諑	諑	諑

zhuó 卓 zhuō 桌

“卓”是会意字，“桌”是由“卓”派生的后起字，两者既有相因的关系，又有区别。

卓，《说文》说是“高也。早匕为𠦝（卓）”。段玉裁认为：“匕同比，早比高出于后比，所以卓为高。”本义是高超，又指高明。《论语·子罕》：“如有所立卓尔。”意思是好像看到（道理）已高高地直立在眼前。如：形容高出于一般、与众不同为“卓异”，形容优秀、超出一般为“卓越”，称优秀卓越、超出常人为“卓尔不群”，有远大的眼光和卓越的见识称之为“远见卓识”。

桌，后起字。古人席地而坐，饮食、工作只用案，没有后世所谓的桌椅。大约在唐宋时期出现了比案高的家具，开始就叫“卓”（高的意思），后来为了区别，将下面的“十”改成“木”，形成了“从木，卓省声”的新的形声字。本义是桌子。如：书桌，餐桌。又作量词，指以桌数论的单位。如：一桌菜，一桌客人。

简体	甲骨文	金文	篆书	隶书	草书	行书
卓						
桌						

zhuó 浊 zhú 烛

“浊”和“烛”声符虽同（都是“蜀”简化为“虫”），而读音却异。意符不同，一是“水”，一是“火”，所以字义也就完全不一样了。

浊，意符是“水”。本来是古水名，但常用义均指浑浊（跟“清”相对）。《诗·小雅·四月》：“相彼泉水，载清载浊。”意思是仔细看那泉水啊，有时清，有时浊。引申指（声音）

低沉粗重。如：浊声。《晋书·谢安传》：“有鼻疾，故其音浊。”意思是因为鼻有毛病，所以他的语音低沉粗重。又引申为混乱。旧称黑暗或混乱的时代为“浊世”。宋玉《九辩》：“处浊世而显荣兮，非余心之所乐。”意思是生逢黑暗混乱的时代而能显达荣耀，这不是我的心愿。

烛，意符是“火”。《说文》：“庭燎，火烛也。”古代未有蜡烛，呼火炬为烛，后来才指蜡烛。洞房花烛：新婚之夜在洞房点上花饰的红蜡烛。形容结婚的欢庆景象。引申为照亮、照见、洞悉等义。火光烛天：火光照亮天空。洞烛其奸：形容看透对方的阴谋诡计。《韩非子·孤愤》：“智术之士必远见而明察，不明察不能烛私。”意为智谋之士一定要有远见而且眼光敏锐，不敏锐不能洞悉别人的私谋。这里的“烛”用的就是洞悉义。

简体	繁体	甲骨文	金文	篆书	隶书	草书	行书
浊	濁						
烛	燭						

zhuó　zhuó
啄　琢

“啄”和“琢”读音相同，声符和“豕”相似，左下角多了一斜画，像猪腿被捆绑的样子。两字因意符不同，故表示的意义不一样。

啄，《说文》：“鸟食也。”指鸟类取食的动作，所以意符从口。《诗·小雅·黄鸟》：“无啄我粟。”意为不要啄我的小米。啄食、鸡啄米、啄木鸟等词语中的“啄”，都是用的本义。引申指啮、咬。屈原《招魂》：“虎豹九关，啄害下人些。”意为虎豹守着九重的天门，专门吃人的心肝五脏。

琢，雕刻玉石、使成器物的意思，所以意符是“玉”。《说文》：“治玉也。”精雕细琢：精心细致地雕刻。比喻做事非常细致认真。《诗·卫风·淇奥》：“如切如磋，如琢如磨。”意为有如细切细磋，有如精雕细磨。古书中“琢磨”常用来比喻修养品行或修改诗文、研讨义理。现代汉语“琢磨”又用来表示思索、考虑。如：你的话我琢磨了很久。

简体	篆书	隶书	草书	行书
啄	啄	啄	啄	啄
琢	琢	琢	琢	琢

zī　càn
粢　粲

“粢”和“粲”的意符都是“米”，表示字义与米有关。但声符一从次，一从𣦼，音义各异。

粢，谷类的总称。黍、稷、稻、粱、麦、苽六谷称“六粢”。又是“稷”的别名。《尔雅·释草》：“粢者，稷也。”《左传·桓公六年》：“洁粢丰盛。”意思是干净的黍稷盛得满满的。

粲，《说文》：“稻重一秙，为粟二十斗，为米十斗，曰毇。为米六斗太半斗曰粲。”本义是精白米，即上等白米。假借以形容美好貌。如：粲花（形容言谈之美，犹如百花灿烂）。又形容鲜明的样子。如：粲粲。《诗·小雅·大东》：“西人之子，粲粲衣服。”意为西方的子弟，衣服鲜亮照人。

简体	篆书	隶书	草书	行书
粢	粢	粢	粢	粢
粲	粲	粲	粲	粲

姿 zī　恣 zì　谘 zī

“姿”“恣”和“谘”的声符都是“次”，而读音与声符只同韵母，字义因所从意符“女”“心”“口”的不同而有很大的差别。

姿，意符是“女”。《说文》：“态也。”指姿态、容貌。如：姿容（姿态容貌），姿色（姿态容色。形容妇女美好的容貌）。引申为才能。如：姿才（才能），姿质（才能质量，通“资质”）。《汉书·谷永传》：“陛下天然之性，疏通聪敏，上主之姿也。”意为陛下您生来的性格，通达聪明，是做皇帝的资质啊！这里用的也是资质、才能义。

恣，意符是“心”。《说文》：“纵也。”即放纵、没有拘束。《孟子·滕文公下》：“圣王不作，诸侯放恣。”意为（自那以后）圣王也不再出现，诸侯无所忌惮。恣意妄为：任意地胡作非为。骄横恣肆：骄傲专横，放肆无忌。

谘，意符是“口”。《说文》：“谋事曰谘 。”本义是商量、征求意见。诸葛亮《出师表》：“事无大小，悉以谘之，然后施行。”意为事情无论大小都跟他们商量，然后实行。旧时称用于平行机关的公文为“谘文”，某些资本主义国家（如美国）元首向国会提出的关于国事情况的报告谓“国情谘文”。又借用为语气词。《尚书·尧典》：“帝曰：谘，四岳。”“谘嗟”连用表示叹息、感叹。李白《蜀道难》：“蜀道之难，难于上青天，侧身西望长谘嗟。”意为走蜀道难啦，比上青天还难，侧着身子向西看就发出长叹。

简体	篆书	隶书	草书	行书
姿	姿	姿	姿	姿
恣	恣	恣	恣	恣
谘	谘	谘	谘	谘

zī liù
淄 溜

“淄”和“溜”的意符都从水，声符的下部又都是“田”，所以虽然音义都不一样，却也不易辨别清楚。

淄，指淄河，水名，在山东。春秋时，齐国的都城靠淄河，所以叫临淄。故址在今淄博市东。

溜，本作“霤（liù）”。《说文》：“屋水流也。”本义指屋檐水。如：檐溜，承溜。亦泛指下注之水。又用来指屋檐滴水之处。又读 liū，指滑行。如：溜冰。又指偷偷地走开。如：他悄悄地溜了。

简体	篆书	隶书	草书	行书
淄	淄	淄	淄	淄
溜	溜	溜	溜	溜

zī zī zī
缁 辎 锱

“缁”“辎”和“锱”的声符相同，但意符有别，意义不同。

缁，意符是“糸”。《说文》：“帛黑色也。”指黑色。《论语·阳货》：“不曰白乎？涅而不缁。”意为最白的东西，是染也染不黑的。《诗·郑风·缁衣》：“缁衣之宜兮，敝予又改为兮。”意为我送你的黑褂子真合体啊，你穿破了我又给你缝新衣。

辎，意符是“车”。《说文》：“軿车前，衣车后也。”本义是指古代一种有帷盖可载重的车。辎车、軿车，都是有障蔽的车。又指“辎重”，即外出时所带的衣物箱笼。引申以作军用器械、粮草、营帐、服装等物资的统称。

锱，意符是“金”。《说文》：“六铢也。”为古代的重量单位。一说六铢为一锱，四锱为一两。又“锱铢”连用，比喻极微小的数量。锱铢必较：形容非常吝啬，极少的钱也十分计较。

简体	繁体	篆书	隶书	草书	行书
缁	緇	緇	緇	緇	緇
辎	輜	輜	輜	輜	輜
锱	錙	錙	錙	錙	錙

姊(zǐ) 秭(zǐ)

“姊”和“秭”的声符相同，意符不同，意义不同。

姊，意符是“女”。《说文》：“女兄也。”《尔雅·释亲》：“女子先生为姊，后生为妹。”“姊”就是姐姐。司空图《灯花》：“姊姊教人且抱儿，逐他女伴卸头迟。”意思是姐姐叫人暂且抱着孩子，和女伴们嬉戏，因而迟迟才卸下头上的装饰。

秭，意符是“禾”。本是古代粮食的计量单位，所谓“五稷为秭”，所以从禾。又用作数名，是古代十等数之一，亿、兆、京、垓、秭、壤、沟、涧、正、载为十等数，十垓为“秭”。湖北有县名秭归，是古代的夔国。汉置县，属南郡。

简体	金文	篆书	隶书	草书	行书
姊	姊	姊	姊	姊	姊
秭	秭	秭	秭	秭	秭

zōng zòng
棕 粽

“棕”和“粽”的声符都是“宗”，“棕”今读音如声符，“粽”与声符同音不同调。意符一是“木”，表示是树木的一种；一是“米”，表示是食品的一种。

棕，一种木名，即棕榈，所以意符从木。用棕毛即棕榈树叶鞘的纤维制的雨衣称“棕衣”，即蓑衣。

粽，意符是“米”，指的是一种食品，用竹叶或苇叶等把糯米包住，形如三角，煮熟后食用。陆游《过邻家》：“端午数日间，更约同解粽。”意为到端午节前后那几天，相约到各家一同吃粽子。

简体	篆书	隶书	草书	行书
棕	棕	棕	棕	棕
粽	粽	粽	粽	粽

zǒng dài
总 怠

“总”和“怠”都是形声字，其相同之处现在看来同是“心”，其实“心”只是“怠”的意符，“总”的意符是“糸”。两字音义均有很大差异。

总，原从糸，右边声符部分是“从心囱声”，草书作“总”，简化字去掉左边的意符“糸”，专取声符“总”，成为今天的字形。本义指聚合。《淮南子·精神》：“夫天地运而相通，万物总而为一。”意思是天地运转互相沟通，万物构成一个整体。古代聚禾秉成束也曰“总”，束发也称“总”，束发为髻后下垂做装饰的丝带也称“总”。引申为系结。屈原《离骚》：“总余辔兮扶桑。”意思是把我的马系结在扶桑树上。又引申为统领、统管。《隋书·元谐传》：

"公受朝寄，总兵西下。"意思是公受到朝廷的重托，统领军队西下。常用义是总括、汇集。如：汇总，总其成，总而言之。又指全部的、全面的。如：总账，总动员。又用作连词即使、纵然，读 zòng。李益《度破讷沙》："莫言塞北无春到，总有春来何处知？"意为不要说塞北没有春来到，即使有春来又有谁知道？现代汉语用来表示一直、毕竟的意义。如：天总不放晴的"总"是一直、一向的意思，事实总是事实的"总"字用的却是毕竟、终归的意思，都是后来逐渐虚化形成的。

怠，《说文》："慢也。从心台声。"本义是懈怠。《书·大禹谟》："无怠无荒，四夷来王。"意为不懈怠，不荒废，远方四夷的人自然会来朝奉你的。也指怠慢、轻慢、不恭敬。又引申为疲倦。《汉书·司马相如传上》："怠而后游于清池。"意思是疲倦了以后，到清水池里游一游。

简体	繁体	篆书	隶书	草书	行书
总	總	總	總	總	總
怠		怠	怠	怠	怠

zú　shì

足　是

"足"是象形字，"是"为会意字。两字字形虽有相似之处，但造字方法、读音、字义都大不一样。

足，上面是膝盖的象形，下面的"止"是古"趾"字，像脚形。《说文》："人之足也。"古字所表示的正是自膝盖至足趾的范围，统称脚。如：足迹，足印。评头品足：原指一些无聊的人随便评论妇女的姿态和相貌，现在比喻对人对事说长道短，多方挑剔。画蛇添足：蛇画得好好的，凭空添上几只脚。比喻多此一举。引申指器物下部形状像腿的部分。三分鼎足：形容三分天下，像鼎三足并立对峙。又指充足、富裕。丰衣足食：穿的吃的都很丰实充足。形容生活富裕。足智多谋：才智有余计谋多。形容善于动脑筋出主意。还用作助动词，义为够得上、配、值得等。微不足道：形容事情极微小，不值得一提。不足为奇：事物和现象很平常，不值得大惊小怪。陶潜《桃花源记》："不足为外人道也。"意为不值得和外面的人说。

是，《说文》说是"直也。从日、正"。古人认为，直以日为正。隶书写作"是"。有人认为日下加一直画，像立竿之形，日正竿影就直了。本义是对、正确（与“非”相对）。一无是处：一点正确的地方也没有。《论语·阳货》：“偃之言是也。”意思是言偃的话是正确的。又用作意动词，表示认为正确。是古非今：以古事为是，以今事为非。又用作代词此。《广雅·释言》：“是，此也。”《论语·子路》：“有是哉？子之迂也！”意为您的迂阔竟到了如此的地步啊！古代判断句不使用判断词“是”，作为判断词出现得比较晚。

简体	甲骨文	金文	篆书	隶书	草书	行书
足						
是						

zūn diàn
尊 奠

“尊”和“奠”形体相近，上部都是“酋”，下部从寸从丌（wù）不同，音义皆异。

尊，古文字像双手捧酒器的形状。《说文》：“酒器也。”《诗·鲁颂·閟宫》：“牺（suō）尊将将。”意为精致的酒尊多美啊。这个义后来写作“樽”。常用义是尊贵、高贵、地位高。如：称地位或辈分比自己高的人为“尊长”。男尊女卑：封建思想认为男人高贵，女人卑贱。引申为敬重、尊重。如：尊敬，尊崇，自尊（指尊重自己，不向别人卑躬屈节）。又用作敬辞，旧时称跟对方有关的人或事物。如：尊府，尊驾，尊姓大名。

奠，《说文》释为“置祭也”。从酋，“酋”是古“酒”字。从丌，代表下基，表示置之于地。本义是指用酒食祭祀死者。《诗·召南·采苹》：“于以奠之，宗室牖下。”意为在哪儿祭奠呢？在宗庙的南窗下。古代又指安放、安置。《礼记·内则》：“奠之，而后取之。”旧礼，男女授受不亲，即男女之间不能亲手互相接受物品，如果无盛物的器具，就先把物品放在地上然后由对方去取。在这里就用为安放义。引申为确定、奠定。如：确定首都为“奠都”，打下建筑物的基础曰“奠基”。

简体	甲骨文	金文	篆书	隶书	草书	行书
尊	尊		尊	尊	尊	尊
奠	奠	奠	奠	奠	奠	奠

zuǒ 左　yòu 右

“左”和“右”两字最初本是左手、右手的形象。楷化后容易相混，于是借用本是佐助义的“左”和本是扶佑义的“右”来表示。“左”“右”都是会意字，相同的部分是“手”，区别两字的不同部分在“工”与“口”，不认真仔细辨析，往往容易弄错。

左，由“𠂇”（手形）和“工”（像矩形）两部分组成。“手”和“矩”都有助于人之工作，所以《说文》释为“手相左助也”。是“佐”（帮助）的本字。假借为方位词左边（跟“右”相对）。左顾右盼：左看看，右看看。形容得意或警戒的神态。左右逢源：无论哪方面都碰到源泉。原意是说学问的功夫深就能取之不尽、用之不竭。后来多比喻做事得心应手、顺利无碍。又，古时常以东为左，车骑以左为尊，故成语“虚左以待”，即空出左边的座位待客人，表示对客人的尊敬。又指偏、邪、不正当。左道旁门：指不正派的宗教派别，也借用在学术上。

右，由“口”和“又”（手形）两部分组成。《说文》：“手口相助也。”是“佑”的本字。假借为右边。凡在右手一边的皆称“右”，与“左”相对。左右为难：形容不管怎样做都有难处。古人以右为尊，故称所重者为“右”。无出其右：没有人能比他（他们）更高超的。

简体	甲骨文	金文	篆书	隶书	草书	行书
左	左	左	左	左	左	左
右	右	右	右	右	右	右

zuò　zuò
坐　座

“坐”和“座”读音相同，“坐”是会意字，“座”是由“坐”（作为声符）派生的后起字，前者为动词，后者为名词，用法不同。

坐，《说文》：“止也。”许慎认为上部是“留”的省形。古人席地而坐，留止在地，表示“坐”的意思。甲骨文的字形上面是两人侧面跽坐的形象，下面是地。古人铺席于地，两膝着席，臀部压在脚跟上，叫“坐”。坐享其成：坐着不劳动而享受别人的劳动成果。坐井观天：坐在井底看天。比喻眼光狭小，见识有限。引申为乘、搭。如：坐船，坐火车。又用作名词，指座位、同座。司马迁《史记·信陵君列传》：“公子引侯生坐上坐。”意思是公子引导侯生坐在上座。古代犯法也叫“坐”。《晏子春秋·内篇杂下》：“王曰：何坐？曰：坐盗。”意思是楚王问：“犯了什么罪？”回答说：“犯了盗窃罪。”在古书中还用来表示因为、为了义。古乐府《陌上桑》：“来归相怨怒，但坐观罗敷。”意思是回来互相抱怨，就因为只顾看罗敷。

座，起初本来只作“坐”，“广”是后加的。《玉篇》：“座，床座也。”《集韵》：“座，坐具。”“坐”和“座”是动词和名词的区别。“座”指座位。座无虚席：座位没有空着的。形容观众、听众或出席的人很多。又如：座右铭（训诫文字的一种，古人作铭文置于座右，用来警诫自己）。又指器物的底托。如：炮座，茶碗座。也指星座。如：大熊座，天琴座。还用作量词。如：一座山，三座塔，一座座高楼。

简体	甲骨文	篆书	隶书	草书	行书
坐					
座					

笔画索引

四画

五画

六画

七画

八画

九画

十画

十一画

十二画

十三画

十四画

十五画

十六画

十七画